现代世界体系

现代世界体系

The Modern World-System IV

中庸的自由主义的胜利：1789~1914

Centrist Liberalism Triumphant, 1789–1914

第四卷

[美] 伊曼纽尔·沃勒斯坦 / 著
Immanuel Wallerstein

吴 英 / 译　　庞卓恒 / 校

社会科学文献出版社
SOCIAL SCIENCES ACADEMIC PRESS (CHINA)

Immanuel Wallerstein

The Modern World-System IV

Centrist Librialism Triumphant, 1789-1914

This edition is an authorized translation from the original English language edition by 2011 © Immanuel Wallerstein Published by University of California Press.

All rights reserved.

本书根据加州大学出版社 2011 年版译出。

伊曼纽尔·沃勒斯坦（Immanuel Wallerstein, 1930~ ），美国著名社会学家，"世界体系"理论的思想领袖和主要代表人物。

1930年生于纽约。1954年和1959年在哥伦比亚大学先后获得社会学硕士、博士学位。1958~1971年，在哥伦比亚大学社会系任教。1971~1976年任加拿大麦吉尔大学社会学教授。从1976年起，任纽约宾厄姆顿大学社会学教授和"费尔南·布罗代尔经济、历史体系和文明研究中心"主任。1977年起主编《评论》（Review）期刊。1993~1995年任古本根重建社会科学委员会主席。1994~1998年任国际社会学学会主席。2000年起任耶鲁大学高级研究员。

沃勒斯坦著述颇丰，影响最大的著作是耗费30多年心血的《现代世界体系》（The Modern World-System）。《现代世界体系》英文版第一卷出版于1974年，2011年加州大学出版社出版4卷本。其他著作有：《历史资本主义》（Historical Capitalism, 1983）；《世界经济的政治学》（The Politics of World Economy, 1984）；《所知世界的终结：二十一世纪的社会科学》（The End of The World As We Know It: Social Science For The Twenty-First Century, 1999）；《知识的不确定性》（The Uncertainties of Knowledge, 2004）等。近期的有《世界体系分析导论》（World-System Analysis: An Introduction, 2004）；《欧洲的普适价值：权力的话语》（European Universalism: The Rhetoric of Power, 2006）。

卷首插图 "潘克赫斯特夫人被捕"

由安德伍德图片公司拍摄

(感谢美国国会图书馆图片与摄影部)

由安德伍德图片公司拍摄，"潘克赫斯特夫人被捕"。埃米琳·潘克赫斯特（Emmeline Pankhurst）是英国妇女参政运动的一位领袖。尽管在当时由于采取激进策略，她受到过多的批评，但在今天，她被赞扬在英国妇女获得选举权上发挥了主要作用。这张照片拍摄于1914年6月2日，当时潘克赫斯特正在向议会提交请愿书的途中。它发表于《纽约世界电讯太阳报》。

目　录

插图目录 …………………………………………………… 1

序言　写作《现代世界体系》的几点说明 ………………… 3
第一章　作为意识形态的中庸的自由主义 ………………… 13
第二章　建构自由主义国家：1815~1830年 ……………… 37
第三章　自由主义国家与阶级冲突：1830~1875年 ……… 103
第四章　自由主义国家的公民 ……………………………… 181
第五章　作为社会科学的自由主义 ………………………… 273
第六章　对论点的重申 ……………………………………… 341

参考文献 …………………………………………………… 345
索引 ………………………………………………………… 425
译者的话 …………………………………………………… 463

插图目录

序言 "乡村政客"

  （由大卫·威尔基/亚伯拉罕·莱姆巴赫创作）……………… 1

第一章 "资产阶级和工人"（由维克托·德莱弗称作）……… 1

第二章 "梅特涅亲王"（由托马斯·劳伦斯爵士创作）……… 25

第三章 "里昂起义，1834年4月9~14日"

  （由勒查德[？]创作）………………………………………… 91

第四章 "罗伯特·古尔德·肖和54团"

  （由奥古斯都·圣高登创作）……………………………… 169

第五章 "穆拉德总督"（由安德烈·杜特尔特创作）………… 261

第六章 "进入名人堂"（发表在《笨拙》杂志上）…………… 329

序言插图　"乡村政客"

大卫·威尔基/亚伯拉罕·莱姆巴赫（Dalid Wilkie/Abraham Raimbach）
（感谢美国国会图书馆图片与摄影部）

大卫·威尔基/亚伯拉罕·莱姆巴赫（David Wilkie/Abraham Raimbach），"乡村政客"。这幅由苏格兰画派画家大卫·威尔基创作的油画在1806年于伦敦举行的皇家学院的展览中引起轰动，使他名声大噪。稍后，威尔基同莱姆巴赫合作将他的画作制作成版画以便更广泛地传播。它是第一幅这样制作的版画，制作于1813年。这幅作品的重要性在于，它生动说明了政治讨论是如何在当地老百姓中进行的，而不再局限于上层阶级。

序言 写作《现代世界体系》的几点说明

本书是一部多卷本著作的第四卷，它的第一卷出版于1974年。整部书是分卷对现代世界体系历史的和结构的发展做出分析。在内容设计上，每一卷都既独立成册，同时又作为这个大部头著作的组成部分。这样就给作者和读者都带来一些麻烦。我想说明我是如何应对这些麻烦的，这样做也许会对读者有益，特别是其中一些麻烦在开始时我并没有清醒地认识到。我这样做的目的是希望读者能够更清楚地了解我的意图和方法。

每一卷，以及每一卷的每一章都有一个主题，由此确立一种观点。整部书既是历史性的/历时性的，同时又是结构性的/分析性的/理论性的。这与我的认识论预设是一致的，即在认识论上过于夸大特殊性与普遍性之间的区分是过时的、错误的，不利于做出合理的分析。社会现实必然既是历史性的（在现实每时每刻都必然发生变化的意义上），又是结构性的（在社会行为受到各种制约因素支配的意义上，这些制约因素是源于所描述的行为在其中发生的历史性的社会体系）。

不过，当你试图描述一个长时段和大空间范围的现象时［例如，现代世界体系开始于延长的16世纪（1450~1640年），它一直延续到今天，甚至明天］，你就会遇到一个基本的困难，那就是你不可能同时描述每件事情。因此，我决定大致按时间顺序来叙述，只有当现代世界体系的结构特征首次出现或以显著方式表现出来时，我才予以介绍。所以，在主要用于讨论延长的16世纪的那卷书中去讨论只是在19世纪才变得显著的结构问题，对我而言似乎是没有意义的。

同样的，在主要用于讨论19世纪的那卷书中去讨论在第一卷书中已经讨论过的，并在其间几个世纪其主要特征没有发生显著变化的结构问题，似乎也是无益的。不过，既然我对诸如"工业化"等现象首次出现时间的认识不同于许多其他分析者的观点，故而读者可能在他们预期的章节中找

— 3 —

不到对该问题的讨论。我将尽力说明我进行这种选择的逻辑。

首先，我想说明我是如何进行分期的。当我写作第一卷时，我在序言中指出，我将把整部著作分成四个时期，并且给出了每个时期的具体年代。第一卷覆盖延长的 16 世纪，即从 1450 年到 1640 年这段时间。不过，当开始写作第二卷时，我马上发现我希望讲述的这段历史并不是从 1640 年开始，而是从大约 1600 年开始的，一直延续到大约 1750 年。我把这些年代列在副标题中。现在，我已经有意地接受各卷之间有很长一段重复时期的做法，这种做法延续到了第三和第四卷。当然，这意味着我不可能在仅仅四卷书中就能讲述到现在，像我在 1974 年写作第一卷时所设想的那样。

时间重叠的做法被证明对我的许多分析起到至关重要的作用。因为，时间上的划界具有很大的随意性，只能根据所研究的问题来论证其合理性。荷兰在世界经济中取得霸权的历史（第二卷第二章）可以认为开始于 1600 年（或甚至更早），但可以肯定并未在 1640 年结束，它确实不应作为延长的 16 世纪的组成部分。这段历史被放在第二卷，该卷是专门记叙以欧洲为中心的世界经济在 17 世纪的进一步巩固。

进一步讲，这提出了人们应该在什么时候引入结构性概念的问题。至少我认为，在 16 世纪并不存在霸权强国。因此，在第一卷就引入霸权概念是不合时宜的。荷兰是现代世界体系中的第一个霸权强国。同样真实的是，荷兰并非最后一个霸权强国。但我们不会在英国承担霸权角色的背景下讨论霸权概念，也不会在美国承担霸权角色的背景下讨论霸权概念。概念本身一旦被讨论过，就被视为当然的，在需要使用它时就不会再去考察它的逻辑内涵。这样就发生了理论上的争论。

每一章年代的起始也是遵从它自身内在的逻辑，只要它所涉及的时间段大体在本卷书年代的断限范围之内。从第三卷可以找到这方面的一个好例子。尽管该卷书结束于 19 世纪 40 年代，但其中的第三章却延伸到 1850 年（根据这一章的题目），而实际上超出的更多些。到第四章"美洲的非殖民化历程"却又是从 1763 年到 1833 年。

因为我无法推定本卷书的读者都读过前三卷书，所以我相信概述一下此前我已经讲述过的历史/理论内容是有益的。如果本卷书的读者感到我未能讨论一些他们认为应该讨论的内容，那么他们也许会发现我以前已对这些内容做过详尽的讨论。例如，绝大多数研究 19 世纪的书都将会讨论——确实会详尽地讨论——所谓的工业革命。对此，我已经在第三卷第

序言 写作《现代世界体系》的几点说明

一章中做过讨论,在第四卷中再重复论述就没有意义了,尤其是在我希望就19世纪讲述一种不同类型的历史时就更是如此。

那就让我首先总结一下这部多卷本著作的每一卷的总体论点。第一卷书覆盖延长的16世纪,讲述现代世界体系的形成,以及它的一些基本经济和政治制度创立的历史。第二卷讲述从1600年到1750年时期以欧洲为中心的世界经济体系的进一步巩固而不是分化割据的历史;它试图解释世界经济不同区域的资本家是如何对总体的缓慢增长现象做出反应的。第三卷覆盖从1730年到19世纪40年代这段时期,讲述了资本主义世界经济——在经济上和在地理上——重新扩张的历史。第四卷我设想是覆盖从1789年到1873/1914年这段时期,专门用于探讨一种适用于现代世界体系的地缘文化的形成(它只是在这个稍晚的时间点上最终形成的),该地缘文化大体是以我所称的中庸的自由主义为中心塑造的,并由它所支配。

我已经指出过,在不同章节中我提出了具有连续性的理论观点。在第一卷,第一章探讨了现代世界体系为什么,以及如何从中世纪开始萌生。后来我认为这一章对该论题的探讨是不充分的,为此,我在发表于1992年的一篇论文中对该论点进行了更详尽的阐发。① 第一卷的重要章节是第二章,在这一章我提出了"中心-外围间的劳动分工"(axial division of labor)概念。正是这种劳动分工,导致世界经济中不同区域的形成——中心区、边缘区和半边缘区〔其中最后一个概念是我在中心区/边缘区的区分之外增加的,它是由劳尔·普雷维什(Raúl Prebisch)提出的〕。我并说明这就是资本主义世界经济的形成,就是现代世界体系所采取的形式。这种资本主义最初是在农业区出现的,在世界经济的不同区域有不同的劳动控制模式。

(第一卷)第三章分析了现代世界体系中国家的形成,以及16世纪绝对君主制在其中所起的作用。第四章详细阐述世界经济和世界帝国之间的区别,以及查理五世创建世界帝国的尝试为什么会失败。第五章考察了新生的世界经济的中心区,并分析那里为什么会形成强政府结构,以及资产阶级在这个过程中所起的作用。第六章考察边缘区,分析了它们的政府结构为什么是弱的。该章还进一步阐明世界经济的边缘区和外部竞争场之间的区分,后者则是指那些在资本主义世界经济的中心-外围间劳动分工之外的地区。

在第一卷我设定了整部著作的基本观点,并以理论反思作为本卷的结尾。理论反思一章总结了本卷书其余部分描述的具体历史变化，并对这些变化进行了理论概括。在延长的 16 世纪（确实也适用于此后的一段时间），资本主义世界经济——实质上是由西欧和美洲的部分地区构成——只是作为全球的一个组成部分存在着。而全球的其他部分，到那时为止并不是这种历史社会体系的组成部分，因此也不服从它的规则和约束。

如果第一卷的观点与流行的观点相抵牾，后者认为在 18 世纪晚期之前并不存在我们能够称之为"现代的"或"资本主义的"东西；那么，本卷书还将同持下述观点的那些人进行论战，他们认为资本主义确实从 16 世纪开始，但在 17 世纪遭遇了一种大的逆转。有大量文献都论及"17 世纪的危机"。我是在第二卷的序言和第一章中回应这种观点的。我要论证的是，所谓的危机根本不是一种逆转，而是世界经济发展周期的一个正常的 B 阶段（或下降阶段），它将推进而不是破坏资本主义的发展。

正如上文提到的，（第二卷）第二章考察了荷兰的霸权，以及对一个国家为什么和如何成为——暂时性的——霸权国家做出解释的诸种模式。第三章探讨了当一个霸权国家开始衰落时所发生的情况。该章还从经验上考察了英国和法国力争成为后继霸权国家的努力。第四章探讨了各边缘区是如何应对世界经济发展周期的 B 阶段的，以及它们由融入世界体系向封闭自身的转变为什么不是反资本主义性质的，而是以生存为目的的。第五章首次认真探讨了半边缘区的特征、半边缘区在现代世界体系运转中所起的作用，以及在那些正在"崛起"的地区和那些正在"衰落"的地区之间的区别。第六章考察了在荷兰不再担当重要政治角色之后的时期，法国与英国之间的持续对抗。该章叙述了英国取得优势地位的过程，并说明这种优势的获得为什么不是更先进的经济结构（通常的论点），而是英国政府——由于诸方面的原因——比法国政府更强（与通常的论点相左）的结果。

18 世纪末到 19 世纪初这一时期被公认是资本主义世界经济在经济和地理上实现扩张的时期，其标志性成就通常被归于所谓的"工业革命"——通常被称为"第一次工业革命"，它被假定是在英格兰发生的。就理论分析而言，我认为，这种观点由于两方面的理由是没有说服力的。一方面的理由在于，不同国家不存在也不可能存在单独的"工业革命"。如果确实存在这种现象的话，它也必然是作为整体的资本主义世界经济的现象。另一方面的理由在于，尽管这个时期所发生的现象确实表现出在机械化和世界生产产出价值方面的大幅上扬，但相比此前和此后的几次上扬，它并不更为重要。这就是第三卷第一章所试图证明的。

（第三卷）第二章考察了法国大革命的历史。有关这一"事件"的大量著述目前分成社会（或传统）解释的拥护者和自由主义（或修正主义）解释的拥护者两大派，前者在很长一段时间内居于主导地位，后者在20世纪的最后1/3时期获得了更大的影响力。我认为这两种解释都是错误的，因为他们都集中关注据说是法国国内的现象，关注在法国政府和经济结构中发生的各种变化。该章的论点在于，法国大革命是英法争夺霸权斗争——当然是英国最终取得胜利——最后阶段的一个组成部分，也是这种斗争的一个结果；作为革命的结果，法国发生的内部变化并不比通常认为的那样具有根本性。

英法这种争霸斗争的一个结果是资本主义世界经济第二次大的地理扩张，其中四个大的地区被纳入到中心-外围间的劳动分工中来，即俄国、奥斯曼帝国、印度次大陆和西非。主要的争论是关于当一个地区被作为边缘区纳入资本主义世界经济时，这个地区会发生什么变化。上述四个地区在被纳入世界经济之前存在着非常不同的结构特征，但被纳入世界经济后，所发生的政治和经济结构的转型似乎使这四个地区都拥有大致相似的结构特征。

最后，（第三卷）第四章首次考察了形式上的非殖民化概念——它为什么会发生和它为什么会同一个新霸权国家的出现相联系。但我同时也论证了美洲的非殖民化是一次"殖民者"的非殖民化，而不是土著民族重新支配他们自己的生活。其中的一个例外是海地，我试图阐明海地为什么和如何成为例外的，同时说明正是因为它不是由殖民者实现的非殖民化，所以它的经济遭遇了毁灭性的破坏。

当我撰写第四卷书，即意在讲述"延长"的19世纪的历史时，我面临两个问题。当我们按年代顺序推进时，世界体系的地理范围在拓宽，这也增加了要研究资料的数量。而且学术文献的数量——即使是有关一个单一国家的——至少是按算术级数、甚至是按几何级数增长的。这就造成没有充分时间阅读资料和进行更全面综合的实际困难。也许这是我花了如此长时间才写作出第四卷的理由吧，尽管它缺乏说服力。（其他理由是，我更多从事了许多其他的学术研究，它们占去了我很多本可以用来写作第四卷的时间）。

第二个问题是确定这卷书的中心议题。从前面所做的分析看，中心议题不可能是工业革命——也不可能是资本主义体系的形成，因为我相信这些已经在较早时期发生了。它也不可能是伟大的民主革命——不管是法国式的还是美国式的，因为我认为两种类型的革命所发挥的作用完全不是人们通常所认为的那样。我将中心议题确定为，法国大革命对作为整体的现代世界体系产生的文化影响。我将这种影响视为一种适用于世界体系的地缘文化的形成。这种地缘文化是一揽子思想、价值观和规范，它被整个体系广泛接受，并由此制约人们的社会行为。

正如读者将会看到的，我认为，法国大革命赋予政治变革是正常状态的观念以合法性，同时也赋予主权在民，而不是主权在君的思想以合法性。这两种信念的影响是多方面的。第一种影响是作为对这些新近普遍流传的观念的反映，三种现代意识形态（保守主义、自由主义和激进主义）形成。整卷书的论点是，在这个世纪，中庸的自由主义能够"驯服"其他两种意识形态，以胜利者的姿态出现。它接着采取的形式是赋予创建自由主义国家以优先地位，首先是在那个时代两个最强的国家（英国和法国）创建。它进一步采取的形式是刺激主要类型的反体系运动（这个新的概念将在此予以厘清）的形成，并限制它们的影响。这里，我考察了公民概念所允许实现的进步，以及由此产生的各种幻象。最后，它采取的形式是鼓励历史社会科学的形成，同时也对它们做出某些限制。整段历史是从1789年到1914年，或许说是从1789年到1873/1914年更准确些。

我过了一段时间才意识到，以上述内容为重点意味着我原打算在这卷书中讲述的三段历史应该延后到第五卷来写。它们是瓜分非洲和民族解放运动的兴起；为了能够继英国之后成为霸权国家，美国和德国在经济和政治上的竞争，美国成为最终的胜利者；东亚被纳入世界体系，它的边缘化，以及它在20世纪晚期的复兴。

所有这三段历史都始于19世纪中期的某个时间。但人们不可能讲述这些历史，仿佛它们能在1914年结束似的，这是不合理的。19世纪的历史不可分割地与它在20世纪的延续联系在一起。1914年并不是这三段历史中任何一段的转折点。每段历史的实质部分都位于一个上升和下降或下降和上升的长波之中。总之，我确定这三段历史中的每一段都是"延长"的20世纪历史的一部分，20世纪的历史是美国世纪，而不是英国世纪的历史。因此，我恳请读者能够宽容和保持耐心。

如果就如我现在筹划的那样（但这也许会在写作过程中发生变化），第五卷将讲述从1873年到1968/1989年的历史，那就肯定会有第六卷——如果我能活到那时的话。它的主题将是资本主义世界经济的结构性危机，它的年代断限将从1945/1968年到21世纪中期的某个时间——例如2050年。我感觉，到那时我们将处于一种全新的情势中。现代世界体系将见证它自身最终的结束，让位于一个或多个迄今尚不为人知、也是不可能知的后继体系。其特征我们迄今还不可能予以勾勒。

注释：

① 《西方、资本主义和现代世界体系》，《评论》第4卷第15期（1992年秋），第561~619页；被蒂莫西·布鲁克（Timothy Brook）和格利高里·卜鲁（Gregory Blue）编辑的《中国和历史上的资本主义：中国学的知识谱系》收录，剑桥大学出版社1999年版，第10~56页。

第一章插图　"资产阶级和工人"

维克托·德莱弗（Vicesr Delaive）

（感谢法国国家图书馆）

维克托·德莱弗（Victor Delaive），"资产阶级和工人"。这幅漫画发表于 1848 年 5 月法国发生社会革命期间。工人告诉资产阶级，他们窃取了前两次革命（1789 年和 1830 年）的果实，这次"我们工人要求获得我们应得的那一份。只有这样才是公平的"。

第一章　作为意识形态的中庸的自由主义

> 整个19世纪都生活在法国大革命的阴影之下
> ——乔治·沃特森（George Watson, 1973, 45）

1815年，对英国、法国和世界体系而言，新的最重要的政治现实是依据时代精神，政治变革已成为正常现象。"由于法国大革命的发生，议会改革已成为一种学说，而不是一种权宜之计"（White, 1973, 73）。进一步而言，在越来越多的人的头脑中，主权所在已经从君主或甚至立法机构转到更难以捉摸地存在于"人民"身上（Billingtong, 1980, 160-166；也见57-71）。这些，无疑是法国大革命和拿破仑时期主要的地缘文化遗产。因此，在1815年及以后，英国、法国和世界体系必须面对的基本政治问题就是如何在两者之间做出调和，一方是那些坚持贯彻"主权在民"观念要求实施正常变革的人的愿望；另一方是显贵们维持其自身权力与确保他们拥有进行无限制资本积累的持续能力的愿望。

对那些试图调和基于相互间深刻的利益冲突，并可能根本无法调和的分歧的做法，我们赋予它们以"意识形态"的名称。意识形态并非简单地是观察世界的方法。它们也不仅仅是偏见或预设的定见。意识形态是政治方面的总体构想，它们只在视政治变革为正常，而不是视作异常的世界中才需要的。正是在法国大革命和拿破仑时期所实现的文化大变革的影响下，资本主义世界经济才变成为这样一种世界。正是这样的世界才孕育出各种意识形态，它们将在19和20世纪，既作为日常政治行为的指南，又作为赋予调和此类行为的做法以合法性的信条。

法国大革命是由自由主义意识形态激励的吗？抑或相反，它是对自由主义意识形态的否定吗？这是1989年纪念法国大革命爆发200周年期间，法国（和全世界）争论的一个中心问题。不过，这个问题也许并没有太大意义，因为作为一种意识形态的自由主义本身就是法国大革命所产生的一种结果，而不是对它的政治文化的描述。①不过，对改变地缘文化的法国大革命的第一种意识形态反应，事实上并不是自由主义，而是保守主义。在大革命最激烈的时刻，伯克（Burke）和德·梅斯特勒（de Maistre）即时写作了有关大革命的著作，书中的某些内容直到今天还影响着保守主义意识形态。当然，观念先于术语存在。很明显，"保守的"一词只是到1818年才首次出现，②名词形式的"自由主义"首次使用也许是在1810年。③

保守主义意识形态深刻地与一种对法国大革命的认识相联系。这种认识将其视为那种破坏了社会力量缓慢地"自然"演进的蓄意的政治变革的典型。对保守派而言，这种破坏作用产生了一种长期发挥影响的、令人心存疑虑的遗产：

> 法国大革命只不过是那种分化历史过程发展的顶点，该过程可以追溯到诸如唯名论、对宗教的质疑、科学理性主义等学说开始出现，以及那些作为中世纪基本组成部分的集团、制度和思想的确定地位出现动摇。（Nisbet，1952，168-169）

保守主义意识形态因而在下述简单意义上是"反动的"，即它是对我们视为现代性现象来临的一种反动，它把完全逆转这种情势（强硬形式的保守主义）或减少变革带来的破坏性并尽可能迟滞即将来临的变革（更为复杂形式的保守主义）作为自身的目标。保守主义者相信，通过将他们所谓"理性"的、由演绎推理而来的变革计划运用于政治过程，革命党人（或改革派，他们在保守主义者的信条中并不存在区别）会制造混乱、消解长时期积累的智慧，而由此危害社会。

像所有其他意识形态一样，保守主义首先是一种政治纲领。保守主义者非常清楚地知道他们必须抓住权力不放或重新夺回权力，知道国家机构是实现他们目标所必需的主要工具。当保守派力量在1815年的法国重新掌握权力时，他们将这一事件命名为"复辟"。但正如我们下文将要看到的，事物绝非完全回复到原来的状态。路易十八（Louis XVIII）必须承认"宪章"对其权力的制约，当查理十世试图实施真正的复辟时，他被剥夺了权力，替代他的是路易-菲利普（Louis-Philippe），后者接受了一个更具现代性的头衔"法兰西国王"。④

对保守主义而言，理想的解决方案就是所有反映自由主义倾向的运动都完全消失。首先是阻止那种运动出现——它在1815年并没有出现，只是在1848年以后才被承认为理想的社会状况；阻止不成，次优的解决方案是劝说议员在进行具有重大意义的政治变革时需要极其慎重。保守主义之所以会产生长期的政治影响就在于公众的谨慎态度，他们对反复灌输"主权在民"的改革所寄予的希望多次破灭。另一方面，保守主义最大的弱点一直在于，它在本质上是一种消极的学说。"[保守主义学说]是在反对法国大革命中诞生的……它因而生来就是反革命学说。"[5]一般而言，相比革命，反革命在19世纪和20世纪并不很流行；它是一种意指保守主义者的标签，人们对这股力量表示担忧。

尽管如此，但保守主义者感到他们拥有无懈可击的论据。保守主义者认为，法国大革命最大的缺陷在于它的支持者和理论家所秉持的信念，即通过政治而实现一切，这既是可能的，又是合法的。取而代之，保守主义者支持一种有机的社会观念，"将人最终描述为政治的是非常不充分的"[6]。就政府是权力的化身而言，保守主义者支持政府；就中央政府可能会制定法律而言，他们反对中央政府。结果就是对地方主义的偏好。这部分是因为显贵们在地方层面上拥有更大的影响力，部分是因为在这个层面上不大可能制定法律。[7]诚然，这种反对政治的偏见在那些"反对革命"的人中并不是普遍存在的；它仅仅是占主导地位。亨利·基辛格（Henry Kissinger）在伯克式的保守主义（正是这里我们所描述的那种保守主义）和梅特涅式（Metternich）的保守主义之间做出了非常有说服力的区分：

> 以历史必然性的名义捍卫保守主义，否定革命问题的有效性，因为保守主义否认社会和社会契约的暂时性——这是伯克给出的答案。以理性的名义反对革命，因为革命与天地万物的结构相抵牾，基于这种认识论的理由否定革命问题的有效性——这是梅特涅给出的答案。两种立论之间的差别是根本性的……
>
> 正是这种理性主义的保守主义观致使梅特涅制定的政策僵硬刻板……
>
> 因此，到19世纪，它成为启蒙运动的最后支持者，它判断人们的行为是根据它们的"真理性"，而不是根据它们是否成功。[8]

成功。这是自由主义者响亮的口号。但是在什么上成功？这是我们必须回答的关键问题。作为一种意识形态的自由主义——同作为一种政治哲学的自由主义相对照，即作为一种针对人民主权要求而提出的总方针的自由主义，同作为一种对美好社会而提出的抽象理论的自由主义相对照——并不是由上帝理智地予以设计的。它是由多样的、经常是相互冲突的利益塑造的。直到今天，自由主义一词仍然会引起各种非常不同的反响。在所谓的经济自由主义和所谓的政治自由主义之间，传统上就存在"混淆"。同时还存在社会行为上的自由主义，有时被称为自由意志论。这种"混淆"很好地满足了自由主义意识形态的需要，使它能够获得最大多数人的支持。

作为意识形态的自由主义开始是政治派别中的左翼，或至少是中左翼。自由主义将自身界定为保守主义的对立面，立足于一种可以被称之为"成为现代人的意识"（Minogue，1963，3）。自由主义宣称自身是普适论者。[9]对他们自身和对现代性这种新世界观的真理性充满自信，自由主义者竭力传播他们的观点，将他们观点的逻辑强加给所有社会机构，由此将过去"非理性"的残余从这个世界上清除掉。为此，他们必须同保守主义意识形态的理论家做斗争。他们认为，这些人沉迷于对"自由人"[10]的恐惧之中，而自由人就是从对传统的错误崇拜中解放出来。

不过，自由主义者相信，即使进步是不可避免的，但如果人们不付出努力、不制定政治纲领，它也是不可能实现的。因此，自由主义意识形态相信，为了使历史能够按照其自然进程发展，有必要从事有意识的、连续的、明智的改良，而且应该充分意识到"时间是全人类的朋友，它将不可避免地为越来越多的人带来越来越多的幸福"（Schapiro，1949，13）。

1815年以后，自由主义意识形态成为保守主义攻击的对象，[11]被保守主义者视为是"激进主义的"。但随着作为一种意识形态的自由主义获得不错的发展势头、广泛的支持、甚至权力，它作为左翼的声誉在下降；在某些方面，它甚至获得右翼的支持。但它最终是宣称自己处于中间立场。贡斯当在18世纪以此方式对它进行了理论化概括。[12]在19世纪，它作为一种中间立场成为人们所习惯的定式。施莱辛格（Schlesinger，1962）在20世纪中期仍然称赞它是"至关重要的中间派"。

当然，中间派仅仅是一种抽象，一种修辞手段。人们可以简单地通过界定什么是极端，就能让自己置于中间立场。自由主义者正是那些决定将此作为他们基本政治策略的人。面对正常变革,自由主义者宣称自身处于保守主义者和民主主义者(或称激进主义者或社会主义者或革命者)之间的立场上。前者是右翼,他们试图尽可能地迟滞正常变革的步伐;后者是左翼,他们试图尽可能加速变革的步伐。简言之,自由主义者是那些希望控制变革的速度,以致它能够在其认为最优的速度上发生的人。但人们能够确切地知道什么是最优速度吗?自由主义者认为他们能够知道,而且他们的总方针就是要实现这一目标。

在这种总方针制定的过程中产生了两位代表人物:基佐(Guizot)和边沁(Bentham)。基佐是历史学家、作家、当然也是政治家。边沁是哲学家和一些具体立法的倡导者。最终,两个人将注意力都集中在政府身上。基佐自己将现代性界定为"在管理上用思想方式替代物质方式、用谋略替代武力、用意大利的政治替代封建政治"(Guizot,1846,299)。他认为这种做法开始于路易十一,这也许是事实所在。但即使这是事实所在,它也只是在19世纪的上半叶才完全成为人们所习惯的定式,而这正是在基佐管理法国之时。

基佐试图找到一种方法,它既能缓和人民对主权的要求,又不会退回到王权神授的状态。通过宣称存在理性这只"无法抗拒之手",它在整个历史过程中处于不断进步的状态,他找到了这种方法。通过论证这种政治形式的斯密式的"看不见的手",基佐能够将拥有"能力"确定为行使人民主权权利的先决条件,而这里的"能力"被界定为"依据理性行为的能力"。[13]只有当将投票权限制在那些拥有这种能力的人群时,才有可能制定出"科学的政策",以及拥有"理性的政府"。只有这样的政府,才能消除"回归独断专行的政府、民众情感的任意释放,以及社会解体"这三重威胁(Rosanvallon,1985,255-256;也见156-158)。依据科学做出决策并不是偶尔为之,而是基本的行事原则。曼宁(1976,16,21,23)发展了在自由主义意识形态和牛顿式科学之间的联系。他表明,他试图论证自由主义意识形态的三个原则是从牛顿思想中推衍而来的:平衡原则、自然发生和循环原则,以及统一性原则。第一,世界的稳定"取决于它的各组成部分保持一种平衡关系"。第二,"任何试图将自我运转的社会转化为具有发展方向的社会的做法,都必然会破坏合理社会秩序的和谐与平衡"。第三,"我们也许希望,只要人类社会达到适当的发展水平时都会实行民主制度,就如根据物理现象发生的充分条件的原理,我们也许希望在条件具备时它们都会发生的那样"。

简而言之，基佐既不赞同路易十六（或查理十世），也不赞同罗伯斯庇尔（Roberspierre），因为两者都不是理性的选择。在两者中，基佐（和他的追随者）可能更担心罗伯斯庇尔和卢梭。"19世纪初通常仍然被称为'自由主义'的派别试图建构反对卢梭的政治学。革命恐怖是政治上的唯意志论的产物；所有人都同意这种分析。"（Rosanvallon，1985，44）[14]

基佐的声誉在逐渐下降，他在七月王朝（the July Monarchy）中扮演的愈加保守的角色也损害了他的声誉，只是到今天，法国政界的新自由主义派才重新恢复了他的声誉。但作为英国最具有代表性的自由主义者，边沁的声誉却一直得到人们的认可（和称赞）。[15]基佐所面临的三重威胁对边沁主义者而言也是同样存在的，但他们也许更善于应对这些威胁。[16]正是伟大的法国亲英派分子和自由主义者埃利·阿勒维（Elie Halévy，1900，iii-iv）指出了边沁研究的出发点实际上是和卢梭相同的，但最终得出的结论却不是革命，而是古典自由主义：

> 像法国一样，英格兰也经历了自由主义流行的世纪：英吉利海峡对岸实现工业革命的世纪和法国经历大革命的世纪具有相同的意义；将利益等同于法律权利的功利主义哲学相当于主张人权的唯心论哲学。所有个体的利益都是相同的。每个个体都能对他自身的利益做出最好的判断。因此，我们应该消除传统制度在个人之间设置的所有人为障碍、消除所有社会制约，它们是由于假称保护个人免受彼此侵害和免受自身侵害的需要而设置的。在灵感来源和原理方面，解放哲学非常不同于卢梭的情感哲学，但在许多实际应用方面，两者却是相近的。在欧洲大陆，主张人权的哲学在1848年革命中达到其高潮；在英格兰，主张个人利益相同的哲学也在同一时期曼彻斯特人的自由贸易观念取得成功中达到高潮。

一方面，边沁主张，社会是"其个体成员意志的自发产物，因此在其自由发展的过程中，国家并未发挥作用"。但与此同时，社会又是"立法者的创造物，是成文法的产物"。这种观点对边沁和自由主义而言具有关键的重要性。所以，国家行为是完全合法的，"只要国家是民主国家，表达了最大多数人的意愿"。[17]

在支持科学政策和理性政府上，边沁和基佐是一致的。国家是实现

"最大多数人的最大利益"的完美而中立的工具。正是因为面临着三重威胁,所以国家必须成为实行改革,甚至是激进改革的工具:

> 边沁和边沁主义者……从未因英国的状况而自鸣得意。他们是"激进的改革者",他们为了实现他们的改革而艰苦奋斗:通过制定详细的蓝图;通过宣传、鼓动、勾结、密谋;甚至通过在一定程度上——但又不超出这种程度——鼓励革命运动来达到目的,但诉诸武力是下策。[18]

我们这里就触及了问题的核心。自由主义的总方针从来不是反对国家干预的,或者甚至不是主张所谓的守夜人式的国家的。但远非是同自由放任政策相对立,"自由主义国家本身就是自我调节的市场的产物"(Polanyi, 1957, 3)。归根到底,自由主义一直是披着个人主义羊皮的强政府意识形态;或更确切地说,强政府意识形态只是作为个人主义唯一可靠的最后保证。当然,如果人们将个人主义界定为利己主义,将改革界定为利他主义,那么这两种目标确实是无法调和的。但如果我们将个人主义界定为个人实现自身目标的能力最大化,并将改革界定为创造一种社会氛围,在这种氛围中强者能够克制对弱者的不满,同时又能够利用现状,在这种现状下相比弱者,强者会发现他们更容易实现其愿望的话,那么这两种目标就不存在内在的不协调之处。而是恰恰相反!

英国和法国正是这样的两个国家,它们相对强有力的政府机构在16世纪和18世纪之间已经形成。但这些政府在民众中并不具有很强的合法性,而且法国大革命已经破坏了他们曾经拥有的合法性。19世纪的自由主义为自身设定的任务就是培植(重新培植、显著增加)这种合法性,由此增强这些政府在国内和在世界体系中的力量。

三种意识形态中我们最后阐释的是社会主义。在1848年之前,人们很难认为它已经构成了一种独特的意识形态。理由主要是那些在1789年之后才开始认为自己是自由主义左派的人在各处都将自身视为是法国大革命的继承者和拥护者,这在19世纪上半期确实无法将他们同那些开始称自己为"自由主义者"[19]的人区分开来。在英国,法国大革命也遭到广泛的谴责,因此那里的"自由主义者"宣称他们的历史渊源并不是源于法国大革命,"激进主义者"(他们大约就是未来的"社会主义者")最初似乎只是某种程度上更激进的自由主义者。

事实上，严格地将作为一种政治纲领、因而作为一种意识形态的社会主义同自由主义区别开来的是，前者坚信进步的取得不仅需要人为推动，而且需要全力推动，否则的话，进步的取得将会是一个非常缓慢的过程。简而言之，他们纲领的核心是要加快历史进程。这就是为什么"革命"一词相比"改革"而言对他们更具吸引力，而改革似乎仅仅暗示了耐心的——如果是有意识的——政治行为，被认为主要表现为一种观望的态度。

简而言之，三种对待现代性和何谓"正常"变革的立场逐渐形成：保守主义是尽可能将危险减少到最小；自由主义是尽可能理性地在适当时间实现人类幸福；社会主义/激进主义是通过同那些强烈反对它的力量做激烈的斗争来加速进步的实现。正是在 1815~1848 年这段时间，保守主义、自由主义和社会主义这些词汇被广泛用于指代这三种立场。

应该注意到，每种立场都将自身置于其他某种立场的对立面上。对保守主义者而言，法国大革命是攻击的目标。对自由主义者而言，攻击对象是保守主义（和旧制度，保守主义者被认为试图恢复旧的制度）。对社会主义者而言，正是自由主义是他们要予以摒弃的。正是在定义上述几种意识形态中的这种从本质上予以批判和否定的基调，解释了为什么每种意识形态都存在如此多的形式。可以肯定，作为一种明确阐述的学说体系，在每种意识形态阵营中都会提出许多不同的，甚至矛盾的主张，每种主张都断言自身就是这种意识形态的真正内涵所在。每种意识形态阵营的统一性，只是在于它们共同反对的东西。这并不是不重要的细节问题，因为正是这种否定性成功地将每个阵营凝聚在一起长达 150 年左右（至少直到 1968 年）。

既然意识形态事实上是应对现代性问题的政治纲领，所以每种纲领都需要一种实施它的"主体"或一种主要的政治力量。用现代世界的术语来表达，这是指主权问题。法国大革命在这一问题上宣示了一种明确的立场：反对绝对君主制的主权，宣称"人民"拥有主权。

这种主权在民的新式用语是现代性的一个伟大成就。即使在此后的一个世纪中，一直存在着反对它的斗争，但是没有人能够破坏这个新偶像"人民"的地位。但这种胜利却是虚假的。就人民拥有主权而言，也许存在普遍的认同；但从一开始，就谁构成"人民"而言却并不存在认同。进一步而言，在这个棘手的问题上，三种意识形态并没有明确的立场，但这并不能使它们各自的支持者承认它们的立场具有模糊性。

自由主义者的立场似乎是最明确的。对他们而言，"人民"就是全部"个体"的总和，每个个体才是政治、经济和文化权利的最终持有者。个体是现代性最典型的、具有历史意义的"主体"所在。人们之所以相信自由主义者，至少是因为他们已经就这种个体——即拥有主权的个体——到底指谁的问题展开过广泛的争论。

保守主义者和社会主义者大体上也应该一直在就此问题展开争论，因为他们各自都提出了非常不同于个体的"主体"，但他们的讨论远非是阵线分明的。如果"主体"不是个体，那么它到底是谁？要分辨出他们所设想的主体有点困难。例如，见埃德蒙·伯克的著作《对法国大革命的反思》（怀特，1950，28）：

> 人性是复杂的；社会的各种目标可能是最复杂的。因此，简单地安排或使用权力不可能符合人性的要求或适应人们的状况。

如果人们不知道这是一本攻击法国大革命的书，那么他们也许会认为它要谴责的是绝对君主制。如果我们看一下伯克在几乎20年前说的话，问题也许会变得更清楚些（1926[1780]，357）："个体就像影子一样随时会消失；但国家却是稳定不变的。"

博纳尔的观点完全不同，因为他坚持认为教会发挥着关键作用。不过，他的观点和各种类型的保守主义意识形态拥有一个共同的内容：那就是他们都赋予诸如家庭、行会（行业协会）、教会、传统"等级"等社会团体以重要性。保守主义者认为，这些团体构成有权利在政治上发挥作用的"主体"。换句话说，保守主义者赋予所有那些也许可以被视为"传统的"（由此体现连续性）团体以优先性，但同时否认保守主义作为一种政治力量拥有任何"总体性纲领"。事实上，保守主义思想从未清楚地指出如何才能确定哪些团体体现着连续性。毕竟，围绕正统地位属谁一直存在着争议。

博纳尔（1988[1802]，87）认为，卢梭和孟德斯鸠所犯的重大错误就在于他们"想象……一种先于社会而存在的纯自然状态"。恰恰相反，"社会的真正性质……就是社会——公共社会——当前所表现出的状态"。[20]

但这种界定对其作者而言是一个陷阱，因为它赋予当前以合法性，以致实际上禁止了"复辟"的发生。不过，准确阐述他们学说的逻辑绝不是保守主义理论家所擅长的或主要的兴趣所在。相反，保守主义者关注于对一个由多数选民支持的多数党可能采取的行动发出警告。相比自由主义，保守主义具有历史意义的主体更为消极。在他们看来，好的决策是很难的、需要长时间才能做出，而这样的决策大体上都已经做出了。

如果保守主义者拒绝赋予作为具有历史意义的主体的个体以优先性，他们偏爱小规模的、所谓的传统团体；那么，社会主义者则拒绝这样做。他们偏爱大规模的群体，那就是全体人民。对早期的社会主义思想进行了研究，G. D. H. 柯尔（Cole，1953，2）评论道：

> 与流行的强调个体要求的倾向相对立，"社会主义者"强调人类关系中的社会因素，并设法使社会问题在有关人权的大争论中得到人们的广泛关注。而这场争论是由法国大革命和在经济领域随之而来的革命在全世界引发的。

但如果很难了解到底是哪些个体构成了人民，甚至更难了解人民是由什么样的团体构成的；那么，最难了解的是如何界定全体人民的共同意愿。人们如何能够了解这种共同意愿到底是指什么？首先，我们应该考虑哪些人的观点，又如何考虑？

简言之，三种意识形态提供给我们的不是对谁构成适当的、具有历史意义的主体问题的回答，而是简单地提供了三个出发点，以供人们探求谁是人民主权的体现者：对自由主义者而言是自由个体；对保守主义者而言是所谓的传统团体；对社会主义者而言是"社会"的全体成员。

作为"主体"的人民将国家作为主要作用的"对象"。人民是在国家中实现它的意愿，人民是主权所在。不过，从19世纪以来，我们还被告知，人民组成了"社会"。那又该如何协调国家与社会呢？这构成现代性思想中重大的自相矛盾之处。

最令人惊讶的是，当我们考察三种意识形态在这方面的话语时，它们似乎都站在社会一方而反对国家。它们的论据也是相似的。对坚定的自由主义者而言，关键是阻止国家介入经济生活，一般地讲是将国家的作用减少到最小："自由放任是有关国家的守夜人学说"（Watson，1973，68）。

对保守主义者而言，法国大革命令人恐惧的方面不仅是它的个人主义，而且尤其是它实行的国家主义。当国家开始质疑处于中间层面的团体——家庭、教会、行会等，它们赢得人民的主要忠诚——的作用时，它就变成极权式的国家。[21] 我们非常熟悉马克思和恩格斯在《共产党宣言》（1976[1848]，486）中做出的著名的概括：

> 最后，从大工业和世界市场建立的时候起，资产阶级在现代代议制国家里夺得了独占的政治统治。现代的国家政权不过是管理整个资产阶级的共同事务的委员会罢了。（《马克思恩格斯选集》第1卷，人民出版社1995年版，第274页）

这些否定国家的观点并未阻止三种意识形态都抱怨这种国家——作为它们的批判对象——并不在他们的控制之下，而据说是由它们的意识形态对手控制着。事实上，三种意识形态被证明都非常需要国家的帮助来推动它们自身纲领的实现。我们不要忘记，意识形态首先是一种政治策略。长期以来，社会主义者据说由于他们的言行不一致而受到攻击，因为他们中的大多数人尽管在言论上反对国家主义，但从短期看却一直在努力扩大政府的作用。

但保守主义者真的是在反对国家主义吗？他们一直在反对通过国家行为来实现改革吗？事实上，根本不是这样。因为他们必须应对"社会道德水准下降"的问题，保守主义者将它视为现代性所带来的一个主要后果。为了逆转目前这种被广泛认识到的社会道德堕落的趋势，为了使社会回复到以前存在过的较为纯粹的状态，他们往往需要国家的帮助。据说19世纪40年代英国一位伟大的保守主义者罗伯特·皮尔爵士（Sir Robert Peel）曾说过，"他相信，对他生活的无政府时代而言，由强政府机构颁布一部宪法是必需的"（Grash，1951，52）。这种观点事实上更普遍地适用于保守主义政治家的实践。

注意阿勒维（1949，42-43）在解释19世纪初期英格兰的"托利党复古统治"时期保守主义针对国家立场变化的方式：

> 在1688年及其后的岁月，英王将自身视为主权所在，公众舆论也是这样认为的。人们一直担心他会使这种主权绝对化，但政府拥有的

各种权力独立于他的权威而存在,这构成一种对王权的蓄意的限制,而且一套法律体系也保证了不会实施王权专制。在 19 世纪初,正是人民在美国、法国,甚至英格兰要求或准备要求拥有最高权力;因此,这三个政权目前要维持它们相对于人民而言的独立性。不再是辉格党,而是托利党支持那些意义已经发生变化,但形式仍然保持不变的制度。目前,英王主导着由这三个强国组成的联盟以维护它们政权的自主权,反对新力量对主权的要求。

上述分析是简明透彻的。保守主义者一直准备强化国家结构,直到将力图推进改革的民众力量置于可控范围所必需的程度。这事实上就暗含在塞西尔爵士(1912,192)的下述论断中:"只要国家行为没有不公正或压迫人民之处,那就能够说它不是保守主义原则所敌视的。"

既然如此,那么至少自由主义者——提倡个人自由和自由市场——仍然保持对国家的敌视,难道不是这样吗?根本不是这样!从一开始,自由主义者就陷入一种根本性的矛盾之中。作为个人权力,而不是国家权力的卫护者,他们大力推进实施普选权——是对民主国家的唯一保障——的改革。但由此,国家变成所有改革的主要推动者,这些改革意在将个人从过去承继下来的社会限制中解放出来。这又导致自由主义者接受通过制定法律来推进功利主义目标的思想。

再次的,阿勒维(1950:99-100)明确地指出了相应的结果:

"功利主义"哲学并不仅仅是、甚至也许从本质上看不是一种自由主义的学说体系;它同时也是一种有关权力的学说,主张政府进行审慎的、在某种意义上是科学的干预,以产生利益的和谐。伴随着思想的发展,边沁由年轻时倡导"开明专制主义"转为支持民主政体。但他却是通过我们可以称之为一个长跳转的过程才达成那种认识的,这个过程使他超越了许多政治学说——贵族制、混合宪制(mixed constitution)、分权制衡原则,以及有关政治家的目标应该是通过削弱政府的权力和尽可能地分割它的权力而使个人获得自由的学说。人们本来也许认为他可能会接受其中的某个学说。在边沁看来,当国家权力由普选权或至少非常广泛的选举权——能够代表大多数人的利益——予以制约时,就不应该再有理由对它持怀疑态度。它给人们带来的只有福祉。

由此,保守主义者目前变为真正自由主义传统的维护者:他们用贵族式自治的旧体制——其中官员没有报酬——反对官僚专制统治的新体制——由领取报酬的官员进行管理。

那么,是否有可能认为,边沁主义事实上背离了自由主义呢,对后者最令人满意的表达确切地说可以在古典经济学家、即主张"自由放任"的理论家那里找到?不是这样,因为我们将会看到,当第一个"工厂法"在英国通过时,那时所有最重要的古典经济学家都支持该立法——这个现象不是由别人,而是由新古典经济学之父阿尔弗雷德·马歇尔(Alfred Marshall, 1921, 763-764)予以清楚说明(和赞同)。从那时起,实行官僚制的大政府从未停止过扩展,它的扩展一直受到信奉自由主义的各届政府的支持。作为对塞西尔勋爵有关保守主义著作的回应,当霍布豪斯(Hobhouse)写作有关自由主义的著作时,他以这种方式论证了这种扩展的合理性:"政府实施强制的功能是克服由个人实施的强制和由任何个人联合实施的强制"(1911, 146)。

无疑,每种意识形态在为解释多少令人尴尬的国家主义时所援引的理由是不同的。对社会主义者而言,国家是在执行人民的共同意愿。对保守主义者而言,国家是在保护传统权利免受共同意愿的侵害。对自由主义者而言,国家是在创造条件以使个人权利得到扩展。但在每种情况下,归根到底还是相比社会而言国家权力在不断增加,而与此同时在宣传上却是恰恰相反的情况。

在国家和社会正确关系命题上产生的所有这些混乱和混淆使我们能够理解,为什么我们根本无法确定在19世纪到底存在有多少种性质不同的意识形态。三种?两种?还是只有一种?我刚才已经考察了认为存在三种意识形态的传统论点。现在,让我们看一下人们如何将三种减少为两种。

就生活在法国大革命到1848年革命这一时期的人而言,"唯一明显的分歧"在两部分人之间产生似乎是确定无疑的。其中一部分人认为,进步是必然的和合意的,因此法国大革命得到"普遍的赞同";另一部分人支持反革命,反对革命对社会价值观的破坏,将革命视为大错特错(Agulhon, 1992, 7)。因此,政治斗争是在自由主义者和保守主义者之间进行的,而那些称自己为激进主义者、雅各宾派、共和主义者或社会主义者的人被简单地视为自由主义中更激进的派别。在《乡村牧师》中，巴尔扎克（Balzac，1897［1839］，79）描述了主教的惊叹：

> 据称在工业人口中奇迹已经发生。这里煽动性言论广泛传播，并在各处生根；这里宗教和拥护君主政体的学说受到批判性质疑；这里源自新教的教义体系并不尊重任何事物，这种教义体系是由所谓的自由主义创立的，它今天采用这个名字，明天也许就用另一个名字。

蒂德斯克（1964，125-126）提醒我们，在1840年一份拥护正统王朝的报纸《奥尔良人报》（l'Orléanais）曾将另一份报纸《卢瓦莱报》（Le Journal de Loiret）谴责为是"自由主义的、新教的、圣西门主义的和拉梅内主义（Lamennaisian）的"。这并不是完全不着边际的，因为正如西蒙（Simon，1956，330）注意到的："进步思想事实上构成了圣西门全部哲学思想的核心和主要灵感来源"（比较曼宁的说法，1976，83-84）。

进一步而言，这种自由主义—社会主义的联合植根于18世纪的自由主义和平等主义思想，植根于反对绝对君主制的斗争（见Meyssonier，1989，137-156）。由于两种意识形态都对提高生产率越来越感兴趣，而且每种意识形态都将它视为是现代国家对社会政策的基本要求，所以这种结合在19世纪继续得到培植。"圣西门主义和经济自由主义都沿着我们今天称之为经济合理化的方向演进"（Mason，1931，681）。伴随着功利主义的兴起，这种结合似乎有可能变成一种更为密切的结合。柏莱柏诺（Brebner）以同情的态度提到了边沁思想中的"集体主义"内容，并得出结论（1948，66）："费边主义者难道不是现代的边沁主义者吗？"他还补充说，约翰·斯图亚特·穆勒（John Stuart Mill）在1830年就已经"可以被称为一位自由主义的社会主义者了"。

另一方面，在1830年以后，在自由主义者和社会主义者之间开始出现明确的区分，到1848年以后，这种区分变得非常明显。与此同时，1848年标志着自由主义者和保守主义者之间和解的开始。霍布斯鲍姆（1962，117）认为，通过承认"温和的"自由主义在法国、英国、尤其是比利时（甚至部分在瑞士、西班牙和葡萄牙）取得的政治上的胜利，1830年的重要成果就是使群众政治成为可能，由此"使温和派同激进派相分离"。坎蒂莫里（Cantimori）从一位意大利人的视角分析了这个问题，他认为两者的分离问题直到1848年才提出。他注意到（1848，288），直到那时，"自由主义运动……并没有否认任何路线：既没有呼吁起义，也没有主张采取改良主义的政治行动"。只是到1848年之后，这两种策略的分离才真正完成。

关键是要注意到，在1848年以后，社会主义者不再提到圣西门。社会主义运动开始以马克思主义思想为指导来进行组织。抗议的对象不再仅仅是贫困，它能够通过改良予以改善；而是由资本主义引起的人的异化，要克服这种异化需要完全推翻资本主义制度（Kolakowski，1978，222）。

正是在此时，保守主义者开始意识到可以利用改良主义来实现保守主义的目标。紧接着1832年《改革法案》颁布之后，罗伯特·皮尔爵士发表了一个竞选宣言，即塔姆沃斯宣言（the Tamworth Manifesto），该宣言被称赞为是一份纲领性声明。它被他那个时代的人视为"近乎革命性的"，并不仅仅是因为它宣布接受《改革法案》，将法案视为"对一个重大宪法问题所做的最终的和无法逆转的解决"；而且是因为这种立场是向人民、而不是向议会宣布的，这在当时引起了巨大的"轰动"（Halévy，1950，178）。[②]

在这个过程中，保守主义者注意到他们在重视保护财产权问题上同自由主义者的趋同倾向，即使令他们对财产权感兴趣的主要是下述事实，即它代表了连续性，由此可以用作家庭生活、教会和其他社会团结的基础（Nisbet，1966，26）。但在这个事实上的趋同之外，还存在爆发真正革命的实际威胁——这是他们都感到恐惧的。正如塞西尔勋爵（1912，64）注意到的："既然有效抵制雅各宾主义是保守主义政纲不可或缺的部分，那么就应该遵从保守主义路线进行温和的改革。"

最后，我们不应该完全忽视将三种减少为两种的第三种可能性，即保守主义者和社会主义者联起手来反对自由主义者，即使这从理论上看可能性似乎是最小的。圣西门派社会主义的"保守主义"特征——它植根于博纳尔的思想——经常被学者们提及（Manuel，1956，320；Iggers，1958a，99）。这两大阵营可以围绕他们反对个人主义的思想汇合在一起。同样，像冯·哈耶克（von Hayek）这样的自由主义者谴责保守主义者卡莱尔（Carlyle）思想中的"社会主义"特征。这次，正是保守主义思想中的"社会"方面成为质疑的对象。事实上，塞西尔勋爵（1912，169）毫不犹豫地公开指明了这种相似性：

人们经常假设保守主义和社会主义是直接对立的。但这并不完全正确。现代保守主义继承了英国保守党的传统，支持国家发挥作用和扩大权力。确实，赫伯特·斯宾塞（Herbert Spencer）先生曾攻击社会主义，认为它事实上是英国保守党的复兴。

自由主义—社会主义结合的后果是出现了一种主张社会主义的自由主义，最终产生了两种类型的自由主义。保守主义—社会主义的结合——可能性更小——最初只是权宜之计。但人们也许会感到奇怪，为什么不能将20世纪各种类型的"极权主义"视为这种结合更持久的形式，在它们沿袭某种形式的传统——既有迎合平民的、也有迎合上流社会的——的意义上。如果是这样，那么这些极权主义仍然是自由主义保持中心地位的另一种方式，即作为摩尼教善恶对立中的一个方面。在这种强烈反对自由主义的表象背后，人们会发现所有这些政权都相信通过提高生产率实现进步是它们诉求的一个核心内容，而这也是自由主义者的信条。这样，我们也许可以得出结论，甚至主张社会主义的保守主义（或主张保守主义的社会主义）在某种意义上也是某种形式的自由主义——它的邪恶形式。照此看来，得出如下结论难道不正确吗？即自1789年以来，只有一种真正的意识形态——自由主义，它在三种主要类型的意识形态上都打上了自己的烙印。

当然，这样一种论断必须从历史的视角详细地予以说明。如果在1789~1848年这段时期，在保守主义和自由主义之间存在着激烈的意识形态斗争，最终保守主义未能取得一种完成的形式，正如我们将要看到的那样。那么在1848年之后，自由主义在世界体系中取得了文化霸权，并建构了一种地缘文化的基本核心内容。在延长的19世纪的其余时间，自由主义居于支配地位，未遭遇到强烈反抗。确实，马克思主义试图建构作为独立一极的社会主义意识形态，但从未能取得完全的成功。自由主义在19世纪取得胜利的历史正是本卷书要讲述的内容。

注释：

① 见卡普兰（Kaplan, 1993）对法国争论情况的详细介绍。这本书清楚地表明这场争论并无定论，大体是因为不能以这种方式来提出问题。或更确切地说，以这种方式提出问题是为了应对20世纪晚期的政治问题，而不是为了说明历史真相。以这种方式提出问题是不可能理解自由主义意识形态的兴起和所发挥的

历史作用的。在前一卷书中，我们已经探讨了如何根据现代世界体系的历史演进来理解法国大革命。（沃勒斯坦，1989，第1和第2章）

② 贝内东（Bénéton，1988，6）将该术语追溯到了夏多布里昂（Chateaubriand）出版的杂志《保守党人》（Le Conservateur），它在英国的使用则是作为对一篇由J.W.克罗克（Crocker）在1830年所写文章加上的党派标签。"反动"或"反动的"被收入辞典似乎更晚些。蒂德斯克（Tudesq，1964，2：1028）论证，这些术语只是到1848年才被更普遍使用，但他的确没有谈及术语的首次使用问题。

③ 作为具有政治内涵的形容词，该术语首次使用似乎是在法国督政府（the Directory）时期。克鲁兹·希奥安妮（Cruz Seoane，1968，157）认为也许是邦雅曼·贡斯当（Benjamin Constant）首次使用了该术语，他在1796年提到"自由主义思想"。布吕诺（Brunot）和布鲁瑙（Bruneau，1937，2：660-661）将它的首次使用确定为法国大革命爆发后的第八年（Year VIII，1797-1798年），它是作为一个与宗派主义和雅各宾派相对照的术语。但他还发现它作为一个具有政治内涵的动词被使用是在1791年的《爱国者之友报》（Ami des Patriotes）。

似乎所有人都同意，形容词变成名词是在1810~1811年的加的斯（Cadiz），那时它被用于指一群西班牙议员（Cortés）。一位议员托雷诺伯爵（Conde de Toreno）在大约60年后写书指出，公众将支持改革的人描述为自由主义者（los liberales）（转引自Marichal，1955，58）。比灵顿（1980，554，n.33）指出，这导致自由主义政党（partido liberal）在1813年的形成（也见Cruz Seoane，1968，158）。马瑞考认为下述情况是颇具讽刺意味的，即"西班牙这个西欧国家中最少'资产阶级'特征的国家却在19世纪提出了欧洲资产阶级所关注的一揽子议题"（1955，60）。但这并没有什么好讽刺的，因为1810年西班牙的自由主义者正处在激烈的斗争中。对他们而言，对意识形态做明确的说明可以用作在政治上聚合力量的支点。

曼宁（Manning，1976，9）宣称，"像帝国主义者一样，自由主义者一词的最初内涵是指那部分最不受尊敬的人"。但从对西班牙议员的描述看，是否如此并不是完全清楚的。曼宁所想到的也许是卡斯尔雷勋爵（Lord Castlereagh）1816年2月15日在议会的演讲。勋爵提到，尽管在军事上是反对法国的，但西班牙的政党"在政治上却是那种最坏类型的法国政党。他们宣称将不承认费迪南（Ferdinand）的王位继承权，除非他承认他们制定的原则，包括承认主权在民的原则。从所奉行的原则看，'自由主义党'完全是雅各宾式的政党"（Parl. Deb.，xxxvii，602，转引自Halévy，1949a，82，n.3）。费迪南明显同意勋爵这种说法，因为他在同年禁止使用该词（见Marichal，1955，60）。它在法国和英国作为政治术语使用是在1819年（见Bertier de Sauvigny，1970，155；Halévy，1949a，81，n.3），但又过了1/4世纪，辉格党才重新将自身命名为自由党。

④ 路易十八承认宪章对他的约束在政治上对他实现"复辟"起了关键作用。在他于圣乌昂（St. -Ouen）发表的宣言中，这位未来的国王宣布，他决定"接受一部自由主义的宪法"，他称之为一部"宪章"。巴斯蒂（Bastid, 1953, 163-164）评述道："宪章一词的意义在以前是多样的，首先让人想起的是有关公社特许权利的记忆。"他补充说："对那些具有自由主义倾向的人而言，它会使他们非常自然地想起1215年英国的大宪章。"巴斯蒂认为："如果路易十八不能以某种方式满足人们对自由的渴望，那么他就绝不可能赢得公众的支持。"当1830年路易-菲利普同样宣布接受一部宪章时，它肯定是一部被公众赞同，而不是由国王认可的宪章。

⑤ 贝内东（1988, 9）继续指出："保守主义的本质是忠实于传统的信条，而对现代主义做出否定性批判，它的命运是无力阻止传统秩序被消灭的进步趋势……保守主义求助于历史，但在一定程度上，他们却受到历史的蒙蔽"（p. 10）。盖什（Gash）提出了同样的观点："［保守主义］生来就是反动的；它作为学说体系的辩护机制部分可以追溯到开始于1789年的法国大革命时期"（1977, 21）。结果，它一直将其作用局限于主动提出一些建议，最终发现自身不得不变成某种主张改良类型的自由主义。

⑥ 怀特（White, 1950, 4）。也见昆汀·霍格（Quintin Hogg）："保守主义者相信，在这个世界中以政治方式解决问题的能力并不是无限的"（《支持保守主义的理由》，1947，载怀特的书，1950, 31）类似地，克里克（Crick）将保守主义界定为"首先是否认变革的可能性，而赞成从法国大革命获得的教训或由对它的恐惧而产生的训诫"。最后，在20世纪初，塞西尔勋爵（Lord Cecil）将政治保守主义界定为源自"自然保守主义"，它包含"对未知事物的不信任"，而"偏爱我们已经习惯的事物，因为习惯实际上是使我们的天性服从于它"（1912, 14）。

怀特（1950, 1-2）表明这种看待事物的立场是如何反对政治的，并由此反对理性的："保守主义与其说是一种政治学说，不如说是一种认知方式、一种生活方式……很明显，使这个范畴的人群团结在一起的与其说是一种在思想上得到充分阐释的原理体系，不如说是一揽子本能使然，居于支配地位的是享乐本能……这种享乐本能——大体上是自私地沉湎于现时的生活，享受它的丰富和多样性——的政治重要性在于，它将政治作为某种次要的或偶然的东西置于其应当放置的位置。"

⑦ 罗伯茨（Roberts, 1958, 334）描述了英国托利党人的态度："'中央集权'是一个令人讨厌的词。托利党人对它抱有最深刻的成见，它触及了托利党人最神圣的利益……托利党人警惕地卫护着他们在地方上的特权，并以同样的关注度去卫护教士教育穷人的权利、城市设立监狱的权利和教区维修道路的权利……保守主义者对地方政府的偏爱是由多方面原因引起的：由于传统主义的影响，

⑧ 基辛格（1973，193，194，196）。从长期看，梅特涅在政治上的僵硬刻板并不能很好地服务于那些希望保护他们特权和权力的人的利益。它事实上使他们陷入了严重的困境当中，陷入了自相矛盾的破坏性的"激进主义"当中，正如我们将在法国复辟时期博纳尔派（Bonaldian）保守党人身上所看到的那样。梅特涅式的保守主义只是在20世纪的最后几十年间才重新流行。但再次地，它也许无法很好地服务于那些希望保护他们特权和权力的人的利益。

⑨ "自由主义者关注整个人类的发展，不承认存在着具有重要意义的例外"（Manning，1976，80）。

⑩ 在司汤达（Stendhal）的《巴马修道院》（the Charterhouse of Parma）中，革命党人费兰特·帕拉（Ferrante Palla）在做自我介绍时一直称自己是一位"自由人"。

⑪ 雷蒙（Rémond，1982，16）将法国保守主义政治学和自由主义政治学之间产生分歧的起始点不是追溯到1789年，而是追溯到1815年，"从那时起，右翼和左翼的分歧就成为社会现实、成为集体心理已经习惯的定式"。

⑫ 对贡斯当而言，"自由主义"意味着一种在雅各宾主义（或"无政府主义"）和君主政治（或"宗教狂热分子"）两种极端之间的一种"温和的"和"中间的"立场。

⑬ 罗桑瓦隆（Rosanvallon，1985，91，95）进一步指出了这种立场是如何将基佐和其他空谈理论的人既同博纳尔（Bonald），又同卢梭（Rousseau）区别开来的："[他们]试图将一种社会学的视角引入政治思想中，由此将实现公民平等和对现代个人的完全承认作为一种不可逆转和积极的事实整合在一起。这就克服了在反动思想和自由-民主思想之间的对抗，有意识地使他们的哲学摆脱了困扰于两者之间对抗的恶性循环……"

"能力是才能，而不是品质，它既包括个人方面的，也包括非个人方面的。它使人们能够将那些拥有能力的人同人口中的其他部分区分开来，如果没有后一部分人存在的话，人们就都能够将他们自身包括在有能力的一类人之中或都是拥有能力的人"。因此，能力原则使人们能够将稳定和社会流动性、将秩序和变革统一在一起。基佐写道："我们必须将能力本身确定下来，这样人们就能够围绕它们找到自己的位置"（p. 97）。

⑭ 罗桑瓦隆在一个脚注（p. 45, n. 2）中补充说："因此，必须将'自由主义'同民主自由主义完全区别开来，后者是基于人权观念。"

⑮ 艾瑞克·霍布斯鲍姆（Eric Hobsbawm，1962，228）称边沁式的哲学上的激进

主义是"英国思想家中最具资产阶级意识的学派"。

⑯ 罗伯茨对赋予边沁以过多的荣誉持谨慎态度。"就边沁而言，如此明显的事实在于他对许多人的影响并不是如此之大，但他在表达其他势力——在影响力上要远远强于他自己的思想——所贯彻的真理上却是有先见的、清晰的和合逻辑的。"（1959，207）这大体上适用于早期意识形态的各种论述。各种政治势力通常都不能清楚地表达他们主要的总方针，甚至不能确切地表达他们正在执行的政策，但意识形态却能对反映这些总方针的各种观点做出令人信服的表达。因此，早期的意识形态理论家也许并不是某种总方针的实际创设者。只是到后来，这些意识形态论述才以一种使总方针为社会所接受和论证其合理性的方式被运用。

⑰ 阿勒维（1950；3：332）。国家发挥适当的作用——既不多也不少——成为明显的关注点，但边沁主义者对此充满自信。"没有人比那些第二代主张自由放任的哲学家——即信奉边沁主义的功利主义者——更了解或认为他们更了解如何最有效地和最少浪费地进行管理。"（Evans，1983，289）

⑱ 维纳（Viner，1949，361-362）。维纳辑录了在边沁死后与边沁主义者相关的许多改革：基本法改革、监狱改革、选举权（包括妇女选举权）、自由贸易、对殖民政府的改革、工会的合法化、由公共付费的普通教育、言论自由和出版自由、无记名投票、根据业绩任用和晋升公务员、地方政府改革、废除有关高利贷的各种法律、财产权的普遍登记、商船运输的安全法则、卫生改革和由公共付费的预防药物、统计数据的系统收集，以及针对穷人的免费法律服务。边沁还在马尔萨斯之前就倡导生育控制。正如我们所看到的，这是一个包容广泛的辑录，包括同实行自由放任政策、保护民权、政府对工厂的干预，以及为个人提供社会权利相关的诸方面。所有这些改革的共同之处在于，它们都需要采用立法形式、最终通过政府来实施这些改革。

帕金（Perkin，1977，107）强调了执行方面在边沁主义者改革中的重要性："必须考虑关键的方面，即任命行政官员，他们将构成反复出现的反馈链条中的主要环节。"也见罗伯茨（1959，207）："相比同时代的人，［边沁］更全面地看到了扩大行政机构的必要性。"

正是戴西（Dicey，1914［1989］）将边沁仅仅描述为自由放任政策的伟大倡导者。柏莱柏诺（Brebner，1948，59-60）指出这是一种神话。不过，甚至像派瑞斯（Parris，1960，34-35）那样的人也认为柏莱柏诺的反应过了头。他们论证，自由放任和国家干预"这一对论题中的任一个都同样是19世纪中期那段岁月的特征所在"，"没有必要假设它们是彼此相互矛盾的"。对帕里斯而言，理由很明显："功利主义的主要原则就是它的支持者自身相信和坚持的原则——功利原则。应用这种原则会导致同时极大地扩展自由放任和国家干预两个方面。"拉吉罗（Ruggiero，1959，99）也指出了本质上相同的内容："边沁的改革方案尽管要求极大地扩展政府的活动范围，但它并不意味着、也不打算同个人主义原则相抵触，只是给予它们一种必要的补充。"

⑲ 普拉梅内兹（Plamenatz）指出，尽管在法国反对七月王朝的人分为四派，其中一派也许被认为处于"左派"的位置上，他们稍后成为1848年革命的支持者；但在那时，这个词所指的全体人员并不是社会主义者，而是共和主义者（1952，47和其他一些地方）。

⑳ 正如蒂德斯克注意到的（1964，235）："正统王权拥护者对七月王朝的反对就是显贵对已经确立的权威的反对。"由此，正统王权拥护者难道不是与博纳尔的著名论断相矛盾了吗？

㉑ 见奈斯比特（Nisbet，1944，318-319）对博纳尔观点的讨论。奈斯比特在"基于职业或专业的联合"的意义上使用协会（corporation）一词。

㉒ 阿勒维引证了一篇发表在1835年4月《评论季刊》（Quarterly Review，vol.53，p265）上的文章，题目为《罗伯特·皮尔爵士的演说》："几时曾有哪位首相认为向人民开诚布公是适当的，不仅公开宣布接受公职，而且公开宣布他计划采用的执政原则，甚至是详细的措施，就迄今为止保留的国王特权向人民，而不是向议会征求意见，以向大臣们表明他的选择确实不是盲目自信的产物，而是一次合理的试验。"

第二章插图 "梅特涅亲王（Prince Metternich）"

托马斯·劳伦斯爵士（Sir Thornas Lawrence）
（感谢美国国会图书馆与摄影部）

托马斯·劳伦斯爵士（Sir Thomas Lawrence），"梅特涅亲王（Prince Metternich）"。这幅由照相制版的印刷画复制了一幅由英国画家所创作的肖像画"克莱门斯·文策尔·冯·梅特涅亲王"。梅特涅是在1815~1848年时期存在的反动的神圣同盟的主要领导人。

第二章　建构自由主义国家：1815~1830年

> [法国大革命] 推翻了君主统治或令君主惊恐万分，使哲学家感到困窘，并改变了问题的形式。
>
> ——埃利·阿勒维（1901A，276）

> 继法国大革命爆发的半个世纪中，从攻陷巴士底狱到英国宪章运动的最终失败，在任何一个欧洲国家都不能完全排除革命的危险。
>
> ——弗兰克·达瓦尔（Frank O. Darvall）

从1651年到1815年，为了争夺资本主义世界经济的霸权，英国和法国进行了长期的斗争。[①]只是到1815年，英国才最终取得决定性胜利。与此同时，两国异常迅速地结成一种心照不宣、但却是影响深远的联盟关系，以努力使一种新的政治模式作为制度而为位于中心区（或渴望加入中心区）的国家所接受。这种模式就是自由主义国家，它是在人民主权时代使资本主义世界经济具有合法性的一种关键性因素。

英国和法国之所以能结成联盟，不仅是因为它们都面临着多少有点相似的内部压力，而且是因为它们在实现这种目标上是彼此需要的。确实，在建构政治模式上它们需要相互支持、相互借鉴。而且为了共同利益，它们也需要相互合作以维持地缘政治上的平衡。[②]但最重要的是，它们需要向世界其他国家提供一种统一的模式，以更有效地消除其他模式，使所有国家都效仿它们的模式。由此，它们的合谋关系开始，尽管通常并不是通过完全友好的默契来实现的。这个过程的关键时期是从1815年到1875年，在此之后，该模式被牢固地确立，至少在一个世纪中一直是如此，使得资本主义世界经济即使遭遇到剧烈的动荡，也能够保持某种结构的稳定性。尽管如此，但在滑铁卢战役刚刚结束时，似乎没有人倡导用自由主义国家来取代强权，甚至在英国和法国也是如此。确实，这个术语在当时根本就不存在。

现代国家——位于一种国家间体系之中，并受这种国家间体系的制约——的建构是现代世界体系自延长的16世纪开始形成以来的一个组成部分。各国的统治者都专注于以两种方式来增强国家的实力：提高国家的权威，即它在国家边界内做出有效决策的能力；提高它在世界范围内的权力，即将其意愿强加于其他国家和减少相反情况发生可能性的能力。长期以来，就决策权在国家内部的适当分配一直存在争议：哪些权力应当集中在作为统治者的国家领导者手中，哪些权力应当与立法机构分享。不过，三个世纪过去了，争论仍然是围绕权力如何在政府各部门之间分配展开的。诚然，1776年美国《独立宣言》是以"我们，人民"的名义宣布的，但人们根本不清楚（甚至对这个宣言的签署者而言），人民主权这种观念是否得到认真地对待，它的含义到底是什么。对作为整体的世界体系而言，正是"法国大革命打开了潘多拉魔盒。在1789年之后，不可能再将政治争论限制在有产者这个特权圈子之内"（Evans, 1983, 66）。法国大革命和作为其后果的拿破仑统治使人民主权观念成为现代世界中的每个政府都必须接受的观念，两个争夺霸权国家的政府就更是如此了。在1815年，人们关注的问题在于，1789~1815年是否仅仅是某种短暂的革命插曲，很快就被"王政复辟"和"托利党的反动统治"所埋葬；还是人民主权观念将产生持久的政治影响。令试图恢复世界秩序的人感到惊奇的是，相比他们的预想，这种观念已经更深地扎下根来。他们已经不可能将它埋葬，不管他们是否希望如此。令显贵们③感到困扰的梦魇是民主。用马克斯·贝洛夫（Max Beloff）的话来表述，在自由主义国家和民主之间的区分是"19世纪政治生活中最重要的区分"。④根据19世纪的用法，民主意指认真对待人民主权。显贵们并不准备、而且从未打算这样做。正是认识到这种新的现实，导致人们在19世纪做出一种非凡的创造——政治意识形态。

在1789年，没有人真正了解将主权从君主转移到人民手中实际意味着什么。人们也许认为它同限制政府任意行使权力有某些关系，而任意行使权力又是同绝对君主制观念联系在一起的。即使确实将权力转移到人民手中，但那样做，仍然需要为各种各样的政治领导人暂时结合做出决策的合法性提供依据。对所有那些有效政治权力受到威胁的人而言，认真对待人民主权的口号似乎暗示要服从由无知、任性的群众做出的反复无常的决定，这无疑是令人不快的。因此，对显贵们而言，问题是如何确立一种框架，表面看似乎是人民拥有主权，但事实上并非如此；尽管这样，但它还能获得相当数量"人民"的支持。这并非易事。自由主义国家就是具有历史意义的解决方案。

从1815年的视角，回顾从1789年到1815年这段长时间的历险，人们能够从法国和英国的内部社会冲突中看到什么呢？米歇尔·伏维尔（Michel Vovelle，1993，7）在他有关法国大革命的一篇论文中指出，将它命名为"一个国家的诞生"有些狂妄自大，代之，他"更含蓄"地将它称之为"发现政治"。⑤但这有区别吗？就国家而言，除了它的国民在其中进行政治活动被视为合法之外，我们还意指别的什么吗？在某种深层意义上，人民主权是一种体现政治合法性的观念。因此，有关这种观念如何实现的争论也就是有关政治范围的争论——不仅是有关谁可能会参与，以及他们如何参与的争论，而且是有关服从国家集体决策是否重要的争论。在这种意义上，作为一个国家，法国有一个不成熟的开始阶段。但欧洲其他国家也是这样。因为事实上，"入侵者"拿破仑"拥有解放和社会解放的思想……传播了国家观念"（Ponteil，1968，vii），⑥同时也用这种不成熟影响了其他国家。对法国也像对其他新兴的国家一样，问题在于，国家政治会给普通人的生活带来什么变化，这是相比他们以前的生活而言的。而那时并不存在政治，决策交由宫廷秘密决定。它也有意地在造成一种深刻的变化。尽管如此，但仍有一些人将法国大革命视为"主要是一种以建立秩序为目的的政治运动；一种以消除混乱为目的的政治运动"，正如埃尔顿（Elton，1923，7）所认为的那样。那样的话，人们能够说拿破仑（不仅仅是他）"'赋予了旧制度以生机'，或者他巩固了法国大革命的成果；这两者没有什么区别，因为它们的作用是相同的"（Elton，1923，69）。

从1815年之后时期的政治方面看，有法国大革命—拿破仑时代的两种主要政治遗产。一种是对恐怖的印象，直到今天它还影响着法国和世界的政治，在许多人的头脑中恐怖不可避免地同民主联系在一起。很长时间，恐怖事实上成为显贵们用于反对扩大选举权的主要论据。"根据这种经验，像路易·基佐或邦雅曼·贡斯当等人拒绝将政治权利赋予那些贫困的阶级"（Donzelot，1984，21-22）。第二种遗产同第一种遗产有着紧密的联系，即不断地推动将较低阶层完全从国家的政治舞台上排除出去。

这种状况其实在英国并没有很大的不同。我们通常认为，相比法国，英国取消绝对君主制要更早些。但事实上，只是在这时，国王任命和免去部长——即控制行政机构——的权力实际上才被取消。的确，法国大革命最初得到了所谓英国雅各宾派的有限支持，但他们是相对软弱的，主张"避免使用革命手段"（Thomis and Holt，1979，11）。⑦更确切地，正如埃文斯（1983，23）所指出的，"论证小皮特（Pitt the Younger）[1783年到1801年间担任首相]解除了王权，这似乎是很奇怪的说法，而且肯定是过于简单的，但这种认识包含了些许真理"。⑧

法国大革命和拿破仑战争时期在英国是镇压工人阶级时期。从1799~1800年颁布了一系列反结社法案（the Anti-Combination Acts）。当然，这些法案并不是全新的法案。早在1339年就颁布过此类法律，但它们大体上一直被人们所忽略。乔治（George）论证到，这些法案确实被人们所忽略。⑨她指出（1936，177），这些法案"作为实施镇压的工具实际上可以忽略不顾的"。但如果是这样的话，那人们肯定会纳闷，皮特为什么还要劳心费神去这样做，答案当然是，之所以通过这些法案"主要是为了应对雅各宾派引发的骚乱"（Evans，1983，158），而这次骚乱我们已经提到被当时的政府夸大了。

与其说是对秩序的直接威胁，不如说是对更严重的威胁也许正在酝酿中的恐惧，导致这些法案的颁布。很明显，有一种意识形态讯息已经传达给了城市工人，他们开始认真对待人民主权的原则。伴随着1818年臭名昭著的彼得卢屠杀（the Peterloo Massacre）事件的发生，这种讯息变得更为具体。但从当局的观点看，导致彼得卢屠杀发生的各种事件，事实上只不过是源源不断的公民反抗行为发展的最高潮。这些反抗行为可以追溯到1789年，到1818年已经使曼彻斯特"在那个时代的人们眼中获得了容易发生骚乱的特殊名声"（Read，1958，93）。尤其令显贵们感到不安的是反抗运动的性质在不断发生变化的事实。地方上由争抢粮食引发的骚乱到18世纪晚期仍然是主要的反抗形式，但此时已经不再是人们倾向于采取的形式。更确切地说，群众运动"在范围上正在变成全国性的，并且正在变得具有组织性……[在1800年后][它们]越来越多地在新兴的工业地区爆发"（Thomis and Holt，1977，29）。尽管卢德分子（Luddite）的口号似乎是退步的，因为他们的纲领是反对工业发展的；但他们令显贵们感到惊恐并不是因为他们似乎是反对进步的，或支持暴力的，而是因为他们显示了

"工人阶级进行组织的出众能力"。[10]作为结果,卢德分子同托利党和辉格党联合起来共同反对"主张雅各宾主义的工人阶级"(Thomis,1970,174)。

在这个时期,对人民主权、由此对民族主义的肯定,直接导致一些人试图证明不赋予工人阶级以参政权是合理的,理由是他们尚未为此做好准备,这并非偶然。上层阶级甚至愿意牺牲他们的享乐来证明上述论点的正确性。英国18世纪的贵族文化是"奢华的、田园风味的和喧闹的",纵容贵族们享受奢侈的娱乐、纵欲和酗酒。18世纪末、19世纪初是福音派新教会兴起的时期,他们宣扬"生活规律、自律和个人行为的节制"(Evans,1983,46)。显贵们开始改变他们自身的行为(稍后作为维多利亚式的生活方式而为人们所习惯),由此使得福音派新教会能够吸引工人阶级皈依,而这无疑成为后者重新融入社会的途径。这种转变在显贵们认为不可能扩大政治权力的范围或降低社会门槛之前就已经完成。

无疑,这种要求是家长式的。但我们必须清楚,这仅仅是用一种代价较小的家长制形式代替一种代价更为高昂的形式。在同一时期,伊丽莎白时期的社会保障体系(对工资的管理、济贫法)也由于被视为"不合时宜和不切实际的"而被取消:

> 到英法战争结束时,由法律所认可的家长制管理已经失去其约束力;雇主与雇员之间的关系由市场力量"客观地"予以维系着。在对关税发起正面攻击之前的10年间,它是新政治经济体制取得的第一次胜利和能为新时代带来好运的护身符。(Evans,1983,44)

作为推迟赋予参政权——是同人民主权的要求联系在一起的——的一种方式,这种先要重新融入社会的要求、即实现"道德规范"的转变,不仅在涉及英国工人阶级时作为要求被提出,而且在涉及我们今天称之为第三世界或南方国家的卑贱的、危险的阶级时也是这样要求的。同是新教的卫理公会在扩大国内影响上领先于福音派,它是第一个实施(在1787年)"定期海外传教制度"(Halévy,1949a,1:446)的基督教教派。[11]这同时也是废奴运动兴起的时期。在英国要求废除奴隶制和奴隶贸易的背后当然有许多经济的,以及人道主义的动机。[12]不过,我们这里关注的是其中所传达的文化讯息。威尔伯福斯(Wilberforce)在1789年提出了第一个议案。此时,反对奴隶制的运动有大量"激进的追随者",该运动从当时普遍的革命剧变中获益。但法国大革命中雅各宾派的掌权"使［英国］废奴主义队伍发生分裂",使"反革命力量得到动员",迟滞了废奴运动的进展。10年之后,废奴运动之所以能够在一种更多保守主义的氛围下复兴,正是因为它被视为"并不是最紧迫的,是能够进行的最少争议的改革"(Blackburn,1988,147,295)。废奴运动的这种保守主义化可以在英国人对待"从属种族"态度发生重大变化的背景下得到最好的理解,这种态度的变化正是在此时发生的。正如贝里(Bayly,1989,7)注意到的:

> 在1780年到1820年间,……［在殖民地］亚洲人、欧亚混血人、非洲人,甚至非英国和非清教徒的欧洲人都被广泛地排斥在政府权力之外,而与此同时,英政府采取步骤防止掌握行政权力的官员受到当地腐败现象的侵蚀。颇具讽刺意味的是,对亚洲人、非洲人,甚至居于从属地位的欧洲人不断加剧和有意为之的蔑视,部分缘由竟是源于人道主义的动机。同样的动机推动废除奴隶贸易,并将它视为奴隶解放运动的开端。使奴隶摆脱不拥有社会权利的状态,并使他们融入市民社会,这在道德上是必需的。但如果这样做,那么,市民社会中的等级划分就必须既通过制度,又借助于某种意识形态来严密地论证其合理性。这种意识形态源于下述思想,即文化是通过道德意识的觉醒和物质上的改善诸阶段来达到"文明"状态的。在英国,对城市贫困和犯罪阶层的"教化"是一种非常相似规划的组成部分,而且是由同样的世俗和宗教机构来实施的。[13]

英国和法国恰恰是这样的两个国家,其相对强的国家机器已经在16到18世纪之间被创建出来。但这些国家在民众眼中并不具有很强的合法性,而且法国大革命还破坏了它们曾经拥有的合法性。19世纪的自由主义为自己设定的任务就是培植(重新培植、显著增加)这种合法性,由此增强这些国家在国内和在世界体系中的影响力。

当然,英国和法国两国的经济状况在1815年时并不十分相同。而且在某些方面,它们之间还存在着较大的差异。到拿破仑战争结束时,

> 英国一直未受到入侵的威胁,它在生产率、技术和财政实力上都得到了发展。不再是债务国,它事实上已经成为当时世界上唯一的债

权国。与之相对，经历长期而且耗费巨大的战争，法国——那时欧洲大陆最强大的国家，还有一些三心二意的盟友——已经无力再进行海外扩张，并且已经变得不再富有。(Condiffe，1051，203)[14]

无疑，拿破仑战争的结束也结束了英国"在农业、造船和转口贸易方面的不正常［战时］的大发展状态"，这些部门陷入了"严重的和长期的萧条之中"(Rostow，1942，18)。[15]尽管如此，但英国却在1815年到1850年期间进一步加大了国内投资力度，实现了罗斯托(Rostow，1942，22)称之为"容易得令人难以置信"的调整。[16]

英国和它的欧洲大陆诸邻国之间在工业生产上的差距正在变得越来越大。[17]但其后，与法国（与比利时，也许还包括其他一些国家）的这种差距开始缩小，以致在1835年到1850年之间的某个时间，它几乎完全消失。[18]尽管如此，但至少在其后的四分之一世纪里，英国将继续保持它在世界贸易（即同西北欧国家以外地区的贸易）中的支配地位，[19]它是通过向国外提供资本贷款来维持这种主导地位的。[20]"海外贸易和海外投资对英国家庭消费水平所做出的贡献"(O'Brien and Keyder，1978，63)从根本上解释了英国在整个19世纪能够维持相比法国而言较高生活水平的原因，尽管这两个国家在人均国内商品产出量上大致相同。

因此，将19世纪早期的英国视为"世界工厂"[21]的传统观点正在遭到某些学者的抨击。早在1934年，达瓦尔(Darvall，1934，12)就已经论证："在1811年，英格兰大体上仍然是一个以农业生产为主的农业国家"。[22]塞缪尔(Samuel，1977，19)在大约40年后重新提出了这个命题：

> 机器取得最全面的胜利是在工业高度发展的兰开斯特郡的棉纺织业。在其他地区，使用机器进行生产的进程是缓慢的，在经济的主要部门中……直到19世纪70年代，蒸汽机几乎根本未产生什么影响……即使在纺织业，机械化的推进也是不平衡的。[23]

假如相比我们的传统认识，机械化并不是如此的普遍和先进的话，那么英国是如何取得工业的显著增长的？最近的学术研究甚至质疑增长是否如此显著，或至少质疑增长是否如以前学者引导我们相信的那么快（诸如Walther Hoffmann, Phyllis Deane, and W. A. Cole）。通过对1844年人口普查中的职业统计数据进行重新计算,哈雷(Harley,1982,267;也见285)得出结论,这种增长要比他们就 1770~1815 年这一时期所主张的低了"三分之一"。贝洛赫(1962,318,323)坚持认为,英国(也包括法国和美国)在 19 世纪的年均增长率不到 2%。贝洛赫称,我们有关这一时期经济增速较高的印象是"一种明显的夸大",它缘起于这样一个时期,即在 19 世纪 30 年代有关成熟经济增长速度缓慢的理论非常有影响,由此导致后来的高估。[24]

然而,走向另一个极端也是危险的,它会无视英国所具有的相对优势。修正主义学派的分析使我们能够看到,尽管具有相对优势,但英国也存在着弱点,因此,即使在世界经济中具有相对优势的时期,政府也面临诸多政治上的难题。对 1815~1873 年这一时期的中心区国家而言,基本的问题是增长导致价格下降,[25]尤其是工业品价格相对原材料价格的下降(Markovitch,1966,228-229)。从 18 世纪中期到 19 世纪中期,生产商在控制成本方面的注意力集中于工资在总价格中所占的较大比重。他们用压低工资和采用机械化生产相结合的方式来减少工资成本,并取得成功。事实上,上述做法非常成功。因为这种做法产生了两方面的负面结果,既激起了政治动荡,又导致世界市场上工业品价格的相对下降。只是借助自由主义国家的创建才得以克服这种两难境地,中心区的资本主义生产商能够从国内秩序的恢复和有利贸易条件的出现中获益。自由主义国家运用的主要机制就是将控制成本的中心关注点从国内转向边缘区——该过程体现在 19 世纪最后三分之一时期的殖民扩张上。

但在这种转变发生之前,西欧,尤其是英国还必须忍受通货紧缩带来的困难,从 1815 年到 19 世纪 40 年代末问题尤其严重。以工资为生的工人的利益受到损害,因为工资水平从绝对量和相对量上看都在下降。[26]农业生产者的利益也受到损害,因为"在 19 世纪前四分之三时期,英国的小麦价格一直在稳定地下降"(Fairlie,1969,105)。[27]

英国的工业家做得更好吗?我们已经注意到,他们最初相对西欧而言的优势——就像在 1815 年所具有的,是一种非常明显的优势——到 1850 年似乎已经逐渐丧失,更别提德国和美国在 19 世纪下半期的兴起了。英国工业的盈利能力是冒着只能短暂维持的风险取得的。需要其他手段来加以保障,它也确实找到了。如果英国在世界体系中的霸权地位有助于形成某种可以长期维系的经济优势,那么,英国对外投资的显著增长就使优势的长期维系成为可能。"这是英国19世纪经济发展最重要的事实之一,在国际事务中也是一个重要的事实"(Imlah,1952,222)。

当然,法国——尤其是对工业家而言——似乎处于更艰难的境地。诚然,法国确实拥有一些优势。它的技术教育——这要感谢大革命和拿破仑时期的发展举措——享有盛名,被认为是19世纪上半期世界上最好的。它能够输出技术知识和商业秘诀(Cameron,1957a,245-246;1961)。而且正如我们已经看到的,它的工业基础确实在稳定地扩展。尽管如此,但长期以来,人们却一直认为法国的工业化,以及它在世界市场中的竞争优势,受到人口增长缓慢、受到小企业而不是大企业占尤其大比重的阻滞。[28] 奈(Nye,1987,650,668)对这种观点提出质疑。他论证,企业的小规模事实上是"对当时经济状况的合理反应,绝没有阻碍法国的工业化进程",因为"根据任何标准来衡量,当时的规模收益都是非常低的"。基尔(Gille,1959b,163)论证,存在着一些比人们一直认为的规模更大的企业。他认为,法国大规模资本主义企业产生的时间恰恰就是在1815~1848年这一时期。

不过,在有关世界经济中的自由贸易这个关键问题上,英国和法国难道不是采取了相反的立场吗?答案并不像我们一直被引导相信的那样明显。首先,

> 1815年,英国仍然是一个实行贸易保护主义的强国,国家在管理对外贸易和实施海外扩张上发挥着重要作用。关税保护不仅涉及农业、而且涉及英国不断增长的制造业。对熟练劳动力移民海外和机器出口施加了严格的限制。

第二,除了政府保护之外,英国的产业内部"充斥着价格操纵或相似的安排,这些操纵通常只是在地区层面上进行,但有时是在全国范围实施的"(Cain,1980,20)。第三,英国的工业家、包括那些在曼彻斯特的工业家,在赞同自由贸易上绝非是立场明确的。迟至19世纪40年代,自由贸易"仍被视为是[同其他国家]商战中的一种工具。当它似乎不能满足[赢得这场贸易战的要求]时,它是不会得到支持的"(Evans,1983,20)。[29]

最后,伊姆拉(1949,307-309)评论说,英国的贸易保护主义在它存在的最后时期产生了"最坏的影响":

相比以前英国工业化的初期，贸易保护主义在拿破仑战争之后产生了更为严重的后果，在前一时期它几乎建构了一个新的体系……

考察实际的［而不是"官方的"］量值，英国的关税在18世纪末时是非常适中的……紧迫的问题是增加收入［这解释了关税在19世纪初的大幅提高］。

伊姆拉论证道，这些关税产生了如此严重的不利影响，以致由于进口的明显减少，影响到潜在买主的购买力。因为，国际贸易对英国的经济健康而言已经具有了本质的重要性，所以她的"财政体制［正在使］她的国际经济失去平衡"。㉚

也许这种贸易保护主义的某些内容只是做做样子，确实并不是全都严格执行的。㉛但是，它损害了自由贸易在英国政策中居于中心地位的形象，至少在1850年之前是如此；尤其是当我们对照法国贸易保护主义的现实、而不是从理论上来谈时。在1800~1840年的整个时期，法国的关税税率事实上要比英国"低得多"，尽管人们的印象与此相反。奈（1991,25;26,表1;42）从三方面解释了这种错误印象产生的原因：一是全世界关注的焦点是废除谷物法；二是一些分析家只考察了某些产业，而未考察作为整体的经济的发展模式；三是英国人喜欢谈论自由贸易，而法国人则喜欢谈论贸易保护主义，即使在拿破仑三世时期也是如此。奈指出，但事实上，"传统的有关自由贸易的历史记述将一个实行自由贸易的英国同一个实行贸易保护的法国相对照，后者是被勉强拖入一个实行更进步商业政策的世界中的。但从目前看到，这肯定是不真实的"。事实上，伊姆拉本人就非常相信自由贸易对经济发展的价值，正是根据自由贸易的相对缺乏，他解释了（1958,123）英国在这一时期经济发展的不顺利：

从许多方面看，19世纪上半期应该是英国贸易顺利发展的时期。她越来越多地实现机械化的产业所具有的技术优势，她的煤炭和机械行业开发国内和国外市场的可能性——这两个产业在1825年以后都可以更自由地出口产品，她的商船提供商业服务的潜力，以及对她所拥有资本的需求，所有这些创造出的发展机遇在整个经济史中都是无与伦比的。但在战后时期实行高度贸易保护政策的背景下，这个机遇最终并没有被抓住。㉜

在英国和法国之间做这种错误的对比[33]构成我们评估另一种修正主义论点的背景,这种论点是有关法国工业化进程推进缓慢的假设,[34]或者说有关法国"起飞较晚"的论断。[35]奥布莱恩和凯德（O'Brien and Keyder, 1978）对1781~1913年这一时期的英国和法国做了一系列的比较,发现如下：人均国内商品产出大体相等。法国的工资水平明显更低些,但因为那里以工资为生的工人很少,所以就平均收入水平而言,这并不能向我们展示什么。英国的劳动生产率要更高些,但这由法国潜在劳动力的更大份额被用于农业和工业生产所抵消。[36]英国的农业生产率同样更高些,但作者不是将之归结为更高的生产效率,而是归结为更优质的土地和更多的土地被用于集约化畜牧业生产。[37]在工业方面,法国的劳动生产率要更高些,英国直到19世纪90年代才赶上法国,尽管后者的工业生产规模较小。奥布莱恩和凯德（1978，198）批判了任何有关法国处于"相对落后状态"的观点,认为它选择的经济发展道路无疑是不同的,但同样是理性的；事实上,他们更进一步指出,他们"倾向于将法国向工业社会的过渡视为是更人道的,而且也许是同样有效率的"。[38]这种修正主义观点的影响是如此之大,以致即使那些希望坚持英国处于"优势地位"的学者（像克鲁泽）也不得不承认他们的观点同修正主义者的观点只有"细微差别",并坚称法国在19世纪取得的经济成就是"可信的,但并不是更突出的"。[39]克拉夫茨（Crafts，1984，59，67）试图证明："修正主义［对法国在19世纪经济绩效］的解释夸大了法国的成就。"尽管如此,但在表明了他的保留意见之后,他似乎被迫得出结论："即使上述所有论点都被认可,但法国的经济绩效似乎比人们一度认为的要好得多,这是真实的。"[40]

就像在1815年所做的那样,英国和法国都试图将全世界的资本积累集中于他们的边界之内,但他们能够这样做的程度,在某种意义上取决于他们各自工业企业的实力。同样也取决于他们抑制劳动力成本、确保稳定的外部供应和为他们的产品获得充足市场的能力。这与其说是提高他们各自的经济效率——在世界范围内两国的经济效率已经是非常高了——的问题,不如说是一种政治任务。因此,国家发挥的作用就是至关重要的。但国家权力的运用却是非常微妙的,因为它既能确保优势,也能产生破坏作用。所以,必须合理地控制、使用和指导国家的运作。下一个60年的政治,就是以促使国家的作用"合理化"这一努力为中心——也就是说,优化国家结构以使"国民财富"增加,尤其是在边界内积累资本的可能性最大化。

这个过程是从国家间层面开始的。从1814年9月18日到1815年6月9日，欧洲的君主和外长们齐聚维也纳，试图就他们怎样实现欧洲的和平——他们认为这将决定欧洲的命运——做出决定。它将被称为"欧洲协调"（the Concert of Europe）。在这个漫长的秘密会议的中途，拿破仑从厄尔巴岛返回并恢复王位"100天"，但接着在1815年6月8日的滑铁卢被最终彻底打败。相比战争而言，人们总是对和平更难达成一致。它的目标是更长期的，也涉及更多方面；因此，它们往往会造成决策者之间的分歧。只有英国一直同法国处于对抗状态（从拿破仑之前的某个时间就已经开始）。而奥地利、俄国和普鲁士的立场在战争期间变化无常。因此，英国成为长达23年的一系列战争（也许最好被视为一场战争），以及长达150年的争夺世界体系霸权斗争的主要胜利者。她有充分的理由镇定自若、使竞争对手保持均势、同时维持自身的强势地位。当然，她必须确定法国不可能再重新崛起以挑战她的地位。但在拿破仑百日复位失败后，这似乎已不再构成一个大的问题。也许更令卡斯尔雷勋爵挂怀的是如何阻止其他三个大国过度扩张他们的权力，尤其是因为他们并不完全赞同英国的政治世界观——当然，同她的经济利益也不完全相同。

一方面，既然法国的军事力量已经被削弱，那么，英国唯一需要担心的是俄国的军事力量和可能的扩张野心。用20世纪的话语来表述，只有"两个超级大国"，尽管事实上在它们之间并不存在军事对抗的实际可能性。[41] 卡斯尔雷勋爵面临的真正问题在于，在建构政治秩序的过程中，他遇到的一位真正对手是梅特涅亲王（Prince Metternich）。后者熟稔外交之术，并且作为东方三巨头——奥地利、普鲁士和俄国——抗衡英国世界影响力的政治共识的代表。亨利·基辛格（1973，5）的评价是，尽管是卡斯尔雷"通过谈判达成了国际和解"，但却是梅特涅"使它具有了合法性"：

> 为了确保英国作为岛国的安全，卡斯尔雷倾向于只反对公然的入侵。但作为一个地处欧洲中部大国的政治家，梅特涅则首先试图确保社会稳定。[42]

我本人认为，梅特涅试图强加给国际社会某种形式的合法性，而它确实不对英国的口味，事实上最终还是英国占了上风。总之，很快就变得明不过，很明显，恢复法国的某种地位有利于英国的直接利益（更别提她的长期战略了），它能够作为政治-外交斗争中的潜在盟友（即使法国偶尔也会抱怨作为小兄弟的角色）。确实，人们也许会论证法国才是维也纳会议的主要受益者，因为"后拿破仑时代和平解决方案最显著的特征无疑是对战败国的宽大处理"（Schenk，1947，45）。[44]这通常被归因于——有一些合理性——塔列朗（Talleyrand）的聪明才智。不过，绝不应低估英国认识能力所起的作用，她认识到应当采取措施来稳定法国在拿破仑之后的政权。一份〔由 M. 加拉斯（Gallars）〕写于1816年4月的秘密报告被呈送给在巴黎的英国大使〔查尔斯·斯图尔特爵士（Sir Charles Stuart）〕，又依次呈送给卡斯雷尔，该报告确切地表明了英国人的忧虑所在：

> 由革命所引发的动荡仍然在人们的内心深处挥之不去。因为政权长期由卑鄙的人掌握，已经失去了它的威严，而这是信任与尊重的基础所在；……因为宗教已经完全失去了对那个缺乏适当教育的阶级的控制，所以他们并不了解道德法则，也不可能由于担心下地狱和上绞架而受到震慑。（Cited by Schenk，1947，49）

正是出于这些担忧，英国人——甚至像威灵顿这样的激进托利党人——也赞同路易十八周围持更温和立场的顾问的建议，因为担心太过保守的药剂将会为"病人"所拒绝，由此他也许会"重新陷入过去进行左派革命的幻想中"（Schenk，1947，130-131）。[45]英国所能做的与其说是进一步提高路易十八的权威，不如说是恢复法国的外交地位。

事实上，法国地位的恢复有助于提高英国行使其霸权的能力。卡斯尔雷有点过于简单化的法则——尼科尔森（Nicolson，1946，155）提及他梦想中的"理想平衡，几乎可以根据人口和军事力量而由数学计算得出"——最终由塔列朗的"更具现实可行性的观念"予以了改善，变得更为温和，使塔列朗（由此也使英国人）能够"理智、灵活和迅速地"应对这个世界。由此法国被允许进入核心集团。在1815年维也纳会议上打造的所谓的"四国同盟"被1818年在亚琛（Aix-la-Chapelle）打造的"五国同盟"（或五巨头政治）所取代。正如杜朴斯（Dupuis，1909，165）所表明的，这改变了一切：

法国进入欧洲理事会（the European Directory）似乎增加了后者的实力和权威；但事实上，它削弱了它们的力量……伴随着法国威胁的逐渐消失而成为有关过去的模糊记忆；现在各国更容易表达不同的观点或追求相互矛盾的利益。[46]

梅特涅的规划当然非常不同于英国的设计。1815年9月，三位"东方"[47]君主签署了一份文件，即著名的神圣同盟，他们承诺共同努力以维持欧洲现状，如果必要的话，将对那些受到革命威胁的国家实施干预。[48]英国并不在签约国之列。摄政王以下述理由来为自己辩解，即根据宪法，他需要一位大臣与他共同签署。他本人对签署这样一份"神圣的文件"感到满意。卡斯尔雷拒绝该文件在他的政府通过所基于的理由是，它是"一份充满神秘色彩和无稽之谈的文件"（Weigall, 1987, 111; see also Ruggiero, 1959, 93）。但梅特涅绝非是一位神秘主义者。他只是真正相信旧制度的优越性，这能够从他的回忆录中清楚地看到，其中他讨论了发生在法国、德国、意大利和西班牙的变革运动：

在所有这4个国家中，被煽动起来叛乱的阶级主要是由富人组成，真正的国际化眼光确保他们能够获得个人利益，但这是以原有的各种秩序被打破为代价的，即以领薪国家官员、文人、律师和饱受公共教育的个人的利益为代价的……这种邪恶可以用一个词来描述：傲慢。（Cited from 3: 465, 467, in Boyle, 1966, 832-833）

英国已经强大到可以不去理会这种傲慢。"当卡斯尔雷反对革命时，它不是像梅特涅认为的那样，因为它是'不合自然规律的'，而是因为它是令人不安的"（Kissinger, 1973, 32, 35）。他继续指出："革命尽管是不合意的，但［对他而言］却不构成一种实际的威胁"。英国认为，对它"唯一重要的扩张主义利益"——即在贸易和投资方面的利益——而言，似乎尚不存在什么障碍（Hobsbawm, 1962, 134）。盖什（Gash, 1979, 282）称英国为"一个已经得到满足的强国"。因此，它寻求——而且有充分的能力仅仅去寻求——"不纠缠其中的影响力"（Evans, 1983, 196-203）。[49]借助于"颇为实用的和平主义政策"（Polanyi, 1957, 5），英国"知道如何从她所具有的优势中获得最大收益"（Renouvin, 1954, 131）。

第二章 建构自由主义国家：1815~1830年

达成这种目标的途径是不仅仅专注于发展世界商业，而且要成为其他国家公债的购买者。这种公债的买卖大体上是由罗斯柴尔德家族垄断的，长达一个世代，而且往往成为"支持革命、而不是正统性的贷款"——即对拉丁美洲、希腊、西班牙和葡萄牙的贷款。因此，在证券交易所进行的公债买卖"是政治理想主义和商业策略某种结合的产物，而这在当时的英国是公共舆论的基调所在"。依次地，这些公债买卖所获得的债券（在1815年到1830年之间达到大约750000镑）代表了一种"资产的积累，它们很容易在海外转让"，被证明是可以用于"为谷物贸易提供资金"的通货（Jenks，1927，44-45，61-62）。[49]

世界体系中的霸权结构不可能是稳定的，除非大后方是稳固的，就像1815年的英国处于困境中那样。不断增长的人口、不断扩张的城市和工业区，以及战后的严重萧条结合在一起，表现为"各种社会弊病的总爆发，花了半个世纪的时间才将它们控制住"（Gash，1979，2）。政府在预算上的主要选择是在下述两个方面之间做出的，要么是强调减少支出——包括社会支出——和最大限度地开放经济，要么是实行更为谨慎的贸易保护主义政策，后者是由执政的托利党的大多数支持者倡导的。"事实上，［政府］在两种对立的政策之间摇摆不定"（Halévy，1949b，46）。[50]

尽管这是所谓的托利党反动时期，但英国的保守主义意识形态从一开始就是相对"开明的"，尽管它有时是不情愿的。可以肯定，托利主义强调"社会的和谐意识"（Brock，1941，35）。[52]问题是就实际而言这意味着什么。阿勒维（1949a，199）认为，考虑到各个方面，托利党反动时期并无任何重要性可言。托利党领导人所利用的政治情感——以及经常挂在嘴边的流行语——在基本点上同60年前构成辉格党纲领的那些情感和口头禅并没有什么不同。[53]布罗克（1941，35，76）将守旧的或极端的托利党人——他们抵制任何的改革——被边缘化的时间追溯到利物浦勋爵（Lord Liverpool）组建内阁期间（1812~1827年，但尤其是在1822年之后它重组内阁期间）。他称这届内阁为"那些19世纪诸届政府中的第一个，如果不称其为'改革'的话，那也肯定可以称其为'改良'的政府"。[54]与其说保守主义者认为改良应该是缓慢的，不如说他们认为改良不应该被有意识地计划或理性地构想；它应该简单地作为聪明人所达成的默契共识而发生。[55]

这样一种策略面对的直接问题在于，在经济萧条时期，工人阶级的耐心有时被证明是有限度的。在社会动荡时期，很难实施作为默契共识的改良。因此，在英国能够启动这种改良之前，政府感到，他们需要将动荡置于控制之下，他们选择的路径是镇压。战争年代也并不是没有对社会骚乱的镇压，从18世纪90年代对英国雅各宾派的镇压（see Thompson, 1997），到1811~1812年对卢德分子的镇压。1815年，和平导致谷物法被通过，但这引起了争议（1846年爆发的暴乱正是要废除那些法律）。这些法律引发了"史无前例的请愿运动"（Stevenson, 1979, 190）。[56]1817年，由手工织机织工发起的所谓的彭特里奇起义（the Pentrich Rising）——不太像一次革命，但在那时对许多人而言它似乎是革命——导致人身保护法被暂停实施，起义领袖被绞死。[57]1819年8月在曼彻斯特的圣彼得广场，大约6万名曼彻斯特人举行群众集会——接着在伯明翰、利兹和伦敦举行了类似集会——引发了慌乱的反应，后来被称为彼得卢大屠杀（the Peterloo Massacre）（这出遭遇惨败的讽刺剧已被无可挽回地记录在历史教科书中）。作为对自身混乱的反应，政府制造了"十一名烈士"和通过了6条法案，同时增加了军队编制的规模（1万人的陆军和2千人的海军）（see Read, 1958, 186-188）。[58]最后，1820年2月，阴谋杀害全部内阁成员的凯托街阴谋（cato street conspiracy）被政府密探揭露，5个人被绞死。我们应该如何评价这一时期的社会动荡呢？布罗克（1941, 1）主张，它"仍然处于19世纪的这样一个时期，即有可能爆发革命的时期"。[59]这似乎有点危言耸听。相反，就"革命威胁"而言，托米斯和霍尔特（Thomis and Holt, 1979, 124）得出结论认为，它留给我们"最持久的印象"就是"没有中间阶级参与的纯工人阶级运动"所具有的"软弱性"。[60]也许是这样，但无论如何，人们都能够同意怀特（1973, 192）的看法，作为结果，"伴随着彼得卢大屠杀和摄政制在英国的不得人心，议会改革的条件已经成熟"。聪明人所达成的默契共识在于，镇压与之后的改革相结合（不是唯有如此而无其他选择）是对长期政治稳定的最好保证。

当人们记起这种社会动荡并非只是在英国发生时，它就会变得更清楚。在1819~1820年，动荡在整个欧洲发生。在1820年的特拉波会议上，梅特涅力促对那不勒斯和西班牙进行干预。正如我们已经看到的，英国内阁正式拒绝了这个提议，尽管托利党的支持者对梅特涅表达了"深切的同情"，因为他们自身"在控制人民群众上"也有不安全感（Webster, 1925, 176-177）。更冷静的头脑会明白，那一天已经到来，是时候从镇压

第二章 建构自由主义国家：1815~1830年

改为改革、或至少是改良了。

从许多方面看，战后萧条引发的群众不满，最初在法国要比英国轻一些。也许正是这一事实解释了法国人如此沉溺于对政府机构进行改造的原因。也许是进行革命性改造的遗产使然，尽管法国此时被假设正在经历一个复辟时期。也许正是要限制"极端保守派"集团发展的更大需要，加快了中庸的自由主义派发展的步伐。最重要的，也许正是"极端保守派"的过度傲慢，分散了人们对社会问题的注意力。

甚至有人认为，拿破仑也许就是那个启动改革的人。在百日复位期间，他"改信自由主义"。面对宣称要制定一部自由主义宪法的路易十八，他在滑铁卢战役之前的两个星期告诉上院："我要开启立宪君主制的时代"（Suel，1953，180）。拿破仑从厄尔巴岛重返巴黎"像救世主式的重新君临法国"后实际所实施的，掩盖了他作为专制君主的形象，重新确立了他作为革命者的形象。他由此确保了一种遗产能够传承下来。"在19世纪早期主导革命传统的三个国家——法国、意大利和波兰——正是那些对拿破仑的崇拜获得最大发展的国家"（Billington，1980，129）。

1814年，国王路易十八对其王位的稳固性尚不放心，寻求中间派的支持。路易十八不希望在原则上做出让步承认人民统治的观念，作为替代，他发布宪章保障"人民"从革命中获得的大量权益：法律、税收和兵役面前人人平等；言论和宗教自由（尽管天主教再次被定为国教）；继续实行拿破仑的民法典；在旧体制下授予的爵位和地位继续保留；保障在革命过程中被没收和出售的财产的合法性；最重要的是，继续实行中央集权的国家统治。当然，在这种妥协中的一个要素是基于如下事实，从政治上看，第一次复辟在拿破仑诸多主要支持者的默许下得以实现，他们以此换得自己继续保留原来的职位（see Zeldin，1959，41）。但重要的是要注意到，尽管同样是在百日复位中同国王达成妥协的人，他们当中有的人此后在第二次复辟的白色恐怖中却被清洗——有的还被绞死，然而宪章仍然保持不变。这明显反映出宪章的制定并不仅仅是一种根据情况的变化而变化的安排，而是一种政治选择。

令国王感到沮丧的是，第一次议会选举带来的是一次极端保皇分子——德·梅斯特勒、博纳尔（Bonald）和夏多布里昂的信徒们——的集会。一年之内，忠于国王意旨的"中间派"发现自身已经变成议会中的少数派。法国陷入了一种令人啼笑皆非的状况。其中极端保皇分子支持"将传统变为一种制度,并作为政策提出"。[61]而君主制是该传统的一个支柱,这种传统同这种传统支柱的体现者之间出现了矛盾。国王解散了这届议会,试图组建一届更听他话的议会。但斗争一直持续到1824年,伴随着路易十八的兄弟查理十世继位,极端保皇分子的势力得到了重大的提升。不过,这次明确的右转直接导致了1830年的七月革命。

创建自由主义国家的决定性的和最后的斗争不是在英国——在那里,正如我们已经看到的,到18世纪20年代,甚至在托利党统治时期就已经取得了胜利——而是在法国进行的。在法国,正统王权的拥护者在复辟时期进行了不间断的和不妥协的斗争,以实现他们认为驱逐拿破仑就应该已经表明的东西:恢复贵族的特权和教会的特权——即按照他们的观点,"消灭平等!"(Elton,1923,103)因此,当他们发现自身处于这样一位国王——他希望理性地和温和地进行统治,即处于中间派的立场,因为他意识到真正的问题是如何疏导民众的感情,这种情感已经不可能再作为不值得关注的东西而简单地予以忽视——的权威之下时,王权拥护者转而反对国王,由此而反对传统。1817年,博纳尔(cited in Mellon,1958,102-103)已经清楚地观察到正在发生的情况:

> 我们称自己为保皇党人,我们需要根据正统性确认的王权;如果是那样的话,我们就该像反法同盟者那样在某个地方开始发挥作用。我们必须被宽恕——甚至赞扬。因为,正是由于我们认为王权正在反对正统性,所以我们反对王权本身是正确的。[62]

正统王权拥护者自讨毁灭。一方面,他们逐渐支持一种独裁主义国家,这同支持一种专制主义国家是不同的,因为它暗示一种民粹主义的——或至少是反精英主义的——基调。[63]与此同时,"他们对绝对君主制和神权[他们努力反对王权]的依恋使他们反对立宪君主制,变成为议会的坚决支持者"(Ruggiero,1959,174)。[64]更糟的是,他们转而支持扩大投票权,认为中间派的选票能够被作为"传统拥护者"的农民的选票所抵消。这样做,他们进一步强调了议会的作用。路易·勃朗(Louis Blanc)在写于1841年的著作(1:73)中明确指出:

> 议会在1815年的作为对历史的意义何在?他们的作为确实成了他

们的遗产。正是他们宣布了立法机构具有绝对主权的信条。因此，正是他们在不知不觉中为一个三段论打下了基础。从这个三段论中可以推断出，经过15年的斗争后，1830年代表了所得出的结论……［路易十八解散议会的结果是］那些称自己为极端保皇分子的人是沮丧的，而那些称自己为自由主义者的人却是鼓掌欢呼。但应该出现的是相反的情况。

因此，正是这些同样的正统王权拥护者到1840年时正在组建法国第一个有组织的政党。对此不应感到奇怪。

正统王权拥护者给自由主义者开辟了道路，让他们能够使大革命（甚至拿破仑）适合于真正的传统。在这个过程中，他们也使自身同大革命过于民主的基调分割开来。⑥基佐⑥和其他自由主义历史学家（孚雷使该论题在20世纪末重新流行）指出，大革命是合乎道德的，但由于偏离了它最初的自由主义初衷而误入歧途。然而"就已制定的宪章而言，有可能得出结论——大革命已经结束，而且已经取得胜利"。以那种方式，"自由主义者变成了真正的保皇分子，而极端保皇分子却成了真正的革命者"（Mellon，1958，47）。⑥梅隆称这种对法国大革命的解读为"欧洲自由主义发展史上的一个里程碑"。由此，自由主义者变得非激进化，在他们自己的意识中——而且越来越多地在其他人的意识中，他们已经同"民主主义者"区别开来。自由主义变成了一个同温和立场相联系的词汇。⑧"通过在语义上变为对1789年之后法国所取得的各项'成就'的一般修饰语，该词汇失去了它的党派含义"（Marichal，1956，293）。由此，它能够从代表反对拿破仑专制统治的含义转变为保留从拿破仑那里获得经验的含义：

> 作为政府实践的自由主义源于同拿破仑政府相同的基质，在选举代表上有一种实际上受到限制的例外，以阻止专断统治的出现。像拿破仑政府的官员一样，自由主义者确信他们是社会和经济进步的体现，有利于科学和技术的发展，并宣布将理性和功利主义原则作为一种优良和公平的政府的基础。在拿破仑政治实践和自由主义之间的连续性突出地表现在，为前帝国行政官员辩护，而强烈反对某些复辟时期君主有关维护正统王权的要求；同时表现在，他们都承认统计方法在解决社会问题中所发挥的主导作用。（Woolf，1991，242）

无论是在英国、还是在法国，一旦自由主义退去它激进的外衣，它就走上了专家治国的改良主义道路。对那时的英国政府而言，需要解决的最紧迫的问题是货币问题。事实上，库克·泰勒（W. Cooke Taylor）在1815年指出，英国在1815年之后有三个紧迫的问题需要解决——"现金、谷物和天主教"——但注意他将现金放在首位。1797年，因为源于战时支出而造成的经济困难和孱弱的军事地位，皮特（Pitt）"暂时"中止了以英格兰银行的纸币做"现金支付"，以此来保留它的黄金储备，[69]同时，这"引发了持续长达3/4世纪还多的论战"（Fetter，1965，1）。更确切地说，是引发了两场论战。恢复硬币支付标志着所谓有关金本位的论战达到高潮，这依次又导致第二场论战，即在所谓的银行学派和货币学派之间的论战。[70]主张实施金本位的人对1809~1810年通货膨胀的压力感到恐慌，他们将此归因于纸币的过度发行；他们鼓吹实施自由兑换政策。反对实施金本位的人论证，问题不可能通过改变货币政策来加以解决，因为它是战时各种极端困难导致的结果，将会随着战争的结束而消失。双方达成的妥协是推迟恢复硬币支付，直到和平来临。不过，当和平到来时发生了严重的通货紧缩，对任何紧缩信贷的做法都会招致强大的反对声音，而恢复硬币支付就等于紧缩信贷。[71]正是主要在这一点上，产生了两者之间的争论，前者（诸如从事棉纺织业的主要企业家）强调实施金本位制将会提高英国外汇的地位，后者对能否维持农产品价格感到担忧，[72]他们不仅包括大土地所有者、而且也包括平民（the little man）。[73]

当彼得卢大屠杀表明政府的强硬支柱是哪个阶级时，应该赋予"平民"以什么样的地位就成为愈来愈多地吸引英国公众关注的问题。很清楚，民众不满的根本原因在于"贫困"，现有的救济制度明显不足以阻止工人阶级"诉诸骚乱手段"以达成自己的目的（Darvall，1934，199）。[74]尽管有彼得卢大屠杀试图震慑、而且确实也在某种程度上震慑住了工人阶级的事实，但统治阶级仍然对他们增加了的社会力量感到担忧。

在自由主义者和保守主义者之间的争论（比辉格党和托利党、或甚至激进派和保守派的说法要更确切）并非就是否存在有需要解决的"问题"展开的，而是就如何能够最好地加以解决展开的。自由主义者指望将权力授予专家的立法，而保守主义者则期待被称为"利益集团"的模糊实体。[75]尽管如此，但却是托利党政府在1817年开始运用立法方法——尽管是缩手缩脚地，那一年，政府颁布了穷人就业法案（the Poor Employment Act），提供修筑运河、道路和桥梁方面的工作。该法案标志着"一个重要的新起点",因为它"含蓄地承认"政府有义务在萧条时期帮助"平民"(Flinn, 1961, 92)。[76]对这种缩手缩脚的立法尝试,我们还必须补充像安抚卫理公会派、向外移民和帝国等因素。新教各教派在确保英国政治稳定中的作用长期以来一直存在争议。[77]威尔莫·霍顿(Wilmot Horton)建议通过鼓励移民来解决贫困问题,这被称为一种"将穷人逐出国门"的政策。[78]对外移民依次又同帝国相联系。

在紧接着1815年之后的时期,英国政策的基调似乎是谨慎为之。他们对取消贸易保护主义持谨慎态度,对恢复硬币制度持谨慎态度,对殖民地和重商主义体制同样持谨慎态度。自由主义政治经济学家在原则上对帝国持反对态度,[79]但对任何"突然推翻现存体制的做法"却持反对意见。这里像其他各处一样,自由主义者两面下注以避免损失。他们赞成自由市场,但不能以资本积累的损失为代价。变化终将发生,尽管"对自由贸易论者而言,它似乎是旧制度——像查理二世时的——由于不合理而行将灭亡"(Schuyler, 1945, 103)。

自由主义者甚至在他们对殖民地的看法上也保持谨慎。一般而言,自由主义经济学家对利润下降感到非常担忧。韦克菲尔德(Wakefield)得出结论,殖民地只是部分地解决了可获利投资机会不足的问题。尽管同意对李嘉图的批评,但詹姆斯·穆勒(James Mill)(cited in Winch, 1963, 398)确实承认:"如果殖民地对英国而言在经济上是必需的话,那么它需要获得政府的支持"。[80]韦克菲尔德提出了一种"新的、自由主义的帝国观",为有效率的和自给自足的殖民地提供了一种真正功利主义式的辩护。[81]因此,在摄政时期帝国的殖民地确实不同于较早期的殖民地,正如哈罗(Harlow, 1953)所论证的那样。它们变成了"社会变革向海外的一种扩展,是社会帝国主义的一个例证"(Bayly, 1989, 252-253)。[82]

对英国而言,社会变革向海外的扩展实际意味着,当某地成为英国经济所必需的时候,它就变成英国的殖民地;当其他国家的殖民地在经济上对英国有用时,它就被非殖民化。对岛国的人民——他们并没有拿破仑那种世界主义的自负——而言,世界突然变成了他们的俎上肉:"从1815年以来,英国人蜂拥至全球各地"——作为游客、作为移民、作为殖民者、作为浪漫主义的革命支持者(Halévy, 1949b, 126-127)。[83]在经历了长时期的对拉丁美洲殖民者的独立运动既鼓励、又犹豫不决之后,英国最终于

1823年决定同西班牙——它派遣部队到那里镇压这些运动——之外的所有欧洲国家对抗；这被视为这场斗争中的决定性时刻。[84]英国已经准备好在那里作战，不像它在1820年还没有做好准备为反对法国干预西班牙本土而战那样。[85]当然，这就是人们所期待的霸权，这样一种霸权如何才能加以维系——通过制造它预料将不会引起众怒的潜在威胁，而且知道把握这种威胁不足以引起别的国家发出最后通牒的火候。[86]由此，成功地迫使欧洲国家保持无所事事的状态，"坎宁最终在南美洲各国赢得了最多的赞誉"（Temperley, 1925b, 53）。与此同时，英国也获得了自由倡导者的地位，尽管很明显是经济私利在发挥作用。

在一定限度内，英国愿意在支持独立运动上发挥作用，这也包括巴尔干地区/奥斯曼帝国、尤其是在希腊问题上。在英国，公众舆论在蔑视独裁政权——这种政权被视为非常不文明的——和谨慎地希望不过多地牵涉其中之间产生分歧。"施加影响，但又不牵涉其中"，这是埃文斯（1983, chap. 21）描述这一时期英国在欧洲外交政策的目标。不过，另一种描述这些目标的方式是说，他们的首要目标是通过使神圣同盟陷入困境而慢慢地蚕食它，因为它所奉行的原则大多已经站不住脚。希腊问题提供了一次绝佳的机会。希腊革命继1820~1822年欧洲其他国家的革命而发生，实际是在同一时间发生的。就其他国家的革命而言，正如我们已经看到的，英国"被动地"不赞成干预。不过，希腊的起义有其特殊性，它是基督教徒反对一个穆斯林帝国的起义，尤其是一次正统基督教徒的起义。梅特涅也许尚能保持镇定，但俄国的沙皇们却很难如此。尽管亚历山大对此犹豫不决，但1825年继位的尼古拉却已经准备同英国、接着同法国联合强行解决这一问题。[87]不过，该问题只是到1830年才最终完全解决。

一方面，在英国和其他地方，希腊起义被认为是激进分子的事业：

> 希腊……已经成为激励国际自由主义和"支持希腊独立运动"采取行动的目标，包括有组织地支持希腊的运动，许多自愿到希腊参战的战士已经启程。希腊在19世纪20年代团结欧洲左翼力量方面所起的作用类似于支持西班牙共和国的运动在20世纪30年代末期所起的作用（Hobsbawm, 1962, 145）。[88]

但另一方面，希腊民族主义也被作为一种工具，英国政府能够利用它来破坏残存的神圣同盟。如果说在1822年仍然是"狰狞的怪物"的话，到1827年神圣同盟就已经变成一种"被人们所蔑视的东西"（Temperley，1925a，474），这主要是因为希腊革命。"导致［神圣同盟］走向灭亡的主要设计者是乔治·坎宁"（Weill，1931，68）。⑱

希腊革命所发挥作用的两面性——既作为造成稍后"民族国家全盛期"的民族主义革命的原型，又作为英国强化它对世界经济霸权控制所做斗争的工具；由此，既是激进分子的神话，又作为托利党进行巧妙调度的借口——恰恰反映出浪漫主义的两面性。希腊已经成为启发欧洲浪漫主义灵感的主要来源，正如欧洲真正的古典主义者赞美古希腊的理性那样。浪漫主义"在1780年到1830年之间走向成熟"。它很自然地与法国大革命相联系，因为浪漫主义必须同"创造一种不同于它的直接先行者所设想的新社会"相关联（Barzun，1943，52）。因此，它是个体主义的、唯意志论的和富于诗情画意的。它支持想象力的充分解放。正是因为它希望想象力的解放，所以否认现实的诸多限制。但与此同时，它"也赞美过去、依恋旧传统、对那些时代感到好奇，即人们创作了朴素自然诗歌——和充满传奇色彩——的时代，这些诗歌尽管稍显幼稚，但却是真诚而自然的"（Weill，1930，215）。

所以，尽管浪漫主义包含着自然的一面，由此能够支持革命，但它强烈反对革命中的任何普适主义论调，尤其是当这表现为拿破仑将普适性方案强加给不情愿的民族时。⑲正是出于这种原因，像布朗基（Blanqui）这样一位激进的理性主义者就将浪漫主义者视为敌人。当布朗基——19世纪伟大的实践革命家——结束了在1830年革命中的战斗后，他闯进了他所工作的报社的编辑部。站在门口，他挥舞着来复枪，以年轻人的热情对着坐在那里的老编辑们大喊道："完蛋了，你们这些浪漫主义者！"——"革命消灭了浪漫主义"。对他而言，他刚刚冒着生命危险参加的大革命主要并不是共和国工人对压迫他们的人的胜利；他首先想到的是，夏多布里昂那种矫揉造作的浪漫主义做派、对中世纪的理想化、伪劣的哥特式风格和对封建制度的追捧，现在都将消失，而让位于一种更纯粹的古典风格，它将比照罗马共和国的贵族传统在文学、戏剧和建筑方面重塑自身。（Postgate，1974，97）

尽管如此，但巴尔赞（1961，xxi）指出："浪漫主义是民粹主义……甚至当像司各特（Scott）或卡莱尔（Carlyle）这样的浪漫主义者鼓吹封建制度时也是如此"。也许霍布斯鲍姆（1962，306）最好地把握住了它的总体基调：

> 尽管浪漫主义究竟代表什么绝非是清楚的，但它反对什么却是非常明显的：它反对中间立场。不管它的纲领为何，它都是一种极端主义信条。浪漫主义艺术家或思想家被发现处于极左立场……，极右立场……，从左跳转到右……，但很少有属于温和派、或辉格党-自由派的，即持理性主义中间派立场，后者确实是"古典主义"的根据地所在。[91]

那么，根据这种非常具有弹性的概念，希腊将被置于何种地位上呢？这里，贝尔纳[Bernal, 1987, 1991]对欧洲起源的谱系进行概念化研究的著作是重要的。他指出，文艺复兴时期的思想家已经将埃及——而不是将希腊——视为"最初的和富有创造力的来源"，埃及和中国"在［他们的］哲学和科学，但尤其是在［他们的］政治制度方面都享有很高的声誉"（Bernal, 1987, 16）。直到法国大革命时期，在这个时间点，由浪漫主义思想家引领，关注点才转向希腊：

> 到18世纪末，"进步"已经成为一种居于主导地位的范式。人们更看重动力和变革，而不是稳定；世界开始被视为随着时间的变化、而不是随着空间的变化而变化。尽管如此，但空间对浪漫主义者而言仍然是重要的，因为他们关注民族或"种族"的当地形态……真正的沟通不再被视为是通过理性发生的，它能够传达到所有理性的人。目前它被视为是通过情感交流的，只能传递到那些由于亲属或"血缘"关系而彼此联系在一起、并拥有某种共同"传统"的人。（Bernal, 1987, 28）

这就是为什么必须将埃及从欧洲起源的谱系中去除。对18世纪和19世纪的浪漫主义者和种族主义者而言，认为"希腊——不仅被视为欧洲的原型，而且被视为它的纯真童年——可能是土著欧洲人同在此殖民的非洲人和闪族人杂交的结果",这是不能容忍的(Bernal,1987,28)。希腊代表着——被建构成象征着——欧洲和外部世界(东方世界、野蛮地区)之间的界线。在"欧洲影响的"地区(尤其是如果在对抗一个非基督教帝国时),民族主义是合意的,甚至是理想的。因此,在拉丁美洲的白人殖民者和希腊人在反对"独裁统治"时都可能得到英国的支持,但这与像印度那样遥远地区所发生的类似举动无关。

浪漫主义更具保守性和更具革命性的不同形式是和不同的时间和地点相联系的。从时间方面看,为反对大革命—拿破仑时期的普适主义孕育而生的那种浪漫主义在较早期和中心国家居于主导地位。大约在1830年,它在意大利、德国和波兰——步希腊的后尘——让位于一种"主张进步的浪漫主义",并成为"民族解放运动中的一种重要因素"(Renouvin,1954,19)。但在中心区、尤其是在英国,它仍然等同于"传统,等同于维系教会和国家的权威",同它在大陆国家所具有的"革命或半革命性"相对立(Seton-Waston,1937,40)。

浪漫主义很好地服务于英国的霸权。它对神圣同盟起了破坏作用,正如我们已经提到的,后者是非常理性主义的和主张普适价值的。它损害了大革命—拿破仑传统的声誉。它鼓励欧洲(和美洲)地缘政治空间的重组,以服务于英国的直接经济利益和它维持与加强霸权统治的能力。它在欧洲和外部世界之间划出了一条清晰的界限,为帝国主义和种族主义具有正当性做了基本论证——这些对1789年以后世界的地缘政治和地缘文化的建构都起到非常关键的作用。当然,它是一种不严密的学说,不可能一直处于英国的掌控之下。因此,浪漫主义最终也在导致英国霸权统治解体中发挥了作用。但是直到19世纪最后三分之一时期,这种统治为经济和政治的转型所破坏时,它才发挥了上述作用。

法国国内的演进同这种宏大的发展模式相一致,这对英国非常有利。正如在英国那样——因此也像在法国那样,1815年以后的时期"既未给工人阶级带来繁荣发展、也未给他们带来富裕",而是带来失业,这种状况又由于国内向大的中心城市的移民而变得更加恶化(Ponteil,1968,285)。[12]从社会方面看,工人和城市资产阶级之间的悬殊巨大。[13]工人的组织权利被严格地限定为只能组织互济会,而且是在警察的监视之下。[14]1817年在里昂发生了工人骚乱,在骚乱中工人打出了三色旗(the tricolorcockard),罗讷省的省长将该事件归因于有关英格兰暴动(以及美洲的起义和里斯本的密谋）的新闻报道的不良影响。⑥尽管如此，但像基佐这样一位自由主义者在1820年仍然能够说："对获得群众支持，我并不感到绝望，尤其是就政治制度而言"。⑥

不过，19世纪20年代中期是政治进程中一个严重动荡的时期。就在具有自由主义倾向的保守主义在英国取得统治地位时，由于国王的意外早亡，查理十世于1824年登上法国王位，开始实施极端反动的政策。这导致同英国关系紧张，在国内甚至同享有选举权的集团（pays légal）的大部分人关系紧张，同工人阶级关系紧张。此外，查理十世继位时正赶上一个经济衰退期，这个衰退期开始于1825年，到1829年已变得非常严重。政治僵化同经济困难相结合倾向于产生爆炸性后果，直接为1830年革命创造了条件（see Bourgin, 1947, 203; and Gonnet, 1955, 250-280）。

查理十世不是设法缓和他实施的政策，安抚某些不满者，而是更加专横地行使他的权力。⑥当221名下院议员鼓足勇气要求他发表一次公开讲话，请他尊重立法机构的权力时，他——正确地——将这种做法视为是要维护法国大革命的根本原则，正像路易十八制定的宪章也要维护这种原则一样。但他驳回了恳请。这在某种意义上是查理十世最后的机会。"如果说在1830年有一场革命要爆发的话，那它是一场被激起的革命"。查理十世于6月26日颁布了一部强制性的新闻出版法令。议员们妥协了；但一群工人行动起来。这群工人既不是由那些"感到绝望和被剥夺权利的人"、也不是由"以中间阶级为主体的人"组成的，而是"主要由来自熟练的手工业工人组成，他们是经过训练多年积累经验才成为熟练工人的"（Suel, 1953, 188）。

那么，当邦纳罗蒂（Buonarroti）——"欧洲的第一位职业革命家"——"在1830年革命前夜为革命的胜利而祈祷时"，这是一场他所期望的革命吗（Eisenstein, 1959, 49）？⑥并非如此。它是一场持续3天的群众革命——7月27-29日，光荣的3天。但成果很快就被主张复辟的自由主义所攫取，导致7月王朝的诞生，由路易-菲利普担任国王，他更愿意称自己为法国人的国王、而不是法国国王。梯也尔（Thiers）指出："如果没有奥尔良公爵（the Duke of Orléans）……我们不可能控制这群暴民"（cited by Dolléans, 1947, 42）。为了反对极端保守派——他们仍然希望真正复辟某种旧的政治体制，七月王朝赋予一种对法国大革命的自由主义解释以合法性。"到1830年革命，对1789年大革命的攻击被最终挫败"

(Elton, 1923, 88)。

工人们很快就认识到,"从经济和社会结构方面看,[1830年]革命并没有带来任何变化"(Bourgin, 1947, 205)。如果说工人的幻想破灭的话,那么极端保守派也同样感到沮丧。1830年8月7日,夏多布里昂(cited in the Bénéton, 1988, 56-58, n.3)在贵族院发表演说拒绝支持路易-菲利普:"作为对改变现实无所助益的预言家,我的屡次警告均遭蔑视,我对国王和祖国已经感到厌倦;我唯一能做的就是坐在这艘失事船只的残骸上,对船只的失事我已做出如此频繁的预警。"大商人们也不清楚他们是否应该欢迎新政权,他们同时担心"正统王权拥护者的反击,[和]群众的社会革命"(Price, 1975b, 6)。

最后,英国最初也对是否承认新政权感到犹豫。事实上,在紧接着革命发生后的几个星期内,"战争威胁笼罩在法国上空"(Pinkney, 1972, 303)。三色旗、马赛曲、国民卫队的改组都令组成神圣同盟的各国感到不寒而栗;他们甚至开始担心法国会发动新一轮的进攻。但英国政府——恰恰是在威灵顿的领导之下,他是具有更保守倾向的托利党的代言人——很快就承认了新政府。到10月份,所有国家都承认了新政府。

英国为什么行动如此迅速?无疑,路易-菲利普既是英国议会制度"真诚的崇拜者",又是同英国结盟的坚决支持者,这有助于促使英国尽快采取行动(see Guyot, 1901, 579)。无疑,路易-菲利普任命这两种观点的著名倡导者塔列朗(Talleyrand)担任驻英大使是聪明之举,表明争取英国的支持"是[路易-菲利普]最为看重的"(Guiden, 1917, 186)。无疑,英国有充分的理由对波利尼亚克(Polignac)为查理十世制定的外交政策感到恼火。尤其是,他们对法国在1830年初入侵阿尔及利亚感到非常不快,特别是当他们认识到查理十世实际上将此视为十字军远征的重演时就更是如此。在英国已经成功遏制神圣同盟之时,查理十世的举动似乎是在破坏英国的计划。英国避免直接同他对抗,因为法国得到了欧洲其他强国、尤其是俄国的强有力支持。不过,现在能够寄希望从路易-菲利普那里获得更好的结果,正如事实所证明的那样。

尽管有各种质疑,但事实是七月革命确实取得了成功。即自由主义国家建立起来了——至少是在其原始形式上。100年后,贝奈戴托·克罗齐(Benedetto Croce, 1934, 101-102)能够回顾他称之为"七月荣耀"的革命,并称颂道:

伴随着［七月革命］欧洲所有的专制主义都在道德上被击败；与之相反，欧洲的自由主义——正在低谷中挣扎和斗争——成为如何在极端状况下应对敌人的范例。证明以这种方式斗争，胜利必然来临。它有助于确立以下事实，即一个大国已经获得充分自由；并成为确信多场革命很快将来临的基础所在。

正如克罗齐所揭示的，1830年革命具有扩散性，立即就扩展到邻国比利时和意大利，之后扩展到波兰。"欧洲人民从长期麻木状态中觉醒，神圣同盟的根基被动摇"（Rudé，1940，413）。[⑩] 在三国革命中，比利时革命是唯一获得成功的革命，这有其充分的理由。它是唯一适应在世界经济的中心区国家创建和巩固自由主义国家方案的革命。意大利的烧炭党人起义受到法国更激进力量和拉法夷特领导的运动派（the Parti du mouvement）各支部的支持。他们在罗讷省组织志愿者到皮埃蒙特地区（顺便到附属于该地区的萨伏伊）帮助作战。不过，他们的行动部分为法国政府所挫败。[⑩] 因为新的法国政府只是想遏制奥地利；而皮埃蒙特地区的国王查尔斯-艾伯特（Charles-Albert）也想让奥地利人撤走，但自由主义者试图阻止他这样做。结果最后是自由主义者失败（see Renouvin，1954，73-75）。至于波兰，革命很容易就被镇压下去。在波兰革命和法国革命之间的联系仅仅是精神上的。[⑩] 而且法国人离得太远，既无能为力、也不愿采取任何行动。

比利时则完全是另一种情况。比利时从来就不是一个独立国家，在尼德兰革命和法国革命之间的长时期内，它在某种程度上是一个自治的行政单位，先是在西班牙人、后来是在奥地利人的统治之下。在这个时期，不仅它的农业获得繁荣发展，[⑩] 而且工业也同样获得兴旺发展，尤其是在查尔斯亲王（Prince Charles）统治下的"繁荣的32年"［1748~1780年］期间。亲王的代表科布伦茨伯爵（the Count of Coblenz）［1753~1770年］——被称为"低地国家的柯尔贝尔"——实施了贸易保护主义政策（Briavoinne，1839，7，86-90），这导致在1765年到1775年之间取得"令人目眩"的增长。[⑪] 在那个时间点之后，增长仍能继续稳定保持。[⑫] 那时，奥属尼德兰相比联省共和国的一个优势在于，它将高人口增长、低工资和熟练劳动力结合在一起。[⑬] 结果就是比利时能够几乎像英国那样快地采用工业机械。[⑭]

法国在1795年吞并比利时。在法国统治时期，主要的工业生产中心——根特的棉纺织业、维尔维耶和欧本的毛纺织业、列日和厄诺的重工业——都获得了进一步的"明显发展"（Mokyr，1974，366）。[115]似乎有两个主要原因在起作用："同一个拥有3000万消费者的巨大的受保护的和统一的地区整合在一起"（Crouzet，1964，209），以及社会结构的转型——消除了内部阻碍贸易发展的障碍（关税、过境费）、废除了行会、实行了公民平等、对制度和法庭实施了改革，以及废除了封建特权（see Wright，1955，90）。[116]两者结合在一起似乎发挥了非常大的功效，正如所有人似乎都同意的那样："加速增长"、罗斯托式"起飞"时刻、"整体转型……[以及]决定性扩张的时刻"，是人们所使用的各种词汇（Lebrun，1961，555；Devleeshouwer，1970，618；Dhondt，1969，42，44）。[117]这已经成为那个时期比利时分析家的共同观点，正如娜塔利·布瑞阿瓦伊尼（Natalis Briavoinne，1839，113）所指出的：

> ［法国统治时期发生的］各种政治事件，统一的国内立法，更确切地说是对法庭的全面改组，改良的商业制度，这些都构成比利时明显发展势头的基础，就像在法国那样；但比利时是最早收获最大利益的国家。

法国在滑铁卢惨败之后，比利时被划入尼德兰王国。这并没有征求当地人的意见。这次重新合并（在分开250年之后）在比利时遭到各主要群体的敌视：民主主义者——在瓦隆尼亚势力强大，他们想实行议会制度；天主教徒——在佛兰德势力强大，他们对在一个新教君主的统治之下生活保持警惕，除非预先签署一个协定来保护他们的宗教权利（see Ponteil，1968，17）。直接的经济影响是负面的，部分是因为世界经济普遍处于下降趋势，部分是因为他们产品的市场萎缩。[118]从政策方面看，争论的中心是有关关税问题的，是在荷兰商人和比利时工业家之间展开的。前者依赖于开放的港口才能生存，更多地关注于汉堡、而不是曼彻斯特；[119]后者要争取实施贸易保护政策，以防止来自英国的竞争。[120]

威廉国王（King William）主要关注将这个疆域扩大的王国凝聚在一起，并偿还巨额国债。[121]事实上，有关关税的争执已得到平息。比利时人比荷兰人做得更好，所以他们相对较少地支持保护主义政策。这依次又成为问题所在，因为整个欧洲的经济在1825年以后都呈下降趋势，这在比利时造成了大量无产阶级的失业，他们变得"乐于接受革命情势"（Demoulin，1938，369）。

因此，巴黎的七月革命立即就在比利时引起反响。它使一直处于潜意识状态的、可能同法国重新合并的想法流行起来。它也使天主教徒对荷兰新教统治的不满被表达出来。但革命需要一个导火索来引爆。正如一些人论证的，即使8月25日起义是"由来自巴黎的煽动者鼓噪的"，但他们还需要有"军队"，而军队只能在失业的工人中招募（Harsin，1936，277）。这是一次"民众的反抗"，它是由社会问题引发的，以卢德主义和一些暴力行动为标志。[122]但这里也像七月革命的情况一样，起义很快被中间阶级的力量所控制，转变为一次民族的、自由主义的革命（see Demoulin，1950，152）。[123]

不像法国那样，在比利时并不存在强大的极端党派，这是因为天主教并未掌握权力。这使得比利时的天主教徒更能接受自由主义形式的天主教，它在法国的倡导者是拉梅内（Lamennais），但他在那里实际上不可能将信众变为一种主要的社会力量。[124]诚然，罗马教廷本身是正统王朝的拥护者，因此对比利时的自由民族主义持保留态度，但"罗马教廷的政策是一回事，比利时教士的表现是另一回事"（Demoulin，1950，143）。[125]瓦隆地区反对教权的自由主义者愿意对（主要是讲佛兰德语的）天主教徒做出让步，以取得他们在民族问题上的支持。[126]

争论很快就变得不是在维持现状与支持变革之间、而是在变革的形式上展开。存在三种可能性：尼德兰同比利时分离，但在一个来自奥兰治家族的国王的统治之下；同法国重新合并；或独立，由一个选自其他地方的国王统治。奥兰治亲王——威廉国王的儿子——的机会由于国王10月27日在安特卫普遭炮击事件而丧失，比利时人将此视为是帮助荷兰商人反对他们的一种方式。另一方面，主张重新合并的情绪从未如此强烈过，但它却在比利时之外遭到非常强烈的反对。主张由奥兰治家族统治和主张同法国重新合并都面临着一个非常强大的内部敌人——教会——的反对，它将奥兰治家族视为新教徒，将法国视为强烈反对教权的国家。[127]

但内部的社会妥协并不足以使比利时获得独立，如果这种独立无法满足英国和法国在更广泛层面的要求的话。神圣同盟希望英国不要急于承认新政权，就像它对待路易-菲利普那样。他们希望英国同荷兰的商业联系也许会促使前者采取强硬路线。他们还假设英国对法国扩张主义的复活感到担忧（see Guichen, 1917, 172 and passim）。[129]但他们未能把握新兴的英法模式的机制所在，一个独立的比利时——已经实现了工业化和自由主义的——事实上将会巩固英法联盟。"有关建立'自由主义联盟'的设想从19世纪30年代以来就成为伦敦和巴黎两地自由主义报刊经常提及的话题"（Lichthe im, 1969, 42）。法国人宣布"不干涉"原则以阻止普鲁士军队计划在8月末进行的干预，并促成英国人采取一致行动。[122]"英国和法国在1830年10月初的互信关系在保持和平方面发挥了至关重要的作用"（Demoulin, 1950, 127），[131]由此使比利时国民会议能够在11月18日宣布独立。11月24日，国民会议宣布不再服从来自奥兰治家族国王的统治。但就在这一刻，俄国宣布动员并派遣军队，11月29日波兰起义爆发。沙皇事实上力戒进行两次干涉。较早时，由于康斯坦丁大公和外交部长聂索洛得伯爵（Count Nesslerode）的反对，干涉行动被推迟。他们劝告沙皇谨慎行事，大公担心波兰——他的"私人领地"——军队会遭到屠戮。此时，波兰爆发起义，这无疑"使比利时免受干涉，也许使整个欧洲免于战争"（Guyot, 1926, 64）。诚然，沙皇进行动员本身是导致波兰起义的原因之一，因为波兰军官担心军队会遭到屠杀（see Morley, 1952, 412-414）。[131]1831年1月15日，拉法夷特说道："先生们，针对我们的战争已经准备完毕。波兰将成为先锋；但先锋已经转而反对我们的主要敌人"（cited in Morley, 1952, 415）。

因此，波兰起义标志着俄国不可能再对比利时进行干预。当然，这对波兰并不会有任何好处。当英国首相格雷爵士（Lord Grey）在1831年初接见波兰特使莱昂·萨佩哈亲王（Prince Leon Sapieha）时，亲王提到格雷爵士曾代表波兰利益写过一本小册子。"格雷说他在原则上并没有任何改变；但有鉴于当前法国受舆论驱使有吞并比利时的危险，英国必须有一个盟友，以使它有能力对抗法国的这种举动。而这个盟友只可能是俄国"（Betley, 1960, 89）。

犬儒主义在礼节上是必要的。不过，它确实证明在比利时和波兰之间存在着重要差别，比利时、而不是波兰有可能在巩固英法模式上发挥潜在作用。对当前所发生的一切，至少邦纳罗蒂是清楚的：比利时——在最终选定的利奥波德一世国王的统治下——已经同英国和法国联合构成"那种立宪君主制的堡垒所在，这种制度以议会制和中间阶级的广泛认同为基础"，邦纳罗蒂将它谴责为一种"利己主义的秩序"（Eisenstein, 1959, 86）。梅特涅同样清楚所发生的一切。在一封给聂索洛得伯爵的信中，他写道："我最隐秘的想法是旧欧洲已经开始终结……另一方面，新欧洲尚未开始形成。在终结和开始之间，将会发生动荡"（cited by Silva, 1917, 44）。

埃文斯（1983，200）称这种阵线划分为"欧洲外交史上的自然分水岭"——在东部是独裁统治，在西部是自由宪政。[132]它构成那种新的文化概念"西方"的物质基础，这个概念正是在1815年到1848年这一时期形成的，部分是由奥古斯特·孔德，部分是由一些俄国理论家提出并使用的，后者对这种"特定的文明形式"充满渴望，但对自身现实却充满失望（Weill, 1930, 547）。有关西方在军事上强大和在经济上占据主导地位，并声称要以个人自由的旗帜来对抗经济上落后的、"不自由的东方"的观念成为19世纪剩余时间和20世纪的思维定式。

比利时相比波兰的优势是它在西北欧的地理位置，再加上拥有一个已经成熟的工业基础。由此，它能够被纳入到已经得到扩展的中心区内；的确，作为已经得到扩展的高技术生产区的组成部分，比利时也是必要的，而这种生产区的扩大是一个不断增长的世界经济所要求的。[133]比利时将很快从它的暂时经济困难中恢复过来，这些困难是由一场政治革命的动荡所引发的。[134]它将由一位贤能的国王进行统治，他为自身设定的目标是"致力于强固英法同盟关系"（Ponteil, 1968, 327）。

在稳定控制住法国和比利时之后，英国就能够更容易地进行自身的政治调整。事实上，改革并不是始于1830年格雷爵士领导辉格党政府期间，而是始于1829年威灵顿公爵主政的托利党政府，对极端政体进行改革是英国首先必须完成的工作。问题不是赋予城市中间阶级以公民权，而是"解放"天主教徒。解放天主教徒的问题自1778年以来就一直是议会讨论的对象，那一年一些涉及天主教徒的刑法被废黜。[135]该问题最初是将公民权扩展到少数群体的问题——这是政治体制逐渐自由化的一个组成部分。不过，1800年通过的联合法案使问题复杂化。一旦爱尔兰在法律上被并入联合王国，那么扩大天主教徒的权利能够被视为该法案"实施所必需的"。但该法案的实施也同样能够被视为有产生相反结果的可能，因为这样做有导致英帝国非殖民化的可能。

与此同时，还必须考虑另外两个因素。第一个是新教徒在18世纪的复兴，尽管新教徒对英国国教当局施加了压力，获得了强有力的话语权，但他们"总的来看反对［天主教徒］的解放"（Hexter, 1936, 313）。第二

第二章　建构自由主义国家：1815~1830年

是法国大革命，它在相反的方向上起作用。反对大革命导致在英国对如何看待天主教徒的态度上发生变化："天主教不再被视为一个灵魂被吞噬的妖魔，而是勇敢的阿特拉斯神，它支撑起摇摇欲坠的世界，对抗邪恶激进主义的冲击"（Hexter，1936，301）。[130]

尽管如此，但无疑正是爱尔兰的下层阶级迫使问题得到解决，他们的行动反映的不是迫切要求融入英国的政治体制，而是由大众进行的爱尔兰民族主义运动的开始：

> 正是在天主教徒的解放中，[爱尔兰的下层阶级]模糊地认为他们的许多愿望将得到满足，新教地主将被剥夺，土地将在他们中间分配——一句话，将曾经属于他们祖先的土地归还给天主教徒。（Halévy，1949a，191）

到1829年，民族主义已经站稳脚跟，爱尔兰似乎在酝酿武装叛乱。"至少对威灵顿公爵而言，事实似乎就是如此"（Reynolds，1954，30）。[135]他认为，需要在解放和革命之间进行选择，作为曾经强烈反对解放的铁腕公爵，威灵顿公爵"决定实施一次战略性让步。他强迫国王同意"（Reynolds，1954，30）[138]出台无条件解放措施。

对爱尔兰的下层阶级而言，解放对他们生活的改变比预期的要小得多。[139]没有关系！威灵顿所做让步产生的结果是"它使改革受到尊重"（Moore，1961，17），与此同时，它最终使英国的极端分子变成选举制改革的坚定支持者。在面对路易十八采取半独裁的立场时，法国的极端分子在复辟时期做出了同样的反应。威灵顿和皮尔被英国的极端派视为最终证明是不能信任的。既然已经得到有名无实选区代表的支持，这些极端派目前论证，"自相矛盾的，但却不是非理性的"，"一个理性的和拥有广泛基础的选区只可能团结在'非教皇'旗帜的周围"（Evans，1983，206）。[140]威灵顿在天主教徒解放问题上的适时让步确保了英国将不会发生像法国七月革命那样的情形，但两者的结果被证明在本质上是相同的，因为它们都是在两个国家所发生的本质上相似的过程的最高潮。

尽管解放天主教徒平息了爱尔兰的不满情绪，但同一年发生在英格兰的歉收却使即将发生动荡的可能重新出现。1830年冬，农村地区的失业已经变得"非常普遍"，接着是乡村银行倒闭，导致农村骚乱的发生（see

Gash，1935，91）。正是在新的选举即将来临的时候，七月革命爆发。正如我们已经提到的，对此的反应是各式各样的。激进派是"得意洋洋"。他们将1830年7月视为是"重现1789年的壮举"。中庸的自由主义派（辉格党内的贵族们、城市中间阶级的显贵们）希望七月革命将被证明"既是自由主义的、又是保守主义的，它事实上将不是1789年或1792年、而是1688年的重现，由此成为法国人对英格兰政治智慧的礼赞"（Halévy，1950，5-6）。

但不管怎样，威灵顿在选举中失利，阿勒维（1935，53）将此视为"法国最后一任国王倒下的自然结果"。尽管七月革命也许伤害到、也许并没有伤害到威灵顿，但我们已经看到，威灵顿事实上并未对路易-菲利普持敌视态度。正如路易·勃朗（1842，2：4）那时所评论的，如果辉格党将七月革命作为"法国自由主义的胜利"来加以支持的话，那么托利党之所以这样做是因为他们试图维系英国"在欧洲的霸权地位"：

> 英格兰贵族——像所有贵族一样——在设法实现它的目标上都是非常有见地的和严谨的。它知道，在查理十世的统治下，存在一种后果严重的可能性，即法国将接管莱茵河左岸，并将君士坦丁堡移交给俄国人。它知道，奥尔良公爵在风格和偏好上都是倾向英格兰的。

很明显，七月革命的影响得到普遍传播。尽管如此，但如果没有民众的推动，改革也许永远不会到来，在英国同在法国或比利时一样。针对农村发生的持续骚乱，格雷爵士领导的新的辉格党政府以"最严厉地"执行法律来应对，成功地镇压了骚乱和纵火行为（Halévy，1950，15）。一旦控制住了骚乱，格雷爵士就开始推动他的改革法案获得通过。当改革法案只是勉强获得通过时，他解散了议会，新选出的多数议员都更强烈地支持改革。但当上议院于1831年10月否决了交其审议的改革议案时，城市开始爆发骚乱。中间阶级主张改革的领袖，像弗朗西斯·普赖斯（Francis Place），努力维持在改革运动中的领导地位。普赖斯提出了著名的口号"要阻止［威灵顿］公爵，就去买黄金"。这意味着从银行撤出私人资金。武装抵抗新一届托利党内阁的提议被传播，尽管"由弗朗西斯·普赖斯领导一场革命的说法肯定是一件不靠普的事情"（Evans，1983，211）。尽管如此，但威胁还是发挥了作用。威灵顿放弃了他的反对意见，国王向格雷承诺，如果需要的话，他将册封新的贵族。"对这种承诺的检验从未发生"

(Thomis and Holt，1977，91，98）。

改革的支持者和反对者都同意，在那时，英国已经"处于骚乱爆发的边缘"（Fraser，1969，38）。吕德宣称，之所以没有1830年英国革命，是因为没有"自觉的工人阶级运动"，以及劳工们一时迸发的愤怒"没有得到中间阶级的有力支持"（Rudé，1967，102）。但这是对已发生的事件做出分析应该采用的方法吗？作为对那种吹嘘1832年改革是在"未引发暴乱"的前提下完成的反应，约翰·斯图亚特·穆勒在写于1849年的文章（p.12）中反诘道："但难道没有对发生暴乱的恐惧吗？如果没有发生暴乱的可能性，上议院会放弃投反对票、或者威灵顿公爵会在绝望中罢手吗？"答案几乎肯定是"不"。

不过，这并不意味着是假定要发生的暴乱使他们实现了目标。因为再次地，该过程被中庸的自由主义派所掌控。改革法案的"主要目标"是"将中间阶级团结起来以支持贵族制度"（Gash，1979，147）。辉格党人"确信——用他们自己的话语来表述——'改良的时代'不会突然转变为'动乱的时代'"。因此，他们需要一个或一些似乎能将中间阶级纳入到国家政治当中的法案。甚至约翰·布赖特（John Bright）——他想要更多的权力——也说："如果该法案不是一个好法案的话，……那么它在通过时也将是一个伟大的法案"（Briggs，1959，259-260）。

改革对英国政治产生了一些始料未及的影响。"赋予苏格兰和信仰天主教的爱尔兰以自治权利大大增强了辉格党-自由派在议会中的力量"（Gash，1979，154）。英国的非英格兰地区先是成为格莱斯顿和劳合·乔治（Lloyd George）、接着成为后来成立的工党的坚定支持者。与此同时，保守党也能从仅仅是"王室和贵族的政党"转变为"英格兰的政党"（Halévy，1950，182）。尽管如此，但仍然能够论证，正是既通过将英国的非英格兰地区整合在一起，又通过将中间阶级整合在一起，1829~1832年的一系列改革使英国成为一个自由主义的民族国家。

除此之外，通过清除有名无实的选区，法案削弱了政府各部相对于个体选民的权力，他们现在需要对选民负责。50年后，这种状况由于中央集权式政党的发展而被改变，这种政党将党员和他们的选民置于控制之下。但此时，这种对中央专权——如果是部长专权的话——的削弱实际上令许多激进分子、自由主义者、甚至辉格党员感到"沮丧"，因为他们发现新的改革立法经常是更难、而不是更容易通过。不再可能仅仅通过说服居于领导地位的一些人就能做出适时的和必要的改革。必须考虑一个更广大——但仍然是心胸非常狭隘的——人群的利益：

> 的确，功利主义者在1829年和1830年对威灵顿和皮尔有好感也许是至关重要的。如果历史是沿着合理递进的路径演化的（它从未这样演化），也许可以论证，第一次改革法案更多的是延迟了诸如取消谷物法等举措，而不是加速了它们的实施。（Moore，1961，34）。

如果中间阶级获得的益处比他们预想的要少的话，那么他们确实得到了名誉，他们将变得不再吵吵闹闹。不过，工人阶级的全体——在英国像在法国一样——都感到"幻想破灭"（Briggs，1956，70），受到削弱的地位将使他们去继续下一轮的斗争。[149]

到1830/1832年，由中庸的自由主义派统治的自由主义国家在英国、法国和比利时建成，它们是那个时期三个工业化最发达的国家。三个国家共同构成世界体系的经济和文化中心区。它们和其他那些渴望实现相似繁荣和稳定的国家都打算实施自由主义国家模式。神圣同盟和中心区极端派的力量受到遏制；事实上，他们已经被击败。保守主义者和激进主义者事实上都已经转变为某种类型的中庸的自由主义派。如果已经有效地使极端分子的立场变得中立化，那么图谋发动起义的革命者很难形成一种政治力量，尤其是在这三个作为榜样的自由主义国家。

自由主义国家机器现在需要得到发展。选举权改革的推进仍然缩手缩脚。但已经启动，而且将不可阻挡地继续推进下去，直到在一个世纪内达到其顶峰，即获得普选权。伴随普选权实现的是将公民权扩展到全体公民——甚至是全体国民、甚至是全体居民。迄今尚未开始建构的是自由主义国家的第二大支柱，即驯服危险的阶级——国家对经济和社会弱势群体的保护。这个过程将在下一个时期——即1830年到1875年之间自由主义国家的巩固时期——启动。

注释：

① 这段历史已经在第二卷第3和第6章，以及第三卷第2章予以了分析。

② "在1815年之后，多个和平条约有效地抑制了法国的扩张……俄国越来越多地［被英国］视为新的威胁……英国的政策通常是为了阻止俄国的侵略而设置障碍"（Evans，1983，196-197）。当然，在19世纪后半期，德国开始成为威胁。

不过，如我们所知，英法联盟在整个19世纪和下个世纪一直非常稳固。

③ 这个术语我借用自七月王朝，它被用于指代统治阶层，包括"贵族、冒牌贵族和大资产阶级……显贵通常是指有继承权的人"（Jardin and Tudesq, 1973, 1: 157）。

④ 他指出这种区分"是托克维尔（Tocqueville）和其他一些人认识到的，但被雅各宾派的追随者和功利主义者所忽略。对那些将这种区分视为理由，以维系诸如七月王朝时期实行的狭隘的有产者拥有公民权等必不可少的阶级特权的人而言，它构成理由；但对那些认为它构成唯一理由的人而言，它不构成这样的理由"（Beloff, 1974, 49）类似地，罗桑瓦隆（1985, 75, 76, 80）也注意到19世纪这种对民主的恐惧，并含蓄地表达了同样的担忧：

> 斯塔尔夫人（Mme. de Stael）、巴兰榭（Ballanche）、夏多布里昂、拉梅内、罗耶·科拉尔（Royer-Collard）、博纳尔、圣西门、邦雅曼·贡斯当或奥古斯特·孔德（Auguste Comte）都在言说着同样的话语，尽管他们存在着［自由主义和保守主义的］区别……
>
> 他们共同关注的中心是希望避免实行人民主权模式，他们认为这种模式要对前一时期［大革命和拿破仑］所发生的全部过激行为负责，它既是推动革命发生、造成无秩序状态的策源地，又是孕育拿破仑专制主义的温床。
>
> 认识到人们对现代社会中民主现实的矛盾心理也就得出和说明了对民主脆弱性的认识。可以用下述说法来扼要地总结这种矛盾心理：对教条主义者而言，民主一方面是新社会的实在基础，另一方面又有颠覆新社会的危险；它既代表建设（公民平等）所基于的公正原则，又代表可能造成破坏的潜在性（在政治决策中由于参与者众多而造成的无政府状态）。

⑤ 也见比灵顿（1980, 57）："在法国大革命中……'国家'概念居于中心地位，即使并没有新的国家被创造出来。'国家'一词很快就取代较陈旧的和具有家长制意味的'政党'一词流行起来。"

⑥ 也见德芒戎和费弗尔（Demangeon and Febvre, 1935, 111）："宗教改革运动是300年间对拿破仑之前的中世纪欧洲的古老结构进行反复冲击的第一波，经拿破仑粗暴地一推，它便轰然倒塌。"1815年之后在法国和英国之间结成的意识形态联盟，尽管双方并没有公开承认，但在某种意义上在拿破仑战争之前就已经开始发挥作用。见比灵顿对激进主义在南欧传播的分析："在反对拿破仑战争中居于领导地位的英国鼓励整个南欧地区——从希腊经意大利南部到西班牙和葡萄牙——左翼和右翼力量的联合。为英国做这些政治精英动员工作的是持保守主义立场的苏格兰共济会在各地的组织；但英国人传达的主要讯息（通过立宪限制王权）在这些实施绝对君主制的地方却是一种具有革命性的观念"

(1980, 119)。

⑦ 他们继续指出："当人民提出的要求被忽略时……改革运动必然失败，除非他们准备采用更直接的手段来使抗议不断升级。"但这里此类情况并没有发生。也见埃文斯（Evans, 1983, 69）："人们经常提到，在 1794~1795 年当局很容易就能够镇压改革运动；但人们很少认识到，英国的改革者在为进行更激烈斗争所做的准备上是多么的不充分，当时的斗争已经超出了印刷小册子或分组讨论这些舒舒服服就能完成的范畴。"1794 年政府暂停实施人身保护法，并在当年 5 月对伦敦 12 名激进分子领袖提起公诉，同样是在 1794 年还颁布了"两个法案"——叛逆集会法（任何超过 50 人的集会都需要治安法官批准）和叛逆行为法（禁止任何反对宪法的言论或文字）。"激进主义运动在 1795 年以后被迫转入地下"。(p. 72)。

当局唯恐这次镇压被归咎于在 18 世纪的英国流行的传统的反法情绪，但应该注意到许多方面已经随着 1789 年法国大革命发生了变化。在此之前，反法是"激进分子"的专属特征，他们将反法视为反对上层阶级的一种方式。随着 1789 年革命的发生，"激进运动保卫英国的要求失去了其合法性，由此也失去了广泛的支持；代之，它不得不再次……以一种引起仇恨的邪教的形式出现，煽动对假想的反对英国的叛国者、对法国和法国道路同情者的仇恨"（Newman, 1987, 230）。

⑧ 与此同时，埃文斯（1983, 60）继续指出，小皮特在 1794 年退出辉格党后重新组合的力量"是一个真正的保守派联盟，它从伯克在《对法国大革命的反思》中提出的各种论点中获取意识形态上的支持，……试图抵制法国的邪恶势力"。很明显，取消王权同民主没有什么关系。

⑨ "如果这些法律没有被执行的话，原因当然是，雇主并未选择诉诸法律程序，这要么是因为雇员的组织对他们而言过于强大，要么是因为他们不愿去冒诉诸法律带来的损失和不确定性，要么是因为他们不希望引起公众的敌视"（George, 1927, 227）。

⑩ "以及在保护违法者和保守秘密上惊人的团结一致"（Thomis and Holt, 1977, 33）。

⑪ 欧洲较早期唯一的一个新教传教团体是德国的摩尔维亚兄弟会（Moravian Brethren）。

⑫ 经济利益是复杂的和多样的，它使英国的"奴隶贸易外交"在 1807 年法案颁布之后的长时间内处于十分矛盾的境地，1807 年法案废除了跨大西洋的奴隶贸易。见布莱克伯恩（Blackburn, 1988, 316-326）。

⑬ 贝利（1989, 12-13）同时也对这一时期爱尔兰和苏格兰的民族主义源于——至少部分源于——"被认为排除在统治权之外，未被……纳入其中"的程度非常感兴趣，不管这种民族主义是否还有其他根源，以及它们的目标是什么。再次地，当人民被赋予主权时，关键的问题是，谁是人民？

⑭ 康德利夫认为，"在拿破仑战争结束时，英国的地位在许多方面类似于美国在第二次世界大战结束时所处的地位"。如果考察一下商船数量，那么这种差别就能够更明显地看出。在1789年之前，法国大约有2千艘商船，但到1799年，"在公海没有一艘商船悬挂法国国旗"（Bruum，1938，86-87）。另一方面，即使在战争期间，英国的商船在数量上也从1500艘增加到1800艘。

列维-勒布瓦耶（Lévy-Leboyer，1964，246）指出，在19世纪上半期，争夺海洋权的斗争只是在英国和美国之间展开的，西欧国家被排除在竞争之外，它们上百万吨级的商船队加起来也只有美国的一半、英国的三分之一。"这种力量的相对消长在18世纪末不大可能被认识到，尤其是就法国的情况而言"。他将这一转折点确定为1793年。

⑮ 也见布尔（Buer，1921，169）对英国在拿破仑战争结束后所处萧条状态的略带忧郁的描述："不难解释这种长期的萧条为什么会发生。国家已经被一场大战消耗得精疲力竭。沉重的税负不可能有所减轻；偿还债务占去了一半的国民收入，军事和民用开支占去固定收入的一大半。因此，伴随价格的不断下降，国家支出并没有什么减少，而与此同时，加诸于纳税人身上的实际负担却加重了。缴纳地方税的人也处于相似的困境之中。尽管价格在不断下降，但济贫仍然是一种灾难性负担"。

⑯ 因此，罗斯托并不认为，英国从1815年到1847年期间的经济应该得到"经济史中的萧条期的坏名声"。诚然，在新兴工业城市中医疗和住房条件是恶劣的，也存在严重失业、农业歉收和食物价格高涨的不良状况。诚然，农民阶层也是不幸的，他们从事种植的利润非常非常少。但作为补偿，国内发展的势头强劲："利率下降；实际工资增加；贸易条件也向着有利于英国的方向转化"（罗斯托，1948，19）。

⑰ "在1789年到1848年之间，英国的商品、蒸汽机、棉纺机和投资大量涌入欧洲和美洲"（霍布斯鲍姆，1962，51）见列维-勒布瓦耶的解释（1964，32，41）：

> 事实上，纵览各方面的情况，我们认为，在取得技术领先的同时，一个国家或一个城市将处于积聚力量和培训专业劳动力队伍、建立工厂和迅速偿还建厂借贷资金的位置上，简言之，会对成本价格产生巨大影响，将潜在的竞争者逐出市场，成为需求预期增长的几乎唯一的受益者。此外，丰富的能源也成为有利于英国工业化顺利进行的一种因素。1817年，英国生产了1600万吨煤，而法国只生产了800万吨煤。这就为英国提供了非常大的进行产业地理布局的自由度，使他们能够从早先对设厂地址要求——沿河流分布——的束缚中解放出来，将纺织厂集中于产煤区附近，由此扩大了他们设厂的范围……

> 不管是什么因素导致了工厂的集中设置，但有一个事实是确定无疑的：曼彻斯特工业集群在19世纪最初的三分之一时期变得愈加强大。

但是，面对英国的主导地位，法国也并非完全失去了竞争力。见约翰逊（Johnson，1975，143-144）：列维-勒布瓦耶有关整个大革命—拿破仑时期"大滞后"的命题需要做某些修正。尽管如此，但在 1815 年——就像在 1830 年一样，在与海峡对岸的那个工业巨人的竞争中，法国处于严重不利的地位。

为了应对这种情势，法国首先是实施限制性关税政策……法国商人所采取的其他应对策略直到最近都没有引起应有的重视。英国工业生产的优势是在普通的大众消费品、尤其是纺织品方面。实行资本密集型生产是它在这个领域取得成功的主要原因。但在高质量产品的生产上，法国历史上就有好的名声，更重要的是拥有进行竞争的可能性……就总体水平而言，法国工人的工资只是英国工人的不到 2/3。这就是说，产品质量越高，劳动投入就越大，由此法国工业相对英国而言的地位就越强……所有这些意味着，相比英国，手工劳动、尤其是手工纺织劳动在法国保持其重要地位的时间要更长。而且，19 世纪上半期的大部分时间存在的一种现象对一个正在进行工业化的国家乍看起来似乎是奇怪的，即纺织业外包给农村生产的大规模发展。其中的原因当然不难发现。农村劳动力要更廉价。

⑱ 见列维-勒布瓦耶（1964，115，326，409）的同一本书："在 1820 年，人们也许会问，[法国]是否有可能摆脱它相对于英国而言的落后状态。到 1840 年，这项任务几乎已经完成……"

到 1835 年，不管我们考察的是纺织业还是运输业，大陆国家的资产负债表似乎是盈余的：在 19 世纪开始时的落后状况得到显著改善；当自动织布机、铁路和汽船对整个经济的作用得到充分发挥时，落后的状态就将完全消失……
不管我们考察的是工业生产——在 1815 年到 1850 年之间年均增长 3%，还是得自对外投资的收入——年均增长稍高于 4%，相比英国的数据，总体结果是十分有利的。

马尔科维奇（Markovitch，1966，122）断言，法国在 1815~1848 年这一时期的工业增长率要高于 19 世纪的任何其他时期。也见塞（Sée，1927，70），他将"在机械化方面的进步"视为这一时期最突出的特征，它表现在纺织机的改良和蒸汽机使用范围的扩大上。

类似地，德墨林（Demoulin，1938，298-299）也论证，在 1800 年到 1830 年之间，伴随着传统工业广泛采用机器生产，比利时的工业生产发生了转型，在 1830 年之后，它的工业增长加速。

克鲁泽（Crouzet，1978，19）对英国和欧洲大陆（包括法国）之间存在差距持一种不同的观点。他相信，在19世纪上半期，这种差距从相对量上看"并没有缩小"，从绝对量上看是在拉大。他指出，在1860年，英国占世界人口的2%、占欧洲人口的10%，但占世界总产出的40~45%、占欧洲总产出的55%~60%。在此前的一篇文章中，克鲁泽（1972b，115-116）解释了西欧在1815~1850年这一时期未能"赶上"英国的原因。因为，在英国"几乎完全垄断"对美国和拉丁美洲贸易的条件下，西欧国家国内市场狭小，在发展强有力出口贸易方面存在着诸多的困难。因此，在经济霸权国家发挥强制性作用方面，他持一种非常接近列维-勒布瓦耶的观点："似乎……一旦一个主要的'现代'工业化经济体——英国——形成，整个国际贸易环境就会变得不利于其他国家，仅仅是新的工业巨人的存在就大大限制了它们以国外市场作为推动其工业获得重大发展的机会"。

就英国持续保持工业领先地位而言，霍布斯鲍姆的观点类似于克鲁泽，但要相对更谨慎些："[在1850~1870年]英国是居于领先地位的工业国……努力维系它的相对领先地位，尽管它在生产用蒸汽动力方面已经开始严重落后"（1975，40）。卡梅伦（Cameron）的认识也是处于两种观点之间：一方面，他注意到"到1850年，法国拥有6800台蒸汽机，比所有其他欧洲大陆国家的总和还要多"，但接着他在一个脚注中强调："另一方面，英国也许比欧洲大陆所有国家、包括法国的总和还要多"（1966，66，and n.9）。

⑲ "19世纪中期，进出英国港口的商品价值量几乎占到全部国际贸易总价值量的1/4"（Imlah，1950，194）。这是从1800年仅占3%发展而来的（p.191，n.24）。"英国拥有世界上最大的市场"（p.192，n.24）。

⑳ "受英国对外提供贷款的影响，它的出口量显著增加。资本输出成功地转化为商品的形式，如果可能的话，绝大部分转化为英国商品的形式。在战争期间对欧洲大陆国家的出口，在1808~1810年和1820~1825年间对拉美国家的出口，在19世纪30年代对美国的出口，在40年代对印度和中国的出口都在急剧增长，这些增长都同这一时期的对外贷款联系在一起；当然，贸易额随后的下降也不可能离开这些贷款活动的终止来予以说明"（Gayer，Rostow，and Schwartz，1953，2：842）。

在世界贸易的这一发展过程中，欧洲大陆国家（尤其是法国）在这一时期是作为半边缘国家发挥作用的："通过同时扩大在欧洲销售棉织品和在新兴国家销售制成品，英格兰能够减少风险，并为未来做好准备。因为，在欧洲大陆国家身上发生的注定会在海外国家发生。通过向那些正在进行工业化的第三类国家提供奢侈品，法国能够直接获利；英格兰则通过向它们提供棉布、棉织品——相比以往任何时候都更优质、偶尔是机器，以及一直提供技术人员来获益"（Lévy-Leboyer，1964，181）。尽管如此，到19世纪中期，正是作为"世界第二大工业强国"的法国、而不是英国，通过输出技术和资本而在欧洲大陆

— 77 —

国家的工业化中发挥着"主导作用"（Cameron，1953，461）。

尽管贝洛赫（Bairoch，1973，592-593）认为，在整个19世纪，欧洲大陆国家同第三世界的贸易是"相对不重要的"，但这并不适用于英国。"早在19世纪中期，[英国]对第三世界的出口就占其出口总量的40%，而对欧洲的出口仅占其出口总量的35%"。类似地，埃文斯（Evans，1983，340）也注意到，1815年，对欧洲的出口占英国出口总量的一半以上，对亚洲出口仅占出口总量的6%；而到19世纪50年代中期，对欧洲出口的比例下降到32%，对亚洲出口的比例上升到20%，对美洲出口的比例不低于37%。也见康德利夫（1951，207）。施洛特（Schlote，1952，41）发现，相对人口规模而言，海外贸易最显著的增长是发生在1845年到1855年之间，这进一步突出了对欧洲以外地区贸易的重要性。

尽管如此，但伊姆拉（Imlah，1950，176）同意盖耶（Gayer）、罗斯托和施瓦茨（Schwartz）的观点：出口并不能解释英国所取得的巨大优势。确实，纯易货贸易条件（出口价格指数除以进口价格指数所得的指数）直到19世纪中期都一直是在稳定地下降的。指数变化并没有"更明显地表现出来……它与其说是由新的进口价格更迅速地下降引起的、不如说是由出口价格更迅速地下降引起的，这在很大程度上说明了纯易货贸易条件到1839年所发生的不利变化"。也见切克兰德（Checkland，1964，62）。

这些由进口导致的入超"在[19世纪40年代更自由的贸易政策实施]之前几十年间就已经存在"（Imlah，1958，6）。"原材料价格的下降[是]关税改革的结果"（Imlah，1950，189）。麦克洛斯基（McCloskey，1964，313）颠倒了进口增长同较低关税税率之间因果关系的顺序："蓄意实施的国际贸易自由政策……只是部分地——确实只是一小部分——导致关税税率的下降。进口占国民收入的较高比例这种意外状况的出现——本身只能部分地归因于英国的财政改革——是导致关税税率下降的主要原因所在，而自由主义意识形态胜利的作用微乎其微。"不管因果顺序到底是怎样的，我们都可以从中推断出："英国新的工业体系并没有创造出出口盈余……她在19世纪对海外贷款的显著增长不可能根据这种长期存在的臆说加以解释。"相反，正是无形资产（商船、商业佣金、汇回的个人储蓄，以及来自海外投资的收入）"弥补了她在有形贸易方面的赤字，并提供了进行海外投资所需要的新资本"（Imlah，1948，149）。

㉑ 在威廉·坎安宁（William Cunningham）最重要著作的第四版中，他写作了下述内容：

在辉格党统治时期，人们集中关注各类产业的升级换代，并没有努力使英国成为各生产领域的世界工厂，在这些领域，她的影响力和她所建立的友好关系能够使国外市场对我们的制造品开放。（p.494）

我不大肯定这是否就是目前的经典说法——英格兰作为"世界工厂"（或这部分内容可以在较早的版本中找到，它最早的版本出版于1890年）——的缘起所在，但很有可能正是坎安宁最早提出了这种说法。

㉒ 也见罗素（Rousseaux）："直到1830年，英国经济仍然处于以农业为主的发展阶段"（1938，62）。该阶段几乎等同于亨利·塞（Henri Sée）描述的法国在1815~1848年所处的阶段。"在实行有限选举权的君主制时期，法国在本质上仍然是一个农业国"（1927，11）。达沃尔（1984，12-13）继续指出："工业生产仍然主要在农村进行。甚至那些新兴的产业、像北部规模较大和不断扩展的棉纺织品制造厂仍然更多地设在农村、而不是城镇……在1811年，无论是在新兴的、工业高度发展的北部，还是在较落后的、更多从事农业生产的南部和东部，工人的常态是在家里或在规模较小的农村工场中手工操作一台机器劳动。"

㉓ 塞缪尔（1977，47）将这种"机械化进程的缓慢推进"归因于劳动力——既包括熟练、也包括非熟练——的相对充裕。

㉔ 不过，可以比较一下贝洛赫的数据和霍夫曼（Hoffman, 1949, 165-6）的数据，后者认为，英国从1781年到1913年的增长率为2.8%。

㉕ 盖耶、罗斯托和施瓦茨（1953，1：486）提及"[英国价格]的长期下降趋势，最低点似乎出现在1850年"。也见马克兹夫斯基（Marczewski, 1987, 34-36）有关法国的论述。经济衰退时期仍然是通货膨胀，这与农业歉收的老问题相联系，它在使 GNP 下降的同时却抬高了日用消费品的价格。一旦全球运输系统的改善抵消了地方歉收产生这种影响的能力，情况就会发生变化，这也许适用于19世纪70年代以后的情况，但肯定适用于20世纪的情况。

㉖ 罗素（1938，229）指的是1822~1848/50年这一时期。也见埃文斯（1938，141）："对劳工而言，最糟糕的时期是在1815年之后的时期，那时由于军人复员而使市场供过于求，与此同时农产品价格也被压低。在这段时间，工资水平被压低，济贫支出达到其峰值……在从1811~1831年的20年间，最不幸的就是就业机会大大缩减，在南部和东部的各郡由于人口增加了31%而受害最严重"。

㉗ 也见汤普森（Thompson, 1963, 232）。费尔利（1969，108）继续指出："一旦我们承认整个欧洲直到1870年左右一直处于短缺日益严重的状况，那么使这种说法能够同英国小麦价格明显一直在稳定下降的说法相协调的唯一方法就是坚持认为，以前受到保护的小麦价格是如此之高——这是相对于欧洲内部的潜在供应来源而言的，以致向英国和欧洲之间自由贸易的转化意味着英格兰小麦价格的实际下降，即使存在价格继续上扬的潜在趋势。"人们由此就会明白，为什么对取消谷物法存在如此大的阻力。

㉘ 这是相关著作经常提及的命题（Markovitch, 1966, 316; Landes, 1949; Kindleberger, 1961a）。卡梅伦（1957a，441）部分根据供给方的相对稀缺做出解释，这种稀缺结果导致工业原材料的高价格。但由于我们前面提到英国的原

材料价格也很高，所以这只可能是一种通过比较得出的判断：原材料价格在法国要高于英国。

㉙ 凯恩（Cain，1980，24）提醒我们，在导致迟迟不愿支持自由贸易的各种原因中尤其重要的是，"自由贸易还意味着在殖民地拥有的特权和对殖民地实施的严密控制的终结。当这些殖民地发展成熟时，似乎不再可能继续维持殖民统治"。也见穆森（Musson，1972b，18-19）："历史学家倾向于太过一般地强调英国的竞争优势，而忽视英国制造商在保护性壁垒背后的发展，许多制造商仍然感到有必要继续这种保护……曼彻斯特的制造商尽管要求取消对原棉进口征收的关税和废除谷物法，但与此同时却仍然是顽固的贸易保护主义者。他们反对取消对机器、尤其是制造棉织品机器出口的限制，因为这会提升其他国家的竞争力。"

㉚ 关税收入占政府收入的比重 1830 年是 38%，1840 年是 45%，几乎是战前这个比例的两倍。进一步而言，"对市场价值所征收的关税大幅度增加，而且有不断增加的趋势"（p. 311）。

㉛ 见杰里米（Jeremy，1977，2）："在 18 世纪 80 年代早期，法律规定，熟练技工和工厂主不能自由离开英国或爱尔兰，到英王统治之外的任何国家继续从事他所擅长行业的生产。"但是，许多人当然这样做了。杰里米估计，从 1783 年到 1812 年，有 10 万人从北爱尔兰移民到美国。对技工向外移民的限制在 1824 年解除。1825 年，完全禁止机器出口的禁令也被取消，代之以一种审批制度。不过，只是到 1843 年，作为贸易委员会主席的格莱斯顿（Gladstone）才最终取消了限制条款。然而，杰里米相信，这些禁令"在早期工业化时期并没有明显阻止技术信息向国外的传播，不管是通过人、还是通过机器"（p. 34）。也见亨德森（Henderson，1954，6），他断言，英国政府"让许多招募劳工到国外工作的经纪人和将机器与图纸走私到国外的人从他们的指尖下溜走"。

㉜ 进一步而言，伊拉姆（1958，23）谴责贸易保护政策导致了社会动荡。他指出，如果人们用实际价值（而不是欺骗性的"官方数据"）来衡量，出口贸易的增长处于停滞状态。拿 1842 年同 1816 年做比较——两个年份都处于萧条时期，出口贸易仅增长了 14%，而人口增长了 40%，进口增长了 55%。"这表明动脉、而不是肌肉已经硬化［正如俾斯麦（Bismarck）在描述这一时期英国的保护主义时所说的］，它也更充分地说明了社会压力不断上升这种症状产生的原因。［1842 年之后］接受自由贸易政策也许是为了避免陷入未老先衰的困境"。这种分析似乎太过简单，我们稍后会继续讨论这个问题。

㉝ 在整个这部著作中都会看到，我们的历史学是多么频繁地向我们灌输这些不真实的对比。这种历史学的歪曲是 19 世纪社会科学遗产的组成部分，那时的社会科学是作为自由主义意识形态发挥作用的。

㉞ 这次争论的背景已经在第三卷第 1 和第 2 章予以了考察（沃勒斯坦，1989）。

㉟ 流行一时、目前几乎已经被人们忘却的"起飞"概念是 W. W. 罗斯托（1971）在 1960 年提出的。他认为，法国的起飞是在 1830～1860 年之间发生的，而英国的起飞则是在"1783 年之后的 20 年间"（p. 9）发生的。有关法国的"起飞"存在一个确定时期的观点受到马克兹夫斯基的质疑，或者更确切地说，他指出，如果确实存在这样一个时期的话，那么它最迟发生在 19 世纪初（1961；1963，123）；也见布维耶（Bouvier，1965，270）、马尔科维奇（1966）和列维-勒布瓦耶（1968b，801）。

㊱ 因此，法国的服务业部门规模较小，寄生者也更少些。这导致奥布莱恩和凯德（1978，32）评论道，他们现在"明白尼采的话的力量，即'一个文明的实力'可以根据它所能供养的寄生者的数量来加以衡量"。

㊲ "法国农业之所以'落后'［较低的人均产出］是因为农村较高的劳动力密度，这必然导致对劣质土壤的精耕细作，以及生产的作物类型以基本食品为主。而且在法国，无地农民仅占农村人口的一个较小比重（事实上是少数）。几十年来，他们中的绝大多数人并未表现出要从他们生活的'劣质'土地上迁徙到城市的愿望……对法国经济发展绩效提出批评的人有时忘记了，法国的农业制度由于大革命时期农民的激进表现而得到巩固"（O'Brien and Keyder，1978，190，195）。

霍布斯鲍姆也提醒我们，回顾自 1789 年到 19 世纪中期的这段时间，并将他们同英国的农业工人相比较，法国农民"无疑处于更有利的地位"（1962，201）。接着，霍布斯鲍姆引述了一位英国学者科尔曼（H. Colman）在一本写于 1848 年的题名为《法国、比利时、荷兰和瑞士的农业和农村经济》著作中的评价。科尔曼写道（pp. 25-26）："经过对国内和国外农民和劳动阶级的考察，我必须实事求是地讲，就人们所处的状况而言，我从未了解到有比法国农民更文明、更整洁、更节俭、头脑更清醒，以及穿着得更好。在这些方面，他们同绝大部分苏格兰农业劳动者形成鲜明对比，后者过分肮脏和低贱；同许多英格兰农民形成鲜明对比，后者是奴性的、意志消沉和严重缺乏生活资料的；同贫穷的爱尔兰农民形成鲜明对比，后者是衣不蔽体和处于野蛮状态的"（cited on p. 201，n. a）。

最后，霍恩伯格（Hohenberg，1972，238-239）论证道："在整个 19 世纪，相比表面上表现出来的，法国农村经历了更多的变化［在社会结构、生育行为和土地使用制度方面］。矛盾的是，正是这些变化使维持——事实上是强化——一种建构在家庭经营、家庭所有的农场之上的基本平衡成为可能。"

㊳ 对法国选择经济发展道路的合理性，以及对法国工业在 19 世纪取得相对较好的发展绩效的重新评价，见列维-勒布瓦耶（1968b）、勒尔（Roehl，1976）、卡梅伦和弗里德曼（1983）。尽管列维-勒布瓦耶在 1968 年称赞"法国经济具有灵活的适应性，以及它的工业充满活力发展"，并将它在整个 19 世纪的特征总

结为"相对和谐的扩张"（p.801）；但在 1985 年同布吉尼翁（Bourguignon）合作出版的著作中，他却持一种不太乐观的观点。他们提到（pp.103-104）"法国问题"——食品消费比重过高、多样化需求太少、工业出口太少、投资太少，并责备法国农民：

> 技术创新在农村未能实现的事实——某些创新在 18 世纪 90 年代就已经出现，但是政治动荡、通货膨胀和战争中断了第一次工业革命的进程——可以由两方面的因素来加以解释：（1）长期看，农村贫困——是从前工业时期继承下来的——的程度只是非常缓慢地减少［这不同于霍布斯鲍姆在前一个脚注中的看法］。这就解释了在一个加速增长时期人们所观察到的在工资结构和消费开支方面的不正常现象。素质较低的劳动力进入劳动力市场和农村移民的特点改变了不同社会阶层的人数，……扩大了底层阶层的规模。在这个周期中，工资水平提高不够快和对工业品需求的不足被归因于阶层的变化，在计算适用于整个人口的资料时，我们必须将这些考虑在内。

这等于说，在 19 世纪下半期，法国仍然有较大规模的农村人口，工业家在必要时可以予以吸纳，以压低城市工资水平。而这种劳动力后备军在 19 世纪上半期的英国已经在较大程度上吸纳完毕。（作者归因的另一种因素是 19 世纪 70 和 80 年代政府过度干预所起的不良作用。）

㊴ 第一段引文出自克鲁泽（1970，86），第二段引文出自克鲁泽（1972a，278）。在出版于 1985 年的著作中，尽管假设英国处于相比法国而言的"优势地位"上，但克鲁泽提出了一个共同处于"领先地位"的长名单，并且非常苍白无力地得出结论："在这两种发展模式之间存在着如此多的相似性和趋同性"（1985，454）。

㊵ 他还将法国所取得的经济绩效总结为"可信的，但并不是更杰出的"（p.67），这比"可信的，但并不是更突出的"在语气上要稍强些。

㊶ 见克雷厄（Kraehe，1992，693）。施罗德（Schroeder，1992a，684）甚至提及"英国与俄国分享霸权"，这似乎是夸大其词的。也见杰维斯（Jervis，1992）、格鲁纳（Gruner，1992）和施罗德（1992b）。至于奥地利和普鲁士，它们"只是出于礼貌才被称为大国的"（霍布斯鲍姆，1962，129）。

阿勒维（1949a，95）很好地把握住了英国人对 1815 年军事情势的评估："从国家安全方面看，肯定没有什么理由阻止英国人减少他们在军队方面的支出。英国目前已经没有令其感到担忧的敌国。在长达 1 个多世纪的战争之后，法国的力量最终被削弱。迦太基征服了罗马"。

㊷ 有关梅特涅，也见施罗德（1992a）。有关英国，韦伯斯特（1925，48-49）类似地也强调她同欧洲大陆分离开来的意识，同时她继续赋予海上控制和帝国问

第二章　建构自由主义国家：1815~1830 年

题以优先地位。

> 海军力量和制海权仍然被视为是权力的真正保障所在……"制海权"甚至被认为是不容讨论的。因此，"搜查权"和国际法的其他原则——尽管不为其他大国所承认——仍然保持了其效力……［然而］"制海权"［在 1815 年以后］就从未再实施过。

的确，相比他的后继者，卡斯尔雷更多"孤立主义倾向"，但将托利党的傲慢自大同长期战略相混淆是错误的。从 1815 年这个时间点来看，在卡斯尔雷的岛国狭隘性与沙皇亚历山大的浪漫而充满活力之间，我们能够观察到威尔（Weill，1930，14）所称的"奇怪事实，即［在 1815 年］绝大多数国际法案的支持者是俄国贵族，而反对者却是英国外交官：托利党人傲慢地相信，只有他们的国家才能运转一个自由的体制，其中权力由贵族掌握"。非常妙！说得好，这是法国人有关权力领域尖刻评论的最好体现。

但不管怎样，卡斯尔雷在维也纳获得了英国认为至关重要和非常想要的东西："她保留了对海洋的控制权；她获得了在全球及区域层面上的安全保障；她占有了一些重要的殖民地"（Nicolson，1946，211）——即在全球海上航线上一系列具有战略重要性的岛屿和港口在 1783~1816 年这一时期为英国所控制。名单可以在沃勒斯坦的书（1989，122）中找到。

㊸ 梅特涅事实上也认识到了这一点，他在 1830 年谈及法国七月王朝时认为它"起到了冲垮防波堤的作用"（cited, without footnote, in Vidal, 1932, 34）。霍布斯鲍姆（1962，132）同意这种说法："1830 年革命完全摧毁了［1815 年所达成的和解］。"但更确切地说，它们摧毁了梅特涅所主张的和解形式，却更好地巩固了英国所主张的和解形式。威尔（1930，4）称 1815~1847 年这一时期为神圣同盟走向破产的时期，它"既不能抵制民族观念的传播，也不能阻止自由主义政党充满激情的宣传"。

㊹ 确实，克拉潘（Clapham，1930，317）认为与会国都太过宽容："［在 1815 年之后的岁月里］欧洲大陆人同意岛国居民的看法，即他们承担了可怕的债务负担，而且它的税收制度也是非常糟糕的。但人们很少注意到，负担过重债务负担的一个原因是政治方面的，卡斯尔雷和威灵顿具有绅士风度地拒绝考虑向法国索取任何重要的战争赔偿"。

㊺ 申克（1947，132）进一步指出，"威灵顿……以出众的洞察力预见到，波旁王朝将重蹈斯图亚特王朝的覆辙"。

㊻ 尽管格罗斯（Gross，1968，45）指出，由欧洲和解所发起的就彼此利益展开协商的程序和会议"为维系和控制力量平衡提供了某种自封的管理机构，即大约 100 年间欧洲维系不稳定和平所依赖的那种力量平衡"。但对我而言，杜朴斯的

观点似乎更为准确，他指出，这实际上根本没有维持多久："借助于诸大国就普遍关注问题进行经常协商的形式，维罗纳会议［1822］结束了一个欧洲共同政府的存在"。欧洲和解至多变成了一个"断断续续存在的利益集团"（p. 503）。

勒努万（Renouvin，1954，57）确定的结束一致行动的时间甚至更早，他认为结束于1820年5月5日英国内阁的国务文件，涉及的内容是拟议的对西班牙的干涉。该文件声称，联盟"从来就不是设计作为世界政府的或者管理其他国家事务的联盟……［英国］不可能、也不会依据抽象的和纯理论性的预防原则行事"（cited in Crawley，1969，674-675）。

㊼ 为了避免有人指责我在使用1945年以后的概念，见特默帕理（Temperley，1925a，23）对由奥地利、普鲁士和俄国发布的特拉波通告（1820年12月18日）的讨论，它是这三个国家在一次会议上发布的，当时英国和法国坚持只作为观察国参会："由此宣布的原则是，革命性叛乱即使纯粹是国内事务，也绝不可能得到东欧三位实行军事独裁的君主的承认。"

㊽ 就神圣同盟作为1815年之后和解的支柱，见希顿-沃森（Seton-Watson，1937，47-49）。申克（1947，41）提醒我们，加入神圣同盟的邀请发给了除奥斯曼帝国以外的所有欧洲国家。"盟约的基督教性质提供了一种同盟具有正当性的理由"。

㊾ 也见康德利夫（1951，203-209）。伊姆拉（1958，2）有代表性地提出了对这种论断的最好注解："英国统治下的和平［不仅仅是军事力量］中独具特色的……是她用她自己的自由和获得高度回报的政策对其他民族、由此对其他政府政策所施加的影响。"

㊿ 詹克斯（Jenks，p. 63）同时还提到，就拉丁美洲而言，这些贷款是"邪恶的"，因为它们主要被用于购买武器。"暴力、腐败、动荡和财政危机，这些总结了19世纪大部分时间南美大多数共和国的特征，当然决不能将这些问题归咎于伦敦金融市场早期的宽松政策"。我们能够确定它是宽松的吗？

(51) 阿勒维继续指出："当1819年，通过恢复硬币支付制度，李嘉图学派获得明显成功时，前一种主张明显获得了胜利，而且，也正是在此时，李嘉图为自己购买了一个下议院席位。"

(52) 布罗克继续指出："国王、贵族、下议院议员和人民都不应该单独统治，但每类人都有它应该支配的固定领域，每类人也都能够通过越出那个专属领域而打破平衡。"

(53) 阿勒维辑录了（1949a，200）两党采取一致政策的诸方面：党组建战时政府和全力保卫欧洲自由；政府努力获得社会的支持；禁止军队干预政府；实行公共服务方面的改革；法律同各种权力的模糊分配相结合。

(54) 阿萨·勃里格斯（Asa Briggs，1959）将英国从18世纪80年代到1867年之间的这段时期描述为"改良的时代"。

(55) 确实，在20世纪，保守主义学者将会论证，这就是实际发生的。哈特（1965，39）分析了她称之为“托利党人对历史的解释”（指诸如大卫·罗伯茨［David Roberts］、奥利弗·麦克唐纳［Oliver MacDonagh］、基特森·克拉克［G. Kitson Clark］等历史学家），并将它同辉格党的解释相对照，后者强调人和思想的作用：“在对19世纪英格兰进步的解释中，他们轻视人和思想的作用，尤其是轻视边沁主义者的作用；他们认为舆论——通常是由一种基督徒的良心所推动——一般都是人道主义导向的；当人们感到社会弊病无法容忍时，他们由此会起而抨击它们；许多变革并不是预先策划的或在某种意义上计划好的，而是‘历史过程’或‘盲目力量’的结果。言外之意就是，没有人类的努力，社会进步也将——在未来就像在过去那样——会发生；即使我们仅仅是随一条橡木做的小船（Oakeshottian boat）漂流，最后一切也都会变得最好。”

(56) 在伦敦，它“造成的场景再次唤起人们对1780年戈登暴乱的记忆”。就1815年通过的谷物法而言，见霍兰德（Holland，1913，chap. 10）。政府公然实施谷物法以确保粮食供给。希尔顿（Hilton，1977，303）提出了这样做的理由：“当1814~1815年价格的下降有可能导致战时对农业投资的严重损失、大规模弃耕和资本从农地投资上逃离时，政府进行干预以阻止资本过多转移到工业部门，同时禁止外国剩余农产品的输入，这些剩余产品的数量大到足以使农民破产，但却不足以供养所有消费者”。这种论证似乎是有私利在其中的。

反对谷物法的各种论点很难说是具有更多利他主义成分。里德（Read，1958，11-12）概述了工业家的动机：“曼彻斯特反对1815年谷物法的工业家并不是根据社会正义来进行思考的，稍后的反谷物法联盟是利用它来获得合法性的。工业家的论据是赤裸裸地要求获得廉价的劳动力。他们论证，高食品价格将迫使雇主支付高工资，作为结果，他们的产品将在世界市场上变得不再重要。”

见科尔曼（Coleman，1988，35，39）对从逐渐兴起到在彼得卢达到高潮这一整个时期的评价：“政府的行为被归因于19世纪英国的统治阶级，当世纪初权威遭遇挑战时，它建立起威权体制。一些镇压手段是非正式的——像社会压力和骚扰、富人将关税转嫁给穷人、默许或纵容忠于政府运动中的暴力行为——而其他的则是正式的和合法的，像强化有法可依的禁令和管制、不断提起诉讼、增加军队数量以震慑或压制心怀不满者……政府发现自己的力量得到强化。传诸后世的就是制造了彼得卢惨案，这是1819年的真正教训所在。”

(57) 见勃里格斯（1967，43）；埃文斯（1983，181-186）。怀特（White，1973，175）对实施绞刑评述道：“科尔切斯特勋爵（Lord Colchester）表达了他的满足感，该事件有助于消除一种有害的错觉，即‘叛逆罪是一种下等人将不会受到惩罚的罪过’。贵族的特权在即将来临的民主制中会继续存在。”纺织工人在这一时期的激进主义运动中所起到的中心作用，见克拉潘（1930，1：178-180）；普若瑟罗（Prothe ro，1979）；和里德（1958）。

(58) 这 6 条法案是在 1819 年 11 月 23 日通过的，分别是禁止武装训练法（不得进行武器使用方面的培训）；没收武器法（查搜武器和逮捕的权力）；处置行为不端法（减少在司法程序中的延误）；煽动集会法（禁止 50 人以上的集会，他们只能在常驻的教区中集会，即使这样也能够命令他们解散；在任何情况下都不能携带武器、打出旗帜、敲锣打鼓或演奏音乐，或以军队队列行进）；亵渎和煽动诽谤法（限制激进出版物的作用）；对报纸征收印花税法［将印花税的征收扩展到每 26 天至少出版一次的出版物上，税额是不高于 6 便士（不含税）］。也见普若瑟罗（1979，75）。

(59) 以一种轻蔑的语气，布罗克（pp. 35-36）论证道："发生于 1816 年到 1819 年的多次激进骚乱，迟滞、而不是推进了议会改革运动。相比过去改革者的恶行，托利党更加自信，而辉格党则对他们过去曾如此支持的议会改革运动变得愈加冷淡"。

(60) 托米斯和霍尔特进一步驳斥了（p. 127）对革命即将来临的担忧："有鉴于革命一方存在如此明显的弱点，对革命不会在 18 世纪末或 19 世纪初爆发的解释并不要求在政府统治能力和它所控制的军队的实力方面去寻找"。

(61) 这就是雷蒙（Rémond，1982，22）对于"极端保皇分子"的定义，他将这些保皇分子界定为法国的三种"右派"之一，其他两种是奥尔良派（orléanist，保守的自由主义者）和民族主义者-波拿巴主义者。

(62)《档案》第 1 辑，1817 年，第 10 页（cited in Mellon，1958，102-103）。

(63) 勒屈耶（Lecuyer，1988，ii）在他编辑的于 19 世纪 80 年代再版的博纳尔著作的序言中指出，博纳尔的《政治权力理论》……出版于 1796 年，它被法国政府（督政府）所禁止，因此在法国几乎没有人读到。但博纳尔确实有"一位著名的读者：波拿巴听说它后，似乎尤其为它所吸引"。博纳尔本人在接下来的时期强烈反对拿破仑，正是基于他是暴君的原因（see Koyré，1946，57，n. 6），但这是不恰当的，因为他论点的逻辑使他赞同一种现代独裁主义，正如贝内东（1988，43）所评价的："既然真正的理性完全是社会性的，因此所有创新都必须被先验地认为是有害的和危险的……最危险的就是新思想……书报审查制度因而是必要的……社会的首要性使求助于世俗权威具有了正当性。博纳尔激进的传统主义由此最终以一种独裁主义的统治方式而告终。"

(64) 这使得拉吉罗（1959，85）这位典型的自由主义者能够将正统王权拥护者作为革命者来加以攻击："［在德斯特勒、博纳尔等人的思想中］'复辟'一词在其固有的意义上是不可能加以应用的。相反，它是同一场革命的延续，显现出它自身新的一面……现代君主实际上源于中世纪主张人类终将得救的宇宙神教的破灭……神圣同盟的宗教普济主义因此完全与传统无关；它的目的是反对《人权宣言》，但从本质上看它本身同样是革命性的。"

(65) 见梅隆（Mellon，1958，3，7）："自由主义者面临的第一个政治任务……是宣传法国大革命。在这一时期，他们的存在依赖于他们证明大革命具有正当性、澄清认为它是犯罪的误解，以及为它的罪犯开脱的能力……不是对大革命的'新气象'、对突然同几个世纪的黑暗和暴政分离感到荣耀，复辟时期的自由主义者把握住了它同这种过去的联系；但他们却反对保守主义者从法国历史中读出大革命的努力，这种解读暗示它归因于过去，暗示其中存在的连续性。"

(66)"革命是处于进步中的社会的神圣必然性的结果，它奠基于道德原则，并承诺代表公共利益。它是恐怖的，但却是法律反对特权或自由反对专断的合法斗争……通过自我约束，通过自我净化，通过建立立宪君主制，只有它才能够使它开启的善达到完美，矫正它所犯的错误"（Guizot，1820b，28）。因此，正如罗桑瓦隆（1985，199）所指出的："从这种视角理解，1814年宪章远非是虚假的、根据当时情况达成的妥协。恰恰相反，它似乎是一段长期历史的终点"。

(67)梅隆在写于1958年有关复辟时期法国大革命的历史著作中给出的这种分析，应该结合卡普兰（Kaplan）在写于1993年法国大革命200周年时的历史著作中给出的分析来加以解读。后者的认识已经发生变化……

(68)确实，正如拉吉罗（1959，89）在为自由主义辩护时所宣称的："真正的复辟既未包括在有关领土的维也纳条约中，也未包括在神圣同盟实施的政策中，而是在欧洲各国的历史中逐渐发生的，其中在恢复平衡和实现新旧融合的共同事业中，传统与革命、反动派和激进派以截然不同的方式进行了合作"。

(69)有关1793年到1797年国库空虚的情况见克拉潘（1944，1：259-272）。克拉潘（p. 172）提到"在1797年中止现金支付之前"，英格兰银行的"金条所具有的关键重要性"（1：172）。英格兰银行的纸币在那时并不是法定货币。"只要公众接受银行纸币，而后者又不要求获得法定货币所带来的好处，那政府和银行就倾向于以此方式使用它"。人们避免使用法定货币说法的一个原因在于，它"在公众意识中是同法国大革命时发行的纸币相联系的"（Fetter，1965，59）。纸币在1795年的暴跌事实上导致在法国使用硬币的增加，这依次又是导致英国国库如此空虚的一个原因。（see Fetter，1965，11-21）

(70)有关这两次争论的复杂性见莱德勒（Laidler，1987）有关金本位论战和施瓦茨（1987）有关银行对货币学派论战的说明。有关两场论战的情况，也见菲特（Fetter，1965，95-103）。

(71)有关恢复硬币支付争论的政治影响见詹克斯（Jenks，1927，25-31）和菲特（1965，95-103）。

(72)"农业生产者的不满由于硬币制的恢复而加重。契约已经签订、资本已经借贷、而且税额是在纸币体制下估定的；随着金本位制的恢复，货币价值将会提高，价格将会下降，契约规定的债务将必须以价值已经提高了的货币支付"（Brock，1914，186）。

"在这一时期的抗议运动中，谷物和货币问题明显同时出现——确实，它们一度变成了同一个问题……沉重的负担被加诸在负债人身上……在负债人群中最重要的一个群体是农业生产者集团……货币操作的技术细节对谷物种植者而言至关重要，不管他们对此的认识是多么少。批评者很容易忘记这些细节，而攻击政治经济学家做了‘错误的推论’和提出了‘可憎的理论’，是‘见风使舵的人’，他们似乎要为极端政策的实施负责。‘确实如此！他们当时正在变成最具影响力的群体。赤裸裸地支持君主大会召开，李嘉图［正是他引入了恢复硬币的立法］管理着国内事务’”（Briggs，1959，204-205）。

(73) “富人——他们能够筹得所需要的全部贷款——能够很好地应对严重的通货紧缩，并对货币正统派对拿破仑战争之后经济的看法施加影响；正是平民遭受的损失最大，在整个19世纪的所有国家中他们都要求获得便宜的贷款和实施非正统的金融政策”（Hobsbawm，1962，58）。“1819年之后恢复实施金本位制被视为恢复了富裕阶级的垄断权力，他们控制着信贷的供给”（Cole，1953，1：110）。中间阶级的激进分子支持恢复硬币制，因为他们认为，它将使国家“回复到和平时期的正常税率”（Read，1958，64）。

(74) 这当然也同样适用于农村地区，那里存在着“两个不同的阶级，他们的利益是完全不同的……当资产阶级变得愈益富有时，劳动阶级就会遭受损失。［到1815年］在英格兰和苏格兰的农村地区无产阶级造反的条件已经成熟”（Halévy，1949a，249）。

(75) “托利党看待劳工阶级的主导性态度是‘既得利益’思想。一直对抗自由主义改革者的——他们试图基于明白易懂的理性路线来塑造公共管理——是18世纪的旧偏见，后者偏爱‘利益集团’、而不是作为政治单位的国家”（Hill，1929，92）。

(76) 弗林（Flinn，pp. 84-85）注意到，在1793年到1811年之间，议会四次投票通过《财政部法案》，为处于困难中的商人、工厂厂主和殖民地的种植园主提供救助。此类法案中的第四个确实提到“由此带来的对就业的威胁”。但在1817年之前，这些法案仅仅是帮助增加企业家的流动性和推动举办特定的公共工程。1817年法案同时包含“提高就业水平的要求”。事实上，政府的社会立法在1817年法案之前就有。有1802年颁布的《学徒健康和道德法案》（the Health and Morals Apprentices Act），它将在棉纺织厂工作的穷学徒的劳动时间限制在每天12个小时。尽管也许这实际上与其说是对工人阶级这一新生社会力量反应的产物，不如说是伊丽莎白济贫法的衍生物（see Heywood，1988，218），但只有第二个法案是沿着这些路线制定的，它是在罗伯特·欧文（Robert Owen）的促动下由皮尔在1815年颁布的（see Ward，1973，56）。很难在托利党的社会慈善（贵族不得不为之）和托利党明智地适应抑制社会动荡的要求之间划出一条界线——如果确实存在的话。总之，“皮尔派的保守主义在劳工问题上并没有统一的认识。在威灵顿和皮尔领导下的执政党将注意力放在了其他地方”（Hill，1929，181）。

(77)“它们提供了一种发泄渠道，使处于饥饿与贫穷之中绝望的无产阶级能够找到一丝慰藉，同利用和平手段阻止传播革命思想形成鲜明对照，并借助居于主导地位的公共舆论的影响来满足法律控制的需要”（Halévy，1949b，vi）。“由于他们都渴望获得自由，［不信国教的人］统一于对秩序的忠诚，最终，这种忠诚占据了主导地位”（Halévy，1949a，424）。

(78)对这种诋毁，约翰斯顿（Johnston，1972，64）为霍顿做了辩护，他指出，霍顿真正“相信殖民地的价值”。也许是这样，但向外移民的规模很大（大约 1 万 1 千人，或 19 个穷人中就有 1 个人移民），而且确实减轻了贫困问题。政府也确实在推动向外移民，正如约翰斯顿（pp. 1-2）本人清楚地揭示的那样：“在 1815 年到 1826 年之间，利物浦勋爵执掌的政府在国家资助对外移民方面进行了 6 次不同的试验……像议会改革和取消谷物法一样，对外移民成为一个植根于下层阶级贫困的问题”。

另一个担忧是居住在爱尔兰和苏格兰高地的人将会移民到“联合王国经济发达的地区”（Clapham，1930，63）。很明显，他们将会移民，而且明显已达到一定程度，这对企业家而言是非常有益的。但在超过一定程度后，它就会加剧城市的社会贫困问题，而同样是这些人移民到联合王国之外就不会产生这种不利影响。《1826~1827 年移民研究》提及“自称为爱尔兰移民的巨大增长，……威胁到英国现有的生活水平”（cited in Clapham，1930，64）。

(79)“作为重商主义和它的各种观点不共戴天的敌人，经济学家［李嘉图、马尔萨斯、穆勒（Mill）和麦克库洛赫（McCulloch）］当然反对殖民制度，那时不实施某些商业限制的帝国似乎是不正常的，他们的学说在基调上自然是反对帝国主义的”（Schuyler，1945，70）。在议会有关结束航海垄断的辩论中，哈斯基逊（Huskisson，1825，24）做了一次前所未有的最强有力的陈述：“事实上，……［对殖民地的］垄断要么是无用的、要么是有害的：当母国能够以相比其他国家相同的或更低的价格提供给殖民地商品的话，它是无用的；当她无力这样做时，垄断——通过强使她的部分资本进入她并没有特殊能力运用的领域——明显肯定是有害的”。他举了同独立后的美国继续保持活跃贸易的例子作为对这些论断真理性的证明。至于阻止国外竞争，他指出（p. 258）：“西班牙过去实行的专断的规则和海上保护政策并没有阻止她的殖民地充斥着被禁止输入的英国、法国和德国商品”。

(80)不过，哈斯基逊（1825，287）持一种非常不同的观点：“事实在于，利润率根本不依赖于运用资本领域的大小，而是完全取决于当时工业的生产率。”

(81)“韦克菲尔德强调这种辩护的‘科学’性……能够比较韦克菲尔德领导的中央土地和移民委员会同另一个功利主义组织修订济贫法制度中央委员会之间的相似性。两者都是某种类型的权力集中于中央的官僚机构，它们在当时既不常见、也未迎合英国人的心理。两者都需要一个由全职专家组成的机构，他们完全通晓支撑现存体制的各种原则，能够既经济又有效地进行管理，而且拥有一个下达命令和明确责任的明晰链条，能够直达他们的下属……殖民地不再仅仅是军事据点、或罪犯的流放地；它们之所以被保留并不是为了给贵族提供一份闲职、也不是为了给特殊利益集团提供贸易上的好处。新的社会共同体将被建立起来，它们将免受英国人生活中所受的那些政治和宗教上的限制，同时拥有旧文明的某些属性”（Winch，1965，149-150）。

(82) 贝里（Bayly）继续指出：“当然，在政治家的头脑中，并不存在如下的粗俗意识，即这里占领加勒比海的一个岛、那里占领印度的一个省，将有助于管教工人阶级，并为贫穷的苏格兰高地人或不满的爱尔兰农民提供向外移民的场所。它更多的是一种民族使命感，即要消弭英国存在的冲突与不安，这种使命感尤其被一个新兴的军事化贵族阶层所传播，而且不断向海外扩散，重新唤醒了殖民地政府那几乎已被消磨殆尽的抱负。”

(83) 阿勒维继续指出：“贵族和中间阶级纷纷到巴黎或意大利享受更廉价的生活、较低的税收［注意这一点，所有人都认为英国是超级守夜人式的国度］、更宜人的气候和更多的快乐。失业的劳动者离开英国到北美洲、南美洲和大洋洲未被开垦的处女地上寻找工作；革命正在几乎全世界爆发，它为所有那些为冒险精神所激励和认为平静生活缺乏吸引力的人提供了一个以坚定的自由斗士出头的机会。在巴黎，罗伯特·威尔逊爵士（Sir Robert Wilson）帮助拉法夷特出逃；在拉文纳（Ravenna），拜伦（Byron）同奥地利警察发生了冲突。但南美洲为这些游侠提供了最荣耀的冒险机会。科克伦勋爵（Lord Cochrane）指挥的智利舰队，海军准将布朗（Commodore Browne）率领的拉普拉塔共和国舰队驻扎在布宜诺斯艾利斯港外。在委内瑞拉，麦格雷戈将军（General MacGregor）经历了一场场战斗，英格利什将军走在由300人组成的英德军团的最前面。据估计，1819年有1万多人从爱尔兰港渡海‘到南美洲为反对专制统治而战’，其中有一个旅包括1500多名曾经在滑铁卢战斗过的士兵。”

(84)“坎宁（Canning）如何应对［欧洲各国威胁要进行的干预］问题是众所周知的。他及时地发出警告，英国海军将被用于阻止法国军队和西班牙以外国家的军队离开欧洲……欧洲大陆各国政府在明确表态之前需要清醒地评估其中的风险”（Imlah，1958，9）。

(85) 门罗主义（the Monroe Doctrine）也是在1823年提出的，但它的作用不应夸大。帕金斯（Perkins，1927，256-58）提及它“给大多数欧洲国家带来的是暂时的、而不是长久的利益”，并补充说：“认为它使旧世界的外交官感到恐惧的说法只不过是一种神话。”正如希顿-沃森（1937，88）所注意到的，“明显存在对英国的不同反应，但可以毫不夸大地断言，在‘创建新世界的’过程中，坎宁的态度、而不是门罗主义发挥了决定性作用；因为美国被公认还没有为一场

第二章　建构自由主义国家：1815~1830 年

长期战争做好准备。而坎宁对此非常确定，认识到这一点的欧洲各国明显也持类似的观点。"就拟议中的对西班牙本土的干预而言，卡斯尔雷和他那时的外长坎宁拒绝参与其中。的确，他们明确表示反对法国的干预，但他们这样做"完全是被动的，目的是防止法国染指葡萄牙和西班牙在美洲的殖民地"（Seton-Waston，1937，84）。

⑧⑥ 见特默帕理（1925ab，37）对英国在这一问题上的立场明显具有权威性的分析："卡斯尔雷在亚琛（1818 年）迫使亚历山大放弃了任何用武力干预拉丁美洲的计划……但神圣同盟在 1818 年屈从于卡斯尔雷的事实并不构成它［在 1823 年］也这样做的理由，假如法国已经为达成这一目标而做好准备去冒风险的话"。但法国准备去冒风险吗？法国似乎表明它已经做好准备。路易十八试图恢复 1815 年签订的《家族盟约》（the Family Compact），由此向西班牙提供支持。接着，法国希望鼓励在拉丁美洲建立波旁王朝式的君主国。但到 1823 年末，法国已经确信："西班牙不可能再恢复她以前据有的殖民地"（Robertson，1939，319）。因此，不值得为此而开罪英国，尽管有极端党派（包括很快将成为查理十世的现国王的弟弟）强烈支持干预的事实。

⑧⑦ 申克（1947，41）提醒我们注意，当奥斯曼帝国在 1815 年被排除在神圣同盟之外时，它"倾向于认为在这种排除背后隐藏着不可告人的动机。毕竟，人们不可能太容易忘记，在如此近的 1808 年，俄国已经对君士坦丁堡提出领土要求"。

⑧⑧ 也见比灵顿（1980，135）："［1812 年希腊革命］提高了宪政革命在这样一个时期整个欧洲的声誉，即在那项事业似乎正处于最难堪的时期。它对民族——不同于社会——革命赋予了富有想象力的助推，它在政治上激发了一些颇具影响力的浪漫主义作家的创作灵感"。事实是，民族主义需要这种助推。它是一种新兴的主义，从某些方面看诞生于拿破仑时期，但仍然被混淆于对任何占领军的抵抗。只是在 1815 年以后，它才成为一种自觉的主义，它论证国家和民族应该一致。正如勒努万（1954，12）所指出的："在 1815 年……这种主义尚未完全成形"。

⑧⑨ 威尔（Weill，p.95）论证道："神圣同盟的解体——开始于应对西班牙和西属美洲问题——完成于应对东方问题……正是这个欧洲集团的解体使自由主义在 1830 年的胜利成为可能"。见特默帕理（1925ab，474-475），他类似地也将功劳归于坎宁："由此开创的事业是永恒的。英国在 1848 年革命风暴中所享有的稳固地位更多归功于坎宁、而不是其他任何人……1830 年和 1848 年革命证明，世界有可能'由于立宪君主制而变得安全'。正是坎宁在 20 年代就已经预见到它有利于稳定的作用"。

⑨⓪ "对［浪漫主义者］而言，将任何一个民族的发展道路、擅长的领域或艺术强加给另一个民族都是令人厌恶的。而这正是法国大革命试图犯的理性主义错

误，也是浪漫主义者正在与之斗争的错误"（Barzun, 1943, 129）。威尔（1930, 216）认为："在反革命政治学和新文学之间的联盟对那个时代的许多人而言似乎是不言而喻的"。

⑨① 霍布斯鲍姆继续指出："将它称为一种反资产阶级信条有些高估，因为在打算登堂入室的各新兴阶级中，革命者和征服者也令浪漫主义者着迷……资本积累过程中的邪恶因素……令他们感到困扰……然而浪漫主义因素仍然居于从属地位，即使在资产阶级革命时期也是如此"。霍布斯鲍姆（p.310）同时提醒我们注意："这些浪漫主义批判中产生最持久性影响的是有关人的'异化'概念，它将在马克思那里发挥关键作用，同时也对未来的完美社会做了勾勒"。

⑨② 也见勃吕阿（Bruhat, 1952, 186-187）："工人的状况从1815年到1830年变得越来越糟。在工时增加和生活成本上升的同时，工资却在下降……煤气灯开始普及，但主要用于在冬季使延长工作日成为可能"。

⑨③ "对工人而言，声称自己同资本家是平等，这是需要'勇气'的"（Daumard, 1963, 517）。

⑨④ 勃吕阿（1952, 206-207）提到："不过，即使他们的活动被限制在相互帮助方面，但这些互济会还是有助于赋予工人以组织意识的，哪怕只是定期收集会费、召集会议和指定会费收集人也是如此"（p.208）。

⑨⑤ 见吕德（1969, 61-62）有关省长德·夏布洛尔伯爵（the Comte de Chabrol）于1817年6月24日提到的报道的论述。吕德还提到一个由法维耶上校（Col. Fabvier）发行的小册子《1817年的里昂》（Lyon en 1817），类似地，它也暗示受到里斯本的运动和巴西的伯南布哥（Pernambuco）革命的不良影响。

⑨⑥ 给福列尔（Fauriel）的信，引自罗桑瓦隆（1985, 39）。

⑨⑦ 拉布鲁斯（Labrousse, 1949a, 19）论证道，这是1789年、1830年和1848年法国革命的一个共同特征。它们都是自发的；原因来自内部；在每次革命中都具有某种社会性质；之前都出现过经济困难。"如果经济困难和政治紧张这两种现象相结合会引发爆炸性反应的话，那么它们必然会遇到反抗……在英格兰，灵活的政策：适时的妥协，不会引发爆炸性反应。而在法国，抵制变革引发了爆炸性反应"。

⑨⑧ 邦纳罗蒂最担心的不是神圣同盟，而是"在这个改良时代由坎宁所领导的英格兰，它是更高明的对手"。（Eisenstein, 1959, 139）

⑨⑨ 这直到今天仍然为人们所称颂，纪念"光荣的三天"的纪念碑就矗立在巴士底广场。但对法国大革命的称颂主要体现在1814年路易十八的宪章中。巴黎资产阶级对极端保守派的反对"并不是进步性的；在显贵们的意识中，这部宪章是一个终点、而不是一个起点。为了同那些他们谴责为持反动观点的人做斗争，巴黎资产阶级的领袖自身也同样转向过去。他们的保守主义态度既表现在社会层面，也表现在政治领域"（Daumard, 1963, 575）。

第二章 建构自由主义国家：1815～1830年

⑩ 多莱昂（Dolléans，1947，44）同意这种说法："对工人阶级而言并没有什么改变……［路易-菲利普］的大臣们敌视人民甚于敌视主张复辟的人"。杜马（Daumard，1963，576，583）也持相同观点："为大家所公认的观点是，七月革命后，资产阶级窃取了这场由人民所发动革命的成果……到1831年底，资产阶级被组织起来。改良是有限的，但它们代表了那时中间阶级的希望，中间阶级的代表们都毫无例外地认为他们已经获得了在国家中的适当地位"。

也见纽曼（Neuman，1974，58-59）："［1830年革命］是主张立宪的自由主义者和平民之间结盟的产物，这种联盟的存在已经有几年了……［两个阶级］能够将自身视为一个单一政治体——人民——的组成部分，它是为了反对共同的敌人才联合在一起，敌人即以查理十世为首的、有大量神职人员充斥的贵族党……［只是稍后，平民才］在像路易·勃朗这样的社会主义者的帮助下认识到，自由是不充分的，主张自由主义的中间阶级并不会、而且也不可能代表他们的利益"。

"稍后"事实上几乎是"立即"。到8月中旬，巴黎爆发了许多次罢工。到10月，发生了"多次骚乱"。"工人阶级发现革命远没有如他们所期望的那样，给他们带来命运的改善，却是使它更为恶化"（Pinkney，1972，313）。到1831年10月7日，罗讷省省长提到工人阶级的不满是"紧随着革命之后发生的，［他们］肯定认为革命是代表他们利益的"（cited in Tarlé，1929，151）。

⑩ 首先，大商业发展得非常好，甚至在查理十世统治时期也是如此。尽管革命"确实给公共机构带来新的人选"——的确，它"对政府的较高职位进行了彻底清洗"（Pinkney，1972，276-277），但它"并没有为大资产阶级带来新的体制"（Pinkney，1964a，71）。的确，他们担心动荡会影响到经济的发展。他们认为，1830年的春季代表了"在困难时期过后某种程度的高涨期"。但商业状况"在继革命之后的几个月中变得恶化"。继革命之后，发生了"群众骚乱"（Johnson，1975，150-151，153）。

⑩ 尽管对塔列朗的任命在英国和法国都引起了争议，但它得到英国民众的广泛欢迎。见马苏尔（Masure，1893，108-113）。

⑩ "这次对阿尔及尔政权的远征，以及惩治柏柏尔海盗……令法国国王查理十世感到满意，因为他对宗教有着虔诚的信仰，他对此次远征的想象就像中世纪时期国王对十字军远征的想象一样"（Coulet，1931，2）。但这似乎必然构成对英国的危险挑衅。

⑩ 路易十八在他的殖民政策上已经有所约束以安抚英国人。查理十世在这方面却较少受约束。的确，他首先同英国和俄国一道卷入希腊争端。但1829年的《亚得里亚堡条约》（the Treaty of Adrianople）保证希腊独立，对英国人而言，这有助于保证他们的霸权统治，而从争端中解脱出来的法国军队进行了多次不同的海外远征（see Schefer，1928，32-33）。

— 93 —

⑩ 见基尚（Guichen, 1917, 65）："欧洲的舆论将远征阿尔及尔视为一种权宜之计，意在通过一场令全欧洲印象深刻的大胜来分散人们对议会糟糕处境的注意力，强固政府和国王的政治地位"。结果，"欧洲强国几乎一致的支持大大限制了阿伯丁和威灵顿决策的主动性"（p.67）。尽管"英国不断地提出抗议，……但彼得堡和巴黎之间的同盟关系变得愈加友好"（Schefer, 1907, 446）。

⑩ 相比前任至少要好一些。尽管塔列朗建议路易-菲利普放弃阿尔及尔作为向英国示好的一种姿态，但路易-菲利普拒绝了（see Guichen, 1917, 187）。不过，英国人能够同赞成他们对欧洲规划的路易-菲利普打交道，而不可能同查理十世打交道。

⑩ 但对马苏尔（1892, 696）而言，它在 1830 年之前就已经"摇摇欲坠"："到 1830 年开始时，神圣同盟仅仅是一个虚名"。

⑩ 见吕德（1940, 433），他指出，作为结果，"罗讷省志愿者的骨干是如何在里昂秘密组织起来的某些工人团体中生存下来的……在 1831 年 11 月 21-22 日，正是这些罗讷省的志愿者……在里昂领导工人投入战斗"。拉法夷特既是神圣同盟嘲讽、又是感到恐惧的对象。俄罗斯驻巴黎大使波索·德尔·博尔戈（Pozzo del Borgo）称他为"这支导致普遍动荡的远征军的保护人和煽动者"。奥地利驻巴黎大使馆秘书阿波尼（Apponyi）认为，他是"人民的偶像和革命的榜样"（cited in Guichen, 1917, 180）。

⑩ 见莱斯利（Leslie, 1952, 121）："几乎没有证据表明，[在波兰]起义领袖发动起义是为了阻止军队被用于镇压 1830 年法国革命。这是在事件发生后为了博取法国同情而编造的理由，正像有人论证，对波兰的第二次和第三次瓜分拯救了 1789 年法国革命一样。真相在于，[军队总司令俄国大公]康斯坦丁（Constantine）发现威索基（Wysocki）在密谋起义，由于这种原因，密谋者必须迅速做出决策"。

⑩ 斯里彻·范·巴斯（Slicher van Bath, 1963, 243）指出："取得最大发展的是在 1650~1750 年这一时期"，因为"佛兰德农业的集约型耕作与其说以生产谷物为主、不如说以生产工业或饲料作物为主"。但在 1750 年之后，这种发展仍在继续。阿贝尔（Abel, 1973, 286）注意到："1800 年前后，欧洲旅行者再次一致认为[佛兰德人]在欧洲[农业生产方面]居于领先地位"。

⑪ 哈斯奎恩（Hasquin, 1871, 299），他尤其指沙勒罗瓦地区（Charleroi）。也见加登（Garden, 1978b, 21），他指出："即使统计数据是不完整的和不准确的，但 1764 年的数据仍然表明，奥属尼德兰大部分地区各种工业的发展是令人印象深刻的"。

⑫ 指 1770~1840 年这一时期，勒伯汉（Lebrun, 1961, 654）提到"比利时工业革命极其迅速而密集的特征"。

⑬ 莫基尔（Mokyr, 1974, 381）将高人口增长归因于马铃薯和农村家庭工业的结

合，指出"在原工业化时期所支付的极低的报酬令那个时代的人和历史学家印象深刻"。他的结论在于："较低的工资也许在决定比利时迅速实现工业化方面是重要的，而较高的工资在决定荷兰处于停滞方面也许是重要的"（p.385）。

米尔沃德和索尔（Milward and Saul, 1973, 452-453）对比利时较低的工资水平提出如下解释："农村生产结构有助于……打破阻碍法国发展的那些僵化结构。农场的规模是如此之小，以致同一劳动力通常需要在农业工作和工业工作之间分配劳动时间。工厂工人在完成一天工作之后要走相当距离回到他的小农场。这不是无产阶级发展过程中的一个暂时阶段，而是比利时经济所具有的持久性特征。它似乎是从比利时境内劳动力移民的长期传统发展而来，是比利时的工业工资相对低于法国的一个原因所在，因为企业家不需要用高工资吸引劳动力永久离开土地"。

就熟练工人而言，见卢维（Ruwet, 1967, 23）："从[18]世纪初开始，莱茵-普法尔茨选帝侯、威尼斯共和国、巴伐利亚选帝侯、[神圣罗马帝国的]皇帝、普鲁士国王和稍后的俄国沙皇都定期设法吸引来自比利时维尔维耶的工人到他们国家工作，这充分证明了维尔维耶和它盛产技术工人的声誉"。

⑭ 勒伯汉（1948, 24）提到"只是稍微滞后"。

⑮ 克鲁泽（1964, 583）增加了克雷菲尔德的丝织业。莫基尔（1974, 368-369）提到在荷兰人的统治下出现了一个"非常大的困难时期"，接着在1830年之后失去了"过去那种发展势头"。科雷拜科斯（Craeybeckx, 1968, 123-124）增添了一个需要注意的事项。他指出，对欧洲大陆的封锁"刺激了某些产业的发展"，但同时也"抑制了……其他部门、尤其是冶金业的技术进步"。不过，他确实提到，在法国人统治的后半期，消除"旧统治所遗留下来的最后障碍"的影响"尤其重要"。

⑯ 德芒戎和费弗尔（1935, 128）指出，奥地利皇帝约瑟夫二世（Emperor Joseph II）曾试图强制实施许多改革，却均遭失败，但拿破仑却获得了成功。"因此，拿破仑在比利时被假想为是约瑟夫二世意愿的执行者"。

⑰ 米尔沃德和索尔（1973, 292）基本上同意，但以更冷静的方式做出评价。他们指出，法国在比利时统治的影响是"复杂的，但总的来说是有益的"。东特和布吕维耶（Dhondt and Bruwier, 1973, 352）称这一时期为比利时工业革命的"巅峰期"。不过，勒伯汉（1961, 574-576）提到一些"失去的机会"，它们是由允许大城市太过集中和对教育重视不够引发的。

⑱ 东特和布吕维耶（1973, 349）提到，政治调整加上英国产品的自由流动"导致根特棉纺织业的衰落。经济停滞一直持续到1823年"。但接着该产业在荷属东印度找到新的销路。里斯和索利（Lis and Soly, 1977, 480）记录了从食品消费来衡量，安特卫普生活水平"急剧下降的情况，从质和量上看均是如此"。

⑲ 见怀特（see Wright, 1955, 28, 77）："到18世纪末，荷兰的绝大部分贸易都

是依赖于关税、而不是依赖于明显的经济优势。战时状况迫使外国商人寻求新的客户"。问题在于，贸易是否能够恢复？这又由于1815年之后斯凯尔特河（Scheldt）的开放——该河自1585年以来一直被关闭——和德国边境地区麻烦的减少而进一步复杂化。"到1816年，绝大多数荷兰商人都是本着15世纪威尼斯的、而不是19世纪汉堡的精神来应对新时代的挑战的；他们想要一个免税出入的港口，它将受到各种可能限制的制约，但却有利于荷兰的商业利益和传统"。

⑳ 见德墨林（1938，124）："在失去了法国市场之后，比利时工业陷入混乱状态……尽管如此，但比利时人的要求被夸大；他们想要的是全面的贸易禁令……当然，那时全欧洲都是保护主义者"。怀特（1955，100）提到"比利时的自由主义者绝大多数都是保护主义者"。

㉑ 尼德兰的债务自16世纪以来就一直在不断地积累，此时要求每年偿付的数额超过1400万弗罗林。而比利时却几乎没有债务负担（每年偿还的数额不超过30万弗罗林）。确实，在拿破仑统治时期，比利时每年缴纳7500~8000万弗罗林，但从财政体制方面看，比利时类似于奥地利统治时期的荷兰。他们尤其抱怨，1821~1822年的财政改革是"以牺牲比利时农业和工业区的利益为代价，而有利于荷兰商业城市的利益"（Terlinden，1922，16）。面对比利时人的抗议，国王改变了过去的做法，实行一些进一步加强保护的政策。政策修订之后，"1821年体制被证明令比利时人普遍感到满意。他们的铁制品、煤炭、棉纺织品和毛纺织品继续在荷兰市场上享有有效的保护，在荷属殖民地也是如此"（Wright，1955，208）。进一步而言，比利时银行家从继续实行两套金属货币——荷兰的弗罗林和比利时的法郎——中获得巨额利润，在汇率有利于法郎的情势下，导致北方资本流向南方（see Chlepner，1926，28-30）。

㉒ 德墨林（1950，17-21）嘲讽了荷兰警察的证词，后者认为民众反抗的煽动者是来自布鲁塞尔的资产阶级："我们认为，那似乎是一种事后的解释；因为资产阶级实际上害怕民众，他们非常精明，所以不可能充当煽动者的角色"（p.17）。就反对从来源上将革命解释为"无产阶级革命"的证据，见范·凯伦（vanKallen，1930）。

㉓ 革命是民族的，不仅因为它为比利时反对尼德兰辩护，而且因为它将列日记在比利时名下。列日并不是奥属尼德兰的组成部分。法国将它同比利时一道纳入自己的统治之下，并启动了将两者同化的过程。但就1815年而言，两者仍然被视为是各自独立的。不过，"到1830年，人们普遍认为只有一个比利时"（Stengers，1951，n.1）。

㉔ 威廉国王甚至还触犯了保守的天主教徒的利益，他在1825年试图要求所有神学院的天主教学生都去上他开办的哲学学院，学习普通法和基督教会史（宣称这些课程并不是神学的组成部分）。到1829年，对天主教会而言，它已经进入"拉梅内和自由主义的时代"（Simon，1946，8）。自由主义者和天主教徒由于

"共同的敌人"而联合在一起（p.10）。雅克敏（Jacquemyns, 1934, 433）还提及浪漫主义在同时激励对宗教的虔诚和民族主义方面所发挥的作用，由此而有助于拉梅内社会改良主义的发展——这进一步证实了浪漫主义运动所产生的某些后果并不是阵线分明的，这是我们前面已经讨论过的。

拉梅内在法国所发挥的作用是一个引人注目的话题。他最初是极端派中的最极端分子。按照他的逻辑，他是如此的信奉教皇至上主义，以致他最终将君主制——同主张限制教皇权利的运动相联系——视为真正的敌人。因此，他将"反对专制和追求自由也作为自己的一个目标。一旦他想到这种令人震惊的联盟，他很快就被这种想法所吸引"，他开始论证两者在历史上的一致性，将法国16世纪的天主教联盟和法国大革命时期的旺代起义视为这种一致性的例证。事实上，正是比利时当时的情势使他能够发展他的思想，并预示他自己将进一步"左转"（Mellon, 1958, 189）。到1832年，当教皇格列高利十六世（Pope Gregory XVI）在通谕中谴责自由主义、政教分离和将宗教同自由相联系时，拉梅内已经准备好"为了民主而牺牲教会"（Ponteil, 1968, 308）。

㉕ 尽管在比利时革命之前和期间的确如此，但情况接着就开始发生变化。随着拉梅内和拉梅内分子的左转，教会施加了一些限制，天主教徒开始在民族主义革命中发挥一种缓冲作用（see Guichen, 1917, 255）。

随着通谕的发布，教会成功地结束了同自由主义者的联盟关系。比利时教会开始论证，在拉梅内的自由主义形式的天主教和他们所主张的自由派天主教之间存在着差别。即他们从根本上讲不是自由主义者，而是天主教徒，如果他们承认政教分离的话，那可能只是一种权宜之计。这就是著名的马利内学派的教义（the School of Malines, see Simon, 1959, 416）。然而，尽管这对作为一个独立国家的比利时未来的国内政治产生了决定性影响，但事实是，这种从自由主义立场上的后退来得太迟。比利时已经被创建为一个自由主义国家，在反教权的自由主义者和天主教自由派之间产生了分裂。而且，这种分裂贯穿整个19世纪。

㉖ 这个妥协过程——主要是就教派问题达成的——在1828年就已经开始（see Renouvin, 1954, 62）。

㉗ 对于三种选择之间的这种选择的详细说明，见斯唐热（Stengers, 1951）。

㉘ 这并非是完全荒谬的。法国人对待比利时独立的态度是非常模糊的。此时，他们支持比利时的独立，但让-巴蒂斯特·诺东（Jean-Baptiste Nothomb）相信，除了路易-菲利普和基佐之外，绝大多数人将"它的存在视为是过渡性的"（Stengers, 1981, 29, n.1）。米什莱（Michelet）称比利时为"英国人的一项发明"（cited on p.7）。迟至1859年，法国驻比利时公使称比利时为一个"通过协议而组建的国家"（p.8）。

㉙ 在呈送英国国王的国书中，塔列朗提出了不干涉原则，这是坎宁曾经作为一种

权宜之计提出的:"由此,从一种坎宁实施的暂时的政治权宜之计中〔它借鉴自门罗,同拉美独立运动有关〕……塔列朗自称为处理国家间关系找到了一条普遍和永久适用的规律"(Guyot,1901,585)。

⑬ 也见贝特利(1960,245):"这些来自伦敦和巴黎的支持为比利时国家的存在提供了基础,尽管英法两国政府在比利时独立问题上存在一些分歧"。

⑬ 的确,波兰起义接着也在俄国国内引起反响。波兰人支持俄国立宪民主党的密谋活动。他们提出的口号是"为了你们和我们的自由",作为对立宪民主党表示友好的姿态。"在波兰议会投票否决尼古拉继续担任波兰国王的那一天(1831年1月25日),立宪民主联盟组织了一次精心策划的抬棺示威游行,以对五位十二月党人表示纪念,他们是被绞死的。游行队伍打着的旗帜上写着'为了你们和我们的自由'"(p.415)。

⑬ 也见希顿-沃森(1937,151):"〔1830年欧洲动荡〕的结果是非常明确地将欧洲划分为两大阵营——欧洲东部诸强国,拥护独裁统治,……主张自由主义的西部欧洲,在国内推进宪政,并渴望……在西班牙和葡萄牙支持宪政力量以对抗西班牙王室正统派和米格尔一世(Dom Miguel)的反动统治。

⑬ 波拉德(Pollard,1973,640)将比利时视为仍在发挥半边缘区作用的国家。在讨论比利时在1815~1865年这一时期的作用时,他指出:"〔面对英国工业化的竞争〕那些最好的和最具韧劲的企业生存下来,它们的生存空间是在更先进的英国为一方和更落后的欧洲为另一方之间。由于最先和最成功地进入这样一种中间角色,比利时发挥着关键作用,也只有在这种双重关系中才能充分理解比利时的工业发展史"。我认为,波拉德低估了比利时的经济实力,尤其是在1834年以后。

⑬ 亨德森(1954,125)提到:"以严重的经济混乱为代价,比利时确保了她的政治独立"(1926,57)。希兰普纳(Chlepner,1926,57)也指出:"1830年革命引发了……一场深刻的经济危机"。但到1834年,以修筑铁路为基础,比利时开始了一轮大的工业发展。安特卫普的复兴使她能够成为不断增长的英德贸易的中转站。进一步而言,比利时由此能够从作为后发国家的地位上获利。"法国和德国的铁厂老板有充分的理由继续使用较落后的技术,但在比利时却有充分的理由尽可能快地改用新的冶铁技术。铁轨在1834年以后成为比利时绝大多数新建的大型冶铁厂的基本产品"(Milward and Saul,1977,443)。

⑬ 在与北美13块殖民地的战争中争取获得爱尔兰和魁北克支持的需要无疑起了作用(see Hexter,1936,297-298)。1778年法案是导致新教徒发动反对天主教的"戈登暴乱"(the Gordon Riots)的直接原因(see Stevenson,1979,76-90)。

⑬ 一个直接后果是1791年颁布了对不信奉国教的天主教徒的救济法案。

⑬ 威灵顿已经觉察到爱尔兰天主教徒的政治不满情绪即将爆发的一些明显征兆。天主教协会的领袖丹尼尔·奥康奈尔(Daniel O'Connell)在1828年克莱尔郡的

第二章　建构自由主义国家：1815～1830年

议会选举中以2057票对982票战胜维奇·菲茨杰拉德（Vesey Fitzgerald），后者是贸易委员会新任命的主席。"解放是不可避免的。但它在1829年颁布、而不是在5年或10年之后颁布，直接归因于爱尔兰的情势、尤其是［天主教协会］的行动"（p.164）。

⑬ 他征求了助手罗伯特·皮尔的意见，皮尔后来成为废除谷物法的设计者。当然，他们还必须说服议会同意。托米斯和霍尔特（1977，82）称之为"新型政治游说和组织的胜利"。可以将这些（开明的）托利党人同辉格党领袖做比较。阿勒维（1950，255-256）评论道，在19世纪30年代，"在世界各地，在爱尔兰、比利时、波兰、加拿大和纽芬兰，不满者是天主教徒，他们是开明的自由主义派的保护对象"。然而，到1838年，这些辉格党人"出卖了波兰，将下加拿大置于军管法的高压之下，把卢森堡和林堡的天主教徒归还给加尔文教国家［尼德兰］"。类似地，霍兰德（1913，77）也承认："在［辉格党］执掌政权的十年间［1830～1841年，这事实上在1834年11月到1835年4月间被中断］，辉格党政府并未实质性地改变谷物法、殖民地特惠税率、航海条例和对制造商征收高额保护税等国家制度"。尽管假称自己为自由主义派，但辉格党几乎从来就不具有自由主义派的勇气。这实际上并不令人感到奇怪，因为"辉格党的纲领一直都带有贵族政治的烙印……一位'辉格派民主主义者'是一种玩笑说法，而不是真正指一类人"（Southgate，1965，xv-xvi）。

⑭ 见雷诺兹（Reynolds，1954，168）："在爱尔兰，解放的直接影响似乎同人们在6年动荡中所付出的精力和热情极不相称"。

⑮ 第一个"彻底的改革议案"是由这些极端分子中的一位布兰福德侯爵（the Marquis of Blandford）在1830年提出的。它呼吁"将有名无实选区的席位转到各郡中去，取消非常驻选民的投票资格，将王室官员从议会中驱逐出去，向议员支付报酬和赋予一般纳税人以选举权"。当然，并非只有一种视角来看待下述事实，即一个充斥着有名无实选区产生的代表的议会会投票支持改革。阿勒维（1949a，145，147）对它提出了一种表示同情的评述："因此，选区的腐败在某种程度上修正了制度的缺陷，它提供了一种途径，社会的新兴阶级能够由此获得议会的席位和在下院中代表他们利益的代表……［连续两次对改革议案进行投票表决］证明，不像上议院，未经改革的下议院已经能够在很大程度上代表民众的意见"——或至少代表"银行家、商人和企业家的各种利益"，阿勒维提及的正是他们在下议院的议员资格问题。

⑯ 盖什（1956）对阿勒维有关七月革命对英国选举产生直接影响的论点提出争议。他指出，到8月3日消息传到英国时，要换届的120名议员中的60人已经被选出。他承认，剩下的60人——占到席位的1/4——争议最大，但他认为，改革在7月之前就已经成为人们关注的重要问题，因此说七月革命对英国民意产生了直接影响主要是激进派代言人的一种事后判断。不过，这是假设，七月

革命是通过影响那些被选举的人、而不是影响那些事实上被选举人的地位来发挥作用的。

⑭ "由此，现代议会改革者能够随心所欲，通过武装抵抗的威胁迫使对方让步，他们确立了一个先例，但这个先例后来将令他们极端窘迫，即当宪章派开始要求进一步的议会改革措施，并使用类似的策略来达到他们的目的时"（Thomis and Holt, 1977, 99）。

⑭ 沃德（Ward, 1973, 56）提出了非常不同的分析："人们不必探查卫理公会或其他因素对革命的抑制作用。并不存在可能引发革命的情势。改革之所以能够成功，是因为它的支持者在改革之前的最后一次选举中大部分被选为议员，因为威灵顿无力组建内阁，因为贵族们并不介意他们的利益会受到新册封的损害，因为辉格党对法案条款细致入微的处理确保了资产阶级选民占绝对多数"。这些都是事实，但绝大多数都是中间变量，需要做进一步的解释。而且它并没有否认穆勒所引证的因素：对暴乱的恐惧。

正如索斯盖特（Southgate, 1965, 21-22）很好地指出的那样："实行广泛改革的唯一理由——也许是全部改革的唯一理由，像格雷内阁的所有大臣们都有意识地一致表明的那样——在于，它对统治阶级的安全、权势和声望而言是必需的。承认他们的改革在本质上是保守、而且是要挽救显贵们和有产阶级的利益，辉格党希望，改革议案起草者们所发挥的作用能够像圣徒传记中那些英雄所发挥的作用一样……他们努力将中间阶级同那些反对宪法的阶层区分开来，中间阶级是一个大的、新兴群体，可以根据财富、财产、所受教育和享有的'声望'将他们同技工和工人区别开来，因此他们有资格享有选举权。对群众而言，改革法案并没有提供什么。它是一项不民主——和反民主——的举措"。

⑭ 当然，它发挥了作用："相比 1831~1836 年时期，辉格党要求将中间阶级同下层阶级的激进主义分离开来的合法性并未得到更清楚地证明……议会改革的实施直接导致伦敦民族政治联盟（the London National Political Union）的成员人数和财政来源急剧萎缩"（Gash, 1979, 191）。

⑭ 再次地，我们不应该言过其实。改革法案将选民人数从 50 万翻倍增加到 100 万（see Halévy, 1950, 27）。但正如克拉克（1962, 7）所论证的："不管如何界定，中间阶级在 1832 年之后［并没有］统治这个国家。确实，在那个改革法案通过之时，他们被承认是在政治上重要的群体，那个法案的草拟和通过大体也是作为对他们重要性的承认；但在法案通过之后，最终掌控政权的无疑仍然是旧的统治阶级——贵族和乡绅"。

⑭ 见索斯盖特（1965, 24）："改革法案这一社会'重大战略'的合理性在 1848 年宪章运动的惨败中得到证明，英国凭借对宪法的改革安然渡过了由法国新的一次革命所引发的风暴"。

第三章插图 "里昂起义,1834年4月9~14日"

勒查德 [Lechard] (?)
(感谢法国国家图书馆)

勒查德［Lechard］（?），"里昂起义，1834年4月9~14日"。里昂缫丝工人罢工演变为一场工人和政府军队之间的武装冲突，导致对工人的大屠杀。工人所打的旗帜上写着："不能工作而生，就要战斗而死。"

第三章 自由主义国家与阶级冲突：1830~1875年

> 就像滚雪球一样，英国的国家干预在整个19世纪一直在不断地增强，但大多数历史学家都倾向于将这个世纪的特征总结为一个政府避免进行干预的时期。
> ——J. 巴特利·柏莱柏诺（1948，108）

> 革命仅仅是发生了而已，它们既说不上成功，也说不上失败。
> ——约翰·普拉门内兹（1952，Ⅻ）

> 各阶层的斗争充斥着或者更确切地说创造了整个这段历史……斗争之所以不会消失，并非仅仅是因为政府各部门和各政党需要它们或发现他们这样做是有益的。
> ——弗朗索瓦·基佐（1820，6）

在19世纪上半期，作为一种概念的社会主义仍然无法同作为一种概念的"资产阶级民主"区分开来，正如拉布鲁斯（1949b，7）所指出的，"雅各宾主义和社会主义在政治生活中仍然被人们混淆"。从某种意义上讲，这种状况也许仍然适用于此后的至少一个世纪，其间并未出现对这两个概念的完全区分。尽管如此，但在1830年以后，作为不同的政治道路选择，自由主义（对我而言似乎是比"资产阶级民主"更好的表达方式）和社会主义开始分道扬镳。确实，正如霍布斯鲍姆（1962，284）所论证的：

> 务实的自由主义者……避免同政治民主挂上钩……拿破仑之后时代的社会不满情绪、革命运动和社会主义理论家加剧了这种［依赖多

数人来执行理性的决策的] 困境, 1830 年革命使矛盾更加尖锐。自由主义和民主似乎已成为对手而不是盟友。①

阶级和阶级冲突概念并不是社会主义理论家、更谈不上是马克思的贡献。它是圣西门所使用的概念, 由基佐作为自由主义方案的组成部分予以了发展。②圣西门有关现代工业世界阶级结构的观点认为存在三个阶级: 财产所有者、无产者和专家。他将"产业工人"(那些工作的人)和游手好闲者之间的阶级冲突视为一个过渡时期, 它将被一个由从事生产的产业工人阶级组成的和谐社会所取代, 其中产业工人阶级受到专家的指导。这种能人统治观认为, 过去那种根据出身定贵族的方式将被根据能力定贵族的方式所取代(Manuel, 1956; Iggers, 1958b)。③对基佐而言, 阶级概念是他努力"论证资产阶级的政治诉求具有合法性"的一种根本性要素。④

但在 1830 年, 基佐和他的同道们——正如他们同时也在英国取得成功一样⑤——成功地确立了某种形式的中间阶级的统治, "作为在革命和反动两个极端之间的中庸之道"(Starzinger, 1965, viii)。⑥1830 年 8 月 7 日下院删掉了 1814 年宪章的序言部分, "因为赋予法国人以在根本上属于他们的权利似乎损害了民族尊严"(Collins, 1970, 90)。自由主义者在政治方面、大资产阶级在社会方面最终赢得了他们的公民权(droit de cité)。⑦

此外, 因为这是在一个经济和社会加速变革的时期发生的, 所以法国和英国目前所面临的最紧迫的问题就是工业化所造成的"社会问题", 尤其是"新兴的无产阶级带来的社会问题, 即由失去控制的、飞速发展的城市化所带来的社会问题"(Hobsbawm, 1962, 207)。因此, 阶级冲突将意味着某种不同于圣西门和基佐所关注的东西。1830 年革命本身就是在一个工人在经济上极为困难(高失业率、高小麦价格)的时刻爆发的。⑧它提供了政治起义能够发挥作用的证据, 有助于促进工人意识的形成, 这是一种"只有无产阶级"才拥有共同利益的意识, 是一种"工人应该有尊严"的意识(Festy, 1908, 330)。⑨自由主义者立刻就觉察到这种变化。梯也尔在一份给下院的报告中指出: "在七月革命后的日子里, 我们认识到减轻其不良影响的职责。事实上, 问题已不再是自由、而是秩序, 它已经处于危险之中"(cited in Bezucha, 1974, 137)。⑩

接下来的几年将见证一种在强度和类型上全新的工人运动在法国和英国的爆发。在有关罢工和工人运动的文献中, 愈来愈多地提到这类行为在很大程度上是由"技术工人"、而不是"一般工人"所为。尽管两者的界限并不总是像一些人认为的那样清晰,但一般而言,相比其他类型的工人,那些被称为"技术工人"的人掌握更多的专业技术、获得更高的实际收入和享有更多的工作自主权。这些"技术工人"中的许多人都是某些组织的成员,这些组织在19世纪之前就已经长期存在,而且一直发挥着作用,通过争取社会支持和互助来提高成员的福利。这些组织的内部结构是分等级的,而且是通过一些仪式建立起来的。

在工会组织被严格禁止的时期,[11]这些组织是唯一被允许存在的、因而也是在当局严密监管之下的组织。不过,在1830年之后变化的政治形势下,即使是互助会也开始承担新的职责,正如塞(1951,2:199)所指出的:"那些敌视雇主的、真正的反抗组织都打着此类协会的幌子;通过设立附属于它们的储备金,这些组织就能有资金来资助那些失业者和参加罢工的人"。[12]因此,正如斯特恩斯(Stearns,1965,371-372)所论证的那样,在这个时候,这些"技术工人"相比"工厂工人"更有可能从事罢工活动,后者是处于一种更弱势的地位上,"几乎完全保持沉默"。[13]

许多学者在技术工人和工厂工人之间所做的区分似乎主要是基于不同的工作场所。但事实上,技术工人通常是在"工场"(workshop)中工作的,它们在结构、甚至在社会组织上并不是完全不同于这一时期存在的规模非常小的"工厂"(factory)的。我怀疑这两类工人的真正区分在于他们的社会出身。"技术工人"是男性,大部分来自周边地区。"工厂工人"大部分要么是妇女和儿童(Bezucha,1974,35),要么是"移民",后者既包括那些来自农村地区的人、也包括说另一种语言的工人。[14]

"技术工人"进行的最引人注目的抗议运动是由里昂的缫丝工人(Canut)[15]发起的,先是在1831年,接着是在1834年。这些斗争开始于七月革命之后,包括破坏机器和驱逐"外来工人"。[16]这种斗争发生的背景是18世纪短工所进行的斗争,即在1786年爆发的所谓的两个苏暴动(因丝织工人要求增加每月两个苏的工资而引发的暴动。——译者注)(émeute de deux sous),短工试图通过斗争要求当局确定成品布(finished cloth)的固定最低价格。断断续续的骚乱一直持续到法国大革命和颁布谢普雷法(the Loi Le Chapelier)为止。伯祖查(1974,11)得出结论:"法国大革命事实上中断了1789年之前已经形成的发展势头,也许是迟滞了里昂工人运动的发展"。不过,在1789年到1830年之间这段时期,相对稳定的伙计制

(compagnon)已经被一种"流动性更强的、实施计件工作的雇工制"所取代（Bezucha，1974，46）。

李瓦塞尔（1904，2：6）提出了这样的问题，为什么发生在里昂？为什么发生在1831年？他给出的答案在于，里昂是以一种奢侈品产业——丝织业——为生的，这使它对"经济危机和政治动荡更为敏感"。正像在1786年那样，它面对的直接问题是要求实行最低工资制度，省长已经同意实行，但随后被中央政府否决。第一次罢工相对而言是非政治性的。但不满在继续。1832年在巴黎爆发了一次罢工。罢工的基调变得越来越政治化，这部分是由工人阶级对七月王朝政策的不满所致，部分是（至少在里昂是如此）由意大利民族主义力量的煽动所致。马志尼（Mazzini）的副官罗马里诺将军（General Romorino）经常在里昂招募士兵，力图解放萨伏伊和皮埃蒙特（Bezucha，1974，122）。激进分子呼吁在1834年2月14日进行一次总罢工。但没有成功。当地的共和党在对待总罢工的态度上产生分歧。[17]一个镇压法令的颁布引起工人在4月份的进一步反击，在一次起义中有大约300人被屠杀。这次失败的起义后来被视为"欧洲工人阶级发展史上的一个里程碑"（Bezucha，1974，124）。这次由当局进行的镇压发出了明确的信号。1835年政府进行了一次"大规模的审判活动"，要用它来"清除共和党人"。[18]面对由城市工人阶级开始进行的危险的阶级斗争，自由主义国家最初像他们的前任一样用镇压来作为反击。

情况在英国并没有什么大的不同。从精神实质上看，同七月革命相对等的是1832年改革法案。英国并没有经历"光荣的三天"式的"革命"。取而代之，英国有议会斗争，其中革命被一次投票所"消解"，即在1831年关键的二读中的投票通过。尽管这样，但当法案在议员委员会的审议中被否决时，议会被解散，并选出了一个支持改革的议会。这时，人们对法国所发生的一切已有充分意识，并意识到在英国有可能发生"更糟"的情况。麦考利（Macaulay）在他于1831年3月2日发表的赞同改革的演说中明确表达了那些支持改革的人的理由：

> 我们将何去何从，倒退、还是向前？法国所发生的重大事件向我们昭示，改革，我们也许会生……重新恢复国家的青春。维护所有权，并消除它对国家的不利影响。继续获得群众的支持，它正受到其自身难以控制的情感的危害。保全贵族制，它正受到其自身不受欢迎

的权力的危害。将我们这个有史以来最伟大、最公正和最文明的国度从各种灾难中拯救出来吧,也许用不了几天它们就会将我们经过如此多代的智慧和荣誉才积累起来的丰富遗产吞噬殆尽。这种危险是可怕的。时间不等人。如果这个法案被否决的话,我会向上帝祈祷,但那些投否决票的人却不会在于事无补的自责中、在破坏法律中、在混淆等级关系中、在掠夺财产中,以及在破坏社会秩序中记起这次投票。[19]

麦考利的论证得到人们的认同。正像法国那样,一旦中间阶级赢得了公民权,他们的注意力就会立即转向遏制工人阶级的要求。宪章运动这一"最重要的工人运动"(Evans, 1983, 215)[20]和旧的激进改革运动的延续都是在1837年到1843年这一工业大萧条时期发生的,而且在此期间表现得最为激烈。它招致了巨大的恶名,似乎在几年间就已经成为当局的真正威胁。参与宪章运动的各阶层大部分都是行业协会的成员。[21]但它也得到中间阶级激进派的支持(Rowe, 1967, 85)。宪章运动同反谷物法联盟发起的自由贸易运动同时并存,而且处于直接对立的状态。阿勒维(1947, 9)提及了爆发"内战"的可能性。勃里格斯(1959, 312)指出,两种运动代表了"一个分裂的社会中两个部分之间的对立"。盖什(1965, 2)谈到"运动"("借自欧洲大陆的一个用语"),认为它"拥有一种不可否认的阶级斗争的外观"。[22]

不过,宪章运动在突然爆发后迅速走向失败。从1843年开始,它走向衰落。部分原因在于,在英国,一种主要而且是公开的工人运动无法获得足够的社会支持。部分原因在于,运动也不可能就暴力在何种程度上是一种合法武器达成一致。还有部分原因是所谓的"爱尔兰因素":英国的工人阶级不再仅仅是英格兰的,而是英格兰和爱尔兰的。这样,爱尔兰的民族主义就同阶级问题纠缠在一起。当费格斯·奥康纳(Feargus O'Connor)取得宪章运动的领导权后,两种问题的纠缠变得非常严重,运动受到"损害"。[23]也许最重要的是,时代逐渐好转起来,罗伯特·皮尔爵士的经济改革方案消除了一些不满。[24]最终,这次阶级斗争在英国并没有比在法国发挥更大的作用。

英国和法国的国内问题还绝没有大到足以使这些强国无法将注意力集中到世界体系的地缘政治问题上。七月革命、比利时独立的反复和最终完成,以及1832年改革法案,这些将对欧洲产生直接影响。尽管英国和法国的关系在1815年到1830年之间是适当的,而且这两个国家也经常发现他们在国际问题上持相似立场,但两个世纪争夺霸权的影响足以导致双方的彼此猜疑,并保持一定距离。七月革命消除了这种距离,甚至影响到在改革法案制定之前威灵顿领导的托利党政府。欧洲目前进入了英法联盟的时代,这次联姻也许不是爱情的产物,但肯定是理性的产物,它经受住了此后发生的所有争执并至少维系到1945年。英法联盟这个用语本身也许就是由帕默斯顿(Palmerston)于1831年新创的,尽管它直到1842年才为官方所采用(Guyot,1926,220;Halévy,1950,3:73,n.1)。联盟的地缘政治基础是明确的。"作为一个自由主义强国,法国[在七月革命之后]理所当然地是自由主义英国的盟友"(Halévy,1950,3:73)。[25]英国现在能够更轻松地实施它对欧洲专制主义的遏制政策,同时扩大自由主义国家的范围(Guyot,1926,88,117)。[26]

但两国结盟还有进一步的动机。英国和法国都面临相同的国内问题,即使法国尚未准备好实行英国推荐的自由贸易妙策,但在"民主主义者和社会主义者眼中",英法同盟作为一种"资本联盟"已经是一种既成事实(Guyot,1926,302)。这难道如此糟糕吗?的确,两方面的影响是无法分离的。在对其他国家施加压力以使后者追随他们的发展模式上,英国和法国——凭借英法同盟——"阻遏了国际革命的传播,而这种传播依赖于强国之间的分裂"(Guichen,1917,424-425)。

进一步而言,1830年开启了一种模式,它甚至将进一步阻止这种传播。至少对法国而言,1830年有助于恢复法国的世界中心感和民族主义荣誉感。不是基佐、而是法国社会主义者路易·勃朗(1844,4:143-144)写道:

> 七月革命……并不仅仅是反对教会和王权斗争的结束;它是民族情感的表达,这种情感受到1815年各种条约的过分压抑。我们决心摆脱这些条约的束缚,恢复欧洲的平衡。[27]

有关七月革命的一个有趣情况出现在阿尔及利亚。查理十世进行的征服冒险令英国大为不快,路易十八准备做出一些牺牲来安抚英国。不过,当法国人约束自己未直接干预比利时时,他们感到已经为取悦英国做了应该做的,于是又继续进行征服行动,这次并没有遭到英国的抗议。[28]很明显，一个原因是征服行动对法国国内工人骚乱产生的影响。巴黎的"流动"人口——潜在的革命者——被鼓励到阿尔及利亚定居。的确，在1838年，一位在阿尔及利亚的政府高官莱昂·布朗德尔（Léon Blondel）能够带有几分自信地说："非洲是法国维持国内秩序的一个组成部分"（cited in Tudesq，1964，2：815）。[29]

因此，自由主义国家将国内和国外的职能结合在一起，在国内是使中间阶级的政治角色合法化（由此依次又从他们那里获得统治的合法性）和压制工人阶级的不满，在国外是利用英法同盟以确保他们在地缘政治舞台上的统治地位。最初，这种体制似乎发挥了效力。但它非常脆弱，正如1848年欧洲革命将证明的那样。在1789年之后的情势下，要确保资本主义世界经济有一个稳定的政治结构，尚有更多工作必须完成。

其脆弱性表现在如下事实上，即自由主义政府给予工人阶级的权利极度有限，如果不准备采取更进一步的措施的话，这使得他们很难支持自由主义政府去克服由定期发生的严重经济衰退带来的困难。这种状况在法国尤其明显。在那里随着时间的推进，面对愈益严重的社会不满，七月王朝和它的自由主义追随者基佐变得越来越保守。1847~1848年经济危机是迄今已知的"破坏力最大"的一次危机，对法国打击严重。利润极大下降。在危机最严重时，巴黎75%的产业工人被解雇（Markovitch，1965，256；Sée，1951，2：143；Labrousse，1976b，3：983-984）。

政府被证明缺乏灵活性。进一步而言，它未能注意到，由于疏远小商人集团——政府其实在1830年已经通过降低纳税额取得了他们的支持，它的主要政治机制——纳税投票权（vote censitaire）——产生了适得其反的结果。问题在于，伴随着政府提高投票权的纳税门槛，就将这些投票人从有投票权的名单中拿下，从而不仅损害了这个集团的政治权利，而且损害了他们的社会地位。[30]由此，使他们易于受到实施选举权改革的煽动。与此同时，在工人阶级中间，艾蒂安·卡贝领导的伊加利亚派（Icarians of tienne Cabet）是温和派，也是19世纪40年代主要的社会主义派别——由基督徒、和平主义者、法学家和民族主义者组成，强调阶级调和，在经济危机中也被排挤出法国，由此将位置让给了更激进的集团。[31]

法国政权的保守化同其他自由主义国家形成鲜明对比。一个有自由主义倾向的教皇庇护九世（Pius IX）在1846年当选，这令梅特涅感到沮丧（Bury，1948，425）。如果说比利时在1848年仍能保持"平静"的话，那

"正是因为它在1847年就已经和平地完成了革命"（Dhondt, 1949, 124）。类似地，在英国的外交支持下——但法国对是否支持一直犹豫不决，瑞士的自由主义者和激进派也于1847年在国内赢得了对分离主义者联盟（Sonderbund）斗争的胜利。[32]的确，这是英法同盟暂时破裂的一刻。[33]在国内，在罗伯特·皮尔爵士不断推进废除谷物法[34]进程的同时，政府成功地应对了宪章运动的挑战，以致他们同样能够不用为应对"共产主义的幽灵"而苦恼。[35]1847年危机"并未引起革命动荡"（Halévy, 1947, 181），[36]尽管爱尔兰人必须为此付出代价。[37]

尽管如此，但自由主义事业在法国——它是两大支柱国之一——的削弱为革命的火焰提供了充足的火种，它将在欧洲的所有非自由主义部分点燃。当然，梅特涅和奥地利人会谴责英国要为此次大起义负责，谴责它太过自由，[38]但更应该谴责的是法国，她临阵畏缩，不够自由。在评价1848年2月的巴黎起义时——巴黎起义是1848年欧洲革命的开端，约翰·斯图亚特·穆勒（1849, 7）对路易-菲利普非常苛刻：

> 现在不可能期望哪个政府能长久地维持，除非它能确保进步和秩序；它也不可能真正确保秩序，除非它能推进进步。迄今为止，凭着仅有的一点改良精神，它还能够继续维持；与此同时，改革者对通过现存制度实现他们的目标也还抱有些微希望，他们一般愿意容忍它。但当根本就没有希望时，当制度本身似乎也反对改良方案时，进步的潮流就会不断积聚力量，直到将它们击败。[39]

像所有此类重大事件一样，1848年欧洲革命的洪流是由各种运动和目标构成的。在法国，它基本上是两方面的力量结合在一起。一方面是"欧洲第一次大的无产阶级起义",[40]（Tilly, 1972, 228）另一方面是左派自由主义者的严重不满，他们赞同约翰·斯图亚特·穆勒有关七月王朝保守性的观点。在欧洲其他地方，在那些迄今尚未确立自由主义统治地位的国家，并没有无产阶级起义爆发；相反，那里是自由主义者的起义同民族主义者的起义相结合。两种情势需要两种不同的解决方案：路易·拿破仑应对第一种情势；帕默斯顿应对另一种情势。

1848年2月起义使人们对一种"社会共和国"充满希望，这是一种模糊的社会主义乌托邦，它将给失业者提供工作，解放所有那些遭受屈辱和

不平等的人。每个人都提出他们的要求：“手工业者”试图恢复他们的特
权和他们的生产方式；㊶农民试图重新确立传统的集体使用权；㊷妇女试图扩
大“普选权”以将她们包括在内；㊸奴隶试图废除奴隶制。㊹钟摆现在正开 90
始摆得过远，6 月份，卡芬雅克将军（General Cavaignac）命令军队镇压这
些不守秩序的危险阶级。㊺拉布鲁斯感叹道（1948，2），“可怜的临时政
府！”“它惧怕社会革命，正像它也惧怕反革命一样”。㊻ 91

卡芬雅克能够镇压起义，但他不可能重新恢复国家的合法性。也不可能重新恢复君主制，它已经声誉扫地。路易·拿破仑填补了这一空白，他试图重建一个自由主义的、有序的现代国家，正如泽尔丁（Zeldin，1958，6）很好地说明的那样，“他之所以当选，并不是因为他是［秩序党（the Party of Order）的］候选人，而是……他之所以是候选人，是因为他们认为他肯定会赢”。㊼但路易·拿破仑代表什么呢？首先，他代表拿破仑的传统，即将法国大革命的遗产、对科学和工业进步的信奉和民族主义结合在一起。在 19 世纪 40 年代，路易·拿破仑之所以对七月王朝做出尖锐批判，是因为他认为，由于使自身疏远进步的自由主义，它就是“建筑在沙粒之上，注定将倒塌”。但不像基佐，他意识到，“予以适当的保护，一个民主政体能够在不威胁国家稳定的前提下建立起来”。㊽

自由主义者在 1848 年采取行动，正像他们在 1830 年所做的那样。对
如此僵化、如此不自由的统治感到失望，他们发动起义，并很快取得成
功。接着，又对下层阶级能够利用情势而将事业推进得过远的可能性感到
沮丧，他们重新恢复了同那些他们刚刚赶下台的政治集团的联系，因为
“现在的敌人是左派”（Palmade，1961，255）。㊾当路易·拿破仑在 1851 年
12 月 2 日发动政变时，他的主要目标是镇压左派。㊿不过，次要的目标是约 92
束保守派军队非经他允许而进行行动的能力。(51)人们能够——如果他们想要
这样做的话——强调政权中的帝政主义（Caesarist），即所谓的波拿巴主义
因素。(52)不过，如果他们这样做了，那么他们就会冒着未能把握镇压的结
果——既是真实的、也是有影响的(53)——是建立了一种中间派统治的危险，
这种统治以进行资本主义扩张、建构一种自由主义和解为导向，(54)它不是由
一个传统的自由主义者、而是由一个开明的保守主义者领导的。 93

在工人阶级的反抗力量同僵化的保守派力量相结合背景下，如果中庸的自由主义派想再次在法国立住脚的话，那它需要一种波拿巴主义的形式。结果是在面对经济萧条时法国进行回旋的空间过于狭小，这同那时的

英国形成鲜明对比。不过，在欧洲的其他地方，问题不是使中庸的自由主义派重新立住脚，而是使它能够形成。正是霸权国家英国的作用使这个过程——当然它支持该过程——能够避免受地缘政治平静被过多打破的干扰。

在法国以外，共产主义的幽灵并不具有相似的社会基础。尽管如此，对统治精英而言它似乎是真实存在的，他们发现很难将自由主义者和社会主义者区分开来。就在革命开始之前，一位法国作家在1848年1月的《两个世界杂志》上发表的有关西班牙的文章中写道：

> 我再次说明，我相信革命是不可能发生的，除非我们的政府犯了我认为它不可能犯的错误。但让我们至少不存幻想。让那些在这个问题上持如此轻率态度的人了解我的观点，他们是如此的轻率以致对人民的愤怒感到兴奋，他们是如此野心勃勃以致要利用人民的愤怒进行投机活动！革命不会因为对一种观点有利就发生，但对共产主义有利除外。[55]

类似地，坎蒂莫里（Cantimori, 1948, 1: 279）也论证，在意大利北部和中部，"对社会革命的恐惧……只不过是对'红色幽灵'、对农民暴动和对共产主义恐惧的反映，这种恐惧是全欧洲的反动派都有的"。革命在各处爆发，由于历史的不同，所以呈现不同的地方特色：在奥地利帝国["没有哪里比这里……更猛烈"（Vermeil, 1948b, 2: 246; cf. Endres, 1948）]，在德国和波兰，在北欧和南欧。[56]在各处，自由主义/民族主义的"蓝"和更弱小的"红"很快就分道扬镳了（Fejtö, 1948c, 2: 441）。[57]激进主义成分很容易被遏制，但在这个过程中，中间派的民族主义者和自由主义者获利有限。[58]当然，民族主义既能够被用于促进自由主义的发展、也能够被用于遏制它的发展，这取决于当时当地的条件。[59]

英国开始发挥作用，在这里支持自由主义者，在那里确保他们不会走得太远，在各处都维持平衡状态，由此它能够控制国家间体系。在西班牙，政府在1848年之前就已经同路易-菲利普的法国有着紧密的联系，英国支持自由主义者在1848年3月替代纳瓦兹将军（General Narvaez）政府的努力。帕默斯顿实际上在3月16日给西班牙政府发了一封正式信函，在信中他大胆提出："如果西班牙女王能够以扩大她的政府所依赖的基础为

第三章 自由主义国家与阶级冲突：1830～1875年

目标和听取一些得到自由党信任的人的忠告来对政府做出调整的话，那她就是在重大事务上明智地行事"（cited in Quero，1948，1：328）。⑩

英国的干预即使不是直接成功的，但也限制了镇压的残酷程度。英国人在西西里岛做得更为成功，在那里他们支持反对那不勒斯王国的起义。那不勒斯王国决定，由于它的朋友奥地利离得太远，如果不答应的话就会被占领，所以承认起义所要求的宪法；在这次沉重打击下，"意大利［或至少那不勒斯］发现自己已经站在法国、英国和瑞士一边"（Cantimori，1948，1：265）。帕默斯顿还要求奥地利在1849年"宽容"地对待匈牙利，他要求奥地利驻伦敦大使答复，在如何对待起义者问题上，奥地利将是"唯一的裁判者"（Fejtö，1948b，2：202）。另一方面，帕默斯顿拒绝在波兰问题上同俄国交涉，担心这也许会鼓励爱尔兰的独立运动（Goriély，1948a，2：227）。简言之，帕默斯顿的政策是非常简单的："他的外交政策……除了使由革命事件所造成的情势有利于英格兰的利益外别无其他目标"（Fejtö，1948a，1：35）。一般而言，这种政策是有效的，甚至当他所做外交干预被拒绝时也是如此。⑪

1848年欧洲革命开始是作为对世界自由主义体制的威胁而发生的，这种体制是由霸权国家英国在法国的重要帮助下确立的，但随后就变成自由主义在地缘文化中的统治地位能否予以确保这样一个严峻的问题。当波拉尼在《大转型》（the Great Transformation，1957，3）中勾勒出19世纪文明的4根支柱时，即权力体系的平衡、国际金本位制、自我管理的市场和自由主义国家，他指出："这种体制的源泉和基础是自我管理的市场"。如果确实存在某个时段，其中这种自我管理的市场的运行方式似乎最接近理论模式所规定的方式，那它是在1850～1873年。这种市场原则最优运行阶段的重要序曲是英国在1846年废除谷物法。其历史过程值得详细地考察。

所谓的饥饿的40年代（Hungry Forties）是继"真正贫困的19世纪20和30年代"之后发生的，它使得工人阶级和自由主义者之间的利益能够联合在一起，前者关注于基本商品的价格，后者在为市场的优越性进行鼓吹。他们能够将那些垄断者作为共同的斗争对象，正是后者提高了生活成本：西印度公司在提高咖啡和蔗糖的价格上有其利益；东印度公司控制着海上贸易；尤其是英格兰的地主，他们的谷物生产受到谷物法的价格保护（Mellor，1951，14）⑫

政治的天平开始向反对继续保护谷物价格的方向倾斜。1815年之后在欧洲出现了谷物供应过剩，这是由于此前扩大生产造成的——这依次又是为了满足军队的需要和应对封锁的影响造成的，这种过剩被用于论证谷物法继续存在的合理性。[63]但到19世纪30年代末，这种过剩不再存在。工业发展增加了城市人口，土地被转而用于生产经济作物和养殖牲畜（这在康德拉基耶夫周期的衰退期是一种正常转化）。"做面包用的谷物目前在整个西北欧都变得不足"（Fairlie，1965，568）。[64]争取取消谷物法的斗争变得越来越激烈，它的辩护者出于自身的原因不得不为一种保守主义立场做辩护。不过，既然我们已经把取消谷物法视为土地贵族遭受的一次重大挫折，那么注意到反对取消谷物法的声音在小的租佃农场主那里比在大地主那里更强大是有趣的。[65]

既然确实是小题大做，那为什么还要进行激烈争吵呢？答案在于，对双方而言，"谷物法是一种象征"；对那些赞同取消谷物法的人而言，它象征着新的和进步的力量反对旧的和拥有特权的力量；对那些反对取消谷物法的人而言，它象征着为土地乡绅辩护，"没有他们，也就不可能有在民主和专制之间起稳定作用的中间力量"。[66]介入到这场争夺象征意义话语权的斗争中，罗伯特·皮尔爵士致力于唯一值得争取的目标不是中间阶级的胜利，而是自由主义国家的胜利，以及"地主阶级在新的技术条件下地位的永久保持"（Moore，1965，651）。[67]当皮尔在1846年3月15日通过三读成功地取消谷物法时，保守党2/3的党员都反对他。正是极少见的议会联盟使他获得成功。[68]

皮尔是基于两方面的原因或两方面的考量才推动取消谷物法的议案在议会通过的。第一，坚持取消谷物法将强迫英国在农业中推广高产耕作技术，由此带来的好处会在财政上缓解转型的压力：即对牧草和草种征收的关税将减少；各种法律将使城市贫民更难重返他出生的农村地区，由此减少对当地征收税款的数量；"其中最重要的……建造排水系统的贷款"，该系统是设计用来在租佃农场主中推广高产耕作技术的，它是通过给予"长期租佃"以贷款，由此使租户能够终身从土地的改良中受益（Moore，1965，554）。[69]第二方面的考量是纯政治方面的。皮尔试图确保，取消谷物法将被视为议会的一种明智决策，而不是对民众压力被动反应的产物。皮尔拒绝使取消谷物法成为1845年12月大选中的议题。（该议题也许会令他领导的政党产生深刻的分裂。）通过推动取消谷物法在议会通过和利用一次跨越政党界限的投票，他使它成为"一种战胜民主主义的煽动和［反谷物法］联盟的胜利，证明议会将全民福利置于党派利益之上"（Kemp, 1962, 204）。[70]

取消谷物法实际上实现了什么样的目标？它确实实现了两方面的目标。一方面，它确保了在世界经济中心-外围间劳动分工的重组，以使小麦生产再次变成一项在边缘区进行的活动。接下来的一些年将见证北美的美国和加拿大与东欧的俄国和罗马尼亚的兴起，它们是向西欧大量输出小麦的出口国，由此使工业生产集中在西欧地区。[71]但这种转换是以这样一种方式实现的，以致英国的大土地所有者能够将资本转移到新的财富生产源上去。[72]

另一方面，它确保了英国政治力量的重组，即重组为一个中间偏右的保守党和一个中间偏左的自由党（最终被一个中间偏左的工党所取代），两党基本上都接受中庸的自由主义的逻辑。人们也许会认为这是中间阶级的胜利，但它同样也容易得到贵族的承认，因为对后者而言，它"是从一个被证明危险的过于激进立场的适时后退"（Kitson Clark, 1951b, 12）。[73]辉格党和托利党的概念——两者都是18世纪形成的联盟——不复存在。

最初的优势之所以会落在自由党一方，是因为在取消谷物法问题上保守派内部出现了重大分歧。[74]但为了适应正常的变化，目前兴起了一种新型的保守主义，它将通过"使自身……完全依赖于人民的支持和选票"而重新获得权力（Mosse, 1947, 142）。与此同时，那些试图将他们的党同工人阶级进行联合的自由党成员（激进派）则遭受失败，而让位于那些更多关注巩固国家结构的派别。正如勃里格斯（1956, 72）所说的："改革法案所规定的，是谷物法案已经实现的"。

人们将会注意到，我并没有把奉行自由放任学说列为取消谷物法的一个伟大成果。这是因为在自由放任学说中虚构成分要多于真实情况。作为结果，这种学说不可能被视为自由主义的本质特征，肯定也不是作为世界体系地缘文化的自由主义所传达的基本信息。当然，正如约翰·斯图亚特·穆勒如此精炼地总结的，公众的态度是："除非有某种更大的利益诉求，否则所有对自由放任的偏离肯定都是有害的"。[75]但这句话中的从句证明自由放任学说是带有很大欺骗性的。例如，在1846年取消谷物法那一年，在就十小时法案展开辩论时，麦考利宣称，尽管限制工时并不具有经济上的合理性，但他要求议会考虑妇女和儿童的社会需求，"她们没有能力同雇主建立一种正常的契约关系"（Taylor, 1972, 44）。[76]取消谷物法运动的成功——反对作为国家干预经济的重要象征的谷物法——同重大社会立法在英国（和在大陆国家）开始确立，二者同时发生是支持柏莱柏诺断言（1948，107）的强有力证据。柏莱柏诺断言，真正发生的并不是转向自由放任，而是"从由国家干预商业转向国家干预工业"。古典经济学家和自由主义者事实上认识到了这一点，一直对自由放任采取一种很微妙的立场，从亚当·斯密到边沁再到纳骚·西尼尔（Nassau Senior）都是如此，[77] 甚至像伟大的新古典经济学家阿尔弗雷德·马歇尔（Alfred Marshll）也是如此。[78] 对所有古典经济学家而言，承认自由放任的"价值"和鼓吹它是一种"绝对教义"之间的差别是根本性的（Rogers，1963，535）。[79] 他们都意识到，"对一个人而言是自由放任，对另一个人而言则是干预"（Taylor，1972，12）。[80]

尽管如此，但欧洲的自由主义者仍然认为取消谷物法是一个伟大事件，它保证了经济进步的实现。[81] 正如许多这样的信念都是如此一样，紧随其后所发生的现象似乎提供了证据。由于世界经济目前正在进入另一个康德拉基耶夫周期的上升期，所以19世纪50和60年代出现了"繁荣的黄金时期"，"许多那个时代的人将这归因于取消谷物法"，但坎普（Kemp，1962，195）认为这是一种"调和各方利益的神话"。这些年对当时世界体系的两个主要国家——英国和法国——尤其仁慈。

在英国，这一时期被称为"维多利亚大繁荣"、或稍微带点戏剧色彩的被称为"维多利亚时代的全盛时期"，它"依赖于工业和农业之间的平衡发展"（Kiston Clark，1962，31，57）。[82] 正是在这一时期，英国资产阶级做得如此之好，以致他们主要是寻求"依靠自己的力量发展"（Clapham，1932，2：145）。这是用那个时代的俚语来表述的。当然，他们是被迫这样做的，因为英国已经成为"一个开放的市场，销售她生产的几乎所有商品"。这到目前为止尚不存在什么问题，因为这时候，英国在各个方面的优势是明显的：在商业、在金融业和在工业方面——即在制造"那些她主要需要的产品上"（Clapham，1932，2：2，12）。[83]

19世纪50年代标志着英国出口增长的一个高峰期。棉纺织品出口在10年间"大约翻了一番"，实际增长速度甚至更高。正如霍布斯鲍姆论证的（1975，30-31），这"［为政治］提供了非常宝贵的喘息时间"。棉纺织业对英国财富生产而言仍然居于中心地位，但这一时期金属加工和机械制造逐渐发展成为主导产业，伴随着它们的发展，"规模更大的工业企业在各处"纷纷涌现（Clapham，1932，2：114）。很明显，英国正在通往建成一个工业国的道路上。而且其发展"路线是设定好的"（Clapham, 1932, 2：22）。对英国而言，这些年是"繁荣时期"，她在世界经济中的主导地位"几乎是毋庸置疑的"，而新工业生产的发展"与其说像火山喷发，不如说像是聚宝盆"（Coleman, 1973, 7-8）。[88]英国舒服地享受着她的霸权地位，而且是如此的志得意满，并没有能够一直意识到她必须予以警觉的世界经济的每一次波动。[85]

然而，我们也不应夸大其辞。工业化进程"还没有过半"。农业"迄今为止仍然是［英国］最大的产业"（Clapham, 1932, 2：22）。[86]丘奇（Church, 1975, 76）相信，称这一时期为"维多利亚大繁荣的中期"肯定是要"严格加以限定的"。确实，存在价格的上涨、[87]商业扩张和生活水平的提高，但生产的增长率绝非那么高，1858年还见证了本世纪下降最严重的商业周期。像所有经济强国一样，英国正在为它自身的衰落做准备。它抵制创新。正是在1856年，贝塞麦（Bessemer）首次宣读了有关他研究成果的论文，他论证运用鼓风送气能够更廉价地制造出优质钢的方法，但他的方法并没有被广泛采用，直到康德拉基耶夫周期的下降期。[88]紧随其后的世界经济扩张带来了美国和欧洲各国的进一步工业化，使英国的竞争优势"越来越难以维系"，尤其是因为这些国家表明——法国是一个重要例外——它们在是否接受自由贸易上"无意仿效英国的成例"（Schlote, 1952, 43）。[89]的确，英国自身最终也对自由贸易感到厌恶。[90]

在这个世纪的中期英国正光芒四射之时，因为1848年的动荡，法国似乎最初处于一种不利的地位。再次地，革命似乎损害了她的经济发展。但这段时间非常短暂，因为对动荡的政治解决方案——第二帝国是走平民路线的极权主义——有助于缓解一些政治紧张关系，而这又恰恰是因为这一政权使自身成为大大改进法国经济结构的倡导者和推动者，由此巩固这个世界体系的自由主义中心国家的地位，而这是以前没有人做过的。[91]

经济指标是清楚的：对外贸易增长了3倍（Palmade, 1961, 193）。生产资料的生产相对消费品的生产增长得更快（Markovitch, 1966, 322）。[92]不仅在国内投资上，而且在对外投资上都出现了迅速增长，以致到1867年，来自对外投资的净收入已经超过净资本输出。卡梅伦（1961, 79）认为，这意味着法国已经成为"一个'成熟'的债权国"。[93]法国的公共财政也像英国那样变得"稳固"起来。公众认购政府债券"证明两国具有很强的储蓄能力和充足的资本"（Gille, 1867, 280）。[94]简言之，这段时间对法国和对英国而言都是经济的鼎盛时期。这"对第二帝国而言是有益的,如果不是它的功劳的话"。但正如帕尔马德(1961,127,129)所坚持认为的,"外部有利条件只会落在一个坚定地致力于利用它的政府身上"。

进一步而言,正是这样一个政府认为,政府行为对经济扩张而言是绝对必要的。它并不认为——用拿破仑三世的话来表述——政府行为是一种"必要的恶",而认为其"对任何社会有机体的发展而言都是仁慈的推动者"。不过,它的目标是由此推动私人企业的发展。尽管政府的"主要关注"是尽可能多地创造多样的[经济]机会,但政府希望"避免这种政府直接从事私人能够从事或由私人从事更好的活动的不良倾向"。进一步而言,政府的公共工程项目并不是仅仅援助工业,而且也支持农业部门。在这种实践的背后——"它是后来主张精英治国的戴高乐派领导的现代化的前身"——是同"政治不稳定和阶级冲突"做斗争的目标(Magraw,1985,159),这对一个在1848年革命的严峻考验中诞生的政权而言是至关重要的。

这就是著名的圣西门主义者登上历史舞台的背景。实际上,我们应该说是"后圣西门主义者",他们是从昂方坦(Enfantin)为代表的伪宗教阶段发展而来,仅仅保留了圣西门的"激进"精神。他们是严格的现代主义者,专家治国论者,改良主义者;他们归根结底既不是"社会主义者"、也不是"保守主义者"(正如某些人已经指出的),而在本质上是"自由主义者",这在第二帝国表现得最为明显。圣西门主义之所以在本质上是自由主义的,是因为它将自由主义的两个关键特征结合在一起:同社会改良相联系的经济发展。对自由主义者而言,这两个特征是同一硬币的两面。圣西门主义者断言"经济相对政治领域而言具有首要性"(Blanchard,1956,60)。他们还论证,在1831年伊萨克·贝列拉(Isaac Péreire)的方案中,经济进步将带来"对数量最大和最贫穷阶层命运的改善"(cited in Plessis,1973,86)。当然,这就是为什么拿破仑三世和圣西门主义者"彼此相互支持"的原因所在(Weill,1913,391-392)。当然,圣西门主义者"大概是[拿破仑]唯一能够获得支持的知识分子群体"(Boon,1936,85)。而且反之亦然:资产阶级中的现代主义者成分、真正的自由主义者也"需要拿破仑将他们从作为富裕阶层的怯懦中解放出来"(Agulhon,1973,234),他们控制着七月王朝时期的秩序党(the Party of Order)。这就是为什么杰拉尔(Guérard,1943,chap.9)称拿破仑三世为"马背上的圣西门"。

也正是在这一时期，银行作为国民经济发展的关键推动因素而为人们所认识。在这方面，荣誉也必须赋予后圣西门主义者（诸如贝列拉兄弟），他们是"首先认识到银行能够在经济生活中发挥刺激和协调作用的人"（Chlepner，1926，15）。但在贝列拉之前就有人认识到银行的作用。至少从1815年开始，最大的银行——尤其是罗斯柴尔德（Rothschilds）和巴林（Barings）——已经将它们的业务中心转向长期贷款，首先是洽谈和推动向政府提供贷款，其次是支持大型私人企业。正如兰德斯（Landes，210-212）所注意到的，因为这些银行表现出"太过贪婪的欲望"，因为它们有可能被竞争者削弱，所以它们倾向于建立联盟关系。尤其是罗斯柴尔德银行发现同神圣同盟建立默契联系有利于它们利益的最大化，由此能够将它们的业务集中在几个主要的货币市场上，后者在那时是"比货币供应中心有着更大需求的市场"（Gille，1965，98）。[101]进一步而言，罗斯柴尔德银行这"最满意的一招"——向处于困难中的政府提供短期紧急贷款——并不必然是对国家独立性的一种帮助。卡梅伦（1957b，556）论证道，这种政府"很少能够恢复［它们］的独立性"，并将这种做法比作一种"容易使人上瘾的毒品"。[102]

当然，需要更多由当地控制的信贷来源。希兰普纳（1926，19）提醒我们，在贝列拉兄弟的动产信用银行（Crédit Mobilier）之前，在比利时就有许多"类似机构"存在——最著名的是通用公司（Société Générale），它是由威廉国王于1822年创建的。不过，只是在1831年以利奥波德一世即位为标志的比利时独立之后，该银行才成为经济发展的主要促动因素，主要是在铁路建设上。如果这个银行和竞争对手比利时银行（Banque de Belgique）——创建于1835年——在1838年金融危机之后都进入相对休眠状态，那么1846~1847年英法经济危机对它们的打击甚至更为严重。在这种背景下，1848年2月出现了对革命的恐惧、对失去独立的恐惧，以及一场"名副其实的金融恐慌"（Chlepner，1926，238；see also 1931），这迫使国家对银行进行援助，以结束这一动荡时期。因此，比利时能够避免出现革命浪潮，由此转向一种真正的自由主义体制，并在1851年取消通用公司的半官方资格。[103]

在英国有关银行业的争论——以前讨论过——造成了一种氛围，在这种氛围中银行不能在促进经济增长中发挥直接作用。这些争论在1844年的银行法案中达到高潮，从皮尔的视角看，该法案的目标主要是"使金本位的基础更为稳固",其次是取消利用黄金作为国内政治斗争的一种武器(Fetter,1965,192)。也许相比其他国家,英国并未能更好地制定一种银行政策来推动经济增长。卡梅伦(1961,58-59)称这为"效率低下",但他提到:"自相矛盾地,……在银行和货币体制合理发展道路上设置的障碍刺激了私营部门引入金融创新,而这些创新对实现工业中技术创新所带来的全部利益而言是必需的"。

英国政府未能推动的——为本世纪中期的经济扩张提供充足的信贷——在拿破仑三世统治下的法国政府却有意识地予以了推动。1852年2月的法令授权建立抵押贷款银行,埃米尔·贝列拉的土地信贷银行(the Crédit Foncier of Émile Péreire)是首批建立的银行之一,为奥斯曼(Haussmann)重建巴黎提供金融支持。"从落后国家,法国一跃成为抵押信贷方面的领先者和创新者"(Cameron,1961,129)。罗思柴尔德家族对此感到不快。詹姆斯·德·罗思柴尔德(James de Rothschild)论证,这种结构上的变革将把过多的权力集中在缺乏经验的人手中。他的说法似乎是五十步笑百步。但不管怎样,大的企业银行在第二帝国的兴起将垄断权从被称为"高特银行家集团"的手中夺走,后者是一个"由私人(非企业)银行家组成的强大集团"(Cameron,1953,462)。但"高特银行家集团"并未能为法国商业企业的发展提供充足的贷款。

1867年,即第二帝国快要结束时,新建立的银行中最大的银行动产信用银行破产。不过,罗思柴尔德银行仍然存在,而且一直保持到今天。尽管如此,但自由主义国家通过它的干预已经改变了整个现代资本主义世界的信贷结构:"欧洲大陆所有国家的银行体制都打上了受法国影响的印记"(Cameron,1961,203)。创设大量以国际市场为导向的银行也许削弱了"高特银行家集团"的实力。在金融紧缩的情势下,这对较弱的政府结构并不必然十分有利。詹克斯(Jenks,1927,273)讨论了在对政府提供贷款的领域存在较大竞争的不良影响:

> 面对试图投机的银行家的压价做法,竞争只是加大了信贷市场的风险……不过,竞争确实鼓励的是将更多的货币强行贷给那些通常是"不知所措"的借贷者……简言之,信贷业务应该是垄断性的。

动产信用银行的倒闭为这种分析提供了证据。它是导致对弱政府提供贷款来源枯竭的一系列事件的组成部分，由此加重了在1873年之后发生的大萧条。[110]

自由主义者在本世纪中期取得了他们希望获得的东西。世界经济的长期增长趋势和中心区政府——尤其是英国和法国——的各种行为确保了整个世界重新布局的稳定进行，直到至少20世纪末。我们可以称这种重新布局为"强市场"的确立，它是自由主义世界秩序的三大支柱之一，也是资本主义世界经济在19和20世纪取得的伟大成就。但要确立一种自由主义世界秩序，尚需另外两根支柱：强政府和强国家间体制。现在我们就转向它们的稳固确立过程。

绝对君主制并不是强政府。君主专制仅仅是弱政府寻求变得更强大所借助的支架。只是在1789年之后，世界体系已经处在视变革为正常和主权在民的氛围之下时，才有可能建立一个真正强大的政府，即拥有一个胜任其职的官僚机构和取得人民合理程度的支持（在战时能够转化为爱国主义热情）的政府。正是自由主义者、也只有自由主义者才能在世界体系的中心区建立这样的政府。官僚机构的增长在本质上是经济增长的产物，至少是资产阶级目前所希望的和技术目前所能允许的经济增长水平的产物。

当然，建设一个强大的官僚制政府是一个长期的过程，它开始于15世纪晚期。抵制建设这样的政府是当我们提及"旧体制"时所真正意指的，旧体制当然在英国和法国都存在，正像它确实也在整个欧洲和世界的大部分地方存在一样。我们一般称为柯尔贝尔主义的就是试图通过将实权从地方收回和集中在君主手中，以克服这种对建立官僚制政府的抵制。这种尝试至多只是取得了部分成功。雅各宾主义只不过是以共和主义面目出现的柯尔贝尔主义。它的最初形式在1815年就已经消失。在1815年之后，正是自由主义承担起了为创建一个强政府而斗争的重任。柯尔贝尔主义和雅各宾主义对他们的意图都是直言不讳的，但自由主义者拒绝承认建设强政府是他们目标的事实——在许多方面是他们的首要目标——也许正是他们能够比柯尔贝尔主义和雅各宾主义取得更大成功的原因所在。的确，自由主义者是如此的成功，以致开明的保守主义者也提出了同样的目标，大体上是为了在这一过程中掩盖在他们和自由主义者之间存在的任何意识形态差别。

当然，有许多理由能够说明资产阶级为什么认为强政府是有用的。一个理由是能够帮助他们积累资本；[111]另一个理由是为这种资本提供保障。[112]如果资产阶级以前没有认识到的话,那么在1848年之后,他们已经充分地认识到,只有强政府——即改良主义政府——才能够保护他们不受工人不满的破坏性影响。贝列拉指出了症结所在:"强政府将在广大范围内变成资本主义的福利政府"(cited in Bouvier,1967,166)。当然,"福利政府"这里有双重含义:即既要确保工人阶级的福利,也要确保资产阶级的福利。

我们将英国的维多利亚时期视为反对中央集权统制经济的高潮时期。在这个时期,"一般而言,[大多数英国人]都怀疑政府和中央集权",这样说是千真万确的(Brun,1964,226)。但在两类人之间相互冲突的利益争夺中,一类是那些(主要是自由主义者)要求政府不再扶持农业利益的人,另一类是那些(主要是保守主义者)倾向于支持地方和更传统的权力、并将这种主张同呼吁社会关注穷人的花言巧语结合在一起的人。对后者而言,通过推动一些政府对产业实施干预方案的通过,很容易从自由贸易的每次成功中获得补偿。柏莱柏诺称它为"世纪中期的舞蹈……像小步舞":1832年的议会改革,1833年的第一个工厂法案;1841年皮尔的预算;1842年的矿山法;1846年取消谷物法;1847年的十小时法案。"[1825～1870年间实施的政治改革的]一个共同特征在于,利益集团一贯乐于利用政府来推进集团的利益"(Brebner,1948,64,70)。

在1848年之前,中间阶级支持政府社会改革的绝大多数论据都是基于"普遍的做慈善的热情和对贫困的场景在良心上感到不安,认为工人不适合在其中生活"(Halévy,1947,218)。尽管英国人暗自庆幸,正是由于开始了社会干预才避免了1848年革命在英国的爆发,但那些主张改良主义立法在政治上重要的人同时也感到内疚。因此,正是在英国自由主义古典时代的高峰时期,"中央政府的发展步履艰难"(Katznelson,1985,274)。正如埃文斯(1983,285)所指出的,现代政府的这些基础也许"并不稳固"。但格莱斯顿的自由主义是"一种迫不及待要进行改革的信条"(Southgate,1965,324),尽管甚至在表面上都没有任何对经济平等的承诺。

正如我们已经看到的,格莱斯顿的改良主义起源于边沁主义。结果是所谓的管理革命,它将政府的职能沿着"一种新的和或多或少费边主义的方向"转变(MacDonagh,1958,60)。逐渐地,"斯密和李嘉图的信徒[推动实施了一系列]社会改革,导致了一个强大的、家长式政府的产生"(Robert,1958,335)。因此,在最终的形态上,以这种方式被重新界定的英格兰自由主义"在保守党那里也能够找到了一些类似的表现,后者……实际上已经实现了自由主义的某些原则,而在其他原则上……双方也有被搞混的危险"(Ruggiero,1959,135)。

法国的情况非常相似。在那里,自由放任也已经变成了"占主导地位的口号"。但"实践也是非常不同于理论"。"那些执政的人也意识到工业因素在全世界争夺优势地位的斗争中的重要性,开始时是用和平手段,接着倾向于采用战争手段"(Léon,1960,182)。[121]在那里,19世纪也是强政府被确立的世纪。当然,这种确立一直是、而且将继续是一个连续的过程——从黎塞留(Richelieu)到柯尔贝尔、雅各宾派、拿破仑、选举君主制、第二帝国、第三共和国、一直到第五共和国。[122]但在许多方面,第二帝国标志着前进过程中的关键一步。或者,也许可以这样描述,即第二帝国标志着以取得民众支持为基础来巩固结构。路易·拿破仑之所以能够这样做,正如基佐所说的(cited in Pouthas,1983,144),是因为他能够同时将"民族荣耀、革命的保证和秩序原则集于一身",当然听起来像是有嫉妒受赞美之人的意思。[123]

拿破仑三世执行的是一种自上而下的福利国家原则。第二共和国将"社会问题"提到议事日程的首要位置上,拿破仑三世论证,全体人民都拥有主权同"人民中的一些人处于悲惨的劣等状况"形成鲜明对照,并证伪了前者。从这种论述中,似乎有可能得出两种结论:对人民主权的界定将导致"无限的政治权力",或"绝对抵制政治权威",这将冒着使社会处于"无政府状态"的危险(Donzelot,1984,67,70)。波拿巴主义代表了前一种界定,而且不要忘记必须使用权力来应对"社会问题"。

在执政的头十年,拿破仑三世通过镇压重新确立了秩序,利用政府兴建公共工程和使银行体系实现了现代化,并以1860年同英国签订自由贸易条约作为这十年的结束。在这一时期,拿破仑三世主要致力于营造一种"有利于工业资本家的氛围",由此营造一种工人阶级在其中"将受到控制"的氛围(Kemp,1971,181)。[124]一旦这一点得到保证,他随后转向将工人阶级纳入到政治进程中的工作。在1858年以后,他非常受工人的欢迎。这段时间是大繁荣的时期,是政治改革的时期,是法国支持意大利和其他地方的被压迫民族的时期。一个支持波拿巴主义的工人团体形成(Kulstein,1962,373-375; also 1964)。在这种氛围下,为了争取工人的支持,在共和主义者、保皇党成员和拿破仑皇帝之间存在着一种愈益加剧的竞争。他们都鼓励发展合作社,所基于的理由是认为这种组织"同他们都相信的自由经济原则"并不矛盾（Plamenatz，1952，126）。[125]

以各种方式，拿破仑三世寻求"更接近新的社会左派"（Duverger，1967，156）。[126] 1864年，他赋予工会和罢工以合法地位，用亨利·塞（1951，2：342）的话来表述，这构成"法国社会发展史中一个具有重大意义的法令"。[127]的确，该政权将它"改善工人和贫苦人口状况"的努力作为宣传的中心主题，将这吹嘘为向贫困人口提供"从摇篮到坟墓"的帮助（Kulstein，1969，95，99）。[128]拿破仑三世作为第一位"民主的波拿巴主义者"所寻求的是一种方案，它将"通过赋予群众一些甜头……而使他们保守化"（Zeldin，1958，50）。以这种方式，他使将法国转变为一个自由主义国家的方案成为可能，该方案将在1875年的宪法中变为法律。[129]进一步而言，法国不仅是一个自由主义国家、而且是一个民族国家，正是法国将两者结合在一起，并影响到19世纪的欧洲。[130]

英国/自由主义的世界秩序的第三根支柱是一个强有力的国家间体系。梅特涅的神圣同盟并不被认为是在这个方向上迈出的一步，因为压迫性干预易于激起民族主义情绪，与此同时又要努力保持使反抗不至于根本改变现存秩序——这是防止进一步发生革命的可靠措施，正如1848年所揭示的那样。或许，英国和法国都这样认为。作为此时世界经济中的霸权国家和最强大的经济体，英国想要的是尽可能多的自由贸易，它也想在政治方面实现同样的可能性，即用最小的军事支出来达到目的。英国想要为所欲为，但又不愿更多地诉诸武力以将他们的方式强加给别人。简言之，他们想要稳定和开放的程度是以服务于他们的经济利益为前提的。当然，在某种意义上，这种目标并不是什么新东西。但在本世纪中期，英国处于一种对此毫不隐讳的地位上，并在短期内能够从这样一种政策中获得巨大利益。的确，正如坎安宁（1908，869）所说的：

> 这样说也许带有几分真理性，即不受任何限制的交往体系对英格兰而言是合意的，因为作为工业国，她已经达到特定的发展阶段；但对那些经济体系尚欠发达的国家而言并不会是同样有利的。

正如穆森（1972b，19）所论证的，这是因为自由贸易事实上只不过是一种更多保护主义内涵的学说。在这种情况下，那些在特定时间具有更大经济效率的国家能够享有保护主义带来的利益。[131]

第三章 自由主义国家与阶级冲突：1830~1875年

我们不应该忘记，在一定程度上，人们可以论证，自由贸易在19世纪的资本主义世界经济中、或至少在欧洲的各强国中居于优势地位，但它至多是19世纪中期康德拉基耶夫周期的上升时期，即1850~1873年的情况。"在欧洲，19世纪的开始和结束……都同对国际贸易的限制相联系"（Bairoch，1976a，11），[132]而且是非常严厉的限制，一端是欧洲大陆的封锁，另一端是多重的保护性关税。

只是非常缓慢地，英国自身才为自由贸易的优点所吸引。贸易委员会的政治经济学家相信，1815年通过的谷物法是刺激关税同盟建立的因素，他们对此非常担忧。保护主义促进了有竞争力的制造业在德意志诸邦国的发展，同时却倾向于阻止英国人利用这些国家作为向普鲁士、巴伐利亚、奥地利和俄国"进行走私的绝佳基地"，在此之前他们正是这样做的（Clapham，1930，1：480-481；Kindleberger，1975，33-34）。[133]到19世纪30年代，对有竞争力的制造业发展的担忧不断增强。[134]这些担忧加上以前讨论过的国内诸因素解释了皮尔在19世纪40年代采取行动的原因。让我们记住，皮尔并不是一个主张自由贸易的意识形态理论家；他不是科布登。斯凯勒（1945，134）的界定是恰当的，他是"一位执行分期完成计划的改革者，并不愿意将理论推演到它的逻辑边界之外"。[135]

在英国，自由贸易最强有力的主题——或者可以这样说，能够吸引最广泛舆论关注的主题——是也许可以被称为"自由主义的干预主义"的主题。自由贸易对英国而言是这样一种学说，它意在阻止其他政府做任何有可能损害英国企业的事情。在这种意义上，人们也许会将反对奴隶制（和反对奴隶贸易）的运动视为自由主义的干预主义取得的第一次伟大成功。我们以前已经讨论过，英国的废奴主义运动在多大程度上是基于经济考量的（Wallerstein，1989，143-146）。[136]我们这里希望指明的是，在多大程度上可以说反对奴隶制的运动提供了一种自由主义的改良主义模式——这一点由布莱克伯恩（1988，439-440）予以了强调：

> 在非常困难的时期，反对奴隶制有助于中间阶级的改革者突显他们的社会—经济理念……[反对奴隶制]提供了一种立法模式，它是由总体方针、而不是由特殊利益所支配的。它为政府干预同工人阶级合同的订立提供了正当理由，同时也赋予合同本身以不可侵犯性。奴隶解放的倡导者将它视为通过市场扩张提供了一种经济激励。自由工

人同时也是消费者。[133]

相信由政府主导的改良主义具有合法性，这种自由主义信念也同样适用于自由贸易。对印度的强制性改造——从棉纺织品的出口国变为原棉的出口国——使英国的棉纺织品制造商毫无保留地支持自由贸易，只要英国政府"能够保障兰开夏在欧洲市场上免受任何来自印度竞争的威胁"（Farnie，1979，100）。[138]帕默斯顿在1841年1月22日告诉奥克兰："为商人开辟道路和保障他们的利益是政府的职责所在"（citedin Platt，1968b，85）。[139]甚至将这种逻辑应用到欧洲国家，他在1846年的议会辩论中能够将自由贸易描述为一种慈善原则，由此"其他国家将变成对我们有价值的殖民地，而又不用强加给我们管理它们的责任"。[140]这种将慈善强加于别人的观念（基于什么样的理由？）可能导致一种"准宗教"信仰，即相信棉纺织品制造对文明的"社会改造"相比美术而言具有更重大的作用，后者是约翰·罗斯金（John Ruskin）所珍视的。正如一位叫R. H. 哈顿（Hutton）的人在1870年所论证的："如果我们必须在提香（Titian）和兰开夏的棉纺织厂之间做选择的话，那么以人性和道德的名义，我们选棉纺织厂"（Farnie，1979，87-88）。[141]

用加拉格尔和罗宾逊（Gallagher and Robinson，1953，2-3，11，13）著名的说法来表述，自由贸易是帝国主义的自由贸易，但我们不应该忘记他们对此所做的重要限定："如果可能的话，英国的政策遵循的是非正式控制原则；如果必要的话，遵循的是正式控制原则"。很明显，甚至在19世纪中期的自由贸易时代（要早于19世纪的最后1/3时期，即公认的争夺殖民地的高潮时期），也有必要占领或吞并一揽子殖民地。在一定程度上，这一时期——远非是一个"无关紧要"的时期——也许可以被认为是英国海外扩张过程中的"决定性阶段"，它使商业渗透和殖民统治相结合，以致英国能够"要求那些经济体沿着最有利于她自身利益的方向转变"。[142]尽管干涉在某种程度上被视为令人厌恶的，但它很快就变得具有合法性，即每当通向印度的航线似乎产生危险时、或对英国在世界经济中的地位出现"令人恐慌的威胁"时，后者被认为是由敌对的贸易强国的"不公平"活动引起的，都需要政府出面干涉（Platt，1968b，32）。

尽管有英法同盟关系、尽管英国和法国在将自由主义世界秩序强加给其他国家上有事实上的合作关系，但法国非常不愿意放弃一种公开的保护主义立场。法国曾在1786年短暂地这样做过，但结果并不令人满意（Wallerstein，1989，87-93）。在1815年之后的时期，英国仍然实行保护主义政策，像法国所做的那样，尽管稍微更强硬些。当英国转向实施自由贸易式的保护主义时，法国继续坚持保护主义，理由似乎非常令人信服，正如一位法国工业家在1815年对同行所做的一次演讲中清楚地揭示的那样：

> 先生们，不要去关注那些呼吁实行自由贸易的理论。英格兰宣称这种理论是商业世界的真正规律，这只是在经历很长时间的实施最绝对限制的政策之后，她已经将她的工业发展到如此高的水平，以致不存在任何其他大规模工业能够同她进行竞争时，她才这样说的。

的确，在19世纪40年代早期，法国试图——尽管并不成功——同邻国建立一个关税同盟，以加强它相对英国而言的工业地位。

因此，似乎令人奇怪的是，在世纪中期英国自由贸易外交在欧洲的最大成功是签署了所谓的谢瓦利埃-科布登条约（the Chevalier-Cobden treaty）——即1860年英法商业条约（the Anglo-French Treaty of Commerce），该条约"代表了19世纪在贸易自由化方面最重要的协定"（O'Brien and Pigman，1992，98）。那么，到底发生了什么呢？

该条约影响到了全部最重要的工业。法国取消了她按价格征收关税所实施的禁止和限制，而在6个月内代之以特种关税。英国同意让几乎所有法国产品免税进入，一个明显的例外是葡萄酒。两国出口的煤都将免税。但因为英国是出口国，而法国是进口国，所以这实际上是英国的一个让步——它在英国引起了很多反对。进一步而言，该条约包含了一个最惠国条款，它意味着，在法国同其他欧洲国家缔结互惠关税协定的同时，英国将自动受益。每个新条约又依次包括同样的条款，这样就很快导致关税的普遍降低，以致"在大约十年间……欧洲已接近实现自由贸易，一直到第二次世界大战"（Cameron，1989，277）。

英国的自由贸易外交一直以法国为中心。法国当然是它的一个主要贸易伙伴，但更为重要的是，在同法国的贸易差额上英国长期保持着最大的贸易赤字（Bairoch，1976a，46）。自1815年以来，英国同法国谈判签署条约的每一次尝试都以失败而告终。这些谈判事实上对双方而言都是三心二意的，因为所谈的条件一直都包括严格的互惠，无疑首先是因为法国政府"缺乏操纵主张保护主义的议会的能力"(Dunham,1930,101)。[18]后来发生变化的是拿破仑三世巩固自由主义国家的愿望。正如在镇压革命的10年之后,拿破仑三世决定承认工会的合法性那样,在政府主导的强化法国经济的举措进行了10年之后,他决定推动1860年条约的签订。他之所以能够有效地推动条约的签订,正是因为他是借助他的极权力量秘密地完成的。某一天,在一封给财务大臣阿希尔·富尔德(Achille Fould)的信中,拿破仑三世简单地宣布了已经签订的条约。这立即被称为"由拿破仑三世发动的一次新的政变"(Bairoch,1970,6)。[49]

在拿破仑三世就这个条约展开谈判中,重要的不是签订条约所带来的经济变化,而是它蕴涵的文化意义。签署条约代表法国完全信奉自由主义国家观念。用经济术语来表述,它是"法国经济开放的高潮,而不是开始"(Mokyr and Nye,1990,173)。它至多是从一种公开的保护主义体制向"一种温和的保护主义体制"的转变(Rist,1956,943;cf. Coussy,1961,3)。[50]条约的签订在经济方面产生了什么后果呢?邓纳姆(1930,1-2)宣称,它重振了"一些法国濒临灭亡的产业……外国竞争对这些产业施加了有益的压力"。[51]但贝洛赫(1972,221)并不认为它在经济上有利于法国。相反,他指出:"贸易自由化实质上降低了[法国]的经济增长"。[52]

一般而言,自由贸易被认为很好地服务于英国的利益,它的支持者和反对者都倾向于同意,从英国的视角看,它"从一开始[1846年]就是成功的"(Imlah,1950,156)。但就自由贸易是如何很好地服务于英国的利益,存在着怀疑声音:怀疑它给英国带来了经济利益。[53]此外有学者不仅怀疑它在英国内部获得实际支持的程度,而且怀疑"自由贸易论者"所具有的影响力的程度。[54]雷德福(Redford,1956,11)指出,因此,1860年的重大事件——英法条约和格莱斯顿先生的预算——所产生的"实际效果"——也许确实产生了——要比以前预想的小得多,但"两者为自由贸易的大厦贡献了一个壮观的盖顶石"。

尽管如此,但就英法商业条约到底对其中的一方或另一方带来多大程度的经济利益展开争论,会使我们忽视它在建构一种国际秩序中所付出的努力,这种秩序将赋予自由主义以欧洲的意识形态的神圣地位。我们将1815年到1914年这段时期称为英国统治下的和平。但事实上,这样来描述这段时期是不真实的。这实际上是一个持续爆发殖民战争的时期,"一些战争的规模是如此之小,以致[一些人]不习惯称[其为战争]"(Gough,1990,179-181)。因为创建一个自由主义的民族国家同时也必然是创建一个自由主义的帝国主义国家。

无疑,1815年到19世纪70年代之间的世界状况有利于英国对边缘区国家采取"一种更为宽松的政策"。这段时间是英国贸易的"盛世"。"小英格兰"(Little England)的谦称是否定向"帝国控制区"强加过分要求的一种最好方式(Galbraith,1961,39-40)。进一步而言,伯恩(1949,222-223)论证道,作为他称之为英国的"自由主义平衡"的组成部分,将群众的不满向外部疏导是至关重要的:"诉诸暴力的本能同样被向国外疏导……英格兰人绝非是一个爱好和平的民族,但通过反思他们应该如何做,或者反思他们对造反的印度士兵、暴动的黑人、俄国人或法国人,以及1861年的美国人的所作所为,他们应该已经知足了"。这种向外转嫁矛盾解决的不仅是一种社会心理问题,而且是社会流动问题。在殖民地的工作机会消解了19世纪初期激进主义带来的"一些威胁"。

在理论上,自由主义意识形态的理论家反对殖民主义,他们所基于的理由是它构成对人类自由的侵犯。但这是在理论层面的说法。在实践层面,就英国对"野蛮人"(该用语并不包括在殖民地的白人定居者)的帝国统治而言,英国的自由主义(和社会主义)经济学家和评论家的认识有一个演变过程,而且越来越持赞同态度,尽管也有一些阶段(1780~1800,1860~1880),他们持非常怀疑的态度。甚至像约翰·斯图亚特·穆勒这样强烈支持民族自决的学者也强加了一种"是否适合"标准。印度当然是英国帝国计划的中心所在。但最初并不仅仅是——甚至也许主要不是——实行自由贸易的帝国主义问题,而是税收问题,正如贝里(1989,10)所正确坚持的那样。主张自由贸易的集团能够成功地将东印度公司从人们的视线中完全转移出去,他们之所以这样做,是因为这在某种程度上有助于"加强英帝国同印度的关系,并使这种关系长期延续下去"(Moore,1964,145)。

法国的自由主义也同样倾向于建立帝国政府。毕竟,对圣西门而言,就像对其他许多相信"人类进步具有必然性"的人一样,"东方"被认为仍然处于这种进步的"幼年期"(Cole,1953,1:41)。路易·德·布甘维尔(Louis de Bougainville)很早就做过一次跨太平洋的游历,他于1766年12月15日从圣马洛港(St.-Malo)出发,旅途经过了图阿莫鲁岛

（Tuamolu）、塔希提岛（Tahiti）、萨摩亚群岛（Samoa）、新赫布里底群岛（the New Hebrides）、所罗门群岛（the Solomon Islands）和摩鹿加群岛（the Moluccas）。不过，只是到1796年以后，传教士和商人才开始对太平洋地区表现出某种兴趣。始于查理十世对阿尔及利亚的入侵，在路易-菲利普的统治下继续扩张，法国"在不断地扩张它的海外领土"（Schefer，1928，430）。[63]

对在太平洋海域维持秩序以防船只遇袭，七月王朝从经济方面考虑表示关注。正是在这个时候，由于英法1843年在所谓的普里查德事件（the Pritchard affair）上的严重对立，英法同盟几乎走到战争边缘。1838年法国同塔希提签署条约。1840年，英国通过吞并新西兰而使法国的扩张计划失败（Jore，1959，1：186，213）。1842年法国"采取报复行动"，它接管了马克萨斯群岛（the Marquesas）、将塔希提变为它的保护国，并派传教士到新喀里多尼亚（New Caledonia）。就是在此时，英国通过南京条约"打开"了中国的门户（Faivre，1954，9，338；Jore，1959，1：200-207，213，224；2：81-106，165-171，181-353）。

英法对抗的高潮是由塔希提问题引发的。尽管英国"默许"法国吞并马克萨斯群岛，但对后者将塔希提变为其保护国深感不快。1842年，法国逮捕了英国驻塔希提领事，一个叫普里查德的人。1843年，舰长鲍里特爵士（C. V. Lord Paulet）试图将夏威夷变为英国的保护国，法国也在暗中行动。双方都是群情激奋。但接着双方又都冷静下来。基佐和阿伯丁（Aberdeen）同意平息争端。法国决定赦免普里查德。普里查德和法国驻塔希提领事莫伦胡特（Moerenhout）都被撤换。法国不再把沃利斯群岛（the Wallis Islands）或新喀里多尼亚作为它的保护国，英国也放弃将冈比亚（Gambia，在西非）作为它的保护国。两个国家都同意承认夏威夷是一个独立国家（Faivre，1954，496-497；Jore，1959，2：385-387）。

导致双方各自退让以避免危机发生的原因是多方面的。爱尔兰的动荡不断加剧。美国登上历史舞台。就加拿大的沿太平洋边界地区，英国和美国展开积极的争夺。美国的民主党全国代表大会提出的口号是"要么是北纬54度40分、要么是战争"。美国国务卿韦伯斯特（Webster）将门罗宣言扩大到夏威夷。英国和法国都感到，它们从继续殖民扩张中可能获得的利益并不比破坏它们之间联盟带来的损失要大，即联盟对它们彼此的目标而言更为重要。双方都决定不再让这种冲突事件发生，维持双方在太平洋地区的现状。由此,英法双方决定共同提防危险出现(用船员的老话表述,提防风暴)(Jore,1959,2:388)。

重新加强英法同盟对世界秩序的重要性在19世纪50年代的克里米亚战争(the Crimean War)中表现得非常明显。从本质上看,这场战争是俄国长期试图向、即向奥斯曼帝国控制的地区扩张其领土、权力和影响力的结果。既然英国人(和法国人)都同样希望控制同这一地区的经济交往,而且英国事实上已经将奥斯曼帝国置于依附于它的地位,所以两个国家决定在军事上明确宣示,俄国人必须承认英国人具有优先地位。因此,用波拉尼(1957,5)的话来表述,这场战争"或多或少是一个殖民方面的事件"。由于英国的确是霸权国家,而且获得法国人(当然也获得奥斯曼人)的支持,所以"由帕默斯顿发起的战争"不可能不获得军事上的胜利。俄国被迫接受一种"屈辱的和平"。但它确实能够被称为"一场战争能够取得它最初想取得的结果的罕见的例子"吗(Vincent,1981,37-38)?

回顾起来,克里米亚战争被视为英国统治下的和平的一个"不重要的"例外,包括"将作战区限制在地方层面上和……只是实现有限的目标"(Imlah,1958,1)。休·希顿-沃森(1937,359)称之为"现代欧洲历史上最不必要的战争"。它肯定加强了英国在奥斯曼帝国的地位。但它对英国也产生了出人意料的负面影响。为了在克里米亚作战,英国政府必须从殖民地撤出一些军队。它甚至试图在美国招募军队,这过度使用了它的一些外交关系。而且将这些军队用于克里米亚战争产生了适得其反的后果。因为它证明英国能够削减一些"帝国的负担",由此为保守党支持"一种新帝国主义的兴起"提供进一步的论据(Schuyler,1945,233)。

不过,甚至更重要的结论是必须诉诸战争。在许多方面,霸权依赖于下述事实,即潜在的优势从不会遭到挑战。尽管英国最终取得了胜利,但它只是在遭受了"克里米亚战争的第一个冬天大多已被公之于众的失败和灾难之后"才取得的。作为结果的"悖论"是,英国现在必须为军事准备花费更多的人力和物力,这表明"英国在欧洲影响力已经下降"(Gash,1979,310-311)。作为结果,俄国的失败事实上只是暂时性的。俄国发现,她"只是必须耐心地等待那一时刻的到来,即她能够摆脱在黑海对她施加的各种束缚"(Seton-Waston,1937,359)。在国内,克里米亚战争说服以前拒不服从的英国制造商承认将自由主义国家变为一个积极的帝国主义国家的重要性。[20]

19世纪60年代标志着英国主导下的和平的世界秩序的最后形成，当然是在同法国重要同盟关系的支持下。这一时期确实是它霸权的巅峰时期，但也标志着它衰落的开始。正是在这一时期，"英帝国瓦解的趋势达到其最高潮"（Schuyler，1921，538），同时它也是"在石勒苏益格-荷尔斯泰因（Schleswig-Holstein）问题上最终证明英国无力干预和采取绥靖政策"的时期，由此动摇了"过去对英国道德影响力的信心"（Gash，1979，317-318）。[21]

同样的情况也在法国发生。除了克里米亚战争（1854~1856）和1862年征服科钦（Cochin）外，拿破仑三世试图通过在中美洲的冒险、由此限制美国的影响力以巩固法国作为一个世界强国的地位。1852年，法国和英国向美国提议对古巴实行三国共管。美国"傲慢地予以拒绝"，这增加了法国对美国意图的怀疑。[22]1859年，在墨西哥存在两个政府争夺权力的情势下，即在韦拉克鲁斯（Veracruz）的华雷斯（Juárez）政府和在墨西哥城（Mexico City）的苏洛阿加（Zuloaga）政府，布坎南总统（Buchanan）提到美国在古巴和墨西哥的抱负，并支持华雷斯。苏洛阿加转向法国请求军事援助。当接下来美国由于1861年爆发的内战而无力顾及墨西哥事务时，法国和墨西哥拥护君主制度的势力联合起来支持奥地利大公马克西米利安（Archduke Maximilian）担任墨西哥国王。法国开始了他在美洲的"克里米亚冒险"。

当华雷斯暂停支付债务时，法国、英国和西班牙联合要求在韦拉克鲁斯和坦皮科（Tampico）设立债务专员。这三个国家全都于1862年派驻军队，但只有法国人愿意支持马克西米利安。其他两个国家和马克西米利安本人都临阵退缩，只留下法国"被迫卷入一场真正的战争"。拿破仑三世派出了一支建制完整的远征军，但却被打败，第二帝国"声誉扫地"，失去了"[第二帝国]主要赖以维系"的大部分声誉，（Schefer，1939，11，241）当然尤其是在欧洲。[23]

因此，英法试图创建一种将由他们进行统治的自由主义世界秩序，它们取得了巨大成功，但同时也是一种巨大的失败。一方面，它们对经济和军事力量的使用已经达到极限，但却并不能够阻止德国和美国的稳步上升趋势。德国和美国在实力上都得到增强，它们之间的对抗将开始塑造1870年以后冲突愈益加剧的世界秩序。英国和法国目前都被迫改变他们进行殖民扩张的方式，即从一种只有它们起带头作用的方式转变为一种每个国家

（或至少是许多国家）都随意进行"瓜分"的方式。但另一方面，英国和法国又成功地将一种自由主义的地缘文化强加给世界体系，每个国家都必须臣服于它，至少是直到第一次世界大战爆发之前。俾斯麦并没有继续使用神圣同盟的话语，他对这样做也根本不感兴趣。相反，俾斯麦和狄斯雷利将从第二帝国那里汲取经验教训，倡导一种开明的保守主义，它实际上是自由主义的一种保守主义变种。

19世纪世界秩序的转折点是在1866~1873年这一时期——"19世纪晚期历史转向的一个巨大转折点"（Clapham，1944，2：271）。美国已经实现统一，在1866年似乎很明显，德国也将这样做。由此，两个实力正在上升的强国处于增强他们地缘政治实力的地位上。与此同时，英国将同法国一道在实行男性普选权问题上实现一次大的飞跃。英国于1867年进行的议会改革被非常正确地视为"一个时代的终结"（Burn，1964，chap.6）。英国1867年的改革法案加上法国在1870~1871年的突然爆发共同代表了一个过程的最高潮，该过程开始于1815年，它试图通过将危险的阶级——尤其是城市无产阶级——从政治上吸纳到体制中来从而驯服他们。但以这种方式，他们并没有破坏两国基本的经济、政治和文化结构。

在之前的50年中，扩大选举权在理论上是由自由主义者提倡的，但保守主义者予以了抵制。对此的可靠证据是1832年通过的改革法案。因此，其他大多数重大的进展都是在保守党政治家的主持下——或至少是领导下——取得的：1829年的天主教解放法案，它先于1832年改革法案颁布；1846年取消谷物法；最重要的是1867年改革法案，它赋予成年男性以实际的普选权，这难道不令人感到奇怪吗？希梅尔法布（Himmelfarb，1966，117）在她对1867年所做的分析中指出，自由主义者相信个人在政治上是至关重要的，他们对将政治制度置于大量个人的控制之下持如此谨慎的态度，以致他们将普选权视为既是"重要的、又是危险的"。她认为，保守主义者"相信人性和社会的永恒真理性"，反而对此并不太过担心，这就是为什么改革法案是一种"保守主义措施，由保守党政府提倡和通过"。[⑰]在一定程度上，这无疑是对这两个政治集团成员推理过程的正确描述，但我不太确定这是否就是实际所发生的。

对我而言似乎是，自由主义者从来没有勇气去实现他们的信念，这是由于很简单的原因，即他们同保守主义者一样都对危险阶级感到担忧，保守主义贵族在政治和社会方面没有任何自信可言。自由主义者一直害怕被谴责为是鲁莽不计后果的。另一方面，保守主义者并不急于改革，但当他们看到改革不可避免时，他们又非常乐于给予决定性地推动，而不用担心被攻击为持有激进信念。此外，他们会施展小计谋，将扩大选举权转化为支持他们自己的、而不是自由主义者的投票。因此，这似乎并非完全是巧合：

> 在英国公共舆论对待殖民地的态度上，1869～1870年似乎标志着一个明显的转折点。当面对帝国看似即将解体的威胁时，很明显，英国人民并不愿意遵从曼彻斯特学派那些教条主义信徒的观点，而这也许正是一些政治领导人所希望的。(Schuyler, 1945, 276)

也许希望这种情况发生的政治领导人是自由主义者、而不是保守主义者。在使工人阶级变为公民而有某些权利可以予以维护之后，在向中间阶级保证他们将不会被剥夺财产之后，保守主义者现在能够使英国变成一个得到更广泛支持的自由主义帝国。不过，英国并没有太多的选择。由于她在欧洲的经济和政治主导地位受到削弱，所以她试图通过重新强化她的帝国角色来获得慰藉。

第二帝国能够同样平稳地向成熟的自由主义帝国过渡吗？法国已经实现了普选权。它缺少的是一个完全信奉自由主义的议会政治体制。拿破仑三世看到了这一点，在19世纪60年代明显试图沿着这个方向推进。正如普拉门内兹所说的（1952, 162）："通过使帝国变为自由主义的，拿破仑三世……真的希望安抚……共和党人"。的确，他的政权由于在显示威望的支出上过于挥霍和由于通过公共借款回避议会控制而受到攻击。尽管如此，但如果不是因为法德战争和法国战败，那么拿破仑三世实施的渐进自由化政策也许已经取得成功。

俾斯麦正确地认识到，第二帝国是英国霸权结构的薄弱环节，击败法国将导致英国在世界体系的地缘政治结构中更迅速地衰落。俾斯麦未预见到的是，击败拿破仑三世同时也意味着拆除由他精心构筑的对法国工人阶级、以及一般而言对法国激进民主主义者的种种政治限制。因此有巴黎公社的诞生。正是对巴黎的包围和停战唤醒了巴黎的工人们：

> 他们抵抗普鲁士人已经4个多月，并且愿意继续抵抗。被击败的是外省人，正是这些以教徒和资产阶级为主导的外省人是第二帝国的

支持者。他们是没有爱国心的反动分子。(Plamenatz, 1952, 137)

在2月5日到8日举行的大选中，巴黎和其他大城市投票支持共和党人，但外省投票支持保皇党人（和支持和平）。波拿巴主义者已经退出历史舞台。共和党人成为主战派。民族主义和共和主义/社会主义在公社中紧密地结合在一起，它无疑是西欧历史上最重要的工人起义，进一步而言也是第一次获得雇员重要支持的起义，即得到那些工作环境更干净、报酬更优厚，以及就那时而言有着更熟练技术的工人的支持：

> 首次地，那些还不是"白领工人"、仅仅是"办公室雇员"的人大量地加入到起义工人的队伍中。但在1848年6月，雇员们却一直站在统治者一方进行战斗。(Rougerie, 1964, 128)

中间阶级在1815年隐隐地和在1848年更明确地担忧的东西现在终于发生了。危险的阶级要求民主。他们要求管理他们的国家，他们不仅将国家理解为他们居住的国家、而且理解为是他们的国家。起义被设在凡尔赛的临时政府的军队残酷地镇压下去，后者享受德国军队不予以干预的恩赐。镇压遭到工人的激烈抵抗，在他们的抵抗被镇压后，被处死和判决流放的现象非常普遍。

但一旦发生了，其后果是什么呢？我认为，普拉门内兹正确地把握住了它：

> 对共和党人而言，公社在19世纪70年代所做的就是在世纪中期的六月起义所做的。它令社会主义者和革命者名誉扫地。但这次它并没有增强保守主义者的力量……
>
> 公社的失败并没有伤害到共和党人，但它确实使共和党人更加保守，这是相比假如不这样做的情况而言的。

共和党人着手开始做的恰恰就是拿破仑三世未完成的工作。用自由主义帝国的话语来表述，共和党人准备镇压危险阶级，如果他们要求更多的话；但同时准备赋予他们以公民权，一个自由主义帝国的公民权。阿道夫·梯也尔实现了这种转型。像他之前的塔列朗和基佐一样，作为一个经

— 135 —

历许多政权的人，1834年梯也尔支持里昂的工人，但1848年他又支持秩序党镇压工人。他并不是由于加入第二帝国政府才做出妥协的，他对保皇党人和共和党人都同样友好，但他却是革命者凶残的敌人。他在1870年指出，尽管他并不想要共和国，但在他心目中它有一个优点："在所有政府类型中，它是最少使我们产生分裂的政府"。

到1875年，人们能够说自由主义帝国现在已经在英国和法国稳固地确立，并表现出它遏制危险阶级的能力，由此成为其他国家效仿的榜样。在该模式中，最恒久不变的肯定不是对自由市场的忠诚（这种忠诚随着特定国家在世界经济中经济地位的不断变化和世界经济周期性变化的影响而变化）。自由主义国家的标志性特征也不是对个人权利最大化的忠诚（这种忠诚随着个人运用这些权利去挑战基本社会制度程度的变化而变化）。将自由主义帝国同其他类型国家区别开来的是它对政府实施明智改革的承诺，这种改革将既推进经济增长（或更确切地说是推进资本积累）、又驯服危险阶级（通过将他们纳入公民范畴和让他们分享一部分——尽管是一小部分——帝国的经济财富）。

为实现这一目标，自由主义帝国必须奉行一种政治上的中庸路线，避免成为那种具有反动或革命倾向的政权。当然，为了能够这样做，国家必须对外没有重大的未解决的民族主义问题，对内没有强大的不满的少数群体。同时它在世界经济中地位还必须足够强大，以致实现集体繁荣的前景是可能的。它还必须有充足的军事力量或足够强大的盟友，以致它能够避免做过多的对外干涉。当所有这些条件都具备时，自由主义帝国就能够自由地实行反映多数人意愿的集体保守主义，这些人现在都有某些权利需要加以维护。

因此，首先，自由主义帝国必须有一个强政府、一个作用已经被加强了的政府。当然，从一开始，政府权力扩张的主要目的就是要控制那些危险阶级：

> 由边沁、尤其是埃德文·查德威克（Edwin Chadwick）所阐述的中央集权思想绝非是要触及居统治地位的中间阶级的利益。撇开理论不谈，中央集权是指授权提供那些会影响到劳动阶级的服务。毋庸置疑，哪怕是在最低程度上，中央集权也绝非意在减少更体面阶级的经济和社会自由。它绝非要如此。（Hill，1929，95-96）

第三章 自由主义国家与阶级冲突：1830~1875年

第二，自由主义帝国包含了对扩大选举权的承诺。但正如我们已经看到的，选举权的这种扩大是非常谨慎地推动的。"古典自由主义者认为，只有能负责任的成年人才有权行使自由"（Crouch，1967，209）。当被用于扩大选举权时，能负责任的概念既包括掌握扩大选举权的时机、又包括应用启蒙运动有关人性具有可塑性的信念。因此，自由主义者所倡导的普选权是"非常模糊的"，正如罗桑瓦隆（1985，136-137）所解释的：

> 在大多数情况下，[这种倡导]只不过是一种对未来的预期，仅仅表达了一种在国家内部推进文明和启蒙进步运动的预期性愿望。……在赞成普选权的自由派和共和派的圈子中，普选权继续被理解为对潜在能力的一种承认——而不仅仅是平等原则的结果，被理解为对人们同处一个社会中的象征性表现。……因此才有就引入普选权尚不成熟而产生的大争论。这种权利之所以被否决，通常是因为人们认为它来得过早。正是赋予那些无知的和不成熟的群众以选举权才是他们所担心的。[183]

据说，自由主义等同于理性主义、等同于科学、等同于经济进步，正是出于这种原因和在这种意义上，到世纪中期，"几乎每一位政治家和政府官员……都成了自由主义者，而不管他信奉什么样的意识形态"（Hobsbawm，1975，105）。[184]

有关这一时期，最令人感兴趣的是保守主义者的立场问题。如果在1834年继改革法案之后，罗伯特·皮尔爵士"重新命名他的党为'保守党'的话，那么很快就清楚的是，在许多方面实施一种反动政策并非他的初衷所在"（Halévy，1947，57）。[185]与此同时在法国，继1830年革命之后，保守主义在法国被精心地阐释为"管理一个后革命社会的方法"、一种"终结革命"的方法。如此一来，它就不再同自由主义相对立，正如罗桑瓦隆（1985，277-278）很好地描述的那样："相反，它将自身视为对自由主义的实现、视为它保持永久长存的手段"。

作为结果，保守主义者也开始支持强政府。对保守主义者而言，这至少有三个方面的原因。第一是求助于传统和连续性具有内在的缺陷，伯克试图使之成为保守主义意识形态的基础。[186]正如贝内东（1988，116）所提到的，这种立场导致各种矛盾，正如在法国那样，一旦出现长期的中断，就会导致要创建其他的传统。那么人们能够怎么做呢？政治上的保守主义思想就开始"在宿命论和激进改良主义之间、在一个有限政府进行统治和要求建立强政府之间"摇摆。因此，对许多保守主义者而言，强政府就变成恢复、或至少是部分恢复传统的手段。第二，许多保守主义者认为，保守主义是"一种主张，它将法律、秩序和稳定统治视为政府进行统治的第一原则"。像皮尔一样，可以从中得出结论："从原则上看，保留政府机构、并对它们进行稳定的改革是必然结果"（Gash，1977，59）。

但第三个理由是最具说服力的，正如自由主义意识形态的理论家圭多·拉吉罗（1959，136-137）所认为的那样，他在对英国托利党人如何在德国浪漫主义者的影响下，将他们为王权辩护转向为政府辩护的讨论中指出：

> 正是政府，它的重要性和威信必须予以维护。不应将政府视为在相互对立的私人利益之间所做的调和，而应视为——正如伯克称之为的——各种思想自然交流的结果。
>
> 出于这种原因，保守主义者承认拓宽政府基础的必要性，使它不是建筑在特权的狭隘基础之上、而是建筑在由全体人民的看法和利益组成的卑微然而却是牢固的基础之上。旧的托利党已经创建了一个实行寡头统治的政府；但难道自由党所创建的政府就不是实行寡头统治吗？他们之所以较少有资格进行统治，是因为他们唯一依赖的就是财富，而且是同出身和来自古老传统的特权相分离的财富。
>
> 保守主义者问，为什么自由主义希望削弱政府？答案很简单。通过摧毁所有凌驾于个人之上的和能够发挥缓解矛盾与促进平等作用的权力，它想让最强势的力量在同最弱势的力量的竞争中不受任何限制地发挥他们的优势，它想拥有不受任何限制的全部权力去剥削那些无助的民众，后者是这场斗争的牺牲品、而不是主角。[85]

当 1960 年基尔穆尔勋爵（Lord Kilmuir，1960，70-71）试图解释在"各种社会革命运动"（他如此称谓的包括 1832 年、1846 年、1906 年和 1945 年）遭遇大失败之后，保守党如何能在英国一直重新执掌权力时，他的回答是"沙夫茨伯里传统"（the Shaftesbury tradition）使然。他将之界定为将托利主义同"政府干预相结合，以多样形式保障最低标准，例如《工厂法》、《住房与公共健康法》，以及考虑工会的利益"——简言之，因为保守党利用政府来推进他们自己的社会改良主义。

这种"在[保守]党和人民之间结成的彼此互利的联盟"是狄斯雷利所谓的国家托利主义的核心所在。尽管有下述事实,即狄斯雷利最初在托利党内的崛起是他强烈反对皮尔取消谷物法的结果,但仔细观察狄斯雷利稍后的政治活动表明他"在精神实质上大体上是'皮尔式的保守主义'"(Smith, 1967, 4, 15)。从本质上看,狄斯雷利为"皮尔主义"注入了新的帝国主义内容。自由主义的改良主义被视为"一种手段、一种路径、一种原则,以服务于更高的目标,即帝国"(Ruggiero, 1959, 140)——由此将工人阶级更紧密地既同国家、又在某种程度上同保守党联系在一起。

能够这样说,如果自由主义在1830~1875年间所取得的最伟大的政治成就是驯服危险阶级的话,那么它所取得的最伟大的意识形态成就是驯服保守主义——将它转变为某种形式的由自由主义所倡导的、以理性政府为导向的改良主义。它们的共同点是民族主义和强政府,这甚至影响到保守主义的文化观。巴尔赞(1943, 143-144)在讨论1850~1885年这一时期从浪漫主义向现实主义的文化转向时,称它为从1848年的"挫折中重新振作起来"。他提到实力政治和唯物主义的兴起,其中每一种都由"物理科学那令人敬畏的权威"所支撑。他论证道:

> 自由主义、保守主义和激进主义由于他们对实实在在的、领土上的国家地位的共同要求而联合在一起;科学假设根据它们是否能运用于机械或同机械有着相似的内在机理来予以检验……;与此同时,力……作为对社会矛盾性和复杂性的伟大解决方案而被加以运用。

伴随着自由主义和保守主义向着"他们共同的政府干预政策"方向的迈进,一些保守主义者[诸如19世纪晚期的张伯伦(Chamberlain)]试图坚持在两者之间做出区分,认为对保守主义者而言,它是一种庇护行为,而对自由主义者而言,它是一种信念,即"应该帮助所有人管理好自己"。但正如拉吉罗(1959, 151)所指出的:"实际上,这两者之间的差别通常非常小"。它当然很小。到1875年,社会主义者仍然没有被完全驯服。这项工作只是到1875~1914年时期才完成。萨皮罗(1949, vii)在他有关自由主义的著作中能够得出如下结论:"当19世纪从历史方面看终结于1914年时,作为一种政治生活方式的自由主义在欧洲已经被接受"。

注释：

① 霍布斯鲍姆继续指出（p.285）："尽管自由主义意识形态由此失去了它最初那种充满自信的诱惑力，……但一种新的意识形态社会主义重新阐释了18世纪那些为人们所熟悉的真理。它将理性、科学和进步作为自己牢固的根基"。科尔奈尔（Coornaert，1950，13）也认为，在无产阶级发展史上，1830年标志着"一个转折点"和"一个起点"。他还提到（p.26）对18世纪哲学的接受："信仰理性、科学，以及对人类不断进步的简单化信仰"。

② 普列汉诺夫（Plechanow，1902~1903）从马克思主义的视角很早而且很明确地对此做了说明。这还不是全部所在：经典马克思主义者在《哥达纲领批判》中对社会主义的界定——"各尽所能，按劳分配"——事实上直接取自圣西门的学说（1830，70）："每个人应根据他的能力付出；每个人应根据他的工作获得报酬"（cited in Manuel，1956，227）。当然，马克思明确指出，这是一种过渡时期的方案。在接下来的"共产主义"时期，它将是"按需分配"。

③ 伊格尔斯最初指责圣西门是"极权主义者"（1958a，3），但在最近的一本书中改变了看法。在书中，他更倾向于论及圣西门思想的保守主义基础："像德·梅斯特勒——[圣西门]非常敬仰他——那样，但不像进步理论的其他倡导者那样，他们确信，人都拥有'不良倾向'，这些倾向使国家的存在成为必然，它将限制和调节个人自由"（1970，689）。斯塔克（Stark，1943，55）称他为"资产阶级的先知"。也见布吕内（Brunet），他强调，圣西门在反对什么上是明确的，但在赞成什么上却是模糊的，并将他的特征总结为（1925，9）"面对斯芬克斯的俄狄浦斯"，考察他所生活的19世纪，试图预测未来。也见哈耶克（Hayek，1952，156-188），他在三个方向上回溯了圣西门的影响：对青年黑格尔派和1848年以后社会主义的影响，对欧洲大陆资本主义的影响，对孔德和实证主义社会学的影响。G.D.H.柯尔（Cole，1953，1：43）苛刻地指出："在所有这些中，并不存在任何民主内容"。

④ 福萨尔继续阐明了基佐的思想："坚持自己的权利和渴望统治国家的资产阶级并不惧怕采取革命手段；1830年就是对此的证明。它也不惧怕科学理论。它意识到自己是一个正处在斗争中的阶级，并承认它将以这种方式来加以界定"。迟至1847年，那时基佐正奉行一条在政治上更为保守的路线，他由于支持阶级学说而遭到对手的诋毁。在下院，一位叫加尼埃-巴热斯（Garnier-Pagès）的人宣称："在这个国家不存在阶级……而你、基佐先生，这就是你所支持的最可憎的理论，你认为存在不同阶级，存在资产阶级和穷人、资产阶级和人民……你想分裂我们，但你是不会成功的；……在法国，只有法兰西公民"。杜马（1963，xi）引述了这段演说，提到加尼埃-巴热斯——几乎紧接着上面那段

话——这样继续他对下院的演说："这里，我看到许多资产阶级"。至少下院一片大笑。

⑤ 盖什（1977，39）提到，利物浦勋爵所领导的由贵族组成的内阁事实上是由中间阶级的子孙们构成的。1835年，罗伯特·皮尔爵士在伦敦商业中心区发表演说时曾提到下述事实，他的父亲是一位棉纺织品制造商。"无论如何，这令我感到耻辱了吗？……绝对没有，而且它不会令任何一个人、也不应该令你们——绅士们——感到耻辱，你们所能做的就是根据同样的法律制度将同样的机会留给其他棉纺织工人的子孙们，在这样的法律制度下，这个国家已经如此长久地保持了繁荣，而且要继续用同样诚实的方式实现同样的目标"（cited on p. 71）。

⑥ 基佐"既不否认、也不赞同大革命……社会的'理性'和'正义'是理论家在驳斥支持革命或旧政治制度的全部主张时所使用的基本哲学概念"（Starzinger，1965，20-21）。

⑦ 洛姆（Lhomme，1960，36）和普塔斯（Pouthas，1962，258）提到一个阶级取代另一个阶级成为统治力量。不过，蒂德斯克（1964，I，335）提醒我们应该如何解释这一现象："否认大资产阶级在七月王朝君主制中的统治地位是没有问题的；但与其说它消灭了旧的贵族制度，不如说是更多地将它吸纳到新的制度中来"。尽管如此，但这种转变的社会后果却是真实的，正如巴黎省长在1830年革命后不久写给各区市长的信中所证实的那样，他在信中提及了要为可能在皇宫举办的庆典做必要的准备："无疑，你们会发现这是适当的……即事先拟定一个每个区出席的名单，他们也许包括那些曾获得国王邀请殊荣的人。显赫功勋、以正当手段获得财富、响当当的名声、拥有大产业、诸如此类……是在生活正直之外应该指导你们做出选择的条件。因此，请将居住在你们区的市政官、大地产所有者、银行家、证券交易经纪人、公证人、律师、制造商、军官、艺术家、作家列一个名单，包括上述各类人中5或6位最著名的人士"。这封信是由杜马（Daumard，1963，305）引用的，他评论道："家世不再是问题所在，除了只是附带的和为了不将任何拥有'响当当名声'的人排除在外，即使这样，也并不必然是那种世袭的头衔"。

⑧ "在引发群众不满的过程中，在使群众习惯于骚乱的过程中，危机为革命创造了条件"（Gonnet，1955，291）。

⑨ 也见莫斯（Moss，1975a，204）："光荣的三天既激发了第一共和国平等主义理想的再度流行，也激发了一场史无前例的工人阶级抗议浪潮"。

⑩ 在1830年革命的一个月后，《辩论日报》（the Journal des Débats）警告中间阶级，无产阶级已经在现代社会中兴起，并将他们比作罗马帝国的野蛮人（See Daumard，1963，515）。100年后，另一位自由主义者贝奈戴托·克罗齐（1934，150）以相似的方式分析了1830年革命："条件已经发生变化。不再是自由主义和专制主义之间的斗争，而是自由主义与民主之间的斗争，民主包括

从它的温和形式到它的极端的和社会主义的形式。这场斗争是 19 世纪真实存在的和进步性的斗争，它在那些享有自由的国家中……获得发展"。

⑪ 见沃勒斯坦（1989，107，120-121）有关法国的谢普雷法（Loi Le Chapelier）和英国的反结社法案（Anti-Combination Acts）的论述。

⑫ 吕德（1969，22）论证道，这些协会的斗争精神在 1830 年之前就已经清晰可见："事实上，1831 年 10~11 月发生的事件不能被视为是出人意料的。既然里昂缫丝工场协会的领袖称他们的组织为互助主义，那么'工人发出要为解放而斗争的信号'就不是在 1831 年，而是 3 或 4 年之前，即他们的组织建立之时[1828 年]……在整个复辟时期，工人运动将自身表现为'联合斗争'和密谋活动，它们从未停止过展示它们那令人惊讶的斗争精神"。

⑬ 蒂利（Tilly）一方面指出，1830 年对法国北部工人的政治活动而言并没有什么改变。他谈及那里"几乎没有罢工"。但另一方面，他告诉我们："在 19 世纪 30 年代和 40 年代，频度不断增加的工业冲突使罢工变得很正常，至少在某种程度上是这样"（1986，262，263，265）。

⑭ 见伯祖查（Bezucha，1974，23），他掌握有 1833 年里昂一个工人区的统计资料，资料显示，在 3257 名短工中，只有 547 人是在里昂出生的。其余的都是外国人或来自农村地区的。"移民是这一时期里昂增长的主要促动因素"（p.158）。阿盖（Aguet，1954，4）引述了 1830 年 8 月 16 日《立宪报》（Constitutionnel）的一篇报道《巴黎省治安的动向》，报道指出，当地工人要求应该勒令"外来"工人（这里的"外来"包括出身农村的法国工人）离开巴黎。省长予以拒绝，理由是"外来"工人的存在代表"一种竞争，有助于增强好胜心、有利于风气的改良、对增强法国工业的实力做出了巨大贡献"。阿盖（p.9）还提到了在里昂和格勒诺布尔发生的类似事件。

因此像现在的法国一样，尽管"外来"工人获得的报酬要比当地工人低，但他们的报酬要比他们在出生地所能获得的高，他们也是因此才被吸引来的。塞（1924，494，498）引述了维尔梅尔（Villermé）在 1840 年根据巴黎工人资料所进行的一项研究，这使他能够得出结论，农民被"制造业提供的相对高的工资"所吸引，尽管如此，但"工人的生活似乎是非常不稳定的"。

⑮ 缫丝明显来自单股绢丝（canette）一词，意指"线轴"（spool），是在里昂自 16 世纪以来就有的牵线木偶表演中滑稽地模仿里昂缫丝工人所使用的名称。李瓦塞尔（Levasseur，1904，2：7）坚持认为，它"并不是一个表达讥讽之意的用语"。

⑯ "如果要把更多的工作机会留给法国人的话，那么这意味着雇主和国家将必须驱逐在法国的外国人……驱逐外来工人的问题是在七月革命之后的头几个月中工人和政府之间的一个主要分歧点"（Newman，1975，23）。也见勃吕阿（1952，1：223），他抱怨道："工人并没有直接攻击给他们带来痛苦的制度（资本主义）

第三章 自由主义国家与阶级冲突：1830~1875年

或者人（资本家）"。

⑰ 工人究竟得到共和党人多大程度的支持是一个有争议的问题。布祖查（1974，171）对其重要性评价不高："归根结底，共和党参加1834年里昂起义是这个地方性政党软弱、而不是强大的结果"。他还指出，这是一次工人起义，而不是像政府所断言的是一次政治起义。勃吕阿也希望强调工人阶级意识的首要性（1952，I，262）。李瓦塞尔（1904，2：819）论证了相反的观点：共和党人之所以支持1834年起义，是作为对他们在1830年所受欺骗的"报复"，而1831年起义事实上是非政治性的。多莱昂（1947，1：97）将问题颠倒过来，指出正是工人坚持将斗争目标限制在他们直接关注的问题上："他们担心同共和党人合作会不利于他们要求的实现。他们想要更谨慎些"。

⑱ 普拉门内兹（1952，55），他补充说："或者更确切地说，是将他们赶入地下"。他指出，接下来是"一段沉寂时期"。也见多莱昂（1974，1：107）有关政府如何利用罢工作为借口镇压共和党人的论述。

⑲ 《著作和演讲集》（通俗版，p.492），引自费伊（Fay，1920，33-34）。

⑳ 沃德（1973，7）称宪章运动为"第一个工人阶级政党"。

㉑ 见普若瑟罗（1971，203，209）："伦敦的宪章运动之所以能够取得成功，是因为它赢得了首都最重要的各行业部门的支持，诸如木匠、石匠、裁缝和制鞋匠"。尽管如此，但普若瑟罗同时论证，宪章运动还获得了来自那些"不太强大、但组织良好的行业"的更强有力和更一贯的支持。只是当自身的利益受到诸如1844年《主仆法》（the Maters and Servants Bill）等立法的直接威胁时，贵族们才加入到反抗运动中来（seeProthero，1969，84）。

㉒ 对琼斯（Jones，1983，57）而言，这是继1832年之后幻想破灭的后果："改革法案被视为对一种事业的巨大背叛，即人们认为的［中间阶级激进派和工人］共同进行斗争的事业。辉格党政府随之而采取的措施——颁布了爱尔兰人强制转换法案、否决了十小时法案、颁布了市镇法案和新济贫法——被视为证实了中间阶级的叛卖行为。从中所能得出的结论就是工人阶级必须为它自身的解放而斗争"。

㉓ 见阿勒维（1947，208，211）："公众的想象似乎将爱尔兰人同法国人相混淆。一位记者写道，'一个法国人是一个文明的凯尔特人，而一个爱尔兰人是一个野蛮的高卢人。在法国是共产主义，而在爱尔兰就是掠夺。很明显，这个国家同爱尔兰人领导的运动没有关系，后者在英国发起了一场效仿法国模式的革命'"。

㉔ 宪章运动的斗士也许并没有被愚弄。阿勒维（1947，149）指出："就宪章派而言，十小时法案的颁布只不过是作为附带影响的部分结果"。这种观点与其说是宪章运动斗士的、不如说是他们的潜在支持者的观点。

㉕ 布罗伊公爵（Duc de Broglie）在他为《塔列朗回忆录》所写的序中称英法联盟

— 143 —

为"两个自由主义君主制国家的联盟,双方都是基于他们的国家利益而结盟的"(cited in Weil, 1919, 4)。

㉖ 亚丁和蒂德斯克(1973,1:179-180)论证,结盟的条件是"成熟的":他们刚刚在强加给尼德兰的停战协定上进行了合作;奥斯曼签署的洪基尔-斯凯莱西条约(the Treaty of Unkian-Skelessi)已经威胁到他们两国的地位;在1832年,他们都同情德国和意大利的自由主义者。

㉗ 1830年,在一份工人办的杂志《初生的无产阶级》(*Étrennes d'un prolétaire*)中,有文章宣称:"我们之所以推翻波旁王朝,并不是因为它使我们感到不快,因为人民从来都没有比在1816年到1829年这段时期过得更快乐,而是因为它是由所谓的胜利者、由外国军队和国内的卖国贼强加给我们的"(cited by Levasseur, 1903, 1:667)。

㉘ 谢弗(Schefer, 1928, 50-51)指出:"比利时人……为我们第二次征服阿尔及尔提供了理由"。为什么七月王朝会继续前任的阿尔及利亚政策,它的支持者仅仅是在他们掌权之前还如此毫无顾忌地批评过该政策,勒努万(1954, 109)对此做出解释:"这根本不令人奇怪。同波利尼克做斗争的自由主义者之所以敌视这种冒险,是因为它也许会巩固他们所厌恶的政治统治。一旦这种统治被推翻,同样是这些人相信,放弃这些已经获得的利益会危及奥尔良派君主统治的声望"。他论证,英国人之所以不反对,部分是因为他们对七月王朝的意图并不明了,部分是因为"他们在慎重对待法国问题上有其利益,他们需要法国在欧洲事务上的合作。奉行一种不表态政策是好的策略"(p.11)。

㉙ 社会主义者并不反对政府的阿尔及利亚政策。路易·勃朗曾热情支持针对阿卜杜·卡迪尔(Abd-el-Kader)的战争(1844, vol.5, chap.9),并为帝国主义政策在文明发展和地缘政治方面的合法性做出论证:"它是由于法国所拥有的真正天赋而产生……她有义务进行扩张。就气质而言——甚至比地理位置更重要——法国是一个海上强国……英国盟友宣布我们……只不过是一个陆地国家,如果我们哪怕是稍微安于这种角色的话,竞争就会将我们压垮"(pp.504-505)。

㉚ 杜马(1963, 57)注意到:"一个人有资格选举和被选,这种地位尤其为人们所看重,几乎等于一个人的世俗成就;例如,它会在记录25000个家庭住址的年鉴中被专门标出"。

㉛ "就工人阶级而言,当势态要求为革命做准备、保持战斗警惕时,卡贝作为政府政策的背书人却要求人民保持冷静"(Johnson, 1974, 286)。在这个时候,卡贝本人也感到没有希望,移民去了得克萨斯州。

㉜ 阿勒维(1947, 193-194)提到:"1847年,卢塞恩(Lucerne)的自由主义者[对分离主义者联盟占据的各州发起进攻]作为对他们1846年在克拉科夫所遭受失败的报复。这对梅特涅而言是一次严重的挫折,因此,基佐——他曾公开

要与梅特涅合作［但路易-菲利普'谨慎地……阻止了他'］——认为，对帕默斯顿、同时对西方自由主义而言，这是一场重要的胜利"。在此前的一段时间，对英国建立一种自由主义世界秩序的方案，基佐的抵制程度一直在增强。1844年3月16日，在写给法国驻奥地利大使弗拉奥伯爵（the Comte de Flahaut）的一封信中，他写道："今天，不管大国间的分裂程度有多深，但并不存在严重的利益冲突，也不存在争夺影响力的真正斗争……在欧洲唯一的关注——对所有人都是相同的——是遏制无政府思潮和为了实现这一目标而维持和平"。在看到基佐的这封信后，梅特涅亲王给他在巴黎大使馆的秘书阿波尼写了一封信，在信中他引述了这段话，并承认："这也是我的信念所在"。信件引自Weill（1921，6，8，13）。

㉝ 英法同盟的破裂开始于1846年，即随着帕默斯顿重新执掌外交部。格瑞尔（Greer）将此归因于帕默斯顿对奥尔良家族的长期敌视，这可以追溯到下述事实，即他从1809年到1815年担任作战部部长。但这似乎有些牵强，尤其是基于下述事实，即正是帕默斯顿创造了英法联盟一词。但不管怎样，"英法的这种敌视也许是1848年初最引人注目的外交事实"（1925，163）——人们也许会补充，也是最重要的外交事实之一。

㉞ "从物质方面看，废除谷物法将在粮食短缺时保护贫穷阶级免受食品价格上涨的灾难性影响。从道德方面看，它给予他们以保证——尽管他们中的大多数人并未被赋予公民权——他们的福利将是贵族政府和议会关注的对象"（Gash，1977，97）。罗伯茨（1958，336）提到皮尔，认为他"是新保守主义的缔造者，而且使它能够适应19世纪的需要，正如伯克所指出的，他努力将审慎的改革同旧的传统相融合"。

㉟ "当马克思在1848年提到在欧洲游荡的'共产主义的幽灵'时，他揭示了……一个无可辩驳的事实，至少对法国和德国而言是如此。在19世纪中期，确实存在着惧怕或希望群众起义爆发的情绪"（Hammen，1958，199）。

㊱ 的确，它以另一种方式发挥了作用。4月10日的失败——一场"惨败"（fiasco）——不仅"标志着宪章运动作为一种政治力量的终结"，而且也为英国政府——受到巴黎、柏林和维也纳革命的惊吓——"彻底消灭宪章运动"创造了机会（Bury，1948，1：145）。不过，詹克斯提请我们注意："英格兰的财政状况同它成功地应对1847年和1848年革命风暴之间的紧密关系，她的经济学家和社会活动家对此从未有充分的认识"（1927，158）。詹克斯将英国之所以避免了革命，既未归因于她的政治智慧、也未归因于她对自由贸易的"迷信"，而是归因于加利福尼亚（1848）和维多利亚（1851年）金矿的适时发现，这导致"全球价格的上涨……由此刺激了实业的发展，其中对英国而言，铁路和自由贸易变成优势资产、而不再是负担"（p.162）。

㊲ 就在对谷物法展开辩论之时，爱尔兰马铃薯歉收。"科布登（Cobden）和布赖

特准备在下一次大选中——预计在 1847 年举行——展开决战,在英国纯农业区之外的中间和下层阶级的多数意见转而支持他们的见解。对皮尔和[国务大臣詹姆斯]格拉汉姆[爵士]而言,似乎很清楚,如果要求议会将 100 万英镑或更多纳税人的钱用于为爱尔兰提供粮食,而与此同时又继续保留谷物法的话,那无疑将引起巨大争议"(Gash,1977,95)。爱尔兰饥荒成为保守党内部进行政治博弈的一种手段,这从克拉克(1951b,3)对取消谷物法的解释中可以明显看出:"传统应对饥荒的方法是搁置谷物法和开放港口。但皮尔告诉他的内阁,如果他确实这样做的话[就此时的爱尔兰而言],那么他不可能承诺会重新实施谷物法,内阁的大多数成员感到他们不可能在这样的条件下支持他的这项政策。他以为由辞职,但辉格党不可能或不会去组建一个新的政府。因此,在女王的要求下,皮尔复职,并取消谷物法"。也见斯凯勒(Schuyler,1945,145),他说道:"1845 年爱尔兰马铃薯的灾难性歉收大大增强了……取消谷物法运动的力量"。但他提到取消谷物法并没有解决爱尔兰的粮食问题,1846 和 1847 年仍然是饥荒年(p.186)。政府也从未要求议会通过拨几百万英镑去帮助爱尔兰的议案。

㊳ 梅特涅提到帕默斯顿所发挥的"恶魔似的作用",认为后者要对革命负主要的责任,但帕默斯顿"坚定地相信,宪政改革是对革命最有效的阻滞"(Bury,1948,1:420,429)。奥地利驻比利时大使在 1847 年 11 月 16 日写道:"比利时的自由主义者是愚昧的;共产主义将会把他们全部吞噬"。这段话是由巴蒂尔(Bartier,1948,1:358)引述的,他评论道:"我们知道,未来将会揭穿这些悲观预言的虚伪性。正是[法国的]路易-菲利普、而不是[比利时的]利奥波德一世失去了王位,正是梅特涅、而不是[比利时激进派领袖]夏尔·罗日耶(Charles Rogier)逃到布鲁塞尔避难,后者是到维也纳避难的"。

梅特涅的观点在 100 年后被弗托(Fejtö)所赞同,他在一本赞颂或至少部分赞颂 1848 年的书中指出:"[英格兰]存在的事实、它的社会结构演进的态势、它的内部斗争,是对改革计划的一种激励。因此,从这种视角看,英格兰能够被视为革命的一个主要推动者。但从另一种视角看,我们也能够评论说,正是因为英格兰的存在——它的强大使法国不敢与之作对——阻止了革命浪潮的蔓延"(1948c,2:456)。不管遣责的是谁,但将 1789 年同 1848 年区别开来的正是"革命的国际性"(Beloff,1974,44; see also Hobsbawm,1975,10)。

㊴ 路易-菲利普政府所犯的另一个错误——甚至是"更为致命的"——是"崇拜实利"和"崇拜现金和账户的盈余",因而使它成为"一个腐败堕落的政府"(Mill,1984,7-8)。

㊵ "它配得上这个称号",因为工人第一次"以那种身份""以集体暴力的形式"登上历史舞台。

㊶ 埃利斯(Ellis,1974a,41)略带严酷地指出:"1848 年革命……代表了垂死的

㊷ 这是"主要从事、但并非唯一从事生计生产的农业共同体保护他们谋生的多样方式的一种努力,以免受较富裕个体的侵害,后者试图通过圈地和放弃集体耕作来改良农业技术。政府试图保护森林使其免于退化,拥有森林私人所有权的人类似地也试图保护树木,因为这些是他们的资本所在"(Price,1975b,16)。

㊸ 男性普选权在 3 月 6 日投票通过。3 月 22 日,一个妇女代表团将赋予妇女普选权的要求提交给作为临时政府成员和巴黎市长的阿尔芒·马拉特斯(Armand Marrast)。他的答复是,既然妇女此前从未拥有过政治权利,那么如此重大的决策就不应由临时政府做出,而应等到选出国民公会后再由它决定。见托马斯(Thomas,1948,36-37)。当然,此前也从未有过男性的普选权。

㊹ 维克托·舍尔歇(Victor Schoelcher)——他负责拟定立即废除奴隶制法令的委员会(instituée pour preparer l'acte d'abolition immediate de l'esclavage)——论证,废除奴隶制是挽救殖民地的唯一出路。就妇女投票权而言,马拉特斯希望拖延问题的解决,但这次,他没有采取这种做法,1848 年 4 月 27 日政府颁布法令直接废除了奴隶制。正当其时,塞泽尔(Césaire,1948,1)指出:"如果像马拉特斯那样,梅斯特罗(Mestro)[殖民地总监(Director of Colonies)] 和其他许多人也认为,人们应该等待选举,然后把问题移交给国民公会去解决,那么废除奴隶制的主张会怎么样呢?"也见舍尔歇(1948,175-184)。随着奴隶制的废除,殖民地还获得了投票权——包括以前的奴隶——和"决定他们选举方式的权利,以致他们的代表能够和那些来自宗主国的代表一道参与共和国宪法的制定"(Césaire,1948,23)。

㊺ "中间阶级根本不准备答应工人的要求,后者要么要求恢复手工业生产方式、要么要求对新兴的工业生产方式进行根本性的改革。中间阶级不仅要阻止(原文如此!)社会主义者实现合作所有权的计划,而且他们甚至不愿意答应适度地增加工资。两个阶级之间的冲突特别明显地表现在资产阶级对待他们新赢得的权力的态度上。在受 1848 年起义影响的每座城市中都组建有某种类型的民兵组织来保护胜利者和他们的财产。在几乎所有情况下,一旦最初的亢奋情绪已过,民兵就被用作镇压下层阶级的工具"(Ellis,1974a,39-40)。见布尔金(1948,Ⅰ,214-215)的类似评价:"在路易-菲利普统治之初,一位法国将军能够在镇压了波兰起义后说:'华沙的秩序已经恢复'。在[1848 年]七月起义被镇压后,巴黎恢复了秩序,尼古拉沙皇认为祝贺卡芬雅克的胜利是适当的……无产阶级和社会主义者在 1848 年所梦想建立的社会共和国在七月革命期间已经彻底无望,正如拉梅内如此清楚地认识到的那样"。

㊻ 拉布鲁斯(p.3)将临时政府的胆怯同立宪派的果敢做了比较,后者"并不惧怕其利益会受到他们授权制定的宪法的侵害"。拉布鲁斯是如何解释这种胆怯的呢?"1848 年时的人们缺乏这种'意愿'吗?让我们不要太苛求他们。即使

他们有意愿，他们也不可能做得更多，而且不'知道'如何做……1848年的法国与其说像第二帝国末期时的法国，不如说更像路易十五时期以农业为主的旧法国……1848年革命颇具戏剧性的方面也许是，在一个拥有18世纪结构的社会中，它提出许多对20世纪而言至关重要的问题"。

霍布斯鲍姆（1975，20）提出了更为苛刻的评价："在1848~1849年，中庸的自由主义者在西欧做出了两项重大发现：革命是危险的；如果没有革命，他们的某些根本性要求（尤其是在经济问题上）就不可能得到满足。资产阶级不再是一支革命力量"。

进一步而言，正如布永（Bouillon，1956，71）所指出的，尽管当代人提到"山岳党"（Mountain）和"红色名录"（red list），但"事实上并不存在……一个山岳'党'：这个称号隐藏着一个复杂的现实"。它至多是一个由各色派别组成的、有左翼倾向的联盟，甚至在那时，当他们将自身置于勒德律-罗兰（Ledru-Rollin）的领导之下参加1849年5月的选举时，他们仅赢得了1/3的选票。

㊼ 泽尔丁指出，他们更倾向于支持梯也尔。当然他们终将会了解他——但必须等到20多年以后。

㊽ 这些引述并不是路易·拿破仑自己的话，而是坎贝尔（Campbell，1978，3-4）对他思想的总结。坎贝尔进一步提醒我们，在19世纪40年代，"波拿巴主义是社会浪漫主义思潮的组成部分，路易·拿破仑确立了作为某种社会主义者的声誉"（p.5）。通过国家行为进行阶级利益调和的计划在他的著作《论消灭贫困》（*Extinction du paupérisme*）中予以了勾勒。它类似于圣西门主义者所宣传的思想，是前圣西门主义者将在第二帝国中所扮演角色的一个适当的序曲。

㊾ "促成和解——事实上是一些贵族同商业资产阶级的和解——的原因是在1848年震荡之后，社会斗争已经改变了方向"。

㊿ "政变之后的镇压比自大恐怖时期以来任何一届法国政府所做的都更凶残。超过26000人——他们中几乎全部都是共和主义者——被逮捕和受到一个特别委员会的审判……他们所做的不是进行公正的审判、而是进行政治清洗"（Plamenatz，1952，105-106）。被驱逐者不允许回国直到1859年。也见梅里曼（Merriman，1976，210）："路易-拿破仑·波拿巴在1851年12月2日发动的政变……是对激进的共和党人所进行的一系列镇压中的最高潮"。怀特（1975，2）提出了本质上相同的观点。"相比官方数据所显示的，这次镇压的影响更广泛、也更骇人听闻"，他指出，因为我们还必须加上那些未记录在案的、非官方的镇压。不过，他还是加了些谨慎："不管多么恐怖，这次镇压可能是非常恶劣的"（p.303）。布尔金（1948，1：246-247）得出结论，路易·拿破仑执政对1848年的革命者而言是一次重大挫折："它造成的是三方面的失败：社会方面的失败，被剥夺了工作的权利；政治方面的失败，缩小了选举权的范围和

作为政变后果实施的一些变革；国际方面的失败，远征罗马”。

(51) 在路易·拿破仑逮捕共和主义者的同时，他也逮捕保守主义的国会议员。普莱斯（Price，1975b，56）将这主要视为策略性的：“通过宣布恢复普选权，路易·拿破仑消除了一些潜在的左派反对力量的敌意；甚至通过解散由保守主义者、拥护君主制度者——他们中的大多数既非穷人、也非民主主义者——主导的议会，他希望能够赢得更多的同情。但这并不是一场反对保王党的政变，他所采取的绝大多数措施是要对民主主义组织发动一次预防性攻击。最重要的，这是一个长期镇压过程中的高潮”。但难道这种策略不是路易·拿破仑基本战略的组成部分吗？不管怎样，普莱斯（p. 63）提到，如果保守主义者“普遍地……欢迎政变”，那么他们也只是“带着疑虑”地欢迎。

(52) 见一位德国历史学家在向法德有关波拿巴主义的学术研讨会提交的论文中的观点：“1848/9年是第一次全欧洲的革命。由此就为帝政主义奠定了心理-逻辑基础，不仅在法国、而且在莱茵河的这一边。自由主义在民族问题上的失败、它对社会问题的漠视、继普选权之后新出现的一种群众性政治需求、吸引群众支持，以及以一个拥有非凡魅力的领袖和他的追随者之间的一致为基础确立一种新的合法性——所有这些自1848年以来都属于一个字母表，在其中——在法国和德国——拼出的名字是恺撒。破除原来的合法性将由群众的支持和欢呼赋予其正当性。不过，如果这种支持一旦被拒绝的话，那将会发生什么？”（Stürmer，1977，110）。萨皮罗（Schapiro，1949，330）对路易·拿破仑持有类似冷漠的观点：“一种同社会革命做斗争的新的政治方法已经被设计出来，即将由工人阶级不满而导致的革命潮流转到一种由大众支持的和适应社会需要的独裁统治这种新的渠道之上”。

(53) 路易·拿破仑的策略是使各种形式的自由主义服务于镇压目标，最好是安全地实现自由主义的、而不是民主主义的目标。第二次投票是一个极好的例子。自由主义者对维持在1848年实行的无记名投票制度的决定感到满意，将它视为对自由投票的保证。普拉门内兹（1952，107-108）指出，路易·拿破仑的逻辑和他的顾问们的逻辑存在很大不同：“他们想要的是借助羞耻心而让畏惧不受限制地发挥作用”。人民假设当局会了解他们将如何投票。“如果他们投票反对执政者的话，那么无记名投票将保护他们免受警察迫害，但这也许会使他们逃过惩罚，却使他们的朋友受过。投票既然是无记名地进行的，既然人们不用为自己的鲁莽之举而担心的话，那么他们也许不会因为胆怯而使自己的缺陷得到克服。……恐怖同无记名投票相结合……在1851年12月31日首次被证明是有效的”。

(54) 见一位法国历史学家在这同一个法德学术研讨会上提出的观点：“它带来新思想了吗？没有。波拿巴主义源出于法国大革命……它是一种民主主义的、以三色旗为代表的意识形态。但对波拿巴主义者而言，革命并不是铁板一块。人们必须清理它提供的各种学说……［波拿巴主义提出的学说］是要保持一种完美的平衡、实行一种中间路线"（Girard，1977，23）。吉拉尔引述了路易·拿破仑在1851年的话："我们必须从大革命借鉴好的本能，同坏的本能做坚决的斗争……我认为，秩序就是维持所有那些由人民自由选择和赞同的一切；正是民族情感将会战胜派系分裂"。迪韦尔热（Duverger，1967，191）类似地也将波拿巴主义说成是"聪明的中间路线"。这种聪明的设计掌握了政权："在这个不幸的、没有共和主义者的共和国中，它很快就变成了在那些赞同复辟王朝（要么是波旁王朝、要么是奥尔良王朝）的人和波拿巴主义者之间的斗争。通过使自身以中间派的支持为基础和使用武力，路易·拿破仑获得了胜利。由此，他能够保持政权免于落到真正右派的手中"（p.141）。

也见泽尔丁（1958，44-45）："1852年选举揭示了第二帝国意味着什么。它……试图将贵族制同民主相结合……其中的动力是追名逐利，所有人都能获得的世俗荣誉是它给出的奖励。它使农民能够投左派的票——因为革命者蔑视宪法，反对旧的帮派和贵族，但同时也能投右派的票——支持秩序、支持所有权、支持家庭和宗教"。莫拉泽（Morazé，1957，2）提出了本质上相同的结论，但更为尖刻："几个月中，资产阶级害怕失去任何东西：1848年，巴黎人民试图使自身成为进步的主宰者。但没有成功，社会主义的钟声并没有敲响。它是一种颇为自负的资本主义，由拿破仑三世和俾斯麦掌控，试图赶上和超过英格兰，它们彼此竞争以图率先实现目标，将企业家之间的竞争转变为国家之间的竞争"。

布兰查德（Blanchard，1956，211-212）强调了它的自由主义结果："如果人们相信普选权是取得国家主权的必要手段，那么我们能够明白，尽管有官方候选人制度，但第二帝国同时既代表了普选权的实习阶段、又代表了法国农民民主化进程中的一个决定性时刻，尤其是在法国农民政治形态的塑造上"。坎贝尔（1978，24）同样给出了积极评价："拿破仑的威权统治保障了秩序，并允诺提供在1848年回避的东西。通过制止混乱，政府保留了普选权原则……到19世纪60年代，普选权已经成为法国政治生活中的一个不可或缺的组成部分"。坎贝尔提醒我们注意圣佩韦的名言（Saint-Beuve'sbonmot）——拿破仑三世的伟大贡献是清除了法国的旧体制。但"结果比他认识到的要更为积极"（p.26）。霍布斯鲍姆（1975，26）同意这种说法，但给出了一种不同的理解："路易·拿破仑的当选意味着，即使是普选权式的民主制——被等同于革命的制度——也能够同维持社会秩序相协调"。

㊿ 引自葛罗（Quero，1948，1：323）。"观点"一词反映了那个时代的文化抱负。蒂德斯克（1964，1：368）讨论了路易-菲利普统治下的"政党"体制，他评论道："七月王朝的新闻界过分使用'政党'一词来表明舆论的各种倾向。其中只有极端的政治选择——它们敌视七月政权的原则——才会有一个组织（结

构不是非常严密）和一个纲领（有时很有抱负），据说这个纲领能够将他们的追随者团结在一起”。

(56) 在波希米亚，民族问题同社会问题很好地结合在一起：“绝大多数捷克人都支持革命运动，其中民族主义因素很快就占据主导地位。但因为大多数捷克人都是普通人，所以社会要求同民族主义要求紧密地联系在一起。波希米亚的德国资产阶级很快就感到，捷克人希望同工人联合起来反对德国”。（Klima，1948，2：218）。

(57) 狄索（Tissot，1948，1：390）提到“民族主义观念对改革思想的胜利”。

(58) 见卢扎托（Luzzato，1948，86）有关马志尼自由主义派对共产主义者和他们对城市工人的影响感到恐惧的描述：“对［自由主义者］就像对［奥地利警察］一样，共产主义的恐怖是实在的，导致至少要将下层阶级控制在远离政治和社会斗争的地方，害怕他们参与这些斗争。结果恰恰是［自由主义者］试图避免的：尽管力量受到削弱，但他们在继续为自由和独立而斗争，同时也使遏制群众热情的努力归于失败”。

(59) 一方面，在希腊已经有一部非常自由的宪法，通过挥舞“伟大思想的旗帜”——即古希腊文化的旗帜，“将群众的注意力从国内问题上转移开来”——政府能够防范民主运动的威胁（Sakellariou，1948，2：337）。但在瑞典，由于是一个长期保持独立的国家，所以自身并不存在“民族问题”，民族主义采取了斯堪的纳维亚主义的形式。这既暗示了外交政策从亲俄国转向亲“西方”（即亲英国），又暗示了要坚持斯堪的纳维亚的“自由主义”以反对“日耳曼主义，尤其是它的极权主义和封建主义方面”（Tissot，1948，1：394-395）。在德国，反对派力量此时有统一的趋势，这“也代表了对自由主义的一种对抗”（Vermeil，1948b，2：30）。

(60) 帕默斯顿提及的是所谓的进步党，他们是政府中的温和派的左翼，但相比激进派，他们仍然是赞同君主制和较少激进性的。尽管如此，但英国的这种态度是在给西班牙的自由主义者壮胆，“鼓励他们通过武力推翻纳瓦兹将军领导的政府”（Quero，1948，1：329）。起义以失败告终，政府取消了公民自由，解散了议会。于是，英国驻西班牙大使布尔法爵士（Lord Bulwer）写信给西班牙政府呼吁它重开议会，提醒他们伊莎贝拉女王（Queen Isabel）承诺要保护自由，并在结尾处写到：“今天，最稳固地保证君主王位的诀窍可以在国家自由和在它统治下实施的开明公正中找到”（cited on p. 332）。新闻界获悉这封信后，将它发表。西班牙外长拒绝了这封信（fin de non recevoir），宣称它冒犯了一个独立国家，同时提出了爱尔兰问题。随之而来的是外交关系破裂，一直持续到1850年。

(61) 总之，英国人有些自吹自擂，但这对一个霸权强国而言是正常的。1851年，维多利亚女王指出：“当革命运动［在1848年］席卷整个欧洲大陆，几乎改变了欧洲所有国家的政府时，只有英格兰表现出了诸如秩序、活力和繁荣等品质，这些要归因于一个稳定、自由和良好的政府"（cited in and retranslated from Bury, 1948, 1：403）。法国共和党领袖勒德律-罗兰在他的著作《英格兰的衰落》（Décaden ce de l'angleterre，1850，1：99）中提出了一种较少溢美之词的看法："研究它的法律和习俗，英格兰揭示给我们的全是特权之人所犯的罪过和有智之人的堕落。它的征服史和战争史将使我们了解到它所执行的各种背信弃义政策，了解到它所犯罪行的数量和程度"。但正是勒德律-罗兰由于拿破仑在法国的解决方案而损失最大——从象征意义和从个人而言均是如此，这种解决方案非常对英国政策的口味。

㉒ 见麦科德（McCord，1958，16）："[反谷物法联盟]在本质上是激进派的一个分支，它的成功在很大程度上归因于下述事实，即激进派在攻击谷物法上找到了一种能为各方所接受的、释放能量的形式，而且此时激进党正需要这样一个能聚合各方力量的问题"。在1835年和塔姆沃思宣言（the Tamworth Manifesto）发表之后，保守派已经成为"激进派必须与之斗争的敌人，从几个方面看，有更充分的理由去攻击谷物法、而不是选举权……很明显，在激进派的压力下取消谷物法将不仅是对地主利益集团在经济方面的、而且是在社会和政治方面的优势地位的打击"（pp. 20-21）。攻击谷物法是激进派进入政治斗争中心、而又不显得太过激进的一种路径，尤其是因为"经济思想的主流倾向是反对保护主义"（p. 21）。

㉓ "英国在1815年颁布谷物法时提出的一个理由是担心波兰小麦——由奴隶劳动生产的——的输入也许会减少国内对小麦的种植"（Leslie，1956，51）。

㉔ 这一时期，英国甚至出现了产出的增长以弥补从传统出口地区进口的下降，这些出口地区包括德国和波兰的沿海地区，在较少程度上是丹麦的临大西洋海岸、尼德兰和法国（Fairlie，1965，562）。这大大削弱了支持保护主义论据的说服力，尤其是因为即使英国产出加也不足以满足国内需求时。"支持谷物法保护英国农场主免受大陆战后过剩威胁的情势让位于保留谷物法有使英国出现饥荒危险的情势"（pp. 571-572）。

㉕ "反谷物法联盟的领袖[罗伯特·贝克（Robert Baker）]……并不是一位贵族，甚至不是一位乡绅。的确，贝克先生甚至不是一位土地所有者，……而仅仅是一位租佃农场主……正是租佃农场主领导着反谷物法联盟，而地主则是它不情愿的和胆小怕事的追随者"（Moss，1947，134）。首先，正如莫斯所指出的，所有此类社会骚乱对大地主而言都太过"民主主义"，他们表现出"不愿卷入日常政治活动的保守主义倾向"。（p. 139）

这种政治上的冷漠是同较少有经济利益牵涉其中相联系的。正如克拉克（1951b，10）所指出的，取消谷物法的理由对大贵族而言似乎是充分合理的，"他们租金的减少能够轻松地由来自煤矿、码头、或城市财产的收入予以弥补"，或者他们持有的大地产能够提供的大量剩余足以使他们渡过难关，与此

第三章　自由主义国家与阶级冲突：1830～1875 年

同时他们还可以利用深层排水系统的新技术来增加产出。"他们是不会对农民表示同情的，他们认为农民也许会由于某一年的价格下降而破产，而且农民也许根本不拥有资本和不懂得科学"。也见摩尔（Moore，1965，544）："［到 19 世纪 40 年代］谷物法对地主利益集团的经济价值已经变得不再如此明显"。

⑯ 这是由一位托利党著名人士约翰·威尔逊·克罗科尔（John Wilson Croker）在 1843 年 2 月 19 日写给布鲁厄姆勋爵（Lord Brougham）的信中表述的观点（Jenning，1884，3：13）。

⑰ 也见基特森·克拉克（1967，27）："［皮尔］不会取消谷物法，直到在做细致的研究之后，他确信农业不再需要谷物法的保护，而且没有它的保护农业会发展得更好时"。

⑱ 艾德洛特（Aydelotte，1972，326）有关议会投票模式的分析清楚地揭示了这一点："投票证据显示，在重大问题上，皮尔派保守党员［那些投票支持取消谷物法的保守党人］同辉格党或自由派之间存在着实质性的分歧，在对科布登有着特殊利益的大多数议题上，皮尔都联合党内其他成员一道反对自由派，唯一在自由贸易议题上例外"。

⑲ 这是通过要求地主"在诸如［租佃农场主］退租［土地］时对他所做的改良予以补偿"而实现的（Moore，1965，558）。

⑳ 麦科德（1958，203）通过强调其重要性把握住了这层含义："并未能更清楚地揭示［反谷物法］联盟根本无力施加影响……在 19 世纪 40 年代的政治条件下比它在最终危机时的地位更是如此。8 年来，联盟一直在反谷物法的鼓动中居于领导地位，但目前在它们被取消之时，联盟却对采取的程序或实施的确切条款无法施加任何控制"。尽管如此，但在取消谷物法后，"有关联盟的神话开始不断增加"（p.208）。埃文斯（1983，263）做了类似的论证："当皮尔推动取消谷物法获得通过时，联盟的影响力处于衰退中。并不能将取消谷物法的特征总结为在那种中间阶级的压力下注定会发生的结果，1830～1832 年危机已经使贵族明白，它无力抵制谷物法的取消。至少可以论证，即使反谷物法联盟不存在，谷物法也将会被取消"。进一步而言，埃文斯指出："皮尔……在大选之前通过取消谷物法的议案，就是不给联盟以进行最后决战的机会……这也许并非纯属偶然"。

㉑ 这种转化发生的机制非常简单："在谷物法的保护之下，商人能够从西北欧的港口和粮库的进口中有保障地获得利润，他们会对是否同黑海和美洲进行粮食贸易感到犹豫，甚至当国内饥荒使这种贸易成为一项重要责任时也是如此。首先，运回国内的航程是如此之长，以致在谷物价格下降之后才运回国的可能性和对运回的谷物再次征收关税的可能性是如此之大使他们难于应对。第二，即使在最好的时候，英国商船……也很少进出黑海和其他粮食出口港，因为人们很少会预期到谷物价格会上涨，所以运费居高不下。但取消按比例增减税收法

— 153 —

案（the Sliding Scale）[1846年]使远距离谷物贸易变得'可做'，取消航海条例[1849年]使商人能够动员目前所能获得的船只开往谷物交易港"。(Fairlie，1965，571)

⑫ "在取消谷物法之后的许多年中，许多大土地所有者开启了一个农业改良的全新时代"（Thompson，1963，247）。这包括改良农田排水、批量生产陶制排水管道、增加蔬菜（大头菜、万寿菊）的轮种，以及增加牛和羊的存栏数。"从本质上看，土地所有者将这一整套复杂的改良活动视为一次拯救他们自身的利益免遭损害的努力"（p.248）。相比圈地时代，回报是"微薄的"（p.253）。然而，尽管"农业土地所有权正变成愈益昂贵的奢侈品，但[这种运行模式的转变导致了]大土地所有者所拥有的巨大荣耀、威望和个人财富的一个长期衰落期的开始，他们的支配地位已经结束"（p.291）。汤普森甚至称1880~1914年为一个"小阳春"（第11章的题目），即在1914~1939年最终"衰落"（第12章的题目）之前的"小阳春"。

⑬ "在这场斗争之后，权力仍然掌握在同样的人手中，即以前那些掌握权力的人手中"。下一个改革法案直到1867年才通过，而且不是由别人、正是由狄斯雷利（Disraeli）提议的，他在保守党内成功地领导了严厉批评皮尔努力推动取消谷物法在议会通过的运动。由此，明智的保守党人在执行一种自由主义纲领的道路上继续前行。

⑭ 麦科德（1958，212）有些耸人听闻地指出，保守党被"谴责在近30年中无所作为"。尽管如此，但他确实提到，取消谷物法也损害了"自由派的团结"，使一些"温和的辉格党成员"转投保守党。

⑮《政治经济学原理》（*Principles of Political Economy*，1921ed.，p.950），引自泰勒（Taylor，1972，13）。

⑯ 麦考利的演讲是在1846年5月22日做的。当然，托利党的家长制作风是一种在1846年之前就已经存在的现象。诸如理查德·奥斯特勒（Richard Oastler）、迈克尔·托马斯·赛德勒（Michael Thomas Sadler）和乔治·布尔（George Bull）等人几十年来一直在以这种方式进行游说。"他们对认为能够从自由竞争中获得益处的假设持怀疑态度，他们将国家视为自然的中介机构，由此能够对工业资本主义最野蛮的方面予以遏制"（Evans，1983，228）。当"托利党最伟大的社会改革家艾希里勋爵（Lord Ashley）[沙夫茨伯里七世伯爵（Seventh earl of Shaftesbury）]"试图促使十小时法案在1833年通过时，已经非常清楚的是，对工业进行管理的事业得到了来自许多力量的支持："托利党的福音派信徒赋予它以动力、功利主义者界定了它的形式[监察原则]、辉格党和雇主达成妥协，由议会通过[一个更温和的法案]"（Roberts，1958，325-326）。类似地，当新济贫法在1834年通过时，一种"被夸大了的对贫困的恐惧"导致议会接受了由皇家委员会推荐的制度，"尽管存在以下事实，即这与其说是

第三章 自由主义国家与阶级冲突：1830~1875年

在正常条件下接受的议案，不如说包含了更大程度的官僚中央集权的成分"（Rose，1974，9）。在法国的大约同一时期——1827~1841年，存在一种推动童工法通过的重大运动，当最终被通过时，它成为"首例在法国通过的社会立法：国家在此之前从未干预过雇主和雇员之间的关系"（Heywood，1988，231）。

⑦ "亚当·斯密并不是一位教条式地鼓吹自由放任的学者……他相信自由放任既不会一直是好的，也不会一直是坏的。它随着条件的变化而变化"（Viner，1927，271-272）。进一步而言，"正是斯密本人推翻了通常被视为他支持自由放任学说的主要论据，他论证，当听其自然时，自然秩序会在许多方面不利于、而不是有利于全民福利"（p.218）。"作为一个整体的古典经济学家随时准备赋予国家以重要作用……道德和社会改良、而不是本身作为目标的自由放任……是古典经济学家独具特色的目标……在边沁自己的作品中，无疑是赋予国家以作为推进改革的工具的重要作用"（Gash，1979，45）。纳骚·西尼尔一般被视为最抵制社会立法的经济学家，但他同时也是一位称自由放任为"所有错误中最致命的错误"的经济学家（Social Economy，2：302，cited in Sorenson，1952，262）。一些分析家则更为谨慎。瓦尔克（Walker，1941，173）认为，古典经济学家"在观点上存在广泛分歧"。沃德读过柏莱柏诺、索伦森（Sorenson）和瓦尔克的著作，他指出（1962，413）："这些研究所得出的结论一般是修正、而不是否定传统的观点。'古典经济学家'也许会怜悯儿童、但不会怜悯成年人"。

⑧ 在生命的晚年，在《经济学原理》（*Principles of Economics*）于1920年出版第8版时，阿尔弗雷德·马歇尔这样总结了他对自由放任的认识："我们这一代需要认识所有这些社会弊病的根源所在，它们源于［在工业革命期间］经济自由的这种突然增加……由此，我们逐渐实现社会生活的某种秩序，其中公共利益压倒了个人的任性妄为，甚至比在个人主义开始取得支配地位之前的岁月都有过之"（app. A，750，752，cited in Evans，1978，134）。

⑨ 费伊（1920，44）论证道："对边沁的门徒而言，自由放任并不意味着……'让事物顺其自然，不用担心'。它是一种战斗口号，要对阻碍自由发展的每一种法律或社会惯例发起攻击。它是一种打破长期存在的恶习的运动"。或正如泰勒（1972，25）所指出的：自由放任逐渐变成"经济思想中的规范性、而不是分析性领域"。当然，新古典经济学家相信，这种运动已经产生丰硕成果。马歇尔对此做了清楚的说明："人们选择职业的自由（在自由放任的原意上），加上将商品输送到任何地方和在任何地方销售的自由，使英格兰成为世界的贸易中心"。即使如此，但马歇尔（1921，84-85）也承认，这一事实最适合英国的情况，它是政治家为了混淆公众视听而设定的事实。"但长期看，如果［政治家］不得不突出强调这些为他们所忽略的限定的话，它也许对英格兰和对自由贸易都更为有利。因此，对其他国家要预先予以警告，取消保护性关税可能并不像他们预期的那样会给他们最好的产业带来像给英格兰那样纯粹的利益"。

确实，马歇尔甚至进一步指出："并不存在普遍适用的经济学原理可以支撑如下观念，即当每个人都被允许按他认为最好的方式管理他自己的事物时，工业将最繁荣、或生活将最幸福和最健康"（p. 736）。

当然，就自由放任甚至对英国而言是否至关重要也存在一些怀疑："如果我们将英格兰的国际贸易同其他国家相比较，尤其是［19 世纪］英国的出口同西欧国家的出口相比较，令我们印象深刻的是两种运动的相似性：例如，在实行保护主义的法国就像在实行自由贸易的英格兰那样……那么，我们将赋予哈斯基逊和皮尔的改革以什么样的荣誉呢？"（Labrousse, 1954, 1: 45）。

⑧ 这种矛盾是自由主义所固有的，正如阿勒维如此准确地观察到的那样。在对作为中间派的约翰·斯图亚特·穆勒进行讨论时，在阿勒维所称的威斯敏斯特哲学和曼彻斯特哲学之间发生了分裂，阿勒维（1904, 387）最后提到穆勒，当"面对极权主义民主时，他反对自由主义，但［当］面对竞争哲学时，他反对社会主义。功利主义在这两个基本原则之间的矛盾已经变得众人皆知。在英格兰的思想和法律史上，哲学上的激进主义已经耗尽了其能量"。

⑧ "如果取消谷物法对作为一个整体的'左派'而言是一场伟大的胜利，那么它带来的是一种普遍的信念，即相信实现'廉价食品'的目标需要完全的自由贸易，保守主义是对必需品征税——就像对生命征税一样——的同义词，这是科布登个人的胜利"（Biagini, 1991, 137）。

⑧ 在 1874 年之后，"一系列灾难性打击使英国农业遭受严重挫折"（Kitson Clark, 1962, 57）。因此，皮尔设法给予大土地所有者以近 30 年的恢复时间。

⑧ 克拉潘继续他的乐观评价（pp. 20-21）："在她选定的土地上，机器就会全力耕作，英格兰的控制事实上几乎是全方位的。美洲也在使用机器耕作；但就出口产品的生产而言很少使用机器，尤其是出口到英格兰的产品则几乎根本不使用机器。比利时生产大量精良的机械，但比利时国家非常小。就各方面而言，法国生产的机械数量相对不足、而且质量糟糕。荷兰很难被视为一个制造业国家……德国的机械……整体上看是劣质的和仿制的……就其他国家而言，英国也许会使用他们的产品、看重他们的市场、或尊重他们的艺术；但她并不会将他们置于同自己等量的经济类别中"。

⑧ 她似乎也是以那种方式看待其他国家的。弗托（1948a, 1: 60）提醒我们，即使是"［欧洲各国的］保护主义者也羡慕英格兰……正像自由贸易的支持者那样。弗里德里希·李斯特（Friedrich List）……请求他们的同胞以英格兰为榜样，就像科布登的学生所做的那样"。当然，李斯特也许一直牢记着英格兰所实行的保护主义政策，这使它能够获得在经济上的支配地位，这是相比自由贸易政策而言的，后者使它能够维系这种地位。

⑧ 菲特（1965, 255）指出，在第一次世界大战之后，下述观点开始流行，即国际经济出现的问题表明英国不再能够行使领导权，而美国又尚没有能力这样

第三章 自由主义国家与阶级冲突：1830~1875 年

做，进一步而言，美国缺乏眼界和经验。"这似乎是一个合理的假设，但我没有发现有任何迹象表明，英帝国或英格兰人民在 1845 年之后的 30 年间感到要负任何此类的责任"。他论证道，英国不仅没有"管理"世界经济，而且没有充当"最后借款人的角色"。另一方面，菲特（p. 271）本人引述了白芝浩（Bagehor）发表在《经济学家》（*Economist*, p. 1009）杂志 1861 年 9 月 14 日上的文章《英格兰银行在安定时期的责任》（*the Duty of the Bank of England in Times of Quietude*），在文章中白芝浩论证道："它们发挥一种国家职能。在这个国家，它们是黄金储备的唯一保管者……我们相信，银行所有者的最终利益将由银行向国家最全面地放款而予以最好地满足"。菲特接着这样来解释这篇文章："在白芝浩眼里，银行能够将政治家的才能和赢利动机适当地结合在一起，他对中央银行在下半个世纪发展的伟大贡献在于，他使他的同胞相信，这是一个由自由贸易法所保佑的、值得信赖的机构"。这对我而言听起来像是在"管理"经济，至少是管理英国经济，在 1861 年这在很大程度上就意味着管理世界经济。

菲特承认，尽管"白芝浩的观点并没有被银行所正式承认……［尽管如此］但从 19 世纪 70 年代以来，其原则不再被怀疑"（274-275）。在这一点上，正统派既将金本位制、又将英格兰银行作为最后借款人："作为一种政府决策，金本位制是不可违逆的。维持金本位制的任务委托给了英格兰银行，只要它履行这种职责，那政府就将操作细节交由它处理"（p. 282）。

进一步而言，英格兰银行的这种世界角色——作为"一种稳定的货币和积极的国际贸易"的保障者——已经由皮尔予以了很好的铺垫，他在 1844 年通过了《银行特许条例》（the Bank Charter Act），将所谓货币学派的成功经验确定为法案。"尽管中央银行的有效管理和技术需要许多年才能逐渐成形，但维多利亚时代的人能够将一种充满自信的经济秩序的设计者追溯到皮尔那里"（Briggs，1959，339）。

⑧ 这个事实突出了皮尔关注为大土地所有者提供一个过渡期的重要性。它同时也凸显了社会动荡使英国政府必须继续面对难于应对的工人阶级问题。"不太容易夸大纺织品制造商在这个国家工业生活中的重要性。尽管棉纺织品的生产甚至还没有完全机械化……但它们确实是作为那个机械和动力时代的代表性产业……因为它们的机械化程度是如此之高，所以它们的产出是如此之大。但因为它们的生产尚未完全机械化，所以在它们的发展进程中还有许多事情要做，通常还有可能半途而废，许多从事这个行业的人变成手工劳动者。这还不包括袜子和鞋带的生产，它们——难道我们不应该给这个行业起个名字吗？——是近 110 万人实现就业的行当"（p. 38）。那时，这群手工工人占到工人的 1/19；到 1901 年他们减少到 1/37（seep. 29）。

⑧ 价格上涨必然有利于一个霸权国家的程度存在一些争议。伊姆拉（1950，191，n. 28）对这一时期的价格上涨给出了三种主要解释：发生在克里米亚、美洲和

普鲁士的战争；新的和更大的黄金供应源；资本产品的出口。罗斯托（1948, 20-21）对这些解释项中的每一个是否发挥正向作用提出质疑。战争对经济而言是非生产性的。开采黄金是对资源的一种征税，"并不是对世界的贡献"。资本输出是"非生产性的冒险活动，或者……只是在一个很长的时间之后才能产生回报"。至于铁路建设，它只是在1873年之后才产生收益（p.23）。人们也许会认为罗斯托倾向于将这段时间归为康德拉基耶夫周期的下降期，但它当然是不同类型的周期，是时间较短的周期，是在康德拉基耶夫周期的下降期中的一个赢利期。

⑧ 正像几乎一直发生的那样，一项发明只有在经济下降期才会成为一项重大的创新。"将巨大的资本和人力都投在旧的炼钢方法上，以及迄今为止英国钢铁业在世界市场上无可争议的主导地位，这些都阻碍了迅速的变革。在1870~1880年的10年间，这种半垄断地位的丧失和在生产方面随之奉行的节约——部分是被迫实施的——是导致转型最终实现的决定性因素"（Clapham, 1932, 56-57）。英国在经济方面的主导地位并不是永久不变的，对《经济学家》1851年3月8日发表的具有敏锐观察力的文章而言，这已经是非常明显的："从［英国和美国］在过去60年的发展比较中，可以推断出，美国对英格兰的超越最终会像下一次月食来临一样确定无疑"（cited in Clapham, 1932, 10）。

⑨ 相比英帝国以外的其他工业国，"［从1850~1914年］在出口占世界出口总值的比例上，英国制造商表现出大幅下降的趋势。但在进口占世界进口总值的比例上，英国制造商却呈现大幅增长的趋势"（p.87）。至于帝国，它"在英国海外贸易中的份额直到第一次世界大战爆发都几乎没有什么变化"（p.88），但在那之后，它也呈下降趋势。在1847~1849年达到峰值之后，英国的海运也陷入"相对衰落"中（Clapham, 1932, 211）。

⑩ 在1850年，"没有人会假设……英国是'新兴的和处于上升期的'［这是约翰·斯图亚特·穆勒允许实施保护政策的条件］。她是老成的、已经上升了一段时间、但仍然处于上升状态的。穆勒所说的条件并不适用于它。……在70年代初的衰退之后和在继之遭受令人困惑的商业和工业困难期间，普通人开始提出如下问题应该是最自然不过的，即对那些关闭它们市场的国家保持市场开放是'公平的'吗？"（Clapham, 1932, 242, 249）。公平贸易联盟（the Fair Trade League）在1881年建立，弗里德里希·李斯特的著作在1885年首次被翻译成英文（p.251）。正如科尔曼（1973, 10）所指出的："到19世纪80年代，维多利亚时代中期的乐观主义已经不复存在"。

⑪ "第二帝国是法国第一个如此明确地赋予经济领域中的目标以优先性的政权"（Plessis, 1973, 85）。这发挥了作用。见马克兹夫斯基（1965, ix）："革命和拿破仑战争已经引起对外贸易的灾难性下降。伴随复辟王朝的建立，出口占物质产品的比率开始增长，但直到1855年才超过1787~1789年的水平。受到

1860 年英法条约的保障和新金矿的发现对世界贸易的刺激，自由主义政策肯定是导致法国在从 1855~1864 年 10 年间出口飞速发展的因素”。

另一方面，我们也不应该妄称，第二帝国是一种从无到有的奇迹。比利时分析家娜塔利·布瑞阿瓦伊尼在 1839 年就已经提出这个问题：“为什么科学和工业革命主要发生在法国和英格兰？”对此他附加了一个脚注，在脚注中他提到，当然在意大利、德国和瑞典也存在一些工业发展。然而他宣称，尽管如此，但“存在着一种普遍认同，认为法国是化学技术革命的发生地，英格兰是力学革命的发生地”（1；191-192）。塞（1951，2：226）类似地也提醒我们，“整体而言，在路易-菲利普的统治下，出现了重大的经济扩张，这已经被当代人注意到”。

库西（Coussy，1961）所做的详细分析对第二帝国同以前和之后法国经济政策具有不连续性的程度提出质疑，他特别论证，该政权的经济自由主义是“一种非常相对的自由主义，在今天将被称为一种温和的保护主义”（p. 2）。另一方面，在资本主义世界经济中，在政府政策的连续体中“温和的保护主义”往往处于自由主义一端。很少有哪个国家能够长时间地超过这种开放水平。

(92) 马尔科维奇引用了雷蒙·巴尔（Raymond Barre）的数据。马尔科维奇将这视为结构发生根本变革的证据（see p. 321）。

(93) 卡梅伦称这为“法国国际经济关系史上一个重要的转折点”。作为这个过程的组成部分，“19 世纪 50 年代的 10 年……在促进铁路发展上法国的领先地位也是明显的”（p. 213）。也见塞（1951，2：355）：“1871 年，法国拥有超过 120 亿［法郎］的外国债券，从中必须扣除 20 亿来支付战争债务。但这种损失很快就变成利润：法国能够廉价地购得德国、意大利、甚至英格兰被迫在巴黎证券交易所出售的债券，他们之所以这样做是为了从 1873 年发生的中欧危机中脱身”。

(94) 基尔指出，“人们称此时的［这些公众认购］为资本的普选权”（p. 276）。

(95) 所有这些引自拿破仑三世的引文都来自帕尔马德的引述（1961，129）。

(96) 在对波拿巴主义的评价中，维吉耶（Vigier，1977，18，19，21）强调了在七月王朝已有的基础上，第二帝国在多大程度上进一步利用公共工程项目“使农民能够从农产品价格的上涨中充分获利”。他接着问，波拿巴主义是否也能使农民将当地政治生活民主化，“逐步将自身从当地显贵的庇护中解放出来”。注意到历史学家在后一问题上存在分歧，他指出他自己的观点“稍微有所不同”。普塔斯（1983，459，462）的评价更为积极：“农业是从该政权获益最大的部门。……被确保不受社会主义和反动力量的威胁，农民成为该政权最强大的支持者，在英格兰人和卡尔·马克思将第二帝国称为农民帝国的程度上”。但归根结底，路易·拿破仑对农民的关心和偏爱究竟同皮尔推行英国农业现代化的做法有什么不同呢？在两种情况下，政府都是在安抚一种有影响力的政治力量，他们控制着国家的粮食供给，同时使该部门的作用和赢利性的长期下降趋势能够温和地实现，这种下降在 1873 年之后对每一个人来说都是清楚的。见维尔莱（Verley，1987，166）："在 19 世纪 60 年代，国内农业生产率的增长无法同全球增加的需求保持同步"。莫基尔和奈（1990，173）将政府政策描述为"将经济重心重新转向农业，即法国明显具有比较优势的产业"。如果是这样，那么它很快会失去这种优势。我认为拿破仑主义的政策非常明显地是政治性的，目的在于抑制农民的不满。

⑨⑦ 根据麦格劳（Magraw）的观点，"波拿巴主义的政治经济的资产负债表是不平衡的"（p. 163）。

⑨⑧ 见卡莱尔（Carlisle，1968，444-445）："圣西门主义者的激进主义就在于它决心在拿破仑之后的法国从内部修正信奉自由主义有关资产阶级商业世界的观点、习惯和行为。进一步而言，圣西门主义者的激进主义就在于将一种对避免那种规律发生作用的可能性和必然性的信念带给这个商业世界，后者目前由一种对僵化的、不可避免的经济规律的认识所支配……在法国商人中，圣西门主义者是一种创新、冒险、灵活和扩张主义观念的创造者"。柯尔（1953，1：52，56）提到他们的全球视野和参与苏伊士运河与巴拿马运河的修建，指出："他们事实上是杜鲁门总统'四点计划'的前身。对他们而言，没有什么目标是太大而无法实现的……他们是第一批理解（并赞同）现在称之为'管理革命'的人"。

⑨⑨ 威尔继续指出："圣西门主义者……赋予不断增长的生产以首要性……难道大的公共工程不是迅速援助穷人的最佳方式吗？……而兴办这些大的工程正是国家的责任……但如果国家忽视这种责任，圣西门主义者会毫不犹豫地求助于私人的创造性……帝国政府制定有同样的方案"。但这种方案绝不是民主社会主义的方案。见布尔金（1913，406）："圣西门主义的社会主义奠基于不平等，这同以民主为基础的各种新学派尤任何共同之处。支持强政府的人是不信任反对拿破仑三世的人的主要来源"。

⑩⓪ 坎普（1971，158-159）基于如下理由对圣西门主义者的重要性做了较低评价，即"正是第二帝国的客观地位……使国家应该承担刺激经济的职责。……［国家］提供给财富的全部所有者以继续增加财富的前景。正是这种隐含的对中间阶级和富裕农民贪欲的吸引力，构成该政权的真正优势所在；当然，仅仅是因为它确实使那些人获得了利益。正是在 50 和 60 年代，基佐'发财致富吧'的口号对大多数法国人而言才真正实现"。因此，他的结论在于："就 19 世纪第三个 1/4 世纪的有利经济情势而言，明显的经济增长——必然导致金融和工业结构质的变化——似乎会在任何形式的能够维系国内和平的政府领导下发生"（p. 200）。当然，这是真实的，但正是拿破仑三世政府能够维系国内和平，正是圣西门主义者团结在他的周围，并愿意进行一些必要的创新。

⑩① 基尔继续指出："他们也许乐于让人们将自身视为神圣同盟的银行家，尽管梅特涅……肯定不会接受。首先，他们从一个极端有利的发展阶段获利，此时他们能够把一些危险的竞争对手甩在一边。目前他们能够全力巩固、甚至进一步

— 160 —

第三章 自由主义国家与阶级冲突：1830~1875年

⑩② 他指出，它们会"一次又一次地恢复新的注资"。但这些政府能有多大的选择余地呢？基尔（1965，79-80）指出，它们中的大多数只能在国际市场上寻找贷款的提供者，尤其是在伦敦和巴黎的市场上。为此，它们需要一个承办机构，但并不仅仅是任意的一个机构，而是一个能够激发信心的机构。"［一个信誉优良机构］的名字就足以成为金融活动［担保贷款］的组成部分，它将所有能获得的资本都贷给它们。如果［这个机构］——通过代办——能够找到其他一些机构、即一定数量的对此感兴趣的客户贷到款，那么它的优势地位就能够得到保证"。

⑩③ 1838年金融困难在比利时特别严重的原因是政治方面的、而非经济方面的。它是尼德兰的威廉国王最终接受1831年条约的结果，该条约承认比利时从王国中分离出来。这是一个对比利时不利的条约，是在1831年被迫接受的，在1838年对一个更为强大的比利时而言，它似乎变得不再合理（Chlepner，1926，154 and n.2）。

⑩④ 在涉及1832年改革法案的政治活动中，黄金是一种值得关注的因素。当改革法案在上议院未能通过时，威灵顿公爵试图组建一个政府——未能成功，弗朗西斯·普赖斯（正如我们以前提到的那样）提出了一个著名的口号"要阻止公爵，就去买黄金"。抢购黄金确实发生了，而且也确实影响到政治局势。但这依次产生的后果是"强化了纸币应该是法定货币的舆论"（135-136）。也许皮尔在1844年预计到这种武器可以在针对取消谷物法的斗争中被再次利用，但这次对他不利。菲特也提到（p.174）两种情况是同时发生的，一方面是自由贸易的呼声在19世纪40年代的英国愈益高涨，另一方面是"纸币发行不是一种商业活动、而是政府的一种职能，这种观点得到越来越多地承认"。但他并未指出，根据自由放任学说，这是多么的自相矛盾。很明显，商品贸易越自由，支持商品自由贸易的人却想要货币交易越不自由。如果自由危及利润的话，那么它就是非常不值得追求的。

⑩⑤ 这些金融创新活动成为第二帝国巨大财富的一个来源："铁路建设和巴黎市重建债券或土地信贷银行债券都是定期发行的、而且利率较高，它们为储蓄提供了一种有保障的和高回报的投资渠道"（Girard，1952，399）。正如卡梅伦继续指出的：难怪"土地信贷银行观念在19世纪60年代得到迅速传播，到1875年所有欧洲国家，以及欧洲之外的几个国家都设立了类似的机构"。

⑩⑥ 对詹姆斯·德·罗思柴尔德观点的详细讨论见基尔（1970，132-134），也见普塔斯（1983，457）。

⑩⑦ "在整个选举君主制（monarchie censitaire）［即拥有由有限选举权选出的立法机构的君主制］期间，对缺乏有组织的信贷——事实上根本不存在——一直存在抱怨。在路易-菲利普统治的最后一年，对这方面的抱怨大大增加。在1848年革命之后，人们普遍认为，危机部分可以归因于缺乏发达的信贷体系"（Gille，

— 161 —

1959a，370）。列维-勒布瓦耶（1964，699）认为这些抱怨"并没有根据"。他指出，在19世纪40年代，当铁路正在建设时，"金融市场给人的印象是它是西欧经济至关重要的组成部分"。他确实承认，这主要是在说巴黎和布鲁塞尔，以及其他一些中心，但也"存在重要的空白"（p.705）。这也许为我们了解实际发生的情况提供了线索。普莱西斯（Plessis，1987，207）指出，在七月王朝，法国银行开了许多地方分行，以排斥其他银行，但在第二帝国，它们关闭了许多地方分行，以对地方显贵表示抗议。地方显贵既想要法国银行、也想要新的银行，因为这能给它们提供多样的和相互竞争的贷款来源。

⑩⑧ 卡梅伦（1953，487）对此做出了审慎的评价："在正确评价动产信用银行和同时代的其他银行对经济发展的贡献时，人们必须考虑到其成绩可能不尽如人意的地方。输出资本难道阻碍了法国自身的经济增长了吗？通过将它的活动限制在它自己的国家，动产信用银行就能够做出更大的贡献吗？对这些问题的任何简单答案都是不能令人满意的，但将正统经济学说同法国那时的特定经济状况结合起来考察，表明它所采取的发展路线是在发挥最大社会效用的方向上"。

⑩⑨ 当然，将钱借给较穷的政府绝非难事。正如詹克斯所评论的那样（1927，263）："政府之所以借钱，最直接的原因是因为它们在追求进步的热情和满足纳税人的愿望之间感到无法抉择"。

⑩⑩ 见纽博尔德（Newbold，1932，429）的分析："在1866年英国金融危机和1870年法国政治崩溃之后存活下来的更为保守的银行并不想继续原来的投资去填补无底洞，而是将土耳其、埃及和拉美各'自由主义'共和国作为新的资本借贷对象，以支付旧贷款的利息。……因此，土耳其皇帝、埃及总督和其他几个总统宣布他们完全无力偿还债务，将只是时间问题"。纽博尔德指出，如果我们再考虑到美国内战的后果，那我们就能够很容易地理解1869～1873年所进行的"无节制的投机"。

⑪⑪ 杜马（1976，3：150）引用了布尔多（Burdeau）的论述："[资产阶级的]理论家重复着自由放任的口号，但商人们却要求拥有权力的立法者[能制定有利于他们利益的立法的权力]。对资产阶级而言，仅仅是允许他们自由行动绝非是充分的；他们想要政府更为主动地为他们谋利"。

⑪⑫ 1914年春，法国煤业协会（Comité des Houillières）的干事亨利·德·派里姆霍夫（Henry de Peyerimhoff）在发表的演说中谈到世界经济竞争："在这场斗争中，……我们能够指望什么呢？指望我们的资本，……它是一种力量，但当没有其他力量支持时，它是脆弱的。未受到保护的富人是最诱人的猎物和最理想的绑架对象。威尼斯发挥了这种作用，接着是联省共和国。在阿姆斯特丹的信贷机构（the House of Hope）对欧洲所有主权国家的债权要求并未能使人们对皮什格鲁领导的轻骑兵产生什么更深刻的印象，我担心这个最平和的共和国的国库——实际上一半是空的——对波拿巴的吸引力要超过它对他的威慑力。我

们的帝国能够在多大程度上保护我们的财富,我们的财富就在多大程度上服务于我们的帝国"(cited in Bouvier,1965,175)。

⑬ 不过,他提到,同样是这些英国人,当他们"有某种特殊利益时,……他们也准备利用政府行为来推进这种利益"。

⑭ 当然,斯品汉姆兰法案(Speenhamland,济贫法案)是这场斗争中的一种主要策略。它是在1795年实施的,结束于1834年。霍布斯鲍姆(1962,200)称它为"一种用济贫税来资助工资,以保障劳工最低工资的善意的、但却是错误的做法"——之所以说它是错误的是因为它实际上降低了工资水平。波拉尼(1957,81)指出,它之所以会产生这种结果,只是因为与此同时,反结社法案在1799~1800年通过。因此,保守主义者的目标是阻止自由劳动力市场的形成,而这是工业家一直寻求建立的,但对工人阶级却没有任何实际利益。经济上的自由主义者最终解决了这个问题,正如霍布斯鲍姆继续指出的,他们"通常是用快速的和无情的方式强迫[劳工]要么以一种社会规定的工资找工作、要么移民"。移民以两种形式发生:从乡村到城镇(see Cairncross,1949,70-71)和移民海外。后者由于取消对技术工人移民的限制而受到鼓励(see Clapham,1930,1:489,对谁移民到何地的分类记录)。对前者的讨论,见沃勒斯坦(1989,120-121)。

⑮ 见柏莱柏诺的附录(70-73),它记录了一长串19世纪颁布的干预主义立法。就古典经济学家并不反对像工厂法等社会立法而言,见阿尔弗雷德·马歇尔(1921,763-764):"李嘉图和其他一些团结在他周围的大经济学家似乎不可能被援引来作为反对早期工厂法的根据"。他指出,图克(Tooke)、麦克库洛赫和纽马奇(Newmarch)都是这些立法的支持者,纳骚·西尼尔最初反对,但后来也支持它们。自由放任学说的代言人这种愿意赞成政府对社会领域进行一些干预的倾向,由另一位自由主义经济学家斯坦利·杰文斯(Stanley Jevons)于1882年以下述方式做了理论说明:"我们必须既不能将政府——它由一些准军事官员掌控着——的职能最大化,也不能根据一些最优秀的哲学家的理论将它们最小化。我们必须学会根据它的绩效来对每一次干预做出判定"[《政府同劳工的关系》(the State in Relation to Labour),p.171,cited in Clapham,1932,2:389]。杰文斯的观点实际上是对伯恩(Burn,1949,221)称之为英国在世纪中期所实行的"自由主义平衡"的最好说明:"保持平衡,既在几个阶级和利益集团之间保持平衡,又在'个人'和政府之间保持平衡。它既有利于时代特征上的明显变化,也为这种变化所加强。这种变化也许可以描述为——被那个时代的人描述为——私利压倒了原则"。

⑯ 这种内疚由于在英国残留的宗教偏见而被强化,正如阿勒维(1947,326)所指出的:"我们必须在想象中回到1850年,那一年'罗马教皇入侵'在英格兰引起了如此大的骚动"。在整个拉丁欧洲国家、在奥地利和比利时,天主教战

— 163 —

胜了自由主义、无神论和社会主义。在1851年结束之前，被整个主教团的祝福所包围的路易·拿破仑准备在法国废除宪法。罗马教皇入侵只不过是这种天主教反动势力跨越英吉利海峡同敌对力量进行斗争的延续，反动势力的这种攻势从1789年就开始，自1830年以来重新恢复了实力，在各处都产生威胁。因此，英国舆论对此产生警觉并不会令人感到奇怪。在欧洲大陆1848年革命的失败是天主教的胜利。但英格兰已经避免了革命发生；当天主教反动势力到达英格兰时，它遭遇到了一种在欧洲大陆并不存在的障碍，即1846年革命的胜利，也即自由主义的胜利。

卡希尔（Cahill, 1957, 75-76）从同样的事实中得出了截然相反的结论："1848年通常被认为是英国自由主义取得胜利的一年，但面对来自国外和国内的各种威胁，它实际上见证了那种意识形态的破产。英国民族主义的胜利正是在革命爆发的那一年取得的，它由反法和反天主教的情绪所支撑和强化……英国在1848年的成功是一种爱国主义宣传的成功，后者同爱尔兰反合并运动、法国的激进主义、一个自由主义的教皇、爱尔兰的天主教会和民主的宪章运动一道缓和了国内由社会骚乱造成的紧张"。

⑰ 在1797年到1869年之间，中央官僚机构的规模扩大了15倍。"作为1834年《济贫法》；1848年、1866年、1872年和1875年《公共健康法》（the Public Health Acts）；1839年和1856年《警察法》（the Police Acts）；1860年和1872年《食品和药物法》（the Food and Drug Acts）通过的结果，英国政府从整体上将公共分配政策置于中心地位"。

⑱ 埃文斯（p.289）认为这具有"极大的讽刺意味"，但我们并不这样认为。正如他本人所说的："没有人比、或认为他们比那些第二代主张自由放任的哲学家——边沁式的功利主义者——更了解如何最有效地和最少浪费地进行管理"。从此以后，边沁式的功利主义者和他们以各种面目出现的后继者将持续地发挥作用，因为伴随着国家权力的增加，"专家的权力也在不断增加"（Kitson Clark, 1967, 167）。

⑲ 见科茨（Coates, 1950, 358）："正是通过不加任何限制地利用政府的立法权力，边沁努力推动实施他的改革方案"。也见切克兰德（1964, 411）："边沁主义意味着确定最紧迫的社会工作，并找出完成它们的途径；它意味着特定的立法，在立法领域有监察人员，在中央集权的政府机构有行政官员。它意味着下院议员要根据'议程'来思考问题，就像边沁所做的那样"。在1852年到1867年之间，下院议程包括警察、监狱、捐资助校、医生和兽医的培养——它们都由国家予以管理和促进。见伯恩（1964, 167-226）。

约翰·梅纳德·凯恩斯（John Maynard Keynes）在他的著作《自由放任的终结》（the End of Laissez-Faire, 1926, 45-46）中对边沁主义和政府做了非常清楚的论述："19世纪的国家社会主义源于边沁、自由竞争等等，它是一种同

第三章 自由主义国家与阶级冲突：1830~1875年

19世纪的个人主义相同的哲学，只不过在某些方面更清楚些，在其他方面较模糊些。两者都强调自由，一种是消极地避免对现存的自由做任何限制，另一种是积极地打破自然的或人为的垄断。它们是对同一种思想氛围的不同反应"。

⑫ 这种转变是非常务实的："这种伟大的转变是对日常具体问题的自然解决办法，最终会纯粹由于问题的紧迫性而被迫产生"（p.65）。艾德洛特（1967，226）提出了同样的观点："现在人们普遍认为，［在英国］19世纪中期并不是一个管理上的无政府主义时期，而是相反，是一个政府对社会生活的管理获得迅速而显著发展的时期"。也见沃森（1973，70）："在维多利亚统治时期，政府干预的水平提高了，而且提高的幅度很大，这是确定无疑的"。对这种观点的批判，见哈特（Harter，1965）和帕里斯（Parris）。

重要的是要记住这是在实践中、而不是在学说上的变化。自由贸易学说在这一时期的整个欧洲都是占主导地位的。的确，金德尔伯格（Kindleberger，1975，51）将1820年到1875年之间向自由贸易的普遍转变作为证据证明，欧洲"作为一个单一实体由于意识形态的或也许是更具说服力的理论理由而向自由贸易转变"。但接着继大萧条之后，欧洲就务实地取消了自由贸易政策。现实总是胜过理论。

⑫ 在世纪中期，英国和法国之间的主要差别在于，由于它们此时在世界经济中的相对实力不同，不像英国，法国政府从未放弃过对商业领域的干预。

⑫ "行政管理的合理化进程在［1789年］革命之前很早就已经开始，而且从那以后就一直未停止过"（Théret，1991，141-142）。也见方特维雷（Fontvieille，1976，2011）有关自1815年以来行政机构稳定扩张的论述："统计显示，政府的扩张可以由它对经济结构干预的不断增长来加以解释"。

⑫ 韦尔纳（Werner，1977，xi-xii）进一步发挥了基佐的精妙概括："尽管有某种不可否认的保守主义的、甚至反动的特征，但波拿巴主义要求它的信徒信奉国家和1789年革命的观念，即由拿破仑一世所认可的那种观念……在政治上组织起来并在选举中投票的人民，不再是君主的臣民、而是真正拥有主权的人，甚至能够通过全民投票迫使总统、甚至君主必须尽职……普选权，自由、平等和博爱的理想，公民观念，所有这些都代表了大革命保留下来的成就，在它的支持者的头脑中，它意味着需要一个强大的和中央集权的政府来制止未来的革命"。

⑫ 布尔金（1913，224）也提到："工人阶级感到它的手被束缚住……，极权的君主……在有关工资的争执中明显站在反对工人阶级的一方。尽管如此，但人们也不能否认……关注慈善也许是帝国特有的一个标志"。

⑫ 拿破仑皇帝甚至安排了一个工人代表团参加1862年在伦敦举行的世界博览会。不过，一到那里，他们就参加了国际工人协会的组建工作，当他们返回时就同皇帝断绝了关系。

⑫ 尽管如此，但正如布尔金坚持认为的（1913，232）："在同工人的关系上，政

府感到犹豫"。他补充说，他们的犹豫是有道理的："就帝国所做出的妥协而言，这也损害了它的极权统治基础，工人开始感到他们的实力在不断增加，并力争使既欺压、又安抚他们的政府倒台"。

⑫ 塞提到仍然存在各种限制因素，但他指出，尽管如此，但该法律代表了"向前迈出的重要一步，而且由于罢工工人仍然受到司法当局的起诉其意义就显得更为重要，直到它真正实现合法化的那一刻"。

⑫ 特莱（Thèret，1989，1160）非常实际地评论道："第二帝国的'社会'形象并不成功⋯⋯一旦人们仔细考察一下政府支出的统计数据就能认识到"。

⑫ 杜马（1976，138）如此界定了该方案："法国人逐步从臣民变为公民"。

⑬ 见沃尔夫（Woolf，1992，101）："人们能够论证，法国模式——也许甚至比英国模式更甚——之所以在这种建构现代欧洲政治观念的运动中处于中心地位，正是因为在自由主义者手中，民族认同同赋予国家以领导地位结合在一起。拿破仑时期的这种遗产的一个最显著的特征是自由主义和标准化的行政机构改革越来越多联系在一起，作为塑造一种统一的国家认同的方法⋯⋯伴随着新的民族国家在19世纪纷纷取得独立，他们的政府坚持用同样的方法来反对他们认为危险的反民族的地区或种族认同"。

⑬ "像过去的重商主义政策一样，[自由贸易]也是保护主义的：它的目标在于阻止或延迟不断增加的来自国外的工业竞争，它希望其他国家用它们的粮食和原材料交换英国的制造品，后者由于价格低廉将使外国的工业无法生存"。

注意英国赋予殖民地的特惠只是在1860年才完全取消（当然，在本世纪的最后1/3时期又重新恢复），斯凯勒（1945，246）指出："对英国而言，不再有任何必要在全球驻军以为他们的商业开道；贸易已经变得可以自我保护"。埃文斯（1983，31）讨论了在18世纪80年代英国较早期的"对签署商业条约的热情"，将此归因于试图克服在美国独立战争结束之后"在欧洲被明显孤立的不利局面"。他评论道，只签署了一个条约，即1786年同法国签署的《伊顿条约》（the Eden treaty）。但他指出，这个条约"表现出了伴随着英国成为世界上第一个工业化国家，她将享有垄断权的最初迹象，尽管她努力予以掩饰。贸易自由化注定将有利于最有效率的生产者"。（On the Eden treaty, see Wallerstein, 1989, 87-93）。

⑫ 贝洛赫（Bairoch，1973，561-562）将1860~1880/1890年列为"欧洲体验自由贸易的时期"，在这个时期，"欧洲内部的贸易有更迅速的增长"。在稍晚的一篇文章中（1989，36），他给出的年代是1860~1879年。波拉尼（1957，19）是将1846~1879年定为"自由贸易阶段"。英国正式接受自由贸易原则是在1846年。

⑬ 金德尔伯格的结论是："作为对此的反应，取消谷物法由'自由贸易帝国主义'予以了促动，以期在制造品上获得对世界贸易的垄断权。19世纪30年代的关

第三章 自由主义国家与阶级冲突：1830～1875年

税同盟仅仅是表明了需要加紧采取行动"。

⑬ 见凯恩（1980，19）："在19世纪30年代，英国做出种种努力以诱使欧洲国家在互惠的基础上做出让步。这通常是基于如下观念，即在作为工业国的英国和作为农业国的欧洲各国之间应该形成一种'自然的'劳动分工。这些谈判之所以破裂，主要是因为像法国这样的国家决定在制造品上避免对英国形成依赖"。

⑬ 正是这种中间派的调和立场使后来的评论者对他的行为做出了截然相反的评价。一方面，詹克斯（1927，126）指出，取消谷物法（加上铁路修建热潮）"在英国对外贸易条件上，带来了一场全面的革命［就像此前几代生产中的变革一样］"。在大约同时，沃克-史密斯（Walker-Smith，1933，27-28）——本人也是一位保守的贸易保护主义者——论证道："皮尔对关税的修正并不是沿着自由贸易方向发展的，而是科学的和渐进的保护主义……主张保护主义的议会已经就绪。对那时的一些人而言，似乎新制定的关税和已经修正过的按比例增减法已经站在自由贸易的边界上……［但］皮尔像他领导的政党一样，是保护主义制度坚定的支持者，这表现在由他们自身对那种制度所做的强化和修正上"。

⑬ 德雷切（Drescher，1981，18）是反对下述观点的一个强有力的代言人，即反对奴隶制是"将一种单一的中间阶级世界观予以普适化的一种手段"，或将人们的注意力从国内改革上转移开来的一种手段，而是将它视为"提供了一种人性标准，对照这种标准，反对资本家剥削的合理性能够以非常具体的标准很好地予以论证"。尽管布莱克伯恩倾向于赋予经济因素以更大的作用，但他得出的结论（1988，520）却认为，"奴隶制之所以被废除并不是因为经济原因、而是因为它在政治上是无法维持的"，这在本质上是指奴隶抵抗的程度和废奴支持者的社会动员程度。但我认为，这似乎是将经济和政治领域人为地分割开来。

⑬ 布莱克伯恩（p.430）也提到："在改革和废奴运动之间的密切关系绝非简单地是议会设计的产物。两种运动都对他们视为异常的所有权类型提出了质疑……反对奴隶制有助于动员中间阶级和群众的支持，而又不用担心他们会将它转化为革命的危险"。

⑬ 不仅是印度、而且包括其他新近被纳入世界经济的地区所经历的非工业化过程由沃勒斯坦（1989，149-152）予以了讨论。

⑬ 普拉特（Platt）评论道："所有维多利亚时代的人——包括政治家、商人和官员——都同意，让全世界都对贸易开放是他们可以期望英国政府去完成的目标。他们也许在所采用的手段上有不同看法，但他们对目标都有一种共同的信念；他们认为，可以期望物质和道德进步能够自动地从贸易的扩张中产生。例如，理查德·科布登强烈地反对中英战争，但却欢迎战争的结果，即中国对世界贸易的开放。他论证，在武力的威逼下开放市场在道德上是错误的，但能够进入这些市场事实上却是互惠的，最终将带来贸易的扩张，它将是对世界和平的最好保障。大多数在伦敦的官员都赞同科布登的观点"。

⑭ 议会辩论, 3d ser., LXXXIII, 23February 1846, 1399-1400, 引自索美尔 (Semmel, 1970, 8)。当然, 也有人认识到自由贸易优势的脆弱性, 或者更确切地说是它的暂时性, 从中可以得出结论, 它根本不应该尝试。狄斯雷利就持这样的观点。在1838年, 他基于如下理由反对取消谷物法, 即假设欧洲国家"将由于英格兰作为世界工厂的地位而蒙受损失, 那是一种'妄想'"。当然, 长期看他是对的。在1840年做的一次演讲中, 他提醒议会, 荷兰人也是一度将全部欧洲都看作是"他们的农场"(Parliamentary Debates, 3d ser., XLI, 13 March 1838, 940; LIII, 1June 1840, 383-384; cited Semmel, 1970, 155)。

在1846年举行的一次针对取消谷物法的大的议会辩论中, 狄斯雷利呼吁在抑制性保护和无限制竞争之间采取一种中间路线。他引西班牙和土耳其作为各自的例子, 并就奥斯曼土耳其帝国指出: "长期以来, 那里一直全面实行着纯粹的竞争制度, 它确实不是源于对这种政策的任何哲学信念、而是源于傲慢的毫不在乎, 认为作为征服者的种族更应该考虑商业。在土耳其存在自由贸易, 它产生的结果是什么呢？ 它使一些世界上最好的制造商破产"(cited in Holland, 1913, 265)。当然, 这种论证在某种程度上是貌似有理的, 因为它没有提到1838年签署的实施自由贸易的英土商业协定 (Anglo-Turkish Commercial Convention) 在导致当地制造商失败中所起的作用 (see Wallerstein, 1989, 176-177)。

⑭ 哈顿在一篇名为《罗斯金先生的艺术哲学》(Mr. Ruskin's Philosophy of Art) 的文章中写的这句话, 见《旁观者》(Spectator) 1870年8月6日, 第953页。

⑭ 在这些年新占领的殖民地包括新西兰、黄金海岸、纳闽 (Labuan)、纳塔尔 (Natal)、旁遮普、信德、香港、贝拉尔 (Berar)、奥德 (Oudh)、下缅甸、九龙、拉各斯、塞拉利昂临近地区、巴苏陀兰 (Basutoland)、格利夸兰 (Griqualand)、德兰士瓦 (Transvaal), 以及在昆士兰和英属哥伦比亚的进一步扩张。索美尔 (1970, 203) 对此表示同意: "维多利亚中期据说实行的'反帝国主义'政策是一种神话"。普拉特 (1973, 90) 恰当地指出: "在这一时期……1830~1860年, [英国]向这些'没有正式统治权'的地区进行迅速经济扩张的激励和机会简单而言并不存在, 其中对拉美、地中海东部国家 (Levant) 和远东地区的贸易很难说得上重要"。

⑭ 英国只是在19世纪20年代才放弃工业上的保护主义, 但将农业上的保护主义坚持到1846年, 海运上的保护主义坚持到1849年。法国更不愿意放松限制。复辟时期的君主——以拿破仑实行的大陆封锁政策为依据——被要求做出明智的经济选择: "1814年的选择是非常清楚的: 法国的政策是要将国内最大的经济自由同国际市场上最大的保护主义相结合"(Démier, 1992, 97)。克鲁泽 (1972b, 103) 评论道: "不过, 实行保护主义对 [1815年之后时期] 绝大多数大陆的工业而言是绝对必需的, 这是更为合理的认识。法国的错误在于过于

第三章 自由主义国家与阶级冲突：1830~1875年

⑭ 莱昂·塔尔博特（Léon Talabot）：《制造商大会：1845年全体会议》（*Conseil general des manufactures*: *Session de 1845*［1846，4］），引自列维-勒布瓦耶（1964，15）。

⑮ 这样一个同盟几乎在1842年同比利时建立起来，而且已经谈及要将它扩大到尼德兰、瑞士和皮埃蒙特地区，但"法国的既得利益集团和那些对法国恢复影响力感到恐惧的其他大国的外交部联合起来有效地扼杀了法国的计划"（Cameron，1961，37）。

⑯ 因此，"1860年条约就成为了一个不断增加的商业协定链条中的第一环"（Dunham，1930，142）。重要的是认识到，该条约"对双方而言都代表了实质性的让步"（Condliffe，1951，222）。这一自由贸易进程中的小插曲所产生的一个重要后果是它对世界贸易地理格局的影响，它经常为人们所忽视。在1790年，欧洲内部贸易占欧洲国际贸易总量的76%，从1800~1860年这一时期地理格局的多样化不断加强，接着在1860~1880/1890年这一时期出现了逆转趋势，此后又恢复了原来的多样化趋势。尽管如此，但不应夸大这种变动的规模。在整个19世纪，欧洲内部贸易占欧洲国际贸易总量的百分比从未低于过2/3。见贝洛赫（1974b，561-563）。

⑰ 英国对法国所处的情势，就像后来美国发现自己在20世纪80年代对日本和20世纪90年代与21世纪初期对中国所处的情势一样。

⑱ 邓纳姆（Dunham）继续指出："但即使在1840年或1852年签署了一个条约，它也不可能取得什么实质性的进展，因为在上述的每种情况下，都不存在任何比就少数商品展开限制性议价更宏大的目标"。进一步而言，还没有尝试就最惠国条款的问题展开谈判。

⑲ 弗朗（Fohlen，1956，418）论证，长期看，拿破仑三世为他的行为付出了沉重的政治代价："唯一一次重大的关税改革需要使用极权的方法来实现，而不顾资产阶级的意愿，拿破仑三世由此失去了王位。1860年1月23日签署的英法商业条约被视为一次'工业政变'，它是如此的违背经济传统和资产阶级的意识形态，即使它远没有带来真正的自由贸易……拿破仑三世背叛了资产阶级，他们将在1870年记起这次背叛"。

⑳ 布罗德尔（Broder，1976，335）更尖锐地提出了同样的观点："我们不应该对［1860年条约］存任何幻想。有关该条约的争论本质上看是一场错误的争论。在整个［19］世纪，法国是坚定的保护主义者。人们也许可以将法国实行的保护主义划分为连续的几个时期：一般的（1820~1852）、温和的（1852~1881）和选择性的（1882~）"。

㉑ 也见瑞斯特（Rist，1956），他同意下述观点，即一般而言，结果对法国是有利的。至于英国，邓纳姆论证道："它是否明显影响到英国工业的总体发展，这

值得怀疑"。因此，根据英国这位为自由贸易唱赞歌的人的观点，该条约似乎就是英国人（他们几乎没有从中获利）送给法国人（为了他们自身的利益，他们需要被诱骗）的一份贵重礼物。如果是这样，人们会感到奇怪，英国人为什么会如此热衷于签署条约。埃利阿苏（Iliasu，1971）论证道，条约签署的动机与其说是经济方面的、不如说是政治方面的。他指出，毕竟签署条约是"对下述原则的一种违背"（p.72），即在1846年以后决定的不签署任何商业条约的原则。他将该条约归因于两国之间在意大利问题上"悬而未决的外交争执"（p.87）。拿破仑在1861年吞并了尼斯，该条约被视为"无论对错……是要收买英国，使她同意这次吞并"（p.96）。

⑫ 贝洛赫（1970，7）指出，不仅如此，而且"[1892年实施的梅利娜关税税则（the Méline tariff）]重新引入保护主义导致增长率的加速增长"。进一步而言，这个实行较为自由贸易的时期在法国要比其他欧洲大陆国家持续的时间更长一些。在稍晚的一部著作（1976a，238）中，贝洛赫得出结论："农产品的涌入……是解释法国自由主义遭受失败的最重要的因素"。

⑬ 贝洛赫（1978a，75）指出，在1860~1910年这段时期，英国的出口扩张要慢于其他欧洲国家；的确，实施保护主义的国家做得最好。但从全球经济增长看，"自由主义时期对[诸如英国]较发达国家要比欧洲其他国家更有利些"（p.163）。麦克洛斯基的结论（1980，318）更苛刻："自由贸易导致英国贸易条件的恶化，减少了国民收入"。

⑭ 见法尼（1979，39-41）有关自由贸易论者的影响力被"它的思想继承人予以夸大"的论述。他认为，它仍然只不过是一个"思想流派"，对自由党所产生的影响要小于对辉格党显贵或不信国教者的影响。他将曼彻斯特商人的支持视为是源自"作为权宜之计的动机、而不是源自对原则的坚守"。他提到在取消谷物法之后所发生的思想界反对自由主义的鼓噪：1848年的青年英格兰主义运动（Young Englandism）、1850年的基督教社会主义（Christian Socialism）、1851年的前拉斐尔派（pre-Raphaelitism），以及卡莱尔被广泛阅读的"辛辣的苛评"。"曼彻斯特成为令诗人、文学家和审美家感到愤怒的攻击对象"。它也许会获得一些长期的利益，但短期内，取消谷物法"迎来了一个激烈辩论的时期，它从1846年一直持续到1853年，只是伴随着最初的自由贸易信条被驳得体无完肤才告结束"。

⑮ 她补充道："在几乎每种情况下，支撑帝国统治下的和平的法律本身都是无效的。它必须由武力来支撑。这适用于最大的陆上自治领加拿大，就像它也适用于最小的岛屿殖民地或保护国皮特凯恩岛一样"。

⑯ 对现有殖民地的政策，康德利夫（1951，254）甚至不愿意接受"宽松"这个形容词："尽管有小英格兰人的各种看法，但在失去美洲的殖民地之后，行政管理并不是宽松的，对那些仍然属于英国的殖民地的管理是非常严厉的……制

第三章 自由主义国家与阶级冲突：1830~1875 年

造商也许会抗议战争和为战争做准备所带来的成本，但大多数英格兰人都顽固地坚持他们对海上强国的信念和他们对帝国的自豪感。而且，有大量既得利益受到威胁。海运利益集团反对任何对航海条例的放宽。陆军和海军对维持这样的战争机构有着职业利益，对维持殖民地保护人的地位有着个人利益"。

⑮ 尼尔（Neale，1972，97）指出，"至少对由一些有抱负的专业人员和小资产阶级成员组成的准集团而言这是真实的，而更强大的中间阶级也许就是来自这个集团"。提到 1788 年到 1856 年之间澳大利亚的情况（p.108），他补充说："总督和行政官员的社会形象……表明他们主要是一个居于中间地位群体的至少第二代成员，这个中间群体要么生活在母国、要么生活在苏格兰低地，是英国国教和长老会教的成员"。

⑯ 就官方观点的经典阐述见科布登 1847 年给约翰·布赖特的这封信："但你绝不要隐瞒自己的观点，邪恶就植根于那种清高的岛国个性——约翰牛——的好斗、精力旺盛、傲慢、鄙视外国人和同情心重。体会华盛顿·欧文（Washington Irving）对他乱挥棍棒的描述，即当他听说在世界某处有人打架时总是会这样做，而且对其他人竟敢不事先征求他同意或邀请他参与其中就打架，他会非常恼火"（cited in Condliffe，1951，255）。

⑰ 见瓦格纳（Wagner，1932，74），他追溯了从亚当·斯密到 G. D. H. 柯尔对殖民地态度的演化。正如他所说的，"他们反对殖民政策，但不反对殖民地或殖民化"。他继续指出，不管怎样，"如果经济学家偶尔［对帝国的价值］持悲观态度，那么他们通常会恢复他们的信心，甚至当帝国主义变得声名狼藉时，帮助它恢复声誉"。

⑱ 见穆勒写于 1848 年革命期间的著作（1849，31）："作为实现自由的手段，民族独立是合意的；这是同情意大利人重建意大利主张的充足理由所在，也是波兰人建立波兰的充足理由所在。的确，当一个民族不适合自治时，对他们而言，通常最好的是在外国人、而不是本地人的专制统治下，那些外国人在文明和文化上要比当地人更先进些。但当他们自由的时刻——用德·拉马丁（M. de Lamartine）的隐喻来表述——来临时，他们又没有完全被征服者的民族性所同化时，重新掌控他们自己的命运通常是一种必不可少的条件，即获得自由制度、或——如果他们获得了自由制度——以自由精神驾驭自由制度的条件"。

⑲ "就印度的情况而言，东印度公司的军队在财政和军事上的发展势头是狂妄自大的自由贸易论者能够扩张势力的主要原因。印度各地区缴纳的税收、而不是同它的贸易仍然是英国在东方的主要经济收益。甚至在 1834 年之后，公司仍然保持了它进行商业垄断的许多特征。英荷在爪哇的统治和英国在锡兰的商业垄断一直到世纪中期都保持着相似的特征。英国制造商对印度和东方其他地区的销售直到 19 世纪 40 年代仍处于停滞状态。的确，从 1790 年到 1830 年之间，英国在世界贸易上的扩张不应过分夸大"。

稍晚，甚至当贸易占据更突出的地位时，税收的作用也绝不应忽视。见詹克斯（1927，223-224）："将税收负担加诸在印度身上被认为是方便的，这听起来似乎是荒谬的。但制止兵变的成本、将公司权力移交给王室的代价、在中国和阿比西尼亚同时发动战争的支出，这每一项政府支出都同遥远的印度有关，甚至在印度事务处工作的女清洁工、那些出航但没有参与战斗的船只的成本、印度军队出航前在国内接受 6 个月培训的成本，所有这些都要加诸于那些没有权利选出自己代表的印度农民的身上"。

⑯ 就在七月王朝和第二帝国时期，圣西门主义者在推动对阿尔及利亚进行殖民的过程中所起的积极作用的论述，见埃米利特（Emerit，1941）。

⑯ 除了在阿尔及利亚扩张领土外，它还在几内亚沿岸（the Guinea Coast）、印度洋海域和太平洋诸岛屿进行了征服活动。

⑯ 根据费维尔（1954，497）的观点，英国在双方的交易中处于更有利的位置，因为它目前已经"在［太平洋地区］占据更强势的地位，这是相比西班牙曾经据有的地位而言的"。当然，在做这种评价时，他是将英国和美国统称为"盎格鲁-撒克逊人"。

⑯ 在细节上做必要的修正后，对英国舆论而言，俄国扮演的角色就像在 1945～1990 年时期对美国的舆论而言苏联所扮演的角色一样。见勃里格斯（1959，379-380）："克里米亚战争……不可能从仔细考察英国政府成员动机的视角来加以理解。在整个英国，存在着很强的民众恐俄症……[几位英格兰作家]已经使大部分读者熟悉了下述观点，即只有渴望赢得自身解放的受奴役的人民才能够将处于半野蛮状态的俄国暴君们赶回亚洲大草原。……在 1848 年之后的世界，俄国的批评者们激起的不是有限读者的、而是大量民众的反俄情绪。前宪章分子……热衷于发动针对民众事业共同敌人的斗争；戴维·厄克特（David Urquhart）组建了'工人外交事务委员会'来研究俄国人所犯下的'罪行'，并对他们做出谴责……当[激进派代表和一份报纸的合作经营者霍利约克（G. J. Holyoake）]感到所签署的是一份不成熟的和约时，他拒绝提醒他设在弗里特街（报馆集中的街道——译者注）的办公室在报刊的显著位置发表它，而更愿意醒目地排印伊丽莎白·巴雷特·勃朗宁夫人（Elizabeth Barret Browning）有关波兰、意大利和匈牙利持续处于困境的诗歌"。

⑯ 他论证："它的影响是持久的。当俄国下一次再进攻土耳其时，她必须在陆路用强硬的方式、而不是借助它在黑海地区的海军优势来应对这种侵略。土耳其再也没有沦为俄国卫星国的危险"。

⑯ "这场战争的主要获益者是拿破仑三世，他稳定了他的统治……并同[奥斯曼]土耳其政府建立了关系"。

⑯ 见巴斯特（Baster，1934，82，86）："战争的结果是激起了许多英国人对在获得新生的土耳其发展商业和金融业的兴趣，增加了英国人争夺银行经营特许权

第三章 自由主义国家与阶级冲突：1830~1875 年

的竞争力……利用诸如奥斯曼帝国银行等机构作为向一个落后国家进行经济渗透的武器为 19 世纪的外交提供了一个引人注目的和可资借鉴的实例。西欧各大资本输出国对从中渔利绝不甘落后"。

⑯ 作为结果，英国驻华盛顿公使被美国政府驱逐（Schuyler, 1945, 221）。这是因为美国已正式宣布中立，而且对在哈利法克斯（加拿大一城市——译者注）建立一个兵站招募美国志愿者并不看好，但事实上在萧条时期招募士兵并不困难（Brebner, 1930, 303-305, 320）。不久之后，在美国内战期间，作为回报，美国招募加拿大人在联盟军队中服役（pp. 326-327）。

⑰ 见法尼（1979, 44）："开始于 1846 年的大争论结束于克里米亚战争，它加速了兰开夏经济精英世界观的转变，这种转变开始于帕默斯顿于 1850 年所做的唐·帕西菲科（Don Pacifico）演讲。自由贸易时代的第一次国际冲突产生的是经济繁荣、而不是萧条，它打破了人们自 1851 年以来就一直抱有的有关持久和平的梦想。战争使尚武精神影响到了兰开夏的各个阶级，鼓励曼彻斯特人对英国国教的兴趣。它使曼彻斯特的公众舆论支持帕默斯顿，为在 1857 年战后大选中使曼彻斯特学派的代表们遭受决定性失败铺平了道路，此时政府对扩大在中国的市场和拓展英帝国的势力范围的干预活动明显得到选民的认可。由于市场经济未能取得免于政府干预的完全独立性，所以自由贸易伦理本身变成一种目标、而不是实现更高目标的手段，从一种改造社会的有效方法转化为一种纯粹的、机械的商品交换"。

⑱ 到 1864 年，"作为现状的维护者之一，英国是孤立的和无能为力的。……很明显，英国今后要么必须付出更多的努力、要么——例如——什么也不做……在扩大政府权力和自由主义之间旧的对抗已经演化为一种新的和危险的结合，即将 1848 年的民族主义同王朝统治的军国主义结合在一起"。希顿-沃森引述了英国外长罗素勋爵（Lord Russell）的话："我记得坎宁说过，'我被告知我们或迟或早肯定会打仗。如果那是事实的话，那我会说迟点打'。我要对坎宁说，'先别这样说'"。曼彻斯特学派的不干预主义同保守主义结合在一起，后者更倾向于卷入到殖民地事务中、而不是欧洲大陆的事务中。结果对毛奇（Moltke）而言是非常明显的，他在 1865 年指出："正像她自己认识到的那样，英格兰对欧洲大陆已经无能为力"。在国内，它意味着保守党重新执掌权力："从 19 世纪 70 年代以降，反帝国主义情绪迅速减弱。……狄斯雷利熟练地利用帝国主义作为一种区分政党立场的问题，他的政治纲领中也许没有哪部分比他宣誓要维系帝国完整性的内容更能吸引英国选民了。保守党在 1874 年大选中的胜利将小英格兰主义完全从政治实践领域中驱逐出去"（Schuyler, 1921, 559-560）。

⑲ 谢弗（1939, 7-11）："简言之，对美国的恐惧主导着英国、西班牙和法国［在加勒比地区］的政策"。

⑳ 见吉拉尔（1977, 25）："在取得显著的成功之后，正是外交事务导致了政权的

衰落。对欧洲大陆国家而言，法国不再是那种强大到足以在旧体制和革命之间开辟一条中间道路的国家。相反，正是俾斯麦在未来几十年间将这种解决方案强加给了大陆国家"。

⑭ 希梅尔法布称该法案为"现代英国史上一个决定性的、也许是唯一决定性的事件。正是这个法案将英格兰转化为一个民主国家，使民主制度成为一种受尊重的政府形式（美国绝不是非常受尊重的），而且很快就为人们所公认，它是唯一自然的和恰当的政府形式"。除了"民主"一词之外，这是非常正确的。普选权并不是民主。如果那是事实所在的话，那么可敬的保守主义者、或就此问题而言可敬的自由主义者将不会支持它。普选权是将完整的公民权授予全部成年人（或至少是全部成年男性），这远不是说他们在政治决策中拥有平等的话语权。不过，这的确是事实所在，即在1867年改革法案之后，将民主界定为"男性普选权"在政治话语中确实成为普通的常识。至于自由主义者和他们所持的谨慎态度而言，见萨皮罗（1939，131）有关他们在1832年的辉煌时刻所做的论述："尽管鼓吹普选权，但功利主义者平静地接受1832年改革法案对普选权所做的狭隘限制。事实上，对他们而言，男性普选权是更合乎逻辑地从他们作为前提的'最大快乐'原则中推导出的结论，这是相比它作为一个政治实践中至关重要的问题而言的。逻辑促使边沁提倡男性普选权，但调和精神——一直令功利主义者挥之不去——促使他宣布，他'将高兴地做出妥协支持户主选举权'"。

⑮ 这并不是说保守主义者是在没有任何刺激的条件下这样做的。辛顿（Hinton, 1983, 12-13）提醒我们，1867年的决定是在这样一个时刻做出的，此前一年是歉收、渡过了一个艰难的冬季、而且霍乱流行——所有这些"加重了不满"。左派在改革联盟中掌握了主动权，能够组织一次15万人参加的在海德公园举行的游行示威，游行者挥舞着红旗。在接下来的两周内，狄斯雷利接受了一个激进的修正案，将被授予选举权的人数扩大了4倍。但这仍然不是普选权。不仅城市贫民（那些没有"登记在案"和"没有住宅"的人）没有被包括在内，而且最重要的，所有农业工人都没有被包括在内，这就确保了保守党对这些选区的控制。狄斯雷利主要是试图避免由"阶级意识更明确的政治活动"带来的威胁。

即使有像示威游行这样的警示，但这仍然是一种大胆的举措，狄斯雷利的支持者确实了解恐惧带来的痛苦。勃里格斯（1959，513-514）提醒我们，德比勋爵（Lord Derby）坦然地承认，他有了"一次伟大的经历"，"在黑暗中迈出了一大步"。盖索尼·哈迪（Gathorne Hardy）是一位帮助狄斯雷利通过改革法案的人，他指出："我们正在进入一个未知世界。如果乡绅们能够发挥作用的话，那他们将作为领袖而为人们所接受。如果把我们交给蛊惑者处置的话，那只能请上帝保佑我们！"但正如勃里格斯同时指出的，回想起来，我们知道，1867年以后实际所发生的证明了托利党冒险行动的合理性："在政治上没有突然发生的变革，……'改良时代'并不是突然就结束的，……工人阶级也不是马上就能获得自己的正当权利,……乡绅仍然具有很大的影响力,……中间阶级继续得到兴旺发展"。

当然,那时有一些保守主义者认为,"狄斯雷利在1867年的鲁莽行为"(Goldman, 1986, 95) 实在是愚不可及。1869年,一篇未署名的文章(也许是由第三代索尔兹伯里侯爵克兰伯恩勋爵 [Lord Cranborne] 写作的 [see Southgate, 1977, 160])抱怨说,自19世纪40年代以来,英国保守党的政策"一直是通过同极端反对派的联合来反对温和的反对派。这无疑肯定会有新奇的思想产生"。我们的作者将他的讽刺运用于对1867年改革法案的分析中:"两年前,赋予全家人以选举权是一项保守主义举措、还是一项激进主义举措,这是一个热门的讨论话题。……一种模糊的观点认为,穷人更容易受富人的影响;一种观点认为,那些其职业是同中间阶级打交道和较量的人由于这方面的原因必然倾向于支持乡绅;还有一种模糊的认识认为,较原始的阶级意识对传统情感更敏感些,现在可能不再是这样;模糊地认为应该将拿破仑(那时假设的)在驯服革命方面的成功经验运用于英格兰的政治当中,他是通过实行普选权来制止革命的;——所有这些观点……使保守党成员具有了一种更清晰的信念,在一个比辉格党所主张的更激进的改革法案中,他们已经发现了取得一次有把握的明显胜利的秘密"(Anon., 1869, 284-285)。

⑰ 就这种模式如何长期发挥作用的证据见麦肯齐和席尔瓦(McKenzie and Silver, 1968),他们提到,那时从卡尔·马克思到沃尔特·白芝浩(Walter Bagehot)的绝大多数分析家(狄斯雷利是一个明显的例外)都相信,选举权的这种扩大将注定宣判保守党的灭亡。然而,在此后的100年间,保守党统治英国长达3/4世纪之久,正是通过"成功地获得大量工人阶级的支持"使这变成了可能(p.240)。就短期因素而言,见摩尔的分析(1967, 54-55):"1867年法案真正自相矛盾的地方——如果的确应该这样说的话——不是选举权的扩大、而是选区的划界。……就有选举权的城市而言,在1860年的帕默斯顿法案和1867年的德比-狄斯雷利法案之间几乎并不存在什么差别,正如后者最终被修正的那样。……但在选区划界问题上,两个法案之间却存在着很大的差别。1867年法案自相矛盾的地方在于下述事实,即下院的大多数自由党议员不仅同意任命选区划界专员。他们还同意指示这些专员扩大有选举权城市的范围,'以将所有房屋都包括在选区的边界之内,出于议会选举的目的,房屋的居住者都应该被包括在其中,当然是在充分考虑到房屋的位置和其他当地情况的条件下。……'很明显,他们认识到,只有当这些专员将他们的指示放在心上时,只有当一个选区划界法案是基于他们的报告才予以实行,以致每一个重要的城市都将大大地扩展它的范围以将郊区的大量人口纳入其中时,他们的目的才会达到。对保守主义者而言,他们权力的传统基础在农村,相比许多自由主义者而言,他们更能接受一个实施等级制的社会,这种措施作为一种恢复他们所熟

悉的那个世界的手段是必不可少的。另一方面，对许多自由主义者而言，他们评估了它对选举结果的影响，认为它简单地就是不公正地划分选区"。这里，人们就会明白为什么仅仅扩大选举权同实行民主没有什么关系。

除了将一部分支持"托利党的工人"吸纳到选民队伍中来和不公正地划分选区外，1867年改革法案还使保守党能够在以前支持自由党的选民中扩展力量。见史密斯（1967，319）："自相矛盾的是，乍看起来，1867年选举权改革法案是狄斯雷利领导他的党为追求'托利党式的民主'而发动的一场政变，但从长期看，它为创造必要的条件以取得资产阶级的支持做出了最大贡献。尽管它赋予城市工人以一部分重要的政治权力，并使考虑工人阶级的利益对政治家而言变得至关重要的，但它同时也施加了更大的压力和制造了更大的恐惧，以使大部分中间阶级转而支持保守党，将它视为抵制激进主义的鼓吹者和劳工威胁的唯一可靠的力量"。

⑰ 就这些批判的细节见吉拉尔（1952，400），他得出结论："大部分资产阶级在［第二帝国］中不愿意承认除了'临时进行统治的一班人'之外的任何东西，而是希望把在英格兰取得成功的方法应用于法国"。使幻想破灭的恰恰正是幻想："帝国和圣门主义者的财政学一直都是提前贴现未来的钱。1852年的未来就是1868年的现在……尽管有大胆的创新和如此多的公共工程以如此相对适中的成本完成，但那些已经获得住房、铁路和汽船便利的公众却并不感恩，他们对花费如此巨大感到惊讶。拿破仑三世、贝列拉兄弟和御用政治经济学家们经常会说起，他们这样做并不是为了得到什么。因此，公众不再希望去体谅这些信誉令人失望的魔法师们，认为他们只不过是江湖骗子。公众不再需要魔法师，而是一种得到他们信任的稳定的通货"。（p.371）

⑱ 在鲁热里（Rougerie，1964，127 and 129）著作的列表中包含了对参加公社人员的分类。

⑲ "凡尔赛的军队、尤其是他们的军官们残忍之极。……在血腥的最后一周，在巴黎的各街道上有近2万人被杀。当受到穷人的惊吓时，没有比富裕的和体面的阶级所进行的报复更丑陋的"（Plamenarz，1952，154）。类似地，鲁热里（1964，59）也提到"卑鄙的资产阶级恐怖，……1871年大恐怖，正如镇压的残酷程度所表明的。用了10年时间，他们才愿意给予那些被判有罪的起义者以大赦"。

⑳ 比灵顿（1980，346）对公社所产生的政治后果给出了稍微不同的评价："它导致右派在整个欧洲的胜利，同时也为革命左派开辟了新的天地"。也许确实如此，但直到1914年，中庸的自由主义派才能够更轻松地应对来自左派和右派的压力。

㉑ 见埃尔维特（Elwitt，1975，306-307）："［共和党人的激进言论］在其政治性质上既是笼统的、又是有所限定的，将任何可能对现存制度之根本提出挑战的激进主义/社会主义内容统统无情地予以排除。……资产阶级共和党人接受了有关普选权的主张，而且欢迎它、运用它、将它变为他们的政治利器。……至

第三章 自由主义国家与阶级冲突：1830~1875年

于法国工人，他们作为一个独立阶级的存在被反复加以否定。当提到和解时，共和党人所指的是，如果可能的话将工人纳入到现存体制当中，如果必需时，则予以镇压"。当然，第三共和国是在继续第二帝国所实行的政府进行积极干预的政策。正如吉拉尔所说的（1952，293）："奉行机会主义的共和国最终是在执行［由拿破仑三世］在他写于1860年1月5日的信中所做的承诺"。

⑱ 这种方案的成功受到达瓦尔的称赞（1934，307）："一旦一揽子现代立法开始出台，激励革命爆发的因素和革命成功的机会很快就会变得越来越少。一方面，警察机构、地方政府的各种现代的和更有效的机构的创设减少了发生社会骚乱的可能性。即使有骚乱发生，也很少有机会发展成为革命。另一方面，反结社法案的取消、工厂法的通过、支持自由贸易的运动、议会改革方案，所有这些都缓解了民众的不满，消除了激励革命发生的诱因。也许可以通过和平手段来消除——逐渐地但却是有效地——民众的不满，这正在变得为人们所相信，就像它之前不为人们所相信那样"。达瓦尔的分析清楚地说明，这就是为什么"由治安管理所暗示的政府权力的扩大是宪章派最猛烈攻击的一个问题"（Evans，1983，257）。

⑱ 教育和秩序之间的联系由约翰逊（1970，119）予以了很好的说明："维多利亚早期对穷人教育的过多关注最好被理解为一种对权力、对能力、对保持（或继续保持）控制的关注。这种关注表现为一种颇具抱负的尝试，即试图通过教育手段来决定工人阶级的思想、情感和行为模式。由运动场的围墙所环绕，并在可信赖教师的管理下，学校将培养新一代的工人——有礼貌、开朗、勤劳、忠诚、爱国、虔诚"。

⑱ 但在世纪中期这种自由主义被神圣化的背景下，同样真实的是："在资产阶级取得成功的那一刻，正式接手管理资产阶级事务的人在普鲁士是一位极端反动的容克贵族、在法国是一位冒牌皇帝、在英国是贵族地主的继承人"（p.3）。泽尔丁（1958，46）在其中并没有看到意外或自相矛盾之处："对一个要从事改造国家工作的人而言，这个国家又是新旧势力直接对立无法调和的，［拿破仑］复杂的个性也许是必需的。……在许多方面，狄斯雷利就是在英格兰与之相似的人物，追求相似的事业，也像他那样怪异和神秘。在两个国家，他们的追随者同样产生分裂，但他们都必须应对来自从最激进的激进主义到最保守的托利主义各种极端力量的威胁"。

⑱ 盖什（1963，163-164）详尽地说明了这种转型的长期影响：

> 保守党在1841~1846年产生内部争执的实质问题正是就什么是原则问题和什么是"灵活的政治统治"问题展开的。皮尔能够公正地宣称，他从未制定过任何在本质上不是保守主义的政策。鼓励贸易和工业发展、用繁荣来削弱阶级和派系林立的宪章运动，以及通过适时的妥协来控制［反谷物法］联盟，在他

看来，这些才是保留贵族领导权和传统权力结构的最可靠的手段。

⑯ 盖什（1977，27）如此概述伯克的观点："变革是政治生活的组成部分，正像所有机体那样；时间本身是最大的变革者。……但社会结构的连续性必须得到尊重。变革应当以最小的渐进性发生；经由演进、而不是革命；通过适应、而不是破坏。……对教条主义的改革者而言，他在追求抽象正义的过程中就好像能够忽略人性和现存社会一样，他所拥有仅仅是蔑视一切的态度"。

⑰ 王权作为象征的作用是这场政治斗争的一个意外结果，这引发人们的兴趣，正如希尔（1929，100）提到的："在同［自由主义的］改良主义立法所表现出的中央集权倾向做斗争的过程中，托利党人和激进派同样是在另一种类型的政府干预方向上发展的。狄斯雷利通过提高王权来抑制议会和内阁咄咄逼人的权力。理查德·奥斯特勒（Richard Oastler）呼吁通情达理的年轻女王，利用她的王权来限制他称之为地方长官实施酷刑的权力，当奥斯特勒被旧时代所淹没时，他的呼吁声仍然能够听到。此时正是金斯利（Kingsley）和基督教社会主义者提高了女王的权力"。

⑱ 20世纪80年代，当自威灵顿以来首次地，玛格丽特·撒切尔（Margaret Thatcher）能够宣布作为保守党政治信条和实践的改良主义为非法时，有一种尝试试图重新界定"狄斯雷利的遗产"，它表明狄斯雷利事实上一直受皮尔所制造的党内分裂的困扰。见科尔曼（1988，157，161-162）："［狄斯雷利的］主要追求一直是维护他所在政党的利益和实现他的保守主义目标。……狄斯雷利内阁最显著的特征是连续性和传统主义、而不是对此的任何背离。……这种结论将令浪漫主义者感到失望，因为他们希望在狄斯雷利的领导能力中发现一种深刻的创造性。……［他］阻止［党］转向明显更进步的立场，也阻止它转向更僵化顽固的立场"。科尔曼同时还否定1866～1867年议会改革的激进主义意义（see pp.131-138）。

⑲ 找出其中所隐含的意义的必要性能够在下述事实中看到，即正如现实主义被用作象征"实实在在的、领土上的国家地位"一样，较早时期的浪漫主义也被用作如此象征。见阿居隆（Agulhon，1973，13-14）："［1848年发生的］每件事情都推动知识分子精英在人民中看到一种新的和有生命力的力量。正是德国的浪漫主义者在上个世纪末首次提出这样的论题，他们是中欧和东欧民族主义运动的激励者和领导者，在反对贵族的斗争和传播他们的世界主义文化中，他们称颂了民间传说、流行歌曲和故事，以及具有伟大生命力的群众所表现出的民族美德。当然，法国并没有面临同样的情势，在那里民族问题被视为已经予以了解决。但对正在进行反抗的人民和民族——从希腊到爱尔兰、从波兰到意大利，我们的自由主义者和共和主义者抱有希望，由此那种支撑欧洲各国进行斗争的模糊的平民主义意识形态确实影响到了他们的法国朋友"。

第四章插图 "罗伯特·古尔德·肖（Robert Gowld Shaw）和54团"

奥古斯都·圣高登（Allguste Saint Gaudens）
（感谢耶鲁大学的贝内克珍本和手稿图书馆的耶鲁馆藏美国文献）

奥古斯都·圣高登（Auguste Saint-Gaudens），"罗伯特·古尔德·肖（Robert Gould Shaw）和54团"。在美国内战期间，北方有些不情愿地组织起了一个由非洲裔美国人组成的志愿团，由一位来自马萨诸塞州主张废除奴隶制家庭的白人军官指挥。54团由于在攻击华格纳堡（Fort Wagner）的战役中表现英勇而名声大噪。在大约30年之后，圣高登被任命在波士顿建造一座青铜制纪念碑。正如人们能够看到的，这座纪念碑的内容主要是有关白人指挥官的。直到1982年，在这场战斗中牺牲的64名非洲裔美国士兵的名字才被刻在纪念碑的基座上。

第四章　自由主义国家的公民

> 国家主权原则是法国大革命的核心所在，这是我们几乎不需要去坚决主张的东西。该原则是通过将绝对主权从国王转移到国家手中而创设和付诸实践的，它是一个值得反复重申的真理。而且也值得对它做出检验。
> ——基思·迈克尔·巴克（Keith Michabel Baker），《主权》

> 我认为，法国大革命的传统……对19世纪的影响要比对当代人的影响大得多。
> ——厄内斯特·拉布鲁斯（1949B，29）

正像所有已知的历史上存在过的体系一样，不平等是现代世界体系的基本特征。同以前各种体系不同的和资本主义体系所特有的是，平等被宣布为是它的发展目标（确实也被宣布为是它的成就），即市场上的平等、法律面前的平等、被赋予平等权利的全部个体在社会方面的基本平等。现代世界的最大政治问题——也是最大的文化问题——在于如何将下述两者相协调，一方面是在理论上支持平等，另一方面是在实际生活机会，以及作为其结果的满足方面的持续的和愈来愈严重的两极分化。

长期以来——从16到18世纪的三个世纪中，这个问题在现代世界体系中很少被提出。不平等仍然被视为自然的，甚至是由上帝规定的。然而，一旦18世纪晚期的革命高潮将有关平等的话语转变为一种文化的标志，一旦对权威的挑战在各处正变得不足为奇，那么理论和实践的差异就不可能再予以忽视。遏制这种文化要求影响的扩大、由此驯服现存的"各种危险阶级"，就成为那些掌握权力的人优先考虑的问题。自由主义国家的建构就是用来限制这种要求的主要组织。对现代意识形态的精心阐释，依次又是建构自由主义国家的一种必要机制。

法国大革命和公民权概念

法国大革命具有伟大象征意义的举措是坚持称呼人时不再使用头衔，甚至不再使用先生和夫人。所有人都被称为公民。这种举措意在表明要否定传统的等级制，在正在建构的新社会中逐渐形成社会平等。随着法国大革命的结束，头衔被恢复；但"公民"概念（如果不是仅仅作为称呼的话）保留了下来。它并不仅仅是保留下来，而且获得了大的发展。它为自由主义国家奠定了话语基石。它在各处都被法律所承认，以致到1918年，人们发现有必要创制一个"无公民权的"人的概念以描述一个相对小的人群，他们在其生活的地方尚不能要求获得公民权。

公民概念在创设时就是要具有包容性。它坚持一个国家的所有人、而不仅仅是一些人（君主、贵族）都有权利——而且是平等的权利——参与在政治领域的集体决策过程。从中可以推断出，每个人都应该有权获得由国家分配的社会利益。到20世纪后半期，保障公民拥有权利成为构成一个现代"民主"国家的最低标准，几乎每个国家目前都宣称如此。

但公民权的包容性的另一面是排斥性。根据定义，那些未被纳入国家公民这一新范畴的人将被纳入另一个新概念——"外国人"。一个国家的外国人也许是某个其他国家的公民、而不是这个国家的公民。尽管如此，对任何特定的国家而言，即使在其边界内排斥外国人获得公民权，但这并不会限制在理论上被纳入公民范畴的人的数量。在大多数情况下，一个国家超过90%的居民都是公民——合法公民，即公民权现在已经变成一种由法律予以界定的问题。

这恰恰就是在法国大革命之后许多国家所面临的问题。太多的人是公民。结果可能确实是危险的。[①] 19世纪的历史（确实也是20世纪的历史）是，一些人（那些拥有特权和优势地位的人）试图继续将公民权界定在狭小的范围内，而所有其他人则试图通过使法律认可一个范围更大的公民权界定来作为回应。1789年之后几个世纪思想界的理论建构就是围绕这种斗争展开的。各种社会运动也是围绕这种斗争形成的。

在实践中将公民权界定在狭小范围内、与此同时在理论上又坚持扩大公民权原则的方法，是创制两个公民范畴。在攻陷巴士底狱仅仅6天之后，埃贝·西耶斯（Abbé Siéyès）就开始了这方面的努力。在 1789 年 7 月 20～21 日向国民大会的制宪会议宣读的报告中，西耶斯建议在消极的和积极的权利、消极的和积极的公民之间做出区分。他指出，自然的和公民的权利是"社会要形成就需要坚持和发展的"权利。这些是消极权利。此外还存在一些政治权利，"需要借助这些权利社会才能够形成"。这些是积极权利。从这种区分中，西耶斯得出如下结论：

> 一个国家的所有居民都应该享有消极的公民权利；所有人都有权保护他们的人身、他们的财产、他们的自由，等等。但在形成公共权力方面，并不是所有人都有权发挥积极作用；并不是所有人都是积极公民。妇女（至少就目前而言）、儿童、外国人和那些对维系公共权力没有贡献的人，不应该被允许去积极地影响公共生活。所有人都有权享有社会利益，但只有那些对公共权力有贡献的人才是伟大的社会事业的真正股东。只有他们才是真正积极的公民、联合体的真正成员。(Siéyès, 1789, 193-194)

没有感觉任何不妥，西耶斯接着补充道，政治权利的平等是一个基本原则（但假定只适用于积极公民），没有这种原则，特权就会被恢复。1789 年 10 月 29 日，国民大会将这种理论观念转化为法令，即将积极公民界定为那些以直接税的形式缴纳三天工资的人，这是最低标准。财产成为享有积极公民权的前提条件。正如罗桑瓦隆（1985，95）所指出的，"如果理性是健全的，就应该知道人们不可能发明规律。他们必须发现它们。……能力概念在这种框架中发现了其逻辑所在"。[2]

试图限制公民权范围的做法可以采取许多种形式，它们都必然包括创造某些对立，以此证明划分消极和积极公民的合理性。二元划分（等级、阶级、性别、种族/民族、教育等方面的）是自古以来就存在的社会现实。在 19 世纪所不同的是，人们试图确立一种理论框架，由此能够证明这种划分转化为法律范畴的合理性，以便使这些范畴能够被用于限制公开宣称的所有公民都具有平等权利的实现程度。

理由很简单。当不平等成为常态时，也就不需要做任何进一步的划分，即相比在那些不同等级之间——一般而言，在贵族和平民之间——的划分而言。但当平等成为官方规定时，了解谁事实上被包括在拥有平等权利——即谁是"积极"公民——的"全体人员"之内也就突然变得重要起来。平等越被宣布为一种道德原则，被用于阻止它实现的障碍——法律的、政治的、经济的和文化的——也就越多。在知识界和法律界，公民概念迫使人们做出一长串具体的和僵化的二元划分，它们由此构成19世纪和20世纪资本主义世界经济的文化支柱：资产阶级和无产阶级、男人和妇女、成年人和未成年人、养家糊口的人和家庭主妇、多数民族和少数民族、黑人和白人、欧洲人和非欧洲人、有教养的人和愚昧的人、有技术的人和没有技术的人、专家和业余爱好者、科学家和外行、高雅文化和大众文化、异性恋和同性恋、正常人和变态、体格健全的人和残疾人。当然，最初的划分是文明人和野蛮人，所有这些其他的划分也都是在暗示这种划分。

在公民享有平等权利的国家，居于统治地位的集团试图排斥其他集团享有公民权利，而居于被统治地位的集团则试图被包括在享有公民权利的范围之内。斗争既发生在政治领域、也发生在思想领域。所有人都发现自己必然居于上述每一种对立双方的这一方或那一方。那些居于统治地位的一方，倾向于以某种方式将这种划分在理论上阐发为自然的。居于统治地位的一方面临的关键问题是，确保从个人角度看，他们能够在每种划分中都居于统治地位。面对统治者，那些居于被统治地位的集团开始进行组织，试图谴责、摧毁或重新界定这些划分，以使他们自身能被纳入积极公民的范畴、纳入文明人的范畴。

存在多元二分范畴的事实造成了一种困难。人们有可能在一些范畴中居于统治地位，而在其他范畴居于被统治地位。如果希望被视为享有完全公民权利的集团的组成部分，那么，那些并不能够在所有二分范畴中都取得统治地位的人就需要做出政治决策。很容易理解，他们通常会努力赋予那些他们居于统治地位的二分范畴以优先地位。结果可能是特权集团成员数量的某种扩大，但对那些仍然被排斥在外的人而言，却仅仅是增加了他们获得公民权的困难。正是这种就哪些二分范畴具有优先地位展开的斗争，构成了社会运动内部就其进行斗争的策略和希望结成联盟的性质展开持续争论的根源。

当然，公民权概念意味着获得解放，它确实将我们所有人都从公认的等级制度的重压之下解放出来，这种等级制宣称等级是神圣的或自然的。但这种解放仅仅是部分地从无权状态下解放出来，而且新获得的权利会使继续（以及新的）被排斥在其他权利之外变得更明显和更难以忍受。作为结果，普遍权利在实践中就会最终变为一种语言上的口惠，即"说一套、做一套"的自相矛盾。创建一种由有德行的平等个体组成的共和国，被证明要求将那些由此被认为没有德行的人排除在享受权利之外。③

自由主义将成为现代世界的主导性意识形态，它鼓吹德行能够通过教育获得，由此能够有序地逐渐扩大权利的范围，即有序地将消极公民提升到积极公民的地位——一种将野蛮人转化为文明人的路径。既然这种提升的法律程序被认为是不可逆的，所以必须仔细地、谨慎地、首先是渐进地掌控它的推进。另一方面，目标在于维护那些权利未得到全面承认的人的利益的社会运动，一直在争论应该怎样做以尽可能快地结束这种未被承认的状态。有一些人坚持认为，运动应该是反现存体制的，即他们应该努力摧毁现存的历史体制，正是后者使对平等的扭曲成为可能。还有一些人在本质上是融入现存体制者，他们相信，运动的作用仅仅在于加速已经存在的自由主义方案的实施，即有序地获得权利的方案。

正如我们已经看到的，这种历史开始于法国大革命本身。西耶斯在前面提到的报告中指出："全部公共权力都无例外地是普遍民意的反映；全都来自于人民——即民族。这两个词应该被视为同义词"（1789，195）。这种观念的推行是简单和快速的。过去所有那些被标示为王室的，现在被重新标示为民族的。④"对法国的革命者而言，民族并不是一种既定的东西；它必须是要加以创造的东西"（Cruz Seoane, 1968, 64）。民族概念迅速地向其他国家传播。⑤同样也是法国的革命者首次使用民族概念来为民族自决权的概念辩护。当国民大会于1791年9月13日投票表决是否吞并阿维尼翁（Avignon）和罗讷河以东领土（Comtat Venaisson）时，它正是以"人民决定他们自己命运的权利"的名义这样做的（Godechot, 1965, 189）。

不过，一旦提出国家主权是在主权从王室转到民族手中那一刻形成的，诺拉（1988，893）切中要害地问道，"但是什么样的民族？……是什么样的社会？"在法国大革命如火如荼地进行期间，普通人的热情也许赋予了民族概念以暂时的超平等主义的基调，但与此同时也存在一种非常不同的启蒙传统，它在"民族"与"人民"之间做出严格的区分，民族概念被用于指那些受教育的阶层；人民是"尚未堕落、但易于受不良影响的，因此需要适合于他们状况的道德、技术（和身体）方面的教育，为他们过一种从事劳动的生活提供最好的准备"（Woolf，1989，106）。语言游戏在继续，但重点已经从祖国转到民族、再转到人民身上。⑥

并没有用太长的时间，民族一词就已经变得过于温和，人民一词也变得如此流行，以致一些专制统治者甚至都在试图利用它。

> 到19世纪30年代，具有浪漫主义倾向的革命者几乎经常会提到人民（le peuple、das Volk、il popolo、narod、or lud——这里作者分别用了不同国家用来指代"人民"的词语——译者注），将它视为人类历史中一种能够不断再生的生命力。在1830年革命之后执掌权力的新君主路易-菲利普和利奥波德一世试图使"人民"承认他们是"法国人"和"比利时人"的国王、而不是法国或比利时的国王。甚至反动的沙皇尼古拉一世在镇压了1830~1831年波兰起义的三年之后，也宣称他的权力是基于"民族性"（以及威权和正统性），他所使用的词语是民族（narodnost），也有"民族精神"的意思，仿造自波兰语的民族（narodowoŝĉ）一词。（Billington，1980，160）

但它并不仅仅是一种语言游戏。它是有关谁构成真正公民的重要争论的组成部分。这场争论也并不仅仅是一种理论上的争论。就公民权问题，国民大会和随后替代它的机构国民公会（the Convention）面临三个具体问题：妇女、黑人和工人。法国大革命是成就与缺陷共存，但在上述每个问题上，他们就排斥某一部分人享有权利方面所做的决策给这些人带来了痛苦。

就妇女而言，整件事情一开始就很糟。国王召开三级会议的公告明确指出，拥有领主封地的妇女必须选择男性代理人在选举团（the Electoral College）中代表她们投票——贵族代表世俗妇女、教士代表修女（Landes，1988，232，n.5）。尽管如此，但某些妇女群体（即信教的妇女群体、女商人协会）确实提交了《陈情表》。她们的一些抱怨预示了稍后出现的被排斥在公民权之外的群体的联合问题。来自塞纳河下游（Pays de Caux）的一位夫人写道："已经涉及了黑人奴隶的解放问题；……难道［民族］能够对我们保持缄默吗？"⑦

众所周知，妇女在法国大革命期间的各种群众示威活动中发挥了主要作用，在所谓的1789年10月的日子里发挥了最重要的作用，当时巴黎集市上的妇女（同国民卫队的男性成员一道）向凡尔赛宫进军，迫使国王夫妇回到首都居住。但这次示威活动涉及的是穷人的权利问题，而不是妇女自身的权利问题。[8]在这些骚乱发生的两个月之后，即1789年12月22日，国民大会正式将妇女排斥在选举权之外。诚然，孔多塞（Condorcet）确实在1790年写作了一个著名的小册子为妇女吁请民权，但他并没有说服那些掌权的人。1791年宪法继续这种排斥，1793年7月24日国民大会选举中这一点被重申，指明妇女被排斥在全部政治权利之外，它实际上是指那些至少在旧制度下女贵族享有的权利。[9]

在某些方面妇女的权利得到了提高，这是事实所在。结婚和离婚变成民事诉讼。长子继承制被废除，非婚生子女和他们的母亲获得经济支持的权利被法律承认。颁布法律承认妇女在与婚姻有关文件的签署上作为连署人的权利，尽管这个问题继续引发争议（Abray，1975，55）。在雅各宾专政时期群情激昂的氛围下，妇女开始组织起来。她们开始在民间社会中发挥更大的作用。她们站在国民公会的大门外，试图控制哪些人能进入议会。她们聚集在走廊上，大声呼喊她们的观点（Landes，1988，139-140）。

1793年5月5日，支持共和革命妇女协会（the Society of Republican-RevolutionaryWomen）成立。她们大力推进满足妇女对面包的要求。她们所使用的话语让人联想到女权运动所独有的话语。她们同激进派结盟，对左翼的雅各宾派而言是至关重要的力量。[10]但首先她们是妇女、而且是有组织的妇女，她们坚持她们的声音要被听到。当巴黎一个区的妇女进行请愿要求获得从军权利时，法布尔·戴格朗丁（Fabre d'Eglantine）在国民公会激动地争吵道："继共和派在她们集会期间戴红帽子之后，接着是子弹袋，再接着是枪"（cited in Abray 1975，56）。公共安全委员会（the Committee on Public Safety）指派一个由安德烈·阿玛尔（André Amar）领导的委员会，考察妇女是否应该行使政治权利，是否应该允许她们加入政治社团。对这两个问题的答案都是否定的。委员会认为，妇女并不拥有行使政治权利所要求的"道德和身体素质"，进一步而言，正是贵族想要妇女拥有这些权利，目的是"为了使妇女同男性产生矛盾"（cited in George，1976~1877，434）。

就参与政治社团而言，阿玛尔非常明确地解释了为什么不应该允许妇女成为其成员的原因：

> 如果我们认为，对男性的政治教育尚处于开始阶段，……那么对所受道德教育几乎为零的妇女而言，认为她们在涉及原则的问题上开明程度较低，这难道不是非常合理的吗？因此，如果让她们进入政府，她们在民间社会的状态将会对那些更容易受错误和诱惑影响的人发挥不良作用。让我们强调，妇女由于她们的机体结构而倾向于过分激动，而这在公共事务中是致命的；由于情感上的狂热所产生的错误和混乱，将使国家的利益受到损害。（Cited in Landes，1988，144）

正如班克斯（Banks，1981，28）所提到的，倡导"男性权利"并不必然导致也倡导"妇女权利"，因为"很有可能将妇女界定为拥有不同于男性的特征"。当然，将妇女排斥在权利之外通常是作为一种暂时规定提出的。一份由朗奇耐（Lanjuinais）在1793年4月提供的较早期报告主张将妇女排斥在政治权利之外，"因为需要花时间来克服妇女在教育方面的缺陷"。正如瑟拉蒂（Cerati，1966，170）尖刻地评论的那样："[这些缺陷]肯定是非常顽固的，因为花了整整一个半世纪才将它们克服"。

为什么正是妇女的各种社团组织成为惩治嫌疑人法（the Law of Suspects）[11]的第一批受害者，这是一个引起巨大争议的问题。乔治（1976~1977，412）认为，"雅各宾派的神经过于紧张，他们对鼓吹参与民主制的人失去了耐心"，妇女很容易成为第一个攻击的对象。莱特尔（Lytle，1955，25）具体指出，"革命妇女对罗伯斯庇尔而言已经变成一种威胁，[因为后者]不能满足巴黎人对面包的要求"。赫夫顿（1971，102）将后一问题同无套裤汉（sans-culottes）的态度联系在一起：

> 索梅特（Chaumette）指出，当罗伯斯庇尔于1793年10月解散妇女社团时，无套裤汉有权利期望他的妻子管理家务，而他去参加政治集会。……其他人对无套裤汉的自豪感到犹豫，后者在民间社会中、或作为收取佣金的职业革命者发现了他们的重要性所在。……当她的丈夫仍然在高谈阔论时，她在一些地区已经加入到领取食品的队伍，她这样做时，她的忠诚可能已经受到怀疑。

阿普怀特和列维（1984，76）将取缔妇女社团视为"资产阶级革命对群众革命的胜利"。[12]当然,资产阶级女权主义者的境遇也好不到哪去。《妇女和公民权宣言》(the Declaration of the Rights of Woman and Citizen)[13]的作者奥兰普·德古兰(Olympe de Gouges)在1793年11月3日被送上断头台。不管对雅各宾派的态度做何解释,但在雅各宾派垮台之后,情况并没有改变。1795年,在牧月第一个工作日结束之后,国民公会将妇女从它的大厅中全部驱逐出去,甚至作为旁听者也不行,除非有一位携带公民证的男性陪伴(Abray, 1975, 58)。1796年,教育议事会(the Council of Five Hundred)将妇女排斥在高级教职之外。1804年拿破仑法典甚至倒退回旧的制度。以前,至少女贵族被允许处理财产和法律事务。但现在,以法国大革命更平等的方式,所有妇女都一视同仁——所有妇女都不再享有任何权利(Levy et al., 1979, 310)。

就法国大革命对妇女地位的影响而言,我认为是好坏参半的。人们能够强调它的负面性。阿布劳伊(1975, 62)指出,它"是证明[大革命]在本质上具有社会保守性的明显证据"。克尼比勒(Knibiehler, 1976, 824)也坚持认为,它标志着"妇女地位的相对下降"。乔治(1976~1977, 415)认为,这种下降"很明显是相比天主教、封建时代的过去更不如,因为它目前是由资产阶级的理性之神和自然规律予以界定、掩饰和证明其合理性的"。瑟拉蒂(1966, 13)断言,妇女在法国大革命期间对更大权利的要求遭到"那些[在其他方面]热情的[男性]平等支持者的冷遇"。不过,兰德斯(Landes, 1988, 148)认为,部分问题在于女权主义者自身"在对待女性公众人物上持有一种矛盾心理"。

但与此同时,人们也能够更多地从正面来评价这种经历。兰德斯同时还指出,在法国大革命之后,"以一种以前未受到重视的方式……性别变成一种具有社会适用性的范畴"。凯利(Kelly, 1982, 79)将1789年之后女权主义者面临的有利情势同那些参与了著名的女性问题论战(querelle desfemmes)的人所面临的情势做了比较,后者是由克里斯蒂娜·德·皮桑(Christine de Pisan)和其他一些人在15世纪发起的。她认为,较早期的女权主义者缺乏"通过一种社会运动来改变社会进程的视野",但在1789年之后,她们"受到一种进步观念和有意识地促进社会变革观念的激励"。摩西(Moses, 1984, 14)坚持认为,在1789年之前,女权运动只是一个对上层阶级而言的问题,是法国大革命导致"女权运动的兴起,而且它的规模更大、追随者的范围更广"。负面评价强调实际取得的变化和证明那个时代的思想具有合理性。正面评价则强调女权运动的发展和它所做的动员。这种观点的对立仍然是19世纪（和20世纪）主要文化—政治对立的表现：统治者进行理论建构来论证现行秩序的合理性；被统治者进行组织谋求改变现行秩序。

黑人的情况并没有太大的不同。当然，在大革命时期，法国的黑人很少。但在殖民地、尤其是在圣多明各有大量黑人。我以前曾讲述过那里连续爆发起义，创建了美洲第一个黑人国家，接着是战争，最后是海地共和国在外交上被孤立的历史（Wallerstein，1989，passim，esp. 240-244，253-256）。这里，我希望强调发生在巴黎的争论。

在大革命之前，圣多明各有着非常明确的社会分层体制。有一个数量较少的白人阶层，他们中的绝大多数是种植园主。有一个自由的黑白混血阶层。但最大的群体是黑人，他们几乎全都是奴隶。这是一种按等级排列的社会分层。但这些阶层都不拥有政治权利。因此，法国大革命受到所有这三个阶层的热情欢迎，因为他们都希望它能给他们带来政治权利。不过，白人并不希望给予自由的混血阶层以同他们平等的社会地位，白人和自由的混血阶层也都不想给予奴隶以公民权。再次地，有关所有人都平等的规范提出了谁将被包括在享有权利的人群范围之内的问题。正如艾梅·塞泽尔（Aimé Césaire，1981，342）如此尖锐地指出的：

> 正如如果不在不同程度上压迫各个阶级，王权的统治就不可能压迫黑人一样，很快就会变得非常清楚的是，如果不将殖民社会是否应存在的问题提上议事日程，那么从法国大革命中产生的政权就不可能答应殖民社会中任何一个阶级对自由的要求。更具体而言，从法国大革命中诞生的资产阶级政权认为自由是不可分割的，不可能只是给予白人种植园主以政治或经济权利，同时却将自由的混血阶层置于严苛的统治之下；同样也不可能承认自由的有色阶层是同他们平等的公民，同时却将黑人置于监禁状态。简言之，要解放殖民社会中的一个阶级，那就必须解放所有阶级，就必须解放圣多明各。而这似乎违背了法国的利益。

并不是说在国民大会和国民公会中没有人认识到这一点。在就奴隶问题展开的争论中，阿贝·格雷戈瓦（Abbé Grégoire）宣称："仍然存在着一种贵族制,即对有色人种的贵族制"(cited in Césaire,1981,187)。但正如塞泽尔所暗示的,反殖民主义已经超越了博爱、甚至超越了反种族主义,格雷戈瓦和罗伯斯庇尔都不准备走那么远。只有马拉(Marat)准备如此。马拉提到这一问题同积极公民原则的联系:"当我们不将那些无力交纳一埃居直接税的人视为公民时,我们怎么可能将拥有黑色皮肤的人视为自由人呢?"(cited in Césaire,1981,189-190)。

1793年解放奴隶并不是主张平等主义的法国革命者推动的结果。它是由杜桑·卢维杜尔(Toussaint L'Ouverture)领导的政权强迫法国承认的,卢维杜尔是圣多明各奴隶起义的领袖,但这种解放仅仅是由国民公会以一个法令(1794年2月4日第2262号法令)的形式批准的,在杜桑·卢维杜尔被囚禁后,拿破仑在1802年废除了这项法令(直到1848年才重新予以颁布)。

不过,更具启示性的是此前有关是否给予自由的混血阶层以权利的争论。它由黑人之友(the Amis des Noirs)予以推动,但遭到马西亚克俱乐部(the Club Massiac)的反对,后者代表白人种植园主的利益,国民大会以"全体通过"的形式达成一种奇特的妥协。在通过了给予自由的有色人群以选举权的法令之后,杜邦·德·内穆尔(Dupont de Nemours)代表白人提出了一个"宣言",解释他们赞同法令通过的理由,即选举权仅仅是给予那些"符合其父母是自由人资格的混血群体",而不是给予、也不可能给予"那些不自由的人、或被解放的人,因为这些人是'一个外国'的成员"(cited in Blackburn,1988,187-188)。[14]在圣多明各,贫穷白人反对对享有权利做任何财产限定,因为那样将会给予一些自由的黑白混血儿以选举权,而他们却不会得到。他们将白人种植园主的看法应用于所有自由的黑白混血人群,认为他们是"那种不应拥有任何政治权利的外国人"(Blackburn,1988,177)。根据定义,甚至自由的黑白混血人群也不构成"民族"的组成部分;因此他们不可能成为公民。

至于法国工人,我们已经提到,通过确立以财产为基础的对政治权利的界定,积极公民概念导致将他们排除在外,本意也是要将他们排除在外。不过,在群情激昂的革命氛围中,工人开始试图通过组织来改善他们的境遇。国民大会废除了行会。雇主和工人对此做了相反的解释。对前者而言,目前唯一支配生产的规律是供需规律。而工人则认为,它意味着他们不再可能像他们希望的那样自由地创建组织(Soreau,1931,295)。

价格的快速上涨加上纸币(assignat)迅速贬值点燃了工人的激情,在

1791年春、即在国王逃走和颁布宪法之前达到高潮。罢工和骚乱似乎已经超出巴黎市政府的控制能力，导致后者呼吁国民大会采取行动。在维持不平等的选举权标准的同时，通过颁布"反结社"法令，国民大会试图利用平等的意识形态来消除工人进行组织活动的可能性。1791年6月14日颁布的、臭名昭著的谢普雷法（Loi Le Chapelier）剥夺了工人进行联合的权利，7月20日，这项禁令被扩展到手工业行会（compagnonnages），后者是一种长期存在的互助协会（Wallerstein, 1989, 107 and n. 248）。

斯蒂文·卡普兰（1979, 74-75）注意到，在使用新的平等语言的表象背后，革命者是如何继续采取王党政权的做法的：

> 从此以后，政权将以个人自由的名义镇压以前政权以集体和共同体公共福利的名义所镇压的对象。……注意到革命者为了保护自由而利用的对劳工界进行社会控制的两种主要手段是令人震惊的，即最大限度地满足和反结社法，前者由一种食品供应体系予以支撑，但在食品获得上施加了限制，后者是阻止工人进行组织的基础所在，是旧制度下的家长制统治。

正是在他的《法国大革命史》中，让·饶勒斯（Jean Jaurès, 1968, 912）谴责了这一"恐怖法令"，即在工人和雇主之间力量均衡的假象下，该法令实际上只影响到工人，对他们施加重压长达75年之久。他援引马克思的话，后者称之为一场"资产阶级的政变"，并认为罗伯斯庇尔用他的沉默来暗中支持该法令的颁布，这并不令人感到意外。[15]

法国大革命诉诸人性来论证其合理性，人性是一种普遍现象，是每个人都有的。但它同时也诉诸德行，而这只是每个人的潜在特征（并不必然是实际拥有的）。从这些概念中，它推演出人权的存在。既然可能存在多样的"人性"和多样能力，那么这种话语就具有某种"模糊性"（Landes, 1981, 123）。斯科特（1981, 2）非常好地总结了"明显具有特殊利益的集团同他们所体现的普遍性的关系这一长期存在的问题：穷人、黑白混血儿、黑人或妇女如何能够体现他们作为人的权利？一般的回答是：很难"。

尽管如此，但法国大革命产生的影响在于，"革命行动可能获得一种它希望获得的状况或危及那种状况，因而它马上就表现出相比反叛行动而言的本质不同，它在道德上类似于在其他时代和其他地方由伟大的宗教改

第四章 自由主义国家的公民

革所带来的（有时尚未完全实现）变化"（Sonenscher，1989，vi）。当然，既然革命行动既是有希望的、也是危险的，所以它正在产生两极分化，这种分化"为未来一个半世纪的政治提供了基础"（Roberts，1978，73）。

具有伟大社会凝聚力的公民概念由此导致多样的截然对立的二元范畴的形成，导致政治生活中的二元对立，即左派和右派之间的对立、主张维护秩序的政党和主张发动运动的政党之间的对立，中庸的自由主义派倾其全力来消弭这种对立。结果是公共生活剧烈的曲折变化，信仰进步的巨大力量在强力推动其前进，但在世界体系的现实生活中持续存在的和不断加剧的社会和经济上的两极分化却阻碍着它的前进。

在19世纪，所谓的中间阶级开始统治西方世界，欧洲开始统治世界。当取得统治地位时，问题就不再是如何获得这种地位、而是如何维持这种地位。民族国家中的中间阶级和世界中的欧洲都在试图维持他们的优势地位，他们打着人性和德行的幌子来论证他们拥有这种特权的合理性。他们称之为文明，这个概念是他们所做努力的关键因素。在西方世界，它被转化为教育，教育成为控制群众的一种方式。[16]在全球层面，开始于拿破仑（但随后为所有其他的欧洲强国所接受），"作为一种意识形态的文明概念……变成一种厚颜无耻的文化帝国主义"（Woolf，1989，119）。

法国大革命在政治方面最后终止于1793/1799/1815年，此后它变成一种政治象征和文化记忆。不过，它给整个世界体系留下了一份重要的遗产。主权现在是属于人民、属于民族。政治争论和政治变革是人民主权的正常结果。世界体系中的特权阶层必须同一种对他们而言是有害的遗产达成妥协。他们需要考察是否能将它融入现行体制内，以遏制它激进地破坏现存等级制度的潜能。

这种遏制过程采取了三种形式。第一种是被称为意识形态的理论体系的形成，它宣称自己是一种哲学建构，但实际上主要是政治策略。第二种是将各种概念范畴阐发为一种新的话语，用它来描述世界。正如我们已经提到的，这最初而且主要是统治阶层的工作，他们希望由此来框定争论的范围和证明限制公民权范围的合理性。最终，这种进行创造性概念建构的工作转化为和制度化为被称为社会科学的知识结构。第三种是确立一种组织系统，最初主要是统治阶层的工作，它们将被用作推动有益变革的力量，但同时也作为限制不利变革的机制。

1815~1848年是这样一个时期，其中各种力量在这种已经发生转型的政治领域中似乎都在发生不确定的变动。反革命者试图让时光倒转，消除法国大革命所带来的文化震荡。正如我们已经看到的，他们发现这根本就是不可能的。被统治（和被压迫）阶层一直在探寻适当而有效的组织方式。新兴的中庸的自由主义派尚不确定它应该如何、或如何能够建构一种适当的政治基础以将动荡的秩序置于控制范围之内。正如我们已经看到的，他们将精力集中于建构自由主义国家，首先而且最重要地是在最强大的国家中建构，即英国和法国。

1848 年世界革命

正是 1848 年世界革命和它的直接后果要求终止上述这些具有不确定性的探索和尝试，以稳定世界体系和恢复某种程度的政治平衡。这场革命再次地开始于法国，在那里七月王朝已经失去了它的公信力和合法性。1848 年 2 月 25 日爆发的起义获得了广泛支持，它得到了中间阶级和工人阶级的支持、得到了拿破仑主义者的支持、甚至得到了教会和正统王朝拥护者的支持，"他们都将路易-菲利普的垮台看作是对 1830 年的复仇"（Pierrard，1984，145）。它立即在欧洲其他国家引起反响，这肯定包括比利时，而且包括所有那些民族主义正在变得具有号召力的国家：德国、意大利、匈牙利。这就是为什么 1848 年被历史学家称之为"民族国家之春"。一个将不会爆发革命的国家是英格兰，这种状况立即在 1848 年 2 月 26 日《泰晤士报》的一篇社论中予以了解释，文章将它归因于下述事实，即："人民感到在现行状况下，他们对这个国家的管理已经有了发言权，而且能够有效地运用这种发言权"。[17]

《泰晤士报》有关英格兰的论述也许是正确的，但法国爆发的革命则表现出一种更具社会性的、更多工人阶级参与的激进倾向。4 个月后，即 6 月 25 日，爆发了第二次所谓的社会革命。[18]在第一次革命中获得的广泛支持几乎是立即就消失了。到 7 月 2 日，《工业导报》（*Le Moniteur Industriel*）惊呼："家庭、财产、民族都受到彻底的打击；19 世纪的文明正受到这些新野蛮人打击的威胁"（cited in Scott，1988，117）。我们知道这第二次革命是如何结束的，它推翻了现行的社会制度，最终是路易·拿破仑的上台和第二帝国的建立。

但这已经道出了其中的秘密。社会主义运动过去"只不过是资产阶级民主运动的尾巴、一个有活力的尾巴"(cited in Droz, 1972a, 16),[19]但现在明显要将自身同中庸的自由主义分割开来。[20]对阿勒维而言(1947, 204),"宪章运动已经取得胜利,但是在法国、而不是在英格兰"。[21]诚然,这种新生的运动"在1848年之后遭受了一次非常大的挫折"(Cole, 1953, 1:157)。那个时代的一位经济学家路易·雷博(Louis Reybaud)是研究自19世纪40年代以来社会主义运动的学者,他甚至在1854年宣称:"社会主义已死。人们只是在葬礼上宣读悼词时才会提及社会主义"(cited in Droz, 1972a, 16)。这并不是最不成熟的观点。

甚至在那时就提出民族主义已死确实是非常鲁莽的。洛维特(1982, 92)将1848年革命视为地方性的和地区性的意大利民主运动转化为一种"民族性的民主运动网络",但这种运动接着在面对"社会"问题时产生困难。[22]匈牙利的民族主义运动面临着一种不同类型的问题。对科苏特(Kossuth)而言,"民族主义是同自由主义相一致的"(Fejtö, 1948b, 133),但对塞尔维亚人、罗马尼亚人和克罗地亚人,这些居住在匈牙利边界地区的人而言,匈牙利的民族主义似乎是"一种贵族的运动,是匈牙利贵族和在维也纳的统治者之间的家庭纠纷"(Fejtö, 1948b, 153)。[23]尽管如此,但1848年确实"开启了欧洲的一波革命浪潮"(Djordjevíc and Fisher-Galati, 1981, 106),它将扩展到整个巴尔干地区。

1848年革命构成现代世界体系的第一次世界革命。这并不是说在世界体系的各个地区都爆发了革命,并非如此;也不是说革命者都实现了他们的目标,总体而言,革命在政治上都遭到失败;而是说,革命是围绕排斥问题展开的,即被排斥在享受公民权益的范围之外。正是在1848年,我们首次清楚地看到,存在两种反对现存体制的运动,两种不同的应对这种排斥的方式:在民族国家范围内取得更多的权利(社会革命)和将一个种族集团同另一个居于统治地位的种族集团分割开来(民族革命)。

正是在1848年,长期发展战略问题被首次明确地提出。从1815年到1848年,意识形态的斗争被视为是在自由主义者和保守主义之间、在法国大革命精神(如果不是其全部精髓的话)的继承者和那些试图恢复秩序的人(这种秩序源于一种看待世界的较古老方式)之间展开的。在这场斗争中,"民主派"和"激进派"并没有太多发挥作用的空间。令保守主义者感到厌恶,令自由主义者感到尴尬,他们至多是在发挥一种促动作用,促使自由主义者更加勇敢(正如已经提到的,这种作用并不是非常成功)。

1848年革命开启了一种可能性，即这些民主派/激进派——有时称他们自己为"社会主义者"，但有时也称自己为"民族主义革命者"——将不仅仅是发挥促动作用，他们将以有别于中庸的自由主义派的独特方式组织群众采取行动。这正是宪章运动所预示的，也就是当阿勒维提到宪章运动不是在英格兰、而是在法国取得成功时，他所意指的。

不仅对保守主义者而言、而且对中庸的自由主义者而言，这都是一个令人感到恐惧的前景。他们各自都做出了反应。镇压激进派成为那时的常态，不仅在俄国和奥匈帝国、在德国和意大利的诸地方政权如此，而且在法国和英格兰这样的自由主义国家也是如此。这就是柯尔所提到的"大挫折"。社会主义和工会运动目前将经历困难的10到15年。女权运动和民族主义运动也是如此。

这场镇压是有效的，但却不是持久的，因为所有这些运动在10或20年后都重新兴起，而且是以更强大的形式。持久的是19世纪三种经典意识形态——保守主义、自由主义和激进主义——的倡导者们从1848年经验中所汲取的教训。自由主义者汲取了两方面的教训。一方面的教训在于，他们在许多方面相比他们所认为的更接近保守主义者，同激进力量的联合通常被证明将威胁到他们的利益。而另一方面的教训在于，他们决定必须对下述区分在理论上的合理性做出更好的阐释，即他们希望继续在公民之间做出的区分，也即西耶斯对积极和消极公民所做的区分。

保守主义者汲取了不同的教训。梅特涅（确实也是德·梅斯特勒、博纳尔等人）的策略已经不再起作用。他们对只有英国没有爆发起义印象深刻，尽管它是激进力量最强大的国家。他们注意到，英国是唯一一个其保守主义者更多采取一种中间路线的国家，他们准备去做一些妥协，这样至少可以将中间阶级的力量吸纳进政治决策领域。他们注意到这种政策是成功的，正如《泰晤士报》的社论所指出的。保守主义者目前已准备好采取某种中庸的自由主义派的策略，尽管带有更多保守主义色彩，历史学家将其称之为"开明的保守主义"。

激进派（以前的民主派）得出一种更加不同的结论。那就是仅仅是自发行动是不够的。[24]如果想要产生重大政治影响的话，那么，系统的和长期的组织就是先决条件。这将导致"运动"——一种带有暂时性内涵的概念——沿着官僚化组织的路径演化，有成员和官员、有资金和报纸、有纲领、最终还要参与议会活动。

西维尔（Sewell，1985，82）指出，法国大革命改变了人们对革命的观念，从"某种针对政权发动的现象……转变为人民有意识地和有预谋地针对政权发动的现象"。1848年导致各种运动认识到，除非预先以组织形式联合在一起，否则"人民"不可能做任何对政权而言是重要的事情。[25]这必然导致他们集中关注政权问题、即民族国家的政治层面。它同时也最终和必然导致对下述论断提出质疑，即这些运动有可能继续保持它们真正的反现存体制的特性、而不简单地是中庸的自由主义的一种类型，尽管也存在某种在一种程度上缺乏耐心的运动。

19世纪其余时间、的确也是20世纪大部分时间的历史是：中庸的自由主义派进行理论建构活动，反现存体制运动（既包括社会主义类型的、也包括民族解放类型的）进行组织活动，开明的保守主义者进行立法活动。他们将达成一些和解，在这个过程中他们似乎也将同一些反现存体制运动达成和解。不过，正是自由主义者对公民权所做的理论建构使这种和解成为可能。正是这段历史，我们现在将予以涉及。

劳工与社会运动

在自由主义国家——西欧和北美，以及后来的中欧，城市工人阶级最强烈地要求获得公民权。正是他们所进行的斗争在那时及其后得到了最多的关注，他们最经常地号召无产阶级起来进行反对资产阶级的社会主义斗争。从这部分历史讲起是恰当的。我将暂时地根据在作为思想的和作为运动的社会主义之间的区分来分别讲述，这种区分是由拉布鲁斯（1949b，5）提出的：从1815~1851年是"思想影响很大、但实际运动相对弱小"的时期；1851~1871年是"运动兴起、但思想影响下降"的时期；1871年到19世纪末是"思想影响很大、实际运动也同样强大"的时期。

我们以前提到劳工运动开始于19世纪30和40年代。[26]琼斯（1983，59）很好地解释了他们各自为战的倾向："在一种史无前例的情势下，工人阶级各种力量的政治活动必须凝聚在一起，他们分别受到启蒙运动、社会主义、反对国教和传统道德经济观念的影响"。[27]但他们都共同认为，在某种程度上他们是革命传统中更为激进的组成部分的继承人。[28]

正如我们已经知道的，1830年在法国爆发了革命，但英格兰没有。取而代之，英格兰在1832年颁布了改革法案。这主要是因为英格兰并没有像查理十世那样的极端反动统治。[29]但不管是否爆发"革命",工人阶级意识的发展开始在法国和英格兰扎下根来,不是在政党之内、而是在政党之外。[30]为了能够获得发展,新生的社会主义运动必须开辟出一定空间来满足各个团体的要求,而以前在法国大革命(和它所主张的一般公民)中所使用的革命言论对此是不予承认的。他们开始提及"合作"和"联合"——不是单一行业、而是作为一个阶级的全部"工人"。[31]甚至在1830年之前,工人就已经认识到采取集体行动的必要性。他们主张的逻辑直接来源于法国大革命对行会的废除。生产的控制者不再是师傅,而是变成了雇主。尽管工人由此获得了更多的自由,但他们也失去了要求师傅给予他们以慈父般关怀的可能性。作为补偿,他们接受了"某种对旧的制度予以修正的社团形式",创立了工人行会,它的仪式和旧的组织形式是要"维系一种行业道德共同体的持续存在,对工场中劳动条件的变化保持警惕"(Sewell,1979,55)。正是这些熟练工人成为早期劳工运动最强有力的支持者。科卡(1986,314-315)指出,他们主要来源于"城市手工业,具有很大的连续性、稳定性和凝聚力,通常沿袭了行会传统,……具有相对强的讨价还价能力"。[32]

通过非正式的社会关系网以匿名号召的方式发起,他们开始利用罢工作为武器,即使罢工是非法的。[33]与此同时,工人们开始关注其他工人的"国籍"问题,即他们作为劳动力市场上的竞争者的非"公民"身份问题。我们已经讨论过里昂的缫丝工人使雇佣"外来工人"问题成为他们在1831年进行抗议的一个主要议题。手工业中存在的某些类似行会的组织在1830年之后逐渐消失,这尤其是因为"向巴黎移民的不断增加"(Judt,1986,57)。结果是"工人形成对民族的新的认同"(Derainne,1993,33)。随之产生了一场有关工人联合的基础的争论。弗洛拉·特里斯坦(Flora Tristan)是一位强烈支持工人联合的人(也是一位重要的女权运动者),她在1843年就这一论题写作的小册子(1983,53)中得出的一个结论在工人运动史中引发非常大的争议,即通过支持殖民地国家的独立运动,作为一个阶级的工人将整合成为"人民":

> 如果我不断地援引爱尔兰的例子[由奥康奈尔领导的天主教协会],那是因为爱尔兰仍然是唯一认识到下述事实的国家,即如果人民想结束奴隶制的话,那他们必须首先创建一个巨大的、团结的和牢

第四章 自由主义国家的公民

固的联盟。要赋予联盟以力量，以争取它要求的权利和使这种对权利的要求引起公众关注，它首先必须占据拥有充分权利的地位以表达它的意见。

也许特里斯坦之所以能够这样谈论爱尔兰是因为她是法国人。英格兰工人对这个论题明显持保留态度。他们唯一关注的中心是英格兰。正是宪章运动构成19世纪30年代和40年代英格兰历史的中心所在。众所周知，1838年通过的宪章提出了六点要求，不过它们一直都是英格兰激进派的要求：每年召开议会、普选权、选区平等、无记名投票、议员的豁免权，以及取消对选举资格的财产要求。就这是否至多仅仅是一揽子要求实施议会民主的问题而言，多莱昂（1947，127）回答说，这只是一种"表象"，宪章具有某种"明显的社会主义特性"，对宪章派而言，"真正的民主暗示了一场社会革命"。这是否是认识宪章运动的正确方法，长期以来一直存在争议。一方是像埃文斯（1983，255）等人，他们将宪章运动视为"工人在19世纪组织的最重要的政治运动"，主张它是"工人阶级接受政治教育过程中的一个至关重要的阶段"。[34]另一方是像盖什（1979，209）等人，他们相反地将宪章运动仅仅视为"在一个新的名称下延续旧的激进改革运动"。琼斯（1983，168，171）提出了一种介于上述两种观点之间的观点，他指出："如果宪章运动是一场工人运动的话，那么，它之所以如此并非是出于选择，而是不得不这样"。[35]

尽管如此，但如我们所知，宪章运动最终还是失败了。正如罗伊尔（Royle，1986，57-58）所论证的，也许是因为宪章派并没有"提供一种连贯的或有效的战略"，最终在"幼稚得无可救药"的道德教育者和"倡导使用武力、并沉迷于他们自身言论的人"之间产生了分裂。尽管如此，但正如罗伊尔（1986，93）自己所指出的，"宪章派所取得的最大成就是宪章运动，该运动给人们带来的不是绝望、而是希望"。宪章运动是使19世纪和20世纪的大部分时间存在的大的社会对立——资产阶级对无产阶级——变得明确化过程中的重要组成部分，这种对立由于1848年的世界革命而变得明朗。

资产阶级和无产阶级都不是永恒存在的。这两个概念都是社会的产物，无疑是对某种社会现实的反映，接着是被具体化。像所有这类概念一样，正是统治阶层、而不是被统治阶层开始这种具体化过程的，这与随后产生的信念正相反。我们已经讨论过基佐在系统阐发阶级概念上所起的作用，他甚至在七月王朝之前就开始做这方面的工作，他的阶级概念借鉴自圣西门。当然，他这样做是为了证明资产阶级在反对贵族中所发挥的政治作用的合理性。但他这样做还是为了将资产阶级（他感到迟早会将贵族吸纳进来）置于同无产阶级相对立的位置上，以将两者区分开来（Botrel and Le Bouil, 1973, 143）。如果他是在为资产阶级谋求公民权的话，那他特别反对将无产阶级包括在享受公民权的范围之内。公民权是专为积极公民——即拥有财产的公民——保留的。㊱

伴随着"资产阶级"一词缓慢地演变为那种更为模糊的和更具包容性的"中间阶级"或"那个阶级"范畴，㊲ "无产阶级"一词也最终演变为那种更为模糊和更具包容性的"工人阶级"或"那个阶级"范畴。许多政治家和社会科学家非常抵制使用明确的阶级语言，因为使用这种语言将被等同于持一种特定的政治立场，即马克思主义的立场。因此，对许多人而言，使用它就代表接受马克思主义的立场和政治主张。但倒退回使用更模糊的语言并不能消除这种对立。如果有任何不同的话，那就是通过使一些个体更容易跨越这种分界而强化了这种对立，与此同时又在牢固地维系着这种分界。对那些跨越这种分界的人而言，重要的是确实存在这样一种分界，它也许保证了其他人无法去跨越这种分界，由此损害那些新近获得完全公民权的人的地位，他们试图跨越这种分界。㊳

既然最终无产阶级概念——甚至在它有所淡化的工人阶级形式上——意在将一些人排斥在外，所以被如此称谓的人通常会努力重新界定该术语并不会令人感到奇怪。例如，在加泰罗尼亚（Catalonia），零售商店雇员的工作条件是非常差的，但他们拒绝别人称他们为工人（obrers）或无产者（proletaris），坚持认为他们是蓝领（treballadors）。这是因为相比工人，后一个词汇在19世纪较少同非熟练的体力劳动联系在一起（Lladonosa and Ferr, 1977, 284）。在德国，命名的政治学是非常清楚的。从19世纪30年代以后，工人（Arbeiter）一词的内涵从最初指代非熟练劳动者扩大将熟练工人包括在内，并被后者在政治激进时期所接受。不过，自主经营的工匠抵制这种分类，工人运动也就拒绝将他们包括在内（Kocka, 1986, 326 - 327）。㊴

当然，这是一个双方都能够玩的游戏。斯科特（1988, 123 - 124）讲述了巴黎商会（the Paris Chamber of Commerce）在1851年提交的一份报告的有趣情况，它试图将社会结构重新分类，以使1848年社会革命失去合法性。其目标是通过将所有自主经营的人；将所有在制造产品时命令他所雇用的人，即使这些人是家庭成员并不用支付报酬；将所有为"资产阶级客户"提供产品的人（包括洗衣女工）；将所有为一个以上的制造商提供产品的人，都包括在企业家的范畴内以减少工人的数量。这样做，报告就消除了这些人对工人或无产阶级的阶级认同，他们是1848年2月和6月革命的参与者。"写作于1848年之后不久，它意在驳斥革命提出的最激进的经济和政治要求，重新确立他们理想的经济组织［等级制的与和谐的］，后者已经遭遇严重挑战、尤其是来自社会主义理论家的挑战"。因此，当激进派在进行组织之时，自由派在进行理论建构。

从1848年革命失败到19世纪60年代末这一时期是工人运动发展非常困难的时期。那些掌握政权的人的最初反应是镇压任何似乎能让人回想起那些革命时期的东西。宪章运动和1848年革命的失败依次地又在工人阶级中造成了一种"幻灭"感。琼斯（1983，71）论证道，"工业资本主义的持久存在现在似乎是有保障的，除了那些最绝望的接活在家做的工人外，所有人都被迫'适应'这一事实"。[40]不过，仔细考察似乎表明"适应"也许是错误的表述。也许更像是在不露声色地等待更好时机的来临。我认为，多莱昂（1947，1：225）的提法更恰当，他将1848~1862年这一时期称为"正在酝酿更大规模斗争的时期"。

许多学者强调，在19世纪40年代的模式和19世纪60年代的模式之间存在着连续性，就好像一旦镇压被稍微放松，工人的策略就会被简单地再次采用似的。"群众的激进主义不仅在1848年之后被保存下来，而且仍然是一支重要的政治力量"（Biagini and Reed，1991，5）。[41]在各地，我们继续看到手工工匠在发挥主要作用，同非熟练的工厂工人形成鲜明对比。辛顿（1983，2）提到维多利亚中期的英格兰："用那个时代社会评论的语言来表述，'熟练的'和'有组织的'通常被用作同义词"。[42]

当然，人们应该重视科卡（1984，112）有关"不要夸大在手工业者和工人阶级之间的历史连续性"的告诫。[43]然而，西维尔（1974，88-89）指出，我们也在这一时期的手工业者阶层中发现了某种"激进化倾向"，尤其是在那些"移民"中。[44]辛顿（1983，5）的评论对弄清这种似乎自相矛盾的现象是有益的。他区分出两类熟练工人：那些在手工业中的熟练工人，他们的"工会"是该行业非正式组织自然发展的产物；在其他部门的熟练工人，在这些部门"熟练身份更多的是工会组织的产物"、而不是先于它而存在的。第一类熟练工人有时是非常激进的，因为相比工厂工人而言，他们都"遭受了相对而言较大的损失"（Moss，1975b，7），但他们最终被迫退出历史舞台，而后者正在成为未来社会主义组织和工会组织的支柱。

确实正像在整个19世纪和20世纪一样，在整个这段时间，"害怕群众闹事，担心秩序受到破坏，一直是统治阶级行为隐含的动机"（Moorhouse，1973，346）。到底哪一种策略是最优的？这个问题不仅适用于统治阶级、而且也适用于工人阶级。从统治阶级的视角看，镇压有其方便之处，但同时也会积蓄矛盾，最终导致反抗发生。因此在19世纪60年代，拿破仑三世和英国保守党都感到有必要实施宽松的统治，使工人有可能进行组织，同时稍微扩大公民权的实际范围。在一篇写于1860年给英国全国社会科学协会大会（the Congress of the National Social Science Association）的报告中，作者赞成"工会作为一种自治尝试的合理性"，他宣称："在没有正式组织的团体的地方，罢工的领袖有可能被证明更少理性和更多暴力，这是相比有正式组织的团体的地方而言的"（cited in Pelling，1976，51）。这个报告似乎具有一点基本的社会科学智慧，它标志着在公民权界定的问题上试图应对挑战的开始，这种挑战目前是由有组织的工人阶级运动发起的。一百年之后，另一位社会科学家在回顾这段历史时认为："下层阶级在英格兰进行抗议的目标似乎是要确立工人的公民权"（Bendix，1964，67）。本迪克斯将这视为英格兰同欧洲大陆国家的区别所在。他也许是错上加错。欧洲大陆国家劳工运动的目标实际上同英格兰劳工运动的目标是相同的。而且，甚至在英格兰，说这是劳工运动的唯一目标也是不正确的。不过，这确实是他们将争取到的全部所在。中庸的自由主义派在他们的理论建构上和开明的保守派在他们的实践中都努力说服劳工接受这正是其所需要的或应该需要的全部所在。

这一时期是所谓的第一国际（the First International）、即国际工人协会（the International Working Men' Association，IWMA）创立的阶段。这是一个规模很小、力量也很薄弱的组织，它的成员组织的力量也同样是弱小的，所追求的目标也完全不是国际性的。[65]但从工人运动发展战略的演化上看，它是卡尔·马克思和米哈伊尔·巴枯宁（Mikhail Bakunin）发生重大争论的阶段（Forman，1998，chap. 1）。这场争论涉及许多方面。但争论的核心在于，无政府主义者将国家视为死敌，不可能同它达成任何妥协；而马克思主义者实质上提出了一种两阶段社会改造理论：设法掌握国家权力，然后运用它来改造世界。当然，在如何掌握国家权力的问题上，马克思主义阵营内部发生了严重分歧。但首先他们必须驳倒颇具影响力的无政府主义的观点。

情势在19世纪的最后1/3时期发生了变化。用拉布鲁斯的话来表述，社会主义变成了一种势力强大的运动和影响强大的思想。因此阶级冲突似乎有大大"激进化"的倾向，这开始于巴黎公社，继之有社会主义政党和工会的兴起，至少在世界体系的所有工业化程度较高、较富裕的部分均是如此。"在1880年，[社会主义政党]仅仅是存在而已。……到1906年它们的存在被认为是不言而喻的"（Hobsbawm，1987，116-117）。[46]但现在看来，在1890年之后，这些运动都普遍存在非激进化的倾向也同样是不言而喻的，[47]这种倾向在1914年达到其顶点，所有社会主义政党都投票支持战争（布尔什维克党是明显的例外）。[48]

大多数历史著述就这一论题提供给我们的画面是一幅战斗精神发生变化的曲线，开始是由于群众动员而上升，接着是由于改良主义的明智（或背叛，如果人们倾向于使用那种话语的话）而下降。就大致轮廓看这无疑是真实的，尽管曲线的上升部分也许从未像一些人相信的那样明显。正如米歇尔·佩罗（Michèle Perrot，1967，702）就19世纪法国社会主义者中所谓的修正主义所说的，"为了有'修正'，必须首先有要修正的东西"。[49]

问题在于，这种所谓的激进政治运动的高潮的根源何在，这种高潮最终（到1914年）似乎不再能够威胁到现代世界体系的任何内在的社会结构。将这种高潮解释为有关公民权问题的争执似乎是合理的，即有关谁将被包括在享受特权的范围之内，由此获得拥有这些权利的（积极）公民应该获得的利益而产生的争执。当然，这既是一个追求实际利益的问题，也是一个获得认同和身份的问题。在1815~1848年期间，居主导地位的对实际公民权界定的狭隘性（由于下述前提而具有合理性，即工人未受过良好教育、也不拥有财产，因此没有理由去维持现存的社会秩序）激起了一场'世界革命'，这吓坏了中间阶层（因为它威胁要走得更远），导致了镇压发生。当镇压给统治阶级带来的益处在20年内被消耗殆尽时，[50]就有了更多对群众进行动员的政治空间。一方面，中庸的自由主义派极力主张对工人阶级进行"教育"。另一方面，工人阶级则推进他们的自我"教育"。

这依次又导致一些重要组织的创设，它们试图推动至少将男性城市工人阶级包括在公民权的范围之内。这些组织必须大声呼吁它们的要求，以得到统治阶级和那些希望进行政治动员的人的认真对待。因此，我们听到一种"激进"言论。这种言论是有效的，统治阶级通过各种让步来作为回应：扩大选举权、扩大经济受益范围（包括初期阶段的福利国家制度）、通过排斥（源于种族主义和帝国主义）而将他们包括在"民族国家"的范围之内。当然，这产生了预期的结果：在其主要框架内维持体系的存在，以及工人言论的"非激进化"。人们不必把错误判断（错误认识）、处于领导地位的官僚阶层的自私（叛卖，寡头统治的铁律）、或报酬优厚的工人（工人贵族）的特殊利益等观念强加给我们，以解释一个回顾起来似乎或多或少具有普遍性和或多或少具有必然性的过程。它以非常相似的形式在整个世界发生（世界的工业化程度较高、较富裕的部分在1870~1914年这段时期发生），尽管就它们各自的历史和所直接面临的条件而言，各个国家在细节上存在差异，但这些差异最终被证明并不重要。

从某种意义上看，相比1848年之前时期的"激进主义"，1870年以后时期的"激进主义"实际上在精神上更少激进性。正如琼斯（1983，237-238）所指出的：

> 在1790年到1850年之间，社会运动最显著的一个特征在于，它们的国家观念都是明确而具体的。……它被视为一部有血有肉的机器，进行统治、剥削和发生腐败。……人民的胜利将用一种平均派或雅各宾派式的人民民主取而代之。

不过，具体纲领却是"共和主义、世俗主义、群众的自我教育、合作、土地改革和国际主义"，所有这些主题到目前为止都已经成为中庸的自由主义派纲领的组成部分，至少是它更进步一翼纲领的组成部分。19世纪晚期的运动已经将其重心"从权力转向福利"，由此它们也就转向了一种"防御性文化"。在某种意义上，不管1870年以后的运动有多么激进，但相比1848年之前的运动，它们的火气要小得多。享受公民权回报带来的诱惑正在变得越来越强大。

从19世纪70年代到第一次世界大战这段时期见证了工人阶级第一次真正组织起政治运动（主要是社会主义的和无政府主义的）和工会。因此，这是一个就战略问题展开重大争论的时期。所有那些要创建组织的人都会关注的问题是工人阶级如何才能实现他们的目标，尤其是他们应该同现行的政府和议会建立什么样的关系。这场争论是在马克思主义者和无政府主义者之间展开的。在所谓的革命者和所谓的改良主义者之间的争论并不是阵线分明的。在一个层面上，这些争论是真正的争论，它们占用了组织大量的时间和精力；但在另一个层面上，它们通常被证明并不是重要的争论，这是相比那时和以后人们通常所假设的而言的。

重要的是注意到最强大的和最有影响的运动主要是在那些经济实力最强大的国家发生的：英国、法国、德国、美国、意大利、比利时、荷兰，较小程度上是在欧洲的其他国家和英帝国的白人自治领发生的。如果将俄国加进这个名单的话，那么在所有这些国家发生的全部争论随后将构成世界社会/劳工运动历史记忆的中心所在，成为在这些国家的几乎每个地方所发生的运动的话语参照。当人们回顾这些国家所发生的争论时，令人印象深刻的是它们不可思议地是如此相像，尽管每个国家的情势都具有重要的和经常被人们提及的历史特殊性，尽管通常用于描述它们的修辞性用语是如此的不同。

让我们首先记住，1870年之后的时期是一个男性选举权得到广泛扩大的时期。最著名的是1867年在英国由狄斯雷利和在德国由俾斯麦所推行的扩大选举权的改革。它们能够同此前在第二帝国和美国实行的改革相比肩，而且很快将在欧洲的其他国家发生相应的改革。当然，这些国家的选举权仍然说不上已经具有普遍性。[51]本迪克斯（1964，63）将这些扩大选举权的改革称赞为将下层阶级的抗议疏导到"充分参与现存的政治共同体或建立一个全国性的政治共同体，在其中这种参与将成为可能"。他也许是对的。[52]问题是我们应该如何把握这种称赞的分寸。

在英国——它是1870年以前劳工运动的两个主要发生地之一，根据大多数观察家的看法，19世纪80年代末期所谓的新工联主义（the New Unionism）代表了一种新出现的（或重新出现的）斗争精神。当然，正如霍布斯鲍姆（1984c，152-153）所指出的，我们之所以能够在英国看到一种"新的"工联主义，是因为不像在欧洲大陆，在那里，"我们发现一种已经确立的'旧工联主义'……在进行斗争、转型和扩展力量"，而新工联主义将成为工党创建的基础。[53]新工会意图在技术工人或那些有着稳定而连续工资收入的人之外扩展力量。它们将变成同时吸纳具有高度流动性的非熟练工人的"一般"工会,这些工人不拥有稀缺资源,并缺乏组织性,这是因为他们不可能使用技术工人工会所使用的斗争策略。但一般工会作为一种斗争工具也是他们希望利用的(Hobsbawm, 1949, 123-125)。

新工联主义强调发展战略和组织形式,同新兴的社会主义运动有着密切的联系,将那些没有组织的工人组织在一起,由此创造了一种更强大的工会运动。尽管新工联主义通常被视为英国所特有的一种现象,但事实上,在欧洲各国都有类似的发展(Hobsbawm, 1984d, 19; Pollard, 1984, 58)。在开始阶段,新工联主义导致工会在1889~1891年间有了惊人的发展,但工会发展的这种突然出现的高潮被证明是非常短暂的。从1891年到1914年,工会的数量确实在继续增加,但却是以非常缓慢的速度在增加(Hinton, 1983, 45-53, 64)。[54]为什么会有这样一个"短暂的高潮时期"?海曼(Hyman, 1984, 331)认为,"各种制度上的改革[消除和]明显减少了发生骚乱的潜在可能性"。霍布斯鲍姆(1964, 189)认为,具有阶级斗争精神的一般工会之所以能够安然渡过低潮期,是因为它们为雇主"所容忍和接受",这又是因为政府实施了"一种更为谨慎的安抚性政策"。类似地,霍维尔(Howell, 1983, 111)也认为,由于在将那些工作具有稀缺价值的工人(煤气行业的工人、金属行业的工人)组织起来时,新工联主义取得了巨大的成功,所以他们认识到需要放弃"创建大规模一般工会的希望",并由此推断出"审慎是生存的条件"的结论。伯吉斯(Burgess, 1975, 309)强调了工会官僚阶层的发展,他们拥有一种不同于普通工人的"生活方式",使得工会"不愿意"变得过于激进,因为同雇主发生纠纷也许会"危及"工会的资金来源、工会官员的地位,以及工会成员所能享受到的社会利益。

结果是英国的新工联主义确实促成了一些变化:它有助于使工会脱离自由党而转向工党。[55]它将一些以前没有组织的劳动力组织起来,而且在这些新的组织中,组织者并不必同现存的工会组织进行竞争(Hobsbawm, 1984b, 166-167)。它有助于"缩小工人阶级中存在的差别"(Hobsbawm, 1984b, 166-167)。但长期看,将证明旧工联主义和新工联主义之间"在主张上并不存在本质的差别"(Duffy, 1961, 319)。[56]

在这一时期,工人运动所面临的一个中心问题是如何处理工会和社会主义政党的关系,这是一个引发过多争论、甚至某种对立的问题。相比其他大多数国家的情况,在英国工会是新工党的主要组织基础,因此在党内发挥了更大的由制度赋予的作用。不过，英国的新工联主义也许是最后的一个实例，其中工人运动斗争精神的中心着力点是在工会本身的行动上。一般而言，从19世纪90年代开始，各政党都在试图控制工会，而不是相反。

第二国际积极地寻求使这种关系明确化。在1881年，瑞士工会就已经"愿意"使用男人和女人的隐喻来将政党和工会的关系表述为一种从属关系（Haupt，1981，31）。第一国际经常就政治行动和经济行动的相对重要性展开争论，而第二国际则进一步在它们之间做出组织上的区分。[57]在1891年，第二国际代表大会通过决议，号召所有社会主义政党都在党的组织机构内部设立一个工会事务处（Hansen，1977，202）。当各政党都试图更严密地控制工会时，后者予以了抵制，"工会应该具有自主权的思想逐渐占据优势"（Haupt，1981，43）。在工会和政党之间一直存在的"成问题"的关系导致两者之间越来越大的"分歧"和"摩擦"（Hobsbawm，1984b，171），前者是要"利用现存的社会制度来渐进地实现它们的目标"，而后者则是在"规划着社会转型"（Hinton，1983，viii）。

从政治方面看，工会被置于可有可无的尴尬地位上。从此以后，有关斗争推进到什么程度和采取何种形式的战略性争论在党内居于中心地位。直到第一次世界大战，世界社会/劳工运动中的"模范政党"是德国的社会民主党（the German SPD）。[58]它是第二国际中最具影响力的政党，是唯一真正具有群众基础的政党，也是产生最激烈理论争论的政党。在1877年，当社会民主党能够有6名代表被选进德国国会时，这导致愈加严厉的镇压（1878年通过了反社会主义法）。它同时也导致无政府主义主张影响力的下降（Ragionieri，1961，57-62），[59]这样在1891年召开的埃尔福特代表大会（the Erfurt Congress）上，正式承认马克思主义作为社会民主党的官方理论。[60]

从此以后，社会民主党内部的主要争论变成伯恩施坦（Bernstein）和考茨基（Kautsky）之间的大争论。伯恩施坦鼓吹一种"改良主义"，鼓吹政党的非党派化，他论证：利用普选权，政党能够通过投票实现它的目标。考茨基代表"正统"的马克思主义，被认为是主张走"革命"道路的。

这种理论上争论的重要性到底有多大？吉尔里（1976，306）认为，它涉及的"仅仅是一个小的知识分子群体"，工会会员之所以"通常都投党的正统派的票"，是因为这并不会影响到他们的实际所为，他们"不喜欢理论家，不管是左翼的还是右翼的"。甚至后来成为俄国革命支持者的李卜克内西也论证（为了反对第二国际的一位荷兰代表，后者在1893年反对参与选举）："策略本质上是一种涉及实际政治运动的问题"，既没有"革命"策略、也没有"改良主义"策略（cited in Longuet, 1913, 29）。在1905年俄国革命之后，出现了一个革命运动的高潮（Schorske, 1955, 28; Stern and Sauerzapf, 1954, xxxiv, xliii），但像1905年革命一样，它并不具有持久性。

人们能够将这段历史进程的特征总结为"理论上激进和实践中温和"（Roth, 1963, 163）。造成这种状况的基础是两种不同类型的"决定论式的马克思主义"（伯恩施坦的和考茨基的）。[61] 罗斯（1963, 167）主张，由于劳工运动无力"打破其孤立性"，所以决定论式的马克思主义是"适合某种社会民主党亚文化的意识形态"。诺兰（1986, 389）以一种更友好的方式提出了同样的观点，他强调决定论式的马克思主义是"在一种不利于革命的情势下提供了革命的前景，在一个没有内在革命传统的国家提出了一种革命理论"。马赛厄斯（Mathias, 1971, 1: 178）论证：使马克思主义成为社会民主党的官方意识形态是"接受对马克思主义做宿命论解释的前提"。

关键性的转变并不是在术语上的，而是在于下述事实，即从19世纪70年代以后，社会主义者开始要求保护性立法。在1871年以后，工人阶级"同民族-国家确立了一种更为紧密的关系"（vanderLinden, 1988, 333）。诺兰（1986, 386）称这种转变为从"政治运动转向社会政策"。在德国，他们正在对"俾斯麦所设定的议题"做出反应。随着时间的推移，这必然导致"工人阶级普遍地融入国家的现行体制中"（Mathias, 1971, 1: 181）。[62]

就德国的情况而言，罗斯（1963, 8, 315）称这种融入为"消极的融入"，他做了如下界定："一种充满敌意的群众运动在能够合法存在的同时，却又被阻止接近权力的中心"。[63] 不管怎样，德国皇帝威廉一世（Kaiser Wilhelm I）在1890年废除了反社会主义法，并呼吁召开一次国际会议来推动制定国际劳工立法（Ragionieri, 1961, 159）。由于做出各种小的"改良主义妥协"，他获得了工人皇帝的绰号，尽管他偶尔也"借助于一些镇压性立法"继续在镇压和安抚之间摇摆（Hall, 1974, 365）。罗斯倾向于认为德国的这种状况非常不同于英国和美国的情况。我同意在德国所使用的言辞更为激烈,但最终的结果有那么大的不同吗?

如果我们从两个"模范"国家的例子——英国和德国——转向其他社会主义/劳工运动获得发展的重要国家,我们发现尽管存在一些差别,但并没有重大的不同。在这些国家,一般都是由于国家采取镇压措施,组织活动遇到一些困难,这些组织所使用的言辞通常都是激进的,但他们的实践从整体上看却都是温和的,都是某种"消极地融入"民族共同体的模式。在法国,巴黎公社之后的严厉镇压在 1875 年之后有所缓和,政府承认实施一种"针对工人阶级的社会政策"是明智之举(Schttler,1985,58)。

在法国,盖德派(Guesdists)于 1882 年创建了法国工人党(Parti Ouvrier Francais,POF),并称自身为马克思主义政党,但它是一种有着很大局限性的对马克思主义的认识,仍然受到无政府主义的影响(Willard,1965,30)。尤其严重的是,马克思主义似乎指的是反对以阶级利益调和为基础的"调和主义",而主张"在追求行业社会主义中采取革命战略"(Moss,1976,157)。在对马克思主义的理解上,法国工人党似乎最偏爱的是圣西门传统的工业主义同对资本主义的"尖锐批判"相结合。他们是"一种美好未来的宣传者"(Stuart,1992,126)。[64]不像稍后的工人国际法国支部(the Section Francaise de l'Internationale Socialiste,SFIO),法国工人党绝非是一个群众性政党(Cottereau,1986,143)。斯图尔特(1992,54)对法国工人党所下的结论是:它的发展过程是"漫长而痛苦的降生,前途无望的青年时期,兴旺而且充满希望的壮年时期,继之是处于明显危机的晚年时期和[在 1905 年]最终的转型"。可以肯定,从寓意上看,尽管发展程度不同,但这难道不是在说所有的社会主义/劳工运动吗?

法国的社会主义者选择了另一条发展道路。正是亚历山大·米勒兰(Alexandre Millerand)在 1896 年首次新创了"改良主义"一词(Procacci,1972,164),他也是第一个进入联合政府的社会主义者,该政府是在"共和主义者的集中"支持下由皮埃尔·瓦尔德克-卢梭(Pierre Waldeck-Rousseau)领导的(Willard,1965,422)。[65]随后于 1906~1908 年爆发的大罢工(以及于 1919~1920 年爆发的第二次大罢工)的失败"标志着[上]一个梦想的破灭:即通过工人罢工发动革命"(Perrot,1974,1:71)。

总之,所有政党似乎都相继走上了改良主义道路,即融入(即使是消极地)他们各自国家的政治体制之中。海伍德(Heywood,1990,chap.1)

称西班牙的社会主义者为"名义上的马克思主义者"。荷兰党和工会"明显是在向着一种改良主义的方向发展"(Hansen, 1977, 199)。意大利党完全追随德国社会民主党的纲领(Andreucci, 1982, 221),它在 1901~1902 年的大发展是"在改良主义的旗号下"实现的(Procacci, 1972, 163)。⁶⁶

就美国(和加拿大)的情况而言,李普塞特(Lipset, 1983, 14)坚持认为它不同于其他国家,因为没有经历封建的历史"有助于减少明显具有阶级意识的政治纲领和主张",但人们只需稍微改变一下说法就能看到美国同其他国家的相似性。赫伯格(Herberg, cited in Dubofsky, 1974, 275)揭示了世界工业劳动者同盟(IWW,"强调无产阶级采取直接行动")和美国劳工联合会(AFL)手工业工会的关系同考茨基的"正统马克思主义"和伯恩施坦的修正主义的关系之间的相似程度。拉斯莱特(Laslett, 1974, 115-116)就美国社会主义党提出了基本相同的观点。对一本论"美国为什么没有社会主义"的著作做出回应,方纳(Foner, 1984, 74)指出,这个问题实际应该这样来提,即"向社会主义的过渡为什么没有在所有先进的资本主义社会发生?"美国(和加拿大)同西欧国家最显著的不同在于民主党在美国能够一直保持作为工人阶级政治斗争主要工具的能力(Shefter, 1966, 270; Kealey, 1980, 273),这种状况也许可以更多地由各种城市组织在吸纳外籍工人中所起的作用、而不是由其他因素来加以解释。⁶⁷

归根到底,对所有社会/劳工运动而言,最重要的是它们融入民族国家的内在动力是什么。比利时工人党(the Parti Ouvrier Belge)的统一是在为争取普选权而斗争的框架下实现的(Sztejnberg, 1963, 214)。在 19 世纪 80 年代的法国,社会主义者的要求开始以满足物质需求为中心,这只能"借助于国家、或更确切地说借助于共和国"来予以满足(Schttler, 1985, 68)。美国的工会运动在 19 世纪 60 年代到 90 年代变成全国性的,以"要求全国统一的工资标准","即自下而上地对资本主义强加一些规定"(Montgomery, 1980, 90; see also Andrews, 1918, 2: 43-44)。在讨论法国工会联合会(the French trade-union federation, the CGT)于 1906 年通过的《亚眠宪章》(*the Charte d'Amiens*)时,布宏(Bron, 1970, 2: 132)描述了工会和社会主义党各自开展的"具有互补性的斗争"。工会强调工人在生产方面的作用;社会主义党强调工人争取"公民权的方面"。

第四章 自由主义国家的公民

工人将他们自身视为工人阶级。上层阶级倾向于将他们视为危险阶级。就工人而言，斗争目标的很大部分是以如何能够去掉"危险"的标签和获得公民的称号为中心的。在1871年之后的德国，社会民主党人被谴责为"国家的敌人"和"没有祖国的人"（Groh，1966，17）。他们需要纠正这种说法。谢瓦利尔（Chevalier，1958，461）很好地揭示了问题的根本所在，它归根到底是一种政治问题：

> 将各种工人阶级同危险阶级区别开来……由于下述事实而变得更加困难，即这些范畴之间的界限是模糊不清的，在它们之间不确定的地带能够发现许多中间群体。就这些群体而言，很难说它们是属于这个还是那个范畴的。当它们在很大程度上是由于经济、政治或生物条件而将人们结合在一起，并能够随着年度、季度，或革命、危机和流行病等的变化而使人们从一个范畴转到另一个范畴时，如何能够最终将它们区别开来呢？

被广泛使用的一种主要手段是根据种族或民族范畴来对工人做出区分。在国内是种族主义，在国外是帝国主义／殖民主义，它们能够起到将危险的标签转嫁给一部分工人的作用。在这种做法是有说服力的程度上，一些工人能够变成积极公民，而其他工人仍然是消极公民，或甚至不是公民。再次地，将一些人纳入公民范畴是通过将其他人排斥在外实现的。

就美国的情况而言，在国内实施的排斥是最明显的。在19世纪，这是一个不断有移民移入的地区，其中移民往往在城市地区定居，开始是作为相对非熟练劳动力存在的，而本地出生的美国人构成技术工人阶层的主要成分，他们向上流动的可能性更大，他们原来的位置由移民（和第二代移民）工人填补。在本地出生的技术工人和主要由移民构成的工资劳动者之间的社会差距早在19世纪50年代就已经在政治方面表现出来，即一些反对移民的政党（反对移民、反对天主教）的出现，他们"强调他们作为技术工人的成员资格和他们所信奉的新教"（Bridges，1986，176）。在内战期间，被征召入伍的本地劳工通常被外籍劳工所代替，"种族对立增加了雇主与雇员之间自然产生的斗争的激烈程度"（Ely，1890，62）。在内战结束后不久，美国加入第一国际的兴趣被新成立的全国行业总工会（the National Trades' Union）管理移民的企图所激发，它试图通过同第一国际

（IWMA，又称国际工人协会）达成某种协定来实施对移民的管理。正如我们已经提到的，英国工会同样对此感兴趣。由于工人的各种组织的鼓动，在1882年通过了《排华法案》（the Chinese Exclusion Act）。在他的那部著名的美国工会运动史中，塞利格·珀尔曼（Selig Perlman, 1922, 62）竟然提出，这种鼓动"无疑是美国劳工史中最重要的因素，因为没有它，整个国家也许就会被蒙古劳工所淹没，劳工运动也许就是用种族冲突代替阶级冲突"。

社会主义党大量地从移民工人中吸纳成员。一方面，这毋庸置疑地是因为19世纪晚期的美国工人阶级"主要是由在国外出生的或有着外国父母的男女组成的"，这在那时就已经被注意到（Ely, 1890, 286）。但这也能解释这个政党衰落的原因，那就是因为移民被严格地加以限制，以及第三代移民极力否认他们的移民身份。

当然，雇主也利用了这种种族对立，他们通常利用"黑人、东方人和妇女"作为破坏罢工的人（Shefter, 1986, 228）。下述说法肯定是真实的，即说英语的白人工人在种族等级中居于最高地位，这"在整个［美国］历史中都被暗中承认"（Soffer, 1960, 151），而引发社会骚乱的罪魁祸首经常被归咎于移民。但这并不足以解释种族/民族差别为什么一直是美国工人关注的中心所在。我认为，康芒斯（1935, 2: xvii）似乎很好地把握住了问题的本质，即美国工会同"美国主义"的关系：

> ［生产无烟煤的矿产公司同矿工达成了"可以自由雇佣非工会工人"的协议］。作为结果，由于工会的力量薄弱，这些公司在1912年发现，他们的煤矿受到主张无产阶级采取直接行动的世界工业劳动者同盟的入侵。他们完全改变了对待工会的态度。人们发现，不管表面多么激进，美国的劳工运动是防止革命发生的第一道防波堤，是立宪政府最强有力的保卫者。的确，使移民"美国化"的重担就落在了工会的肩上，50多年以来，它们一直在承担这样的工作。当威尔逊总统（President Wilson）认识到需要将成分复杂的国家团结在一起以应对世界大战时，他成为了第一位参加美国劳工联合会全国代表大会、并发表演讲的总统。当1924年，已经74岁高龄和担任劳联55年领导职务的塞缪尔·龚帕斯（Samuel Gompers）从同墨西哥劳工运动缔结联盟——此举意在阻止后者被共产党所掌控——的地点返回时，他在墨

第四章 自由主义国家的公民

西哥边境的病床上处于弥留之际说出的最后的话是"上帝保佑我们美国的制度"。

纳入/排斥机制发挥主要作用的另一个领域是在国外，即在其他国家或在一个宗主国的殖民地。一方面，对西欧的工人而言，很容易将他们对遥远地区人们争取解放的斗争的支持保持在某种激进/自由主义的传统之内。在1844年，1505名巴黎工人向下院代表提出请愿要求废除殖民地的奴隶制度，他们提到"工人属于他自身"、"不管在法国目前的劳动组织是多么的差，但在某种意义上，工人是自由的"（cited in Césaire，1948，11）。英国工人将克里米亚战争视为"自由的英格兰人同俄国农奴的战争"（Foster，1974，242）。在19世纪60年代，英国工人阶级支持加里波第（Garibaldi），在美国内战期间支持北方，并且支持波兰起义（Collins，1964，29-30）。[68]

但同样真实的是，反对奴隶制的运动在19世纪早期的英格兰遭到工人阶级的敌视，因为"黑人奴隶已经比白人奴隶生活得更好；赋予黑人以自由将以进一步压迫白人奴隶为代价；一旦获得自由，黑人奴隶将变得和白人奴隶一样贫困"（Hollis，1980，309）。在20世纪初，英国劳工将他们对在南非实行帝国主义政策的批判集中于反对输入中国劳工到兰德矿区工作，他们将这种情况视为"进一步证明了存在由政府支持的引入工贼以破坏罢工的行为"（Hinton，1983，73）。

在殖民地问题上，第二国际内部产生了深刻的分歧（Haupt and Rebérioux，1976a，77-283）。诸如英国的海德门（Hyndman）和列宁等人经常谴责帝国主义，但他们的影响力被诸如荷兰的亨利·范·柯尔（Henri van Kol）等人所抵消，后者曾提到"殖民地存在的必要性"，仅仅希望限制它在那里所犯的"罪行"；同时也被诸如伯恩施坦等人所抵消，对后者而言，"殖民问题［是］传播文明的问题"（Rebérioux and Haupt，1963，13，18）。甚至那些奥地利社会主义者也在反对匈牙利的"分离主义"时义愤填膺，他们因对奥匈帝国境内多民族的不同要求持更宽容的态度而闻名。[69]

归根到底，甚至对像盖德派那样对殖民地持反对立场的人而言，它也一直至多是一种"不重要的争论"（Willard，1965，63）。居于支配地位的观点肯定是由德国社会民主党表述的，即当社会民主党获得成功之时，它的"胜利将会导致一直在背后支持它的农民阶级的消亡，由此使社会主义

184

的实现在经济落后的国家也是可能的"（Haupt，1986，57）。这被认为是有关谁具有优先权的问题。但它在工人阶级中引起反响却是作为能否被纳入到"文明人"范畴之中的问题。[20]在殖民地国家的社会主义者必须就优先权问题得出他们自己的结论。康纳利（Connolly）认为自己既是一位马克思主义者、又是一位爱尔兰的民族主义者，当他观察到欧洲工人阶级在1914年背叛了无产阶级的国际主义时，他在他所属政党的都柏林总部的外面悬挂了一幅标语："我们既不为英王、也不为德国皇帝效力，而是为爱尔兰效力"（Bédarida，1965，20）。他在1916年领导了复活节起义。

妇女和女权运动

从许多方面看，女权/妇女运动在19世纪的情况类似于社会/劳工运动的情况。但就绝大多数情况而言，这两种运动似乎又处于普遍的分离状态，大体上就像两根平行的轨道，彼此几乎从未交汇过，也几乎没有合作过。的确，在许多方面，社会/劳工运动将女权/妇女运动视为竞争对手、令人厌恶、偏离正轨、甚至经常视为敌人。这无疑同纳入/排斥的思维模式有关。

当然，也有一些观点认为，这两种斗争不仅能够共存、而且能够结合在一起。在1848年之前的时期，弗洛拉·特里斯坦将她生命的大部分时间都用于宣传这种思想。的确，她是如此专注于工人的事业，她在写于1843年的著作《工人联盟》（the Workers' Union）中表达下述观点："工人阶级的所有不幸能够总结为两个词：贫困和愚昧。现在为了打破这种恶性循环，我认为只有一种解决办法：即首先教育妇女，因为妇女负责教育孩子们"。必须指出的是，她的主张并未产生什么影响，正如盖德的门徒阿莱恩·瓦莱塔（Aline Vallette）也默默无闻一样，他在写于1892年3月15日的《社会和谐》（L'Harmonie sociale）一文中指出："要使社会焕然一新，社会的两个受压迫群体——妇女和无产阶级——必须团结起来"（cited in Zylberberg-Hocquard，1978，89）。

对城市的男性工人而言，问题似乎在于他们通过工作赚取工资被认为是天经地义的。女性工人获得的报酬相对较少——的确在1914年之前相比男性工人要少得"多"（Guilbert，1966，21），这一般而言会对工资水平造成威胁。[21]这种所谓的威胁被反复地提出（Guilbert，1966，188）。尽管有某种夸大,但妇女在制造业劳动力队伍中所占比重还是相当大的。据估计,在19世纪中期的巴黎占40%(DeGroat,1997,33)。妇女之所以被归类到更具"无产阶级"特性的地位上(Judt,1986,44-46,50-51),无疑部分是因为熟练技术工人阻止她们进入他们的行业(Hinton,1983,31),但部分也是因为雇主认为相比男性工人,她们的生产率更高、更容易遵守劳动纪律(或听话),以及在技术上更熟练(Berg,1993,41)。

男性工人在个体层面和组织层面上都做出反应。亚历山大(Alexander,1984,144)将他们的反应主要视为"一种(在法律上)控制和(在道德上)命令异性的愿望"。绝不应该低估性别方面的动机,无疑,这种动机很好地适应了那时的文化习惯、尤其是中间阶级女性群体的习惯,她们赞同"降低妇女的地位,使她们在婚姻和家庭中从事无报酬的工作,与此同时被完全排斥在……付酬的职业之外"(Kleinau,1987,199)。无疑下述的情况也是事实所在,即在城市男性工人中,"无产阶级的反女权倾向居于支配地位"(Thnnessen,1973,19)。德国的男性工人将女性工人称为是"工厂工人"(Fabrikmenschen,这是一个奇怪的用语,因为从字面上它意指"工厂男工",但读音上又有"工厂女工"的意思),往往将她们视为"在道德上堕落的人"(Quataert,1979,153)。霍布斯鲍姆(1978,8)注意到,工人的形象在19世纪有一个逐渐演化的过程,以致到19世纪的最后1/3时期,在世纪开始时"鼓舞人心的妇女"形象[见德拉克洛瓦(Delacroix)的油画《光荣的三天》(*Les Trois Glorieuses*)]已经转变为妇女仅仅是"受苦和忍耐"的形象,而裸体男性雕像目前已经变为工人具有活力和力量的形象化象征。

第一国际在这个问题上也存在分歧。1866年在日内瓦召开的第一次代表大会上,拉萨尔(Lassalle)领导的全德工人协会会(Allgemeine Deutsche Arberitsverein)的代表以"保护妇女"为理由建议禁止妇女就业(Hervé,1983,23)。最终的决议是妥协的产物,它一方面肯定妇女工作的积极意义,同时批判在资本主义生产中妇女工作的恶劣条件(Frei,1987,39)。工人组织目前提出了三个方面的要求:工资平等、支付家庭工资,以及改变工作场所的恶劣条件。

(同工)同酬明显是工会的一般性要求。但工会通常暗中希望,如果(对妇女、对少数民族和移民、对其他国家的工人)给予平等工资的话,那么在工人等级中居于优势地位的工人(具有优势地位的种族集团中拥有公民身份的男性工人）因而将被优先雇用，仅仅是出于文化-历史的理由也应如此。例如，注意法国工会联合会（CGT）1898 年在雷恩（Rennes）召开的第九次代表大会所通过决议的用语：

> 在生活的方方面面，我们都在努力传播下述思想，即男人必须养活女人；如果妇女、寡妇或少女必须被迫自食其力的话，那么她们应该认识到同工同酬的原则也将适用于她们；……
>
> 禁止男人从事应由女人承担的工作，相应地，也禁止女人承担应由男人承担的工作，工作是男人的本分。（cited in Guilbert, 1966, 173）。⑫

总的来看，妇女并不会加入或者被禁止加入工会。在 1900~1914 年这段时期，当工会变得相对强大时，据估计在法国，只有 5%~10% 的妇女是工会成员（Guilbert, 1966, 29, 34）。也有一些试图创建专门吸纳妇女参加的工会的努力，在同一时期的英格兰，妇女工会的数量有了相对增加，但它们与其说是进行讨价还价的组织，不如说是"互助性的组织"，妇女工会很难同后者"区分"开来（Olcott, 1976, 34, 39）。

当然，工会经历的一个困难时期证明了将妇女排除在外的合理性，正如我们在法国图书工作者联合会（Fédération Francaise des Travailleurs du Livre，FFTL）勉强通过的决议中所能看到的那样，该组织由于多次发起以将妇女排斥在就业之外为目标的罢工而臭名昭著。但最终，读书会也承认，由于经济原因，甚至那些反对妇女在他们所从事的行业中就业的工人也经常会催促妻子到其他行业去工作，并提出如下的折中方案：

1. 我们将从道义上和物质上支持那些地方性分会，它们希望反对对妇女的剥削，让妇女获得工会工人所能获得的最低报酬。

2. 在过渡期内……目前就业的妇女将被承认有权以和男性相同的条件加入联合会。在过渡期结束之后，只有在工会工人所能获得的报酬水平上就业的妇女才被允许加入联合会。（cited in Guilbert, 1966, 62）。

第二个决议同时敦促"作为一家之长的工人贯彻妇女在家的原则，要求他们的配偶拒绝所有家庭之外的工作"。如果这在某种程度上似乎同其他决议相矛盾的话，那是因为它们的确是矛盾的。

一些社会科学家利用他们的专长来证明这些主张的正确性。在 1890

年，威廉·奥格尔博士（Dr. William Ogle）向皇家统计学会（the Royal Statistical Society）解释道：

> 对一些男性而言，他们之所以工作是因为工作对他们而言是一种乐趣；对另一些男性而言，他们之所以将工作视为苦差事是因为他们将工作视为一种义务；但绝大多数男性都是被迫去工作的，他们所从事的工作从数量或性质上看都是令他们感到厌恶的，他们只是希望，首先他们能够自食其力，其次能够结婚和养活家庭。……如果是这样的话，那么一个国家的富裕就存在于成年人的富裕之中，因此当一个国家的最大部分人口都能够满足这两种自然愿望时，这个国家就是最繁荣的。（Journal of the Royal Statistical Society, cited in Lewis, 1984, 45）。

获得"养活整个家庭的工资"就成为工会组织的主要要求。在某种程度上，这种要求来源于一个实际问题。尽管在18世纪，妇女和儿童像男性一样为报酬而工作被认为是正常的，但许多生产活动转移到家庭以外进行意味着妇女和儿童所从事的家庭工作失去了收入。这也许是导致人们观察到在18世纪晚期和19世纪早期实际家庭收入下降的一个关键因素（Pinchbeck, 1930, 4；Wallerstein, 1989, 124）。

"养活家庭的工资"是一种很简单的主张。一个成年男性为获得报酬而付出的劳动所获得的最低工资应该是足以供养他、妻子和未成年的孩子的。这种主张有着广泛的吸引力。它得到劳工运动的强烈支持（Lewis, 1984, 49）。它也引起了许多雇主的兴趣，因为它似乎保证了劳动力队伍的稳定（May, 1982, 418）。而且它也同19世纪的价值观相一致，即男性有"责任"照顾他们的家庭（Evans, 1983, 281）。因此，它不仅对第一国际和其他劳工运动有吸引力，而且也引起各种类型的中间派政治家的兴趣。只有主张女权的人反对这种主张（Offen, 1987a, 183）。

制定保护女性工人的专门立法的主张一直是一个"棘手的问题"（Rowbotham, 1974, 114）。它似乎是一种合乎道德的主张，长期以来一直是社会主义运动关注的问题（Guilbert, 1966, 413）。但无政府主义者并不赞同这样做，仅仅是因为它包含着政府干预的因素。支持女权的中间阶级是以平等的名义来反对这样做的。女性工人自己则担心，它将会导致工资的减少。社会主义运动在这个问题上产生分歧。例如，克拉拉·蔡特金（Clara Zetkin）论证道，这个问题是无关紧要的，因为根据马克思和恩格斯的观点，工业化已经消除了年龄和性别作为"特殊"变量的重要性。但她的观点在德国社会民主党中是少数派（Quataert，1979，39）。在德国，天主教中央党（the Catholic Zentrum）支持养活家庭工资的主张，将它作为探索一种更注重社会福利的资本主义的组成部分。对绝大多数男性工人而言，它成为他们不愿意看到妇女在工作场所、由此在政治社会中享有平等地位的借口。他们似乎认为，将男性工人纳入公民范畴就要求将妇女视为人口中更弱势、更脆弱、因而也是更消极的部分。

妇女权利问题在社会主义政党中获得了更多表示同情的关注，这是相比工会对它的态度而言的。社会主义者就妇女同政党的关系问题展开最著名和最重要的争论的地方是在德国社会民主党内，奎塔特（1979）将该党描述为"不情愿的女权支持者"。妇女大会（the Women's Conference）和妇女部（the Women's Bureau）在社会民主党中发挥的重要作用在各社会主义政党中是非常罕见的。它们最初是作为德国政府颁布限制性法律的结果而出现的。1851年颁布的普鲁士结社法（the Prussian Vereingesetz）不仅禁止妇女参加政治组织，甚至禁止她们参加集会。在巴伐利亚（Bavaria）和萨克森（Saxony）也颁布了类似的法律（Evans，1976，10-11）。为了动员妇女力量，社会民主党被迫设立了一些独立机构，而且能够合法地宣称是它们非政治性的。这被证明是一把双刃剑。它使社会民主党能够将妇女组织起来，尽管政府的法律禁止这样做。但它同时也使女性社会主义者能够在党内作为一个有组织的派别发挥作用，"确保它能够代表妇女的特殊利益"。此外，它还意味着，正是因为她们有自己的组织，所以女性社会主义者极端敌视中间阶级发起的女权运动，"公开宣布"同它们决裂（Honeycutt，1979，32-33）。

结果就是在女权问题上持一种奇特的折中立场。一方面，奥古斯特·倍倍尔写作了一本论妇女问题的最重要的和被一些社会主义领袖广泛引用的著作《妇女与社会主义》（*Frau und Sozialismus*），该书被认为对"妇女权利"持一种相对支持的立场。[73]尽管女性社会主义者坚持认为，不像其他运动那样，并不存在诸如"妇女问题"这样一种东西——正如意大利、法国（盖德派）和俄国的运动所主张的那样，但德国社会民主党确实强调了妇女的政治解放问题（Honeycutt，1979，37）。此外，尽管有罗莎·卢森堡（Rosa Luxemburg）所提出的许多观点（她从未参与过社会民主党的妇女运动），但她们确实在寻求实行各种改革，目标在于"减轻资本主义制度下的性别压迫"（Quataert，1979，12）。另一方面，社会民主党的妇女运动事实上"主要是一种已婚妇女的运动"，即家庭主妇、而不是女性工人参加的运动（Evans，1977，165）。而且，一旦德国政府通过新的《社团法》，结束对妇女参加政治活动的限制（1908年），社会民主党很快就取消了妇女大会（1910年），接着取消了妇女部（1912年）。霍尼库特（1981，43）的评价是，妇女社会主义运动的领袖克拉拉·蔡特金为自己设定的目标，即"通过社会主义运动来实现妇女权利的理想，对她所生活的那个时代而言是乌托邦"。

同德国的女性社会主义者一样，法国的女性社会主义者也对资产阶级的女权运动持敌视态度。路易斯·索曼瑙（Louise Saumoneau）在1899年组织了第一个女性社会主义者团体（the Groupe des Femmes Socialistes），他完全拒绝同资产阶级的女权主义者进行任何合作（Hause and Kenney，1981，793）。但不像德国的女性社会主义者，她们在1900~1913年占到德国社会民主党党员的几乎20%，在法国女性党员仅占2%~3%（Sowerwine，1976，4-5）。另一方面，社会主义和女权运动在法国似乎也较少不和谐之处。首先，人们对妇女作为巴黎公社的领导人留下了非常深刻的印象（Rabaut，1983，6）。的确，民众的印象是如此之深刻，以致甚至资产阶级的妇女运动似乎也由于它的破坏风格而声誉受损。[79]

第二，在法国有像于贝蒂娜·奥克莱尔（Hubertine Auclert）这样的人物，但在德国却没有与之相当的人。在1879年法国工人社会主义者第三次代表大会（the French Workers' Socialist Congress）上，奥克莱尔做了著名的演讲，她指出，她之所以来参加，"并不是因为我是一名工人，而是因为我是一名妇女——即一名受剥削的人，是作为900万奴隶的一名代表"。她呼吁在工人和妇女之间建立联盟，并以下面的话作为结束语："啊，无产阶级，如果你们希望自由，那就停止你们不公正的行为。依据现代科学，依据对现代科学不存在任何偏见的认识，我们说：所有男人都是平等的，男人和女人之间也是平等的"（Auclert，1879，1-2，16）。她确实推动大会通过了一项强有力的决议，该决议支持"两种性别之间的绝对平等"和妇女的工作权利（当然，强调"同工同酬"），尽管与此同时仍然坚持妇女有看护孩子的义务（Guilbert，1966，156-157）。

但在法国也同样，暂时结成的联盟最终归于失败（Rebérioux，1978a，xvi；Sowerwine，1978，233—234）。法国社会主义者在1882年的分裂一般被认为是在更具改良主义倾向的派别［布拉斯派（Brassists）］和更具革命倾向的派别（盖德派）之间的分裂，他们将在妇女问题上的分歧视为导致分裂的直接原因。一位布拉斯派分子莱昂尼·卢扎德（Léonie Rouzade）参加了1881年巴黎市议会（the Paris Municipal Council）的选举，盖德派明显对她的参选表示冷淡。这导致他们被开除出党。盖德派随之组建了法国工人党，并宣称布拉斯派是在鼓吹一种"性别斗争"、而不是"阶级斗争"。盖德派指出，倡导妇女的政治权利是"改良主义的"，因为它们能够"通过合法方式"、而不是革命方式获得。对此，布拉斯派的回答是，男性也通过合法方式获得他们的"权利"。但不管怎样，盖德派随后也将支持妇女权利的内容纳入他们自己的纲领中（Sowerwine，1982，28—45）。

最终，在法国，女权主义者和社会主义者都放弃了建立联盟的想法。令社会主义者感到极大担忧的是，绝大多数妇女同时也受到教会的影响，她们有可能利用选举权来反对他们的党（Perrot，1976，113）。工人国际法国支部设立了一个专门的妇女机构，它主要是用来限制女权运动的发展、而不是为妇女争取权利的（Sowerwine，1978，1）。

这种不和睦的关系似乎由于1913年"库里欧事件"（Couriau affair）的发生而达到激烈对抗的程度。在丈夫的支持下，艾玛·库里欧（Emma Couriau）一直是一位激进的工会主义者，并努力争取加入印刷工人工会。但工会拒绝吸收她入会，她的丈夫也由于允许她出外工作而被工会开除。这引发了一次大的抗议活动，库里欧不仅得到了女权主义者的支持，而且获得了某些工会团体的支持。该问题因而被提交给将于1915年召开的法国图书工作者联合会的全国代表大会讨论，不过由于战争的爆发，这种讨论并未发生（Albis-tur and Armogathe，1977，361）。尽管许多作者都强调，这一事件证明劳工对妇女工作权利敌视的深刻程度，但索维温（1983，441）更积极地看待这一事件："如果库里欧事件'表明了对待妇女的态度'，那么它表明的并不是针对妇女顽固而持久的厌恶，而是在趋向男女平等的演进过程中的一个阶段"。

意大利的社会主义运动也就妇女选举权问题展开了一场著名的争论，这场争论是在党的领袖菲利普·屠拉蒂（Filippo Turati）和他的终身伴侣安娜·库里斯齐奥夫（Anna Kuliscioff）之间在《社会批判报》（*Critica* sociale) 上展开的。在意大利,男性社会主义者也同样希望将争取妇女选举权的斗争推后,以便更快地获得男性的普选权。在意大利,他们也同样是用"能力"来证明他们的这种做法是合理的,例如妇女"一直没有参与过政治活动"。但正如库里斯齐奥夫所回应的,如果这构成理由的话,那么我们必须问:"有多少男性在实际参与政治活动?"她指出,当选举权被赋予男性文盲时,怎么样才能论证选举权之所以不应该给予妇女,那是因为她们是文盲呢?(Ravera, 1978, 77-79; see also Pieroni, 1963, 122-123; Pieroni, 1974, 9; Puccini, 1976, 30-31)。

这种矛盾心理在各处都能发现。在英格兰,工党勉强支持争取妇女选举权的运动,但工党的许多支持者都相信,"女权运动只不过是增加有产妇女特权的另一种称谓而已"(Liddington and Norris, 1985, 28)。而且担心给予那些持保守立场的妇女以选举权会使大多数支持工党的男性"不再对为全体妇女争取选举权感兴趣"(Fulford, 1957, 113)。只是到 1912 年,工党才决定不再支持不包括妇女在内的选举权的进一步扩大(Hinton, 1983, 79)。

在美国,在 1868 年召开的全国劳工代表大会上(the National Labor Congress)发生了一个著名的事件,伊丽莎白·凯蒂·斯坦顿(Elizabeth Cady Stanton)的参会资格受到质疑,理由是她并不代表任何一个劳工组织。尽管最终承认了她的参会资格,但大会感到有必要声明,他们并不赞同她的"古怪观点",而之所以同意她参会,只是因为她所在的组织正在寻求改善劳工的状况(Andrews, 1918, 2: 128)。

在比利时和奥地利(以及德国),社会主义政党都拒绝支持争取妇女选举权的运动,以使男性获得普选权不受影响(Evans, 1987, 86-88)。另一方面,在这些国家一个接一个地,社会主义政党最终(在某种程度上是勉强地)都转而支持妇女获得选举权(Evans, 1987, 76)。在革命后的俄国,被克拉拉·蔡特金称为"无产阶级的妇女运动"并未得到亚历山德拉·柯伦泰(Alexander Kollontai)和列宁的妻子娜杰日达·克鲁普斯卡娅(Nadezhda Krupskaya)的支持(Stites, 1957, 251)。[75]

尽管如此,但肯尼迪和蒂利(1985, 36)坚持认为,女权运动和社会主义运动仍然"保持着距离",至少从 1890 年到 1920 年是如此,而且实际上"已经逐渐变成一对死敌"。克莱曼和雷谢夫(Klejman and Rochefort, 1989, 231)指出,"从 1889 年到 1914 年,有组织的女权运动和社会主义政党之间从未停止过斗争"。对工人阶级的妇女而言，基本的选择似乎一直是："要么做家庭主妇，要么做公民？"（Sowerwine，1982，1）。最终，那些在政治上积极的工人阶级妇女并不被认为有拒绝做出选择的权利。

不过，绝不能主要通过社会/劳工运动的视角来考察女权/妇女运动。尽管两种运动在许多方面有相似之处，但女权/妇女运动有它自身发展的动力。约翰·斯图亚特·穆勒很好地解释了这种动力所在：

> 特权者对非特权者的妥协很少是由良好动机所致、而是由非特权者强迫他们这样做的能力使然。任何反对性别特权的观点都很少有可能被普遍关注，只要他们能够对自己说，妇女并不会抱怨这种特权就行。（Cited in Rossi，1970，214）。

尽管如此，但问题实际上并不是由妇女、而是由男性先提出的。正如奥尼尔（O'Neill，1971，6）在提到维多利亚时期的男性（但也普遍适用于整个19世纪的欧洲世界）时所说的，他们"教导妇女将自身视为一个特殊的阶级。……［他们］创造了妇女，在妇女尚未认识到自身的存在之时"。

在19世纪早期的英格兰，妇女组织主要是作为反对奴隶运动的组成部分而存在的，稍后的女权运动组织也许很好地从中获益。正如班克斯（1981，22）所指出的，她们积极地参与这种运动"赋予了她们以有价值的经验，即在诸如募捐和征集在请愿书上的签名等基本的日常政治活动方面的经验"。也许相比驻守街垒，它要逊色一些，但相比沙龙中的清谈，它确实要更重要一些。早期的宪章政治运动在斗争策略上要更激进些，它是一种群众政治运动，那时妇女也参与其中。但宪章派在妇女权利（尤其是选举权）问题上立场模糊，正像稍后的社会/劳工运动在这个问题上的立场模糊一样。尽管在早期，宪章运动呼吁"特别将妇女包括在内的"普选权（Fulford，1957，38），但在绝大多数稍后发表的声明中，"立场变得非常模糊"（Thompson，1976，132）。它模糊地主张，主要的问题在于只有"一个阶级"。

正是欧文式的社会主义为新生的女权运动提供了最有利的发展条件。欧文主义"在理论上和在实践中都致力于妇女的解放事业"（Taylor，

1983，xiii）。[76]但伴随着建设"和谐新村"的实验在1845年遭遇失败，欧文主义也逐渐衰落，正如大约在同时，宪章运动也走向衰落一样。欧文将妇女解放视为他所宣扬的更宏伟的"社会改造"运动的组成部分。随着这种运动的消失，"在女权运动和［英格兰］工人阶级激进主义之间的思想联系也随之消失"。在此之后，被视为"同一激进战略的两个组成部分之间的斗争［变成了］相互分离的两种力量之间的斗争，是从不同的——有时甚至是对立的——指导思想出发进行组织的"（Taylor，1983，264）。

18世纪的最后1/4时期和19世纪上半期的一个标志性特征是许多引人注目的女性知识分子所做出的贡献，从英格兰的玛丽·沃斯通克拉夫特和哈丽雅特·马蒂诺（Harriet Martineau）有关女权的论著，到法国的斯塔尔夫人（Mme. De Stal）和乔治·桑（Georges Sand）有关文化居于中心地位的论著，再到拉赫尔·瓦恩哈根（Rahel Varnhagen）、亨丽埃特·赫兹（Henriette Herz）和多萝西娅·冯·库尔兰（Drothe a von Courland）开办的柏林沙龙（Hertz，1988）。但主要是在法国，我们见证了激动人心的女权运动，尽管它们都存在于各种——大多数是小规模的——社会主义运动内部。的确，阿邦苏尔（Abensour，1913，222，330）将1830年到1840年之间法国女权运动的要求（离婚、从事自由职业、政治权利）未能获得明显成功解释为是"它们同社会主义学说达成严格一致"的结果。

最明显地，女权主义者同圣西门主义者和傅立叶主义者联系在一起。圣西门主义者非常强调通过爱、由此通过妇女来改造社会，首先要让妇女在他们的组织机构中发挥某种主要作用（Thibert，1926，78）。他们创办了许多女性杂志：《女性的自由》（La Femme Libre），由一位信仰圣西门主义的工人阶级妇女德西雷·瓦瑞尔（Désirée Veril）创办；[77]1832年创刊的《妇女论坛》（the Tribune des Femmes），它只发表由女性创作的文章（Moss，1982，251-257）；1836年由珍妮·德溙（Jeanne Deroin）创办的《妇女报》（La Gazette des Femmes），它试图将圣西门主义的思想同一般的民主思潮相结合。[78]

蒂贝尔（Thibert，1926，iii-iv）赞美信奉圣西门主义的女权主义"充满柔情和理想主义"的特性，他提到它的"大公无私和慷慨"。摩西（1982，265）对所发生的一切做出了一种也许更为冷静的评价。她提到，正像妇女要维护自身的权利一样，信奉圣西门主义的男性是如何削弱她们在组织中的影响力的。但摩西指出:"具有讽刺意味的是,结果却是解放性的",因为作为结果,"信奉圣西门主义的妇女将她们自身从男性的监护下解放出来",产生了历史上第一次独立的妇女运动。

傅立叶将妇女解放同"道德解放"联系在一起,这在他的社会主义思想中居于中心地位。但甚至更为重要的,他论证,妇女在道德和社会方面的自由是以妇女在经济方面的独立、由此以她们的"工作权利"为"基本条件"的(Thibert, 1926, 99, 140)。一般认为,正是傅立叶创造了"女权主义"一词(Perrot, 1988, 33),[79]但对此存在争议。[80]不管怎样,作为该词的创造者被记住要比作为"要么当主妇,要么当娼妓"说法的提出者好得多,后者是由蒲鲁东提出的,他是另一种早期重要的社会主义运动(该运动在整个19世纪一直都很强大)的领袖,他由于提出这种说法而立即遭到珍妮·德溧的谴责,从那以后他一直由此而受到谴责(Tixerant, 1908, 186)。[81]

正如我们已经提到的,弗洛拉·特里斯坦做出了一种勇敢的努力,她坚持认为,妇女的斗争和无产阶级的斗争是一项共同的事业,因为妇女和无产阶级在社会中都处于"一种下等地位"(Puech, 1925, 337),因此这两种斗争是"无法分开的"(Albistur and Armogathe, 1977, 284)。的确,她曾经说过,"妇女是无产阶级中的无产阶级"(cited in Rebérioux, 1978a, xix; see also Dijkstra, 1992, 178; Portal, 1983, 95)。

似乎正是在1848年的世界革命中,这种呼吁最终产生了结果。在1848年,女权主义重申自己作为法国和其他国家社会革命组成部分的地位。在法国,女权主义者的要求是多方面的。波琳·罗兰(Pauline Roland)试图在巴黎市长选举中投票,但遭到拒绝。珍妮·德溧提出请愿要求获得作为1849年国民大会代表候选人的权利。杂志《妇女的声音》(*Voix des Femmes*)所加的副标题是"社会主义的和政治的杂志,代表全体妇女利益的杂志"。它的编辑尤金妮亚·尼博耶(Eugénie Niboyet)甚至大胆地要求将国家图书馆(the Bibliothèque Nationle)的阅览室对妇女读者开放(Thibert, 1926, 313, 317-318, 327)。但除了获得一些极小的共产主义团体支持外,这些要求被"一波清教运动的高潮"所淹没(Devance, 1976, 92)。在1850年,由于组建社会主义教师联合会(L'Association des Instituteurs, Institutrices et des Professeurs Socialistes),德溧、罗兰和其他人被逮捕入狱,理由是这是一个"有着政治目标的秘密社团"(Thibert,

1926,332-334)。

在美国,1848年世界革命的唯一表现是塞尼卡福尔斯会议(the Seneca Falls Convention),该会议一般被视为美国女权运动创始的时间。它在1848年7月19~20日发表了著名的《情感宣言》(*Declaration of Sentiments*),该宣言深受《独立宣言》的影响,开篇为:"我们认为这些真理是不言而喻的:男女生而平等"。8月18日所记录的各种申诉都指向了下述事实,即妇女被剥夺了"作为一个公民的基本权利——选举权",但这种权利却赋予了(这种申诉预示了未来的冲突)"那些无知和堕落的男性——本国的和外国的"(Rossi,1973,416)。

在欧洲,镇压是严厉的。在法国,对6月起义的镇压导致"即使是有限的社会改革要求也被拒绝"(Thompson,1996,399),破坏了七月王朝所营造的更为自由的氛围。支持女权主义的杂志被停刊(Adler,1979,175)。1848年7月26日颁布的一项法令将妇女纳入未成年人范畴,甚至禁止她们参加政治俱乐部的聚会(Tixerant,1908,63)。在意大利,临时政府(2月25日到5月4日)最初对妇女运动持同情态度,但被制宪会议(the Constituent Assembly,5月4日到28日)采取的一些歧视性措施所抵制,接着是一项立法,从其内容看不可能再有任何"改善妇女地位的幻想"(Anteghini,1988,57)。德国的女权主义者同自由主义者相联系,"成为继1848年革命之后所实施镇压的牺牲品"(Hackett,1972,362)。

因此,1848年革命的最终结果不仅是对社会主义者的镇压、而且也是对女权主义者的镇压。不过,这并没有使两种运动联合在一起。相反,就绝大多数情况而言,这两种"为社会所不容的运动"目前仍在继续它们各自独立的组织活动。19世纪上半期的情势被奥尼尔(1969,17)总结如下:

> 在妇女权利范围不断缩小和男性权利范围不断扩大之间所形成的差距在这样一个时间达到其最大程度,即在自由主义思想占据优势地位之时。在英格兰和美国,随着选举权的扩大,这种排斥变得更为明显,但也更难于为其合理性辩护。

当然,这也同样适用于欧洲大陆。正是因为很难为男女之间的这种差距辩护,[②]所以从此以后,它将成为女权/妇女运动关注的焦点。

196

家庭主妇目前成为妇女所承担角色——即被假定在现代世界中所承担的角色——的主要文化形象。妇女已经丧失了在以前时代中作为"在经济领域中受尊重的合作者"的地位（Ortega，1988，13）。当然，应该强调"受尊重"一词，因为绝大多数妇女并没有停止她们在经济领域中的"合作"。正如霍尔（1992c，688）所提到的，"资产阶级使他们的妻子变为一种在经济上处于依附地位和在意识形态上处于从属地位的女人，接着用下层中间阶级和工人阶级的妇女为他们做家务和为他们生产纺织品"。[83]

在19世纪，在生活的公共领域和私人领域之间的区分成为地缘文化的中心问题。它被欢呼为现代性的一种伟大进步，是对理性要求的一种合乎逻辑的结果。根据理性，"好的社会组织"似乎要求"对空间、角色和任务做出严格的界定"（Perrot，1988，35）。这依次又"被用作证明将个人特性和社会角色赋予男性和女性是合理的"（Allen，1991，29）。[84]这被称为是"公共领域的产生"，兰德斯（1988，12）提到在19世纪的这种文化界定和旧体制的文化界定之间存在的区别，在旧体制下，"因为权利并不是普遍的，所以妇女被排斥在正式的权力系统之外并不被认为是特别不正常的"。[85]但关键在于：权利目前被假设是普遍的，正如女权主义者一直坚持认为的那样。在1876年，一位德国女权主义者赫德维希·董恩（Hedwig Dohn）宣称："人权并无性别之分"（cited in Clemens，1988，1）。

不过，女权运动从一开始就陷入了概念上的两难境地，而且这种两难境地是它们所特有的。一方面，她们是在法国大革命中被奉为神圣的普适价值和个人主义传统的继承人。但当她们要求获得作为积极公民的所有权利时，她们发现她们被拒绝的理由在一些重要方面不同于男性。[86]另一方面，当她们决定取而代之寻求一种"有差别的平等"时，这个概念是由19世纪中期法国的一位女权主义者欧内斯特·乐高弗（Ernest Legouvé）提出的，[87]她们无疑是在寻求"一种方式以扩大自由主义的范围和同自由主义所承认的男权政治世界进行讨价还价"（Caine，1992，53）。她们同时也适应了"新科学对身体的说明"，新科学将男性和女性的身体视为"存在一系列的二元对立"，两者不能按照同一标准来衡量（Poovey，1988，6）。但这样做，她们就不可避免地接受了她们作为被动公民的角色，承认男性赋予他们自身的"仁慈家长"的角色（Offen，1983，257）。

在进退两难之间全身而退绝非易事，很少能够获得成功。从旁观者的角度观察，人们能够得出一些与众不同的结论。伊冯·图林（Yvonne

Turin，1989，359）认为，我们也许应该将修女视为在19世纪真正从事妇女解放运动的人：

> 她们是最早研究医学、药学的学者，是企业最早的领导，是最早的罢工者，等等。……尽管完全为理论建构所忽视，但不管是不是女权主义者，她们都通过她们的日常实践而使人们感受到她们的存在，即不仅通过履行她们称为天职的工作，这推动她们去承担责任，而且获得了她们的为教会和市民社会所承认的动议权。教会是唯一为她们提供自由活动领域的组织，该领域对她们的活动而言是足够大的。……在行动之前，今天的女权主义者应该扪心自问，男性是否也会做要求她去做的。如果答案是"是的"，那她将同意这样做。如果答案是"不是的"，那她将拒绝这样做。她知道模仿、重复、遵从是如何扼杀妇女的创造性的。19世纪的修女是最纯粹的女性，她们在各处进行着发明创造。

在文化分野的另一端，在一种互不相干的、但却不可思议地具有互补性的观点中，见罗宾（Rubin，1975，185）对心理分析的分析（和批判）：

> ［心理分析］是一种有关人类社会中性特征的理论。最重要地，心理分析提供了对在其中发挥作用的各种机制的描述，通过这些机制，人们对性别做出划分、并加以扭曲；心理分析还描述了兼具男女两性特征的幼儿是如何被转化为男孩和女孩的。心理分析是一种不彻底的女权主义理论。

但图林对如何从两难境地中全身而退的认识和罗宾对如何理解这种两难境地为什么会变得如此危险的认识，都没有构成女权主义者在1848年以后一直到20世纪晚期思考她们自身的组织方式的中心所在。在一个性别歧视不仅已经合法化、而且被公开地和积极地论证其合理性，由此会对任何潜在的同盟者产生影响的世界中，女权运动必须确定它自己的发展道路。勒贝留（1978b，154）提到"19世纪的所有欧洲社会都存在'在文化上'反对女权主义的力量，它也为社会主义者所支持：［社会主义］政党能够反对政府、但不会反对社会"。

学者、政治评论家和政治领袖都不可能提供太多的帮助。在英格兰，由于受到达尔文自然选择理论的影响，赫伯特·斯宾塞（Herbert Spencer）从早期支持女权运动（源自他的个人主义思想）转变为反对女权运动（Paxton，1991）。米什莱的《女性》[*La Femme*，1981（1859），49] 一书中包括了一段两个男人就妇女局限性所展开的一段令人难以置信的、带有性别歧视内容的对话，她们"被教导仇视和厌恶所有法国男人都热爱和信奉的东西"，即世俗价值观、科学和1789年革命。麦克米兰（1981a，362-263）指出，米什莱、蒲鲁东和朱尔·西蒙（Jules Simon）都是坚定的反教权论者，但他们事实上都赞同教会有关妇女主要承担家庭角色的传统观点。至于右翼力量，他们认为女权运动是价值观堕落的又一个例证，并将他们的观点同民族主义的论题相联系。[88]1893年在意大利，隆布罗索和费雷罗（Lombroso and Ferrero）出版了一本书《犯罪的妇女：妓女和普通妇女》（*La donna delinquente，la prostitute，la donna normale*），他们在书中论及妇女的智力低下、有天生的撒谎倾向和她们从遗传学看有做出越轨行为的潜在可能性。[89]

伦德尔（Rendall，1985，321）注意到，"到1860年，在[美国、法国和英格兰]，讨论妇女政治权利问题所使用的共同话语仍然是共和主义的和公民权利的话语"，[90]当然并不仅仅限于这三个国家。[91]寻求在政治上融入国家体制几乎成为"由中间阶级构成其主要成分"的运动所面临的唯一政治问题（Evans，1977，34）。人们如何才能要求成为一个积极公民？答案似乎非常简单：组织起来，要求修改法律，为修改法律而做院外游说活动。这正是女权主义者所做的。如果有人问，为什么成为一个公民是重要的？答案类似于马克思主义的两阶段理论：首先是选举权，然后才是其他一切。[92]

问题是如何才能获得选举权。它要求组织——妇女的组织。[93]法国的女权主义者为两种可能的替代性策略起了名称。她们称它们为"不合作策略"[同玛丽亚·德雷纳（Maria Desraines）相联系] 和"攻击性策略"（同于贝蒂娜·奥克莱尔相联系）。问题在于，优先性应该赋予争取公民解放、还是争取政治解放（Bidelman，1982，chaps. 3，4）。作为一场有关策略的争论，这同德国社会民主党内部有关改良还是革命的争论并没有太大的不同。一般而言，不合作策略占据主导地位。"几乎在所有地方，激进派（即首先是那些要求妇女选举权的人）都是少数，她们经常遭到'女权主义者中温和的多数派'的强烈反对"(Evans,1977,37)。

通常对女权运动走向温和化的解释是将它归因于下述事实,即这些运动都是由持资产阶级价值观的中间阶级妇女所主导的。"资产阶级的心态使她们更倾向于选择渐进的、合法的解决方案"(Hause and Kenny,1981,783)。[94]但一些女权主义者确实转向了更为激进的策略。埃文斯(1977,189-190)称赞了社会主义运动的例子和主张社会民主的妇女运动的出现,认为通过她们的"攻击性策略和密集的宣传方法激励了那些被称为'激进的'女权主义者的人群。……大规模示威游行、标语和招贴、口号和旗帜,以及对敌人给予狠狠打击的攻击性策略,这些都是由社会主义运动最早使用的策略"。

攻击性策略在英国和美国被特别多地使用。"正如她们砸碎了摄政街的厚玻璃窗一样,〔英国〕争取女性参政权的妇女颠覆了妇女作为消极的依附者的形象"(Rover,1967,20)。查菲兹和德沃金(Chafetz and Dworkin,1986,112)论证,正是这种激进性和"将问题局限在选举权上"使美国〔和英国〕的运动能够赢得"群众的支持"。摩西指出,如果这种情况并未在法国发生,那并不是因为法国的运动是"自行消亡的",而是因为"政府的多次镇压消灭了激进的女权运动"。

领导争取选举权斗争的女权主义者面对着各种有组织的妇女团体,它们将其他目标放在比选举权更重要的位置上。争取女性参政权的妇女将这些运动视为在本质上较少激进性、更多社会保守性的运动。但也有人将这种认识颠倒过来:

> 远非是使妇女运动走向激进化,……争取妇女参政权运动的出现导致妇女运动目标的减少和更强调实用主义与温和的路线,大大缩小了妇女运动的范围。……争取妇女参政权的人居于支配地位导致妇女运动几乎仅仅是关注一个对某些中间阶级妇女具有直接重要性的问题,而不去关注那些所有妇女都面临的问题,这些问题在传染病引发的骚乱中表现得非常明显,也不去关注在某些较早期运动中所涉及的婚姻法和就业等方面的问题(Caine,1982b,549-550)。[95]

这场争论并不简单地是有关选举权和其他目标何者具有优先性的问题。根本的问题在于,当妇女进入公共领域时,她们之所以进入是为了要求获得无性别差异的个体权利（在法律面前人人平等、在市场中的平等、在教育和任何其他文化领域中的平等）、还是为了确保承认妇女具有特殊的品德和才能（以及坚持认为不应将她们的活动限制在"私人"领域）。在女权/妇女运动内部的这场争论指导着19世纪的各种妇女运动，而且直到今天争论也未结束。㊾

重要的是认识到，关注社会权利的女权主义者关注政治问题（即法律方面的诸问题）事实上就像关注政治权利的女权主义者关注政治问题一样，后者将关注点集中在选举权问题上。因为法律以非常多样的方式影响到妇女的权利和希望。堕胎的非法化（同社会的反对相对立）是19世纪早期颁布的措施（Rendall，1985，226）。从那时起，它的合法化就一直是妇女关注的问题（Mclaren，1978a；Evans，1977，108）。生育控制也是如此。㊿戒酒也是如此，尤其是在美国，许多争取妇女参政权的人都参与了戒酒运动。㊽当德国的女权主义者论证幼儿园教育的合理性时，它是在追求她们的以法治为基础的自由主义国家模式，"要求政府不仅在保护个人自由方面、而且在积极鼓励一种共同体意识的形成方面发挥积极作用"。"通过激励儿童早期自主活动的本能"，幼儿园教育被认为将促进这种目标的实现（Allen，1991，65）。

妇女力图使她们的各种女性特征不影响到她们享有政治权利的所有这些尝试都遭遇到一种障碍，它是在19世纪才新近变得重要起来的：医生作为居主导地位的专家的兴起，这是以医学新获得的科学地位为基础的。㊾一般而言，这些医生"假设女性和男性的差异性大过相似性，性别之间的生理差异会'自然地'转化为不同的社会角色"（the riot，1993，19）。在这个更为世俗化的世界中，医生已经继教士之后成为在性别领域中"保持正常状态的管理人"（Mosse，1985，10）。㊾尤其是，"家庭医生"这种新概念变成一种在家庭内对行为是否良好进行"直接监督"的模式（Donzelot，1977，22，46）。甚至保守派的妇女也试图进入公共领域，由此重新获得某种个人的自主权利，这并不令人感到奇怪。

当然，在从对行为的宗教控制向医学/科学控制的转变中，我们也从一种"自然"行为的观念、从有罪之人虽然偏离正轨但通过忏悔也许能够回归正途的观念，转变为一种"从生理上看具有根本性的行为"的观念，它们能够由科学家来加以应对，在某种程度上可以"控制"或"改进"、但却无法根本加以改变。福柯（Foucault，1976，59）揭示了这种转变是如何影响到人们对性行为的看法的："[17世纪]鸡奸是一种个人的堕落行为；[19世纪]同性恋是一类人的行为"。他论证，它是在一种被禁止的行为（鸡奸）和一个人（一种个性）之间的区分，后者拥有自己的过去、自己的未成年期、自己的生活方式（同性恋）。当然，一旦人们将这些行为具体到个人/个性，那他们就能够将一种不良行为同另一种不良行为联系在一起，因为它们都植根于生物学。那些能够最好地应对这种行为的不是生物学家（数量非常少）、而是医生：

> 医生在基本科学知识方面所受到的充分训练，确保他们作为在充满神秘色彩的诊所和日常生活所面临的令人苦恼的问题之间发挥沟通作用的科学中间人是值得信赖的。医生同样也是组织良好的、在世界观上是完全世俗化的和具有政治意识的，是他们职业和社会特权的狂热捍卫者。（Nye，1984，xi）[01]

当然，就在公共领域应该强调哪些方面，女权主义者一直存在分歧。对一些人而言，它是"母性的隐喻"，意指"家庭和母亲的角色会对妇女在公共和私人领域的行为产生一种积极的影响"（Allen，1991，1，244）。一些人感到，有关婚姻和家庭的话语最终会将妇女限制在女性的本分之内。无论使用何种方式，她们都意在将"父权制连根拔除"（Basch，1986，36）和为妇女创造更多的活动空间。

妇女寻求发挥女性所特有作用的最后一个重要的公共领域是地缘政治领域。妇女组织和平运动，通常坚持认为，正是因为不像男人那样，妇女不具有好战特性，因为她们具有"母性"，所以她们不愿意看到她们的儿子在毫无意义的战争中战死。爱好和平成为妇女的特色，而且有一个专门的国际组织"国际妇女争取和平与自由联盟"（the Women's International League for Peace and Freedom，WILPF），该组织是在第一次世界大战期间的1915年创建的，目标是反对战争。[02]

妇女几乎没有能力施加影响的一种政府行为是人口普查的分类设置，因为它并不属于立法范畴。在19世纪晚期的澳大利亚，已婚妇女都被归类为家属，"这项政治措施是为了工人阶级的利益而实施的，目的是在劳动市场上排斥妇女"（Deacon，1985，46）。这样一种分类已经被普遍接受："到1900年，不承担在家庭之外有酬工作的已婚妇女是'家属'的观念已经获得了一种作为科学事实的地位"（Folbre，1991，482）。当社会科学的各种观念变为立法时，它们就会产生某种影响和获得某种程度的合法性，而这会对社会体系的日常运转产生重大影响。

种族和民族运动

我们已经看到，就她们对积极公民权利的要求而言，在承认女权/妇女运动具有合法性上，社会/劳工运动面临着巨大的困难。以类似的方式，在承认种族/民族运动对积极公民权利的要求具有合法性上，女权/妇女运动也同样面临着巨大的困难。这就好像是船上没有足够的空间来容纳所有人一样。或者也许更好的隐喻是不愿意承认只有一种类型的船只的思想，即由全体平等的公民构成的类型。在19世纪，这第二种有组织的斗争主要是在美国发生的，在那里，对黑人的压迫在导致政治局势紧张上发挥了中心作用，由此导致黑人社会运动的出现。在英国，争取爱尔兰权利的斗争也提出了类似的问题，只是它包括一种从政治上分离出去的要求，而这种要求在美国黑人运动中大体上是没有的。

从统治阶层的视角看，妇女权利问题和黑人（确实也适用于其他"少数民族"）权利问题并没有什么本质的不同。的确，他们似乎通常将两个问题结合起来考察：

> 共和派的性别意识形态有助于形成一种依据种族标准赋予公民权的做法。性别意识形态使男性同女性相对立，将生产能力和独立性同男性联系在一起，而将奴性和依附地位同女性联系在一起。……通过将女性特征赋予少数民族的男性，保守的美国人不仅阉割了所谓具有奴性和处于依附地位的男性，而且指明他们也是对共和国自由构成威胁的人。……处于依附地位的女性的另一面是善良的母性；而处于依附地位的男性的另一面却构成了专制的根源所在。（Mink，1990，96）

在19世纪早期，妇女在废奴运动中表现得非常积极，尤其是在英国和美国。也正是在这一时期，妇女的权利在各处都在逐渐减少，就美国而言，是"急剧"地减少（Berg，1978，11）。应该记住的是，在英国正是1832年的改革法案首次正式将妇女排除在选举权之外，该法案意在赋予一些之前不具有选举权的人以选举权。但在这样做时，法案明确使用了"男性"一词，这个词在之前的英格兰立法中从未使用过。它"成为了攻击的重点和引发不满的根源所在"，（Rover，1967，3），英国的女权运动由此而产生。[103]

妇女非常敏锐地求助于"自然权利"观念，它是启蒙运动和法国大革命的遗产，由此而提出她们对自由的要求。废奴运动同样也是基于"自然权利"观念，它"发挥了催化剂的作用，将潜在的追求女权的情绪转化为一种有组织的运动"（Hersh，1978，1）。当然，废奴运动包括结束奴隶制，由此使那些过去是奴隶的人获得正式的公民权利。但正如我们已经看到的，由于事实上存在着两个层次的公民——积极的和消极的，所以直接的问题就是被解放的奴隶将被置于两种公民的哪个类别之中。

这是继美国内战结束之后就美国宪法第13、14和15条修正案展开争论的核心所在。林肯（Lincoln）总统于1863年1月1日宣布奴隶获得解放（实际上并不是所有奴隶、而是大多数奴隶）。1865年通过的第13条修正案规定奴隶制违反宪法。1868年通过的第14条修正案宣布，如果有哪个州拒绝给21岁以上作为该州"男性居民"的公民以选举权的话，那么这个州在国会中的代表名额将被减少。1870年通过的第15条修正案宣布，不应"由于种族、肤色或以前处于被奴役的地位"而剥夺这些人的选举权。

女权主义者将第14条修正案视为一种"政治倒退"，因为它首次地将"男性"一词包括在内，由此首次地将妇女"明确地排除在政治活动之外"（Ryan，1992，20）。这非常类似于英国1832年改革法案所起的作用。选举权的范围被扩大，但在这个过程中妇女却被有意识地和明确地排除在外。当然，妇女主张，选举权的扩大应该同时将所有那些被排除选举权之外的人都包括进来。温德尔·菲利普斯（Wendell Phillips）是美国废奴运动的一位领袖，他在1865年5月指出，目前不应该支持妇女对选举权的要求，因为"现在是要争取黑人的权利得到满足"。这种著名的言论得到伊丽莎白·凯蒂·斯坦顿非常强有力的、而且几乎是同样著名的回应，她在1865年12月26日写给《全国反蓄奴规范》（*the National Anti-Slavery Standard*）的编者的信中指出：

> 在过去30年间，这个国家的妇女代表已经尽她们所能去确保黑人

获得自由,只要他们还处于人类等级的最低等级,我们就愿意推动他们的要求得到满足。但目前,当通往公民权利的天堂之门正在缓慢地向他们打开时,我们最好是袖手旁观,还是首先确保黑人进入天堂,已经成为一个需要认真加以考虑的问题。……

特权等级洋洋自得地向下俯视,然后告诉我们"现在是满足黑人要求的时刻;不要阻碍他们获得自由;不要提出任何新的问题而令共和党感到难堪;要豁达和大度一些;一旦黑人有了保障,接下来就轮到妇女了"。但现在,如果我们的要求包括一揽子新的举措或一系列新的思想,那么甚至一次用两个简单的问题来责问"男性白人公民"都被认为是残酷无情的;即所有被剥夺了公民权的人都提出了相同的要求;同样的逻辑和正义确保,如果赋予了一类人以选举权,那就应该赋予所有人以选举权。

过去30年的斗争并不是由于黑人本身的理由,而是由于更广泛的人性的理由。(Gordon,1997,504-505)

争取女性参政权的妇女并没有保持沉默。压倒霍勒斯·格里利的反对意见,她们努力使纽约州的新宪法在1867年取消了"男性"以及"白人"这样的用词(O'Neill,1971,17)。1867年在堪萨斯州,斯坦顿和苏珊·B.安东尼(Susan B. Anthony)支持乔治·弗朗西斯·崔恩(George Francis Train)的竞选活动,后者是一位著名的种族主义者,不过倡导给予妇女选举权。在这场妇女同她们以前在反对奴隶制斗争中的长期盟友——在美国国会中居于多数地位的共和党和以前的奴隶——的斗争中,"在每次较量中妇女都是失败者"(Griffith,1984,118)。

并不是所有的妇女领袖都采取了斯坦顿-安东尼式的立场。露西·斯通(Lucy Stone)论证,"如果妇女无法赢得政治自由的话,那很清楚黑人能够赢得他们的自由"(Kraditor,1967,3)。结果是在女权运动中产生了深刻的分裂。1869年,安东尼和斯坦顿组建了全国妇女选举权协会(the National Woman Suffrage Association,NWSA),而且此后同民主党建立了更多联系。斯通和亨利·沃德·比彻(Henry Ward Beecher)组建了美国妇女选举权协会(the American Woman Suffrage Association,AWSA),同共和党建立了更多联系。全国妇女选举权协会提出了更具社会视野的分析,它论证,妇女之所以受压迫是由于婚姻和性别劳动分工。而美国妇女选举权协会则将自己的视野局限于选举权这个重要的政治问题上（Buechler，1990，50）。[106]

19世纪下半期，随着妇女运动在所有社会/劳工问题上变得愈加保守，它在国内的种族/民族问题（正如美国的情况那样）[107]或者国外的殖民地问题上（正如英国的情况那样）也是如此。[108]在这种转向保守的过程中，许多女权主义者放弃了"自然权利"的主张。在美国，她们开始论证，妇女被赋予选举权"将抵消在外国出生的移民的影响"（Berg，1978，269）。当全美妇女选举权协会于1903年公开支持对选举权施加一种"受教育程度的限制"时［只有夏洛特·帕金斯·吉尔曼（Charlotte Perkins Gilman）表达了明确的、但却是唯一的反对意见］，她们就从扩大选举权的运动转向建议"剥夺一些美国人的选举权，即南方的黑人和北方的归化公民"（Kraditor，1965，137；see Flexner，1975，316）。[109]

就反对女权主义的优生学家而言，他们在英格兰和德国的势力强大，他们反对妇女选举权的理由在于，高生育率对一个优良种族而言具有根本重要性。但一些女权主义者却认为这样做出回应是适当的，即"除非妇女对一种新社会制度的要求得到承认，否则她们就拒绝生育孩子，而这将导致种族的衰落"（Rowbotham，1974，106）。[110]1900年发生的所谓鲁芬事件（Ruffin incident）说明了当时的主基调。在全国妇女俱乐部联合会（the National Federation of Women's Clubs）的密尔沃基（Milwaukee）会议上，妇女时代俱乐部（the Women'Era Club）被接纳为新成员。当约瑟芬·圣皮埃尔·鲁芬（Josephine St. Pierre Ruffin）作为代表出席会议时，执委会认识到这是一个由黑人妇女组成的俱乐部，取消了接纳它入会的决定。鲁芬夫人被告知，她能够作为马萨诸塞州联合会（the Massachusetts State Federation）的代表参会，后者是一个"白人俱乐部"，她是它的成员，但不能作为一个"有色人种俱乐部"的代表参会。事件趋于恶化，达到了有人试图抢走她的徽章的程度，但未能成功，因为她做出了反抗，但她也因此而拒绝参加会议（Moses，1978，107-108）。[111]

在这场冲突的高潮时期，一些争取妇女参政权的人诉诸赤裸裸的种族主义。例如，她们张贴了一幅宣传画，画上一个"畜生模样的黑人勤杂工坐在一个穿着优雅的白人女性旁边"，画的题目是"他能够投票，我为什么不能？"当然，这得到了反对妇女参政权的男性的明确回答，他们指出，赋予白人妇女以选举权所能投出的明智选票将由同时被赋予选举权的黑人妇女的投票所抵消。1910年在《大西洋月刊》（*Atlantic Monthly*）上，一位反对妇女参政权的人写道："在贵族的统治下我们已经吃尽苦头；新世界也会有强有力的人进行统治。比将选举权赋予那些愚蠢但可爱的黑人文盲更严重的危险，是将选举权（如果是合逻辑的话）赋予那些更愚蠢的、更卑贱的妇女"（Kraditor, 1965, 31）。像布克·T. 华盛顿夫人（Mrs. Booker T. Washington）这样的黑人请求获得选举权，理由是黑人在道德上要优越于移民。但请求并没有任何结果。[112]

第一次世界大战在许多方面对女权运动而言是一个政治上的转折点。在许多国家，她们在那之前或在那时都已经获得了选举权。由此，女权/妇女运动似乎陷入了严重的衰落状态。当然，一个原因在于，为获得选举权而进行动员的过程已经使妇女争取参政权的世界观发生了转变，即从将选举权视为"向压迫妇女的传统发起挑战的手段的世界观，转变为接受那些传统的许多方面并在它们的基础上提出支持选举权论据的世界观"（Buechler, 1987, 78-79）。[113]埃文斯（1977, 227）提到，在美国，禁酒和妇女选举权大体上是在同一时间被投票表决的，而且主要得到相同群体的支持：

> 两种运动都同平民主义和进步主义相联系。它们都代表了盎格鲁-撒克逊中间阶级新教徒控制黑人、移民和大城市的企图。它们是对一种不断增加的威胁的反应，即对美国价值观至上地位的威胁。它们之所以能够在大战期间取得成功，尤其是因为同德国的战争，以及在更大程度上要同1917年布尔什维克革命和战争结束时中欧国家的革命做斗争，中间阶级新教徒对他们的价值观被颠覆的恐惧已经达到了恐慌的程度。

如果对工人和妇女而言，公民权——即积极的公民权——很难获得，那么对有色人种（或者其他群体，它们根据处于某种地位的特征加以界定并被视为在某些方面是劣等的）而言，甚至更难获得。自从资本主义世界经济开始形成以来，从理论上为这种状况做合理性论证的努力就一直在进行。[114]但只是到19世纪，优等和劣等"种族"的主题才被经常地予以论及，并被白人视为几乎是不证自明的。首先，以前的种族理论都承认某种变化的可能性，例如通过"皈依"而实现的变化。[115]"开始于19世纪，……或明确或含蓄地，人们认为在人性上存在着迥异的差别；一些群体的人性状况不再具有可变性"（Guillaumin，1972，25）。

从阶级意识形态演化的各种形式看，按种族做出分类从一开始就变得几乎是不可避免的。[110]当平民在英格兰和法国维护他们的公民权时，他们有时使用的一个论据在于，贵族是"外国人"、不是在本国出生的。这就是所谓的诺曼枷锁（the Norman Yoke）理论，它在英格兰从17世纪就被提出；[117]在法国，则是在高卢族（race gauloise）和法兰克族（race franque）之间做出区分的理论，它们不时地被传播，在法国大革命期间成为重要的理论。[118]类似的观点也在意大利出现，认为在伊斯拉斯坎人同库曼尼亚人（Etrus-comania）之间存在着对立（Poliakov，1974，65—66）。但如果贵族由于是在外国出生的理由就被排除在积极公民权之外，那么有色人种不就更应该被排除在外吗？同根据出生地标准来赋予公民权相对应，根据血统标准来赋予公民权也是带有排斥性的和必然是种族主义的。但是如果存在着平民具有种族优越性的命题，那么当然也就存在着甚至更强有力的贵族具有"高贵血统"和他们拥有自然权利的命题。[119]

如果种族在19世纪成为一种被进行理论建构的概念，种族主义成为一种被制度化的实践，那么它主要是公民权观念居于中心地位的结果。因为，作为一种观念的公民权根据逻辑推理会产生两种结果：它导致国家强调和坚持以同质性为唯一合理的基础，以此证明全体公民在理论上是平等的具有合理性。它导致国家基于如下理由来证明他们对其他国家实施政治统治的合理性，即他们特殊的同质性表现为一种较高程度的文明，而这是相比被统治国家而言的；后者虽然也具有同质性，但是程度较低。

国家的有机特性是我们称之为雅各宾主义的主张所坚持的，雅各宾主义的核心观念认为，在国家和个人之间不应该存在任何中间机构。所有个人都是平等的，除了作为公民的特性之外，他们没有其他任何公共的（或同国家相关的）特性。不管是如何形成的，也不管它们的基础是什么，任何团体都不具有像国家那样的法律或道德地位。吉尔罗伊（Gilroy，2000，63）称作为结果的国家是"一种新型的暴力的和有机的组织，它首先表现在政府的作用上"。这种有机的组织代表着进步。布尔盖（Bourguet，1976，812）分析了这一点是如何被共和9年的《省长统计报告》（*the Statistique des Préfets*）提到的：

进步由此被界定为向着社会更大同质性的方向发展,人对自然的胜利,统一性战胜多样性。……启蒙运动和法国大革命的哲学塑造了这种有关理性社会的理想,异常、病态和差别将被从这种社会中消灭。

将有机特性的观念转化为每个国家都拥有不同的特性,或更一般而言在文明的国家(欧洲国家)作为一方和所有其他国家作为一方之间存在差异的观念,这并不困难、或甚至也不是不符合逻辑推理要求的。从人为制造的同质性转化为一种并不容易改变的文化-基因上的有机存在也并不困难。一个好的例子是古斯塔夫·勒庞(Gustave Le Bon),在1886年论种族心理学的著作中,他将对有机国家的最大威胁界定为同化政策,即将罪犯、妇女、种族集团、殖民地居民予以同化的政策(Nye,1975,49-50)。[121]由此我们就从一种有机整体转向一种有机存在,前者赋予全体公民平等以合法性,后者赋予这些公民之间存在等级制以合理性。再次地,从全体公民转向了在积极/消极公民之间做出区分。当出现这种情况时,那些被排除在外的人能够要求被包括在其中。但他们也可能采取一些对抗性措施,像愤怒的回击、修辞上的策略、或发起身份认同运动。[122]

19世纪是欧洲称雄世界的时期。"欧洲血统的白人对[世界]的统治从未遭遇过太大的挑战"(Hobsbawm,1975,135)。[123]无疑,这是基于他们军事力量的强大,但它却是由意识形态的建构予以保障的。"通过建构一个统一的文明形象,欧洲已经被'欧洲化',能够依据这种标准来对所有其他文化做出评估和分类"(Woolf,1992,89)。[124]当这些国家试图创建由具有同质性的公民组成的民族时,他们同时也试图在由圣西门倡导的"对世界落后地区的远征中"创造一个白人(欧洲)种族(Manuel,1956,195)。[125]远征引发殖民:"将有色人种等同于没有人性……成为法国人由此将他们的角色界定为殖民者过程中的一个主要组成部分"(Boulle,1988,245-246)。[126]当然,这同样也适用于国家内部。乔丹(Jordan,1968,xiii)提到,在革命后的美国,知识分子"事实上确实宣称美国是白人的国家"。

一种种族存在等级结构的观念获得了科学赋予的合法性,这本身就是19世纪重要的文化标志。通过"将社会学事实同生物学事实相混淆",科学完成了这种论证(Guillaumin,1972,24)。[127]这对像戈宾诺那种公开承认自己是种族主义者的人而言是以极端形式接受的,而中庸的自由主义派则是以一种较为温和的形式接受的。[127]在19世纪中期，"人类的多元起源说"在人类学家中间流行，尽管它甚至有违背圣经教义的事实。或者也许是正相反：多元起源说之所以具有吸引力的一个原因就在于，相比《创世纪》，它似乎更为"科学"。[128]托多洛夫（Todorov，1989，3）将这种"科学主义"视为在某种程度上背叛了启蒙运动的"基本原则，是自由战胜决定论"，他宣称这是"拒绝使'应该是'服从于'是'"。但我认为，科恩（1980，210）似乎更为正确。他坚持认为，就"种族"之间的差别是起源于环境因素还是起源于生物学因素的争论，启蒙运动的思想家"并没有定论"。这个问题在公开讨论中直到1945年仍然没有定论，此后尽管对这个问题的讨论逐渐平息，但也许直到今天仍然没有定论。[129]

对这种根据生物学来解释社会现实做出贡献的一种重要科学概念是雅利安人的概念。它最初基本上是一种语言学概念，19世纪的语言学家发现在一系列语言之间存在着某种联系：几乎所有这些语言都是在欧洲、在波斯使用的，一些语言是在南亚使用的。人类学家称这种语系为印欧语系。1814年，巴朗什（Ballanche）建议用对梵语的研究替代对拉丁语的研究。这事实上是持语言是由人类所创造的立场，以反对语言是由上帝启示而成的立场。像施莱格尔（Schlegel）和格林（Grimm）等语言学家发现过去被视为"原始"的语言具有令人难以置信的复杂性（Schwab，1950，190-191）。在19世纪，有关雅利安人的理论成为"科学进步的主流"（Poliakov，1974，327-328）。

随着欧洲诸强国在19世纪晚期更积极地从事殖民扩张，以前支持奴隶制度的种族主义思想现在已经被"穿上一种新的伪科学的外衣，并对群众产生吸引力"（Davis，1993，73）。雅利安人的概念目前被用于证明欧洲人统治非欧洲世界的合理性。雅利安人的概念由此会遭遇到东方人的概念。

吉尔罗伊（2000，72）提出，所有这种科学的和伪科学的理论建构加在一起构成他称之为的"人种学"。他将它界定为"[有关种族的]多样化的本质主义和简约主义的思维方式，它们认为种族在本质上既是由生物学因素决定的、又是文化因素决定的"。重要的是要强调，如果本质主义思维方式认为种族是由文化因素决定的，那它是有害的，正像它认为种族是由生物学因素决定的是有害的一样。

种族主义理论建构引发反种族主义运动。但必须承认，这种运动事实上在19世纪非常弱小，要比社会/劳工运动和女权/妇女运动更弱小。相比其他类型的运动,它们最终获得中庸的自由主义派的支持甚至更少。部分原因在于,这也许反映出,相比资产阶级或男性统治的意识形态,种族主义意识形态具有甚至更大的影响力。部分原因在于,它反映出那些在西方国家居于种族等级底层的人群的软弱性。这并不适用于美国,但美国也由此就成为种族主义意识形态最根深蒂的国家,因为它先是实行奴隶制、稍后是实行种族隔离制度。

在面对种族主义时,中庸的自由主义派的困难在于他们从根本上接受了在积极和消极之间所做的区分,在种族问题上他们将这种区分建构为在内在潜质已经得到充分发挥的全部文明人(由此积极公民)和那些目前的发展水平尚未能充分发挥他们潜质的人(由此消极公民)之间的区分。他们假设,那些拥有潜质的人将花"几代人——甚至几个世纪——的时间来追赶,他们甚至能够得到来自仁慈的盎格鲁-撒克逊人的最细致的、家长制式的关照"(Bederman,1995,123)。这能够从美国戒酒运动的领袖弗朗西斯·威拉德(Frances Willard)就在她的组织内实现种族平等问题所持的暧昧态度,以及她同黑人妇女领袖伊达·B.威尔斯(Ida B. Wells)——当两人都在英国做巡回演讲时——所展开的牵强的公开争论中观察到(Ware,1992,198-221)。这也能够从就他们愿意在多大程度上勇敢地成为反种族主义者而言,工人运动和民族主义运动所做的选择中观察到。

很少能够听到美国社会主义运动的领袖尤金·V·德布斯(1903,255,259)所做的如下类型的声明:

> 全世界都对黑人心存愧疚,我们骑在黑人的脖子上作威作福就是对世界尚未达到文明状态的简单证明。美国的黑人史是一部史无前例的罪恶史。……我们必须简单地指出:"阶级斗争是无肤色区别的"。

更重要的是要记住,19世纪是"一个综合的时代"。如果马克思是将经济学同达尔文的生物学加以综合的话,那么正是戈宾诺将各种种族主义加以了综合,而且至少产生了同样的影响(Cohen,1980,217)。

对种族主义的二元划分所做的理论建构同对性别的二元划分交织在一起。正如比德曼(1995,50)所指出的:"'白人'将'文明'说成是一种单一性的人类存在,可以同样地由他们的白色皮肤和他们的男子气概加以界定"。将种族差别和种族等级同性别差别联系在一起,似乎一直是重要的。就人们正在为等级结构所做的生物学方面的辩护而言，这是合乎逻辑的。摩斯（Mosse，1985，133-134）提到，一种种族主义的话语是如何从一开始就"将假设黑人男性无力控制他们的性冲动的内容包括在对黑人男性的描述中的"。[132]将劣等种族的男性视为无法控制他们的性冲动的人，也被用于强化在男性-女性之间的二元划法。它不仅为白人男性充当白人女性的保护者角色提供了进一步的理由，而且它还纵容白人男性对待黑人男性就像他们对待女性一样。[133]如果白人男性不知何故立场出现了动摇，那他由此将被谴责为"神经衰弱"，它被视为一种"身体上的疾病"，需要加以治疗。[134]

性别依次地又同民族主义联系在一起。19世纪有关资产阶级"值得尊敬"的主流观念通过民族主义而为各阶级所接受，"这在它为资产阶级值得尊敬的辩护中很少会出现动摇"。但与此同时，要是"不正常的"就是不值得尊敬的。这样医生就成为"负责保持正常状态的人"（Mosse，1985，9-10）。由此，完整系列的强制二元划分就将阶级、性别、种族和性行为都包括在内，它们构成限制公民权扩大的全部机制所在。民族主义要求赋予那些将要或能够成为积极公民的人以优先地位。

不同社会来源的人——等级、阶级、性别、种族和教育——之间的差别和不平等并不是在19世纪才产生的。它们长期以来一直就存在，并被视为自然的、必然的和确实也是合乎需要的。对19世纪而言，新增的东西是从理论上赋予平等和公民权概念以合法性，并使之成为集团统治的基础，成为中庸的自由主义意识形态的中心内容。正如我们已经看到的，这导致对二元划分进行理论建构，并试图合乎逻辑地将这种二元划分长久地维持下去，使事实上的越界行为不仅是违背社会规则的、而且也是违反科学法则的。对19世纪而言，同样新增的东西是由所有那些被具体的二元划分排斥在外的人所创设的社会组织，以确保他们能够从各种法律限制中解放出来、或至少部分地解放出来。对要求解放的集团而言，上一个特定集团每次取得的成功似乎都通过身体力行的方式表明成功并不是那么困难，但在实践中却使成功变得更为困难。公民权一直将一些人排除在外，就像它将一些人包括在内一样。

19世纪见证了我们当代有关身份的一套概念体系的创制完成。一旦规则不再是由传统所保障的一套体系，原来体系的合法性——如果不是它的现实存在的话——已经由法国大革命彻底地加以了破坏，各种身份被要求划定谁拥有获得权力和财富的权利,谁不拥有此类权利。确定强者的身份最为紧迫。不过,他们是关系型的,即他们不仅要确定他们是谁,而且要确定他们不是谁。在创设他们自己身份的同时,强者由此也创设了其他人的身份。

资产阶级的概念先于和引发了无产阶级/工人的概念。白人的概念先于和引发了黑人/东方人/非白人的概念。有男子气概的男性概念先于和引发了温柔的女性概念。公民权的概念先于和引发了外国人/移民的概念。专家的概念先于和引发了群众的概念。西方的概念先于和引发了"其他地方"的概念。

概念先于和引发了组织的存在。但组织使概念变成制度。正是组织/制度确保了对一些人而言是传统的东西,对另一些人而言则是承担反传统的角色。当然,所有这些范畴都是早就存在的,但它们以前并不是用来界定现代世界中某个人身份的概念。在19世纪之前,身份仍然是一种有关"等级"的问题,人们根据他们出身的家庭、根据他们来自的社区、根据他们所属的教派、根据他们在生活中的身份来加以界定。新的范畴是现代世界体系中新的地缘文化的标志,由中庸的自由主义的意识形态予以指导和支配,在19世纪的进程中逐渐支配人们的思想和社会组织的方式。

注释:

① "19世纪初,一个问题像幽灵一样困扰着绝大多数政治评论家:即社会解体问题。……处于这些共同关注中心的是希望回避人民主权模式。……正是公民的数量令他们感到担忧"(Rosanvallon, 1985, 75–76)。

② 从理论上看的正当理由在于,获得投票资格的标准是能够"做出独立判断"。从中可以推断出,"所有那些被视为在行使意愿方面依赖于其他人的人——诸如未成年人、妇女、或仆人——被排除在选举权之外"(Gueniffey, 1988, 616)。这就是后来被称为纳税选举权制度(régime censitaire)的起源所在(Théret, 1989, 519)。

做出判断的能力继续成为否定给某些人以选举权的主要理由。例如,那个时代英格兰自由主义的代表人物詹姆斯·穆勒在1824年就反对赋予妇女和工人阶级选举权,"理由在于,他们的利益能够被其他人有效地代表,即那些能够更好地代表他们的利益行使政治权力的人:就妇女而言是丈夫和父亲,就工人阶级而言是'社会中最明智和最有德行的群体,即中间阶层'"(Taylor, 1983, 16)。

③ 西耶斯的区分将在各处以这种或那种形式被接受。"像他们在欧洲其他国家的同类人一样,意大利的自由主义者也在公民和群众或民众之间做出了明确的区

分。在一个自由主义国家中，部分群众被赋予公民权，但只有公民能够被恰当地赋予政治权利，这个少数群体由于性别、财产所有权和所受的正式教育而适合待在负责任的位置上。……自由主义的这种立场……反映了一种担忧，即担忧政治民主也许会导致不稳定的政府和'暴民统治'"（Lovett，1982，33）。

④ 戈德肖（Godechot，1971，495）提到："在1789年选举期间，民族突然得到革命者的支持，这使它在群众中间变得非常受欢迎。事实上，'整合成为民族'、由此只有民族被假想为等级制度中处于国王地位的东西。因此，1789年9月喊出的口号是：'民族、法律、国王'。民族决定、支配法律；国王只是执行法律。过去是'王室的'所有东西现在变成民族的；国民大会、国民卫队、国民军队、国民教育、国民经济、国家疆域、国民福祉、国家债务，等等。继冒犯君主罪之后，现在有叛国罪"。

诺拉（Nora，1988，801）强调了下述事实，法国大革命将"民族"一词的三重意义结合在一起："社会意义：全体公民在法律面前人人平等；法律意义：相对被动接受法律而言的立法权；历史意义：通过连续性，一个人群同过去和未来联系在一起"。比灵顿（1980，57）强调了这个概念在社会心理方面的重要性："［民族是］一种新的博爱，其中残存的对王室的忠诚以及对民族观念的些许敌意都被生而作为一个共同祖国的子民一扫而光"。他称之为一种"富于战斗性的理想"。

⑤ 在加的斯的西班牙议员在1810年使"民族主权"和"人民主权"变成新的基本政治原则，这里同样是，过去是"王室的"所有东西现在都变成"民族的"（Cruz Seoane，1968，53，64）。就意大利而言，利特尔顿（Lyttleton，1993，63）论证道："在1796年之前，意大利问题并不是作为一个政治实体而存在的。意大利的雅各宾派是首次提出将创建联合的意大利作为一种具体政治方案的人，他们的民族概念源自于法国大革命。"

⑥ 戈德肖（1971，495）论证，对《陈情表》（*cahiers de doléance*）的一种解读揭示，正是受教育的阶级倾向于使用祖国（patrie）一词，他们似乎对在伏尔泰（Voltaire）和卢梭之间的那场具有历史意义的争论有充分的认识，伏尔泰将祖国界定为"人们在其中感到舒适的地方"，而卢梭则坚持认为它就是"人们在其中出生的地方"。'民族'一词被那些有着更多革命倾向的人使用。不过，罗伯斯庇尔（Robspierre）似乎为了革命事业想要拯救祖国。他指出："在实行贵族制的国家中，'祖国'一词毫无意义，除了对那些已经被剥夺了统治权的贵族家庭而言"（cited in Carrère d'Encausse，1971，222）。

⑦ 迪埃（Duhet，1989，33）。此后不久，在一封给国民大会的呼请书中，有人写道："像犹太人和有色人种一样，妇女肯定是有价值的"（cited in Rebérioux，1989，x）。

⑧ 赫夫顿（Hufton，1971，95）论证道："旧制度下最重要的社会分化……是在下

述两类人之间发生的,一类人是能够自豪地宣称'在我们的家里不用为面包担心',另一类人是不可能做这样宣称的。……在因面包而引起的骚乱中,妇女将她们的过激行为归因于她们对下述必要性的认识,即她们必须被视为贫困者,而不是赤贫者。……赤贫者并不在抗议者和骚乱者之列。……他们已经放弃,不抱任何希望"。

"因此,法国大革命期间因面包而引起的骚乱,不管是 1789 年 10 月 5~6 日向凡尔赛宫的进军、还是重要程度较低的共和三年芽月和牧月的那些斗争,是典型的妇女的胜利。就面包而言,这是她们的专属领域;没有妇女参加的面包骚乱本来就是矛盾的"。

阿普怀特和列维(Applewhite and Levy,1984,64)以稍微不同的方式看待妇女的作用:"就大革命而言,最重要的、甚至最独特的特征是巴黎民众阶层中的妇女做出了主要贡献:即它在 18 世纪的西方世界中实现了以最广泛民主为基础的人民主权。女权主义者对公民和政治权利的要求源自于启蒙运动中的自由主义,它从未成为革命者为权力而斗争的中心所在,而且为拿破仑法典所否定,但非精英阶层的妇女的政治活动是大革命政治的核心所在"。

⑨ "当法王美男子菲利普(Philip the Fair)于 1302 年郑重其事地召开第一次三级会议时,他召开的这次会议是由男性和妇女共同选择的结果。在接下来的 5 个多世纪中,各等级中拥有特权的妇女都拥有投票权,不管是在地方还是在国家层面。接着在 18 世纪 90 年代,宣称男性权利的大革命废除了妇女的政治权利"(Hause,1984,3)。

⑩ 乔治(George,1976-1977,420)指出,共和派的目的在于"将占'人民'一半的妇女组织起来,使她们热情地支持激进派的纲领"。

⑪ 瑞茨(Racz,1952,171)提到这件事情的"讽刺性",因为共和派一直是这项法律的热情支持者。

⑫ 拉古(Lacour,1900,403)也是这样认为的:"当米什莱指出:'[妇女政治权利]这一大的社会问题被压制是出于偶然的原因',他是错误的。雅各宾派的恐怖统治在镇压妇女社团上有其逻辑必然性。他们要镇压的、或更确切地说已经镇压的是那个要求紧急执行宪法的政党,即由勒克莱克(Leclerc)领导的人民之友(the Ami du peuple)和拥护共和的革命者论坛组成的政党。正是这个由男性和妇女组成的政党想要一场社会革命,……他们将罗伯斯庇尔的社会主义承诺当真,因而想要宪法赋予他们的选举权"。

⑬ 这个宣言是非常大胆的:"醒来吧女性;整个宇宙都能听到理性发出的警示;发现你的权利"(reproduced in Levy et al.,1979,92)。对奥拉普·德古兰的观点和作用有见地的分析见斯科特(1981)。

⑭ 在圣多明各,白人并不理会这个法令。的确,他们处决了自由的有色人群的领袖奥热(Ogé),当他试图推动法令执行时。这导致一场白人和黑白混血阶层之

间的内战，因而使黑人奴隶反对上述两者的起义变得不合时宜。布莱克伯恩（1988，176）称倡导给予黑白混血阶层以权利的黑人之友作为一个政治组织是"不起作用的"，他还提到奴隶权益"不仅在国民大会、而且在革命社团中都遭到否决"。

⑮ 尽管拒绝称这为阶级冲突，但科布（Cobb，1970，184）基本上同意，"在雅各宾派专政和群众运动之间的冲突、在罗伯斯庇尔主义者和无套裤汉之间在道路上的分歧，却比人们以前所认为的更直接。纲领在这种分歧中并不起什么作用，从阶级视角看也不大可能发现这种冲突有任何'必然性'可言。双方所代表的政权形式（无政府也许是描述激进民众所实行的自治的更为恰当的词语）不可能共存超过几个月"。就如何对作为一个社会范畴的无套裤汉给出最准确的分析，见霍布斯鲍姆（1977，88）、索布尔（Soboul，1962，394）和滕内森（Tnnesson，1978，xvii）。

⑯ 见汤普森的总结（1997，23）："作为法国大革命的后果，人们对待社会阶级、大众文化和教育的态度被'确定'。在一个多世纪中，绝大多数中间阶级的教育者都不可能将教育工作同社会控制工作区分开来，这就必然要求他们要经常地压制或否定学生生活经验的正确性，认为那些是不文明的或传统文化形式的表现。因此，教育就和被公认的经验产生矛盾。那些通过自身的努力而融入所教授的文化中的工人们马上就会发现他们处于同样矛盾的地位上，其中教育带来的是排斥同伴和对自己的经验产生怀疑的危险。当然，这种矛盾仍在继续"。

⑰ 这篇社论发表于1848年2月26日，值得详细地予以引述："在［自1830年以来的］这段引人注目的时期，英格兰的君主和政府一直在稳定改善这个国家的所有制度，并使它们为人民所接受。他们大大扩展了代议制的基础。他们明显和有意识地增加了平民的权利。他们将市政管理向平民开放。他们限制、甚至打破了公司和阶级的垄断权。他们将制造业和商业的发展从诸种束缚中解放出来。但我们真的需要纠缠于细节吗？总之，他们已经投入人民的怀抱。通过逐个满足人民的正当愿望，他们是在拆民主的台。让那些生活阅历尚不丰富的人将目前这种群众骚乱同最近一次法国大革命之前的那种群众骚乱做一比较。因此，英格兰不断受到要求进行有组织变革的鼓噪的困扰。贵族的身份、教会、财产权、法律、君主制和秩序本身都将消失。注意那场动荡已经导致变革的发生。在这些日子里，群众骚乱具有一种纯理性的、以致可以说具有立法的特征。成千上万的人聚集在一起让他们的代表了解他们针对紧迫问题的看法、一般而言是他们的明智看法，当然不涉及社会的根本问题或对国家的重构，而是一些较次要的和有争议的问题。这种讨论在其论题上是合法的，在其论调上是和谐的"（cited in Saville，1990，229）。

⑱ "在法国爆发的各次革命中，1848年革命明显是最具社会性的革命，这是从该词的现代意义上讲的，……即在它是'工人阶级'、或'无产阶级'的意义上

讲的"（Labrousse，1952，183）。这方面并不为那时的其他国家所了解。德罗兹（Droz，1972b，462）援引了1848年5月14日发表的法兰克福工人协会宣言（the Arbeiterverein of Frankfurt）："工人就是人民"。康策和格罗（Conze and Groh，1971，143）断言，在1848/1849年期间，"民主运动和工人阶级运动几乎毫无例外地得到一个高素质少数群体的支持，即'工人-技师'，他们的社会地位在那时只能被描述为是极其不稳定的"。

⑲ 无疑，相比任何其他国家，它在1848年之前的法国有着更强的基础。勃吕阿（1979a，331）称这一时期的法国"无疑是社会主义国家"。

⑳ 1848年是"独立的社会主义劳工运动在欧洲出现的时间，它发源自民主革命"（Lichtheim，1969，vii）。也见莱宁（1970，171）。勃吕阿（1972，505）认为社会主义作为一种"由理论指导的力量"是在1848年出现的。在德国，"在激进民主和社会主义政治之间的明确区分在1848年之前并未出现"（Kocka，1986，333）。

㉑ 不过，宪章运动并未在英格兰取得成功的事实是里希特海姆（1969，5）重点考察的问题，因为它使"维多利亚社会得到巩固"成为可能。相反地，萨维尔（Saville，1990，227）将它视为"在所有那些在［英国］有财产利害关系的人中显贵时代的终结，不管那种利害关系有多么小"。

㉒ "更重要的是，革命经历使许多民主激进分子相信，在不使用更严谨和更独特的术语——这是相比马志尼所做的而言的——来系统阐释革命的社会目标的前提下，他们同样有可能获得群众对文化和政治革命的支持。……就意大利革命的社会目标达成共识、甚至是一种模糊的共识，被证明要比就其文化和政治目标达成一致困难得多。的确，在统一之前和之后，社会正义问题是在民主阵营中引发分歧的主要原因所在"（Lovett，1982，50-51）。

㉓ 克罗地亚的民族主义者"并不是自由主义者，而简单地是对所有那些拒绝承认他们有权建立一个民族国家的人充满仇恨的民族主义者"（Fejt，1948b，154-155）。

㉔ 他们已经认识到密谋活动是不起作用的。布朗基在1839年领导起义的彻底失败是有说服力的。1846年，卡尔·肖伯尔（Karl Schopper）代表伦敦共产主义者通信委员会（the London Communist Correspondence Committee）写了一封信："密谋活动对除我们的敌人以外的任何人都没有好处。……我们肯定已经确信，一场伟大的革命是不可能避免的，但认为通过密谋和愚蠢的宣告就能带来这样一场革命……是荒谬的"（cited in Ellis，1947a，42）。但目前已经超越了仅仅是怀疑密谋的价值，而是到了怀疑自发起义是否充分的阶段。

㉕ 吉尔里（Geary，1981，26-28）试图区分出三种类型的劳工抗议运动：前工业社会（"由粮食引发的骚乱是其典型"）、早期工业社会（卢德主义）和现代工业社会，后者以创建正式的和"长期稳定存在"的组织为标志。类似地，蒂

利（1986，389，392）指出，在1848/1851年之后，在法国，群众抗议"转向全国层面"。他将此前的抗议描述为"地方性的和受到庇护的"，而此后的抗议则是"全国性的和自主的"。卡尔霍恩（Calhoun，1980，115）也指出："在社会学层面，这种转型中的关键转变是转向'阶级'行为，它是伴随着正式组织的发展而来的，这些组织能够动员工人采取全国性的行动"。他认为，这种行动开始于19世纪20年代。我认为，他确定的这个日期过早。我认为，这种行动在法国开始时阶级性是非常微弱的，在英格兰至多也是部分地以阶级为基础的。真正全国性的阶级组织是1848年以后才出现的现象。我相信霍布斯鲍姆（1975，115）比卡尔霍恩更接近那个时间："我们现在能够认识到19世纪60年代取得的两个成就的影响是持久的。从此以后，将出现有组织的、独立的、政治性的和社会主义群众性的劳工运动。马克思之前社会主义左派的影响大体上已经被消除。作为结果，政治行动的结构在持续地发生变化"。

㉖ 这是一种在那个时代就已经提出的观点。布隆泰尔·奥布莱恩（Bronterre O'Brien）是一位激进分子和工会会员，他在1833年写道："一种精神已经在工人阶级中间形成，它在此前时期并无先例"（cited in Briggs，1960，68）。不过，福斯特（Foster，1974，47-72）坚持认为，"工人的非法联合"在英格兰的较早时期就已经存在，即在19世纪开始到19世纪30年代之间，其后果是"对劳动人口的大规模文化重组"（p.72）。我认为，这取决于你如何界定"工会制度"。鲁尔（Rule，1988，10）发现了它在18世纪的英格兰存在的证据，他宣称，他发现亚当·斯密和1799年反结社法案都提到冲突使雇主们认识到"加强他们的力量以反对已经建立的工会"的必要性。也见佩林（Pelling，1976，14）对英国1825年之前工会的讨论，它"几乎都是由熟练工匠、而不是劳工组成的"。

㉗ 英国工人"怀念洛克，正像他们也同样期待马克思一样。[他们的理论]不是一种有关生产过程中存在剥削理论，而是一种不平等交换的理论。资本家仍然被主要视为掮客或垄断者。……因此，利润是从劳动产品中扣除而来，是通过生产资料所有权强行获得的。……上述的这种情况最接近受剥削的工匠或外包工人的情况"（pp.57-58）。

㉘ 吕德（1969，52，95，112）提到里昂——一个重要的政治和经济中心——的工人，在那里，绝大多数工人都"对复辟持非常消极的态度"，更别提他们"绝不可能热情地"欢迎查理十世即位，他断言"雅各宾传统影响了人们很长时间"。提到工会和工人政党19世纪30年代在美国的兴起，布里奇斯（Bridges，163-164）指出："这种有组织的生活表明杰克逊时代的工匠是[托马斯]潘恩和美国革命所信奉的意识形态的信奉者，他们也以此为荣。……他们的理论认为自由人同奴隶相对立，贵族同共和主义相对立；……它的各种判断提出的基础是平等和自然权利"。莫姆森（Mommsen，1979，81）将19世纪

60年代德国的工人运动视为"继承了资产阶级激进主义的衣钵"。

不过,吉尔里(1981,49)谨慎地指出,"相比稍后时期,激进思想在19世纪30年代和40年代更顺利地得到英国工人阶级某些部分的欢迎,这表明,条件的变化(变得更富裕、自由主义国家的确立)、而不是意识形态本身决定了工人的态度"。

㉙ 吕德(1969,243)强调了英格兰和法国在对待中间阶级政权态度上的不同:"简而言之,在1832年〔英格兰〕没有爆发革命,这与其说是因为托利党人或贵族屈从于辉格党或激进派的威胁,不如说是因为所有重要人物都不想革命爆发,因为那些使革命有可能爆发的政治和物质因素明显并不存在"。琼斯(1083,57)认为1832年改革法案激励了工人阶级意识的形成,就它被视为中间阶级所做的一次"大的叛卖"而言,过去工人阶级认为他们在同中间阶级一道"进行一场共同的斗争"。这种意义上的叛卖接着又由于辉格党政府后续的行动而加剧:爱尔兰人强制转换法案、否决十小时法案、对工会的攻击、市镇法案和新济贫法,所有这些法案都被视为"证实了中间阶级的叛卖行为"。从中得出的实际结论在于,工人阶级必须为自身的解放而战斗。

㉚ "在1830年到1836年之间,在法国和英国爆发的伟大运动并不需要政治家的指挥。恰恰相反,它对他们持怀疑态度。各政党的领袖都仅仅对掌握权力和保持权力感兴趣"(Dolléans,1947,1:30)。

㉛ 因此,里希特海姆(1969,7)认为英格兰和法国是新社会主义运动的"两个发源地",并将这种开端追溯到"大约1830年"。西维尔(1986,61)集中关注法国,将其开端追溯至"在1831、1832和1833年期间"。他强调,"社会主义在工人阶级中间真正大规模的发展……是利用、而不是抛弃革命政治传统的结果"(p.65)。在19世纪30年代和40年代的德国,"像'共产主义者联盟'等早期的激进组织主要是从手工业学徒(handwerksgeseller),即技师或年轻的熟练工人中吸纳成员的,他们是根据行会规则加以培训的和在依附于师傅的地位上工作的人"(Kocha,1984,95)。

莫斯(1967,38)将合作社会主义视为"共和主义者对在七月革命之后出现的工人阶级抗议的反应"。当然,人权协会(Société des Droits de l'Homme)中的激进共和派是属于中间阶级的,但"将平等主义原则应用于工业社会导致他们超越了中间阶级的利益,而趋向于一种真正的社会主义纲领"。因此,为了反对马克思的下述主张,即这一运动"主要是小资产阶级的社会主义"和"中间阶级的社会主义",莫斯(p.47)坚持认为,它的社会基础"主要是工人阶级的"和"代表了一种真正的无产阶级对行业社会主义的渴望,即由熟练行业联合会拥有对工业资本的集体所有权"。普拉门内兹(1952,177)同样也希望同马克思展开论战,但却是在相反的方向上。远非是一种无产阶级的意识形态,社会主义"来到法国是在那个阶级对它有要求之前,该阶级在其中的利益是虚构的。……它是[资产阶级]意识形态自然提出的问题，是在资产阶级头脑中产生的；工人之所以能够接受它（或就他们所能理解的程度而言）是因为他们最初接受了 1789 年的原则，因为他们认识到'人权'不仅适用于其他人，而且也适用他们自身"。

㉜ "这种类型的手工业者并不在雇主家中居住。在从传统技工向合格的工资劳动者转型的过程中，他们居于领先地位，但他们仍然保留了许多传统上将同行团结在一起的东西，并以此作为进行抗议和组织的基础"（Kocha, 1986, 315）。卡尔霍恩（1980, 421）正是援引这种类型的"连续性、稳定性和凝聚力"来解释从事革命活动的可能性："我认为，在特定'运动'爆发之前存在的社会联系具有关键重要性，它们为长期的、危险的和协同进行的集体行动提供了社会力量"。类似地，西维尔（1986, 53）借助于他们"对其劳动协作特性的认识"解释了"手工业者倾向于采取具有阶级意识的行动"的原因，这是相比此时"工厂工人保持相对沉默"而言的。对手工业者而言，它"主要是一种社会认知的产物……源于社团或行会制度"，而工厂工人"对生产关系的认识较少社会性、较多个体性"。也见莫斯（1976, 22-23）："熟练工人并不会作为被动的牺牲品经历工业化过程，而是会为它带来一揽子价值观和导向：行业的自治、自豪和团结；组织经验；通过群众的共和经历而培育出的一种主张平等主义的倾向，这些激励了一种对转型的积极反应。……熟练工人将一种行业的和无产阶级的阶级意识结合在一起"。

㉝ "认为在工业化早期，罢工是由工厂工人非理性地发动的观念——他们是由于尚未学会适应他们的新环境才发动罢工的——同罢工者所表现出的高度理性和组织性相矛盾，同早期罢工主要是由手工业中的手工匠发动的相矛盾，后者已经很好地整合到传统的行业共同体当中"（Aminzade, 1982, 63）。一般而言，在这个时候工人必须对联合行动保持谨慎，因为镇压是非常严厉的。例如，在西班牙，1839 年颁布了针对互惠性协会的王室法令（a Real Orden）。因此当巴塞罗那爆发冲突时，所涉及的协会被解散。在经历了各种动荡之后，到 1845 年所有联合行动都被镇压下去（Tuon de Lara, 1972, 41-48）。谈及英格兰，塞克斯（Sykes, 1988, 193）指出，"在 19 世纪 30 年代开始时，似乎确实存在一段尤其强烈和令人感到痛苦的冲突。这段时期的全部经历……深刻地影响到各阶级的态度和关系"。

㉞ 贝达里达（Bédarida, 1979, 319）同意这种看法："从英国人的视角看，宪章运动代表了现代英格兰已知的最强有力的、最深刻的和内涵最丰富的群众解放运动。从欧洲人的视角看，它构成 19 世纪两次伟大的工人革命斗争中的一次，另一次是 1871 年的巴黎公社"。

㉟ "作为一种长期存在的现象，宪章运动是对社会进行激进批判的最近的、最著名的和最迫切的一种运动，尽管也许并不是最具革命性的。……在这种批判背

后隐含的是对一种平等社会的设想,其居民只包括勤劳的人和只需要最小化的政府……"

"如果将激进派和宪章派的政治运动解释为一种对工业资本主义出现的反应的话,后者被视为一种客观的、必然的和不可逆转的经济过程,那是毫无意义的。激进派所设想的更多的是一种武断的和人为的发展,其来源不可能在经济的实际运行中发现,而是来源于对经济掠夺过程加速和加剧的不满,此前50年政治运动的发展使它成为可能"。当然,宪章运动也包括其他一些成分。就"激进的基督教徒的感情"在其中所起的作用,见约(Yeo,110-112)。就北方宪章运动所谓的托利党-激进派的性质——就它而言指"传统的保守主义"——见沃德(1973,156 and passim)。

㊱ 在讨论这个概念在西班牙的出现时,罗利(Ralle,1973,124)援引了一份西班牙社会主义报刊《解放报》(La Emancipación)在1871年给出的对资产阶级的定义:"所有那些人属于不同的阶级和忠诚于不同的政党,生活在一种不公正的社会制度下,努力在或大或小的程度上享有他们优势地位带来的果实,并对维系这种制度做出贡献"。

㊲ 这稍后使社会科学家就中间阶级的确切定义问题展开争论,这场争论颇具中世纪教士激烈争论的色彩。就他们将其应用于法国而展开的有关定义问题的争论,按先后顺序见科本(Cobban,1967)、欧波伊尔(O'Boyle,1967)、斯特恩斯(1979a)、欧波伊尔(1979)和斯特恩斯(1979b)。

㊳ 英格兰一直是这种厌恶使用阶级语言倾向的一个明显例外。琼斯(1983,2)提到,在英格兰"普遍使用阶级词汇"的反常性,他提出了如下解释:"不像德国,阶级语言在英格兰从未面对来自以前存在的等级语言的严重竞争;不像法国和美国,共和语言和公民权概念的流行程度较低……;也不像南欧各国,阶级词汇并不是伴随社会民主党的产生才使用的——而是在它之前很久就已经存在,而且也从来不是后者的专用词汇"。

㊴ 对英格兰使用工人阶级术语的讨论可以在霍布斯鲍姆的著作(1979,59-63)中找到。霍布斯鲍姆(1964,116)还讨论了我们应该如何区分家庭手工业工人(cottage worker)和接活在家做的工人(outworker),这非常有用:"早期工业化时期并不是用工厂工人取代家庭工人。……恰恰相反,它大大增加了家庭工人的数量。……[后来]逐渐消失的使用手摇织布机的织工并不简单地是从中世纪残留下来的人,而是一个数量大大增加的阶级,它大体上是作为早期阶段资本主义工业化的组成部分,就像工厂工人一样。……忽略早期工业化时期那些不在工厂中工作的工人是不切实际的,就好像仅限于讨论引入打字机的社会影响——它们在从事大规模生产的机械化工厂中被用于记录工人的工资和工作量,而忽略了打字员一样"。

㊵ 库玛尔(Kumar,1983,16)对英格兰工人阶级的"非激进化"给出了类似的

解释："宪章运动的失败大大挫伤了工人的士气，加之雇主在几个产业中最终成功地打破了行业工会对工作组织和模式的控制这一事实，由此产生了大量不问政治的工厂劳动者，他们将对未来的最大希望寄托于行业工会为他们争取更有利的条件上"。

㊶ 提到英国，穆森（1976，355）论证道："在19世纪30年代和40年代并不存在持续的、统一的和具有阶级意识的'群众运动'，'新的工人贵族'也不是在世纪中期突然出现的。在变化是连续和渐进发生的意义上，1850年左右也不存在大的中断，而是保持了某种连续性，"。谈及德国，康策和格罗（1971，1：159）提到，"从组成人员、意识形态和在较小程度上从组织形式看，工人阶级运动保持了连续性，由此民主运动的主要组成部分也保持了连续性"。谈及美国，霍格兰提到在19世纪50年代："被剥夺了普遍的和激励人心的理想，甚至没有创办一份劳工的报纸来引起全国的注意，熟练工匠沉下心来，决定借助长期存在的和排他性的组织，继续从事冷漠的商业来为自己赚取更多的报酬"。

㊷ 就法国而言，见莫斯（1976，8）："法国的劳工运动并不是在工厂工人中，……而是在熟练的手工工匠中兴起的，他们像工资劳动者一样从事小规模的资本主义生产"。也见西维尔（1974，81），他在对马赛的研究中指出："各种手工业中几乎一直存在着某种形式的劳工组织，通常要么是手工业行会、要么是互助协会，直到19世纪60年代工会（chambressyndicates）被赋予合法地位时。……相反地，我并没有发现有证据证明在任何无产阶级从事的行业中存在着劳工组织"。就德国而言，见吉尔里（1976，298）："那些在19世纪60年代构成工人社团和协会成员的主要是熟练工人，它仅涉及一个相对小的范围，肯定不是从集中工作的非熟练劳动力中吸纳成员的"。也见科卡（1986，314）："熟练工人是早期工人运动的主要支持者，这并不令人感到奇怪"。只是就美国而言，我们得到了稍微不同的说法："到19世纪50年代，有更多的人在为工人阶级中的非熟练工人说话，有更多的人将自己等同于工资劳动者"（Bridge，1986，177）。但在19世纪50年代，美国并没有对自由的白人工人阶级进行特别的镇压。

㊸ 他提醒我们（1984，99），从19世纪60年代以后，在德国"新兴的社会民主运动和社会主义劳工运动明确抨击工匠和手工业者的传统，并怀疑技师和熟练工人的忠诚，因为他们正确认识到，这种传统和忠诚是严格地局限于行业范围的，是狭隘地忠诚于小团体，由此阻碍了他们试图推动的广泛的和全面的阶级团结"。

㊹ 他提出的因果顺序（1974，99-100）如下：在第二帝国镇压工人组织期间所取缔的组织都是由马赛的本地人、天主教徒和保皇党成员建立的社团，这导致沙龙文化的兴起，依次又为"手工业者中的共和主义和社会主义政治运动开辟了道路"。因此，他论证，"工人阶级"的兴起"既是文化变革、又是政治变革"

(p.106)。

㊺ 见克里格尔（Kriegel，1979，607）："从本质上看，国际工人协会是由于不同利益的暂时一致而产生的，……［对英国的工会会员而言，它似乎］对阻止破坏罢工者进入英格兰或外国工人在较低的工资水平上工作而产生的竞争有用。法国工人正在寻求一种发展模式。他们对应该走什么样的发展道路并不确定：是同资产阶级的共和派联合进行反对帝国的政治斗争——帝国在实行独裁统治和寻求群众支持之间徘徊不定？还是进行反对雇主的经济斗争——雇主被英格兰人发起的新竞争惊呆了，未能很好地适应法国经济正在迅速发生的转型？……这样一种英法对话的伟大作用就在于为这种新的联合提供了具体目标"。范·德·林登（Van den Linden，1989）指出了国际工人协会作为一个国际政治组织所固有的问题，即它的成员主要由工会组成。例如，他指出英国各工会在1867年之后退出国际工人协会的根本原因在于，它们不再需要它的帮助去阻止英格兰雇佣外国人以破坏罢工，以及在罢工期间给予它们以资金上的帮助，而这又是因为它们已经在全国层面上稳固地联合在一起。

㊻ "几乎在所有地方，劳工的和社会主义的政党都在以某种令人震惊的或令人惊奇的速度发展，至于是震惊还是惊奇取决于人们的视角。……无产阶级正在加入它自己的政党"。

㊼ 见吉尔里（1981，109）："欧洲工人阶级似乎确实放弃了为罢工而筑街垒和为争取和平组织权利而进行起义的做法"。

㊽ 在即将宣战的时期进行的模糊争论见豪普特（Haupt，1965）。基本的论点是几乎所有政党都承诺拒绝参与战争，但几乎每个人都投票支持战争。公众立场的转变是在几天之内发生的。克里格尔和贝克（1964，123）以如下方式解释了法国社会主义者的态度："某种形式的社会主义似乎只不过是现代形式的雅各宾主义，当国家处于危险中时，'伟大先辈们'的声音压倒了社会主义理论，后者很难同当时直接面对的情势相协调"。肖斯克（Schorske，1955，284）将德国社会民主党投票支持战争解释为"只不过是一种清晰的发展线索的合逻辑的结果，其中在党内对关键权力位置的掌握在之前的10年间就已经转移到修正主义者的手中"。实际上，在谴责战争上，布尔什维克党并不是唯一的。在战争期间的1915年，巴尔干各国的社会主义政党在布加勒斯特开会，它们既谴责了战争，同时也谴责了绝大多数社会主义政党支持战争的事实。它们提到"国际的耻辱"（Haupt，1978，78）。

㊾ 类似地，吉尔里（1976，306）讨论了德国社会民主党的官方马克思主义所发挥的作用，他指出："很明显，德国社会民主党在其早期的激进主义是被夸大的；这对通常主张的该党被资产阶级化的理论提出了质疑"。

㊿ 尽管又一次镇压在巴黎公社之后发生。国际工人协会在巴黎公社之后不复存在，部分就是因为这次镇压。英格兰的成员组织之所以退出是为了将自身同总

委员会（the General Council）出版《法兰西内战》（*The Civil War in France*）脱开干系。法国政府发起了谴责国际工人协会要对公社负责的运动，后者的起因和行动几乎同协会无关。但欲加之罪何患无辞（Forman，1998，61）。

㊑ 辛顿（1983，77）估计，甚至在1884年英国进一步扩大选举权之后，也只有2/3的成年男性有资格投票（由于对户籍的要求和对靠救济生活的人的排斥）。穆尔豪斯（Moorhouse，1973，346）断言，在1918年之前，只有一半的男性工人阶级有选举权。不过辛顿提到，尽管有选举权的人所占的比率尚不理想，但在1884年之后，"扩大选举权从未成为工人阶级政治运动的中心问题"。罗斯（Roth，1973，35）坚持认为，俾斯麦将扩大选举权视为是"为保守的群众提供投票权来反对自由主义者，尤其是在农村地区"。这也许同样是狄斯雷利的考虑。令人感到奇怪的是，格罗（1973，27）将1867年德国扩大选举权视为某种可以由"德国宪政体制"的特殊性来加以解释的现象。

㊒ 但也见布里奇斯（1986，192）有关美国的论述："在强调选举权具有重要性的同时，也应该做出一些具体的说明。正像莱因哈特·本迪克斯所做的那样，我这里并不是说，由于获得选举权的'补偿'，美国工人相比其他地方的选民对工业化的抱怨较少。……我要论证的是，当工人拥有政治目标……、被赋予选举权和成为城市少数群体时，他们必然会被吸引参与选举政治和政党政治——这些行为必然会影响到他们的意识和他们的文化"。

对文化的影响也是朗格维舍（Langewiesche）关注的对象："如果人们将德意志帝国的社会和文化界定为'资产阶级的'，那么社会主义文化影响下的劳工运动就会成为一种使自身资产阶级化的工具。信奉社会主义的工人将加强这些文化组织，信奉社会主义的专家将提出他们崇高的计划，但无论如何他们都不会以这种方式来看待他们在促进文化发展上所做的努力。恰恰相反，他们相信，他们不是在为一种资产阶级文化的发展、而是在为一种民族文化的发展做出努力，而德意志帝国的阶级制度阴谋阻止他们获得民族文化的遗产"。

㊓ "之所以说19世纪晚期欧洲大陆的'新工联主义'是新出现的，主要是因为它将工会作为一种重要力量予以创建，它们在此之前一直是在某些地方和某些手工行业中发展的"。另一方面，G. D. H. 柯尔（1937，21—22）选择为英国旧工会所具有的"非常浓厚的斗争精神"辩护。"19世纪60年代和70年代早期，工会的领袖绝非是社会主义者，我完全同意；但同样的情况也适用于宪章运动。他们绝非是革命者，我也同意；但不持有革命主张是一回事，接受资本主义哲学是另一回事"。

无论如何，我们都不应该忘记其中一种加速新工联主义出现的因素，那就是由狄斯雷利在1875年通过的两个法令，它们事实上通过将工会从密谋法中排除出去从而赋予工会以合法地位，即允许设立监视破坏罢工者的纠察线和废除对违反合同者的监禁。相比自由党政府在1871年以前通过的立法，这些法令明

㊴ 显更能使工会得到发展（Hinton，1983，22；Pelling，1976，66，69）。再次地，正是保守党所做出的妥协使自由主义的理论得以贯彻。

㊵ 辛顿对这次发展高潮之所以昙花一现的解释在于，"新工联主义在 1889~1890 年的成功依赖于充分就业、警察乐于容忍工人的积极纠察行为，以及并没有遭到雇主的一致反对。所有这些条件并不会持续太长时间"。

㊶ 但辛顿（1983，60）指出，"社会主义政治运动在 19 世纪 90 年代的发展并不是代表了工人的斗争精神扩展到政治方面，而是一种对工人经济斗争遭遇失败的反应，即在经济斗争失败的地方寻求新的政治解决方案。在其背后隐含着工会组织的不彻底性和软弱性"。

㊷ 或者正如霍布斯鲍姆（1949，133）所指出的："因此像一度曾与之斗争过的'旧工联主义'一样，'新工联主义'在 1889 年时也变得进退两难；其领袖的政见也相应地做出改变。革命的马克思主义者……越来越多地为更温和的社会主义者所取代"。

㊸ 见加斯顿·马纳科达（Gaston Manacorda，1981，185）："在德国，两者分离的时刻正是社会民主主义诞生的时刻"。马克思主义的理论建构在这个问题上是模糊的。见摩西（1990），就工会的作用和它们同社会主义政党的关系，可以从马克思的著述中得出相互矛盾的解释。

㊹ "模范政党"一词是豪普特（1986）的著作第 3 章的题目，在这一章中他讨论了德国社会民主党对东南欧各政党的影响。费伊（1981，187）指出，俄国的所有社会主义者、甚至包括布尔什维克的"梦想"都是"在俄国仿效德国的模式，在组织方面和在工会同政党的关系方面均是如此"。

㊺ 同其他一些学者的"错误"主张相反，卡尔森（Carlson，1972，3）论证，在德国存在着重要的无政府主义团体。不像拉吉奥涅里（Ragioneri），他在某种意义上根据它们自身的行为、尤其是 1878 年产生适得其反结果的刺杀企图来解释 19 世纪 80 年代无政府主义运动衰落的原因（chap.8）。此外，工业化消灭了"不满的手工业工人"阶层（p.395），他们构成无政府主义团体的主要成员。拉吉奥涅里的观点能够同这些观点相结合。

㊻ 罗斯（1963，165）将这种情况的出现解释为主要是"对帝国僵化的权力和阶级结构，以及劳工运动的孤立和软弱的反应"。肖斯克（1955，3）指出，德国的工人运动转向马克思主义是作为对俾斯麦对它们实行"镇压"的反应。"马克思主义"作为官方理论是 19 世纪 90 年代的产物，"正是在这一刻，马克思主义的各种倾向和派别之间开始就它的确切性质展开争论"（Hobsbawm，1974，242）。

在社会民主党内部，无政府主义者和马克思主义者之间的最终分裂是在这一时间发生的。1880 年，在提及俾斯麦的反社会主义法时，一位社会民主党代表威廉·哈赛尔曼（Wihelm Hasselman）——他是一位布朗基主义者——指出："在议会中清谈的阶段已经过去，采取行动的阶段已经开始"（cited in Bock，1976，

42）。在1891年埃尔福特代表大会之后，无政府主义派正式退出社会民主党，因为他们认为，社会民主党已经落入"小资产阶级"的手中，后者想要一种"国家社会主义"。但他们组建的新组织独立社会主义者协会（the Verein der Unabhnginger Sozialisten）并没有获得发展，很快就解体了（pp. 68-73）。

1893年在苏黎世，第二国际的第三次代表大会以16票对2票通过决议将无政府主义者开除出国际，并决定只接纳那些"承认……采取政治行动必要性"的组织，正如倍倍尔（Bebel）在大会上所明确界定的那样。在1896年召开的下一次伦敦代表大会上，李卜克内西（Liebknecht）成功地推动大会通过了一个进一步的规定。第二国际的成员组织必须承认"立法和议会活动是实现［社会主义］的一个必要手段"（Longuest, 1913, 27, 35）。

㉑ 见倍倍尔在埃尔福特代表大会上的讲话："资产阶级社会正在积极地促成它自身的灭亡；我们只需等待掌握权力的那一刻，它就会不知不觉地从他们的手中滑落！"（cited in Mathias, 1971, 1：178）。正如霍布斯鲍姆（1987, 134）提醒我们的那样，马克思主义并不必然等同于"革命"学说："在1905年到1914年之间，在西方，有代表性的革命者很可能是某种类型的主张革命的工会主义者，他们——自相矛盾地——拒绝将马克思主义作为党的意识形态，因为这些政党通常会利用它作为不努力去发动革命的借口。这对能够做多样理解的马克思而言是有些不公平的，因为就西方的群众性无产阶级政党而言，最令人惊奇的地方在于：一方面在它们的旗杆上擎起马克思的大旗，另一方面马克思在它们中实际发挥的作用又是那么的有限。它们的领袖和激进分子的基本信念通常无法同那些非马克思主义的工人阶级激进派或雅各宾左派区分开来"。

㉒ 马赛厄斯甚至更进一步。他指出，他们"最终承认帝国政府和资本主义社会制度是一种无法撼动的现实"。我并不认为，他们是有意识"承认"这一点的，而且在这个时代他们肯定不是如此。但实际结果也许并没有太大的不同。

㉓ 格罗（1973, 36）喜欢这种说法（指"消极的融入"——译者注），指出它同一种"革命者等待革命来临的行为模式"存在相关关系。艾希里在1904年就已经观察到社会民主党的"改良主义"基调（cited by Marks, 1939, 339），他将之归因于物质条件的改善。但马尔克斯（Marks）相信这种观点过于简单，他在"社会民主党依赖它在劳工官僚阶层中的同情者那里，以及在党员的组织成分中"找到了改良主义的根源所在（p. 345）。梅尔（Maehl, 1952, 40）指出，结束迫害导致社会民主党集中于一些"实际工作"，由此导致该党"远远偏离激进的阶级斗争"。

㉔ 但与此同时，他们也坚持认为社会经济的转型具有首要性，"盖德派明确否定将革命理解为起义。……在法国工人党的政治纲领中，［新社会在旧社会的母体中发展和成熟］本身就构成革命性的社会转型"（p. 260）。

㉕ 盖德谴责了这种行径，但并未得到国际的支持。德国社会民主党宣布在这个问

题上持中立态度。盖德的立场前后是非常一致的。他一直在谴责"共和神话",他用一种不同的"以资产阶级进行镇压的编年史为[基础]的历史来替代这种有关自由的编年史,前者是以血淋淋的历史纪录展现的,从1791年的广场惨案(the Champ de Mars massacre)一直到1891年的富尔米(Fourmies)杀戮。工人阶级在整整一个世纪长的时间里所做出的牺牲,对在此期间统治的共和政权提出了社会主义式的控诉"(Stuart, 1992, 228)。

⑥⑥ 普罗卡奇(1972, 332-374)描述了在屠拉蒂(Turati)和拉布里奥拉(Labriola)之间展开的一场没有结果的争论,他们是就意大利社会主义党是否应该参加政府和是否应该寻求从意大利的发展中获得利益展开争论的。他指出,作为政治发展的"后来者",意大利党的"独特性"在于"它能够利用复兴时代(Risorgimento)的大部分民主遗产。……它的后发性是它的优势所在"(pp.74-75)。但意大利的"后发性"并不是那么引人注目,正如我们已经看到的,意大利的运动并不是唯一从较早期激进的、非社会主义的传统中汲取养分的运动。同样的情况明显也适用于英格兰,但它绝非是一个"后发"国家。我认为,布兰尼(Belloni, 1979, 44)更接近真理,他指出,对社会主义党(Partito Sozialista)而言,"革命在它的纲领中是一个确定的和毋庸置疑的组成部分,它规划了一种没有明确规定的、而且足够遥远的未来,以致事实上不会对中短期的政治运动和战略产生很大的影响"。

⑥⑦ 见康芒斯(Commons, 1918, 1:13),他如此描述了劳工骑士团(the Knights of Labor)在美国19世纪80年代的动荡中所起的作用:"该组织在此之前从未产生过如此广泛或深刻的影响。新的竞争领域、新的种族和民族、新的非熟练工人群体、新从熟练和半熟练工人中招收的成员,都被暂时地吸纳到其中,它似乎已经形成一个组织,但更接近形成一支队伍,因为其成员数量的变化是如此之快。在它发展的鼎盛时期,它登记在册的成员人数达到75万人,有100万或更多的人参加它的集会,但很快就退出了"。谢夫特(Shefter, 1986, 272)提到城市的各种政治组织:"它们将存在分歧的种族和社区都组织进政治运动中,将加入工会的熟练工人、工会拒绝接纳的非熟练工人,以及中间和上层阶级的成员都团结在一个共同的旗帜下。这些组织在它们所发起的运动中表现出了某种斗争精神……类似于与它同时代的工会所表现出的斗争精神,尽管它们进行斗争所代表的集团和所针对的问题是非常不同的"。

⑥⑧ 的确,当格莱斯顿在1864年4月强迫加里波第突然中止对英格兰的访问时,出现了如此大规模的骚乱以致格莱斯顿"试图通过公开呼吁扩大工人阶级的选举权来重新获得支持"(Collins, 1964, 24)。

⑥⑨ 在1905年,"例如,卡尔·伦纳(Karl Renner)'谴责了奥地利资产阶级的怯懦,他们开始对马扎尔人(Magyars,指匈牙利人——译者注)的分离主义计划予以默认,尽管匈牙利市场对奥地利资本的重要性要远远大于摩洛哥市场对德

第四章 自由主义国家的公民

国资本的重要性'"。他同"[匈牙利]城市的敲诈者、骗子和政治煽动者的叫嚣做了针锋相对的斗争,认为他们反对奥地利工业、奥地利工人阶级和匈牙利农业人口的利益"(cited in Anderson,1991,107)。

⑦ 琼斯(1983,181-182)强调了不关心政治的因素。在讨论19世纪最后1/3时期英格兰工人阶级的心态时,他指出:"如果工人阶级并没有积极支持侵略主义的话,那么能够毫无疑问地认为它会消极地予以默许。……在维多利亚晚期和爱德华时期,激进分子和社会主义者未能对伦敦的工人阶级产生任何深刻的影响,这是有更深层原因的,而不仅仅是主观努力不够的问题。……在庆祝布尔战争中的马弗京(Mafeking)大捷和庆祝其他帝国主义扩张行径中所表现出的,与其说是在伦敦工人群众中居于主导地位的是一种错误的政治见解,不如说他们根本就不关心诸如此类的政治活动。人们普遍认为,那时在政治上积极的工人要么是激进分子、要么是社会主义者。因此,忠诚是漠不关心的产物"。但当然,漠不关心是被纳入到民族国家之中的结果,由此至少是被动地接受对其他人的排斥。

⑦ 但也见哈特曼的评论(Hartmann,1976,155):"男性工人将妇女就业视为对他们工作的威胁,这并不令人感到奇怪,因为工人之间的竞争是现存经济体制的特征所在。妇女被支付较低的工资加剧了这种威胁。但为什么他们的反应是试图排斥妇女、而不是将她们组织起来,这无法由资本主义、而可以由男性在男女关系中居于主导地位来加以解释"。

⑦ "男人必须养活女人"的原则事实上隐含着另一层意思。的确如此,人们认为,男人必须赚钱,女人用这些钱来满足生活的需要。但辛顿(1983,32)提醒我们,对19世纪的男性工人而言,妇女并不应该外出工作,以使她能够"将家庭营造为身体获得舒适和情感得到抚慰的场所",这既是对男人,当然也是对孩子而言的。

原则是重要的。但年轻的未婚女性具有合法工作权利的观点在各处都被承认。不过,让我们考察一下它在19世纪晚期的日本是如何被证明具有合理性的:"相比任何其他群体,政府和资方对在纺织厂工作的年轻女性的看法是他们对女性工人的典型看法。她们不是工人、而是'女儿'或'学生',她们在结婚之前要花几年的时间为家庭、为国家,以及为工厂工作。不签合同和缺乏技术使下面两种做法具有了合理性,一是向此类劳动力支付低工资,二是她们工作的特点是非全日制或零工性质的"(Sievers,1983,58)。

⑦ 但也见瑞士的社会主义者和激进的女权主义者弗里茨·布鲁贝克尔(Fritz Brupbacker)在1935年所做的尖刻分析:"倍倍尔写了一本好书。……但这种类型的社会主义只是为礼拜日提供了一种方便的点缀,或如果某人必须在党的盛大节日上[3月18日(庆祝法兰克福议会在1848年的召开)和5月1日]发表演说时会提到的。但在工作日,人们会远远避开这种社会主义。工作日不

会关注用于礼拜日的社会主义。那是一种适用于资产阶级家庭的社会主义"（cited in Frei, 1987, 56）。

⑭ "现在正如第三共和国新一代的温和政治家希望利用巴黎公社的暴力和骚乱——恐怖的6月——来消除人们对共和主义的记忆一样，女权主义者也同样渴望消除人们将女权运动同政治激进主义联系在一起的记忆。……由于早期在这两种运动之间存在着联系，所以在法国，主流的女权运动从一开始就选择一种稳健的和温和的发展道路——甚至描述为怯懦的也许更贴切，但这并不会令人感到奇怪"（McMillan, 1981b, 84）。

⑮ 但并不比克拉拉·蔡特金的观点更深刻。柯伦泰（1971, 59-60）非常明确地指出："不管女权运动的要求是多么的激进，但人们决不能忽略下述事实，即由于她们阶级地位的局限，女权运动不可能是为了根本改造当代社会的经济和社会结构而斗争的，而没有这种根本改造，妇女的解放不可能是完全的"。

在意大利也同样，尽管安娜·孟佐尼（Anna Monzoni）坚持认为，必须在社会主义政党之外同时设立一个支持妇女解放的组织，如果社会主义者不理解这种做法，那是因为"工人阶级从资产阶级那里继承一种新形式的反女权主义"。但安娜·库里斯齐奥夫（和上面提到的同她的伴侣菲利普·屠拉蒂就妇女选举权是否重要的问题展开争论的是同一个人）却反对一种"跨阶级"的组织，她指出，即使有"争取妇女解放的明确目标"，这种组织也是无法接受的（Bortolotti, 1978, 105）。

⑯ "他们论证，结束妇女贫困的唯一出路就是消灭所有权本身。相比沃斯通克拉夫特（Woolstonecraft）提出的方案，它肯定是一种更为激进的方案，但在某种意义上，沃斯通克拉夫特的方案是她和其他女权主义者所提出的要求的合乎逻辑的发展结果"。

⑰ 第一期创刊评论的题目是《妇女的传道者》（*Apostolate of Women*）。开篇为，本刊旨在"引起妇女的关注"，"当所有人都在迫不及待地追求自由，当无产阶级正要求选举权时，我们妇女难道就应该在这场就在我们眼前发生的伟大的社会解放运动中消极无为吗？……让我们认识到我们的权利所在；我们的力量所在。我们拥有我们的吸引力、拥有我们的魅力，这是一种无法抵御的力量。让我们去认识如何运用它吧"（Adler, 1979, 41）。她将她的名字改为贞德-德西雷（Jeanne-Désirée）。

⑱ 布格莱（Bouglé, 1918, 106）评论道："在1848年的战火中，这种结合成为一种消弭各派冲突的结合"。他同时指出，"以不同形式，圣西门主义的这种先见之明甚至影响到和我们同时代［1918年］的主张妇女参政权的人"（p. 110）。

⑲ 不过，佩罗提到，这个词只是随着1892年法国女权主义协会联盟（La Fédération Francaise des Sociétés Féministes）的创立才被人们习惯使用。

⑳ 在他的著作《法国的女权主义》（*Le feminisme francais*）（1907, 1：10; cited

第四章 自由主义国家的公民

inAbray，1975，43）中，图尔戎（Turgéon）宣称他在傅立叶的《四种运动的理论》（*Théorie des Quatre Vents*，1841）中发现了这个词，但奥芬（Offen，1987b，193，193，n.4）说她并没有在那里发现。奥芬只是同意，这个词"不为人知的"起源早于1872年。摩西（1992，80-81）在傅立叶的所有著述中并没有找到这个词，指出它首次在重要场合使用是1885年在奥克莱尔创办的《女公民》（*La Citoyenne*）杂志中。

⑧ 蒲鲁东说女权主义"有娼妓的味道"，称女权主义为"淫妇专政"。但他反过来也被称为"迷恋男权道德的农民"（Thibert，1926，171，185，190）。

⑧ 针对这种巨大的差距，于贝蒂娜·奥克莱尔在1879年以她著名的宣告来作为回应："男人利用法律来为他们谋利，而我们却在沉默中忍受屈辱。我们已经忍无可忍。社会的贱民们，站起来吧！"（cited in Bidelman，1982，xiv）。

⑧ 霍布斯鲍姆（1984c，93）指出，"19世纪工业化的一大悖论就是它倾向于扩大和加深在（无偿的）家务劳动和（有偿的）家外劳动之间的性别劳动分工"。但这为什么构成一种悖论？

⑧ 罗博特姆（1977，47）论证了在性别领域和经济结构之间的联系：自由市场和自由竞争的原子化个体的模式要求情感上的支持来赋予它以凝聚力，当然这种情感支持要控制在适当的程度上。否则的话，资产阶级的个体就会被置于一种霍布斯式的世界中，这种世界将在它自身理性的支配下走向分裂。维多利亚时期的中间阶级发现他们的情感能够在他们穿着裙装的女性伴侣那里得到抚慰。当然，并不仅仅是维多利亚时期的中间阶级能够由此而得到抚慰。佩罗（1986，99）提到，"在20世纪初，男性意识在法国表现为一种阶级向度。……工联主义被资产阶级以有利于自身利益的方式接管，后者将公共领域界定为男性的专属空间"。我自己认为，这种情况的出现要比20世纪初早很多。

⑧ 奈（1993，47）主张，对公共领域和私人领域的这种性别划分是在1789年~1815年时期得到法律承认的，并将这种划分同科学理论建构联系在一起："这一时期的医学科学家对男性和女性的生物医学模式进行了建构，使性别'自然地'适合于他们各自的社会和家庭角色。由这一过程所产生的根据性别区分的身体特征被如此地加以建构，以致它们既是'相反的'、又是'互补的'。因为资产阶级世界的公共和私人领域划分的是如此界限分明，所以只有完全不同的两类人才能分别占据它们"。

⑧ "个人主义为将各种自由主义运动（反对奴隶制的组织、民族主义协会、道德改良运动、社会改革协会、各种政党等等）同新兴的有组织的女权运动联系在一起提供了意识形态上的支持……。这些联系以两种方式发挥作用。第一，似乎很可能……许多——如果不是大多数的话——早期女权运动的激进分子都是来自同上述的各种自由主义运动有着密切关系的家庭。……第二，这些和其

⑧⑥ 女性通常在自由主义的改革运动中发挥了积极的作用。……妇女参与这些运动的共同经历使她们最初都拥有很高的斗争热情，但随后由于领导她们的男性对她们行动施加的各种限制，导致她们的幻想破灭"（Evans，1977，33）。

⑧⑦ "乐高弗'有差别的平等'的口号为共和派组织的争取妇女权利的运动设定了基调，他［在1848年］提出的改革方案，成为女权运动在第三共和国早期的纲领"（Offen，1986，454）。

⑧⑧ "由这种［法国］男子至上主义学派写作的著作和小册子论证，法国受到了可怕的外部势力的入侵、实际是传染（这些作者非常偏爱使用医学隐喻），外部势力包括犹太人、新教徒和共济会会员，他们都明显位列法国争取妇女权利运动的领袖之列。反对女权主义者论证，法国从本质上受到国际主义和世界主义的威胁。以刺耳的语调，他们谴责了各种形式的盎格鲁-撒克逊文化帝国主义，其中女权主义是最应受到谴责的部分"（Offen，1984，662）。

⑧⑨ 卡萨利尼（Casalini，1981，17-18）论证，将妓女同男性犯罪相比较，社会主义运动的领袖菲利普·屠拉蒂的立场归根结底同隆布罗索和费雷罗的观点并没有什么不同。更确切地说，它表明，至多只是存在"实证主义程度上的差别，从受马克思主义影响的理性主义的实证主义到更反动的达尔文主义"。

⑨⑩ 妇女运动对共和主义的忠诚并不必然是互惠性的。克莱曼和雷谢夫（1989，57）将他们论法国女权主义的诸章节中的一章命名为"女权主义与共和主义：聋子的对话"。作为结果，于贝蒂娜·奥克莱尔在1889年写道，在庆祝法国大革命100周年的场合："妇女不应该歌颂男性的1789年，而应歌颂女性的1789年"（Auclert，1982，126）。她将她创办的杂志取名为《女公民》。也见德国资产阶级女权运动的创始人之一路易莎-奥托·彼得（Louis-Otto Peters）所使用的非常明确的语言："我们正在进行的是反对资本主义社会制度所产生的各种后果的斗争、而不是针对这种社会制度本身的斗争"（cited in Hervé，1983，19）。

⑨① 例如，在俄国，直到1905年才出现有组织的女权运动，但当它确实出现后，它是一种争取妇女选举权的运动（Stites，1978，191）。就印度的情况见福布斯（Forbes，1982）。

⑨② "传统的女权运动……最终将注意力集中在选举权上，将它视为妇女在西方获得解放的顶点。但这并不意味着选举权被视为女权主义者的最终目标。有充分的证据表明，绝大多数女权主义者将政治平等视为一种手段，她们会在更高的层次上继续从事解放运动：女性投票人将投女性的票；妇女将实现她们所希望的改革，这不仅是为了她们自己的性别（法律、离婚、教育和其他方面），而且（通过论证妇女对各种问题反应灵敏，这有时同主流的女权主义者的言论相矛盾）有助于民族的复兴，确保消灭诸如酗酒、卖淫和战争等罪恶"（Stites，1978，xviii）。比德尔曼（Bidelman，1982，190）将法国女权主义者的主张总

结如下:"如果对'第一阶段'的政治问题不能一直给出自由主义的答案,那么就不可能会有对'第二阶段'的妇女问题的答案"。见杜博瓦(Dubois, 1978, 170)为这种战略所做的辩护:"得出如下结论是错误的,即就妇女为获得解放所做的斗争而言,妇女争取选举权的运动是一种无益的干扰,因为选举权并不能解决妇女受压迫的问题。……但它是妇女为争取自身解放首次发起的独立运动"。

㊝ "自由主义的女权运动并非仅仅是附加在自由主义之上的女权运动。……女权运动要求——不管是多么含蓄和模糊——在性别类型上承认妇女是女性。……〔妇女〕作为一个性别类型的成员被排斥在公民权之外。她被赋予的社会地位阻止她去追求由自由社会提供了可能性的个人成就"(Eisenstein, 1981, 6)。

㊈ 尽管豪斯和肯尼(Hause and Kenney)宣称,这种影响在法国尤其强烈,因为女权运动并未"受到工人阶级经验的影响,像它在英国所受的影响那样"。但罗沃(1976, 61)将英国的情势描述如下:"早期的中间阶级的女权主义者从1866年以来就一直给予争取妇女选举权的运动以有组织的支持〔争取妇女选举权全国协会(National Society for Women's Suffrage)〕。相比同早期的改良协会或宪章运动的关系,它同反谷物法联盟有着更密切的联系,改良协会或宪章运动的支持者主要是工人阶级。作为反谷物法骚乱中心的曼彻斯特同时也是争取妇女选举权运动的一个重要中心,这并非完全是偶然"。佩罗(1988, 47)抗议盎格鲁-撒克逊的历史学将法国的女权运动视为明显不同于英国或美国的女权运动。至于德国,埃文斯(1976, 272)坚持认为,那里女权运动的两个主要特征在于,"它是自由主义的和中间阶级的运动"。

㊡《传染病防治法》(the Contagious Diseases Act)是英国在19世纪20年代制定的一揽子法律的组成部分。就对这个问题和"在女权主义者与激进工人之间结成跨界联盟"的论述见沃克维茨(1982, esp. 80-83)。

㊏ 刘易斯(Lewis, 1984, 89)将后一种群体——即那些"承认妇女作为道德秩序自然卫护者的思想"的人——视为在使用福音派的语言(它以前是主张将妇女限制在家庭之中的),以"论证将母亲的活动范围扩大到家庭以外的合理性"。

㊐ "很少有生育权的倡导者……仅仅是基于或甚至主要是基于妇女作为个体所应具有权利的理由,而不考虑社会、民族或新一代的福利就接受这种观点的。在这种背景下,德国的女权运动——不仅仅是激进组织——之所以引人注目是由于它的相对进步和勇敢、而不是因为它的保守性"(Allen, 1991, 204)。不过,问题在于,就这方面而言,"保守性"意指什么。麦克拉伦(Mclaren, 1978b, 107)指出了其中的模糊性:"早期有关生育控制的思想是一种奇怪的混合体。它的'进步'方面表现在它对妇女权利和医学上自救行为的兴趣;它的保守性表现在它坚持新马尔萨斯经济学"。接着,优生学家加入到争论中,这"将注意力从母亲的权利转向国家的利益;从劳动力的数量转向劳动力的质量"

— 261 —

(p. 154)。

⑱ "争取妇女参政权的人之所以有可能参与［妇女戒酒］运动，是因为在这两种运动之间存在着具有一致性的地方。这两种运动不仅都是由妇女发起的和为了妇女的利益，而且它们都维护妇女在公共领域发挥积极作用的权利"（Blocker，1985，471）。

⑲ 大体而言，在启蒙运动之前，内外科医生并不是非常受尊重的。尼比埃勒和福凯特（Kniehbiehler and Fouquet，1983，4）指出："莫里哀证明了这一点"（1983，4）。

⑳ 当然，当这种转化没有发生时，情况也许更糟，因为在那时，"［女权主义者］最顽固和最棘手的敌人是罗马天主教会"（Evans，1977，124）。

㉑ 奈主要讨论了法国的情况。他指出，在那里，这种将社会不良行为归于生物学方面的原因的做法被用于解释1870年的战败，"根据这种方法来解释法国民族堕落和人民软弱的根源有着完全是文化方面的目的"（p. xiii）。在论述英国和德国的第10章，他确实承认，"这种做法并不适用于其他地方"（p. 320）。

㉒ 但实际上，战争可能产生相反的结果。在日本，1894~1895年同中国冲突的结果是"明显加剧了反女权主义的保守倾向"，促使政府鼓吹"妇女应该承担养育子女和支持政府政策的角色"（Siever，1983，103）。在第一次世界大战期间，意大利的女权主义者"相对容易地从坚信和平主义转向在战争的组织和宣传上同政府合作"（Bigaran，1982，128）。同样的情况似乎也在法国发生（Klejman and Rochefort，1989，189）。韦拉科特（Vellacott，1987，95）指出，在英国，一旦战争结束，"三种'主义'——女权主义、和平主义和社会主义——又重新披上令人炫目的光环。……就提出如下判断而言，和平主义者的确被证明是正确的，即一个军国主义的世界意味着妇女理想的破灭"。

㉓ 富尔福德（Fulford，1957，33）提到个词："就剥夺妇女的正当权利而言，并不存在什么难以理解的意图，因为在这些议员的脑子里从未有过存在这种权利的意识"。这突显了人们对妇女处于从属地位认识的根深蒂固性，女权运动正是试图消除这种认识。

㉔ 稍后，斯坦顿在1868年1月15日写了一篇文章发表在《革命》（*Revolution*）杂志上，题目为《谁是我们的朋友？》（*Who Are Our Friend?*）。在文章中，她指出："查尔斯·萨姆纳（Charles Sumner）、霍勒斯·格里利（Horace Greeley）、格里特·史密斯（Gerrit Smith）和温德尔·菲利普斯异口同声地命令这个国家的妇女靠边站，旁观黑人获得拯救。温德尔·菲利普斯说：'一代人实现一种理想'，并给出了它们在重要性上的排序。首先是黑人选举权、接着是戒酒运动、然后是8小时工作日运动、最后才是妇女选举权。按30年算一代的话，因此三代之后到1958年，菲利普斯和上帝才允许妇女选举权排上日程"（O'Neill，1969，117）。在美国，妇女选举权事实上是在1919年为法律所承认的。但正如

卡特和舒勒（Catt and Shuler, 1923, 108）所指出的："在通过赋予黑人公民权的第15条修正案（1870年3月30日）到1910年之间有40年，在此期间，白人妇女不间断地为争取妇女选举权而等待机会、祈祷和共同努力，但终未获得成功"。当然，人们能够评论说，当美国的白人妇女在1919年获得选举权时，她们真的就获得了，而黑人男性（和妇女）直到1963年的民权法案（the Civil Rights Act）才真正获得选举权，而且甚至到那时，许多人实际上仍然继续被剥夺了这种权利。

⑮ 黑人领袖弗雷德里克·道格拉斯（Frederick Douglass）谴责了斯坦顿和安东尼同崔恩的联合（Dubois, 1978, 187）。赫什（Hersh, 1978, 70）指出，这只是一种"短暂的联合"。但杜博瓦（Dubois, 1978, 95-96）论证，"由于求助于崔恩，〔安东尼和斯坦顿〕就赋予了反对女权主义的共和党人的指控以实质内容，后者指控妇女争取选举权的运动只不过是民主党用于反对被解放的自由人的一种工具"。道格拉斯长期以来一直是妇女争取选举权运动的支持者。他参加了1848年举行的塞尼卡福尔斯会议，到19世纪70年代他又重新支持妇女运动。"但在1866~1869年这一关键时期，他拒绝支持妇女运动"，认为将妇女选举权加入斗争目标会危及被解放的自由男性获得选举权，而后者才是最重要和最紧迫的（Evans, 1977, 48）。

⑯ 这种分裂状态最终在1890年结束，两个组织合并为全美妇女选举权协会（the National American Woman Suffrage Association, NAWSA）。不过，这些妇女领袖的政见并没有改变，这能够通过她们此后在劳工问题上所持的立场予以证明。一般而言，对劳工运动持敌视立场，露西·斯通问道，为什么荷姆斯泰德的罢工者（Homestead striker）——在他们1892年同卡耐基钢铁公司（Carnegie Steel Company）的斗争中——不"把他们的收入节省下来以创办他们自己的企业，如果他们对工作不满意的话"。另一方面，苏珊·B. 安东尼则称自己为"尤金·V. 德布斯（Eugene V. Debs）和劳工的朋友"，但像她对黑人选举权所持的立场一样，她宣称在妇女获得选举权之前，她不会支持任何其他运动（Kraditor, 1965, 158-159）。

⑰ 在美国，由于各移民群体对妇女选举权持敌视态度，所以妇女运动对它们表现出愈来愈大的不满。"在这个过程中……妇女的选举权一度曾是权利平等的表现，但现在却变成一种社会特权问题"。继就修正案产生冲突之后，同样的情况也发生在同黑人的关系上。"到19世纪的最后几年，在南方，种族主义的言论被用于支持妇女获得选举权，这是很平常的事"（Banks, 1981, 141）。科恩（Cohen, 1996, 708-709）提到稍后一代女权主义者的主张，并评论道："女权主义者通常假设，通过对妇女做出区分，白人妇女的种族主义破坏了她们自身的利益，而服务于白人男性的利益。然而，〔美国〕白人妇女选举权运动的领袖们通常是非常明确地反对非白人（或外国出生的）妇女和男性的要求的。她

们的做法与其说是一种女权主义者在认识上的错误，不如说是一种反映和创造实际特权的政治策略"。

⑩ "在英国，有组织的女权运动是在反对奴隶制情绪高涨的背景下诞生的，但它的发展得到巩固却是在群众狂热支持帝国主义的时期实现的"（Ware，1992，118）。"像帝国主义一样，女权运动是围绕承担道德责任的思想而加以组织的。用维多利亚时期的语言来表述，责任带有监管、阶级歧视、年龄歧视和等级的意思。……女权主义的言论并不输于帝国主义的狡辩，它主要关注于种族的延续、种族的纯洁性和种族的母性。这部分是因为它必须这样做。对妇女解放具有合理性的论证最具破坏性的一种攻击在于，它将使种族走向衰落"（Burton，1990，296，299）。

⑩ 以一种相似的方式，英国的女权运动也在选举权的财产资格问题上发生分裂（Banks，1981，133-134）。在俄国，在1861年农奴获得解放之后，"妇女对她们地位的敏感性很快就使她们认识到5千万文盲农奴（两年之后在美国是4百万黑人奴隶）获得解放同她们自身未能获得解放形成鲜明的对比"（Stites，1978，43）。尽管如此，但斯蒂茨强调，尽管俄国在1905~1917年之间争取妇女参政权的运动"也许并不对普选权感兴趣，……但在各处都不可能听到任何同像卡特、斯通和斯坦顿这样的美国人对劳工、黑人和'下等人'所持的尖锐敌意相对应的抱怨"（p.228）。这种类型的女权主义观点并不仅仅局限于西方国家。在20世纪20年代，一位明显处于上层阶级地位的菲律宾女权主义者写道："我的司机、厨子和男仆都在我的控制之下，但却拥有选举权；政府为什么不能允许我和一般的菲律宾妇女拥有投票的权利？"（cited in Jayawardena，1986，155）。

⑩ 然而，更糟糕的是，德国争取妇女参政权运动貌似更激进派别的一位领袖埃尔斯·林德斯（Else Linders）公开反对不同种族之间通婚（Evans，1976，167）。

⑪ 在近50年之前，即1854年6月，发生了一个非常相似的排斥事件，这次是由激进地反对奴隶制的（白人）男性对（白人）妇女采取行动。在伦敦举行的国际反对奴隶制大会的第一天，大会花了一整天时间来讨论是否应该给予美国妇女以代表席位。最终，大会投票以压倒多数决定不能给予她们代表席位。"在会议的剩余时间，她们被迫坐在一个幕布后面，'类似于那些被用来将唱诗班隔开以免公众注视的屏风'"（Ware，1992，82）。

⑫ 在一封写于1896年11月23日给一位白人改革家埃德娜·D.切尼（Edna D. Cheney）的信中，华盛顿夫人写道："我不可能告诉您我的感受如何，因为维拉德小姐已经提到亚美尼亚人的问题，不是说她不应该这样做，而是这些人对这个国家并没有提出特别要求却赢得了北方妇女的心，而有色人种妇女却被完全忽视，这都令人感到非常奇怪。"布克·华盛顿在她为亚特兰大博览会（Atlanta Exposition）所做的演进中强调："对那些白种人而言，他们将那些在

第四章 自由主义国家的公民

外国出生、有着奇怪方言和习惯的人的到来视为南方繁荣的原因所在，如果允许我重复我对自己种族的同胞所说的：'既来之，则安之'"。一份黑人刊物《妇女的时代》(the Woman's Era) 的编辑甚至更进一步指出："那些逃离他们的祖国，在这里寻求庇护的外国人是厚颜无耻的，他们中的许多人是罪犯和叛国者，他们来到这里时间并不长就加入到反对在这块土地上出生的公民的叫嚣中，这是无法容忍的"（Moses，1978，112-113）。

⑬ 林德霍尔姆（Lindholm，1991，121）论证，妇女获得的利益"从实际结构变迁看是以巨大的代价换来的"，由此他称瑞典的女权运动是"保守的革命"。奥尼尔称他的书（1971，viii）为"一种对女权运动为什么失败的研究"，指出争取选举权被证明是一条"死胡同"（p.48）。在她有关美国女权运动的书中，布尔论证（Buhle，1981，318），"女权运动一旦作为一种有活力的力量，就会被狭隘地归类为职业女性个人主义化的追求"。

⑭ "如果做更仔细的考察，人们就能发现，从16到18世纪的欧洲文学是各种思想汇集的一个巨大熔炉，从中产生了一些基本论点，它们被用作支持有色人种作为劣等民族命题的关键证据"（Poliakov et al.，1976，52）。

⑮ "从'种族'一词在几种欧洲语言中的发展来看，它在现代早期是一个内涵非常不稳定的词语。……在这个时期的开始时，西班牙语的 raza、葡萄牙语的 raca、或法语或英语的 'race' 都是从不同方面指代血统或世系概念，正如在高贵的（或《圣经》里的）'种族和血统'的意义上所使用的那样，甚至在它在西班牙被用于指代摩尔人和犹太人或最终内涵被扩展意指在身体和外形上存在差别的意义之前就是这样使用的，这成为后来形成有关种族主义和种族存在差别的话语的基础"（Hendricks and Parker，1994，1-2）。

⑯ 见巴里巴尔（Balibar）和沃勒斯坦的争论，1988年，第10、11章。

⑰ 诺曼枷锁理论是指1066年的诺曼征服剥夺了盎格鲁-撒克逊居民作为"自由和平等公民"的遗产，人民所做的斗争就是要重新恢复这些古老的权利。在1651年制作的共和国国玺上，镌刻着自由是"根据上帝的意志恢复的"。正如希尔（1958，67）所提到的，这种理论"同时也激起了英格兰人的爱国主义和英格兰人的新教精神这些更为深刻的情感。这就是它的力量所在"。

⑱ 在法国大革命期间，高卢族被等同于资产阶级（由此等同于"人民"），而法兰克族被等同于"贵族"（Poliakov et al.，1976，69）。他们引用布兰维利耶（Boulainvilliers）、孟德斯鸠（Montesquieu）和孟德劳席尔伯爵（Comte de Montlosier）较早期的论点。基佐后来明确使用这种区分作为他努力论证法国大革命具有合理性的组成部分，这种合理性是对他所理解的自由主义的和资产阶级的事业而言。"如果七月革命标志着一种政治目标的实现的话，那是因为它一劳永逸地确立了资产阶级在法国作为统治阶级的地位，它同时也标志着高卢人的法国观念取得了压倒性的胜利"（Poliakov，1974，32）。在整个19世

— 265 —

纪，这种高卢人的观念被用来论证对法兰克人（德国人）、拉丁人（意大利人）和闪族人（犹太人）持敌视态度的合理性所在。西蒙（1991）称这为一种"凯尔特文化"。

⑪⑨ "种族主义观念的根源实际上是存在于阶级意识形态中、而不是在民族意识形态中：它首先起源于宣称统治者具有神圣性，宣称存在'高贵'血统或'普通'血统，以及宣称贵族具有教养。因此，现代种族主义公认的祖先不应该是某个小资产阶级、而应是戈宾诺伯爵（comte de Gobineau）约瑟夫·亚瑟（Joseph Arthur）"（Anderson, 1991, 149），这丝毫不会令人感到奇怪。

⑫⓪ 像现代世界的所有极右翼思想家一样，勒庞［1978（1894），9-10］似乎相信，个体和种族平等的思想事实上将统治世界。"对群众非常有吸引力，这种思想最终将牢固地植根于他们的心理之中，而且很快就开始见成效。它撼动了旧社会的根基，引发了最可怕的革命，并将西方世界卷入到一系列的暴力动荡之中，其结果不可能加以预测"。

⑫① "诸如'无产阶级'、'危险阶级'等词语和概念经常出现在19世纪上半期的话语和思想中。这些令人恐惧的、负面的、野蛮的印象迫使工人为自己做出定位，要么使这些负面形象成为自身的组成部分、要么更常见地将自身同它们区别开来。工人有时会突出自己的一些负面特征，例如宣布他们自己会在星期一旷工、酗酒、打架、说脏话；在这方面，工人阶级的至上主义类似于非洲黑人传统的自豪感。换种说法，……他们希望证明自己同人们的印象是截然相反的。……有必要展示自己的一种正面形象，以反对那些否定它的人；认同本身是在这种冲突中、在这种同对手的关系中形成的"（Perrot, 1986, 95-96）。

⑫② 霍布斯鲍姆将欧洲地位最高的时期确定为19世纪的第三个1/4时期。这种观点为20世纪的一部重要的论种族主义的著作《有色人种反对白人对世界统治的趋势不断增强》（The Rising Tide of Color against White World-Supremacy）所赞同，它的作者劳斯罗普·斯托达德（Lothrop Stoddard）指出（1924, 153）："1900年……是白人对世界持续400年统治的最高峰。在这一刻，白人站在了他权力与声望的顶点。短短4年之后，日本的大炮就掠过旅顺港的上空，这向被震惊的世界宣告白人统治衰落的开始"。

⑫③ 约翰·斯图亚特·穆勒的一位学生指出："他经常告诉我们，牛津的神学家对英格兰所做的，就像基佐、维叶门（Villemain）、米什莱、库赞（Cousin）稍早对法国所做的，他们提出、扩展和深化了欧洲历史的问题和意义；他们提醒我们，历史是欧洲的历史；如果仅仅将它视为地方性的，那就难以对它做出理解"（Morley cited in Hammond and Foot, 1952, 25）。

德拉康帕涅（Delacampagne, 1983, 200）试图否认，欧洲的种族主义能够由帝国扩张、阶级斗争或资本主义来加以解释，而可以由"西方文化从一开始

㉔ 曼纽尔（p.176）援引圣西门的话："对人民而言，由欧洲种族——它要优越于所有其他种族——所统治的世界将全部开放供人们旅行，使它成为像欧洲一样适合居住的地方，通过这种事业，欧洲议会应该继续参与欧洲的事务，并一直保持其扩张的势头"。曼纽尔补充道，就欧洲而言，圣西门意指西欧，尤其是英格兰、法国和德国。曼纽尔（p.401，n.11）将圣西门号召对野蛮而无序的种族进行远征视为类似于博纳尔的观点，即现代国家的德行就在于它终结了封建诸侯的争斗。

㉕ 当然，英国人也是如此。"甚至粗略地浏览一下1890年之后［英国的］政治演说……就能认识到，在解释民族以及国际问题时，人们愈来愈多地使用'生物学'词汇；这方面最著名的一个例子当然是索尔兹伯里（Salisbury）［1898年］所做的有关'垂死的国家'的演说"（Mock，1981，191）。

㉖ 她提到这种混淆是如何成为19世纪和20世纪的一种新现象的。在18世纪，"进化［是］一种社会机制的内部现象"，导致差别的原因"要么是地理方面的、要么是心理方面的、要么是纯粹社会机制方面的，但在所有情况下都同生物学无关"（pp.24-25）。类似地，刘易斯（1978，74-75）也论证："当它的所有局限性都被提到时，下述论断仍然是可信的，即［18世纪］作为'理性时代'的声誉并非浪得虚名。它以真正好奇的精神准备和渴望认识非欧洲的种族。而且它无疑往往对这些种族给出浪漫化的认识。……它愿意倾听不同种族的声音，承认非欧洲文明有着欧洲所缺乏的文化和精神价值"。使这种状况发生转变的是法国大革命所宣扬的普适价值和公民权所面临的两难境地。

波里亚克夫和其他人共同撰写的书（1976，67）也将这种转变发生的时间追溯到法国大革命。自由、平等和博爱原则的对立面——他们指出，那时很少被注意到——是"新的科学思想，它倾向于强调生物学因素的决定作用。它用新的分类来取代过去用宗教和文化所做的分类，而新的分类源于对身体特征的观察（肤色等）。这些特征被视为无法改变的，并被认为会影响到所涉及的个体的行为"。当然，波里亚克夫（1982，53）同时指出，种族主义"在其现代形式上，作为一种由科学予以支撑的价值判断，可以追溯到18世纪"。乔丹（1968，xiii）提到在美国发生的同样的转变："相比［美国］革命之前，似乎使在革命之后有关黑人性质的争论变得尤其不同的是，对人类差别进行解剖学研究的兴趣，以及根据手术刀和卡尺来解释这种差别的普遍兴趣在1775年之后的欧洲和美国都迅速增加"。

㉗ "由科学支撑的种族主义产生影响的真实程度能够以下述方式予以最好地把握，即考察它对通常不被视为它的支持者——即对科学家中的自由派——的吸引程

度来予以把握"（Barkan，1992，177）。他特别援引了朱利安·赫胥黎（Julian Huxley）和赫伯特·斯宾塞（Herbert Spencer）的例子。波里亚克夫（1980，55-56）提到伏尔泰、康德（Kant）和布封（Buffon）在为这种思想奠定基础方面所发挥的作用。作为19世纪和20世纪公民自由的伟大象征，伏尔泰很明显是反对黑人和反对犹太人的。

⑫ 科恩（1980，233）认为："到19世纪50年代，多元起源说已经席卷整个法国"。乔丹（1968，509）指出，在南北战争之前的美国南方，"一个规模小、但声音大的人类学的'美国学派'尖锐地反对人类起源的一元说，与此同时，反对他们的神职人员在为《创世纪》的辩护上却愈加僵化和教条"。就多元起源说在英国的情况见斯特潘（Stepan，1982，3）。

⑬ "当面临明显无法改变的种族差别时，一种最适合世界主义意图的开明立场也可能受到损害。这种立场由于就人性的边界应该划在哪里所持的模糊认识和争执而受到损害，而且也经常被白人种族优越论的思想所击败，后者使最具启蒙运动色彩的理性观念同下述政治方案形成共谋关系，即依据'种族'来对世界做出分类和运用种族主义的范畴来对历史运动做出解读的政治方案。同一种有关人类生活具有统一性的缺乏说服力的认识相似，这种结合也将为受启蒙运动影响的自由主义和社会主义的继承者半信半疑地加以继承。的确，我们能够说，只是随着纳粹和它的盟国在20世纪中期的战败，前一时期完全为人们所信赖的人种学才被暂时地予以唾弃。在此之前，甚至那些对帝国主义的胡作非为和殖民扩张主义持有异议的主张也必须同有关'种族'、民族和文化的人类学思想——它称颂帝国主义的作用——进行论战，由此将它们导向一种更为公正的目标，而不是任由它们那些相互关联的逻辑发展"（Gilroy，2000，38）。

⑭ 拉什（Lasch，1958，321）指出，在就美国占领菲律宾问题展开的争论中，在帝国主义和反帝国主义阵营之间的分歧并不是围绕对平等的不同观点而产生的；相反，分歧仅仅在于，反帝国主义者"拒绝相信，[盎格鲁-撒克逊的] 天命要求美国人民如此竭尽全力地努力为之，尤其是当他们在这些努力中看到了军国主义和暴政的威胁时"。

⑮ 见饶勒斯和法国社会主义者在阿尔及利亚社会主义者反犹问题上所持的极端模糊的立场。对阿尔及利亚的穆斯林，他们并不准备考虑除"逐渐同化"之外的任何政策，该政策也只是偶尔地予以表述，从未全力付诸实施过，"因为缺乏利害关系或因为它的教义令法国人感到为难"（Ageron，1963，6，29）。也见对丹尼尔·奥康奈尔在19世纪上半期遇到的各种困难的值得关注的解释。作为爱尔兰民族主义运动的领袖，他告诉美国支持爱尔兰的人，他们必须持一种反对奴隶制的立场。他们坚决地予以拒绝，最终奥康奈尔软化了他的公开立场。"不是爱尔兰人对自由的热爱激励了美国，而是共和国的奴隶制之风又返回来影响到了爱尔兰。正如奥康奈尔所指出的，爱尔兰人正在从绿色退变为白

色，这是受美国'氛围'中的某些因素漂白的结果"（Ignatiev，1995，31）。
⑱ 他继续指出："所谓的劣等种族沉溺于色欲的陈词滥调是种族主义的一个主要组成部分，也是对有关'外来人'所具有特征的公认评价的进行歪曲的组成部分。外来人被视为威胁到社会的存在，同时也正是由于他们的存在而坚定了优等民族的行为标准"。
⑬ 麦克唐纳（1981，339）揭示，这同样的关系是如何在英国人对爱尔兰人的殖民统治中塑造的。他提到"爱尔兰人对兄弟岛屿的民族主义观念。他之所以说'兄弟'是因为性别形象很明显被不断地用于表述统治者对两个岛屿之间关系的观念，稍后的土地法案（the Land Acts）被模糊地视为某种同已婚妇女财产法案相对应的法案，这些政治法案的效力在潜意识上是由维护权利和不安全感的类似结合来证明其合法性的"。
⑭ "所有健康的男性——不管是野蛮的还是文明的——据信都拥有一种强烈的男性性冲动。……［但］原始人不能够运用文明的力量，因为他们的种族缺乏对性冲动进行自我控制的能力"（Bederman，1995，84-85）。

第五章插图 "穆拉德总督(Murad Bey)"

安德烈·杜特尔特(André Dutertre)
(感谢耶鲁大学的贝内克珍本和手稿图书馆)

安德烈·杜特尔特（André Dutertre），"穆拉德总督（Murad Bey）"。收录在拿破仑的《埃及记述：现代国家》（*Description de l'Egypte/Etat Moderne*）（巴黎，1809~1828年）中。当拿破仑在18世纪末入侵埃及时，他随队带去了一个大的学者团队，他们完成了一部巨大篇幅的参考书，书名为《埃及记述》。它是东方学知识的一个基石所在。这幅画表明团队中的一位艺术家是如何描绘对拿破仑进行军事抵抗的一位主要领导人的。

第五章　作为社会科学的自由主义

> 自由主义者所珍视的价值准则是绝对的、而不是相对的。……在被承认的地方，自由主义的正义原则是永恒的、无法改变的和普遍适用的。
> ——D. J. 曼宁（1976，79）

> 我不知道是什么使一个人变得如此保守——除了当前以外或者除了过去以外对其他一无所知。
> ——约翰·梅纳德·凯恩斯（1926，16）

> 我们倾向于过度使用一种新的解释原则。
> ——弗里德里希·奥古斯特·冯·哈耶克（1952，209，N.9）

> 从拿破仑战败到第一次世界大战爆发的一个世纪被称为蒸汽的时代、民族主义的时代和资产阶级的时代。尽管这些名称都具有合理性，但也许——同时——称之为劝告的时代更合适。
> ——彼得·盖伊（1993，491）

正如我们一直在论证的，法国大革命对资本主义世界经济的现实产生了巨大的影响。它导致对三种现代意识形态——保守主义、自由主义和激进主义——的建构，进而导致中庸的自由主义获得胜利，成为世界体系地缘文化的基础。它导致自由主义国家在世界经济中心区的建成，进而导致反现存体制运动的出现，接着导致对这些运动的遏制。它导致一个全新知识部门的创设：即历史性的社会科学。哈耶克（Hayek，1941，14）将法国大革命对我们知识体系的影响总结如下：

首先，现存制度的崩溃要求我们立即运用所有知识来做出应对，即那些对我们而言似乎是理性的具体表现的知识，而理性在法国大革命中被奉若神明。

在知识领域，中庸的自由主义同样是胜利者。正是19世纪世界体系这另一根支柱的历史（的确也是延续到20世纪前2/3时期的支柱），是我们现在要讲述的，以完成对自由主义在19世纪取得的胜利的全面论述。

现实的社会在19世纪发生了非常显著的变化。但我们理解、分析社会并对它做出分类的方法甚至发生了更大的变化。如果我们没有认识到后者，那么我们就会夸大前者。在现实社会中发生的最大变化是两种学说被人们普遍接受，它们被法国大革命奉若神圣，即变化被视为正常的和人民拥有主权两种学说。对那些埋头于研究世界体系政治学的人而言，目前最紧迫的是去理解，究竟是什么产生了那些被视为正常的变化，由此能够限制群众偏好对社会体系结构的影响。这正是历史性的社会科学和它的一套新的概念话语需要做的工作。①

当然，社会分析和社会理论建构都是一种古老的行为，尤其是在18世纪的欧洲产生了许多重要的理论争论。如果我们研究这些争论的话，我们也许会发现直到今天它们仍然是有益的。不过，传统的社会分析并不是我们今天称之为社会科学的现象。19世纪产生的社会科学是将有关社会体系是如何运作的、尤其是现代世界体系是如何运作的研究予以系统化、组织化和服务于官僚统治。这种"社会科学"被视为一种认知活动，它一方面区别于"人文学科"或"文学"，另一方面区别于"自然科学"，而处于它们两者之间的某个位置（Lepenies，1989）。

对"两种文化"的建构

从新出现的意识形态的内容和新出现的知识体系的内容和结构两方面看，从1789年到1848年之间的时期都是一个非常混乱的时期。所使用的术语、所划定的界限，以及甚至所使用的基本范畴的数量（关键的问题是存在两个还是三个基本范畴）都尚未被明确地加以确定，肯定也尚未以任何方式被予以制度化。那时，就绝大部分而言，这些政治和思想方面的斗争都发生在一个从地理上看非常有限的范围之内：主要是在英国和法国，其次是在德国、意大利和美国。

社会科学并不仅仅是在法国大革命对世界体系产生政治影响的背景下才出现的。它同样也是在从 17 世纪开始的知识体系漫长转型的背景下产生的。这种转型已经导致或正在导致一种概念被加以神圣化，即我们后来称之为"两种文化"的概念，该术语是在更晚时间由于 C. P. 斯诺（Snow） 1959 年在剑桥所做的著名的瑞德讲座（Rede Lecture）才流行起来的。

很久以前，在欧洲像在其他地方一样，只存在着一种知识文化，即追求真善美的知识文化。它并没有被分裂成不同的、甚至是相互对立的各种认识论。然而，对谁将控制这种单一的知识文化存在着持续的斗争。在中世纪的欧洲，教会宣称自己是知识的最终仲裁者。它宣称拥有接触只有上帝才掌握的真理的特权。在某种意义上，从教会的视角看，所有知识都是神学方面的。当主要通过阿拉伯-伊斯兰世界，欧洲重新发现了古希腊的知识时，教会试图将它吸纳作为神学知识的组成部分，正像例如圣托马斯·阿奎纳（St. Thomas Aquinas）所做的那样。

现代世界体系的形成离不开非神学家付出的长期努力，他们称自己为哲学家，努力要将自身从教会的高压统治下解放出来。他们能够自圆其说地论证，人类能够通过直接运用他们的智慧来获得知识，而无须通过神启的方式获得知识，后者产生了一个专门的、被制度所承认的解释者集团——神学家。正如教会已经提出的那样，哲学家也论证存在有关真善美的自然规律。哲学家坚持认为，他们能够像任何其他人（如果不是比这些人更好的话）一样洞察这些自然规律。逐渐地，在 15 到 16 世纪之间，哲学家能够让神学家靠边站，获得作为知识供应者的平等的、甚至是优先的地位。

对更多地从事实际建构现代世界体系的经济和政治制度工作的人而言，哲学家是否能够提供比神学家更多的帮助，这一点并不是十分清楚。他们的研究似乎太过抽象，并不能产生太多直接的实际影响。最初作为神学家活动范围的大学的地位由于哲学家和神学家的斗争而大大削弱，降格为知识生产和传播的场所。像法兰西学院（the Collège de France）和英国的皇家学会（the Royal Society）等其他机构作为替代性组织出现。

到 1750 年，就知识在哪里能够被建构，以及如何建构，存在着巨大的困惑和不确定性。就能够用什么名称来描述知识范畴存在着更大的困惑。有大量术语被用于描述我们今天称之为社会科学的现象，它们被不加区别地和几乎是可以互换地使用。②

此时，自然科学家开始坚持，对真理的探求不可能基于神学家或哲学家的论断，而必须植根于对现实世界的经验观察。他们论证，这种观察可能导致提出一些假设，这些假设能够被其他自然科学家所证实，或作为初步的规律，由此能够被应用于解决实际的问题。③尽管自然科学家直到1800年仍然声望不高，④但他们的观点开始为越来越多的人所接受。特纳（Turner, 1974, 2: 524）论证道，到1820年，科学在德国已经享有"至高无上的学术地位"。⑤

当然，对科学不断提高的声望也存在着抵制，博纳尔在1807年写作的《科学、文学和艺术》（Dessciences, deslettersetarts）中就悲观地提到这种情况正在发生。正如勒佩尼斯（1989, 9）所提到的，他"在科学和文学之间不断加大的隔阂中看到了现代性的预兆和走向堕落的迹象"。⑥另一方面，卡莱尔在1829年《爱丁堡评论》（the Edinburge Review）上发表的文章似乎对正在发生的一切持更为乐观的态度。他提到：

> 形而上学和道德科学正在走向衰落，而自然科学却正在赢得更多的尊重和关注。……不能以物理学方式加以研究和理解的现象就是根本无法研究和理解的现象。（Cited in Ross, 1962, 69-70）

在某种意义上，自然科学家（该词在当时尚不存在）对知识进行重组的目标是要同所有那些模糊不清的知识相分离，为某些类型的知识确立一种有保障的地位，而其他类型的知识则不享有这种地位。自然科学家将自身视为唯一能够对真理探求做出保证的人。它们有别于文学或哲学，在自然科学家的眼中，这两种探求知识的活动非常不同于他们所从事的活动。为了确保这种学术上"分离"的成功，自然科学家需要一种可靠的制度保障。开始时，他们是将自身安置于大学之中，在新成立的自然科学各系中从组织上为自身确立了一种地位。

一旦自然科学家沿着这种路线发展下去，"人文学者"就必须做出防御性的反应，他们也试图从组织上为自身创造一种类似的地位（Lee and Wallerstein, 2004, esp. chaps. 1-3）。以这种方式，大学开始恢复它作为知识体系生产和再生产场所的地位。但相比它假想的前身、即中世纪的大学，它是一种不同类型的大学。到18世纪，大学已经降格为一种"学生打骂嬉闹"的场所,或许主要是这样一种场所(Ziolkowski,1990,220-236)。但到19世纪,它将转化为一种非常不同于中世纪大学的专业性的大学。学者们在大学中挣得他们的基本收入,并接受全职教师的任命,他们在组织上开始隶属于不同的单位,我们称这些单位为系,它们大体上是依据各学科之间的划分而组建的。在这些系中,学生也变成全日制的,并进行认真的学习。[7]

建构这样一种结构需要一定时间,而且做起来也并不容易。牛津大学在1800年和1817年正式通过新的章程,在人文学科(古典研究、历史学、语言学)、科学和数学都设立了荣誉教授职位(Engel,1974,1:307)。在人文科系和科学系之间的区分,在法国可以追溯到1808年(Aulard,1911)。尽管如此,但迟至1831年,威廉·汉密尔顿爵士(Sir William Hamilton)仍然相信有必要写一篇文章《英格兰的大学——牛津大学》(*Universities of England—Oxford*),它是在《爱丁堡评论》上发表的(53, June,384-427)。在文中,他呼吁大学应该认识到:"教育必须由专家来实施,由他们来讲授一门他们非常熟悉学科的课程;而不是由指导教师来实施,他们中的每个人过去都必须讲授所有学科的课程,尽管他们没有资格来深入地讲授任何一门具体学科的课程"(cited in Engel,1974,313)。学者们此时开始在大学中寻找适合于他们的位置。学者的经济来源当时来自两个方面:大学教职的收入和撰写著作所获得的版税,相比自然科学家,后者对人文学者而言更为重要。[8]

"科学"和"人文学科"之间在认识论上的差别和争执正在被制度化。科学在方法上被界定为一种经验活动,目标是要探求一般规律,由此在研究类型上要尽可能地做到定量。而人文学科在方法上则被界定为悟释性的方法,它将一般规律视为简约主义式的幻象,由此在研究类型上是定性研究。稍后,我们将这种差别称为在探求普遍性的认识论和探求特殊性的认识论之间的区别。进一步而言,它并不单纯是认识论上的差别。每一方都倾向于将对方视为在从事学术上值得怀疑的认识活动,如果不是无用的或甚至是有害的认识活动的话。[9]

1859年,作为英国科学促进协会(the British Association for the Advancement of Science)的会长,阿尔伯特亲王(Prince Albert)宣称:

> 归纳科学的领域……是研究事实的领域。我们由此找到了一种路

径、一种阶梯，即使是孩子——几乎没有这方面的知识——也可以通过它攀登上真理的最高峰。(Cited in Benson，1985，299)

对此，约翰·亨利·纽曼（John Henry Newman）回答说，科学仅仅"带给我们现象。……我们必须研究它确定的事实，赋予它们以意义"（cited in Benson，1985，300）。马修·阿诺德（Matthew Arnold）进一步指出："人文学者的任务就是将'唯一的'知识同我们对行为的认识、对美的认识联系在一起"。（cited in Benson，1985，301）。

自然科学对所有那些人文学科和形而上学学科的蔑视程度在不断增加，浪漫主义作为一种运动在很大程度上正是作为对此的反制而出现的。正如戴尔（Dale，1989，5）所论证的：

19世纪学术史的基本特征也许可以合理地描述为［人文学者］寻求完全替代那种已经不复存在的基督教式的总体知识，努力在法国大革命的废墟上恢复一种拯救信念，正如卡莱尔所恰当地描述的那样。……［浪漫主义］对基督教做了适应现代世界的改造，将它世俗化为一种有关社会的和个人的整体性的形而上学思想。[⑩]

正是在这种背景下，对社会现实、对日常变化的原因做出具有逻辑一致性的认识的需要导致社会科学、事实上导致新型学科的创立。[⑪]自然科学家和人文学者都宣称这一新兴的知识领域是他们自己的专属领域。科学家论证，能够将科学方法应用于对人类活动的研究，就像将它们应用于对物理现象或生物活动的研究一样，因为科学分析的方法是普适性的。与此针锋相对，人文学者论证，不像自然科学家的研究对象那样，人是有意识的行为者，能够影响他们自身的命运，因此对他们行为的分析不可能通过机械地应用貌似规律的归纳来做出。

社会科学应该选择哪种发展路径呢？一般的答案在于，社会科学的实践者在这个问题上发生了深刻的分歧，在很大程度上直到今天仍然如此。一些社会科学家选择科学主义的路径，另有一些人选择人文学科的路径，但也有一些人则试图在两者之间摇摆。[⑫]所有学科都将做出集体的选择，但除此之外，学者个人也将做出选择，他们是在每个学科的组织框架内做出的。为了对此做出评价，我们必须连续考察：(1) 社会科学同社会改良运动存在明确联系的程度；（2）推动社会科学"专业化"的各种努力，它们是同有关客观性的性质和价值中立的重要性的争论联系在一起的。由此，我们将能够更好地评估我们称之为社会科学诸学科的现象是如何和为什么变成制度性的存在的。

作为社会运动的社会科学

继法国大革命——连同它的承诺和它公认的缺陷——之后，科学一般而言——稍后尤其是社会科学——被视为改善人类状况的另一种路径。奈特 [1984，3] 扼要地对这种观点做出了总结：

> 不是政治革命、而是科学发展带来了繁荣和减少了不幸。这种情况之所以会发生，既是由于将科学应用于指导以前由经验、由传统惯例指导的活动；又是由于普遍地接受了"科学的"思维方式。这是科学的时代；一个单纯而又有信仰的时代。

正是在这种单纯而又有信仰的背景下，社会科学在19世纪开始了它的发展，不是作为大学的一揽子学科（甚至也不是作为某个单一学科），而是作为一种社会运动。用伯纳德夫妇（L. L. and Jessie Bernard，1943，33）的话来表述：

> 也许比它已经实现的任何特定目标都更具有划时代的意义。因为它代表从一种以神学为指导的社会向一种以科学为指导的社会的转型。[在19世纪前2/3时期] 社会科学……并不是对所有社会科学学科的总称；它是正在经受工业化阵痛的社会中的宗教，正如神学是旧的封建世界中的宗教一样。

因为它是一种社会运动，所以它最初并不是在大学、而是在被称为社会科学协会的机构中出现的，其中最重要的社会科学协会首先是在英国和美国、稍后是在德国出现的。这些协会是"认识和纠正那个时代的社会弊病的迫切要求的产物……，也是迫切要求进行社会改革的产物"（Bernard and Bernard，1943，25-26）。当社会科学诸学科稍后在大学中变成制度性的存在时，它们将失去这种作为中心的地位。[13]

在英国，这些协会中最早成立的是统计协会。那些创建曼彻斯特统计学会（the Manchester Statistical Association）的人是"由于共同的社会意识形态、[尤其是]由于支持社会改革的信念而联合在一起的"（Elesh，1972，33）。他们主要围绕两个问题收集资料，即公共健康和教育。正是"城市化是统计学家进行统计研究最为关注的"（Cullen，1975，135）。在1832年的政治动荡中，那时贸易委员会的谷物收益审计员（Comptroller of Corn Returns for the Board of Trade）威廉·雅各（William Jacob）呼吁设立一个统计部门，他给出的理由如下：

> 在公共事务问题上打消不安和增加满意度的最好方法就是明确而公开地说明我们所面临的状况和如何予以妥善地应对。……就公共事务状况更普遍地公布准确信息往往会阻止引发聚众骚乱的情绪出现，后者通常是由歪曲或夸大实际情况所致，会引发对政府的不满，至少会在公众意识中引发暂时的不满。(Cited in Cullen，1975，20)。

雅各并不是唯一提出这种建议的人。艾布拉姆斯（Abrams，1968，38）表明："在19世纪30年代，对贫困产生激进行为的担忧是推动社会研究的强大动力所在"。

1856年，专门成立了国家社会科学促进协会（the National Association for the Promotion of Social Science）——也被称为社会科学协会（the Social Science Association，SSA）——来促进立法工作的进行。[14]罗杰斯（Rodgers，1952）称这个由社会改革家、社会工作者、律师、教育家、经济学家、医生和商人组成的组织为"一个不成熟的团体"（p.283），但却是一个"对能够通过议会法令来实现一切目标充满信心的"团体（p.289）。戈德曼并不认为该协会是一个非常松散的团体，因为："在它中立的言辞、在它力争获得两党支持的背后，社会科学协会在本质上是一个自由主义的论坛"（1986，101）。[15]

在美国存在着类似的发展过程。随着美国内战于1865年结束，美国社会科学协会（the American Social Science Association，ASSA）创立，它是"由新英格兰地区的上层知识分子发起的[……]他们试图理解和改善他们置身其中的迅速变化的社会"（Haskell，1977，vi）。但与此同时，除了这种支持改革的立场之外，哈斯克尔认为美国社会科学协会还涉及：

> 一种托克维尔式（Tocquevillean）的维护权威的冲动，即设立制度屏障以防在一个相互依赖的大众社会中由于在思想和道德价值观方面的无限争执带来的破坏性后果。（1977，63）

他称这为一种"保守的改革运动"，而我则称之为中庸的自由主义派的改革运动。

的确，1865年在美国创办了一份典型的自由主义左派杂志《民族》（the Nation）的埃德温·戈德金（Edwin Godkin）同时也是1869年成立的美国社会科学协会的主要创建人之一。就成立大会，他写道，美国社会科学协会将：

> 对社会做出巨大的贡献，如果它真的有助于唤醒公众认识到下述事实的话，即没有比正确调整人们在社会中的关系更复杂和更重要的问题；像对所有其他问题一样，在该问题上，相比那些对此没有研究的人而言，更值得聆听那些对它有着特殊研究的人的意见。（Nation, November 4, 1869, p.381; cited in Goldman, 1998, 22）

社会科学的改革运动在英国和美国也许是最强大的，不过1862年在布鲁塞尔举行的一次会议上创建的国际促进社会科学发展协会（the Association Internationale pour le Progrès des Sciences Sociales）就有来自比利时、荷兰、英国、法国、德国、意大利、俄国、瑞士和美国的代表参加（Villard, 1869），但它只存在到1866年（Goldman, 1987）。[16]

只是在德国统一一段时间之后的1890年，类似的社会科学运动才在德国兴起。它被称为社会政策协会（the Vereinfür Sozialpolitik）。德国人对协会的目标持更为开放的态度。它的名字并未提及社会科学、而是提到社会政策。像其他类似的组织一样，它将学者、商人、政府官员和自由职业者聚集在一起（Lindenaub, 1967, 6）。正如克鲁格（Krüger, 1987, 71）所提到的：

> 协会表明在居于主导地位的社会科学范式和社会政治信念之间存

在着明显的联系。自19世纪70年代以来，历史学派在德国政治经济学界作为最重要的学术流派出现。……与之相伴随的是在学者和有教养的资产阶级中流行的看法，认为过时的制度体系应该予以修正，以利于改善工人阶级的状况。由此，学术知识和社会政治信念赋予彼此以合法性、并相互促进。……协会是一个"对社会改革进行争论的场所"，即支持社会改革的有教养的资产阶级讨论问题的论坛。[17]

问题是实施哪种类型的改革？一方面，"就他们被指责对工人阶级太过友好而言，企业家集团有时将社会政策协会和社会民主主义置于同一范畴"（Plessen，1975，59）。的确，持有敌意的批评家指责协会的学者是讲坛社会主义者（kathe rder-Sozialisten）或教授社会主义者（Dorfman，1955b，18）。

但这正是关键所在。他们是讲坛社会主义者、而不是革命者。尽管社会改革运动在思想上是同1820-1850年时期被称为"柏林经济学家"的"曼彻斯特主义"（Manchesterism，也可译成自由贸易主义——译者注）的主张相对立的，后者强调自由贸易的价值（Lindenlaub，1967，2），但该运动同时也同马克思主义的社会民主主义运动相对立。[18]他们的基本立场是一种中间主义路线：

> 创建社会政策协会的那一代人相信，主张经济自由主义的集团所持的反动的社会立场和社会主义者所持的社会革命立场都加剧了社会紧张，必然会导致阶级斗争和革命。他们认为，只有通过社会改革才能够稳定住摇摇欲坠的社会制度。（Lindenlaub，1967，4）。[19]

普莱森揭示了协会的社会政治纲领和俾斯麦的社会立法方案的一致之处。他进一步论证："如果没有社会政策协会所做的工作，俾斯麦的开创性立法是不可能提出的"（1975，127）。

社会科学中的专业化和价值中立

尽管作为一种社会改革运动的社会科学也许被认为取得了明显的成功，该运动体现了中庸的自由主义的立场，但在学者和中间阶级的改革家组成的联合体中,学者们对他们所承担的角色愈来愈感到不满意。他们寻求在社会组织中承担一种更具自主性和更与众不同的角色。这就要求打破社会学科协会的束缚,创建一种专业性的、完全学术化的组织。

对业余爱好者自称能够提供学术知识的资格,学者们目前予以否定,但在17和18世纪这种资格得到非常广泛的承认(Torstendahl,1993,115),即使到19世纪在社会学科协会的组织内部也仍然被认为是合法的。不过,学者的专业化被鼓吹为:

> 一种如此牢固地确立权威的手段,以致真理和它的提出者甚至能够赢得广大公众的尊重,而公众曾威胁不给予任何人、任何传统、甚至最高尚的价值观以尊重。(Haskell,1977,65)

但是什么样的权威呢?戴尔提醒我们(1989,14),所有早期社会科学的实证主义者(诸如孔德、穆勒和斯宾塞)都认为:"社会科学理论最终将导致对社会制度的革新。这无疑是一种政治目标"。人们不应该忽略反平等主义的力量的作用,它构成这种新的趋势的基础所在。专业化的发展既是为了应对大众文化的肤浅、也是为了应对以利润为导向的商人的狭隘。[20]这种双重目标能够通过赋予哈斯克尔称之为"有能力的人组成的团体"以权力而实现。[21]

根据专业能力赋予权力,要求一种新型的"进行科学研究的社会组织"(Wittrock,1993,318)。这就是研究型大学,一种使大学能够恢复它在知识生产中——不仅仅是在知识再生产中——的中心地位的组织。研究型大学的兴起是"同现代民族国家的兴起紧密地联系在一起的"。作为结果,大学被赋予"相比之前更多的资源"(Wittrock,1993,305,344)。

这并不必然意味着要抛弃实施中间主义路线的社会改革的目标,而是要让它在专家的指导下更稳步地实施。[22]这意味着,直接为某种改革目标做辩护不再可能保障它一定能获得人们的支持,因为学者缺乏那些政治人物的伪装。因此,有必要给改革的各项目标披上"客观"知识的外衣,这种知识只有科学专家才能够确定和呈现给公众。[23]

这种歧俩是政治性的,但似乎又不是政治性的。弗尼斯(Furness)提到,在19世纪80年代的美国,赫伯特·巴克特斯·亚当斯(Herbert Baxter Adams)和约翰·贝茨·克拉克(John Bates Clark)都相信,不受管理的工业资本主义会引发不公正。但他们发现,他们不可能直接谴责这些不公正之处。相反,"随着他们开始获得一定的学术地位,两个人都开始将稳健的立场等同于客观性,并将客观性等同于学术价值"(Furness, 1975, 91)。普莱维特(Prewitt)指出:

> 探求能够论证由政治设定的目标具有合理性的社会理论……是非常困难的问题,对不谨慎的人而言布满了陷阱,甚至那些对其中的内在矛盾有着清醒认识的人也不容易驾驭。是否可能存在一种社会理论,它既是有用的、事实上又不被用于为党派利益做辩护呢?那些信奉实用主义的自由主义的社会科学权威人物……坚持认为,这是可能的。(2004, 782)

有关持辩护立场、还是持价值中立立场的最著名的争论是所谓的价值判断之争。1909年,马克斯·韦伯和其他一些人退出社会政策协会,组建了德国社会学协会(the German Sociological Society),它是主张价值中立的。不过,这种目标并不像它表面看起来的那样简单;的确,从那时起,它就受到目标不明确的困扰。但那些宣称价值中立的社会科学家仍然相信:

> 科学的进步一直是繁荣的保障。……科学——由于它自身的缘故而被人们所追求——将使人们能够消除他们之间的意见分歧;正像科学能够消除愚昧和疾病一样,它也能消除战争和社会冲突。科学是一种实现和谐的力量、一种实现统一的力量。(Proctor, 1991, 96)

在1871年到1918年威廉皇帝统治时期,德国的学者处于尤其困难的政治情势下,这对社会科学家造成了非常难于应对的压力。一方面,他们被谴责为隐蔽的社会主义者,与此同时,社会主义者也对他们施加压力,敦促他们做自己公开的盟友。另一方面,他们也受到来自德国民族主义者的压力,后者公开支持德国军队和帝国的扩张目标。[24]价值中立是"身陷重围的科学"在意识形态上表现。[25]价值中立含有在道德和知识之间摇摆的意义。

但它发挥作用了吗?稍后的两位学者拉尔夫·达伦多夫(Ralf Dahrendorf)

和雷蒙·阿隆（Raymond Aron）都深受韦伯的影响，他们都强调了这些论证的难点所在和在道德上的不确定性，达伦多夫称它们具有"极易引起争论的模糊性"。如果韦伯在事实和价值之间、在科学伦理和责任伦理之间的区分是如此明晰的话，达伦多夫问，那么：

> 为什么韦伯本人发现他的这种区分是无法接受的？难道这种区分在理论上是有说服力的，但在实践中却是不可能加以坚持的吗？它们是一种错误的方法论规定吗？（1987，577-578）

阿隆的分析并不是那么苛刻，但归根到底同达伦多夫所持的保留意见并没有太大的不同：

> 韦伯的创新和伟大之处首先源于下述事实，即他既是一位政治人物、又是一位学者，而且他想要如此；或更准确地说源于下述事实，即他既将政治和科学分离开来、又将它们结合在一起。说分离：科学必须独立于我们的偏好，不掺杂任何价值判断。说结合：科学是以一种对指导实践所必需的方式来加以建构的。……科学和实在都不会强加任何规律；科学——不会做出预测或有任何想象的成分——将人置于完全自由的状态；我们中的每个人都必须自己决定。……人们必须在诸神之间做出选择。……历史是有关诸神对抗、信仰和必然性斗争的叙事。（1950，97-98）

也许正是出于这些原因，诺维克（Novick，1988，7）指出，客观性是"一种不可能实现的目标"。争论一直是围绕就"公正无私"而言人们到底是在指什么展开的。正如鲁施迈耶和范·罗森（Rueschmeyer and Van Rossen，1996，150）所指出的，社会政策协会宣称他们公正无私的证据在于"他们同资本和工人阶级都保持距离"，这暗示他们受到"利益相关双方"攻击的事实。但由于学者共同体内部不断加剧的政治的和意识形态的斗争，所以韦伯得出"合乎逻辑的结论"（p.147），即社会科学必须远离道德和政治。[26]

价值中立的社会科学的客观性遭遇最明显挫折的领域似乎是优生学。当然，优生学同现代世界体系的一个基本特征存在着紧密的联系，即一直存在的种族主义,该现象明显同理论上提倡的平等主义的学说相冲突,后者是在由法国大革命所孕育的地缘文化结构中被赋予合法性的。

当林奈(Linnaeus)在18世纪系统阐述了一种形态学,运用这种形态学,生物学家能够对所有生物进行分类时,那就有必要解释,如果人类事实上是一种统一的属/种的话,那为什么在世界不同地区的种族之间存在着视觉上的巨大差别。当然,视觉上存在的巨大差别是一种涉及社会定义的问题。很少有人会根据人眼的颜色来创造或使用社会范畴,但许多人会根据人类皮肤明显可见的颜色来这样做。到18世纪晚期,种族一词被主要用来对肤色不同的族群做出分类。

在18世纪,就种族差别存在的起因存在着两种基本的理论:一元发生说,同传统的基督教有关人类具有统一性的观念相一致(Heiniger, 1980, pt. 3);多元发生说,宣称在各种族之间存在着明显的差别,由此"为非白种人在历史上明显屈从于白种人提供了一种有用的合理性论证"(Lorimer, 1978, 132)。到19世纪后半期,尽管多元发生说已经声名狼藉,但有关在各种族之间存在着显著差别的社会生物学观点得到了系统的阐释,我们赋予了它一个"科学的种族主义"的标签。它假设在社会生物学方面不平等的族群之间存在着"无法逾越的鸿沟"(Guillaumin, 1992, 25)。"有人为了普及这种权威性的科学观点付出了重大努力"(Lorimer, 1990, 369)。[27]

优生学是一种起源于科学的种族主义的社会运动。它呼吁国家采取行动以保护种族的"纯洁性",并以各种方式来增加被视为优等种族的人口数量,这是以其他种族人口的减少为代价的。尽管霍夫施塔特(Hofstadter)称之为"极端的保守主义",但它最初获得了中庸的自由主义派的强有力支持:

> 优生学运动是以"改革"的面目出现的,因为它〔在美国〕兴起的时间正赶上大多数美国人都喜欢将自身视为改革家。像各种改革运动一样,优生学接受了国家为实现一个共同目标而采取行动的原则,并且是根据族群的集体命运、而不是根据个体的成功来加以表述的。(Hofstadter, 1992, 167)

"种族思想在欧洲〔和欧洲人统治的世界〕是同民族主义的发展联系在一起的;这两种运动至少是在同一时期出现的"(Guillaumin, 1972,

37)。帕克（1981，827，846）称之为"自由主义的种族主义"的现象是寻求民族认同的组成部分，它"太容易导致对边界以外的其他民族的敌视"。

当然，正如我们所了解的，在德国由于纳粹的灭绝劣等种族的计划，优生学被推导出了最令人恐怖的、但却是合乎逻辑的结论。"科学和政治建立互惠关系的情况"在德国表现得尤为强烈，在那里：

> 一个小的种族卫生学家（正如优生学家在那里称呼自己的那样）群体寻求地位和承认，他们同一些既保守、又激进的右翼政治家结成了联盟。（Weingart，1989，260）[28]

正是因为优生学在德国推导出了纳粹希望得出的结论，所以中庸的自由主义派在1945年以后是如此坚决地反对"科学的种族主义"，后者依次又被也许可以称之为科学的反种族主义所取代，它也是被作为价值中立的学说提出的。

对科学史的建构

在大学中，社会科学的专业化采取了设立各种不同的学科和成立针对这些不同学科的全国性的（最终是国际性的）专业/学术组织的形式。[29]它这样做并不是将社会科学作为一种单一的学科、而是将它"分割为许多分支学科、新的组织和专业"（Goldman，2002，356）。正如我们将看到的，每个学科、每个专业都有"一套话语、一个组织、一本杂志和一个学会"（Maloney，1985，2）。

在新的大学组织中，第一门宣布其独立存在的学科是作为大学的一个部门存在时间最长的学科——历史学。当然，历史学是一个非常古老的术语。在今天提及古代那些值得关注的历史学家是很平常的。肯定一直有一些著作家在描述"过去"，他们会赞美一些重要的统治者。对这些历史学家而言，资料的主要来源从传统上看是较早期的历史学家的研究，如果他们写作的著作能够保留下来的话。

在19世纪所发生的是就适合于历史学家研究的资料形成了一种新的观念。它有时被称为历史编纂学中的一场"科学革命"，而且明显是同利奥波德·冯·兰克（Leopold von Ranke）的研究联系在一起的。正是兰克给我们留下了一个著名的主张：我们要如实地书写历史。[30]

在这个著名的口号中我们应该注意两点：相信有可能对过去做出一种真实的描述，假设以前以历史学的名义所做的每件事并非都坚持了这种原则。兰克宣称可能存在一种对过去的"客观"分析。对所有那些赞同这种观点的人而言，从那时起，问题就在于是什么能够使一种描述成为客观的，历史学家正在书写的是什么。尼培代（Nipperdey）将兰克视为在历史学中倡导科学客观性思想"之父"，他坚持认为（1988，218），兰克思想的核心是将历史学家严格地限制在"发掘原始资料和对原始资料做批判性的研究"上，他称之为一种"在方法论上有着严格限定的客观性"。赫伯斯特（Herbst，1965，216）强调了兰克式的历史主义中的矛盾之处："作为唯心主义者，他们宣称他们的学科和所有精神科学具有自主性；但作为经验主义者，他们又建议运用自然科学的工具"。

原始资料是一个带有很浓经验色彩的概念。最初（而且持续了很长时间），它们被认为只是存在于书面文献中。稍后，这个概念被加以扩展，包括了诸如考古发现等实物，也需要对它们做仔细的研究。考古学主要被用作对某些区域和某些时期进行研究的方法，就这些区域和时期并不存在书面的原始资料或书面的原始资料非常稀少而言，而且这是一种次优的选择。

但为什么书面的原始资料能够成为获得客观知识的基础呢？主要的论据在于，它们并不是为了稍后的研究者的研究需要而创作的，而是某种对当时所发生的事实的记录，就像事件的参与者所观察到的那样。当然，也存在下述的可能性，即这种原始资料是伪造的，它们是在晚于原始资料所描述的那个时期创作的、或者就是打算用于欺骗它们被写作的那个时代的其他人的。正是由于这种原因，必须对原始资料做考证研究。尽管如此，但历史学家仍然认为，在使用这种原始资料上并不存在替代品。兰克"探讨过去几乎就像是发现上帝的启示一样。……正如兰克自己所评述的，它就像是在做礼拜（Gottesdienst）"（McClelland，1980，173）。

只有当历史研究同经验证据相联系时，它才被视为合法的，也才被视为科学的。不过，历史学家在其他方面是非常不科学的。他们中的大多数人都反对理论，拒绝探求任何类似规律的一般性判断，但其实他们是能够从经验研究中推导出这类判断的。[31]他们之所以采取这种立场，从根本上是因为他们反对启蒙运动中的激进分子和它们的继承者,后者希望改造旧的世界。[32]诺维克相信(1988,27),兰克是在"回避做价值判断,而不是在展示公正无私的中立性,在这种背景下,他所做的政治判断是非常保守的"。[33]

然而,这种将对政治的分析"缩减"为"对最狭隘意义上的事件的分析"(Burke,1988,197)很好地服务于了中庸的自由主义派的利益。因为当一般性概括被回避时,历史编纂在19世纪首次地变为一种"民族的宗教"(Barrett-Kriegel,1988,264)。原因非常简单。如果人们要建构自由主义国家的话,那么就必须存在这样的国家,在其中人民能够创造他们对一个"民族"的认同,他们能够将他们的首要忠诚奉献于它。创造作为自由主义国家基础的民族具有本质的重要性。而要创造一个民族,人们首先必须有一个国家。[34]

历史学家承担了发现/创造一个国家对历史过去的记忆的任务。这适用于英国和法国这两个最早的自由主义国家,但它甚至更适用于德国和意大利,这两个国家是在19世纪才被创造出来的。接着通过扩大影响也适用于其他地方。[35]正如我们所知,1830年的法国革命在(俄国人统治下)波兰也产生了反响。

这依次又对德国的知识分子产生了影响,激励他们关注民族统一问题。例如,兰克在1832年围绕以前由贝特霍尔德·尼布尔(Berthold Niebuhr)提出的论题写作了一系列的文章:"推动一个民族的历史发展是这个民族的天才的职责所在"。兰克的结论是:"我们承载着伟大的德意志民族的责任:创建真正的德意志国家,它将反映我们民族天才的意旨"(Renouvin,1954,75-76)。[36]这一时期较为年轻的历史学家则"对兰克的保守主义倾向和希望普鲁士在德国的统一中发挥领导作用的主张提出了质疑,他们转向洪堡(Humboldt)、费希特(Fichte)和黑格尔寻求灵感"。但1848年革命的失败也使他们相信"国家具有首要性,政治权力必须合乎道德正义"。到1871年,保守主义者、自由主义者、甚至是民主主义者(激进主义者)都赞同"历史学是他们共同的宗教"(Iggers,1983,11)。[37]

德国历史学家参与了德意志民族的建构,这同英国历史学家所发挥的作用是一样的,我们将后者称之为辉格党对历史的解释。这时,英国是世界体系的霸权国家,它的历史学家欣然地相信,在英国发展到这种地位的过程中所发生的一切都既是必然的、又是进步的。曼宁(Manning,1976,

84）非常清晰地解释了这种立场的逻辑所在：

> 所有有助于建构为自由主义者所称道的市民社会的事件都必然是进步的，所有那些抵制这些变化的事件都必然是反动的。根据定义，市民社会是一种比封建社会更文明的社会。在自由主义的话语中，"市民"一词的含义部分是指某种开放和进步的事物，"封建"一词的含义部分是指某种封闭和反动的事物。㊳

德国的历史主义和辉格党对历史的解释（事实上也是历史主义的一种类型）都将民族的进步置于他们分析和关注的中心。㊴

像英国一样，法国也开始将历史学作为它正在进行的建构民族国家工作的中心。豪塞（1903，119）将七月革命视为转折点：

> 正是因为它并不是一个"具有历史意义的"王朝，所以七月王朝不可能忽略、而且不得不求助于历史学。……在政治事件的直接影响下，历史学转向关注如何组织社会的问题。新建立的国家从拥有像基佐、梯也尔这样的历史学家中获益颇多，他们运用对中世纪法国的记忆和英格兰革命的教训，来为王朝建构一种以理性为基础的新的合法性。

然而，尽管七月王朝赋予历史学以合法地位，以使历史学家赋予王朝以合法地位，但正是1870~1871年那些给法国人民造成创伤的事件——法国被德国打败、巴黎公社——最终确立了历史学的地位，它将发挥把国家整合在一起的中心作用。新建立的第三共和国也求助于历史学家，通过改革中学的课程体系以重新将民族团结在一起实现复兴。罗格（Logue，1983，80）以这种方式描述了共和国教育系统的领导人的想法：

> 迄今为止，无知和迷信的群众在这些年（1875年以后）被视为共和国较容易对付的潜在敌人，这是相比那些中间和上层阶级的年轻人而言的，他们在教士、世俗修士、最恶劣地在耶稣会教士的指导下接受教育。正是精英集团内部的不团结、而不是在精英和群众之间的矛盾，最令19世纪晚期的自由主义者担忧。……一个真正信奉共和主义

和自由主义的精英集团将成为信奉民主主义的人民的自然领袖。[40]

不过，霍布斯鲍姆（1983，270）将这种对民族历史的强调视为更多地是由对激进倾向的恐惧所激发的，他论证，历史学家发明了"共和国的形象、象征和传统"来控制工人阶级。"中间派"（他正在谈论的是激进的社会主义者）通过"伪装成极左派"来实现这个目标。

无疑，中庸的自由主义派试图既限制保守派的力量，他们被等同于教会势力；又限制激进派的力量，他们已经在巴黎公社期间展示了他们的面貌和活力。中庸的自由主义派能够利用新的科学的历史学来在公众头脑中灌输一种对过去的认识，这种认识能够将一个民族团结在一起，使民族认同成为爱国主义的基础，由此使国家处于稳定状态。当然，这并不是唯一的机制。年轻男子在军队中服役也能够使他们团结在一起和适应社会的需要，就如公共教育系统所发挥的作用一样。对那些来自农村地区和少数民族的人而言，这种方法尤其有效。建造国家纪念碑和设立公共仪式（诸如法国的国庆日）也是这种有组织运动的组成部分（Hobsbawm，1983，271）。[41]但这些同样也是历史学家研究的产物。历史由此正在变成获得合法性的来源。但对现实的认识又怎么样呢？

创建探求普遍规律的诸学科

不管多么重要，但建构和强化一种民族认同仅仅是自由主义方案的一个组成部分。一种强烈的民族认同有助于赋予国家以合法性，同时也严重限制了其他的同它处于潜在对立状态的认同——对阶级、种族或语言共同体——的合法性。但为了能够平稳地运行、尤其是能够预先应对来自危险阶级的各种反对自由主义的压力，自由主义国家需要理解现实的状况。三门探求普遍规律的社会科学——经济学、社会学和政治学——将发挥这方面的功能。

就这种三位一体性首先需要注意的是，它是三门学科共同发挥一种功能。当写作有关过去的历史（历史学的任务）时，新兴的大学组织将所谓的经济、政治和社会领域结合为一门单一的"学科"。然而，一旦涉及对现实的研究，社会科学家坚持认为，这些是三个独立的领域，需要分别地加以研究。

为什么会出现这种学科划分呢？唯一的理由在于，自由主义思想家（既不是保守主义的、也不是激进主义的思想家）坚持认为，"现代性"的显著特征是社会结构分化为三个不同的组成部分，它们彼此之间存在着显著的差别。它们是如此的不同，以致必须在实践中将它们分割开来，必须对它们做性质截然不同的研究。这三个领域分别是市场、国家和市民社会。正是从对这三个领域做理论上的区分出发——之所以做这样的区分被假设为现代化的结果，大学获得了三门学科：研究市场的经济学，研究国家的政治学和研究市民社会的社会学。

中庸的自由主义派一直致力于对制度做谨慎而合理的改革。在19世纪中期，对新兴的研究现实的社会科学而言，这种目标提出了一个带有根本性的问题，正如我们已经看到的那样。他们是要使自身成为社会活动家、还是仅仅作为从事理论研究的人，社会改革家能够利用这些研究来实现他们的目标？当像米拉波（Mirabeau）和孔多塞这样的思想家首次使用社会科学一词时，他们是将它作为社会管理艺术的同义词使用的，"作为对公共政策和社会改革的合理指导，它带有实用的和改良主义的内涵"（Goldman，1987，141）。最初的结果是创立了社会科学协会，正如我们已经讨论过的那样。但到19世纪晚期，舞台转向了大学，创设了按学科划分的各系，它们将生产社会所需的专业性人才。

1. 经济学

在这些探求普遍规律的诸学科中，第一个被正式确立的是经济学。经济学的名称是后来才创造出来的。直到19世纪晚期，在英国和美国通常使用的术语是政治经济学。在法国，就使用社会经济学一词、还是使用政治经济学一词，多少还产生过一场争论。类似的分歧在德国也存在，在那里国民经济学（Nationalkonomie）一词同人民经济学（Volkswirtschaft）一词相竞争，但后者因为将Volk（文字上指"人民"，但有一种强烈的种族暗示）一词同Wirtschaft（通常翻译为"经济"，可以带或不带Volks的前缀）一词联系在一起而具有很大的模糊性。为什么所有这些术语都被放弃，而最终较短的术语"经济学"却被采用了呢？

政治经济学一词暗示在生活的政治领域和经济领域之间存在着某种联系。但存在何种联系呢？最早的一种说法是由18世纪所谓的苏格兰历史学派提出的，该学派包括诸如亚当·斯密、亚当·弗格森（Adam Ferguson）、威廉·罗伯逊（William Robertson）和约翰·米勒（John Millar）等各色人物。尽管也许观点各异，但他们都拥有一些共同的理念，这些理念既是有关历史学的、也是有关政治经济学的。他们的宏观历史认识是对整个世界的认识，其中人类经过一系列不同的进步阶段。那时，最常见的阶段划分包括狩猎、畜牧、农业和商业四个阶段。这种划分的基础是某种"技术—经济决定论"。[42]

如果这些人特别强调政治经济学的话，那正是因为他们对经济结构、尤其是商业的这些连续形式的分析是在一种政治组织——即国家——的框架内做出的。因此，他们都强调"生计方式"，该术语是由罗伯逊发明的（Meek，1967，37）。他们都相信，如果人们要了解财产权状况的话，那他需要了解有关政治制度方面的情况，因为"在财产权关系和政府形式之间存在着某种因果关系"。[43]对像弗里德里希·冯·哈耶克这样一位近期坚定信奉市场首要性的人而言，18世纪的政治经济学家将被视为一些不可能决定他们是科学家、还是道德和社会哲学家的人（Hayek，1952，13）。他们和随后的几代人并没有接受过特殊的培训，即在那些同今天的经济学相联系的技能方面的培训。[44]

当然，哈耶克是正确的。亚当·斯密事实上拥有格拉斯哥大学道德哲学教授的职位。这种既关注道德哲学、又关注历史学的事实解释了在政治经济学家和所谓的新古典经济学家之间存在巨大差别的原因；就前者，我们目前称之为古典经济学家（从斯密到马克思），而后者在19世纪晚期对他们的研究领域做出了明确的划定。

> 古典经济学家希望解开历史之谜，找出推动（决定？）国家和帝国发展的伟大的中心力量。……他们从事确定"伟大动力"的研究。与之相对，由［新古典经济学家］瓦尔拉（Walras）和马歇尔（Marshall）所设定的研究任务却似乎是平庸和琐碎的，但正是他们在分析市场运行机制方面所做的努力产生了以解决问题为导向的经济学，即现在的那种经济学。（Gordon，1973，255）

就对市场和政治之间的模糊关系的认识而言，在法国也存在着类似的情况。在法国大革命之前，重农学派占据着中心舞台。重农主义一词意指"自然的统治"。对他们而言，居于统治地位的自然是土地，土地是从事生产性劳动、因而是产生净利润的唯一来源。他们强调将生产性的人或物同非生产性的人或物区别开来是政治经济学的基本任务，即使就哪些集团确实构成生产性集团存在不同的观点也是如此。像苏格兰的政治经济学家一样，重农学派是唯物主义者、但却不是理性主义者。他们的经济决定论观点受到法国大革命领袖言行的强有力支持。[45]

但他们并非仅仅是经济决定论者。在热月政变之后，他们的遗产由一个被称为意识形态家（idéologues）的集团所继承，不过，对他们而言：

> 政治经济学并不是一种经济决定论。它只不过是一个社会获得幸福的一种手段而已，该社会是在承认人的权利的基础上建立的。源于对经济学规律的认识而实现的富裕，使人们"更有德行"、更能够自由地从事管理。政治经济学同其他道德和政治科学一道取代了重农学派的地位。在意识形态家的鼓动下，[法兰西]科学院[the French Institute，包括一个道德和政治科学学院（Academy of Moral and Political Sciences）]于1795年创立，意在推动建立[这种好的政府]。(Le Van-Mesle, 1980, 272-273)

不过，这些观点先是被拿破仑视为危险的、甚至是颠覆性的，接着被路易十八和复辟王朝的领导人认为是更为严重的威胁。由此，政治经济学失宠。不过，政治经济学很快就在法国重新受到欢迎。之所以能够如此，是因为它修正了它自己的学说。它抛弃了它的颠覆性形象，转而强调它所持的是一种"中间路线"的学说。当然，如此一来，它就同时遭到左右两派的攻击。尽管如此，但通过证明在它所界定的中间路线原则——即法国大革命所奉行的——同经济自由主义之间存在着联系，它试图由此确立它是对政治有益的学说。1845 年，政治经济学家欧仁·戴尔（Eugène Daire）写道：

> 对法国大革命的赞美已经写进法律之中，在正常的基础上它将对自由、财产权和家庭方面的制度产生影响。……今天，接受这些原则的人的任务简单地就是使它们在现实中完全得到实现，并全力同任何倒行逆施的行径或者所谓的进步学说做斗争，后者倾向于破坏我们父辈的事业，剥夺子孙后代享受为了他们的利益而流血牺牲换来的报

偿。(Cited in Lutfalla, 1972, 495)

正是因为政治经济学变得如此强调中间路线，以致一些左派的天主教思想家试图用"社会经济学"来反对"政治经济学"。天主教大学（the Catholic University）的社会科学系在1835年发行的手册批评政治经济学仅仅关注财富是如何积累的，而未能讨论财富被如此不公正地分配的事实。

> 由此，一些人的幸福是建立在别人的痛苦之上的。在穷人的抗议声中，社会已经从它的梦幻中觉醒，最终发现它已经失去了那种曾经在富裕中获得的保障性。(De Caux, 1835, 35)

因此，从中可以推断出需要一门有关社会经济学的课程。

直到1848年革命，这些左派天主教徒的声音并不能为政治精英所听到，穷人的抗议声［德科（De Caux）无疑是指里昂的缫丝工人起义］也无法获得有影响的政治表达。正是因为政治经济学被视为同社会保守主义相联系，所以1848年临时政府的一个值得注意的决策是在大学中废除了政治经济学教授职位，尽管政治经济学协会（the Society of Political Economy）进行了徒劳的抗议。相反，道德科学学会（the Academy of Moral Science）对政府的呼吁做出回应，它宣称，"用武力恢复表面的秩序是不充分的，如果不能恢复道德秩序的话"（Le Van-Mesle, 1980, 286）。

正如我们所知道的，大革命的激进主义并没有持续很长的时间，而政治经济学作为一门学科也没有得到恢复。也许是受大革命的影响，它被认为太过强调中间路线，不够保守。不过，到1864年，维克多·杜卢伊（Victor Duruy）说服皇帝在法学系设立了一个政治经济学教授职位。他论证，英国之所以能够在1848年避免一场流血革命，正是因为"政治经济学原理在各阶层都被普遍地接受"（Weisz, 1979, 87）。法国正在回归中庸的自由主义的立场。

在德意志诸国，18世纪流行的重商主义（the Cameralism）——强调公共管理的经济学——在19世纪早期已经让位给"国民经济学"。在普鲁士，国家的管理艺术已经被国家的管理科学所取代，后者"在涉及对经济过程的管理中居于支配地位"（Tribe, 1988, 8）。再次地，在德国，简单地为市场原则做辩护的学派由被称为历史经济学的学派所取代，后者为政治经济学做了最后一次辩护，强调它既重视政治因素、又重视经济因素。事实上，在英国、美国和法国最终都准备好要放弃政治经济学、转而支持（新古典）经济学之时，德国仍然继续支持各种政治经济学的学派。

大的转变随着名称的变化而发生。政治经济学变成经济学。具有广泛影响的 W. S. 杰文斯（W. S. Jevons）在 1879 年指出了这种变化。[16]但正是阿尔弗雷德·马歇尔使这种变化得到正式的承认，他在 1884 年成为剑桥大学的政治经济学教授。在 1881 年他就已经写作了一本名为《经济学原理》的教科书。他在 1885 年论证，统计学会应该将它的名称改为经济学与统计学会。接着他在 1890 年创建了英国经济学协会［the British Economics Association，即稍后的皇家经济学会（the Royal Econimic Society）］，该组织由他和他的追随者牢牢地加以控制（Kadish，1982，143-144，152；Coats and Coats，1970）。到 1903 年，马歇尔已经能够在剑桥大学使经济学成为本科课程的一门学位考试课程。

不过，马歇尔使什么得到了正式的承认呢？一种描述这种变化的方式是将它视为经济研究关注中心的转变：

> 名称的改变意味着同"古典"经济学的决裂，后者关注于资本和劳动在生产价值和分配国民财富中的作用。改名后的经济学则是一门研究交换和价格形成的科学。替代那种研究生产和分配的理论，即以租金、利润和工资，以及同它们相对应的生产主体——地主、资本家和劳动者——为研究中心的理论，新的经济科学变成这样一种理论，其中稀缺资源的分配受到一种抽象的经济人的算计的影响。一种新的价值理论转而关注这些自私的经济人的相互作用，他们满足自身需求的冲动导致他们反过来要满足其他人的需求，由此创造出市场价格。（Triber，2005，116-117）。

另一种描述这种变化的方式也许是指出，新古典经济学明确终止了经济学同历史学的联系。在马歇尔为剑桥制定的教学大纲中，经济史学家威廉·坎宁安（William Cunningham）的地位被边缘化，这是众所周知的，似乎正是他的所作所为导致坎宁安在 1891 年离开了剑桥。在两个人之间无疑存在着个性上的冲突。尽管如此，但杰弗里·霍奇逊（Geoffrey

Hodgson)却不同意下述说法,即马歇尔对经济史学怀有敌意。霍奇逊指出,马歇尔对德国的历史学派给予了表示同情的称赞和支持。他还指出了这样一个事实,即在有关方法论的争论(Methodenstreit)中,马歇尔并没有站在卡尔·门格尔(Carl Menger)一边,尽管门格尔像马歇尔一样也是边际效用理论的创始人之一。[47]

也许正确解释马歇尔在组织上对经济学做出改造的方式是将它视为强化了经济学家更有效地影响政策制定的能力,以使政策制定变得专业化、并阻止党派偏见直接发挥作用——简而言之,让经济学家接受中庸的自由主义派的主张。[48]为了保障这种地位,马歇尔需要通过确立经济学的正统地位来控制大学教学大纲的制定,这才是他同坎宁安争论的真正根源所在。[49]丘奇(Church)由此解释了专业化过程是如何导致经济学家同历史主义倾向相分离的。[50]但与此同时,这种专业化也使同样的经济学家能够拯救为社会改革提供理论指导的经济学。[51]

对影响政策制定的能力的强调同样影响到法国经济学家的实践,尽管在那里经济学往往被设置在法律系、而不是在艺术与科学系之内,像大多数国家所做的那样。[52]在德国这并没有什么不同,在那里,经济学方面的培训以历史主义方法为中心,这是因为社会政策协会长期占据支配地位。[53]

考虑到这一点,人们似乎不应该将美国经济学会(the American Economic Asscociation)早期的著名争论视为一场在经济学是承担辩护的角色、还是承担提供专业知识的角色之间展开的,这是人们通常所认为的;而应视为就什么是对公共政策做适当改革的最有效的方法展开的争论。

在美国,19世纪晚期的关键人物是理查德·埃利(Richard T. Ely)。在德国的海德堡大学,埃利在卡尔·克尼斯(Karl Knies)的指导下学习。他对德国的历史学派留下了深刻的印象。当他回国后,他于1881年成为约翰·霍普金斯大学的经济学教授。早在1882年,他就极力主张采纳俾斯麦在德国实行的社会立法(Dorfman,1955b,24-25)。他制定了创建一个经济学家协会的计划,该协会就是要"批判作为一种科学学说而提出的自由放任理论",正如他在一封写于1884年的信中所指出的(cited in Coats,1960,556)。

1885年,他和其他人共同创建了美国经济学会(AEA),他担任了该组织的第一干事。在美国经济学会成立大会对其所奉行的原则的声明中,第一点是:"我们将国家视为这样一种机构,它的积极帮助对人类的进步而言是不可或缺的"。声明的其他三点强调:"对实际状况做历史的和统计的研究";解决由劳工和资本冲突所造成的社会问题的必要性;尽管美国经济学会并不具有党派性,但它坚持认为,"渐进地改善经济条件……必须由立法政策的相应发展予以保障"(Dorfman,1955,27)。

埃利本人在25年后宣称(1910,60),这一声明"是各种利益妥协的产物。……每次修正都代表了一种被称为'变得温和'的过程"。这种妥协并不成功。1892年,埃利不再担任干事,尽管他稍后被推选担任了一年美国经济学会的会长,但他有关美国经济学会应该从事一些公共政策的建议工作的观点被否定,而赞成它应该具有一种更"专业化"的导向。[54]不过,这并不意味着,存在一种放弃对公共政策施加影响的转向,因为"上层和中间阶级"都将这种影响视为是在发挥一种积极的作用。[55]它只是意味着,一种专业性的和中立的经济学的政治倾向——主要指中庸的自由主义的政治倾向——变得更为隐秘、而不是去公开承认。

2. 社会学

像经济学一样,社会学也经历了同样的专业化过程。不过,在某种程度上,它是一门对支持社会改革的义务直言不讳的学科。正如众所周知的,社会学一词是由奥古斯特·孔德发明的,他将对社会关系的研究视为最高等级的实证主义研究,是"诸科学中的皇后"。但我们能够将孔德的研究置于政治谱系的什么位置呢?对柯瓦雷(Koyré,1946,56)而言,孔德像博纳尔一样,持极端保守主义的思想,但是却"乔装打扮、或者更确切地说是伪装着现代的外衣"。奈斯比特(Nisbet,1952,173)给出了类似的评价:

> 孔德本人并不是科学家;但由于他对科学的浪漫主义崇拜,所以家庭、社会、语言和宗教的社会结构不再需要神学的和反动的框架(在博纳尔的思想中,它们是需要这种框架的),而且还被赋予了科学的框架和术语,如果实质并非如此的话。……孔德的研究是将各种保守主义的原则转化为一种更能为稍后几代的社会科学家所接受的观点。

然而我们同时也知道,孔德是作为圣西门的秘书开始他的事业的。也许很难从政治上总结圣西门的观点,但他肯定是公开敌视博纳尔式的社会观的。哈耶克(1941,9,11,18)认为,孔德从一种更左翼的立场转变为一种政治中间派的立场。对哈耶克而言,19世纪的两种伟大的思潮是社会主义和实证主义(他更愿意称之为科学主义):

> 两种思潮……都直接来源于这个由专业科学家和工程师组成的群体——他们是在巴黎成长起来的,更具体地说是来源于……巴黎综合理工学院(the Ecolepolytechnique)……
>
> 在法国实证主义的整个发展过程中,这种理性主义的因素——也许应归于笛卡尔的影响——继续发挥着重要的作用……
>
> 强调综合的思潮承认意义只存在于那些被有意加以建构的事物中……这种思潮是一种新的强有力的因素,它被添加到——在这个过程中甚至开始取代——巴黎综合理工学院青年学生的革命热情当中。

在19世纪中期,法国社会学的另一位重要人物是弗雷德里克·勒普莱(Frédéric Le Play)。他是冶金专业的学生,是著名的高等矿业学院(colede Mines)的毕业生。他从这种教育中获得的教益是厌恶做抽象的理论建构,并相信社会科学并不像物理学、而是像"明显带有实践性的冶金〔科学〕"(Goldfrank,1972,134)。因此,他追求一种经验性的和强调观察的社会学,这同孔德式的社会学正好相反。与此同时,他还是一位虔诚的天主教徒,这也同孔德正好相反。但他是一位也许可以被称为过着田园生活的天主教徒。从这种生活中,他形成了厌恶圣西门主义的理性主义和个人主义的倾向。

对勒普莱而言,1848年革命是一种成长的经历。在秩序党同工人阶级分裂的政治背景下,他试图推动实施"一种改良主义的社会政策"(Kalaora and Savoye,1989,100)。他于1855年创建了社会经济协会(the Société d'conomie Sociale),协会特别关注经济发展对工人阶级的社会影响。他同英国的社会科学协会建立了联系,追求一种实现社会和谐的目标,但带有某种保守主义色彩:

> 勒普莱是一位谨慎的、但并非持价值中立立场的社会科学家。他坚持认为,"社会和平"只能通过对"社会现实"的理解才能实现。而现

实……包括不平等的阶级等级制度，它是在工业劳动分工中不断产生的。他因此反对让市场决定社会关系，主张引入权威（seigneurie），由大资产阶级充当居于支配地位的"社会权威"。（Elwitt，1988，212）

勒普莱的改良主义并不是在社会和经济方面的、而是主张"道德改革，重申社会组织的 5 个基础：宗教、家庭、财产权、工作和庇护"（Chapelle-Dulière，1981，745）。尽管他所持的是一种主张家长制的保守主义，但戈德弗兰克（Goldfrank，1972，148）将他视为"一位令人好奇的当代人物：地位处于上升中的保守的（自由的）专家治国论者希望科学地解决由统治集团所造成的问题，他愿意为该集团服务"。值得注意的是，在 19 世纪末的英国，勒普莱被视为同新自由主义相联系，后者是新兴的福利国家制度的支持者。他被视为代表了"在无序的资本主义的异化和社会主义的专制之外的第三种选择"（Abrams，1968，60）——简言之，他被视为一位中庸的自由主义者。

在大学社会学产生之前的另一位重要人物是赫伯特·斯宾塞。在 19 世纪上半期的英语世界，斯宾塞是到那时为止拥有最广泛读者和最受尊敬的社会学家。他的社会学是一种决定论类型的社会学。他接受了达尔文的"适者生存"的极端观点。这种恶劣的、无情的进化观宣称，凡是存在的都是有益的。正如艾布拉姆斯所论证的（1968，73），从中可以推断出，"社会学更伟大的目标是使人们认识到，通过立法措施来加速改善他们状况的努力是愚蠢的"。[56] 毋庸置疑，社会达尔文主义是同中庸的自由主义的思想相违背的。因此，尽管他在英国和美国声名显赫，[57] 但斯宾塞的如日中天仅仅是昙花一现，在新兴的社会学学科中并未留下什么印迹。

学院式的专业社会学的三个发源地是法国、德国和美国。我们已经讨论了由德国新学院社会学的权威人物马克斯·韦伯提出的价值中立类型的社会学所具有的模糊性。这些模糊性事实上类似于那些在法国和美国社会学制度化过程中出现的模糊性。

在法国，起关键作用的人物是爱弥尔·涂尔干（Émile Durkheim），从思想和组织方面看都是如此。像马歇尔一样，涂尔干是一位组织者。他所受的专业培训是在哲学方面的，但他发现哲学太晦涩，而且太不关注当时的道德和政治问题。1887 年，他收到波尔多大学哲学专业的教职任命。但在政府负责高等教育的官员路易·理亚德（Louis Liard）的支持下，他被允许教授一门社会科学的课程。到1896年，他成为社会科学的正教授，在法国的大学体系中这种任命还是第一次。1898年，他创办了一本带有社会学名称的学术期刊《社会学年鉴》（L'Année sociologique）。它成为所有那些——包括法国和其他国家——以经验社会科学研究为导向的人进行交流的一个主要平台。1902年他获得巴黎索邦大学的教职。1908年，他成为"教育社会学"专业的教授，该专业1913年由部长下令改名为"教育和社会学科学"。[38]

在此期间，他在政治上也十分活跃，尤其是在德雷福斯事件（the Dreyfus affair）发生期间。在波尔多大学时，他是保卫人权联盟（the Ligue pour la Défense des Droits de l'Homme）——一个主要由德雷福斯的支持者组成的组织——的秘书长，而且"在波尔多地区的群众集会上他是最受欢迎的演讲人"（Clark, 1972, 161）。正如在讨论韦伯时所论述的，这里的问题是在涂尔干的专业研究和他的政治活动之间的联系究竟有多么紧密。这里的答案同样是模糊的。

克拉克提供给我们一种答案（1972, 170）：

> 在系统阐述对社会学理论和对现实的道德与政治关注都非常重要的问题上，[涂尔干]有着非凡的能力。由于他的理论研究及时关注对一种世俗道德的界定、提出了一种社会团结理论、并试图厘清社会不良行为的原因，所以他在同行和普通民众中的声望有了很大的提高。涂尔干还赞成先培训后就业的模式。再次地，它们由于一系列重要的政治经验而结合在一起。

但克拉克的回答本身就是模糊的。因为它回避了动机问题。如果涂尔干试图将社会学变成一门真正的实证科学的话，[39]那么正如里克特（Richter, 1960, 172）所论证的，下面的说明对涂尔干而言也同样是真实的：

> 社会学将为共和国创建一个坚实的基础。它将表明什么样的改革是需要的；它将提供政治方面的管理原则，以及将国家团结在一起的道德准则；因为，他相信，在政治和意识形态分歧的表象背后存在着一种在价值观上的真正共识。这种信念激励他要努力揭示，是什么样的联系将一个社会的成员团结在一起，如何产生维系社会存在所必需

的最低限度的秩序与和谐。

就涂尔干将自己视为、而且确实也是第三共和国坚定的支持者而言，存在着相当大的共识。问题是这会将他置于政治谱系的什么位置。学院的保守主义者通常认为他是社会主义者。有证据表明，从个人角度看，他是法国社会主义的同情者，即使他从未加入过任何社会主义的政党。⑩另一方面，刘易斯·科塞（Lewis Coser，1960，212）却论证他所持的是"坚定的保守主义"。⑪

但大多数分析者都将他置于两者之间，是中庸的自由主义的一个恰当的例子。我相信，魏兹（Weisz，1979，111）确切地把握住了法国的社会科学、尤其是涂尔干在政治谱系中所处的位置：

> 人们应该注意到在大学的各门社会科学同某种共和主义－进步主义意识形态之间存在的紧密联系，后者明显是反社会主义的。的确，在某些群体将他视为社会主义者的前提下，涂尔干的主张确实更为模糊。但通过强调他的思想是多么具有进化论、实用主义、反乌托邦主义、有时甚至是保守主义的倾向，涂尔干设法使大学的领导人对他放心。

对此，罗格补充道（1983，151）：

> 因为涂尔干反对传统的保守主义、主张自由放任的自由主义和主张集体主义的社会主义，所以，他的绝大部分研究关注于由新自由主义提出的主要问题：如何将社会团结同个人自由结合在一起。⑫

总体而言，涂尔干的自由主义中间路线也许更接近由德国的讲坛社会主义者所阐发的立场，而不是韦伯的民族自由主义立场。但施穆勒、韦伯和涂尔干都强调国家作为集体价值体现的重要性，最终三个人都成为了民族主义者。正如梅尔（Maier，1992，134）所指出的：

> 事实上，从孔德到涂尔干的社会学代表了一种思想设计，它要鼓励市民社会这种组织的发展，后者也许可以使一个愈益民主化的政治

体制变得更加稳固。而且不仅仅是在法国。[63]

美国事实上是学术社会学最早被正式承认的国家。这里的争论和解决方案同法国和德国的并没有太大的不同。在美国社会学发展史中主要发挥组织作用的人物是阿尔比恩·斯莫尔（Albion Small）。他自身的经历很好地说明了他的大多数同时代人的成长轨迹。作为一位浸礼会牧师的儿子，他在一个神学院学习，但并没有接受圣职任命。取而代之，他于1879年到德国学习历史学和社会科学。接着，他于1881年接受柯尔比大学的教职任命，教授历史学和政治经济学。后来他决定到约翰·霍普金斯大学去拿经济学和历史学的博士学位。1889年，他回到柯尔比大学担任校长。在那里，他用一门社会学的课程取代了一门道德哲学的课程——这是第一批被如此命名的课程中的一门。

1892年，他被邀请到新创建的芝加哥大学去组建美国（确实也是世界）第一个正式的社会学系。1895年，他在芝加哥大学创办了《美国社会学杂志》（the American Journal of Sociology, AJS）。1905年，他和其他人共同创建了美国社会学协会（the American Sociology Society）。同年，他出版了一本初级教材《普通社会学》（General Sociology）。布尔默（Bulmer, 1984, 34-35）对他的基本观点做了很好的界定：

> 斯莫尔相信，社会学是一门科学，它正在从一门松散的学科转变为一门以经验研究为基础的客观的学科，它是一门以研究普遍规律、重视理论为特征的、逐渐发展的学科……
>
> 与此同时，社会学也是一门伦理学科，社会学家在社会改良中发挥着一种独特的作用。他的专长和信仰使他能够参与社会改革，而又不会偏袒任何的阶级或利益集团。科学主义和道德准则有机地结合在了一起。

对奥伯肖尔（Oberschall）而言，这意味着斯莫尔"确实是在走钢丝"。[64]当哥伦比亚大学政治科学系的主任伯盖司（J. W. Burgess）于1891年聘用富兰克林·吉丁斯（Franklin Giddings）教授社会学课程时，正是因为他认为，"许多像刑罚、慈善和济贫等特殊的问题不可能从纯政治经济学的视角来加以研究，许多社会伦理问题也不可能从个体伦理学的视角来加以研究"（Dorfman，1955a，176）。奥伯肖尔称这是要求开设有关三类人的课程："有缺陷的、依附性的和犯罪的三类人"。

在美国社会学发展的早期历史中，所有其他主要人物也都将他们的社会学以各种的方式同社会改革联系在一起。莱斯特·沃德（LesterWard）"用一种适应改革需要的积极的社会理论体系取代了过去那种消极的决定论式的体系"（Hofstadter，1992，68）。罗斯（E. A. Ross）希望"有智慧的社会学家"能够对"那些支配着社会道德资本的人"提出忠告，"以使他们自身成为所有好人的同道，以消灭所有坏人"（cited in Dorothy Ross，1984，163）。伊万·萨默尔（Even Summer）一般被认为是保守主义者，但他批判"［斯宾塞理论中的］自由放任内容，［试图］证明'进步'是指由拥有专业知识的社会科学家从事管理"（Crick，1959，50）。

正如布尔默（1984，39）和奥尔伯肖（1972，188）都提到的，自由主义新教的潜在影响——对那个时代的进步主义运动产生了非常大的影响——渗透到这些社会学家的研究当中。尽管如此，他们也都认识到，人们有可能将社会学同社会主义相混淆。当阿尔比恩·斯莫尔试图说服芝加哥大学校长哈珀允许他创办《美国社会学杂志》时，他在给后者的信中写道，一本杂志"既需要对乌托邦式的社会努力施加限制、又需要鼓励和指导在社会合作方面的明智的尝试"（cited in Dibble，1976，301）。政府由专家掌控是中庸的自由主义的一种基本主张。

3. 政治学

在三门以探讨普遍规律为目标的社会科学学科中，政治学作为一门独立的学科是最后出现的。它早期发展的标志是创建了三个重要机构：在巴黎是巴黎政治学院（Sciences Po）、在哥伦比亚大学是政治科学系、在伦敦是伦敦经济学院（LSE）。有趣的是，这三个机构最初都不是设计用来创建一个独立的政治科学学科的。的确，它们三个都是计划建成从事跨学科研究的机构，而且在实践中也确实如此。然而，这三个机构都对政治科学学科产生了持久的影响，即使在20世纪，政治学作为一门独立的学科——首先是在美国，稍后是（尤其是在1945年以后）在全世界——以它自身独特的方式获得发展也摆脱不了这种影响。

这三个机构并不是同时创建的。巴黎政治学院最早，是在1871年创建的。追溯哥伦比亚大学政治科学系创建的年代要更困难些，因为它经历了多次组织形式的变化。最可能的年代也许是1880年。伦敦经济学院最晚，正式创建于1895年。它们的发展史是相互联系的，但需要依次地讲述。

巴黎政治学院是通俗的叫法，而不是它的正式名称。在由理查德·德库安（Richard Descoings）于2007年撰写的有关巴黎政治学院半官方的历史中，我们读到（p.27）：

> 埃弥尔·布特密（Émile Boutmy）于1871年创建了巴黎自由政治科学学校（cole libre des sciences politiques）[巴黎政治学院最初的名称]。……埃弥尔·布特密是什么样人？为什么要在1871年建校？就"自由学校"而言，我们应该如何理解？我们应该如何界定"政治科学"？这就是在巴黎政治学院人们称之为"打破沙锅问到底"（baliser le sujet）的方法。⑥
>
> 布特密是一位持中左派立场的资产阶级，一位有教养的政治评论家，一个有着广泛社会关系和很大影响的人。一位企业家。所有这些同时集于他一身。

为什么是在1871年建校呢？这也许是一个开端。1870年到1871年对法国而言是一个非常痛苦的时期。法国在军事上被普鲁士打败。拿破仑三世的帝国结束，第三共和国宣布成立。普鲁士国王威廉有点故意炫耀地在凡尔赛宫的镜厅宣布加冕德意志帝国的皇帝。也许最重要的，巴黎是爆发一场深刻的社会革命——巴黎公社——的地点，革命最终被血腥地镇压下去。

作为结果，法国的知识界遭受一场"由德国人造成的思想危机"（Descoings，2007，32-33）。文森特（Vincent，1987，28）指出，"德国的胜利被视为知识战胜了愚昧"。但并非仅仅如此，军事失败的经历再加上巴黎公社改变了法国的政治生活：

> [这两个事件的结合]导致人们相信，另一次社会大反抗的爆发是可能的，另一次（军事）失败也是可能的。法国必须借鉴德国的经验，并运用它们来反对它。因此，到德国去朝圣成为法国大学生培养方案的组成部分。正是从德国的大学中，埃弥尔·布特密借鉴了新的教学体系，创建了巴黎自由政治科学学校。（Vincent，1987，13）

巴黎公社不可能同法国大革命的经验相分离，这在法国仍然是一个引发巨大争议的论题，对此中庸的自由主义派存在一种矛盾的心理。文森特表明（1987，13），这也是布特密的心中所想：

> 在6年中（1789~1794年），传统精英被……消灭，被其他人所替代，总的来说，这些人都只能实施短暂的统治。1792年的领导人实际上在1788年还都是不知名的，这导致人们认为，"群众"拥有某种"可怕的"潜力，既是危险的、但又是可利用的和"可支配的"（为什么不利用和支配呢？），正如我们今天会说的。⑥

布特密的主要解决办法是培养精英。正如文森特所提到的（1987，12）：

> 布特密毫不犹豫地使用［精英］一词。对他而言，这意味着为法国提供经济和政治方面的决策者，他们将从统治阶级的优秀阶层中吸纳——也会将一些来自"较低阶级"的才华出众的人吸纳进这个集团中（让他们站在你这边要好于让他们反对你）。⑥

因此，布特密利用他的社会关系筹集资金创办了一个私立学校。但头一年，他并没有招到太多的学生，因为那时只准备研究政治情势、只准备从事我们今天可以称之为学术政治学研究的人并不多。所以他很快就调整了策略，增加了传授知识的专业目标。在1872年给投资者的报告中，他提出，有必要"提供培训，以致能够对民族命运产生如此巨大影响的两种最重要的职业——外交和高级行政管理——可以在本校获得第一流的培训，而这是迄今为止人们一直无法获得的"（cited in Descoings，2007，40）。用文森特的隐喻来表述，这是从一种传播知识的机构向一种权力机构的转变。"自由主义的、反对政府干预的巴黎自由政治科学学校如今变成了报考财政监察署（the Inspection des Finances）、国家法院（the Conseil d'tat）、审计法院（the Cour des Comptes）和法国外交部（the Quai d'Orsay）公务员的人准备考试的中心所在"（Vincent，1987，61）。⑥

这样，布特密就创建了巴黎自由政治科学学校——这是一个私立学校，它并不从属于索邦大学，而且也不是培养圣职的。它是一个教授"各门政治科学"（注意复数）的学校。但政治和科学这两个词都有点模糊。在法语中，科学仍然被用于意指一般的知识，像德语中的科学（Wissenschaften）一样。政治科学也仍然是一个能够意指一般社会科学的术语。的确，布特密实际上提供的培训绝大部分是我们今天称为历史学、经济学和社会学方面的知识，而不是在更狭义界定的政治科学方面的知识。[69]

1876年，约翰·伯盖司被从阿默斯特学院请到哥伦比亚大学担任政治学、历史学和国际法专业的教授（Hoxie, 1955, 6）。正如伯盖司后来所描述的，哥伦比亚大学管理机构的意图是"通过为私法专业的学生提供伦理学、历史学和公法课程的教学——这些都是完成法学专业学习的必修课程，以使法学院过于专业化的倾向得到缓和"（cited in Byrson, 1932, 322）。但伯盖司发现法学院"非常难于渗透"，于是转而创建了政治科学系。

在为庆祝哥伦比亚大学建校200周年撰写的政治科学系的官方历史中，霍克西（Hoxie）描述了它同巴黎政治学院的联系：

> 巴黎自由政治科学学校的创建对约翰·伯盖司是一种激励。像其他许多研究我们政府的学者一样，他在1879年非常关注美国公务员制度的状况，对由海斯（Hayes）政府发起的改革持谨慎的支持态度。而且，他从斯塔佛德·诺斯考特爵士（Sir Stafford Northcote）那里获得的有关英国公务员制度的思想对他产生了强烈的影响。他在1878年访问英格兰期间提到，公务员被视为一种专业性很强的职业，人们为它所做的准备应该像为从事医学或法律工作所做的准备一样充分。难道不应该在我们国家设立一个研究生院——一个学院或至少是一个系——来培训公务员，就像巴黎自由政治科学学校所做的那样吗？难道不可以对哥伦比亚大学法学教学大纲明显难以改变的专业化倾向提供某种补充吗？（1955, 11）

这很好地适应了由独立共和党人——被称为"共和党独立派"（Mugwumps）——所发起的政治运动，这个集团来自社会精英阶层，专注于公务员改革。他们是典型的中庸的自由主义派。他们反对所谓的绿背纸币党人（Greenbacker）和工会，后者被认为想要没收财产。他们还反对所谓的激进共和党人，后者领导了支持被解放的黑人奴隶获得政治权利的斗争。共和党独立派认为激进共和党人是一群疯子。另一方面，共和党独立派还猛烈攻击富人不履行社会责任,这是他们属于中间派的证据所在。他们将拯救世界的希望寄托在受过良好教育的精英集团身上。从中可以推断出,"提高社会科学在教学大纲中的地位是这种教育方面的改革的另一个组成部分"(Church,1974,577)。[70]

当哥伦比亚大学的校董们同意组建政治科学学院(稍后被称为系)时,他们提到,伯盖司"明确宣称它将是他为政府机构培训人员计划的组成部分;但没有必要公开宣称这一目标,这样做也许会引起嫉妒而不利于它的成功"(cited in Hoxie,1955,15)。校董们也许是担心其他系的反应,但无疑他们自己是认同这一目标的价值的。在哥伦比亚大学1880年的大学手册中,新的政治科学学院的发展目标是这样说的:"首要目标是发展政治科学的各分支学科。次要目标是为公共服务机构培养年轻人"(cited in Crick,1964,28)。

正如埃弥尔·布特密是创建巴黎政治学院的主要推动者、约翰·伯盖司是在哥伦比亚大学创建政治科学系的主要推动者一样,韦伯夫妇(Sydney and Beatrice Webb)是创建伦敦经济学院的主要推动者,它的全名是伦敦经济科学与政治科学学院。韦伯夫妇长期以来一直想创建这样一个机构,当1894年一位叫亨利·亨特·哈奇森(Henry Hunt Hutchison)的人去世时,他留给费边社一笔2万英镑的遗产——这在当时是数量可观的。因此,在1895年8月4日由韦伯夫妇召集、由格雷厄姆·华莱斯(Graham Wallas)和乔治·肖伯纳(George Bernard Shaw)参加的早餐会上,决定(压倒肖伯纳的反对意见)创建伦敦经济学院。

正如其他两个机构的情况一样,伦敦经济学院最初的意图是改进对英国政治和商业精英的培养。韦伯夫妇用巴黎政治学院的教学大纲作为他们自己创建的机构制定教学大纲的基础。的确,尽管他们过于关注经济问题,但伦敦经济学院后来的一位院长拉尔夫·达伦多夫在他撰写的学院百年历史(1995,196)中解释道,之所以在学院的名称中插入"与政治科学"的短语,是因为

> 韦伯夫妇不想让人们忘记巴黎自由政治科学学校和哥伦比亚大学政治科学系对他们创建学院的影响,因此政治科学必须在学院的名称中有一个位置。

第五章　作为社会科学的自由主义

进一步而言，达伦多夫提到（1995，21），开始时所有课程都是在夜晚教授的，作为实现它的职业教育目标的手段：

> 学生之所以接受培训并不是仅仅为了获得某种学位，而是因为培训将对参加公务员考试以及银行家学会、伦敦商会（the London Chamber of Commerce）和其他机构的考试有益。

尽管作为一个——但并不唯一的——机构，巴黎政治学院继续发挥着培训要进入外交和高级行政机构工作的学生的作用，但这最终不再是伦敦经济学院所发挥的主要作用。哥伦比亚大学的政治科学学院也变成了一个社会科学的研究生院，它的一个系是政治科学系（在哥伦比亚大学那时被称为公共法律与管理系）。

正如我们在大约 1900 年以后所知道的，政治科学首先在美国出现。[7]它的出现是作为休斯（Hughes，1958，66-67）所称的 19 世纪 90 年代重大观念创新的组成部分，其中的一种观念是"要揭穿实际掌权者对他们的政治行为编造的谎话"。克里克（Crick，1959，37-38）表明了这种观念是如何形成的：

> 有关进步具有必然性的理论和有关社会治疗学的理论都已经出现。它们将导致在政治理论和政治实践之间一种新的分裂；偏爱心理学的解释，反对历史学的和哲学的解释。……它们将为一种独特类型的哲学——实用主义——的出现，并为一种大体上尚未加以系统化的、但影响越来越大的实证主义的出现提供更多的条件。

美国政治学会（the American Political Science Association，APSA）——它是在 1903 年创建的——的创建者们的实证主义和现时主义导向一方面代表了同历史学和经济学的决裂、另一方面代表了同伯盖司所主张的公务员培训导向的决裂。正如冈内尔所论证的（2006，481），不过，同历史学和经济学决裂的主要原因并不是由于方法的不同造成的，而是出于对"社会科学和政治科学之间的关系"的关注。

正像他们的前辈一样，美国政治学会的创建者们对"社会科学有效地发挥对现实的影响作用感兴趣，但他们同时也抵制讲坛社会主义者的主张"（Gunnell, 2006, 481）。他们试图仿效韦伯和滕尼斯（Tnnies）在1909年创建德国社会学协会（the Deutsche Gesellschaft für Soziologie）时所做的。沿着这种路径，像德国社会学家一样，美国政治学家正在接近达伦多夫（1995, v）所称的在"试图了解事物发生的原因和试图改变事物之间"的西德尼·韦伯断层线。

中庸的自由主义提供了一种跨越断层线的方法，洛维指出（Lowi, 1985, ix），这种选择在美国表现得尤为明显；在美国，它在政治科学中表现得尤为明显：

> 在美国，沿自由主义路线建构的民族政府出现的既晚又慢。社会科学、尤其是政治科学也是如此。……既反对左、也反对右，自由主义回避对行为或资本主义是否符合道德标准做出判断。通过使自身关注于应对那些只是根据结果才被认为是有害的行为，自由主义政府能够证明它的合理性所在。通过使自身关注于有关行为和它的后果——或相关地关注于行为和它的原因——的各种假设，社会科学能够对这种制度做出分析，同时也能够服务于这种制度。这有助于解释为什么政治科学和新兴的民族政府都如此地偏爱科学。

非西方世界

历史学和三门探讨普遍规律的学科——经济学、社会学和政治学——在19世纪最后1/3时期和20世纪上半期的正式确立采取了作为大学几个系的形式，在那里西方世界对自身做出研究、解释它自身的运转，以对所发生的事态进行更好的控制。我说的是西方世界，但事实上，正如我们已经提到的，95%的学术研究都是在仅仅5个国家中进行的——英国、法国、美国、德国和意大利，而且它们也主要是研究这5个国家。剩下的5%大多是研究斯堪的纳维亚半岛、低地国家、俄罗斯、伊比利亚半岛，以及在很小程度上是研究拉丁美洲的。

由于我们正在讨论的是一个西方世界、尤其是这5个国家在政治、经济和文化方面统治世界其他地方的时期，所以这应该不会令人感到吃惊。尽管如此，但世界的其他地方也是这些强权国家给予某种关注的对象，他们希望了解如何最好地控制那些他们拥有支配权的"其他地方"。应该说，他们必须了解如何实施至少是最低限度的控制。因此，再次地，各种学术专业纷纷出现，它们生产人们希望得到的知识，这并不会令人感到奇怪。

不过，世界的其他地方从政治上被划分为两个组成部分，这种划分通常是用不准确的术语来加以命名的。分析家们有时提到殖民地和半殖民地，这种区分是在那些由一个"欧洲"强国实施直接殖民统治的地区和那些尽管名义上独立、但在很大程度上服从欧洲统治的地区之间做出的。正如我们将看到的，这种对特定地区进行分类的方式给分析划定了许多框框，如果人们要准确了解情势的话，必须超越这些框框。不过，我们能够首先关注一门被称为人类学的学科在这一时期的兴起，它主要是研究殖民地的某个地区、或者宗主国国内的特定地区的。第二门学科被称为东方学，在这一时期主要（但并非专门）是研究半殖民地地区的。

这两个"学科"是彼此完全独立的，而且很少有例外出现。的确，甚至在21世纪，也很少有社会科学家认为在这两个"学科"之间存在着哪怕是一点模糊的联系，更少有人认为两者是在一揽子共同主题的基础上建构的。尽管如此，但确实存在一些共同的主题。第一个主题是两门学科都研究世界的"其他地方"，即那些在19世纪晚期不是居于统治地位的泛欧洲地区组成部分的地区。第二个主题是他们研究的民族都不被视为"现代性的"，这意味着他们并不拥有被视为现代"进步"组成部分的技术和机器。[72]因此，不可能相信，他们会拥有现代性的价值观，就像这些价值观在泛欧洲世界被构想和实践那样。第三个共同主题是断言，这些国家/地区/民族没有历史，这意味着他们没有随着历史时间而变化、发展和进步。

不过，在以这个或那个名称命名的学科所研究的民族之间确实存在一种重要的差别。人类学家研究的族群相对较小，这既是从他们的人口数量、也是从他们所居住地区的面积两方面来衡量的。很少有例外，这些民族在他们遭受殖民统治时期并没有文字记录。他们都说同一种语言，通常和相邻其他民族的语言并不相同。它们之间所信奉的神也不相同。从欧洲征服者的视角看，他们被命名为"原始"民族，在每个方面都是令人感到奇怪的，他们的生活和思维方式几乎不能为普通的欧洲人所理解。

东方学学者研究非常不同类型的民族。他们研究的民族或"文明"从人口数量看和从居住地区的面积看都是巨大的。他们确实拥有文字记录，尽管对欧洲人而言这些文字很难读懂。而且在很大一片地区似乎存在一种被共同使用的语言、或至少是使用通用语言。因此，说同一种语言的人的数量巨大。除此之外，在这片广袤的地区，他们似乎信奉一种单一的居于支配地位的宗教。在19世纪，这种宗教的信奉范围是如此之大，以致一些西方学者认为它是一种"世界性的宗教"。他们明显拥有某种历史，但一些西方学者认为这种历史在某种程度上是"僵化的"，因此它没有进化到"现代阶段"。通过研究证明，所有这些范围巨大的、"僵化的"文明都是在过去某个时间存在的巨大的、官僚化的帝国的产物，我们一直称它们为"世界帝国"。正是这些官僚化的帝国导致使用一种共同的语言或通用语言、信奉一种共同的"世界性的宗教"和拥有一种共同的文化传统。许多这样的地区——但并不是全部——在政治和军事方面仍然是非常统一的，有能力抵抗外部势力的直接殖民。

由于在两类非欧洲地区之间存在着这种重要的差别，所以两类不同的学术问题构成了两个不同学科研究的基础，并且实际使用两种不同的方法论。人类学家试图解释他们所研究的民族——他们开始时将这些民族几乎统一地视作"部落"——实际是如何生活的。即，他们试图深入到表象背后揭示行为的理性基础，而这些行为在大多数欧洲人眼里似乎是非理性的。在这种意义上，探求行为隐含的理性同其他社会科学家在研究"现代"民族时所做的并没有什么不同。它是一种源于启蒙运动有关社会科学应该发挥适当作用的设想的探索。

但他们如何才能做到这一点呢？最初，没有什么资料可供人类学家阅读，他们甚至不能同这些民族的成员进行口头上的交流，至少在他们研究的开始时是这样。人类学家以一种被称为"参与性观察"（即通过亲自参加研究对象的活动进行现场观察研究——译者注）的实践方法解决了这一问题。这种方法要求进行田野调查。人类学家通常会在一个特定的族群中生活一段时间。他们会努力找出一些被他们视为"语言家的人"，后者出于某种原因掌握了一门欧洲语言。这些人不仅是人类学家和他们所研究族群之间进行交流的中间人，而且也是解释者（既从文字上对语言做出解释，又从思想上对文化做出解释）。

就他们所研究的民族而言，人类学家试图了解各个方面的情况。人类学家将所研究的文化界定为一种单一的、整合在一起的整体，而且它是不发生变化的，由此最终能够写出一部有关这一民族的民族志。一旦完成这种研究，人类学家就变成向欧洲世界、尤其是更经常地向殖民政府从文化

第五章　作为社会科学的自由主义

和政治方面解释他们所研究的民族的专家。当然，尽管这是一种对所发生的情况高度理想化的描述，但也是对当时情况的一种权威性的描述。

东方学学者有着一种非常不同的关注和一种非常不同的方法论，因为他们正在研究的是一种他们称之为"高级文明"的现象。但对他们而言，这种文明似乎又不是现代性的，即在欧洲文明将自身视为现代性的意义上。所以要回答的最明显和最直接的问题就是解释为什么这种"高级"文明从未能做出进化性的飞跃，像欧洲人被假设已经发展到现代阶段那样。当然，这是欧洲人自己提出的一个沾沾自喜的问题。它假设自身具有优越的地位，但相比解释它的原因，它很少试图证明它的真实性（因为它大体上是作为一个毋庸置疑的前提而提出的）。

问题在于这种研究是如何做出的。由于确实存在书面文献，似乎很难说有从事田野调查的紧迫性，而后者是人类学家的骄傲所在。尽管如此，但这类文献是以一种非常不同于欧洲东方学学者的母语的语言写成的。学习语言需要长期的培训，尤其是这些文本绝大部分都是古代的，而且它们中的许多是宗教方面的文本。所需要的技能主要是文献学方面的，从事研究的地点主要是一些数量有限的重要图书馆。当然，像人类学家一样，东方学学者也遵从社会科学的一些基本前提。他们也希望说明一些表面上非理性的行为和哲学观点的理性基础。他们也希望将他们所研究的文明解释给欧洲世界、尤其是更经常地解释给欧洲世界的政治权威。

人类学家和东方学学者说明他们所研究的部落或文明具有潜在的理性的愿望，几乎必然导致他们暗中持有的意识形态是中庸的自由主义的。他们试图改善强国同弱国关系粗暴的一面，同时帮助强国更明智地和更有效地管理他们负责管理的民族和（或）同其他的文明打交道。[23]他们支持那些有助于限制冲突、尤其是限制激进地颠覆泛欧洲地缘政治权力现状的改革。

东方学是天主教会长期传统的继承者。在中世纪就已经有一些僧侣和其他的基督教学者在研究穆斯林世界和中国的语言和文本，作为他们向这些地区传播福音努力的组成部分。这种学术研究在18世纪晚期、尤其是在19世纪获得了一种新的推动力（通常更多是世俗方面的），此时欧洲的扩张已经开始涉及亚洲大陆的各个地区。

具体而言，对埃及文明的研究——埃及学（Egyptology）——开始于18世纪下半期。不过，两个政治事件对埃及学作为东方学的一个分支学科获得重大的发展起到了关键性的作用。一个是拿破仑在1798年入侵埃及的失败，另一个是希腊于1823年爆发的争取独立的战争。拿破仑的入侵最终由于政治上的原因而流产（see Cole, 2008）。但他有一个计划，即随身带上一批各学科的学者去研究埃及。这方面的一个主要成果就是一部多卷本的、被称为《埃及记述》（*La Description de l'Egypt*）的著作的问世，它是有关埃及历史、建筑、植物和动物的多篇文章的汇编，再加上地图和版画。

相比将希腊建构为西方文明的源泉，这部创建埃及学的不朽著作的重要性似乎要略逊一筹。有关希腊是西方文明源泉的观念在今天是如此的普遍，以致人们很难再记起这甚至并非一直是西方历史观中的一种既定认识。在《黑非洲》（*Black Africa*）一书中，马丁·贝尔纳（Martin Bernal）论证了（西方）古典文明的亚非根源，该书的第一卷（1987年）被定名为《对古希腊的建构》（*the Fabrication of Ancient Greece, 1785-1985*）。

他提出的是一种对比论证。对浪漫主义运动而言，正是希腊、而不是罗马和埃及代表了"自由的典范"（p. 289）。对埃及的过分褒扬也许会威胁到"希腊文明的独特性和作为一个整体的欧洲文明的独特性"（p. 269）。当希腊于1823年奋起反抗奥斯曼帝国的统治时，欧洲的浪漫主义者带头呼吁要团结，并宣扬它是一场"在欧洲的青春活力同亚洲和非洲的堕落、腐败和残酷之间的斗争"（p. 291）。

这里重要的不是分析贝尔纳的书所引起的学术争论。[74]不容否认的是，作为东方学的一个分支学科、作为对其他地方的一种研究，埃及学在19世纪获得了发展。对埃及文明的否定性描述主导着19世纪的文献（确实也主导着20世纪的文献），这是同该时期世界体系的地缘政治和地缘文化相对应的。[75]

似乎同样明显的是，古典学作为一个研究领域、一个学科在英国（接着在美国）大学中的出现，反映了中庸的自由主义在地缘文化方面的推进。由于强调对文献做仔细的研读，所以古典学一方面代表了同传统的牛津-剑桥教育所开设的那些呆板课程的决裂。而且与此同时，它还代表了同法国大革命所孕育那种激进主义的决裂。它是某种类型的"第三条道路"。[76]

不过，在新兴的东方学学科中，相比印度，埃及的地位要略逊一筹。1818年，詹姆斯·穆勒（James Mill）出版了《英属印度史》（*A History of*

第五章 作为社会科学的自由主义

British India）的第一版。在书中，穆勒提出了东方专制主义命题，认为这种专制主义是非常不同于欧洲的开明专制统治的；他对英属印度的印度教徒和穆斯林教徒做了非常负面的描述，认为两者都是没有变化的民族（Bannerji，1995，60-61）。该书取得了巨大的成功，以内容不断扩充的形式不断再版。这导致他被任命担任东印度公司的高级管理人员，最终成为它的首席检察官。

尽管有穆勒，尽管有印度是英国殖民地的事实，但英国并未成为研究印度文明最重要的中心。相反，德国成为这样的中心。德特马尔·罗德蒙德（Dietmar Rothermund）是20世纪晚期研究印度的德国历史学家，他将德国"探索印度"的浪漫主义追求的根源归因于德意志诗人和剧作家在18世纪晚期"反对之前在德意志存在的法国文体和古典文学居优势地位"的斗争。他提到乔治·费歇尔（Georg Fischer）在1791年翻译了印度史诗《沙恭达罗》（Shakuntala），这"在文化界引发了一场名副其实的轰动"，"比威廉·琼斯（William Jones）在英国将它译为英文受到更热烈的欢迎"（1986，vii-viii）。德国人用印度学来抵制英法所宣扬的普适性主张。[77]

德国的印度学研究采取了一种过于重视语言的形式。发现我们今天称之为印欧语系的各大语族之间存在着联系，这能够追溯到18世纪晚期。尽管英格兰的一位耶稣会传教士和意大利的一位商人在16世纪、荷兰的一位语言学家在17世纪、法国的两位耶稣会传教士在18世纪，都曾指出过这种语言上联系的存在，但这些发现一直未能产生影响，直到亚洲学会（the Asiatick Society）的创建者托马斯·琼斯（Thomas Jones）在他于1786年就任会长的演说中提到这种联系时。现在使用的"印欧"一词是稍后由托马斯·杨（Thomas Young）在1813年新创的（Decharneux，2000，13）。

不过，在德国，印欧被称为印德（Shapiro，1981）。德国人的研究强调探寻一种"最原始的语言"，它有时同探寻一种"最原始的故乡"相联系。这种探寻可能体现了强调语言纯洁性的浪漫主义的观念，认为梵语是最原始的语言。而从结构上看，德语是最接近梵语的语言（Mawet，2000，62）。这正是罗德蒙德（1986，53）认为德国的印度学研究具有"保守性"的一面，它"在最原始的过去看到了语言和宗教最纯洁和最完美的表现"，它的目标就是要洞察"语言的退化和讹误，以达到它最初的本原形态"。

不过，德国19世纪最著名的印度学家马克斯·缪勒（Max Muller）同时也受到进化学说的自由乐观主义的激励。他设想了印度教实现宗教进化的可能性,这将使它更接近基督教。就个人而言,他同梵志会(the Brahmo Samaj)的领袖们的关系密切,后者是一个实际追求这样一种进化过程的组织,就像在19世纪和20世纪早期亚洲其他宗教中类似的运动一样(Rothe rmund,1986,54)。

当然,并不是所有的德国学者都是印度学的研究者。黑格尔就非常强调下述思想,即只有在古希腊,人类才开始在它真正的故乡生活,而这正同东方学家的观点相对立(Droit,2000,91)。正如埃及的情况一样,印度也是如此。这是欧洲的普适性主张同东方文明处于僵化状态的主张的正论与反论。东方文明也许会进化,但只有在西方的指导下才会如此。因此,德国(确实也是整个西方)19世纪有关印度和其他亚洲国家的学术研究对这些国家的当代史并不感兴趣,这绝非偶然。[78]

在某些方面,中国是东方学研究产生激烈争论的最有趣的例子。中国作为一个古老、富裕的远方文明的形象,曾长期得到欧洲人的赞美。但在18世纪中期到晚期的某个时间,这种形象被颠倒过来:"中国人目前受到谴责,因为启蒙运动认为他们的稳定性是令人惊叹的"(Bernal,1987,240)。尤其是在第一次鸦片战争(1839~1842年)以后,中国变成"一个通常被解释为……典型的'停滞的'和'传统的'文明"(Blue,1999,94-95)。[79]

在这方面,德国似乎同样处于领先地位。但不像印度的例子,德国的思想家似乎在各个方面都缺乏宽容。赫尔德带头论证,中国"肯定是东方蒙古人陈旧的和眼界局限于地方的思维方式的产物,……仅仅是僵化地维系一种古老的生活方式,……一种处于冬眠状态的土拨鼠……一种经过防腐处理的埃及的木乃伊"(Rose,1951,58)。

黑格尔稍微宽容一些。罗斯(1951,59)总结了黑格尔的观点:

> 中国政府实行的是一种令人惊叹的家长制统治,它拥有一种运行良好的官僚制度,但它同时也代表了一种无法容忍的专制统治。……黑格尔在中国没有发现任何一点自由的精神、内在的虔诚、深厚的感情、或较高的道德水准。在那里,具有压倒性影响的抽象推理通过它令人窒息的全面控制束缚着所有生命。中国没有参与历史创造。"它一直处于停滞状态"。

第五章 作为社会科学的自由主义

最后，尽管强烈地反对进步和现代性，但戈宾诺也找到了蔑视中国的理由，但这些理由几乎同其他西方思想家提出的理由完全相反。布鲁（1999，134）以这种方式总结了戈宾诺的观点：

> 对他而言，[平庸、专制和缺乏自由]是"群众"与"革命"的典型特征。因此，正如他所认为的，中国是民主式专制和"进步"的一个典型例证。他看到了源自这些特征的结果，即奴隶制、停滞、最后是灭亡。

因此，通过不同的、但有着相似逻辑的具体论证，作为一种解释"高级文明"——那些从历史上的世界帝国派生而来的或延续到现代的文明——的方法，东方学建构了一种将这些地区视为僵化文明的形象，它们一直处于停滞状态。用黑格尔的话来表述，它们是那些只有通过欧洲世界的某种干预才能实现进步的地区。

从许多方面看，在证明他们的论点上，人类学家的工作要容易得多。他们研究的是那些没有文字记录的民族，这些民族的技术水平总体看要低于19世纪欧洲的水平。正如亨斯利（1981，29）在研究美国的土著人时所指出的："居于中心地位的、令人困扰的政治和宗教上的两难问题是：这些民族在何种意义上是我们的同胞？根据什么样的权利，我们能够宣称他们的土地就是我们自己的？"

围绕所谓的多元发生说展开过一场争论，人类学早期的历史由此而发生转向；这个概念我们以前讨论过，它是指欧洲人和其他民族并不是一个单一人种的组成部分。1910年，约翰·林顿·梅耶斯（John Lynton Myers, 1916，69）发表了就任英国科学促进会人类学分会（the Anthropological Section of the British Association for the Advancement of Science）会长的演说。他试图解释，多元发生论——一种那时已经被完全抛弃的观念——为什么需要认真对待。他首先指出，在18世纪晚期之前，它从未被认真提出过。接着发生了某种变化。这种变化就是在英国出现了强大的废奴运动：

> 仍然存在奴隶制的18世纪广泛认为，黑人和中国人与其说是黑猩猩，不如说是愚人。正像亚里士多德以前证明过的那样，他证明奴役具有合理性的理由在于它对奴隶是有益的。

首次在政治方面对白人拥有黑人所有权的合法性提出质疑、并将这些质疑转化为实际运动和议会法令的那一代人，恰恰就是首次在理论方面提出质疑——即白人和黑人是否流着相同的血——的那一代人，这绝非偶然。只要奴隶制在道德上被视为正当的，那就没有人会劳神费力地去证明它在人类学上也是正当的。但一旦奴隶制的自然性受到废奴主义者的质疑……那奴隶主就会提出以前的问题："假如我是我同胞的监护人，假如这意味着我也许并不是他的主人；但是这个人、这个黑人同胞在何种真正意义上是我的同胞呢？从他的外表看，他难道不就仅仅是一种例外地可以驯养的动物，拥有和我们不同的血统吗？"[80]

多元发生说是一种赤裸裸的种族主义思想。甚至在英国，它也被用作反对赋予凯尔特人以选举权的依据（Rainger，1978，69）。但到19世纪晚期，在人类学家的群体中，它败给了另一种过去就已经存在的有关"原始人"的观念，即一种同进步的基本观念相联系的观念。[81]

约翰·洛克（1965，383）在1690年指出："起初，全世界都处于美国土著的发展阶段上"。在18世纪中期的法国和苏格兰，人类进化的多阶段观念被作为一种理论主张提出，尤其是被雅克·杜尔哥（Jacques Turgot）和亚当·斯密所提出。在他们的论述中，美国土著"为总结经济发展的'第一个'或'最早'阶段的基本特征提供了一个似乎合理的研究对象"（Meek，1976，128）。

相比多元发生说，这种假说更好地适应了时代精神。它同时也更好地适应了在"自然史"和"科学"之间新出现的区分，这种区分是我们已经提到过的在哲学和科学之间更一般层次上的分离的组成部分。尽管这两个术语以前"在很大程度上是指同一样东西：即有关自然界的知识"（Merill，1989，12），但随着科学被细分为不同的学科，它们目前意指不同的研究。正如梅利尔（Merrill）所指出的，目前"博物学家可能仍然在研究自然的方方面面……；但科学家只研究它的一个部分。业余爱好者仍然可以从事自然史的研究，但（科学）已经成为专业人员的专属领域"。

很明显，在选择强调人种学的方法上，人类学成为某种类型的以人类群体为研究中心的自然史。当然，在20世纪早期最终变成一种专属于专业人员的研究领域之前，它在相当长的一段时期内仍然对业余爱好者开放。

在 19 世纪上半期，人类学仍然依赖于旅行者提供的资料：有时是科学家乘坐海军舰船的探险，有时是地理学会派出的探险家，有时是殖民地政府机构的成员，有时是传教士，有时是从事慈善事业的人员。

关键的转变发生在对什么构成"原始状态"的界定上。直到 19 世纪中期，它还被"视为一种社会或工艺的简单状态"（由此能够作为一种生物学现象加以研究），"现在被重新界定为一种特殊的文化存在状态"（Betts，1982，67）。一旦这种转变发生，那么人类学就能够变成一门有着明确研究对象的学科。

特鲁罗（1991，40）抓住了它的核心所在："并不是人类学创造了野蛮人。相反，野蛮人是人类学存在的理由（raison d'être）"。上述在 1871 年提出的两个著名论断为这门学科奠定了基础。意大利人类学家切萨雷·隆布罗索（Cesare Lombroso）指出："［我们已经用］一些铁一般的事实取代了神学家的幻想和形而上学家的思辨……但它们是事实"（cited in Zagatti，1988，24）。同年，爱德华·泰勒（Edward Taylor）在《原始文化》（*Primitive Culture*，1920，410）中提出了他的主张："有关文化的科学在本质上是服务于改革者的科学"。

人类学专业的范式目前已经确定。它将是整体主义的和描述性的，以田野调查为基础提供探讨独特性的人种学研究。它将对"原始"民族的理性提供解释。它将为使这些民族更好地整合进现代世界提供支持，这既是为了他们的利益、也是为了统治他们的欧洲政府的利益。它将会一直如此，直到 1945 年以后时期发生反对殖民统治的革命为止。正是反对殖民统治的革命破坏了基本的地缘政治结构、由此破坏了地缘文化结构，而人类学正是在这种结构的框架下从知识结构中分割出一块属于自己的研究领域。

注释：

① 见布吕诺和布鲁璐（1937，617）对"革命"一词词义转换的讨论："在巴士底狱被攻陷的当晚，路易十六不安地问道：'那么这是一场骚乱吗？'，利昂古尔公爵（the Duke of Liancourt）回答说：'不，陛下，这是一场革命'。这个词语并不是新产生的，甚至在它指一场使帝国发生深刻转型的运动的意义上也是如此。尽管如此，……不管它多么古老，它都是指一种新生活的开始"。

② "就社会科学而言，生理学、心理学、对思想和情感的分析、人类学、意识形态、政治经济学、政治算术、管理学、社会管理艺术、伦理、伦理学和有关人

的科学等术语被不加区别地使用，就它们的内涵而言也不存在共识"（Manuel，1956，130-131；see also n. 4 on p. 391）。贝克（1964，215）指出，孔多塞在1792年将社会科学和社会管理艺术作为同义词加以使用，当被译成英文时，这些术语变成"伦理科学"（p. 220）。

③ 这由此会导致将科学区别于非科学的"艺术"，尽管这并不必然是唯一的结论。坎宁安和贾丁（1990，14）提出另一种结果，它直到1800年仍然是一种有很强竞争力的观点：

[在1800年左右]学科分类将工程学纳入艺术门类，它是一种有用的、而不是一种高雅的艺术。与此同时，那时在大学中教授的几乎所有其他学科，诸如化学、历史学和神学都被认为是科学。真正的学科划分是在由理性支配的科学领域同实践领域或由经验支配的领域之间做出的，科学的提倡者希望在生活中用理性取代习惯。

④ "在19世纪早期，科学并不享有文化和制度上的地位保障，这使得[许多人]将它地位的提升视为这个世纪的主要特征。它的声望要比与之竞争的各种学术活动形式低，后者诸如神学和古典学，即使它们并未尝试解释自然界，但它们仍然作为由文化赋予其知识体系地位的典型范例。……'科学'一词并未完全失去它较早期的有关系统知识的含义，或对一些人而言，科学（scienta）、逻辑、神学、语法仍然是'科学'，该术语仍然被作为'哲学'的同义词而使用"（Yeo，1993，32-33）。

⑤ 尽管如此，但人们应该对在科学和人文学科之间的划分完成得如此之早持谨慎态度。普罗克特（1991，75）论证："18世纪晚期和19世纪早期的德国学者被认为是道德和学术文化的承载者。科学（Wissen）同样也是对神学、医学、法律和哲学的研究。……相比科学一词，学术或研究更好地反映了科学的内涵"。罗斯（Ross，1962，69）认为，到1820年科学和哲学这些术语仍然可以互换使用，而两者被明确加以区分是在1850年，哲学变成了神学和形而上学，而科学则成为知识的试验和自然科学分支。正如施韦伯提醒我们的（1985，2-3），维多利亚早期的知识精英（大约从1830~1850年）仍然持有"对博学者的崇拜，[坚持]要掌握所有已知的和能知的知识"。他提到，伦敦大学的第一位数学教授奥古斯都·德·摩根（Augustus de Morgan）曾指出："一个有教养的人的最低标准是既要有一般常识、又要有专业知识"。

⑥ 博纳尔是包胥埃较早时期（Bossuet）所持蔑视观点的继承人，他称社会科学"对知识的渴望是徒劳的"，不可能生产任何有用的东西。这种观点可以在他的《论情欲》（Traitéde la concupiscence）中发现，豪塞（Hauser，1903，387）曾援引过他的观点，指出包胥埃将社会科学学者归入"古代遗留下来的金属制品和

昆虫标本收集者的行列"。

⑦ "现代二元制的[教学和科研]教授体制、尤其是在任命教授时主要依据的学科标准是以在更大的学术圈中所具备的几个条件为前提的。特别地，它以被明确界定的学术共同体的存在为前提，其成员的声望至少大体能够由它的管理者予以评估，作为他们做出任命的依据"（Turner，1974，2：510）。

"科学在德国大学中的兴起，加上对学生录取和教师录用上的严格限制和较高标准，都对学生产生了显著的影响"。

"……[他们]必须更勤奋地学习，因为学术的价值已经越来越大，而且专业资格考试也越来越严格"（McClelland，1980，202）。

⑧ "我们同时还应该注意到知识分子专业化[在19世纪]的重要性。在18世纪，哲学家受到权势人物的保护，并从后者那里获得津贴和其他方面的支持。到19世纪，由于两方面的原因，他们在经济上变得更具自主性：一方面是大学教职任命的重要性，另一方面是他们著作销售量的扩大，由此版税收入增加"（Rosanvallon，1985，169，n.2）。

⑨ 到19世纪中期，勒南（Renan）预言，历史和批判性的研究将降到"应当被忽略的地位"（cited by Super，1977，231）。这正是使实证主义构成对宗教信仰的根本挑战的现象。它"对人类就神学问题做任何有意义探讨的能力和没有比这种探讨更重要的问题的说法提出质疑"（Cashdollar，1989，6-7）。总之，正如彼得·盖伊（Peter Gay）所评论的："[在维多利亚时期]甚至虔诚的基督教徒尽管为去宗教化的趋势所困扰，但他们也赞成下述说法，即他们所生活的是一个科学的世纪。这种信念是如此的普及和如此的平常，以致几乎不需要为它提供任何历史证明"。

⑩ 约论证（1993，65），科学和浪漫主义与其说是对立的，不如说辩证地看是联系在一起的，它们都共同寻求"为他们的认识活动吸引追随者；在某些情况下，他们将自身视为在为争抢同一群追随者而发生争执"。奈特（Knight，1990，8）对这种论证做了补充："新'科学家'对自身的认识主要是围绕浪漫主义的主题建构的，将科学发现视为天才努力的结果，将对知识的追求视为一种公正无私的和英雄式的追求，将科学家视为激动人心的历史剧中的演员，而且科学家精英集团拥有自主权"。

"科学家"一词早在1833年就由惠威尔（Whewell）创造出来，但直到19世纪结束时才在英国被普遍使用的一个原因在于："一些重要的科学家，诸如迈克尔·法拉第（Michael Faraday）和T. H. 赫胥黎都倾向于将他们的研究视为更广泛的哲学、神学和伦理学研究的组成部分"（Yeo，1993，5）。

⑪ 昂里·豪塞在1903年（p.5）写道："继法国大革命之后的时期是一个非同寻常的时期，充斥着社会混乱、阶级斗争、公开反思和公开批判。因此，没有理由对下述现象感到惊讶，即正是继法国大革命之后、尤其是在19世纪后半期，

社会科学才首次充分地为人们所了解"。

豪塞还提到巴黎公社对知识生产和传播的影响："在1871年5月的恐怖镇压之后，相比过去，似乎更有必要将社会问题从街垒斗争转向科学领域。进一步而言，像它在1848年较早期的前身一样，9月4日建立的共和国也需要公务员。如果它不想从帝国时代的干部中吸纳公务员的话，那它就必须通过适当的教育来培养"(134-135)。

⑫ 争论是非常激烈的："由法国大革命所导致的思想上的伟大革命在涉及社会问题上表现得最为明显。自从笛卡尔以来，所有知识都具有统一性的观念普遍流行起来。所有现象……最终都能够应用同样的方法来加以认识，即社会科学的数学方法。不过，由于法国大革命，也出现了这样一种思想，即认为社会现象构成一种特殊类型，要求做特殊的研究和运用特殊的研究方法。永恒不变的规律也许适用于自然科学，因为自然现象是永恒不变的，但人类社会从一个时代到另一个时代一直在经历着变化（进步）。因此，社会科学的特殊任务不是试图探求永恒规律，而是要发现变化本身的规律"(Grossman, 1943, 386)。但当然，如果确实存在一种有关变化的规律的话，那它将同样是一种永恒的规律，即不会赋予任何变化以永恒意义。

不过，就人类社会而言，人们可能得出相反的结论。人们能够说，对社会政策的传统指导——哲学、古典学和历史学——"如果确实能够提供指导的话，那是以惯例、原则或系统研究的形式对理想的政府形式提供指导。新的自然科学似乎提供了进行准确和适当推理的前景"(Checkland, 1951, 48)。切克兰德提醒我们，早在1783年，孔多塞就已经呼吁学者"将自然科学的哲学和方法引入伦理学"。

⑬ "在新兴的社会科学和普遍的社会关注——即关注那些为了应对不断变化的社会条件而创立的新的政治和文化制度——之间存在着密切的联系"(Wittrock, 1993, 303)。不过，也见一种对所发生的变化的稍微不同的认识："不是一种改良主义的社会科学'阻挠了'一种学术社会学的发展；而是'社会学'起源于改革的失败"(Goldman, 1987, 171)。

⑭ 该组织之所以能够成立是在前自由党首相罗素勋爵的支持下，由法律修订协会(the Law Amendment Society)和国家改革联盟(the National Reformatory Union)召开联席会议的结果。它"被设计用来为那些缺乏社会改革意识和专业知识的立法工作提供专家指导"(Goldman, 2002, 58)。它很快就经历了两次名称变化。最初它被称为改进人民道德和社会全国协会(the National Association for the Moral and Social Improvement of the People)，接着被称为国家法律修订协会(the National Association for Law Amendment)，最后被确定为国家社会科学促进协会这个长期使用的名称。由于这个名称仍然有点长，所以它被简称为社会科学协会。戈德曼在第27~66页给出了该组织演变过程的历史。

第五章 作为社会科学的自由主义

这些名称反映了社会科学协会的"国家干预主义"导向:"它的自由主义是功利主义类型的,重视理性和体系性,大体上不关注为实现这些目标所要求实施的控制措施,也相对不关注以个体权利为前提的争论"(Goldman,2002,133)。"在什么条件下协会会自发地求助于国家行为?三种不同类型的干预是明显的,也许可以给出如下名称:'解放型改革';'保护性立法';和最重要的'行政干预主义'"(Goldman,2002,206)。

在它的下述信念中,即"社会科学将构成改进社会管理的基础",它将由成功来证明其正确性:"当社会科学协会于1886年解散时,一直对它持敌对态度的《泰晤士报》也不吝溢美之词:'在法律、治安、教育和国民健康等方面,没有一个法律修正案不是首先得到社会科学协会的指导才予以通过的'"(Goldman,2002,19,21)。

戈德曼(2002,14)做出了有趣的评价,社会科学协会体现了"韦伯式的官僚制理想类型的特征,它依赖于专家和专业知识、而不是依赖于有着非凡个人魅力的权威"。它是一个自发组成的协会,"我们也许可以说,它之所以被创立是为了在维多利亚时代的中期弥补由于缺乏有能力的和资源充足的理想类型的官僚制而造成的缺憾"。

⑮ "[在英国从事经验研究的]居于支配地位的动机是收集那些对推动社会改革有益的知识。……皇家统计学会和社会科学协会的成员对自身的定位是社会改革家。他们将社会科学视为有益于社会改革的工具"(Cole,1972,99)。

这种动机由于克里米亚战争、1867年选举权的扩大和征兵制的需要而进一步得到强化:"当在帝国的中心存在贫困的弊害时,整个国家的信心和获得人民的支持如何能够得到保障?"(McGregor,1957,156)。

柯尔视为松散和缺乏凝聚力的特征,戈德曼(1998,5)却视为社会科学协会的力量所在:"它每年的代表大会……有助于将地方和大城市的自由主义精英聚集在一起,形成一个由各种社会利益群体——宗教上不信国教的人、商人、工人、大学教师、社会改革家、仁慈的辉格党贵族和地方上的新闻记者——组成的复杂的和矛盾的混合体,他们共同塑造了格莱斯顿式的自由主义,既传统、又激进"。

⑯ 尽管如此,但戈德曼(1998,5)坚持认为:"这是'社会科学'和英国的自由主义在欧洲大陆拥有类似主张的政治和专业支持者中产生反响的强有力证据,自由主义是指自由贸易、自由制度、言论自由和代议制政府"。戈德曼所称的"国际自由主义"包括"对科学方法和专业知识的共同信念;对社会问题能够在国家的和国际的论坛上予以讨论和解决的共同信念;对达成社会共识、实行审慎的改革和明智的公共管理拥有共同利益;以及共同坚持政治自由、和平和自由贸易"(17-18)。

⑰ "在1848~1914年这段时期,德国社会研究的一个普遍特征是关注工人阶级和

他们面临的问题。它从根本上看是由实行改革的需要所激发的"（Oberschall，1965，137）。

⑱ "[改革运动的领袖]想要同马克思主义无关的社会改革"（Ringer，1969，139）。1897年，作为社会政策协会的领袖和也许是权威的讲坛社会主义者，古斯塔夫·冯·施穆勒（Gustav von Schmoller）在协会的科隆代表大会上致开幕词，祝贺协会成立25周年。他强调了协会所持的中间主义路线的政治定位："社会民主主义者一直强调，正是他们的活动、而不是我们的活动在推动社会改革的进行。从某种视角看，的确是这样。他们的活动以他们在政治上有组织的力量为基础。社会民主主义代表了一个强大阶级的利益。而我们是一个小的由学者和人道主义实践者组成的团体。我们不可能、也不尝试去做社会民主主义能够和尝试去做的事情。但这难道意味着我们不能去做其他的事情吗？"

"企业家们一直谴责我们对工人阶级过分友好。我们一直对工人友好、而且希望继续如此。因为我们相信，在行为教养和收入方面差距过大是未来最大的危险所在，可以通过提高我们社会和我们国家较低阶级的生活水平来予以补救。不过，这并不意味着我们是企业家的敌人，他们作为经济大军的领导人和指挥官的价值是我们一直承认的"［Schmoller，1920（1897），26］。

施穆勒的立场前后非常一致。在25年前的1872年协会召开第一次会议时，他指出，协会的创建者们关注"会削弱我们社会的深刻分裂，会使企业家同工人、有产阶级同无产阶级处于敌对状态的矛盾，以及可能会爆发一场社会革命的危险"（cited in Rueschmayer and Van Rossen，1996，45）。协会的另一位创建者和权威的讲坛社会主义者布伦塔诺（Brentano）在一封给施穆勒的信中表达了他同样反对"社会主义专制或绝对君主制"（cited in Gay，1993，469）。也见普莱森（Plessen，1975，104），他称协会为"两大阶级之间的调解者"。

协会所持的中间主义路线非常类似于英国社会科学协会的立场，后者"准备承认工会运动的进步性，但作为回报，它试图强加给工会一系列有利于产业和谐的举措，即用于限制它们的作用和支持者数量的举措。……在这种公开宣示社会团结的基础上，即在它公开表明的要承担这种调和各阶级矛盾的角色的基础上，社会科学协会获得了大的发展"（Goldman，2002，201，205）。

⑲ 中庸的自由主义的两个基本信念在各处似乎都为社会科学家所赞同。一个基本信念是："将被赋予完全选举权的公民应该在经济上是有保障的和受过教育的。对大多数人而言，自由主义有关公民的理想只不过是未来社会的典型特征，而实现这种理想是每个人的任务所在"（Langewiesche，1993，49）。这就产生了一种无阶级社会的"理想"，他们会"持续努力地推动这样一种发展，但与此同时也会努力对它加以指导和限制"（Langewiesche，1993，52）。第二个基本信念是拒绝"采取暴力形式的集体行动"和"支持宪政国家"（Langewiesche，1993，41-42）。

⑳ 这在美国表现得最为明显。"由腐败所引发的义愤、由民主所孕育的实利主义，以及用'文明'、'文化'和'做更好的'美国人等口号将人民团结在一起……在19世纪晚期发起了反击，以收复他们在之前几十年间失去的权威。一次又一次地，人们能够在19世纪较晚期的权威学者那里发现一种共同的理想主义的和精英主义的动机：做'更高水平研究'的热情压倒了'对金钱贪婪的追求'。……很明显，他们正在使自身脱离杰克逊时期美国那种结构松散的、缺乏理论指导的和以社区为基础的文化。在新创立的专业协会中，地位得到巩固的专业化为实现这些目标提供了手段"（Higham，1979，9）。

这在美国是同进步运动的政治主张联系在一起的，"它强调不受任何党派控制、提高政府效率、选举制度改革，以及政治和行政分离。……［它试图］将政治决策从由选举产生的官员做出转为由任命的官员做出；由此向后者提供不受党派影响的、专业化的建议。它同时还是这样一种政治运动，其中被一些人假设为过度的人民民主——由工人阶级所鼓吹——能够由重提代议民主制原则予以缓和。通过使政府重新由'更优秀的分子'执掌，社会秩序和公共利益将能够得到维护。在这些时代，'更优秀的分子'不是指富有的贵族、土地贵族或实行等级制的官僚；而是受过良好教育的专业阶层"（Prewitt，2004，782）。

㉑ "由有能力的人组成的团体是……一种专业化类型的自愿组成的协会，它向其成员提供保护以使他们免受公共舆论的控制，甚至能够迫使公共舆论服从专业见解。当个人加入这样一种协会时，他的地位就被提高到群众之上、并独立于后者；但与此同时，他又会有意识地更多依赖于和他地位相同的人，因此较少能够抵制由有能力的人达成的共识"（Haskell，1977，75，n.29）。

"由有能力的人组成的团体必须界定能力的内涵，培养这种能力，并根据普适性的标准——或更具体地讲，根据那些明显不专属于任何个人、党派或特殊人群的标准——赋予那些拥有能力的人以权力"（Haskell，1977，89）。

㉒ "对非学者型的和学者型的社会科学家都一样，在改革和知识之间的紧张关系为推动专业化的发展提供了动力"（Furner，1975，3）。无论如何，"社会科学家都要用他作为专家的能力来服务于社会。专业知识需要通过研究才能获得。……相信接受高等教育有用的人……重视研究，而且会做大量的研究；他并不会像人文学者经常做的那样对它持轻蔑态度。但对他而言，这仍然是一种居于从属地位的目标。研究一直是为了某种隐含（和有用）的目标而从事的，而主要不是为了通过发现而获得内心的满足"（Veysey，1965，76）。

㉓ "从支持改良主义者的社会价值观看，社会科学家正在涉足特别危险的领域。大学要依靠受尊敬的公众人物和学生的支持，前者提供资金支持，这使得大学既渴望证明它们所设各系的有用性、又渴望避免受到公众的批评。［在美国］大学校长鼓励学校所设的社会科学各系展示它们对民主制度的重大贡献。然而，支持充满争议的改革事业或在政治任命的前提下到政府任职都会引起不

满，因为他们会被认为具有某种党派偏见。……为了不危及他们作为客观的科学家的地位——他们在大学和专业内的地位都依赖于这种地位，他们将他们的政治主张限制在自由主义中间路线上，在这里他们的价值观表现得并不明显"（Ross，1979，122-123）。罗斯称这为"妥协于中间路线"。

实际上，持改良主义立场的社会科学家面临着一种两难，正如亨斯利（Hinsley，1981，286）所表明的："社会科学精英所起的作用包括两种倾向，但它们并不容易共存。科学家必须在民众中传播科学知识作为提高精神修养和促进社会和谐的手段——这种目标必须通过直接掌握知识、而不是通过道听途说才能实现。与此同时，对排他性的追求——这依赖于只有少数人是真正有能力的或倾向于将他们的生命贡献给科学的假设——又要求承认他们的特殊地位。后一种要求迫使相关组织必须严防欺诈和冒名顶替，并努力设立官方正式认证的资格"。

㉔ "价值中立被用来否认对它的下述指责，即社会学仅仅是社会主义的另一个名称而已。但研究机构获得自主地位并不是价值中立原则所发挥的唯一社会功能。价值中立并不仅仅是一种防御手段，而且是一种进攻武器；价值中立被用于阻止女权主义者、社会达尔文主义者和（尤其是）社会主义者将社会理论变成政治实践的努力。主要是为了对抗这些运动，[德国的]社会学家才系统阐发了价值中立的思想"（Proctor，1991，120）。

㉕ 普罗克特（1991，68）继续指出："价值中立是自由主义者针对各种压力做出的反应，即政府审查制度的压力、工业追求实际效果的压力，以及社会运动要发挥实质作用的压力。价值中立既是一种政治声明、也是一种本体论的命题，它是有关知识和权力之间关系的一种更普遍的自由主义观点的组成部分"（p.70）。

㉖ 冈内尔（Gunnell，2006，480-481）非常清楚地说明了这种立场："韦伯有关事实和价值分离的声明与其说是一种哲学上的规则、不如说是对——[20]世纪之交——大学与政治之间必然产生的分歧的承认。……他的观点不是认为社会科学家做出价值判断在逻辑上是不正确的或是不可能的，而是认为对社会科学家而言这不是一种适合的角色。在一个意识形态和文化愈来愈多元化的社会中，学院并不适合发挥这种功能。如果社会科学家仍试图坚持他们进行道德说教的立场的话，那将会破坏他们在知识方面的权威地位，而后者事实上是他们目前唯一拥有的一种权威，也是他们产生潜在的实际影响的唯一源泉所在"。

㉗ 这种生物学的观点并不必然是基于孟德尔（Mendel）的遗传定律而得出的。有一些人基于拉马克的观点也得出了同样的结论。英国最后一位著名的拉马克派生物学家欧内斯特·麦克布赖德（Ernest Macbride）相信，下层阶级主要是由爱尔兰人组成的，他认为，他们"永远具有固定的[种族特征]，这些特征不可能通过让他们接触更好的条件而予以改善"（Bowler，1984，246）。麦克布赖

第五章 作为社会科学的自由主义

德论证，种族进化有可能减少、但决不会消除这些被假设存在的种族之间的差别。

尽管如此，但孟德尔的观点居于主导地位。"在[19]世纪过去的一些年中，社会遗传学自它在世纪中期发端以来已经经历了复杂的演化；这为它积极进取、主张排外主义和正式蜕变为优生学创造了条件。孟德尔的遗传学说在20世纪最初10年的流行只是使人们已经牢固确立的在学术和情感方面对它的关注变得更加明确，并推动了其影响的继续扩大。在19世纪的最后1/4时期，政论家、医生、具有社会关怀的科学家和社会工作者已经将遗传学解释运用于对几乎所有社会问题的分析。对人类行为的遗传学解释具有表面上体现科学概念和声望的优点，但与此同时却又缺乏能够予以证实的内容"。（Rosenberg，1976，49）。

㉘ 魏因加特（1989，280）基于一种更普遍的现象——即"科学在制度方面的惰性"——来谴责种族卫生学在德国的发展。他指出："科学丝毫不会为它在政治和道德上的堕落所干扰。但只有一些科学家……能够洞察在一种不关心政治应用的科学的意识形态同它能够被用于和适合于为不道德的政治目标辩护之间的联系"。

㉙ "每一门专业化的社会科学学科……都正式宣布它是独立于所有其他学科的，每门学科……都在大学创设为人们所熟悉的杂志和协会等专业机构，设置一套或多或少统一的培训课程。学术权威的认定目前依赖于在一个易于确认的同行共同体中的成员资格和地位，它的成员拥有相似的受教育经历、由此拥有一套本质上相似的评价标准"（Haskell，1977，24）。

㉚ "'真正的'历史学家将他们自身视为经验主义者——而不像过去时代的编年史学者和文学家，他们将在实验室中做研究的科学家所使用的观察和分析的工具应用于对过去事件的研究"（Herbst，1965，101）。

正像我们在对各种起源的研究中追溯到别的人和事一样，兰克并不是第一位提出这种要求的人。伯克（1988，190，n.2）提到，这种要求在16世纪就已经出现，斯莱丹（Sleiden）要求历史学家"就像它们所发生的那样"记述，波普里尼（Popelinière）也认为历史学在本质上是"就像它们发生的那样"记述。但很少有人对这些较早期的要求做出反应，结果斯莱丹和波普里尼在今天都不是家喻户晓的人物，甚至在历史学家中也是如此。兰克的口号之所以产生重大影响，那是因为它产生影响的时机已经成熟。

㉛ 林格（1992，262）认为，兰克的科学的历史学是研究个别性的学问："利奥波德·冯·兰克本人是用移情和个别性的话语来描述他的历史观的。……而且，他对'个人'的创造性感兴趣、对普遍性的东西不感兴趣。他相信，[国家]是文化和道德具有活力的表现，这就赋予它们之间的斗争以更高的意义"。

㉜ 这种反对理论的倾向可能采取不同的——几乎是相反的——形式。诺维克提到（1988，43），在19世纪早期，浪漫主义的倾向重视"独特性……对抽象的体

系不感兴趣"。但在 19 世纪的最后几十年,"正是严酷的事实被称赞是从宏大体系所带来的令人窒息的高温和潮湿中解脱出来的工具"。

㉝ 贝内东持有类似的观点:"因为反革命所持的观点同革命的观点正相反,所以保守主义倾向于贬低哲学、而支持社会学和历史学"(1988, 49)。

㉞ 国家存在的重要性反映在恩格斯的一种众所周知的观念中,即存在"没有历史的民族"。对他而言,这些民族包括罗马尼亚人和斯拉夫人(捷克人、斯洛伐克人、斯洛文尼亚人、克罗地亚人、塞尔维亚人和乌克兰人/罗塞尼亚人),他所依据的理由在于,这些民族从未创立过国家。他之所以将波兰人(Poles)排除在外,正是因为他们曾有过国家。见罗斯多尔斯基(Rosdolsky, 1964, 87-88)。

㉟ 在 20 世纪晚期,历史学家开始撰写有关"传统的发明"方面的著作(Hobsbawm and Ranger, 1992)。他们最初是在那时"新"创建的后殖民国家中注意到这种现象的,但在第一次世界大战之前 30 到 40 年间的欧洲也存在这种现象。

㊱ 勒努万进一步指出(1954, 164),在 19 世纪 40 年代,研究法律制度的历史学家萨维尼(Savigny)和研究语言的历史学家雅各布·格林(Jacob Grimm)的著述"有着共同的倾向,这种倾向也能够在有关政治史的著述中发现:即找出一些前提以使人们能够揭示在日耳曼各族群之间存在的紧密联系"。

㊲ 伊格尔斯(1983, 42-43)注意到了历史主义观念的演化。在歌德(Goethe)和洪堡的个体性观念(目前也被用于指作为集体的群体)和赫尔德(Herder)的历史乐观主义观念(一种隐含在历史变动中的意义)之外,稍后又增加了"国家在民族和社会中具有首要性的观念"。这三种观念共同"为 19 和 20 世纪德国的绝大部分历史编纂的理论预设提供了基础"。

㊳ "对自由主义而言,时间是人类的朋友,它将必然给更多的人带来更大的幸福"(Schapiro, 1949, 13)。斯金纳(Skinner, 1965, 15)指出,这种 19 世纪的观念是如何同苏格兰启蒙运动的经济学相一致的:"交换经济被视为从原始状态开始的发展的最终产物。……他们得出结论,个人较高程度的自由是同他们实际面临的条件相适应的"。

㊴ 斯金纳(1965, 21)称辉格党对历史的解释"惊人地预言了马克思的一些观点",至少是预测到了"新制度的起源"、如果没有预测到它的"葬礼"的话。但这只不过是马克思主义和自由主义在 19 世纪、实际也是在 20 世纪存在共同基础的又一个方面而已。

㊵ 布列尔·莫诺(Gabriel Monod)在 1875 年创办了《历史评论》杂志(*the Revue historique*)。莫诺相信,法国历史学的传统存在一种缺陷。"他深信发展这样一种专业化导向的前提条件在法国确实存在,但他不耐烦地抱怨道,专业化精神的发展受到了阻碍"。他寻求对大学进行改革以推进这一目标的实现。"在创建

第五章 作为社会科学的自由主义

这样一种专业化历史学的过程中,他希望《历史评论》将有助于……鼓励那些打算从事历史研究的年轻人接受科学的研究方法"(Keylor,1975,52)。

莫诺认为,这样的科学也是会产生政治影响的。"莫诺相信,德国历史学家、尤其是《历史学报》(the Historische Zeitung)对德国的重新统一做出了巨大的贡献。他希望《历史评论》也将对一种政治目标的实现做出贡献:即在1870年的灾难之后能够重振法国的民族精神"(Stieg,1986,6)。

从本质上看,法国教育部长朱尔·费里(Jules Ferry)想到了类似的目标。在一篇发表于1883年《国际教育评论》(Revue internationale de l'enseignement)上的演讲中,他呼吁专业历史学家提出科学的思想,能够用它们来同"各种乌托邦和错误的思想做斗争,……后者当不受科学的控制和指导时,有可能造成混乱和无政府状态"(cited in Weisz,1979,83)。

㊶ 特鲁罗(Trouillot,1995,124)提到,这种新的对传统的强调已经越出法国的范围:"19世纪后半期,在国家范围内统治阶级关注对公共话语的系统管理,这是史无前例的。这种话语将工人阶级的绝大部分同广泛的选举权结合在一起。……[民族主义的庆祝活动]教导新的民众群体知道他们是谁,这部分是通过告诉他们不是谁而实现的"。

㊷ 米克指出(Meek,1976,242),"我们应该将[这种阶段划分理论]视为首次对一揽子更广泛的观念和主张——有关意料之外结果的规律、有关社会科学的思想、比较方法、技术-经济决定论观念和文化进化原理——所做的伟大的理论上的具体概括"。

㊸ "他们论证,社会的发展并无目标可言"(Meek,1967,38)。不是"伟人"、而是作为基础的经济现实塑造了国家。

㊹ 菲特(Fetter,1943,60)指出,迟至19世纪70年代,在美国每一位所谓的政治经济学家都在其他方面——"神学、道德哲学、文学、语言、法学、政治实践、新闻学、商业、或自然科学的某个分支学科——接受过培训。在政治经济学领域,他们都是自学成才的业余爱好者,就好像是碰巧在这个领域做暂时停留一样"。

㊺ "理性主义遭受到致命的打击。[法国]大革命和它所产生的后果证明,道德和法律的关系并非仅仅取决于理性,在决定人口中每个集团的政治立场上,经济利益是更重要的因素"(Grossman,1943,387)。

㊻ 在《政治经济学理论》(The Theory of Political Economy)第二版的序言中——他在1879年对第一版做了修正和扩充,杰文斯写到(xiv):"在所做的各种较小的改动中,我也许可以提到用方便的只有一个词的经济学替换了政治经济学的名称。我禁不住认为,尽可能快地抛弃我们学科中这个令人困扰的由两个词组成的旧名称是很好的一件事。几位学者试图引入一些全新的名称,诸如财富学(Plutology)、理财学(Chrematistics)、交易经济学(Catallactics)等。但我

们难道需要比经济学更好的名称吗？"

名称是长期以来一直存在的问题。在19世纪上半期，罗伯特·惠特利（Robert Whately）为政治经济学辩护，反对"那些将它视为对今天的社会制度做出攻击的人"。他使他们相信"政治经济学名称的前半部分确实是用词不当"。他本人建议使用交易经济学的名称，但未能流行。（Checkland，1951，56）切克兰德称赞惠特利为"有关政治经济学是一门中立科学观念的创始人之一"。

㊼ 马歇尔似乎对德国历史学派的主张持同情态度。马歇尔本人曾在德累斯顿和柏林学习过，在那里同威廉·罗雪尔（Wihelm Roscher）有过接触。"更具体地讲，同门格尔不同，马歇尔并不排斥历史特殊性问题：不像门格尔，他认为对经济学家而言，这是一个合法而又重要的问题"（Hodgson，2005，334）。

浏览一下在坎宁安和马歇尔之间展开的那场大争论就会认为霍奇逊的分析更为可信。坎宁安于1892年在《经济学杂志》（the Economic Journal）上对马歇尔［同时也对索罗德·罗杰斯（Thorold Rogers）］发起攻击。他文章的题目为《对经济史学的歪曲》（the Perversion of Economic History）。他的基本论点（494-495）是："从经济理论的视角看，忽略对实际事实的耐心研究似乎是情有可原的；但从我的视角看，这是灾难性的，因为它阻止经济学家去发现他自身存在的狭隘局限性。正是由于这种局限性，他所做的理论概括只能是近似真实的"。

马歇尔在同一本杂志做出回应，指出（1892，507）："坎宁安博士错误地假设，我的书所依赖的'基本假设包括……同样的动机在所有时代都发挥作用，都会产生类似的结果……是同样的规律在发挥作用'。恰恰相反，我在论经济科学的发展一章中坚持认为，现代经济学家从生物学那里认识到，'如果一门学科的研究对象经历了不同的发展阶段，那么适用于一个阶段的规律很少能够不加修正地就应用于其他的阶段'"。马歇尔至少承认经济规律的普适性存在着细微的差别。针对坎宁安指责他运用李嘉图的地租规律来解释中世纪英格兰的事实，马歇尔回应道（p.510）："但事实上，习惯法或多或少是有弹性的；地租理论通常只是给出了处于较高等级的土地所有者能够从实际耕作者那里榨取地租的上限，前者处于强势地位，并不受最高所有者、即这块土地统治者的有效控制"。

㊽ 这就是马洛尼在他的分析（Maloney，1985，2）中如何看待马歇尔的三个主要目标的："第一，他想让经济学家接受他所指定的理论体系的培训，而这种理论体系对常人而言是无法理解的，因此他们不必过分失落。第二，借助福利经济学的发展，他试图赋予经济学家在政策制定上的发言权。第三，通过同政治党派撇清关系，他试图提高他所在学科的权威地位"。

㊾ 马洛尼解释了（1985，4）经济学在1880年到1914年之间发生的变化："在19世纪70和80年代，被各方指责为在理论上是不充分的和缺乏对社会的适用性，正统经济学不是通过成功地回应这些批评、而是通过夺取一种支配地位来化解

这种不利局面。凭借这种地位，它大体能够不去理睬它的批评者”。

(50)“围绕新古典理论，经济学家能够更容易地变得专业化；这是相比围绕强调历史学和归纳方法的学说而言的。历史学派的观点认为，经济概括具有相对性，每个经济问题都必须重新地加以研究。这破坏了学院经济学家下述判断的可信性，即他所接受的良好培训使他的见解要比那些未接受过这种培训的人更具有权威性。……如果没有下述观念的支撑，即受过培训的经济学家掌握了可以被广泛应用的原理和专业化方法，而这些是无法被普通公众所理解的；那么，经济学家就不可能要求获得权威地位”（Church，1974，2：593）。

马洛尼赞同这种观点（1985，215-216）：“经济学家……很少能够对他们选择的范式所内含的世界观做有效的反思。各种经济学范式——古典的、马克思主义的、新古典的、凯恩斯的——首先在他们的哲学出发点上是不同的。……经济学家既受他的哲学出发点的制约，又受其结论所涉及的重要事实的制约。在读者的印象中，对事物做出全面的研究非常困难，但揭示这种研究背后的方法论实际更加困难。后一种研究将会在专业化的过程中受到削弱。……专业化……仅仅有利于下述类型的范式，即内含一种被特别加以选择的世界观的范式”。

这样，经济学就摆脱了历史主义的倾向，但却没有放弃对公共政策的影响。如果人们浏览一下在剑桥大学居于主流地位的经济学系 2008 年的网页，就会发现作为“系简史”的结论是这样陈述的：“由目前全系教师所坚持的另一个传统是参与公共政策的制定，其中首先是积极参与货币政策委员会（the Monetary Policy Committee）、竞争委员会（the Competitive Commission）、低工资委员会（the Low Pay Commission）和会计标准委员会（the Accounting Standards Board）的政策制定。经济学和政治学系建系已近百年，它一直致力于保持经济学对现实社会的影响力”（www. econ. cam. ac. uk/contacts/history. html）。

(51) 特雷伯（Tribe，2005，130）对这种目标做出解释：“杰文斯、马歇尔、庇古（Pigou）和凯恩斯都明确将 19 世纪早期的政治经济学视为一门非常‘沉闷的科学’，他们试图创建一门新的能够改造世界的科学。以这种方式解读，从政治经济学向经济学的转变因而并不是这样一种转变，其中一种抽象的、形式化的‘硬’科学取代了一种研究范围更广泛、更多涉及道德方面的知识体系。从 19 世纪末和 20 世纪初的视角看，由李嘉图、麦克库洛赫（McCulloch）和他们的同道所创建的抽象的、形式化的科学被普遍认为存在一种缺陷。这门科学无法作为建构一门有关社会改革的实证科学的基础，正是这种认识促使教师和学生共同投入经济学这门新科学的建构工作。19 世纪晚期新的教育体制也使对一门新的替代性科学的系统阐述成为可能”。

(52) 这种政治上的压力使法律系发生了转型，正如卡拉迪（Karady，1976，281）所解释的：“事实上，这些新的教学课程：不管是经济学课程——严格意义上的政治经济学、经济学说史、金融学、统计学，还是法学课程——国际法、公法、法律史、宪法等，都有一个共同的特点，它们与其说是满足从业律师的需要、不如说是满足行政官员和高级公务员、即全体政府人员的需要。从某种意义上讲，这些课程的引入代表了大学课程适应某种类型能力培养的需要，更具体地说是那些同改革家们赋予法律培训的新任务相联系的课程，由此要求培训能够提供有能力的政治和行政管理人员；与此同时通过这种能力的培养赋予他们所支配的权力以合法性。在这种意义上，如果不考虑第三共和国的意识形态的话，那么就不可能解释法律系的转型，这种意识形态既主张民主、又主张精英统治，并且试图强化公共服务的专业化”。

(53)“［社会政策协会］不仅打算鼓励对当代的经济和社会问题展开学术性的和专业性的讨论，而且要对政府和公众舆论发挥指导性的影响”（Ringer，1969，146）。正如奥伯肖尔（Oberschall，1965，139）所强调的，因为在德国直到第一次世界大战之前，“社会科学家实际指的是政治经济学家”，所以这种影响公共政策的导向仍然居于中心地位。

(54)“埃利将美国经济学会视为一个由经验主义经济学家构成的组织，它要致力于为紧迫的社会问题寻找解决办法和为这些解决办法寻求广泛的公共支持，但他的目标并没有实现。古典学派和历史学派的成员都抵制下述观念，即经济学家既能够担任研究者、又能够担任民众的教育者。……绝大多数经济学家越来越相信，公众对不同意见的表达将会阻止他们影响公共政策的努力。如果经济学家连自己都不可能就经济科学的结论达成一致的话，那怎么可能期望外行能倾听他们的建议呢？”（Church，1974，2：588）。

(55)“将科学应用于对政府的管理之所以对美国社会的中上阶层尤其具有吸引力，是因为它承诺将减少冲突和恢复秩序。没有意识到或不愿意承认社会冲突有可能是社会中存在着根本性的价值观分歧或结构性不平等的结果，更富裕的社会阶层将困扰他们社会的冲突归因于愚昧或感情用事，正是后者使相关各方对他们的真正利益视而不见；当能够明辨他们的真正利益时，他们肯定能够和谐共处。当然，社会科学的专家将帮助人们发现这种真理，这将使各种竞争的利益集团和谐共处，使他们的利益能够同社会的利益普遍地达成一致”（Church，1974，2：598）。

(56)艾布拉姆斯继续指出（p. 78）：斯宾塞“已经从看不见的手转向了看不见的拳头。现在他请求他的同时代人静观它发挥邪恶的作用”。

(57)霍夫施塔特（1992，43）告诉了我们有关斯宾塞在1882年他最受追捧之时对美国所做的著名访问的情况。在一次接受新闻采访时，“斯宾塞表达了（稍微有点不和谐）他的担忧，即美国人的性格尚未充分发展到能够驾驭它的共和制度的程度”。但依据“生物学的真理”，他表达了希望：“雅利安种族各族群相互杂居的状况将产生‘比迄今存在的更优良类型的人种’”。

(58) 正如我们今天所知道的，以这种方式，涂尔干在法国通常被视为社会学的奠基人。拉克鲁瓦（Lacroix，1981，30-31）将这视为“在今天学科划分的基础上对过去的一种重构”，因此“是一种双重的——即在当时实际的学科划分和当事人所起的作用两个方面的——时代错置”。他指出，在整个19世纪，每个人都在使用许多不同的名称，它们并不完全一致。“这些名称反映了在一个被全面重组的知识领域，人们在划界问题上的不确定性、在对象确定问题上的混乱，以及就方法问题产生的争论。在这种思想动荡中唯一不变的就是对科学的信仰”。

(59) 正是由于这方面的原因，他受到了沃尔夫·勒佩尼斯（Wolf Lepenies，1989，49）非常严厉的责备：“新索邦大学的特征与其说是过于关注科学、不如说过于关注方法问题；它是改革者最喜欢的流行语。……这方面最引人好奇的例子是……由涂尔干通过他的《社会学方法的规则》（*Règles de la méthode sociologique*）提供的，该书充满了抽象的理论论述；向哲学家介绍了一门以公理为基础的社会学。这种社会学认为，‘社会事实’是某种非常不同于、而且完全独立于组成社会的个体的现象。这种观点既令人震惊、又令人反感”。

(60) 见克拉克的合理评价（1972，171-172）：“涂尔干同社会主义的关系是非常复杂的，这已经成为大量学术争论的主题。他最初的论文选题就是有关个人主义同社会主义的关系的，尽管后来改成个人和社会的关系。但在他的《社会劳动分工》中，社会主义思想并没有隐藏得太深；在《自杀论》和其他几部著作中也是这样。他计划写作一部社会主义思想史，尽管只完成了有关圣西门的部分。饶勒斯几次到涂尔干家用周日晚餐，他同吕西安·埃尔（Lucien Herr）也有过密切的接触。……他由于显眼地拿着法共的机关报《人道报》（*L'Humanité*）去上课和走出索邦大学而闻名，这本身就是一种政治行为。不过，他从未加入过任何一个社会主义政党，也从未参与过他的年轻合作者们发起的党派活动。尽管对大多数社会主义作家的感情用事和缺乏严谨感到厌恶，但他仍然深刻关注他们研究的许多现象。对许多较少关注这些细节的人而言，涂尔干无疑是一位社会主义者”。克拉克进一步提到（182，n. 72）：“迟至1925年，在奥托·洛伦兹（Otto Lorenz）编撰的《法国图书总目》（*Catalogue général de la librairie francaise*）中还有‘社会主义；社会科学’这样将两者结合在一起的题名，该目录是在法国出版的著作的主要目录文献”。

这种在社会主义运动的边缘摇摆不定也是涂尔干学派的许多成员——莫斯（Mauss）、西米安（Simiand）、布格莱（Bouglé）、哈布瓦赫（Halbwachs）、赫兹（Hertz）——的特征所在。他们定期为《人道报》和《社会主义评论》（*Revue socialiste*）撰写文章，“但却没有完全转向政坛发展”（Karady，1976，294）。

(61) 科塞将保守主义界定为“一种维持事物的现存秩序或强化一种似乎受到威胁的

秩序的倾向"。他继续指出（p.214）："自由主义或激进主义的思想家将某种理想状态同现实状态进行对比。恰恰相反，涂尔干用常态和非常态之间的区分来代替在理想和现实之间的分裂，由此引入了对保守主义的偏爱"。

与之相对，奈耶（Neyer，1960，45）论证："涂尔干将向着'社会主义'的社会组织形式的发展视为对个人主义和进步伦理的必然反应，以及他称之为'个人的兴起'现象的结果"。类似地，里克特（1960，181）指出："问题不是如何通过限制或反对个人主义来实现社会秩序，而是如何完善和发展它。……[涂尔干]对自由主义的重新表述应该撇开他同斯宾塞和主张自由放任的经济学家所进行的著名论战来加以解读。他有关所有阻止个体发展的人为障碍都应该清除的主张……表明了一种自由主义的社会哲学，它证明了国家干预经济生活的合理性"。

⑫ 罗格继续指出（1983，179）："涂尔干的社会学向民主的自由主义提供的思想武器能够被同时运用到几条战线上。它为反对那些社会主义者提供了理论依据，后者试图用人们相互依赖和受社会恩惠的论据来证明集体主义的合理性。它为反对那些保守主义者提供了理论依据，后者试图宣扬家庭的社会价值、而不是提倡个人的价值，而且坚持群众在已经超出他们的理性认知范围的方面需要加以指导"。

吉登斯（Giddens，1971，513）做出了同样的论证："面对双重挑战：一方面是来自反理性主义的保守主义的挑战，另一方面是来自社会主义的挑战，涂尔干的社会学试图重新解释政治自由主义的主张"。

也见林格（1992，210）有关社会团结（solidarism）的论述，"作为进步资产阶级的一种选择，它明显发挥着反对社会主义革命的作用。社会团结思想的政治价值在于，它使自由放任思想同国家进行温和的社会改革做合理性论证相一致。……涂尔干的《社会劳动分工》……也许可以作为支持社会团结原则的实证主义社会科学的一个例子"。

⑬ 作为一位自己承认的保守主义者，罗伯特·奈斯比特（Robert Nisbet，1952，167）宣称，事实上从起源和结果看，社会学的各种概念都是保守主义的："诸如地位、凝聚力、调整、功能、规范、象征等概念都是保守主义的概念。这不仅是在表面意义上，即每个概念都指代社会的一个方面，明显关注于维系或保护秩序；而且是在重要意义上，即所有这些词汇都是欧洲保守主义思想史的组成部分"。奈斯比特的观点尤其得到科塞（1960，213）的赞同。

假设对秩序的关注是专属于保守主义意识形态的一个目标，这是成问题的。因为将保守主义同中庸的自由主义区分开来的问题并不是秩序是否是合意的、而是如何才能建立秩序。中庸的自由主义相信，秩序只能由审慎、但显著的改革来予以保障，而这必然包括一定程度的经济再分配。

⑭ "一方面，为了争取宗教人士的支持，他宣称：'最高的社会学在本质上必然是

基督教的'，'最高社会科学的原理将是对基督教本质的重申'；另一方面，他在为《美国社会学杂志》撰写的纲领性声明中写道：'对许多可能的读者而言，最重要的问题将是有关它对基督教社会学所持的态度'。答案在于……对待基督教社会学，[本杂志将]持诚挚的尊重态度，但对待所谓的'基督教社会学家'，将持严重的怀疑态度"（Oberschall, 1972, 203）。

像经济学家理德·埃利一样，斯莫尔也是社会福音运动（the Social Gospel Movement）的积极支持者，他要努力"克服目前被假设在宗教和科学之间存在的冲突"（Potts, 1965, 92）。

⑥ "Baliser le sujet"很难翻译。幸运的是，德库安自己在另一本著作（2008）中解释了它的意义："要厘清复杂性首先就要追根溯源。要同时和不断地就问题提出问题，绝不接受作为假设的判断。要确定'人们是在哪里说的'，仔细分析人们所使用的词语和表达方式，思考问题中没有说出的东西、评估作者的意图。简而言之，就是采用巴黎政治学院的学生众所周知的'打破沙锅问到底'的方法"。

⑥ "巴黎自由政治科学学校的全体教师……都关注利用奥古斯特·孔德提出的方案来确保'有序的进步'。他们都痴迷于法国大革命。他们都相信，法国大革命之所以爆发，是因为政治结构未能使自身适应在传统和心态方面所发生的巨大变化。预防胜于惩罚"（Vincent, 1987, 211）。

⑥ 在一封给他的朋友欧内斯特·维内（Ernest Vinet）的信中——发表于1871年，布特密明确提出了这些观点："新的培养方案是为这些阶级设计的，他们的社会地位是有保障的，而且拥有闲暇时间来培养他们的智慧。迄今为止，这些阶级一直主导着政治舞台。但他们的地位目前受到威胁。……在将权力移交给更多人的压力下，称他们自身为精英的各阶级不可能再维系他们的政治霸权，除非他们能够让最有能力的人分享权利。在他们享有特权和按惯例进行统治的根基瓦解之后，民主的洪流必然会遭遇到第二道障碍，即由于有出色的和值得称赞的优点、由于有明显的声望而具有的优势，这些构成他们进行统治的合理性所在，剥夺他们因为能力而享受权利的资格是愚蠢"[《关于设立高等教育学院（或系）的几点看法》，见 E. 布特密和 E. 维内的通信，Paris: Imp. de A. Lainé, 1871, 15-16, cited in Favre, 1981, 433]。

⑥ 布特密很快就为这种向专业教育的转变找到了一种理论基础："我们的政治科学完全是用法语或拉丁语表述的，它有意地忽略了现代欧洲和新世界。……"

"在法国，有培养医生、律师、工程师和军官的教育机构。但却没有培养政治人才的学校。……如果法国每年努力培养两到三千名掌握政治知识的人才、并使他们拥有他们的专业性建议能够被倾听的社会地位，以及通过论证能够使群众认识到所有问题都是很难解决的和绝大多数解决方案都是复杂的话，那肯定是一场伟大的和令人愉悦的革命。与此同时，为培养政治家而设立的课程将为这个国家提供一个有教养的和审慎而明智的中间阶级，后者是民主社会的稳定因素。到目前为止，中间阶级的特征是具有一种保守的本能、举止良好和富裕的。但必须指出的是，这个阶级并没有凭借它在政治方面的能力而占据它应有的地位"（citedin Descoings, 2007, 34）。布特密试图为这种培养方案取个名称。在稍作犹豫后，他最终确定的名称是财政科学（sciencecamérales），它是由18世纪德国的财政科学（Cameralwissenschaft）翻译而来（Vincent, 1987, 84）。

⑥⑨ 见德库安（2007, 39）对跨学科的讨论。也见文森特（1987, 47-48）有关布特密为学校选择名称的理由的讨论。

⑦⑩ 丘奇进一步详细阐述了共和党独立派有关社会科学的观点（1974, 577）："他们计划教授未来的精英——由此大学教育将几乎完全局限于对精英的培养上——以正确的对政治和社会进行组织的原则、支配社会和政治关系的规律，如果社会想要正常运行的话，这些都是必须加以遵守的。通过研究自大宪章以来（有时是自村社共同体在德意志的森林中出现以来）英格兰人的自由发展史与自由在美国的扩展和进一步获得的保障，研究宪法是如何保护个人自由、财产和少数民族的权利的（在这里它们是指富人反对'民众'愿望实现的权利），以及研究它是如何限制平民的权力的，社会科学就是要教授这些原则和规律；同时教授古典自由放任经济学的原则和规律"。

⑦⑪ 在试图解释作为一门独立的、以探寻普遍规律为目标的学科的政治科学在英国为什么直到1945年以后才真正出现时，达伦多夫（1995, 227）将它归因于"传统政治哲学在老牌大学、尤其是在牛津大学所拥有的强大势力"。但接着他补充了另外一种因素："当它被应用时，现代政治科学被证明相比现代经济科学的效用不是那么明显"。我不确定"不是那么明显"是不是一个合适的形容词，我自己会说"影响不是那么大"。

⑦⑫ 见米歇尔·亚达斯（Michael Adas, 1989），他讨论了欧洲人将"机器视为文明标志"（211-236）的观念和将"熟练运用机器视为文明生活的必要条件"（194-198）的观念。

⑦⑬ 正如亚达斯（1989, 203）所评论的那样，这里居于支配地位的"假设是认为，欧洲人之所以是非洲和亚洲社会最好的统治者和改革者，那是因为他们代表了已知最进步和最先进的文明"。

在1903~1904年，作为一位研究佛教巴利语文献（Pali literature）的专家，李斯·戴维斯（T. W. Rhys Davies）鼓吹东方学研究对英国公共政策的重要性："我们绝不应该忘记条件现在已经发生了变化；正如我们在我们的海军预算、外交活动中所考虑的那样，我们也应该使我们的情报部门在东方问题的研究上至少同任何其他两个大国一样强大，这是实际可行的政策。但到目前为止，它还为我们政府的情报部门所忽视，我们正在冒很大的风险"（p. 196）。

⑦⑭ 在努力驳斥贝尔纳有关古希腊文明起源于埃及的观点方面，玛丽·莱福克威兹（Mary Lefkowitz）是最著名的学者。在她同罗杰斯（G. R. Rogers）合编的、书

名为《修正黑色雅典娜》(*Black Athena Revisted*, 1996) 的文集中，她论证：
"埃及在某些方面对希腊文化产生影响的证据是显而易见的和不容否定的。……但这种证据不足以证明埃及是希腊文化的起源"(p.6)。她指责贝尔纳是非洲中心论者。的确，她在1997年写的书的题目为《并非源自非洲：非洲中心论是如何导致将神话作为历史来教授的》(*Not Out of Africa: How Afrocentrism Became an Excuse to Teach Myth as History*)。

在对莱福克威兹和其他人（Moore，2001，27）所做批判的回应中，贝尔纳否认自己是一位非洲中心论者。相反，他宣称，他正在论证的是一种"同化理论，该理论主张非洲和欧洲文化具有一种共同的起源"。他称这种理论持一种"跨大陆杂交"的观点，并论证这种观点"更严重地威胁到有关希腊并未受埃及的任何重要影响的观点，这是相比有关大陆之间存在根本性的差别和隔离的非洲中心论观点所造成的威胁而言的"。

⑦⑤ 正如贝尔纳（1987，442）所指出的："随着种族主义在19世纪20年代的兴起，埃及的地位在下降；随着反犹太种族主义在19世纪80年代的兴起，腓尼基人的地位下降；随着反犹太种族主义在1917年到1939年之间达到最高潮，腓尼基人的地位跌至谷底"。

⑦⑥ 这种说法也是由贝尔纳提出的（1987，282 and 317）。贝尔纳指出，这也同样适用于德国大学中古代学研究（Altertumwissenschaft）的状况。

⑦⑦ 正如罗德蒙德所评论的（1986，13），就其关注的重点而言，印度学是非常强调独特性的："[到1900年] 德国所有第一流的大学都设有印度学教授职位，它是在该词的严格意义上意指梵文文献学。担任这些教职的教授们一般都鄙视那些通才、哲学家和其他沉迷于思辨理论的人"。

⑦⑧ "卡尔·马克思有关印度的文章例外，他是在伦敦为纽约的一份报纸写作这些文章的"，正如罗德蒙德（1986，4）尖刻地提到的那样。

⑦⑨ 布鲁（Blue，1999，92）提到："在19世纪的西方世界，随着'进步'变成界定欧洲'现代性'特征的流行语——这是相比'其他'文明而言的，广泛（如果不是全部的话）存在着［对中国的］蔑视"。

⑧⓪ 注意到梅耶斯告诉我们（p.1），这种对他1910年就职演讲的修改——即我在这里引用的——是他1914年在加利福尼亚大学伯克利分校担任古典文学萨瑟讲座教授（the Sather Professor）的结果，它进一步证明了人类学在历史上就同研究独特性的诸学科存在着联系，这是非常有趣的。

⑧① 科学的进步有助于人们抛弃多元发生论，正如罗利默尔（Lorimer，1978，142）所指出的："简单地通过宣布它们是不合时宜的，达尔文主义最终解决了一元发生论-多元发生论之间产生争论的问题。……[它]改变了人们有关人种的观念，由此从整体上削弱了多元发生论的基础。……达尔文不仅证明了欧洲人同黑人存在着联系，而且证明了所有人都同猿人存在着联系"。

TO THE TEMPLE OF FAME.

MR. PUNCH (WITH THE GREATEST RESPECT). "AFTER YOU, MY LORD!"

第六章插图 "进入名人堂（To the Temple of Fame）"

《笨拙》（Punch）

(感谢法国国家图书馆)

《笨拙》（*Punch*），"进入名人堂（To the Temple of Fame）"。这幅著名的漫画发表于 1858 年 10 月 23 日的《笨拙》杂志上，画的是布鲁厄姆爵士（Lord Brougham）。他是一位自由派贵族，正是在他伦敦的家中社会科学协会于一年前创立。漫画家讽刺了这位自由派贵族进行改革的抱负和它同正在形成中的社会科学的联系。

第六章　对论点的重申

本书是有关现代世界体系在延长的19世纪的发展轨迹的，该时段按照惯例是从1789年到1914年。讨论这一时期基本特征的著作汗牛充栋。存在着一种我们也许可以称为传统观点的共识，它为持各种意识形态和/或学术观点的学者所赞同。

它被视为有多种类型的革命发生的世纪：工业革命、科技革命、人民革命（尤其是法国大革命）。通常的观点认为，所有这些革命结合在一起创造了——或被称为——现代性。开始于延长的19世纪，现代性将延续到20世纪。

正如在迄今为止已完成的全部四卷书中所表述的，本书的观点是不同的。先说"工业革命"的概念。对大多数学者而言，它首先是在英格兰或英国发生的，最公认的日期是在1760年到1840年之间的某个时间，接着是在欧洲大陆和北美洲的许多国家被复制或仿效。我们在第三卷中已经详细地解释了为什么我们认为这种认识是错误的。

我们认为，在那个时期的英格兰所发生的是工业生产机械化过程中的一个向上的周期性增长，这种增长在以前已经发生过多次，而且未来仍将会多次发生。我们同时认为，它是作为一个整体的世界经济发展进程的组成部分，英国之所以能够从中获得特殊的利益，那是因为它在一场争夺世界体系新霸权的斗争中击败了法国。

很长一段时间，对法国大革命的主流观点是所谓的社会解释。这种观点论证，大革命代表了资产阶级推翻封建势力，使法国成为一个"资本主义"国家。在过去50年间，这种解释受到了一种观点的挑战，根据后一种观点，法国大革命被视为探索一种自由主义的、议会式发展道路的尝试，这种尝试以失败而告终。

再次地，对上述两种观点我们都不能同意。在第三卷中，我们解释了法国大革命为什么不能被视为一场要建立"资本主义制度"的资产阶级革命。因为我们认为，法国很久以前就是资本主义世界经济的重要组成部分。相反，部分而言，我们将法国大革命视为在争夺霸权的斗争中击败英格兰的最后一次尝试；部分而言，我们将法国大革命视为在现代世界体系的历史上一次"反对现存体制"（即反对资本主义）的革命，它遭受了根本性的失败。

我们已经论证，现代世界体系有两种主要的周期性过程。一种是康德拉基耶夫周期，长度大约为50~60年，是世界经济作为一个整体要经历的扩张和停滞周期。第二种主要的周期性过程发生的要更缓慢一些。它是在国家间体系中霸权国家的兴起和衰落。我们在第二卷中解释了联省共和国（今天的荷兰）是如何在17世纪中期取得霸权地位的。我们在第三卷中解释了英国如何能够在大革命—拿破仑时期——从1792到1815年——的"世界大战"中击败法国而成为霸权国家的。

最后，我们在第三卷中描述了资本主义世界经济运行的边界是如何实现第二次大的地理扩张的。通过考察四个从本质上看在资本主义世界经济之外的地区（俄国、奥斯曼帝国、印度次大陆和西非）是如何被纳入到体系之中的，以及作为这种纳入的结果又是如何在经济、政治和社会方面被加以改造的，我们对这一过程做出了解释。

因此，当我们要讲述延长的19世纪的历史时，我们是将它奠基于前三卷书所做的分析的。自延长的16世纪以来，现代世界体系就已经是一种资本主义世界经济。英国在19世纪中期成为霸权国家。现代世界体系的有效边界已经得到了扩张，尽管它们迄今为止尚未将整个世界包括在内。第三次和最后一次扩张发生在19世纪末和20世纪初。这些历史我们无需在本卷书中予以重述。（在序言中，我们已经解释了为什么要将现代世界体系的第三次和最后一次扩张的历史推后到第五卷来写。）

取而代之，我们选择在本卷书中集中关注那种我们认为在延长的19世纪中新出现的现象。我们将这种新现象称为"中庸的自由主义的胜利"。当然，我们并不是最早提出作为一种意识形态的自由主义在19世纪逐渐获得强势地位的。但我们对这一问题的研究稍微不同于其他学者的研究。我们的研究特别要求对"自由主义"一词的术语演变史做出考察，而且要考察它的各种模糊用法给对现实的意识形态做出有说服力的分析造成的干扰，但这是难度很大的研究。

第六章 对论点的重申

为了完成这项工作，首先，我需要论证，存在某种迄今为止尚未在现代世界体系的历史发展中得到实现的东西：即我们称之为地缘文化的创建。就某种地缘文化而言，我们意指价值观，它在整个世界体系中被非常广泛地持有，这既包括明确宣布的、也包括暗中持有的。

我们已经论证，直到延长的 19 世纪，在世界体系的政治经济和它的文化之间一直存在着某种脱节。在本卷书中，我们已经论证，正是法国大革命对文化的影响使克服这种脱节变得势在必行，这是通过发展现代世界体系的三种主要意识形态——保守主义、自由主义和激进主义——来实现的。

我们已经试图解释自由主义是如何一直保持一种中间立场的，既不左也不右。我们已经论证，这三种意识形态实际上都不反对中央集权，尽管它们都假称反对。我们已经努力揭示中庸的自由主义是如何"驯服"其他两种意识形态的，并使它们事实上持有某种类型的自由主义中间路线的。以这种方式，我们能够论证，到延长的 19 世纪结束时，自由主义中间路线已经成为世界体系的地缘文化居于主导地位的范式。

我们详细论述了中庸的自由主义是如何将它的意识形态在三个关键领域强制推行的。第一个是在世界体系的中心区创建"自由主义国家"，其中英国和法国是最早的和主要的范例。第二个是尝试将公民权学说从一种说明将什么人包括在内的学说，转变为一种说明将什么人排斥在外的学说。通过说明三个被排斥在外的重要群体——妇女、工人阶级（无财产的、通常也是不识字的）和种族/民族方面的"少数群体"——的情况，我们对此做了阐释。第三个是历史性的社会科学的兴起，它们既是对自由主义意识形态的反映、同时又为统治集团更好地控制被统治阶层提供服务。

依据我们所能收集到的各种经验证据和理论观点，我们提出了这种分析。这里所提供的分析框架与其说是提供了另一种解释延长的 19 世纪的方法，不如说提供的是一种更适合于对这个世界的社会现实的整体性做出解释的方法。

278

参考文献

Abel, Wilhelm. 1973. *Crises agraires en Europe, XIIe–XXe siècle.* Paris: Flammarion.
Abensour, Léon. 1913. *Le Féminisme sous le règne de Louis-Philippe et en 1848.* Paris: Plon-Nourrit.
———. 1923. *La Femme et le féminisme avant la révolution.* Paris: E. Leroux.
Abrams, Philip. 1968. *The Origins of British Sociology, 1834–1914.* Chicago: Univ. of Chicago Press.
Abray, Jane. 1975. "Feminism in the French Revolution." *American Historical Review* 80, no. 1 (February): 43–62.
Adas, Michael. 1989. *Machines as the Measure of Men: Science, Technology, and the Ideologies of Dominance.* Ithaca, NY: Cornell Univ. Press.
Adler, Laure. 1979. *A l'Aube du féminisme: Les premières journalistes (1830–1850).* Paris: Payot.
Aelders, Etta Palm, d'. 1791. *Appel aux Françoises sur la régénération des mœurs et nécessité de l'influence des femmes dans un gouvernement libre.* Paris: L'Imprimerie du cercle social.
Ageron, Charles-Robert. 1963. "Jaurès et les socialistes français devant la question algérienne (de 1893 à 1914)." *Le mouvement social*, no. 42 (January–March): 3–29.
Aguet, Jean-Pierre. 1954. *Contribution à l'histoire du mouvement ouvrier français: Les grèves sous la Monarchie de Juillet (1830–1847).* Geneva: Droz.
Agulhon, Maurice. 1970. *Une ville ouvrière au temps du socialisme utopique: Toulon de 1815 à 1851.* Paris and The Hague: Mouton.
———. 1973. *1848, ou l'apprentissage de la République, 1848–1852.* Vol. 8 of *Nouvelle histoire de la France contemporaine.* Paris: Éd. du Seuil.
———. 1979. *La République au village.* Réédition, augmentée d'une Préface. Paris: Éd. du Seuil.
———. 1998. "1848, l'année du suffrage universel." *Le Monde*, March 1–2, p. 12.

Albistur, Maïté, and Daniel Armogathe. 1977. *Histoire du féminisme français du Moyen Age à nos jours*. Paris: Éd. de Femmes.

Aldcroft, D. H. 1964. "The Entrepreneur and the British Economy, 1870-1913." *Economic History Review*, n.s., 17, no. 1 (August): 113-134.

———. 1968. "Introduction, British Industry and Foreign Competition, 1875-1914." In *The Development of British Industry and Foreign Competition, 1875-1914*, ed. D. H. Aldcroft, 11-36. London: George Allen & Unwin.

Alexander, Sally. 1984. "Women, Class, and Sexual Differences in the 1830s and 1840s: Some Reflections on the Writing of a Feminist History." *History Workshop Journal*, no. 17 (Spring): 125-149.

Allen, Ann Taylor. 1991. *Feminism and Motherhood in Germany, 1800-1914*. New Brunswick, NJ: Rutgers Univ. Press.

Allen, Judith. 1990. "Contextualising Late Nineteenth Century Feminism: Problems and Comparisons." *Journal of the Canadian Historical Association*, n.s., 1:17-36.

Allen, Robert. 1979. "International Competition in Iron and Steel, 1850-1913." *Journal of Economic History* 39, no. 4 (December): 911-937.

Amin, Samir. 1979. *Classe et nation, dans l'histoire et la crise contemporaine*. Paris: Éd. du Minuit.

———. 1989. *Eurocentrism*. New York: Monthly Review Press.

Aminzade, Ronald. 1982. "French Strike Development and Class Struggle." *Social Science History* 4, no. 1 (Winter): 57-79.

Anderson, Benedict. 1991. *Imagined Communities: Reflections on the Origin and Spread of Nationalism*. Rev. ed. London: Verso.

Andreucci, Franco. 1971. "Engels, la questione coloniale e la rivoluzione in occidente." *Studi storici* 12, no. 3 (July-September): 437-479.

———. 1979. "La Questione coloniale e l'imperialismo." In *Il marxismo dell'età della Secondo Internazionale* (vol. 2 of *Storia del Marxismo*), 865-893. Turin: Einaudi.

———. 1982. "The Diffusion of Marxism in Italy during the Late Nineteenth Century." In *Culture, Ideology, and Politics, Essays for Eric Hobsbawm*, ed. R. Samuel and G. S. Jones, 214-227. London: Routledge & Kegan Paul.

Andrews, John R. 1918. "Nationalisation (1860-1877)." In *History of Labour in the United States*, by J. R. Commons et al., 1-191. New York: Macmillan.

Angenot, Marc. 1993. *L'Utopie collectiviste: Le grand récit socialiste sous la Deuxième Internationale*. Paris: Presses Univ. de France.

Anon. 1869. "The Past and Future of Conservative Policy." *London Quarterly Review* 127, no. 254 (October): 283-295.

Anteghini, Alessandra. 1988. *Socialismo e femminismo nella Francia del XIX secolo, Jenny D'Héricourt*. Genoa: ECIG.

Applewhite, Harriet B., and Darline Gay Levy. 1984. "Women, Democracy, and Revolution in Paris, 1789-1794." In *French Women and the Age of Enlightenment*, ed. Samia I. Spencer, 64-79. Bloomington: Indiana Univ. Press.

———, eds. 1990. *Women and Politics in the Age of Democratic Revolution*. Ann Arbor: Univ. of Michigan Press.

Armstrong, Sinclair W. 1942. "The Internationalism of the Early Social Democrats of Germany." *American Historical Review* 47, no. 2 (January): 245-258.
Aron, Raymond. 1950. *La Sociologie allemande contemporaine*. 2nd ed. Paris: Presses Univ. de France.
Arrighi, Giovanni. 1994. *The Long Twentieth Century: Money, Power, and the Origins of Our Times*. London: Verso.
Ashley, Percy. 1920. *Modern Tariff History, Germany-United States-France*. 3rd ed. New York: Dutton.
Auclert, Hubertine. 1879. *Égalité sociale et politique de la femme et de l'homme: Discours prononcé au Congrès ouvrier socialiste de Marseille*. Marseille: Imp. Commerciale A. Thomas.
———. 1976. "Rapport du troisième Congrès ouvrier, Marseille, 20-31 octobre 1879." *Romantisme*, nos. 13-14, 123-129.
———. 1982. *La Citoyenne: Articles de 1881 à 1891*. Préface et commentaire d'Edith Tareb. Paris: Syros.
Aulard, Alphonse. 1911. *Napoléon Ier et le monopole universitaire*. Paris: Lib. Armand Colin.
Aydelotte, William O. 1962. "The Business Interests of the Gentry in the Parliament of 1841-47." In *The Making of Victorian England*, by G. Kitson Clark, 290-305. London: Methuen.
———. 1963. "Voting Patterns in British House of Commons in the 1840s." *Comparative Studies in Society and History* 5, no. 2 (January): 134-163.
———. 1966. "Parties and Issues in Early Victorian England." *Journal of British Studies* 5, no. 2 (May): 95-101.
———. 1967. "The Conservative and Radical Interpretation of Early Victorian Social Legislation." *Victorian Studies* 11, no. 2 (December): 225-236.
———. 1972. "The Disintegration of the Conservative Party in the 1840s: A Study in Political Attitudes." In *The Dimensions of Quantitative Research in History*, ed. W. O. Aydelotte et al., 319-346. Princeton, NJ: Princeton Univ. Press.
Babel, Antony. 1934. "Jacques Necker et les origines de l'interventionnisme." In *Mélanges d'économie politique et sociale offerts à M. Edgard Milhaud*, 25-44. Paris: Presses Univ. de France.
Bairoch, Paul. 1962. "Le Mythe de la croissance économique rapide au XIXe siècle." *La Revue de l'Institut de Sociologie* 35, no. 2, 307-331.
———. 1965. "Niveaux de développement économique de 1810 à 1910." *Annales E.S.C.* 20, no. 6 (November-December): 1091-1117.
———. 1970. "Commerce extérieur et développement économique, quelques enseignements de l'expérience libre-échangiste en France." *Revue économique* 21, no. 1 (January): 1-23.
———. 1972. "Free Trade and European Economic Development in the 19th Century." *European Economic Review* 3:211-245.
———. 1973. "European Foreign Trade in the XIXth Century, The Development of the Value and Volume of Exports (Preliminary Results)." *Journal of European Economic History* 2, no. 1, (Spring): 5-36.

———. 1974a. *Révolution industrielle et sous-développement.* 4th ed. The Hague: Mouton; Paris: E.P.H.E., VIe Section.

———. 1974b. "Geographical Structure and Trade Balance of European Foreign Trade from 1800 to 1970." *Journal of European Economic History* 3, no. 3 (Winter) : 557–608.

———. 1976a. *Commerce extérieur et développement économique de l'Europe au XIXe siècle.* Paris: Mouton.

———. 1976b. "Reply to Mr. Gunder Frank's Commentary." *Journal of European Economic History* 5, no. 2, (Fall): 473–474.

———. 1976c. "Europe's Gross National Product, 1800–1975." *Journal of European Economic History* 5, no. 2, (Fall): 273–340.

———. 1982. "International Industrialization Levels from 1750 to 1980." *Journal of European Economic History* 11, no. 2 (Fall): 269–333.

———. 1989. "European Trade Policy, 1815–1914." In *The Industrial Economies: The Development of Economic and Social Policies,* ed. P. Mathias and S. Pollard, 1–161. Cambridge Economic History of Europe 8. Cambridge: Cambridge Univ. Press.

———. 1997. *Victoires et déboires: Histoire économique et sociale du monde du XVIe siècle à nos jours.* Vol. 2, Collection Folio/Histoire. Paris: Gallimard.

———. 1999. *L'Agriculture des pays développés, 1800 à nos jours: Production, productivité, rendements.* Paris: Economica.

Baker, Houston A., Jr. 1987. *Modernism and the Harlem Renaissance.* Chicago: Univ. of Chicago Press.

Baker, Keith Michael. 1964. "The Early History of the Term 'Social Science.'" *Annals of Science* 20, no. 3 (September): 211–226.

———. 1988. "Souveraineté." In *Dictionnaire critique de la Révolution française,* by F. Furet and M. Ozouf, 888–902. Paris: Flammarion.

Baker, Paula. 1984. "The Domestication of Politics.." *American Historical Review* 89, no. 3, (June): 620–647.

Baldwin, Robert E. 1953. "Britain's Foreign Balance and Terms of Trade." *Explorations in Entrepreneurial History* 5, no. 4 (May 15) : 248–252.

Balibar, Étienne, and Immanuel Wallerstein. 1988. *Race, nation, classe, Identités ambigües.* Paris: La Découverte.

Ballot, Charles. 1923. *L'Introduction du machinisme dans l'industrie française.* Lille: O. Marquant.

Balzac, Honoré de. 1897. *The Country Parson* and *Albert Savaron.* Philadelphia: Gerrie Publishing.

Banks, Olive. 1981. *Faces of Feminism: A Study of Feminism as a Social Movement.* Oxford: Martin Robertson.

Bannerji, Himani. 1995. "Beyond the Ruling Category to What Actually Happens: Notes on James Mill's Historiography in *The History of British India.*" In *Knowledge, Experience, and Ruling Relations: Studies in the Social Organization of Knowledge,* ed. M. Campbell and A. Manicom, 49–64. Toronto: Univ. of Toronto Press.

Barbano, Filippo. 1985. "Sociologia e positivismo in Italia, 1850–1910: Un capitolo di sociologia storica." In *Sociologia e scienze sociale in Italia, 1861–1890: Introduzione critiche e repertorio bibliografico,* ed. F. Barbano and G. Sola, 7–73. Milan: Franco Angeli.

Barkan, Elazar. 1992. *The Retreat of Scientific Racism: Changing Concepts of Race in Britain and the United States between the World Wars.* Cambridge: Cambridge Univ. Press.

Barker-Benfield, G. J. 1989. "Mary Wollstonecraft, Eighteenth-Century Commonwealthwoman." *Journal of the History of Ideas* 50, no. 1, (January–March): 95–116.

Barnave, Antoine. 1988 [circa 1792–1793]. *De la Révolution et de la Constitution.* Grenoble: Presses Univ. de Grenoble.

Barret-Ducrocq, Françoise. 1991. *Pauvreté, charité et morale à Londres au XIXe siècle: Une sainte violence.* Paris: Presses Univ. de France.

Barret-Kriegel, Blandine. 1988. *Les historiens et la monarchie.* Vol. 3,. *Les Académies et l'histoire.* Paris: Presses Univ. de France.

Barrows, Susanna. 1981. *Distorting Mirrors: Visions of the Crowd in Late Nineteenth-Century France.* New Haven, CT: Yale Univ. Press.

Barry, Kathleen. 1988. *Susan B. Anthony: A Biography of a Singular Feminist.* New York: New York Univ. Press.

Bartier, John. 1948. "1848 en Belgique." In *Le Printemps des peuples: 1848 dans le monde,* ed. F. Fejtö, 1:355–371. Paris: Éd. du Minuit.

Barzun, Jacques. 1943. *Romanticism and the Modern Ego.* Boston: Little, Brown.

———. 1961. *Classic, Romantic, and Modern.* 2nd rev. ed. Boston: Little, Brown

Basch, Françoise. 1986. "Women's Rights and the Wrongs of Marriage in Mid-Nineteenth Century America." *History Workshop Journal,* no. 22 (Autumn): 18–40.

Baster, Albert. 1934. "The Origins of British Banking Expansion in the Near East." *Economic History Review* 5, no. 1 (October) : 76–86.

Bastid, Paul. 1953. "La Théorie juridique des Chartes." *Revue internationale d'histoire politique et constitutionelle,* n.s., 3, no. 11 (July–September): 163–175.

———. 1970. *Siéyès et sa pensée.* Nouv. éd. revue et augmentée. Paris: Hachette.

Baudis, Dieter, and Helga Nussbaum. 1978. *Wirtschaft und Staat in Deutschland von Ende des 19. Jahrhunderts bis 1918/19.* Vaduz: Topos.

Bauman, Zygmunt. 1986–1987. "The Left as the Counterculture of Modernity." *Telos,* no. 70 (Winter): 81–93.

Bayly, C. A. 1989. *Imperial Meridian: The British Empire and the World, 1780–1830.* London: Longman.

Beales, H. L. 1934. "The 'Great Depression' in Industry and Trade." *Economic History Review* 5, no. 1 (October): 65–75.

Bebel, August. 1988. *Woman in the Past, Present and Future.* London: Zwan.

Bécarud, Jean. 1953. "La Noblesse dans les Chambres (1815–1848)." *Revue internationale d'histoire politique et constitutionelle,* n.s., 3, no. 11 (July–September): 189–205.

Bédarida, François. 1965. "Le Socialisme et la nation: James Connolly et l'Irlande." *Le Mouvement social,* no. 52 (July–September): 3–31.

———. 1979. "Le Socialisme en Angleterre jusqu'en 1848." In *Des Origines à 1875,* ed. J. Droz, 257–330. Vol. 1 of *Histoire générale du socialisme.* Paris: Presses Univ. de France.

Bederman, Gail. 1995. *Manliness and Civilization: A Cultural History of Gender and Race in the United States, 1880–1917.* Chicago: Univ. of Chicago Press.

Beiser, Frederick C. 1992. *Enlightenment, Revolution, and Romanticism: The Genesis of Modern German Political Thought, 1790–1800.* Cambridge, MA: Harvard Univ. Press.

Belloni, Pier Paolo. 1979. "Lotte di classe, sindicalismo e riformismo a Torino 1898–1910." In *L'età giolittiana, la guerra e il dopoguerra*, ed. A. Agosti and G. M. Bravo, 43–137. Vol. 2 of *Storia del movimento operaio, del socialismo e delle lotte sociale in Piemonte*. Bari: De Donato.

Beloff, Max. 1974. "1848–1948, A Retrospect." In *A Hundred Years of Revolution, 1848 and After*, ed. G. Woodcock, 41–59. New York: Haskell House.

Benaerts, Pierre, et al. 1968. *Nationalité et nationalisme, 1860–1878*. Peuples et civilisations 17. Paris: Presses Univ. de France.

Bendix, Reinhard. 1964. *Nation-Building and Citizenship: Studies of Our Changing Social Order*. New York: Wiley.

Bénéton, Philippe. 1988. *La conservatisme*. Que sais-je?, 2410. Paris: Presses Univ. de France.

Bennett, George, ed. 1953. *The Concept of Empire: Burke to Attlee, 1774–1947*. London: Adam & Charles Black.

Bennett, Jennifer. 1982. "The Democratic Association, 1837–41: A Study in London Radicalism." In *The Chartist Experience: Studies in Working-Class Radicalism and Culture, 1830–1860*, ed. J. Epstein and D. Thompson, 87–119. London: Macmillan.

Benson, Donald R. 1985. "Facts and Constructs: Victorian Humanists and Scientific Theorists on Scientific Knowledge." In *Victorian Science and Victorian Values: Literary Perspectives*, ed. J. Paradis and T. Postlewait, 299–318. New Brunswick, NJ: Rutgers Univ. Press.

Berend, Ivan T. 1996. "Instabilità, crisi economiche, rapporto centro-periferia." In *L'età contemporanea, Secolo XIX–XX*, ed. P. Bairoch and E. J. Hobsbawm, 175–222. Vol. 5 of *Storia d'Europa*. Turin: Einaudi.

Berg, Barbara J. 1978. *The Remembered Gate: Origins of American Feminism: The Woman and the City, 1800–1860*. New York: Oxford Univ. Press.

Berg, Maxime. 1993. "What Difference Did Women's Work Make to the Industrial Revolution?" *History Workshop Journal*, no. 35 (Spring): 22–44.

Bergounioux, Alain, and Bernard Maini. 1979. *La Social-démocratie ou le compromis*. Paris: Presses Univ. de France.

Berlinerblau, Jacques. 1999. *Heresy in the University: The Black Athena Controversy and the Responsibilities of American Intellectuals*. New Brunswick, NJ: Rutgers Univ. Press.

Bernal, J. D. 1953. *Science and Industry in the Nineteenth Century*. London: Routledge & Kegan Paul.

Bernal, Martin. 1987. *The Fabrication of Ancient Greece, 1785–1985*. Vol. 1 of *Black Athena: The Afroasiatic Roots of Classical Civilization*. New Brunswick, NJ: Rutgers Univ. Press.

———. 1991. *The Archaeological and Documentary Evidence*. Vol. 2 of *Black Athena: The Afroasiatic Roots of Classical Civilization*. New Brunswick, NJ: Rutgers Univ. Press.

———. 2006. *The Linguistic Evidence*. Vol. 3 of *Black Athena: The Afroasiatic Roots of Classical Civilization*. New Brunswick, NJ: Rutgers Univ. Press.

Bernard, L. L., and Jessie Bernard. 1943. *Origins of American Sociology: The Social Science Movement in the United States*. New York: Thomas Y. Crowell.

Bernstein, Samuel. 1948. "Saint-Simon's Philosophy of History." *Science and Society*, 12, no. 1 (Winter): 82–96.

———. 1952. "The First International and the Great Powers." *Science and Society* 16, no. 3 (Summer): 247-272.

Berry, Christopher J. 1981. "Nations and Norms." *Review of Politics* 43, no. 1 (January): 75-87.

Bertier de Sauvigny, G. de. 1970. "Liberalism, Nationalism and Socialism: The Birth of Three Words." *Review of Politics* 32, no. 2 (April): 147-166.

Besnard, Philippe. 1979. "La Formation de l'équipe de l'Année sociologique." *Revue française de sociologie* 20, no. 1 (January-March): 7-32.

Bessel, Richard. 1990. "Workers, Politics and Power in Modern German History: Some Recent Writing on the German Labour Movement and the German Working Class in the Nineteenth and Twentieth Centuries." *Historical Journal* 33, no. 1: 211-226.

Betley, Jan Andrzej. 1960. *Belgium and Poland in International Relations, 1830-1831*. The Hague: Mouton.

Betts, Raymond F. 1982. "The French Colonial Empire and the French World-View." In *Racism and Colonialism: Essays on Ideology and Social Structure*, ed. R. Ross, 65-77. The Hague: Nijhoff, for Leiden Univ. Press.

Bezucha, Robert J. 1974. *The Lyon Uprising of 1834: Social and Political Conflict in the Early July Monarchy*. Cambridge, MA: Harvard Univ. Press.

Biagini, Eugenio F. 1991. "Popular Liberals, Gladstonian Finance and the Debate on Taxation, 1860-1874." In *Currents of Radicalism, Popular Radicalism, Organised Labour and Party Politics in Britain, 1850-1914*, ed. E. F. Biagini and A. J. Reid, 134-162. Cambridge: Cambridge Univ. Press.

Biagini, Eugenio F., and Alastair J. Reid. 1991. "Currents of Radicalism, 1800-1914." In *Currents of Radicalism: Popular Radicalism, Organised Labour and Party Politics in Britain, 1850-1914*, ed. E. F. Biagini and A. J. Reid, 1-19. Cambridge: Cambridge Univ. Press.

Bidelman, Patrick K. 1982. *Pariahs Stand Up! The Founding of the Liberal Feminist Movement in France, 1858-1889*. Westport, CT: Greenwood Press.

Bigaran, Maria Pia. 1982. "Mutamenti dell'emancipazionismo alla vigilia della grande guerra: I periodici femministe italiani del primo novecento." *Memoria, Rivista di storia delle donne*, no. 4 (June): 125-132.

Billig, Michael. 1982, 1983. "The Origins of Race Psychology." Pts. 1 and 2. *Patterns of Prejudice* 16, no. 3 (July 1982) 3-16; 17, no. 1 (January 1983): 25-31.

Billington, James H. 1980. *Fire in the Minds of Men: Origins of Revolutionary Faith*. New York: Basic Books.

Birnbaum, Pierre. 1976. "La Conception durkheimienne de l'État: L'Apoliticisme des fonctionnaires." *Revue française de sociologie* 17, no. 2 (April-June): 247-258.

Black, Eugene. 1988. *The Social Politics of Anglo-Jewry, 1880-1920*. Oxford: Blackwell.

Black, R. D. Collison. 1953. "The Classical Economists and the Irish Problem." *Oxford Economic Papers*, n.s., 5, no. 1 (March): 26-40.

———. 1960. *Economic Thought and the Irish Question, 1817-70*. Cambridge: At the University Press.

Blackbourn, David. 1977. "The *Mittelstand* in German Society and Politics, 1871-1914." *Social History*, no. 4 (January): 409-433.

———. 1984. "The Discreet Charm of the Bourgeoisie: Reappraising German History in the Nineteenth Century." In *The Peculiarities of German History: Bourgeois Society and*

Politics in Nineteenth-Century Germany, ed. D. Blackbourn and G. Eley, 157–292. New York: Oxford Univ. Press.

———. 1986. "The Politics of Demagogy in Imperial Germany." *Past and Present*, no. 113 (November): 152–184.

———. 1988. "Progress and Party: Liberalism, Catholicism and the State in Imperial Germany." *History Workshop Journal*, no. 26 (Autumn): 57–78.

Blackburn, Robin. 1988. *The Overthrow of Colonial Slavery, 1776–1848*. London: Verso.

Blanc, Louis. 1841–1844. *Révolution française: Histoire des 10 ans, 1830–1840*. 5 vols. (1, 1841; 2, 1842; 3, 1843; 4, 1844; 5, 1844). Paris: Pagnerre.

Blanc, Olivier. 1981. *Olympe de Gouges*. Paris: Syros.

Blanchard, Marcel. 1956. *Le Second Empire*. 2d rev. ed. Paris: Lib. A. Colin.

Blanning, T. C. W. 1989. "The French Revolution and the Modernization of Germany." *Central European History* 22, no. 2, 109–129.

Blocker, Jack S., Jr. 1985. "Separate Paths, Suffragists and the Women's Temperance Crusade." *Signs* 10, no. 3 (Spring): 460–476.

Bloom, Solomon F. 1941. *The World of Nations: A Study of the National Implications in the Work of Karl Marx*. New York: Columbia Univ. Press.

Blue, Gregory. 1999. "Gobineau on China, Race Theory, the 'Yellow Peril,' and the Critique of Modernity." *Journal of World History* 10, no. 1 (Spring): 93–139.

Bock, Hans Manfred. 1976. *Geschichte des linken Radikalismus in Deutschland*. Frankfurt am Main: Suhrkamp.

Böhme, Helmut. 1967. "Big-Business Pressure Groups and Bismarck's Turn to Protectionism, 1873–79." *Historical Journal* 10, no. 2, 218–236.

Bolt, Christine. 2004. *Sisterhood Questioned? Race, Class and the Internationalization in the American and British Women's Movements, c. 1880s–1970s*. London: Routledge & Kegan Paul.

Bonald, Louis de. 1988 [1802]. *Législation primitive considérée par la raison*. Paris: Éd. Jean-Michel Place.

Boon, H. N. 1936. *Rêve et réalité dans l'œuvre économique et sociale de Napoléon III*. The Hague: Martinus Nijhoff.

Bortolotti, Franca Pieroni. 1978. "Anna Kuliscioff e la questione femminile." In *Anna Kuliscioff e l'età del riformismo: Atti del Convegno di Milano, dicembre 1976*, 104–139. Rome: Mondo Operaio-Ed. Avanti!

Botrel, J.-F., and J. Le Bouil. 1973. "Sur le concept de 'clase media' dans la pensée bourgeoise en Espagne au XIXe siècle." In *La Question de la "bourgeoisie" dans le monde hispanique au XIXe siècle*, 137–151. Bibliothèque de l'École des Hautes Etudes Hispaniques, fasc. 45. Bordeaux: Éd. Bière. [Discussion, 152–160.]

Bouglé, Célestin. 1918. "Le Féminisme saint-simonien." In *Chez les prophètes socialistes*, 57–110. Paris: Félix Alcan.

Bouillon, Jacques. 1956. "Les Démocrates-socialistes aux élections de 1849." *Revue française de sciences politiques*, 6, no. 1 (January–March): 70–95.

Boulle, Pierre H. 1988. "In Defense of Slavery: Eighteenth-Century Opposition to Abolition and the Origins of Racist Ideology of France." In *History from Below: Studies in Popular Protest, and Popular Ideology*, ed. Frederick Krantz, 219–246. London: Basil Blackwell.

Bourgin, Georges. 1913. "La Législation ouvrière du Second Empire. *Revue des études napoléoniennes*, 2e année, IV, (September): 220-236.
———. 1939. *La guerre de 1870-1871 et la Commune*. Paris: Éd. Nationales.
———. 1947. "La Crise ouvrière à Paris dans la seconde moitié de 1830." *Revue historique*, 71e année, No. CXCVIII (October-December): 203-214.
———. 1948. "La Révolution de 1848 en France." In *Le Printemps des peuples: 1848 dans le monde*, ed. F. Fejtö, 1:165-253. Paris: Éd. du Minuit.
Bourguet, Marie-Noëlle. 1976. "Race et histoire : L'Image officielle de la France en 1800." *Annales E.S.C.* 31, no. 4 (July-August): 802-823.
Bouvier, Jean. 1967. *Les Rothschild*. Paris: Le club français du livre.
Bouvier, Jean, François Furet, and Marcel Gillet. 1965. *Le Mouvement du profit en France au XIXe siècle*. Paris and The Hague: Mouton.
Bouvier, Jeanne. 1931. *Les Femmes pendant la Révolution*. Paris: Éd. Eugène Figuière.
Bowler, Peter. 1984. "E. W. MacBride's Lamarckian Eugenics and Its Implications for the Social Construction of Scientific Knowledge." *Annals of Science* 41, no. 3, 245-260.
Bowles, Robert C. 1960. "The Reaction of Charles Fourier to the French Revolution." *French Historical Studies* 1, no. 3 (Spring): 348-356.
Boxer, Marilyn. 1982. "'First Wave' Feminism in Nineteenth-Century France: Class, Family and Religion." *Women's Studies International Forum* 5, no. 6, 551-559.
Boyle, John W. 1965. "Le Développement du mouvement ouvrier irlandais de 1880 à 1907." *Mouvement social*, no. 52 (July-September): 33-53.
Bramson, Leon. 1974. *The Political Context of Sociology*. Princeton, NJ: Princeton Univ. Press.
Brass, Paul R. 1991. *Ethnicity and Nationalism: Theory and Comparison*. New Delhi: Sage Publ.
Brebner, J. Bartlett. 1930. "Joseph Howe and the Crimean War Enlistment Controversy between Great Britain and the United States." *Canadian Historical Review* 11, no. 4 (December): 300-327.
———. 1948. "Halévy, Diagnostician of Modern Britain." *Thought* 13:101-113.
Briavoinne, Natalis. 1839. *De l'Industrie en Belgique: Causes de décadence et de prospérité: La Situation actuelle*. Vol. 1. Brussels: Eugène Dubois.
Bridges, Amy. 1986. "Becoming American: The Working Classes in the United States before the Civil War." In *Working Class Formation, Nineteenth-Century Patterns in Western Europe and the United States*, ed. I. Katznelson and A. R. Zolberg, 157-196. Princeton, NJ: Princeton Univ. Press.
Briggs, Asa. 1956. "Middle-Class Consciousness in English Politics, 1780-1846." *Past and Present*, no. 9 (April): 65-74.
———. 1959. *The Age of Improvement*. London: Longmans, Green.
———. 1960. "The Language of 'Class' in Early Nineteenth-Century England." In *Essays in Labour History*, ed. A. Briggs and J. Saville, 1:43-73. London: Macmillan.
———. 1967. *William Cobbett*. London: Oxford Univ. Press.
Bristow, Edward. 1974. "Profit-Sharing, Socialism and Labour Unrest." In *Essays in Anti-Labour History*, ed. K. D. Brown, 262-289. London: Macmillan.

Brock, W. R. 1941. *Lord Liverpool and Liberal Toryism, 1820 to 1827.* Cambridge: At the University Press.

Broder, André. 1976. "Le commerce extérieur: L'échec de la conquête d'une position internationale." In *Histoire économique et sociale de la France*, ed. F. Braudel and E. Labrousse, vol. 3, *L'avènement de l'ère industrielle (1879–années 1880)*, 1:305–346. Paris: Presses Univ. de France.

Bron, Jean. 1968. *Le Droit à l'existence, du début du XIXe siècle à 1884.* Vol. 1 of *Histoire du mouvement ouvrier français*. Paris: Éd. Ouvrières.

———. 1970. *La Contestation du capitalisme par les travailleurs organisés (1884–1950): Histoire du mouvement ouvrier français*, vol. 2. Paris: Éd. Ouvrières.

Brown, Kenneth D., ed. 1976. *Essays in Anti-Labour History.* London: Macmillan.

Brown, Lucy. 1958. *The Board of Trade and the Free-Trade Movement, 1830–42.* Oxford: Clarendon Press.

Bruhat, Jean. 1952. *Des origines à la révolte des canuts.* Vol. 1 of *Histoire du mouvement ouvrier français*. Paris: Éd. Sociales.

———. 1972. "Le socialisme française de 1815 à 1848." In *Des Origines à 1875*, ed. J. Droz, 331–406. Vol. 1 of *Histoire générale du socialisme.*. Paris: Presses Univ. de France.

Bruhat, Jean, J. Dantry, and E. Tersen. 1960. *La Commune de 1871.* Paris: Éd. Sociales.

Brunet, Georges. 1925. *Le Mysticisme social de Saint-Simon.* Paris: Les Presses Françaises.

Brunot, Ferdinand, and Charles Bruneau. 1937. *Précis de grammaire historique de la langue française.* Rev. ed. Paris: Masson.

Bruun, Geoffrey. 1938. *Europe and the French Imperium.* New York: Harpers.

Bryson, Gladys. 1932. "The Emergence of Social Science from Moral Philosophy." *International Journal of Ethics*, 42, no. 3 (April): 302–323.

———. 1945. *Man and Society: The Scottish Inquiry of the Eighteenth Century.* Princeton, NJ: Princeton Univ. Press.

Buck, Paul. 1965. Introduction to *Social Sciences at Harvard, 1860–1920: The Inculcation of the Open Mind*, ed. P. Buck, 1–17. Cambridge, MA: Harvard Univ. Press.

Bud, Robert, and K. Gerrypenn Roberts. 1984. *Science versus Practice: Chemistry in Victorian Britain.* Manchester, UK: Manchester Univ. Press.

Buechler, Steven M. 1987. "Elizabeth Boynton Harbert and the Women's Suffrage Movement, 1870–1896." *Signs* 13, no. 1 (Autumn): 78–97.

———. 1990. *Women's Movements in the United States: Women's Suffrage, Equal Rights and Beyond.* New Brunswick, NJ: Rutgers Univ. Press.

Buer, M. C. 1921. "The Trade Depression following the Napoleonic Wars." *Economica* 1, no. 2 (May): 159–179.

Buhle, Mari Jo. 1981. *Women and American Socialism, 1870–1920.* Urbana: Univ. of Illinois Press.

Buhle, Mari Jo, and Paul Buhle, eds. 1978. *The Concise History of Women Suffrage: Selections from the Classical Work of Stanton, Anthony, Gage and Harper.* Urbana: Univ. of Illinois Press.

Bulmer, Martin. 1984. *The Chicago School of Sociology: Institutionalization, Diversity, and the Rise of Sociological Research.* Chicago: Univ. of Chicago Press.

Burdeau, Georges. 1979. *Le Libéralisme.* Paris: Éd. du Seuil.

Burgess, Keith. 1975. *The Origins of British Industrial Relations: The Nineteenth-Century Experience*. London: Croom Helm.
Burke, Edmund. 1926. *The Works of the Right Honorable Edmund Burke*. London: Oxford Univ. Press.
Burke, Peter. 1988. "Ranke als Gegenrevolutionär." In *Leopold von Ranke und die moderne Geschichtswissenschaft*, ed. W. J. Mommsen, 189–200. Stuttgart: Klett-Cotta.
Burn, Duncan L. 1928. "Canada and the Repeal of the Corn Laws." *Cambridge Historical Journal* 2, no. 3, 252–272.
———. 1961. *The Economic History of Steelmaking, 1867–1939*. 2nd ed. Cambridge: At the University Press.
Burn, W. L. 1949. "The Age of Equipoise: England, 1848–1868." *Nineteenth Century and After* 146 (July–December): 207–224.
———. 1964. *The Age of Equipoise: A Study of the Mid-Victorian Generation*. London: George Allen & Unwin.
Burnham, T. H., and G. O. Hoskins. 1943. *Iron and Steel in Britain, 1870–1930*. London: George Allen & Unwin.
Burns, Gene. 1990. "The Politics of Ideology: The Papal Struggle with Liberalism." *American Journal of Sociology* 95, no. 5 (March): 1123–1152.
Burton, Antoinette M. 1990. "The White Woman's Burden: British Feminists and the Indian Woman, 1865–1915." *Women's Studies International Forum* 13, no. 4, 295–308.
Burwick, Frederick. 1996. *The Damnation of Newton: Goethe's Color Theory and Romantic Perception*. Berlin: Walter de Gruyter.
Bury, J. P. T. 1948. "La Grande-Bretagne et la Révolution de 1848." In *Le Printemps des peuples: 1848 dans le monde*, ed. F. Fejtö, 1:401–448. Paris: Éd. du Minuit.
Bussemer, Herrad-Ulrike. 1985. *Frauenemanzipation und Bildungsbürgertum: Sozialgeschichte der Frauenbewegung in der Reichsgründungszeit*. Weinheim, Germany: Beltz Verlag.
Butterfield, Herbert. 1931. *The Whig Interpretation of History*. London: G. Bell & Sons.
Cahill, Gilbert A. 1957. "Irish Catholicism and English Toryism." *Review of Politics* 19, no. 1 (January): 62–76.
Cain, P. J. 1980. *Economic Foundations of British Overseas Expansion, 1815–1914*. London: Macmillan.
———. 1985. "J. A. Hobson: Financial Capitalism and Imperialism in Late Victorian and Edwardian Britain." *Journal of Imperial and Commonwealth History* 13, no. 3 (May): 1–27.
Cain, P. J., and A. G. Hopkins. 1987. "Gentlemanly Capitalism and British Expansion Overseas, II, New Imperialism, 1850–1945." *Economic History Review*, n.s., 40, no. 1 (February): 1–26.
Caine, Barbara. 1978. "John Stuart Mill and the English Women's Movement." *Historical Studies* 18, no. 70 (April): 52–67.
———. 1982a. "Beatrice Webb and the 'Woman Question,'" *History Workshop Journal*, no. 14 (Autumn): 23–43.
———. 1982b. "Feminism, Suffrage and the Nineteenth-Century English Women's Movement." *Women's Studies International Forum* 5, no. 6, 537–550.

―――. 1992. *Victorian Feminists*. New York: Oxford Univ. Press.
Cairncross, A. K. 1949. "Internal Migration in Victorian England." *Manchester School of Economic and Social Studies* 17, no. 1, 67–87.
Calhoun, Craig. 1980. "Transition in Social Foundations for Collective Action." *Social Science History* 4, no. 4 (November): 419–456.
―――. 1982. *The Question of Class Struggle: Social Foundations of Popular Radicalism during the Industrial Revolution*. Chicago: Univ. of Chicago Press.
Cameron, Rondo E. 1953. "The *Crédit Mobilier* and the Economic Development of Europe." *Journal of Political Economy* 61, no. 6 (December): 461–488.
―――. 1957a. "Profit, croissance et stagnation en France au XIXe siècle." *Économie appliquée* 10, nos. 2–3 (April–September): 409–444.
―――. 1957b. "French Finance and Italian Unity: The Cavourian Decade." *American Historical Review* 62, no. 3 (April): 552–569.
―――. 1957c. "Le Développement économique de l'Europe du XIXe siècle, Le Rôle de la France." *Annales E.S.C.* 12, no. 2 (April–June): 243–257.
―――. 1958. "Economic Growth and Stagnation in France, 1815–1914." *Journal of Modern History* 30, no. 1 (March): 1–13.
―――. 1961. *France and the Economic Development of Europe, 1800–1914*. Princeton, NJ: Princeton Univ. Press.
―――. 1989. *A Concise Economic History of the World: From Paleolithic Times to the Present*. New York: Oxford Univ. Press.
Cameron, Rondo E., et al. 1967. *Banking in the Early Stages of Industrialization: A Study in Comparative Economic History*. New York: Oxford Univ. Press.
Cameron, Rondo E., and Charles E. Freedeman. 1983. "French Economic Growth: A Radical Revision." *Social Science History* 7, no. 1 (Winter): 3–30.
Camparini, Aurelia. 1978a. "La Questione femminile come problema de classe." In *Anna Kulischoff e l'età del riformismo: Atti del convegno di Milano, dicembre 1976*, 318–328. Rome: Mondo Operaio-Ed. Avanti!
―――. 1978b. *Questione femminile e Terza Internazionele*. Bari: De Donato.
Campbell, Stuart L. 1978. *The Second Empire Revisited: A Study in French Historiography*. New Brunswick, NJ: Rutgers Univ. Press.
Cantimori, Delio. 1948. "1848 en Italie." In *Le Printemps des peuples: 1848 dans le monde*, ed. F. Fejtö, 1:255–318. Paris: Éd. du Minuit.
Carlisle, Robert B. 1968. "Saint Simonian Radicalism: A Definition and a Direction." *French Historical Studies* 5, no. 4 (Fall): 430–445.
Carlson, Andrew R. 1972. *Anarchism in Germany*. Metuchen, NJ: Scarecrow Press.
Carnot, Sadi. 1875. Preface to *La Révolution de 1848 et ses détracteurs*, by J. S. Mill, v–xxx. Paris: Lib. Germer Baillière.
Caron, François. 1979. *An Economic History of Modern France*. New York: Columbia Univ. Press.
Carrère d'Encausse, Hélène. 1963. "La Révolution de 1905 au Turkestan." *Le Mouvement social* 45 (oct.-December): 86–92.
―――. 1971. "Unité prolétarienne et diversité nationale: Lénine et la théorie de l'autodétermination." *Revue française de science politique* 21, no. 2 (April): 221–255.

Casalini, Maria. 1981. "Femminismo e socialismo in Anna Kuliscioff, 1890-1907." *Italia contemporanea* 33, no. 143 (April-June): 11-43.

Cashdollar, Charles D. 1989. *The Transformation of Theology, 1830-1890: Positivism and Protestant Thought in Britain and America*. Princeton, NJ: Princeton Univ. Press.

Catt, Carrie Chapman, and Nettie Rogers Shuler. 1923. *Woman Suffrage and Politics: The Inner Story of the Suffrage Movement*. New York: Charles Scribner's.

Cecil, Lord Hugh. 1912. *Conservatism*. London: Williams & Northgage.

Cerati, Marie. 1966. *Le Club des citoyennes républicaines révolutionnaires*. Paris: Éd. Sociales.

Césaire, Aimé. 1948. "Introduction, Victor Schoelcher et l'abolition de l'esclavage." In V. Schoelcher, *Esclavage et colonisation*, 1-28. Paris: Presses Univ. de France.

———. 1981. *Toussaint Louverture: La Révolution française et le problème colonial*. Paris: Présence Africaine.

Chafe, William. 1977. *Women and Equality: Changing Patterns in American Culture*. New York: Oxford Univ. Press.

Chafetz, Janet Saltzman, and Anthony Gary Dworkin. 1986. *Female Revolt: Women's Movements in World and Historical Perspective*. Totowa, NJ: Rowman & Allenheld.

Chandra, Bipan. 1979. *Nationalism and Colonialism in Modern India*. New Delhi: Orient Longman.

Chapelle-Dulière, Jacqueline. 1981. "Le 'Socialisme' de Frédéric Le Play (1806-1882), membre de la Commission du Luxembourg en 1848." *Revue de l'Institut de Sociologie* 4:741-769.

Charlton, Donald Geoffrey. 1959. *Positivist Thought in France during the Second Empire, 1852-1870*. Oxford: Clarendon Press.

Charvet, John. 1982. *Feminism*. London: Dent.

Chauvet, P. 1951. "Le Coup d'état vu par un ouvrier." *1848. Revue des révolutions contemporaines*, no. 189 (December): 148-152.

Checkland, S. G. 1951. "The Advent of Academic Economics in England." *Manchester School of Economic and Social Science*, n.s., 19, no. 5 (January): 43-70.

———. 1964. *The Rise of Industrial Society in England, 1815-1885*. London: Longmans.

Checkland, S. G, and E. O. A. Checkland 1974. Introduction to *The Poor Law Report of 1834*, ed. S. G. and E. O. A. Checkland, 9-59. Harmondsworth, UK: Penguin.

Chevalier, Louis. 1958. *Classes laborieuses et classes dangereuses à Paris pendant la première moitié du XIXe siècle*. Paris: Plon.

Chlepner, B.-S. 1926. *La banque en Belgique: Étude historique et économique*. Brussels: M. Lamertin.

———. 1931. "Les Débuts du crédit industriel modern." *Revue de l'Institut de Sociologie* 9, no. 2 (April-June): 293-316.

Church, R. A. 1975. *The Great Victorian Boom, 1850-1873*. London: Macmillan.

Church, Robert L. 1974. "Economists as Experts, 1870-1920." In *The University in Society*, ed. L. Stone, 2:571-609. Princeton, NJ: Princeton Univ. Press.

Clapham, J. H. 1910. "The Last Years of the Navigation Acts." Pts. 1 and 2. *English Historical Review* 25, no. 99 (July): 480-501; no. 100 (October): 687-707.

———. 1916. "The Spitalfield Acts, 1773-1824." *Economic Journal* 26, no. 104 (December): 459-471.

———. 1930. *An Economic History of Modern Britain*. Vol. 1, *The Early Railway Age, 1820–1850*. 2nd ed. Cambridge: Cambridge Univ. Press.

———. 1932. *An Economic History of Modern Britain*. Vol. 2, *Free Trade and Steel, 1820–1850*. Cambridge: Cambridge Univ. Press.

———. 1944. *The Bank of England*. Vol. 1, *1694–1797*. Cambridge: Cambridge Univ. Press.

Clark, Terry N. 1972. "Emile Durkheim and the French University: The Institutionalization of Sociology." In *The Establishment of Empirical Sociology: Studies in Continuity, Discontinuity, and Institutionalization*, ed. A. Oberschall, 152–186. New York: Harper & Row.

———. 1973. *Prophets and Patrons: The French University and the Emergence of the Social Sciences*. Cambridge, MA: Harvard Univ. Press.

Clemens, Barbel. 1988. *"Menschenrechte haben kein Geschlecht": Zum Politikverständnis der Bürgerlichen Frauenbewegung*. Pfaffenweiler, Germany: Centaurus Verlagsgesellschaft.

Clements, R. V. 1955."Trade Unions and Emigration, 1840–1880." *Population Studies* 9, no. 2 (November): 167–180.

———. "British Trade Unions and Popular Political Economy, 1850–1875." *Economic History Review*, n.s., 14, no. 1 (August): 93–104.

Coates, Willson H. 1950. "Benthamism, Laissez-faire, and Collectivism." *Journal of the History of Ideas* 11, no. 3 (June): 357–363.

Coats, A. W. 1960. "The First Two Decades of the American Economic Association." *American Economic Review* 50, no. 4 (September): 555–574.

Coats, A. W., and S. E. Coats. 1970. "The Social Composition of the Royal Economic Society and the Beginnings of the British Economics 'Profession,'1890–1915." *British Journal of Sociology* 21, no. 1 (March): 73–85.

Cobb, Richard. 1970. *The Police and the People: French Popular Protest, 1789–1820*. Oxford: Clarendon Press.

Cobban, Alfred. 1950. Introduction to *The Debate on the French Revolution*, ed. A. Cobban, 1–32. London: Nicholas Kaye.

———. 1967. "The 'Middle Class' in France, 1815–1848." *French Historical Studies* 5 (Spring): 41–52.

Cobbe, Frances Power. 1881. *The Duties of Women*. London: Williams & Norgate.

Cohen, Philip N. 1996. "Nationalism and Suffrage: Gender Struggle in Nation-Building America." *Signs* 21, no. 3 (Spring): 717–727.

Cohen, William B. 1980. *The French Encounter with Africans: White Response to Blacks, 1530–1880*. Bloomington: Indiana Univ. Press.

Cole, G. D. H. 1937. "British Trade Unionism in the Third Quarter of the Nineteenth Century." *International Review for Social History* 2:1–22.

———. 1953. *Socialist Thought: The Forerunners, 1789–1850*. Vol. 1 of *A History of Socialist Thought*. New York: St. Martin's Press.

Cole, Juan. 2008. *Napoleon's Egypt: Invading the Middle East*. New York: Palgrave-Macmillan.

Cole, Stephen. 1972. "Continuity and Institutionalization in Science: A Case Study of Failure." In *The Establishment of Empirical Sociology: Studies in Continuity, Discontinuity, and Institutionalization*, ed. A. Oberschall, 73–129. New York: Harper & Row.

Coleman, Bruce. 1973. *The Idea of the City in Nineteenth-Century Britain*. Boston: Routledge & Kegan Paul.

———. 1988. *Conservatism and the Conservative Party in Nineteenth-Century Britain*. London: Edward Arnold.

Collini, Stefan. 1978. "Sociology and Idealism in Britain, 1880–1920." *Archives européennes de sociologie* 19, no. 1, 3–50.

———. 1979. *Liberalism and Sociology: L. T. Hobhouse and Political Argument in England, 1880–1914*. Cambridge: Cambridge Univ. Press.

Collini, Stefan, Donald Winch, and John Burrow, eds. 1983. *That Noble Science of Politics*. Cambridge: Cambridge Univ. Press.

Collins, Henry. 1964. "The International and the British Labour Movement." *Society for the Study of Labour History Bulletin*, no. 9 (Autumn): 24–39.

Collins, Irene, ed. 1970. *Government and Society in France, 1814–1848*. London: Edward Arnold.

Cominos, Peter T. 1963. "Late-Victorian Sexual Respectability and the Social System." *International Review of Social History* 8:18–48, 216–250.

Commons, John R. 1918. Introduction to *History of Labour in the United States*, ed. J. R. Commons et al., 13–21. New York: Macmillan.

———. 1935. "Introduction to Volumes III & IV." In *History of Labour in the United States*, ed. J. R. Commons et al., 3:ix–xxx. New York: Macmillan.

Condliffe, J. B. 1951. *The Commerce of Nations*. London: George Allen & Unwin.

Condorcet, Jean-Antoine Nicolas de Capitat Marquis de. 1778. *Réflexions d'un citoyen catholique sur les lois de France relatives aux protestants*. N.p., n.d.

———. 1788. *Réflexions sur l'esclavage des nègres*. Rev. and corrected ed. Neuchâtel, Switzerland.

Conze, Werner, and Dieter Groh. 1966. *Die Arbeiterbewegung in der nationalen Bewegung: Die deutsche Sozialdemokratie vor, während und nach der Reichsgründung*. Stuttgart: Ernst Klett Verlag.

———. 1971. "Working-Class Movement and National Movement in Germany between 1830 and 1871." In *Mouvements nationaux et indépendance et classes populaires aux XIXe et XXe siècles en Occident et en Orient*, by Comité International des Sciences Historiques and Commission Internationale d'Histoire des Mouvement Sociaux et des Structures Sociales, ed. E. Labrousse, 1:134–174. Paris: Lib. Armand Colin.

Cookson, J. E. 1975. *Lord Liverpool's Administration: The Crucial Years, 1815–1822*. Edinburgh: Scottish Academic Press.

Coole, Diana H. 1993. *Women in Political Theory: From Ancient Mysogyny to Contemporary Feminism*. 2nd ed. Hertfordshire, UK: Harvester Wheatsheaf.

Coornaert, Emile. 1950. "La pensée ouvrière et la conscience de classe en France de 1830 à 1848." In *Studi in Onore de Gino Luzzatto*, 3:12–33. Milan: Dott. A. Giuffrè-Ed.

Copans, J., and J. Jaurin, eds. 1994. *Aux origines de l'anthropologie française: Les Mémoires de la Société des Observateurs de l'Homme en l'an VIII*. Paris: Jean Michel Place.

Coppock, D. J. 1964. "British Industrial Growth during the Great Depression (1873–96): A Pessimist's View." *Economic History Review*, n.s., 17, no. 2 (December): 389–396.

Cordillot, Michel. 1990. *La Naissance du mouvement ouvrier à Besançon: La Première Internationale, 1869–1872*. Rev. ed. Annales Littéraires de l'Université de Besançon, Cahiers D'Etudes Comtoises, no. 45. Paris: Les Belles-Lettres.

Corry, B. A. 1958. "The Theory of the Economic Effects of Government Expenditure in English Classical Economy." *Economica*, n.s., 25, no. 97 (February): 34-48.

Coser, Lewis. 1960. "Durkheim's Conservatism and Its Implications for His Sociological Theory." In *Emile Durkheim, 1858-1917*, ed. K. H. Wolff, 211-232. Columbus: Ohio State Univ. Press.

Cosslett, Tess. 1982. *The "Scientific Movement" and Victorian Literature*. New York: St. Martin's Press.

Cottereau, Alain. 1980. "Vie quotidienne et résistance ouvrière à Paris en 1870." Étude préalable to *Le Sublime*, by Denis Poulet. Paris: François Maspéro.

———. 1986. "The Distinctiveness of Working-Class Cultures in France, 1848-1900." In *Working-Class Formation: Nineteenth-Century Patters in Western Europe and the United States*, ed. I. Katznelson and A. Zolberg, 111-154. Princeton, NJ: Princeton Univ. Press.

Coudert, Alison.1989. "The Myth of the Improved Status of Protestant Women: The Case of the Witchcraze." In *The Politics of Gender in Early Modern Europe*, ed. J. R. Brink et al., 61-90. Sixteenth Century Essays & Studies 12. Kirksville, MO: Sixteenth Century Journal Publ.

Coussy, Jean. 1961. "La Politique commerciale du Second Empire et la continuité de l'évolution structurelle française." *Cahiers de l'Institut de Science Economique Appliquée*, no. 120 [série P, no. 6] (December): 1-47.

Craeybeckx, Jan. 1968. "Les débuts de la révolution industrielle en Belgique et les statistiques de la fin de l'Empire." In *Mélanges offerts à G. Jacquemyns*, 115-144. Brussels: Université Libre de Bruxelles, Ed. de l'Institut de Sociologie.

Crafts, N. F. R. 1984. "Economic Growth in France and Britain, 1830-1910: A Review of the Evidence." *Journal of Economic History* 44, no. 1 (March): 49-67.

Crick, Bernard R. 1955. "The Strange Quest for An American Conservatism." *Review of Politics* 17, no. 3 (July): 359-376.

———. 1964. *The American Science of Politics: Its Origins and Conditions*. 3rd printing. Berkeley: Univ. of California Press.

Croce, Benedetto. 1934. *History of Europe in the Nineteenth Century*. London: George Allen & Unwin.

Cronin, James E. 1983. "Politics, Class Structure, and the Enduring Weakness of British Social Democracy." *Journal of Social History* 16, no. 3 (Spring): 123-142.

Cross, Máire, and Tim Gray. 1992. *The Feminism of Flora Tristan*. Oxford: Berg.

Crouch, R. L. 1967. "Laissez-faire in Nineteenth-Century Britain: Myth or Reality?" *Manchester School of Economic and Social Studies* 35, no. 3 (September): 199-213.

Crouzet, François. 1964. "Wars, Blockade, and Economic Change in Europe, 1792-1815." *Journal of Economic History* 24, no. 4: 567-590.

———. 1967. "Agriculture et révolution industrielle: Quelques réflexions." *Cahiers d'histoire* 12, nos. 1-2, 67-85.

———. 1970. "Essai de construction d'un indice annuel de la production industrielle française au XIXe siècle." *Annales E.S.C.* 25, no. 1 (January-February): 56-99.

———. 1972a. "Encore la croissance économique française au XIXe siècle." *Revue du nord* 54, no. 214 (July-September): 271-288.

———. 1972b. "Western Europe and Great Britain: Catching Up in the First Half of the Nineteenth Century." In *Economic Development in the Long Run*, ed. A. J. Youngson, 98–125. London: George Allen & Unwin.

———. 1975. "Trade and Empire: The British Experience from the Establishment of Free Trade until the First World War." In *Great Britain and Her World, 1750–1914*, ed. B. M. Ratcliffe, 209–235. Manchester, UK: Manchester Univ. Press.

———. 1978. *L'économie de la Grande-Bretagne victorienne*. Paris: S.E.D.E.S.

———. 1985. *De la supériorité de l'Angleterre sur la France: L'économique et l'imaginaire, XVIIe-XXe siècle*. Paris: Lib. Académique Perrin.

Cruz Seoane, María. 1968. *El Primer lenguaje constitucional español (Las Cortes de Cádiz)*. Madrid: Ed. Moneda y Crédito.

Cullen, L. M. 1980. "The Cultural Basis of Modern Irish Nationalism." In *The Roots of Nationalism, Studies in Northern Europe*, ed. R. Mitchison, 91–106. Edinburgh: John Donald.

Cullen, Michael J. 1975. *The Statistical Movement in Early Victorian Britain: The Foundations of Empirical Social Research*. Hassocks, Sussex, UK: Harvester Press.

Cunningham, Andrew, and Nicholas Jardine. 1990. "Introduction: The Age of Reflexion." In *Romanticism and the Sciences*, ed. A. Cunningham and N. Jardine, 1–9. Cambridge: Cambridge Univ. Press.

Cunningham, Hugh. 1981. "The Language of Patriotism, 1750–1914." *History Workshop Journal* 12 (Autumn): 8–33.

Cunningham, William. 1892. "The Perversion of Economic History." *Economic Journal* 2, no. 3 (September): 491–508.

———. 1907. *The Growth of English Industry and Commerce in Modern Times: The Mercantile System*. 4th ed. London: Cambridge Univ. Press.

———. 1908. *The Industrial Revolution; Being the Parts Entitled Parliamentary Colbertism and Laissez Faire, Reprinted from "The Growth of English Industry and Commerce in Modern Times," by W. Cunningham*. Cambridge: Cambridge Univ. Press.

Currie, R., and R. M. Hartwell. 1965. "The Making of the English Working Class?" *Economic History Review*, n.s., 18, no. 3, 633–643.

Curtin, Philip. 1990. "The Environment beyond Europe and the European Theory of Empire." *Journal of World History* 1, no. 2 (Fall): 131–150.

Daget, Serge. 1973. "Le Mot esclave, nègre, Noir et les jugements de valeur sur la traite négrière dans la littérature abolitionniste française de 1770 à 1845." *Revue française d'histoire d'Outre-Mer* LX, 4, no. 221, 511–548.

Dahrendorf, Ralf. 1987. "Max Weber and Modern Social Science." In *Max Weber and His Contemporaries*, ed. W. J. Mommsen and J. Osterhammel, 574–581. London: Unwin Hyman.

———. 1995. *LSE: A History of the London School of Economics and Political Science, 1985–1995*. Oxford: Oxford Univ. Press.

Dale, Peter Allan. 1989. *In Pursuit of a Scientific Culture: Science, Art and Society in the Victorian Age*. Madison: Univ. of Wisconsin Press.

Darvall, Frank O. 1934. *Popular Disturbance and Public Order in Regency England*. London: Oxford Univ. Press.

Daston, Lorraine. 1988. *Classical Probability in the Enlightenment.* Princeton, NJ: Princeton Univ. Press.

Daumard, Adeline. 1963. *La Bourgeoisie parisienne de 1815 à 1848.* Paris: S.E.V.P.E.N.

——. 1976. "L'Etat libéral et le libéralisme économique." In *Histoire économique et sociale de la France,* vol. 3, pt. 1 (MSP 419), ed. F. Braudel and E. Labrousse. Paris: Presses Univ. de France.

Davies, Emily. 1988. *The Higher Education of Women.* London: Hambledon.

Davis, David Brion. 1966. *The Problem of Slavery in Western Culture.* Ithaca, NY: Cornell Univ. Press.

——. 1984. *Slavery and Human Progress.* New York: Oxford Univ. Press.

Davis, Horace B. 1941. "The Theory of Union Growth." *Quarterly Journal of Economics* 55 (August): 611–637.

Davis, John A., ed. 1979. *Gramsci and Italy's Passive Revolution.* London: Croom Helm.

——. 1989. "Industrialization in Britain and Europe before 1850." In *The First Industrial Revolutions,* ed. P. Mathias and J. A. Davis, 44–68. Oxford: Basil Blackwell.

Davis, Mary. 1993. *Comrade or Brother? A History of the British Labour Movement, 1789–1951.* London: Pluto Press.

Davis, T. W. Rhys. 1903–1904. "Oriental Studies in England and Abroad." *Proceedings of the British Academy,* 183–197.

Deacon, Desley. 1985. "Political Arithmetic: The Nineteenth-Century Australian Census and the Construction of the Dependent Woman." *Signs* 11, no. 1 (Autumn): 27–47.

Deane, Phyllis, and W. A. Cole. 1967. *British Economic Growth, 1688–1959: Trends and Structures.* 2nd ed. London: Cambridge Univ. Press.

Debs, Eugene V. 1903. "The Negro in the Class Struggle." *International Socialist Review* 4, no. 5 (November): 257–260.

DeCaux, Charles. 1835. "L'Université catholique. Premier semestre. Programme des Cours, Faculté des Sciences Sociales, Cours d'économie politique." *L'Université Catholique* 1 (July): 53–54.

Decharneux, Baudouin. 2000. "Introduction philosophique: Les Indo-Européens, de l'étude aux fantasmes." In *Modèles linguistiques et idéologies, "Indo-Européen",* ed. S. Vanséveren, 13–29. Brussels: Éd. Ousia.

Degler, Carl N. 1956. "Charlotte Perkins Gilman on the Theory and Practice of Feminism." *American Quarterly* 8, no. 1 (Spring): 21–39.

DeGroat, Judith A. 1997. "The Public Nature of Women's Work: Definitions and Debates during the Revolution of 1848." *French Historical Studies* 20, no. 1 (Winter): 31–48.

Dehio, Ludwig. 1962. *The Precarious Balance: Four Centuries of the European Power Struggle.* New York: Vintage Books.

Delacampagne, Christian. 1983. *L'Invention du racisme, Antiquité et Moyen Age.* Paris: Fayard.

Delaisi, Francis. 1905. *La Force allemande.* Paris: Pages libres.

Demangeon, Albert, and Lucien Febvre. 1935. *Le Rhin: Problèmes d'histoire et d'économie.* Paris: Lib. Armand Colin.

DeMarchi, N. B. 1976. "On the Early Dangers of Being Too Political an Economist: Thorold Rogers and the 1868 Election to the Drummond Professorship." *Oxford Economic Papers*, n.s., 28, no. 3 (November): 364–380.

Démier, Francis. 1992. "Nation, marché et développement dans la France de la Restauration." *Bulletin du Centre d'Histoire de La France Contemporaine*, no. 13, 95–103.

Demoulin, Robert. 1938. *Guillaume 1er et la transformation économique des provinces belges*. Bibliothèque de la Faculté de Philosophie et Lettres de l'Université de Liège 80. Paris: Lib. E. Droz.

———. 1950. *La Révolution de 1830*. Brussels: La Renaissance du Livre.

———. 1960. "L'Influence française sur la naissance de l'Etat belge." *Revue historique*, 84e année, CCXXIII, 1 (January–March) : 13–28.

Derainne, Pierre-Jacques. 1993. "Naissance d'un protectionnisme national ouvrier au milieu du XIXe siècle." In *Prolétaires de tous les pays, unissez-vous? Les difficiles chemins de l'internationalisme, 1848-1956*, ed. S. Wolikow and M. Cordillot, 27–34. Dijon: EUD.

Desanto, Dominique. 1980. *Flora Tristan: La femme révoltée*. New ed. Paris: Hachette.

Deschamps, Henry-Thierry. 1956. *La Belgique devant la France de Juillet: L'Opinion et l'attitude françaises de 1839 à 1848*. Paris: Société d'Edition 'Les Belles Lettres.'

Descoings, Richard. 2007. *Sciences Po: De La Courneuve à Shanghai*. Paris: Presses de Sciences Po.

———. 2008. ". . . et assumer la complexité." 8 December. http://www.richard-descoings.net/2009/10/04/et-assumer-la-complexite (accessed August 18, 2010).

Dessal, M. 1949. "Les incidents franco-belges en 1848." In *Actes du Congrès historique du Centenaire de la Révolution de 1848*, 107–113. Paris: Presses Univ. de France.

Devance, Louis. 1976. "Femme, famille, travail et monde sexuelle dans l'idéologie de 1848." *Romantisme*, nos. 13–14, 79–103.

Devleeshouwer, Robert. 1970. "Le Consultât et l'Empire: Période de 'take-off' pour l'économie belge?" *Revue d'histoire moderne et contemporaine* 17:610–619.

Devreese, Daisy Eveline. 1989. "L'Association Internationales des Travailleurs, Bilan de l'historiographie et perspectives de recherché." *Cahiers d'histoire de L'IRM*, no. 37, 9–32.

Devulder, Catherine. 1987. "Histoire allemande et totalité, Leopold von Ranke, Johann Gustav Droysen, Karl Lamprecht." *Revue de synthèse*, 4th ser., 108, no. 2 (April–June): 177–197.

Dhondt, Jean. 1949. "La Belgique en 1848." In *Actes du Congrès historique du Centenaire de la Révolution de 1848*, 115–131. Paris: Presses Univ. de France.

———. 1955. "L'Industrie cotonnière gantoise à l'époque française." *Revue d'histoire moderne et contemporaine* 2 (October–December): 233–279.

———. 1969. "The Cotton Industry at Ghent during the French Régime." In *Essays in European Economic History, 1789-1914*, ed. François Crouzet et al., 15–52. London: Edward Arnold.

Dhondt, Jean, and Marinette Bruwier. 1973. "The Industrial Revolution in the Low Countries, 1700-1914." In *The Emergence of Industrial Societies*, ed. C. Cipolla, 1:329–366. The Fontana Economic History of Europe 4. London: Collins.

Dibble, Vernon. 1976. "'Review Essay' of Herman and Julia R. Schwendinger's *Sociologists of the Chair: A Radical Analysis of the Formative Years of North American Sociology*." *History and Theory* 15, no. 3, 293–321.

Dicey, Alfred Venn. 1914 [1965]. Lectures on the Relation between Law and Public Opinion in England, during the Nineteenth Century. 2nd ed. London: Macmillan.

Dijkstra, Sandra. 1992. *Flora Tristan: Feminism in the Age of George Sand*. London: Pluto Press.

Djordjevíc, Dimitrije, and Stephen Fisher-Galati. 1981. *The Balkan Revolutionary Tradition*. New York: Columbia Univ. Press.

Dolléans, Édouard. 1947. *Histoire du mouvement ouvrier*. 2 vols. Paris: Colin.

Dominick, Raymond H. III. 1982. *Wilhelm Liebknecht and the Founding of the German Social Democratic Party*. Chapel Hill : Univ. of North Carolina Press.

Donzelot, Jacques. 1977. *La Police des familles*. Paris: Éd. du Minuit.

———. 1984. *L'Invention du social: Essai sur le déclin des passions politiques*. Paris: Fayard.

Dorfman, Joseph. 1955a. "The Department of Economics." In *A History of the Faculty of Political Science*, by R. G. Hoxie et al., 161–206. New York: Columbia Univ. Press.

———. 1955b. "The Role of the German Historical School in American Economic Growth." *American Economic Review, Papers and Proceedings*, 45, no. 2 (May): 17–28. [Discussion, 29–39.]

Dorpalen, Andrew. 1969. "The German Struggle against Napoleon: The East German View." *Journal of Modern History* 41, no. 4 (December): 485–516.

Drachkovitch, Milorad. 1953. *Les Socialismes français et allemand et le problème de la guerre, 1870-1914*. Geneva: Droz.

Drescher, Seymour. 1981. "Art Whip and Billy Roller; Or Anti-slavery and Reform Symbolism in Industrializing Britain." *Journal of Social History* 15, no. 1 (Fall): 3–24.

Dreyer, F. A. 1965. "The Whigs and the Political Crisis of 1848." *English Historical Review* 80, no. 316 (July): 514–537.

Droit, Roger-Pol. 2000. "L'Orient comme paradis ou comme enfer: Science des religions et mythes philosophiques à l'époque contemporaine." In *Sciences, mythes et religions en Europe, Royaumont, 14-15 octobre 1997*, ed. D. Lecourt, 97–103. Luxembourg: European Communities.

Droixhe, Daniel, and Klaus Keifer, eds. 1987. *Images de l'africain de l'Antiquité au XXe siècle*. Frankfurt am Main: Verlag Peter Lang.

Droz, Jacques. 1963. "L'Origine de la loi des trois classes en Prusse." In *Réaction et suffrage universel en France et en Allemagne (1848-1850)*, ed. J. Droz, 1–45. Bibliothèque de la Révolution de 1848 22. Paris: Lib. Marcel Rivière.

———. 1967. *Europe between Revolutions, 1815-1848: The Fontana History of Europe*. London: Collins.

———. 1971. "Cisleithanie, Les Masses laborieuses et le problème national." In *Mouvements nationaux d'indépendance et classes populaires aux XIXe et XXe siècles en Occident et en Orient*, by Comité International des Sciences Historiques and Commission Internationale d'Histoire des Mouvement Sociaux et des Structures Sociales, ed. E. Labrousse, 1:74–92. Paris: Lib. Armand Colin.

———. 1977a. Introduction to *Des origines à 1875*, ed. J. Droz, 9–24. Vol. 1 of *Histoire Générale du Socialisme*. Paris: Presses Univ. de France.

———. 1977b. "Le Socialisme allemand du *Vormärz*." In *Des Origines à 1875*, ed. J. Droz, 407–456. Vol. 1 of *Histoire Générale du Socialisme*. Paris: Presses Univ. de France.

Dubofsky, Melvyn. 1974. "Socialism and Syndicalism." In *Failure of a Dream? Essays in the History of American Socialism*, ed. J. Laslett and S. M. Lipset, 252–285. Garden City, NY: Anchor.

DuBois, Ellen Carol. 1978. *Feminism and Suffrage: The Emergence of an Independent Women's Movement in America, 1848–1869*. Ithaca, NY: Cornell Univ. Press.

Duchet, Michèle. 1975. *Anthropologie et histoire au siècle des Lumières*. Paris: Albin Michel.

Duffy, A. E. P. 1961. "New Unionism in Britain, 1889–1890: A Reappraisal." *Economic History Review*, n.s., 14, no. 2 (December): 306–319.

Duhet, Paule-Marie. 1971. *Les Femmes et la Révolution, 1789–1794*. Paris: Julliard.

———, ed. 1989. *1789, Cahiers de doléances des femmes et autres textes*. Nouv. éd. augm. Paris: Des Femmes.

Dunbabin, J. D. D. 1963. "The 'Revolt of the Field': The Agricultural Labourers' Movement in the 1870s." *Past and Present*, no. 26 (November): 68–97.

Dunham, Arthur Louis. 1930. *The Anglo-French Treaty of Commerce 1861 and the Progress of the Industrial Revolution in France*. Ann Arbor: Univ. of Michigan Press.

Dupuis, Charles. 1909. *Le Principe d'équilibre et le concert européen, de la Paix de Westphalie à l'Acte d'Algéciras*. Paris: Perrin.

Durkheim, Emile. 1925. "Saint-Simon, fondateur du positivisme et de la sociologie." *Revue philosophique de la France et de l'étranger*, 50e année, XCIX, nos. 5–6 (May–June): 321–341.

Duroselle, Jean-Baptiste. 1951. *Les Débuts du catholicisme social en France (1822–1870)*. Paris: Presses Univ. de France.

Duverger, Maurice. 1967. *La Démocratie sans le peuple*. Paris: Éd. du Seuil.

Echard, William E. 1983. *Napoleon III and the Concert of Europe*. Baton Rouge: Louisiana State Univ. Press.

Eichtal, Eugène d'. 1903. "Carlyle et le Saint-Simonisme: Lettres à Gustave d'Eichtal." *Revue historique*, 28e année, LXXXII, 2 (July–August): 292–306.

Einaudi, Mario. 1938. "Le Prime ferrovie piemontesi ed il conte di Cavour." *Rivista di storia economica* 3:1–38.

Eisenstein, Elizabeth L. 1959. *The First Professional Revolutionist, Filippo Michele Buonarroti (1761–1837)*. Cambridge, MA: Harvard Univ. Press.

Eisenstein, Zillah R. 1981. *The Radical Future of Liberal Feminism*. Boston: Northeastern Univ. Press.

Elbaum, B., and W. Lazowick. 1984. "The Decline of the British Economy: An Institutional Perspective." *Journal of Economic History* 44, no. 2 (June): 567–583.

Elesh, David. 1972. "The Manchester Statistical Society: A Case Study of Discontinuity in the History of Empirical Social Research." In *The Establishment of Empirical Sociology, Studies in Continuity, Discontinuity, and Institutionalization*, ed. A. Oberschall, 31–72. New York: Harper & Row.

Eley, Geoff. 1976." Social Imperialism in Germany: Reformist Synthesis or Reactionary Sleight of Hand?." In *Imperialismus im 20. Jahrhundert: Gedenkschrift für George W. F. Hallgarten*, ed. J. Radkau and I. Geiss, 71–86. Munich: C. H. Beck.

———. 1980. *Reshaping the German Right: Radical Nationalism and Political Change after Bismarck*. New Haven, CT: Yale Univ. Press.

──. 1984. "The British Model and the German Road: Rethinking the Course of German History Before 1914." In . *The Peculiarities of German History: Bourgeois Society and Politics in Nineteenth Century Germany*, ed. D. Blackbourn and G. Eley, 37–155. New York: Oxford Univ. Press.

──. 1996. *From Unification to Nazism: Reinterpreting the German Past*. Boston: Unwin and Hyman.

Ellis, John. 1974a. "Patterns of Political Violence during the Second Republic, 1845–51." In *Revolt to Revolution: Studies in the 19th and 20th Century European Experience*, ed. M. Elliott Bateman et al., 59–112. Manchester, UK: Manchester Univ. Press.

──. 1974b. "Revolutionary Trends in Europe, A Historical Introduction." In *Revolt to Revolution: Studies in the 19th and 20th Century European Experience*, ed. M. Elliott Bateman et al., 31–57. Manchester, UK: Manchester Univ. Press.

Elshtain, Jean Bethke. 1981. *Public Man, Private Woman: Women in Social and Political Thought*. Princeton, NJ: Princeton Univ. Press.

Elton, Godfrey Lord. 1923. *The Revolutionary Idea in France (1789–1871)*. London: Edward Arnold.

Elvin, Mark. 1986. "A Working Definition of 'Modernity'?" *Past and Present*, no. 113 (November): 209–213.

Elwitt, Sanford. 1975. *The Making of the Third Republic: Class and Politics in France, 1868–1884*. Baton Rouge: Louisiana State Univ. Press.

──. 1988. "Debate, Social Science, Social Reform and Sociology." *Past and Present*, no. 121 (November): 209–214.

Ely, Richard T. 1890. The Labor Movement in America. Rev. ed. New York: T. Y. Crowell.

──. 1910. "The American Economic Association, 1885–1909." *American Economic Association Quarterly*, 3rd ser., 11, no. 1, 47–92.

Emerit, Marcel. 1941. *Les Saint-simoniens en Algérie*. Paris: Les Belles-Lettres.

──. 1943. "Les Saint-simoniens au Maroc." *Bulletin de l'Enseignement Public du Maroc*, 30e année, no. 176 (April–June).

──, ed. 1949. *La Révolution de 1848 en Algérie*. Paris: Larose.

Emy, Hugh Vincent. 1973. *Liberals, Radicals and Social Politics, 1892–1914*. Cambridge: At the University Press.

Endres, Robert. 1948. "1848 en Autriche." In *Le Printemps des peuples: 1848 dans le monde*, ed. F. Fejtö, 2:65–122. Paris: Éd. du Minuit.

Engel, Arthur. 1974. "Emerging Concepts of the Academic Profession at Oxford: 1800–1854." In *The University in Society*, ed. L. Stone, 1:305–351. Princeton, NJ: Princeton Univ. Press.

Erickson, Charlotte. 1949. "The Encouragement of Emigration by British Trade Unions, 1850–1900." *Population Studies* 3, no. 3 (December): 248–273.

Evans, David Owen. 1951. *Social Romanticism in France, 1830–1848*. Oxford: Clarendon Press.

Evans, Eric J., ed. 1978. *Social Policy, 1830–1914: Individualism, Collectivism and the Origins of the Welfare State*. London: Routledge & Kegan Paul.

──. 1983. *The Forging of the Modern State: Early Industrial Britain, 1783–1870*. London: Longman.

Evans, Richard J. 1976. *The Feminist Movement in Germany, 1894-1933*. London and Beverly Hills: Sage Publications.

———. 1977. *The Feminists: Women's Emancipation Movements in Europe, America and Australasia, 1840-1920*. London: Croom Helm.

———. 1986. "The Concept of Feminism: Notes for Practicing Historians." In *German Women in the Eighteenth and Nineteenth Centuries: A Social and Literary History*, ed. R.-E. B. Joeres and J. M. Maynes, 247-268. Bloomington: Indiana Univ. Press.

———. 1987. *Comrades and Sisters: Feminism, Socialism, and Pacifism in Europe, 1870-1945*. Brighton, Sussex, UK: Wheatsheaf Books.

Fairlie, Susan. 1965. "The Nineteenth-Century Corn Law Reconsidered." *Economic History Review*, n.s., 18, no. 3 (December): 562-575.

———. 1969. "The Corn Laws and British Wheat Production, 1829-76." *Economic History Review*, n.s., 22, no. 1 (April): 88-116.

Faivre, Jean-Paul. 1954. *L'Expansion française dans le Pacifique, de 1800 à 1842*. Paris: Nouvelles Éd. Latines.

Fakkar, Rouchdi. 1968. *Sociologie, socialisme et internationalisme prémarxistes: Contribution à l'étude de l'influence internationale de Saint-Simon et de ses disciples. (Bilan en Europe et portée extraeuropéenne)*. Neuchâtel, Switzerland: Delachaux & Niestlé.

Farnie, D. A. 1979. *The English Cotton Industry and the World Market, 1815-1896*. Oxford: Clarendon Press.

Farr, James. 1988. "The History of Political Science." *American Journal of Political Science* 32, no. 4 (November): 1175-1195.

Faure, Alain, and Jacques Rancière. 1976. *La Parole ouvrière, textes rassemblées et présentées, 1830/1851*. Paris: UGE.

Fauré, Christine. 1991. *Democracy without Women: Feminism and the Rise of Liberal Individualism in France*. Bloomington: Indiana Univ. Press.

Favre, Pierre. 1981. "Les Sciences d'Etat entre déterminisme et libéralisme: Emile Boutmy et la création de l'Ecole libre de sciences politiques." *Revue française de sociologie* 22, no. 3 (July-September): 429-468.

Fay, C. R. 1920. *Life and Labour in the Nineteenth Century*. Cambridge: At the University Press.

———. 1926. "Price Control and the Corn Averages under the Corn Laws." *Economic Journal (Economic History)* 1, no. 1 (January): 149-154.

———. 1932. *The Corn Laws and Social England*. Cambridge: At the University Press.

Fay, Victor. 1981. Remarks in *Jaurès et la classe ouvrière*, 187-188. Collection mouvement social. Paris: Ed. Ouvrières.

Feaveryear, A. E. 1931. *The Pound Sterling: A History of English Money*. London: Oxford Univ. Press.

Fehér, Ferenc. 1987. *The Frozen Revolution: An Essay on Jacobinism*. Cambridge: Cambridge Univ. Press.

Feis, Herbert. 1930. *Europe, the World's Banker, 1870-1914*. New Haven, CT: Yale Univ. Press.

Fejtö, François. 1948a. "Introduction: L'Europe à la veille de la Révolution." In *Le Printemps des peuples: 1848 dans le monde*, ed. F. Fejtö, 1:25-125. Paris: Éd. du Minuit.

――. 1948b. "La Guerre de l'indépendance hongroise." In *Le Printemps des peuples: 1848 dans le monde,* ed. F. Fejtö, 2:123–204. Paris: Éd. du Minuit.

――. 1948c. "Conclusion." In *Le Printemps des peuples: 1848 dans le monde,* ed. F. Fejtö, 2:435–466. Paris: Éd. du Minuit.

――. 1948d. "Le Sens de la Révolution de 1848 en Hongrie et an Autriche." *Revue socialiste,* n.s., nos. 17–18 (January–February): 107–116.

――. 1949. "Paris des années 40, capitale de la Révolution." In *Actes du Congrès historique du Centenaire de la Révolution de 1848,* 357–369. Paris: Presses Univ. de France.

Feldman, Gerald D. 1986. "German Economic History." *Central European History* 19, no. 2 (June): 174–185.

Feray, E. 1881. *Du Traité de commerce de 1860 avec l'Angleterre.* Paris: Plon.

Festy, Octave. 1908. *Le Mouvement ouvrier au début de la Monarchie de Juillet (1830–1834).* Vol. 2, part 3, of *Bibliothèque d'Histoire Moderne.* Paris: Éd. Cornély.

――. 1913. "Le Mouvement ouvrier à Paris en 1840." 3 pts. *Revue de l'Ecole Libre des Sciences Politiques* 6 (July–August): 67–79; (September–October): 226–240; (November–December): 333–361.

Fetter, Frank W. 1943. "The Early History of Political Economy in the United States." *Proceedings of the American Philosophical Society* 87, no. 1 (July): 51–60.

――. 1959. "The Politics of the Bullion Report." *Economica,* n.s., 26, no. 102 (May): 99–120.

――. 1965. *Development of British Monetary Orthodoxy, 1797–1875.* Cambridge, MA: Harvard Univ. Press.

Fitchett, W. H. 1899–1900. *How England Saved Europe: The Story of the Great War (1798–1815).* 4 vols. London: Smith, Elder & Co.

Fitzpatrick, David. 1984. *Irish Emigration, 1801–1921.* Vol. 1 of *Studies in Irish Economic and Social History.* Dublin: Economic and Social History Society of Ireland.

Flamant, Maurice. 1988. *Histoire du libéralisme.* Que sais-je?, no. 1797bis. Paris: Presses Univ. de France.

Fletcher, Roger. 1984. *Revisionism and Empire: Socialist Imperialism in Germany, 1897–1914.* London: George Allen & Unwin.

Flexner, Eleanor. 1975. *A Century of Struggle: The Women's Rights Movement in the United States.* Rev. ed. Cambridge, MA: Belknap Press.

Flinn, M. W. 1961. "The Poor Employment Act of 1817." *Economic History Review,* n.s., 14, no. 1 (August): 82–92.

Fohlen, Claude. 1956. "Bourgeoisie française, liberté économique et intervention de l'état." *Revue économique* 7, no. 3 (May): 414–428.

――. 1961. "Sociétés anonymes et développement capitaliste sous le Second Empire." *Histoire des entreprises,* no. 6 (November): 65–77.

Folbre, Nancy. 1991. "The Unproductive Housewife: Her Evolution in Nineteenth-Century Economic Thought." *Signs* 16, no. 3 (Spring): 463–484.

Foner, Eric. 1983. *Nothing but Freedom: Emancipation and Its Legacy.* Baton Rouge: Louisiana State Univ. Press.

――. 1984. "Why Is There No Socialism in the United States?" *History Workshop Journal,* no. 17 (Spring): 57–80.

Foner, Philip S. 1977. *The Great Labor Uprising of 1877.* New York: Monad.
Fong, H. D. 1930. *Triumph of Factory System in England.* Tientsin, China: Chihli Press.
Fontvieille, Louis. 1976. "Evolution et croissance de l'Etat français de 1815 à 1969" *Économies et sociétés* 10 (September–December): 9–12 [Cahiers de l'I.S.M.E.A., Série AF, no. 13].
Fontvieille, Louis, with Anita Bringent. 1982. "Evolution et croissance de l'administration départementale française, 1815–1974." *Économies et sociétés* 16 (January–February): 1–2 [Cahiers de l'I.S.M.E.A., Séries AF, no. 14].
Foote, George A. 1951. "The Place of Science in the British Reform Movement, 1830–1850." *Isis* 42, pt. 3, no. 129 (October): 192–208.
Forbes, Geraldine H. 1982. "Caged Tigers: 'First Wave' Feminists in India." *Women's Studies International Forum* 5, no. 6, 525–536.
Forman, Michael. 1998. *Nationalism and the International Labor Movement: The Idea of Nation in Socialist Anarchist Theory.* University Park: Pennsylvania State Univ. Press.
Fossaert, Robert. 1955. "La Théorie des classes chez Guizot et Thierry." *La Pensée*, no. 59 (January–February): 59–69.
Foster, John. 1974. *Class Struggle and the Industrial Revolution: Early Industrial Capitalism in Three English Towns.* New York: St. Martin's Press.
———. 1976. "Some Comments on 'Class Struggle and the Labour Aristocracy, 1830–60.'" *Social History* 1, no. 3 (October): 357–366.
Foucault, Michel. 1976. *La Volonté du savoir.* Vol. 1 of *L'Histoire de la sexualité.* Paris: Gallimard.
Fox, Robert, and George Weisz, eds. 1980. *The Organization of Science and Technology in France, 1808–1914.* Cambridge: Cambridge Univ. Press.
France, Ministre de l'Agriculture du Commerce et des Travaux Publics. 1860. *Enquête, Traité de commerce avec l'Angleterre.* Paris: Imprimerie Nationale.
Frank, Andre Gunder. 1976a. "Multilateral Merchandise Trade Imbalances and Uneven Economic Development." *Journal of European Economic History* 5, no. 2 (Fall): 407–438.
———. 1976b. "Trade Balances and the Third World: A Commentary on Paul Bairoch." *Journal of European Economic History* 5, no. 2 (Fall): 469–472.
———. 1977. "Imbalance and Exploitation." *Journal of European Economic History* 6, no. 3 (Winter): 750–753.
Fraser, Derek. 1969. "The Agitation for Parliament Reform." In *Popular Movements, 1830–1850*, ed. J. T. Ward, 31–53. London: Macmillan.
Fredrickson, George M. 1971. *The Black Image in the White Mind: The Debate on Afro-American Character and Destiny, 1817–1914.* New York: Harper & Row.
Freedeman, Charles E. 1965. "Joint Stock Business Organization in France, 1807–1867." *Business History Review* 39, no. 2 (Summer): 184–204.
Frei, Annette. 1987. *Rote Patriarchen: Arbeiterbewegung und Frauenemanzipation in der Schweiz um 1900.* Zurich: Chronos.
Fridieff, Michel. 1952. L'Opinion publique française devant l'insurrection polonaise de 1830–1831." 3 pts. *Revue internationale d'histoire politique et constitutionnelle*, n.s., 2, no. 6 (April–June): 111–121; no. 7 (July–September): 205–214; no. 8 (October–December): 280–304.
Fulford, Roger. 1957. *Votes for Women: The Story of a Struggle.* London: Faber & Faber.

Fuller, Margaret. 1992. "Women in the Nineteenth Century." In *The Essential Margaret Fuller*, ed. Jeffrey Steele, 243-378. New Brunswick, NJ: Rutgers Univ. Press.

Furet, François. 1963. "Pour une définition des classes inférieures à l'époque moderne." *Annales E.S.C.* 18, no. 3 (May-June): 459-474.

———. 1988. Preface to *De la Révolution et de la constitution*, by A. Barnave, 9-29. Paris: Presses Univ. de Grenoble.

Furner, Mary O. 1975. *Advocacy and Objectivity: A Crisis in the Professionalization of American Social Science, 1865 -1905*. Lexington: Univ. Press of Kentucky for Organization of American Historians.

———. 1990. "Knowing Capitalism: Public Investigation and the Labor Question in the Long Progressive Era." In *State and Economic Knowledge: The American and British Experience*, ed. M. O. Furner and B. Supple, 241-286. Washington, DC: Woodrow Wilson International Center for Scholars; Cambridge: Cambridge Univ. Press.

Gabaccia, Donna. 1999. "The 'Yellow Peril' and the 'Chinese of Europe': Global Perspectives on Race and Labor, 1815-1930." In *Migration, Migration History, History, Old Paradigms and New Perspectives*, ed. J. L. Lucassen, 177-196. Bern: Peter Lang.

Galbraith, John S. 1961. "Myths of the 'Little England' Era." *American Historical Review* 67, no. 1 (October): 34-48.

Gallagher, John, and Ronald Robinson. 1953. "The Imperialism of Free Trade." *Economic History Review*, n.s., 6, no. 1 (August): 1-15.

Gallisot, René. 1979. "Nazione e nazionalità nei dibattiti del movimento operaio." In *Il Marxismo dell'età della Secondo Internazionale*, 785-864. Vol. 2 of *Storia del Marxismo*. Turin: Einaudi.

Garden, Maurice. 1978. "Un exemple régionale: L'industrie textile des Pays-Bas autrichiens." In *Histoire économique et social du monde*, ed. Pierre Léon, vol. 3, *Inerties et Révolutions, 1730-1840*, ed. Louis Bergeron, 20-27. Paris: Lib. Armand Colin.

Garnier, Joseph. 1852. "De l'Origine et de la filiation du mot économie politique et les divers autres noms donnés à la science économique." 2 pts. *Journal des économistes*, IIe année, XXXII, nos. 135-136 (July-August): 300-316; XXXIII, nos. 137-138 (September-October): 11-23.

Gash, Norman. 1935. "Rural Unemployment, 1815-34." *Economic History Review* 6, no. 1 (October): 90-93.

———. 1951. "Peel and the Party System, 1830-50." *Transactions of the Royal Historical Society*, 5th ser., 1:47-70.

———. 1956. "English Reform and French Revolution in the General Election of 1830." In *Essays Presented to Sir Lewis Namier*, ed. R. Pares and A. J. P. Taylor, 258-288. London: Macmillan.

———. 1965. *Reaction and Reconstruction in English Politics, 1832-1852*. Oxford: Clarendon Press.

———. 1977. "From the Origins of Sir Robert Peel." In *The Conservatives*, ed. Lord Butler, 19-108. London: George Allen & Unwin.

———. 1979. *Aristocracy and People: Britain 1815-1865*. Cambridge, MA: Harvard Univ. Press.

Gates, Henry Louis, Jr. 1988. "The Trope of the New Negro and the Reconstruction of the Image of the Black." *Representations*, no. 24 (Fall): 129-155.

Gay, Peter. 1993. *The Cultivation of Hatred*. Vol. 3 of *The Bourgeois Experience, Victoria to Freud*. New York: W. W. Norton.

Gayer, Arthur D., W. W. Rostow, and Anna Jacobson Schwartz. 1953. *The Growth and Fluctuation of the British Economy, 1790-1850*. 2 vols. Oxford: Clarendon Press.

Geanakoplos, Deno J. 1976. "The Diaspora Greeks: The Genesis of Greek National Consciousness." In *Hellenism and the First Greek War of Liberation (1821-1830): Continuity and Change*, ed. N. P. Diamandouros, 59-77. Thessalonica: Institute for Balkan Studies.

Geary, Dick. 1976. "The German Labour Movement, 1848-1918." *European Studies Review* 6, no. 3 (July): 297-330.

———. 1981. *European Labour Protest, 1848-1939*. London: Croom Helm.

Gellner, Ernest. 1983. *Nations and Nationalism*. Oxford: Blackwell.

Gemelli, Giuliana. 1987. "Communauté intellectuelle et stratégie institutionnelles: Henri Berr et la Fondation du Centre International de Synthèse." *Revue de synthèse*, 4th ser., 8, no. 2 (April-June): 225-259.

Genovese, Elizabeth Fox. 1987. "Culture and Consciousness in the Intellectual History of European Women." *Signs* 12, no. 3 (Spring): 329-347.

George, M. Dorothy. 1927. "The Combination Laws Reconsidered." *Economic Journal (Economic History)* 1, no. 2 (May): 214-228.

———. 1936. "The Combination Laws." *Economic History Review* 6, no. 2 (April): 172-178.

George, Margaret. 1976-1977. "The 'World Historical Defeat' of the *Républicaines-Révolutionnaires*." *Science and Society* 40, no. 4 (Winter): 410-437.

Gerbod, Paul. 1965. *La Condition universitaire en France au XIXe siècle*. Paris: Presses Univ. de France.

Gerhard, Ute. 1982. "A Hidden and Complex Heritage: Reflections on the History of German's Women's Movements." *Women's Studies International Forum* 5, no. 6, 561-567.

Gerschenkron, Alexander. 1943. *Bread and Democracy in Germany*. Berkeley: Univ. of California Press.

Giddens, Anthony. 1971. "Durkheim's Political Sociology." *Sociological Review*, n.s., 19, no. 4 (November): 477-519.

Gignoux, C.-J. 1923. "L'Industrialisme de Saint-Simon à Walther Rathenau." *Revue d'histoire des doctrines économiques et sociales* 11, no. 2, 200-217.

Gille, Bertrand. 1959a. *La Banque et le crédit en France de 1815 à 1848*. Paris: Presses Univ. de France.

———. 1959b. *Recherches sur la formation de la grande entreprise capitaliste (1815-1848)*. Paris: S.E.V.P.E.N.

———. 1965. *Histoire de la Maison Rothschild*. Vol. 1, *Des origines à 1848*. Geneva: Droz.

———. 1967. *Histoire de la Maison Rothschild*. Vol. 2, *1848-1870*. Geneva: Droz.

———. 1970. *La Banque en France au XIXe siècle*. Geneva: Droz.

Gillis, John R. 1970. "Political Decay and the European Revolutions, 1789-1848." *World Politics* 22, no. 3 (April): 344-370.

Gilroy, Paul. 2000. *Against Race: Imagining Political Culture beyond the Color Line*. Cambridge, MA: Belknap Press of Harvard Univ. Press.

Girard, Louis. 1952. *La Politique des travaux publics sous le Second Empire*. Paris: Lib. Armand Colin.

———. 1966. "Révolution ou conservatisme en Europe (1856): Une Polémique de la presse parisienne après la guerre de Crimée." In *Mélanges Pierre Renouvin: Etudes d'histoire des relations internationales*, 125–134. Paris: Presses Univ. de France.

———. 1977. "Caractères du Bonapartisme dans la seconde moitié du XIXe siècle." In *Le Bonapartisme, phénomène historique et mythe politique*, ed. K. Hammer and P. C. Hautmann, 22–28. Munich: Artemis Verlag.

Glaser, John F. 1958. "English Nonconformity and the Decline of Liberalism." *American Historical Review* 63, no. 2 (January): 352–363.

Glenn, Evelyn Nakano. 1992. "From Servitude to Service Work: Historical Continuities in the Racial Division of Paid Reproductive Labor." *Signs* 18, no. 1 (Autumn): 1–43.

Godechot, Jacques. 1965. *Les Révolutions: 1770–1799*. 2nd ed. Paris: Presses Univ. de France.

———. 1971. "Nation, patrie, nationalisme et patriotisme en France au XVIIIe siècle." *Annales historiques de la Révolution française*, 43e année, no. 206 (October–December): 481–501.

Goldfrank, Walter L. 1972. "Reappraising Le Play." In *The Establishment of Empirical Sociology: Studies in Continuity, Discontinuity and Institutionalization*, ed. A. Oberschall, 130–151. New York: Harper & Row.

Goldman, Lawrence. 1986. "The Social Science Association, 1857–86: A Context for Mid-Victorian Liberalism." *English Historical Review* 101, no. 398 (January): 95–134.

———. 1987. "A Peculiarity of the English? The Social Science Association and the Absence of Sociology in Nineteenth-Century Britain." *Past and Present*, no. 114 (February): 133–171.

———. 1998. "Exceptionalism and Internationalism: The Origins of American Social Science Reconsidered." *Journal of Historical Sociology* 11, no. 1 (March): 1–36.

———. 2002. *Science, Reform, and Politics in Victorian Britain: The Social Science Association, 1857–1886*. Cambridge: Cambridge Univ. Press.

———. 2005. "Victorian Social Science: From Singular to Plural." In *Organization of Knowledge in Victorian Britain*, ed. M. Daunton, 87–114. Oxford: Oxford Univ. Press.

Goldstein, Jan. 1982. "The Hysteria Diagnosis and the Politics of Anticlericalism in Late Nineteenth-Century France." *Journal of Modern History* 54, no. 2 (June): 209–239.

Goldstein, Leslie. 1980. "Mill, Marx, and Women's Liberation." *Journal of the History of Philosophy* 18, no. 3 (July): 319–334.

———. 1982. "Early Feminist Themes in French Utopian Socialism: The St.-Simonians and Fourier." *Journal of the History of Ideas* 43, no. 1 (January–March): 91–108.

Goliber, Sue Helder. 1982. "Marguerite Durand: A Study in French Feminism." *International Journal of Women's Studies* 5, no. 5 (November–December): 402–412.

Gonnet, Paul. 1955. "Esquisse de la crise économique en France de 1827 à 1832." *Revue d'histoire économique et sociale* 33, no. 3, 249–292.

Gooch, Brison D. 1956. "A Century of Historiography on the Origins of the Crimean War." *American Historical Review* 62, no. 1 (October): 33–58.

Goode, William J. 1960. "Encroachment, Charlatanism, and the Emerging Profession: Psychology, Sociology, and Medicine." *American Sociological Review* 25, no. 6 (December): 902-965.

Gordon, Ann D., ed. 1997. *Selected Papers of Elizabeth Cady Stanton and Susan B. Anthony.* New Brunswick, NJ: Rutgers Univ. Press.

Gordon, Barry L. 1976. *Political Economy in Parliament, 1819-1823.* London: Macmillan.

——. 1979. *Economic Doctrine and Tory Liberalism, 1824-1830.* London: Macmillan.

Gordon, H. Scott. 1973. "Alfred Marshall and the Development of Economics as a Science." In *Foundations of Scientific Methods, the Nineteenth Century*, ed. R. N. Giere and R. S. Westfall, 234-258. Bloomington: Indiana Univ. Press.

Gordon, Linda. 1991. "On 'Difference,'" *Genders*, no. 10 (Spring): 91-111.

Goriély, Benjamin. 1948a. "La Pologne en 1848." In *Le Printemps des peuples: 1848 dans le monde*, ed. F. Fejtö, 2:267-318. Paris: Éd. du Minuit.

——. 1948b. "La Russie de Nicolas 1er en 1848." In *Le Printemps des peuples: 1848 dans le monde*, ed. F. Fejtö, 2:355-393. Paris: Éd. du Minuit.

Gouges, Olympe de. N.d. *Les Droits de la Femme*. N.p.: A la Reine.

——. 1980. "The Declaration of the Rights of Woman." In *Women in Revolutionary Paris, 1789-1795, Selected Documents*, ed. D. G. Levy et al., 87-113. Urbana: Univ. of Illinois Press.

——. 1993. *Ecrits Politiques*. Paris: Côté Femmes.

Gough, Barry. 1990. "Pax Britannica, Peace, Force and World Power." *Round Table*, no. 314, 167-188.

Gourevitch, Peter Alexis. 1977. "International Trade, Domestic Coalitions, and Liberty: Comparative Responses to the Crisis of 1873-1896." *Journal of Interdisciplinary History* 8, no. 2 (Autumn) : 281-313.

Granger, Gilles-Gaston. 1989. *La Mathématique sociale du Marquis de Condorcet*. Paris: Éd. Odile Jacob.

Gray, Robert Q. 1979. "The Political Incorporation of the Working Class." *Sociology* 9, no. 1 (January): 101-104.

Greer, Donald M. 1925. *L'Angleterre, la France et la Révolution de 1848: La Troisième Ministère de Lord Palmerston au Foreign Office (1846-1851)*. Paris: F. Rieder.

Grew, Raymond. 1962. "How Success Spoiled the Risorgimento." *Journal of Modern History* 34, no. 3 (September): 239-253.

Griewank, Karl. 1954. *Der Wiener Kongress und die europäische Restauration, 1814/15*. 2nd rev. ed. Leipzig: Koehler & Amelany.

Griffith, Elisabeth. 1984. *In Her Own Right: The Life of Elizabeth Cady Stanton*. New York: Oxford Univ. Press.

Groh, Dieter. 1966. "The 'Unpatriotic' Socialists and the State." *Journal of Contemporary History* 1, no. 4 (October): 151-178.

——. 1973. *Negative Integration und Revolutionärer Attentismus: Die deusche Sozialdemocratie am Vorabend der Ersten Weltkrieges*. Frankfurt am Main: Propyläen.

Gross, Leo. 1968. "The Peace of Westphalia, 1648-1948." In *International Law and Organization*, ed. R. A. Falk and W. F. Hanreider, 45-67. Philadelphia: J. B. Lippincott.

Grossman, Henryk. 1943. "The Evolutionist Revolt against Classical Economics." 2 pts. *Journal of Political Economy* 51, no. 5 (October): 381–393; no. 6 (December): 506–522.
Gruner, Wolf D. 1985. *Die Deutsche Frage: Ein Problem der Europäischer Geschichte seit 1800*. Munich: C. H. Beck.
——. 1992. "Was There a Reformed Balance of Power System or Cooperative Great Power Happening?" *American Historical Review* 97, no. 3 (June): 725–732.
Gueniffey, Patrice. 1988a. "Introduction au texte et notes." In *De la Révolution et de la Constitution*, by A. Barnave, 31–38 and notes passim. Grenoble: Presses Univ. de Grenoble.
——. 1988b. "Suffrage." In *Dictionnaire critique de la Révolution française*, by F. Furet et al., 614–624. Paris: Flammarion.
Guérard, Albert. 1943. *Napoleon III*. Cambridge, MA: Harvard Univ. Press.
Guichen, Eugène, vicomte de. 1917. *La Révolution de juillet 1830 et l'Europe*. Paris: Émile-Paul Frères.
Guilbert, Madeleine. 1966. *Les Femmes et l'organisation syndicale avant 1914*. Paris: Éd. du CNRS.
Guillaumin, Colette. 1972. *L'Idéologie raciste: Genèse et langage actuel*. Paris: Mouton.
Guiral, Pierre. 1960. "Le libéralisme en France (1815–1970): Thèmes, succès et lacunes." In *Tendances politiques dans la vie française depuis 1789*, 17–40. Colloques, Cahiers de Civilisation. Paris: Hachette.
Guizot, François. 1820a. *Du Gouvernement de la France depuis la Restauration et du ministère actuel*. Paris: Chez Ladvocat.
——. 1820b. "Avant-propos de la troisième édition." *Supplément aux deux premières éditions du "Gouvernement de la France depuis la Restauration et du Ministère actuel."* Paris: Ladvocat.
——. 1846. *Histoire de la civilisation en France depuis la chute de l'Empire romain jusqu'à la Révolution française*. Paris: Didier.
Gunnell, John G. 2006. "The Founding of the American Political Science Association: Discipline, Profession, Political Theory, and Politics." *American Political Science Review* 100, no. 4 (November): 479–486.
Guyot, Raymond. 1901–1902. "La Dernière négociation de Talleyrand: L'Indépendance de la Belgique." 2 pts. *Revue d'histoire moderne et contemporaine* 2 (1901): 573–594; 3 (1902): 237–281.
——. 1926. *La Première entente cordiale*. Paris: F. Rieder.
Haag, Henri. 1960. "La Social-démocratie allemande et la Première Guerre Mondiale." In *Histoire contemporaine. Comité International des Sciences Historiques. XIe Congrès Internationale des Sciences Historiques, Stockholm, 21–28 Août 1960. Rapports* 5:61–96. Uppsala: Almquist & Wiksell.
Hackett, Amy. 1972. "The German Women's Movement and Suffrage, 1890–1914: A Study of National Feminism." In *Modern European Social History*, ed. R. J. Bezucha, 354–386. Lexington, MA: D. C. Heath.
Halévy, Elie. 1900. *La Révolution de la doctrine de l'utilité (1789–1815)*. Thèse pour le doctorat. Paris: Félix Alcan.
——. 1901a. *La Jeunesse de Bentham*. Vol. 1 of *La Formation du radicalisme philosophique*. Paris: Félix Alcan.

———. 1901b. *L'Évolution de la doctrine utilitaire de 1789 à 1815*. Vol. 2 of *La Formation du radicalisme philosophique*. Paris: Félix Alcan.

———. 1904. *La formulation du radicalisme philosophique*, vol. 3. Paris: F. Alcan.

———. 1905. *L'Angleterre et son Empire*. Paris: Pages Libres.

———. 1930. *The World Crisis, 1914–1918: An Interpretation*. Oxford: Clarendon Press.

———. 1935. "English Public Opinion and the French Revolution of the Nineteenth Century." In *Studies in Anglo-French History*, ed. A. Coville and H. Temperley, 51–60. Cambridge: At the University Press.

———. 1947. *The Age of Peel and Cobden: A History of the English People, 1841–1852*. London: Ernest Benn.

———. 1948. *Histoire de socialisme européen*. Rédigée d'après des notes de cours par un groupe d'amis et d'élèves. Paris: Gallimard.

———. 1949. *England in 1815*. 2nd rev. ed. Vol. 1 of *A History of the English People in The Nineteenth Century*. London: Ernest Benn.

———. 1950. *The Triumph of Reform (1830–1841)*. 2nd rev. ed. Vol. 3 of *A History of the English People in the Nineteenth Century*. London: Ernest Benn.

Hall, Alex. 1974. "By Other Means: The Legal Struggle against the SPD in Wilhelmine Germany, 1890–1900." *Historical Journal* 17, no. 2 (June): 365–386.

Hall, Catherine. 1992a. "Competing Masculinities: Thomas Carlyle, John Stuart Mill and the Case of the Governor Eyre." In *White, Male and Middle Class: Explorations in Feminism and History*, 255–295. New York: Routledge.

———. 1992b. "The Early Formation of Victorian Domestic Ideology." In *White, Male and Middle Class: Explorations in Feminism and History*, 75–93. New York: Routledge.

———. 1992c. "The History of the Housewife." In *White, Male and Middle Class: Explorations in Feminism and History*, 43–71. New York: Routledge.

Halpérin, Jean. 1848. "La Transformation de la Suisse, prélude aux révolutions." in *Le Printemps des peuples: 1848 dans le monde*, ed. F. Fejtö, 1:127–161. Paris: Éd. du Minuit.

Hammen, Oscar J. 1958. "1848 et le 'Spectre du Communisme.'" *Le Contrat Social* 2, no. 4 (July): 191–200.

Hammond, J. L. 1930. "The Industrial Revolution and Discontent." *Economic History Review* 2, no. 2 (January): 218–228.

Hammond, J. L., and M. R. D. Foot. 1952. *Gladstone and Liberalism*. London: English Universities Press at Saint Paul's House.

Hangland, Kjell. 1980. "An Outline of Norwegian Cultural Nationalism in the Second Half of the Nineteenth Century." In *The Roots of Nationalism: Studies in Northern Europe*, ed. R. Mitchison, 21–29. Edinburgh: John Donald.

Hansen, Alvin H. 1921. "Cycles of Strikes." *American Economic Review* 11, no. 4 (December): 616–621.

Hansen, Erik. 1977. "Workers and Socialists: Relations between the Dutch Trade-Union Movement and Social Democracy, 1894–1914." *European Studies Review* 7, no. 2 (April): 199–225.

Haraszti, Eva H. 1978. *Chartism*. Budapest: Akadémiai Kiadó.

Hargreaves, E. L. 1930. *The National Debt*. London: Edward Arnold.
Harley, C. Knick. 1982. "British Industrialization before 1841: Evidence of Slower Growth during the Industrial Revolution." *Journal of Economic History* 42, no. 2 (June): 267–289.
Harlow, Vincent T. 1953. *British Colonial Developments, 1774–1834*. Oxford: Clarendon Press.
Harrison, Royden. 1960–1961. "The British Working Class and the General Election of 1868." 2 pts. *International Review of Social History* 5, no. 3 (1960): 424–455; 6, no. 1 (1961): 74–109.
Harsin, Paul. 1936. "La Révolution belge de 1830 et l'influence française." *Revue des sciences politiques* 53 (April–June): 266–279.
Hart, Jennifer. 1965. "Nineteenth-Century Social Reform: A Tory Interpretation of History." *Past and Present*, no. 31 (July): 39–61.
———. 1974. "Nineteenth-Century Social Reform: Tory Interpretation of History." In *Essays in Social History*, ed. M. W. Flinn and T. C. Smout, 196–217. Oxford: Clarendon Press.
Hartmann, Heidi. 1976. "Capitalism, Patriarchy, and Job Segregation by Sex." *Signs* 1, no. 3, pt. 2 (Spring): 137–169.
Hartog, François. 1988. *Le XIXe siècle et l'histoire: Le Cas Fustel de Coulanges*. Paris: Presses Univ. de France.
Hartwell, R. M. 1961. "The Rising Standard of Living in England, 1800–1850." *Economic History Review*, n.s., 13, no. 3 (April): 397–416.
———. 1963. "The Standard of Living during the Industrial Revolution: A Discussion." *Economic History Review*, n.s., 16, no. 1 (August): 135–146.
Hartz, Louis. 1948. *Economic Policy and Democratic Thought: Pennsylvania, 1774–1860*. Cambridge, MA: Harvard Univ. Press.
Haskell, Thomas L. 1977. *The Emergence of Professional Social Science: The American Social Science Association and the Nineteenth-Century Crisis of Authority*. Urbana: Univ. of Illinois Press.
———. 1984. "Professionalism *versus* Capitalism: R. H. Tawney, Emile Durkheim, and C. S. Peirce on the Disinterestedness of Professional Communities." In *The Authority of Experts*, ed. T. L. Haskell, 180–225. Bloomington: Indiana Univ. Press.
Hasquin, Hervé. 1971. *Une mutation: Le "Pays de Charleroi" aux XVIIe et XVIIIe siècles; aux origines de la Révolution industrielle en Belgique*. Brussels: Ed. de l'Université de Bruxelles.
Haupt, Georges. 1965. *Le Congrès manqué: L'Internationale à la veille de la première guerre mondiale*. Paris: François Maspéro.
———. 1972. *Socialism and the Great War: The Collapse of the Second International*. Oxford: Clarendon Press.
———. 1974. "Les Marxistes face à la question nationale: L'Histoire du problème." In *Les Marxistes et la question nationale, 1848–1914*, by G. Haupt et al., 9–61. Paris: François Maspéro.
———. 1986. *Aspects of International Socialism, 1871–1914: Essays*. Cambridge: Cambridge Univ. Press.
Haupt, Georges, and Claudie Weill. 1974. "L'Eredità de Marx ed Engels e la questione nazionale." *Studi Storici* 15, no. 2 (April–June): 270–324.

Haupt, Georges, and Madeleine Rebérioux, dirs. 1967a. *La Deuxième Internationale et l'Orient*. Paris: Éd. Cujas.

——. 1967b. "L'Internationale et le problème colonial." In *La Deuxième Internationale et l'Orient*, ed. G. Haupt and M. Rebérioux, 17-48. Paris: Éd. Cujas.

Haupt, Georges, Michael Löwy, and Claudie Weill. 1974. *Les Marxistes et la question nationale, 1848-1914*. Paris: François Maspéro.

Hause, Steven C., and Anne R. Kenney. 1981. "The Limits of Suffragist Behavior: Legalism and Militancy in France, 1876-1922." *American Historical Review* 86, no. 4 (October): 781-806.

——. 1984. *Women's Suffrage and Social Politics in the French Third Republic*. Princeton, NJ: Princeton Univ. Press.

Hauser, Henri. 1901. "L'Entrée des Etats-Unis dans la politique 'mondiale' d'après un américain." *Annales des sciences politiques* 16, 444-456.

——. 1903. *L'Enseignement des sciences sociales: Etat-actuel de cet enseignement dans les divers pays du monde*. Paris: Lib. Marescq Ainé.

——. 1905. *L'Impérialisme américain*. Paris: Pages Libres.

Hayek, Frederick A. von. 1941. "The Counter-Revolution of Science." *Economica*, n.s., 8 (February): 9-36.

——. 1952. *The Counter-Revolution of Science: Studies on the Abuse of Reason*. Glencoe, IL: Free Press.

Hazelkorn, Ellen. 1980. "Capital and the Irish Question." *Science and Society* 44, no. 3 (Fall): 326-356.

Heilbron, Johan. 1985. "Les Métamorphoses du durkheimisme, 1920-1940." *Revue française de sociologie* 26, no. 2 (March-April): 203-237.

Heinen, Jacqueline. 1978. "De la Ière à la IIIe Internationale, la question des femmes." *Critique communiste*, nos. 20/21, 109-179.

Heiniger, Ernstpeter. 1980. *Ideologie des Rassismus: Problemsicht und ethische Verurteilung in der kirchlichen Sozialverkündigung*. Immensee, Switzerland: Neue Zeitschrift für Missionswissenschaft.

Henderson, W. O. 1934. *The Lancashire Cotton Famine, 1861-1865*. Manchester, UK: Manchester Univ. Press.

——. 1950. "Prince Smith and Free Trade in Germany." *Economic History Review*, n.s., 2, no. 3, 295-302.

——. 1954. *Britain and Industrial Europe, 1750-1870*. Liverpool: At the University Press.

——. 1976. *Studies in German Colonial History*. London: Frank Cass.

Hendricks, Margo, and Patricia Parker. 1994. Introduction to *Women, "Race," and Writing in the Early Modern Period*, ed. M. Hendricks and P. Parker, 1-14. London: Routledge.

Henriques, Ursula. 1968. "How Cruel Was the Victorian Poor Law?" *Historical Journal* 11, no. 2, 365-371.

Hentschel, Volker. 1978. *Wirtschaft und Wirtschaftspolitik im Wilhelminischen Deutschland: Organisierter Kapitalismus und Intervertionsstaat?* Stuttgart: Klein-Cotta.

——. 1981. "Produktion, Wachstum und Produktivität in England, Frankreich und Deutschland von der Mitte des 19. Jahrhunderts bis zum Ersten Weltkrieg: Statistische

Grenzen und Nöte beim Internationaler wirtschaftshistorischen Vergleich." *Vierteljahrschrift für Sozial- und Wirtschaftsgeschichte* 68, no. 4, 457–510.
Herbst, Juergen. 1965. *The German Historical School in American Scholarship.* Ithaca, NY: Cornell Univ. Press.
Hericourt, Jenny P. d'. 1860. *La Femme affranchie: Réponse à MM. Michelet, Proudhon, E. de Giradin, A. Comte et aux autres novateurs modernes.* 2 vols. Brussels: A. LaCroix, van Meenen.
Hersh, Blanche Glassman. 1978. *The Slavery of Sex: Feminist-Abolitionists in America.* Urbana: Univ. of Illinois Press.
Hertneck, Friedrich. 1927. *Die Deutschen Sozialdemokratie und die orientalische Frage in Zeitalter Bismarcks.* Berlin: Deutsche Verlaggeselltschaft für Politik und Geschichte.
Hertz, Deborah. 1988. *Jewish High Society in Old Regime Berlin.* New Haven, CT: Yale Univ. Press.
Hervé, Florence. 1983. " 'Dem Reich der Freiheit werb'ich Bürgerinnen': Die Entwicklung der deutschen Frauenbewegung, von den Anfängen bis 1889." In *Geschichte der deutschen Frauenbewegung*, ed. F. Hervé, 12–40. Cologne: Pahl-Rugenstein.
Hexter, J. H. 1936. "The Protestant Revival and the Catholic Question in England, 1778–1829." *Journal of Modern History* 8, no. 3 (September): 297–318.
Heywood, Colin. 1988. *Childhood in Nineteenth-Century France: Work, Health and Education among the "Classes Populaires."* Cambridge: Cambridge Univ. Press.
Heywood, Paul. 1990. *Marxism and the Failure of Organised Socialism in Spain, 1879–1936.* Cambridge: Cambridge Univ. Press.
Higham, John. 1979. "The Matrix of Specialization." In *The Organization of Knowledge in Modern America, 1860–1920*, ed. A. Oleson and J. Voss, 3–18. Baltimore: Johns Hopkins Univ. Press.
Higonnet, Patrick L. R., and Trevor B. Higonnet. 1967. "Class, Corruption, and Politics in the French Chamber of Deputies, 1846–1848." *French Historical Studies* 5, no. 2 (Autumn): 204–224.
Hill, Christopher. 1958. "The Norman Yoke." In *Puritanism and Revolution: Studies in Interpretation of the English Revolution of the Seventeenth Century*, 50–122. London: Secker & Warburg.
Hill, R. L. 1929. *Toryism and the People, 1832–1846.* London: Constable.
Hilton, Boyd. 1977. *Corn, Cash, Commerce: The Economic Policies of the Tory Governments, 1815–1830.* Oxford: Oxford Univ. Press.
Hilts, Victor L. 1973. "Statistics and Social Science." In *Foundations of Scientific Method: The Nineteenth Century*, ed. R. N. Giere and R. S. Westfall, 206–233. Bloomington: Indiana Univ. Press.
Himmelfarb, Gertrude. 1966. "The Politics of Democracy: The English Reform Act of 1867." *Journal of British Studies* 6, no. 1 (November): 97–138.
Hinsley, Curtis M., Jr. 1981. *Savages and Scientists: The Smithsonian Institution and the Development of American Anthropology, 1846–1910.* Washington, DC: Smithsonian Institution Press.
Hinton, James. 1983. *Labour and Socialism: A History of the British Labour Movement, 1867–1974.* Brighton, UK: Wheatsheaf Books.

Hoagland, Henry E. 1918. "Humanitarianism (1840–1860)." In *History of Labour in the United States*, by J. R. Commons et al., 1:485–623. New York: Macmillan.

Hoagwood, Terence Allen. 1996. *Politics, Philosophy and the Production of Romantic Texts*. De Kalb: Northern Illinois Univ. Press.

Hobhouse, L. T. 1911. *Liberalism*. London: Oxford Univ. Press.

Hobsbawm, Eric J. 1949. "General Labour Unions in Britain, 1889–1914." *Economic History Review*, n.s., 1, nos. 2/3, 123–142.

———. 1952. "Economic Fluctuations and Some Social Movements since 1800." *Economic History Review*, n.s., 5, no. 1, 1–25.

———. 1957. "The British Standard of Living, 1790–1850." *Economic History Review*, n.s., 10, no. 1 (August): 46–68.

———. 1962. *The Age of Revolution, 1789–1848*. London: Abacus.

———. 1963. "The Standard of Living during the Industrial Revolution: A Discussion." *Economic History Review*, n.s., 16, no. 1 (August): 119–134.

———. 1964. *Labouring Men: Studies in the History of Labour*. London: Weidenfeld & Nicolson.

———. 1974. "La Diffusione del Marxismo (1890–1905)." *Studi storici* 15, no. 2 (April–June): 241–269.

———. 1975. *The Age of Capital, 1848–1875*. London: Weidenfeld & Nicolson.

———. 1978. "Sexe, symboles, vêtements et socialisme." *Actes de la recherche en sciences sociales*, no. 23 (September): 2–18.

———. 1979. "Soziale Ungleichheit und Klassenstrukturen in England: Die Arbeiterklasse." In *Klassen in der europäischen Sozialgeschichte*, ed. Hans-Ulrich Wehler, 53–65. Göttingen: Vandenhoek & Ruprecht.

———. 1983. "Mass Producing Traditions: Europe, 1870–1914." In *The Invention of Tradition*, ed. E. J. Hobsbawm and T. Ranger, 263–307. Cambridge: Cambridge Univ. Press.

———. 1984a. "The Making of the Working Class 1870–1914." In *Worlds of Labour: Further Studies in the History of Labour*, 194–213. London: Weidenfeld & Nicolson.

———. 1984b. "The 'New Unionism' in Perspective." In *Worlds of Labour: Further Studies in the History of Labour*, 152–175. London: Weidenfeld & Nicolson.

———. 1984c. "Men and Women: Images on the Left." In *Worlds of Labour: Further Studies in the History of Labour*, 83–102. London: Weidenfeld & Nicolson.

———. 1984d. "Der *New Unionism*: Eine comparative Betrachtung." In *Auf dem Wege zur Massengewerkschaft*, ed. Wolfgang J. Mommsen and Hans-Gerhard Husung, 19–45. Stuttgart: Ernst Klett.

———. 1987. *The Age of Empire, 1875–1914*. New York: Pantheon.

———. 1988. "Working-Class Internationalism." In *Internationalism in the Labour Movement, 1830–1940*, ed. F. van Holthoon and M. van den Linden, 1:3–16. Leiden: E. J. Brill.

———. 1990. *Nations and Nationalism since 1780: Programme, Myth, Reality*. Cambridge: Cambridge Univ. Press.

Hobsbawm, Eric J., and Terence Ranger, eds. 1992. *The Invention of Tradition*. New York: Cambridge Univ. Press.

Hodgson, Geoffrey M. 2005. "Alfred Marshall versus the Historical School?" *Journal of Eonomic Studies* 32, no. 4, 331–348.

Hoffman, Ross J. S. 1933. *Great Britain and the German Trade Rivalry, 1875–1914*. Philadelphia: Univ. of Pennsylvania Press.

Hoffmann, Walther. 1949. "The Growth of Industrial Production in Great Britain: A Quantitative Study." *Economic History Review*, n.s., 2, no. 2, 162–180.

Hofstadter, Richard. 1992. *Social Darwinism in American Thought*. Boston: Beacon Press.

Hohenberg, Paul. 1972. "Change in Rural France in the Period of Industrialization, 1830–1914." *Journal of Economic History* 32, no. 1 (March): 219–240.

Holland, Bernard. 1913. *Fall of Protection, 1840–1850*. London: Edward Arnold.

Hollinger, David A. 1984. "Inquiry and Uplift: Late Nineteenth Century American Academics and the Moral Efficacy of Scientific Practice." In *The Authority of Experts: Studies in History and Theory*, ed. T. L. Haskell, 142–156. Bloomington: Indiana Univ. Press.

Hollis, Patricia. 1980. "Anti-Slavery and British Working-Class Radicalism in the Years of Reform." In *Anti-Slavery, Religion and Reform: Essays in Memory of Roger Anstey*, ed. C. Bolt and S. Drescher, 294–315. Folkestone, UK: Dawson; Hamden, CT: Archon.

Holmes, Stephen. 1984. *Benjamin Constant and the Making of Modern Liberation*. New Haven, CT: Yale Univ. Press.

Hone, J. Ann. 1982. *For the Cause of Truth: Radicalism in London, 1796–1821*. Oxford: Clarendon Press.

Honeycutt, Karen. 1979. "Socialism and Feminism in Imperial Germany." *Signs* 5, no. 1 (Autumn): 30–41.

———. 1981. "Clara Zetkin: A Socialist Approach to the Problem of Women's Oppression." In *European Women on the Left: Socialism, Feminism, and the Problems Faced by Political Women, 1880 to the Present*, ed. Jane Slaughter and Robert Kern, 29–49. Westport, CT: Greenwood Press.

hooks, bell. 1988. *Talking Back: Thinking Feminist, Thinking Black*. Toronto: Between the Lines.

Horn, Norbert, and Jürgen Kocka, eds. 1979. *Recht und Entwicklung der Grossunternehmen im 19. und früher 20. Jahrhurdert: Wirtschafts-, sozial- und rechtshistorische Untersuchungen zur Industrialisierung in Deutschland, Frankreich, England und den USA*. Göttingen: Vandenhoeck & Ruprecht.

Horsefield, J. K. 1949. "The Bankers and the Bullionists in 1819." *Journal of Political Economy* 57, no. 5 (October): 442–448.

Horvath-Peterson, Sandra. 1984. *Victor Duruy and French Education: Liberal Reform in the Second Empire*. Baton Rouge: Louisiana State Univ. Press.

Houssaye, Henri. 1901. "Allocution." In *Annales internationales d'histoire*, vol. 1, *Histoire générale et diplomatique*, 5–8. International Congress of Historical Sciences, Paris, 1900. Paris: Lib. Armand Colin.

Howkins, Alun. 1977. "Edwardian Liberalism and Industrial Unrest: A Class View of the Decline of Liberalism." *History Workshop Journal*, no. 4 (Autumn): 143–161.

Hoxie, R. Gordon. 1955. *A History of the Faculty of Political Science, Columbia University*. New York: Columbia Univ. Press.

Hroch, Miroslav. 1968. *Die Vorkämpfer der nationalen Bewegung bei den kleinen Völkern Europas*. Prague: Univ. Karlova.

Hufton, Olwen. 1971. "Women in Revolution, 1789–1796." *Past and Present*, no. 53 (November): 90–108.

Hughes, H. Stuart. 1958. *Consciousness and Society: The Reorientation of European Social Thought, 1890–1930*. New York: Knopf.

Humphreys, R. A. 1965. "British Merchants and South American Independence." *Proceedings of the British Academy* 51:151–174.

Humphries, Jane. 1977. "Class Struggle and the Persistence of the Working-Class Family." *Cambridge Journal of Economics* 1, no. 3 (September): 241–258.

Huskisson, William. 1825. "Substance of Two Speeches Delivered in the House of Commons on the 21st and 25th March, 1825 . . . ." *Edinburgh Review* 42, no. 84 (August): 271–303.

Hyman, Richard. 1984. "Massenorganisation und Basismilitanz in Großbritanien 1888–1914." In *Auf dem Wege zur Massengewerkschaft*, ed. Wolfgang J. Mommsen and Hans-Gerhard Husung, 311–331. Stuttgart: Ernst Klett.

Iggers, Georg G. 1958a. *The Cult of Authority, The Political Philosophy of the Saint-Simonians. A Chapter in the Intellectual History of Totalitarianism*. The Hague: Martinus Nijhoff.

———. 1958b. *The Doctrine of Saint-Simon, An Exposition, First Year, 1828–1829*. Trans. with notes and introduction by Georg G. Iggers. Boston: Beacon Press.

———. 1962. "The Image of Ranke in American and German Historical Thought." *History and Theory* 2, no. 1, 17–40.

———. 1970. "Le Saint-Simonisme et la pensée autoritaire." *Économies et sociétés*, 4, no. 4 (April): 673–691.

———. 1983. *The German Conception of History: The National Tradition of Historical Thought from Herder to the Present*. Rev. ed. Middleton, CT: Wesleyan Univ. Press.

Ignatiev, Noel. 1995. *How the Irish Became White*. New York: Routledge.

Iliasu, A. A. 1971. "The Cobden -Chevalier Commercial Treaty of 1860." *Historical Journal* 14, no. 1 (March): 67–98.

Imlah, Albert H. 1948. "Real Values in British Foreign Trade, 1798–1853." *Journal of Economic History* 8, no. 2 (November): 132–152.

———. 1949. "The Fall of Protection in Britain." In *Essays in History and International Relations in Honor of George Hubbard Blakeslee*, ed. Dwight Erwin Lee, 306–320. Worcester, MA: Clark Univ. Publications.

———. 1950. "The Terms of Trade of the United Kingdom, 1798–1913." *Journal of Economic History* 10, no. 2 (November): 170–194.

———. 1952. "British Balance of Payments and Export of Capital, 1816–1913." *Economic History Review*, n.s., 5, no. 2, 208–239.

———. 1958. *Economic Elements in the Pax Britannica: Studies in British Foreign Trade in the Nineteenth Century*. Cambridge, MA: Harvard Univ. Press.

Ivray, Jehan d'. 1928. *L'Aventure saint-simonienne et les femmes*. Paris: Félix Alcan.

Jacobitti, Edmund K. E. 1981. *Revolutionary Humanism and Historicism in Modern Italy*. New Haven, CT: Yale Univ. Press.

Jacquemyns, Guillaume. 1934. "Les Réactions contre l'individualisme de 1789 à 1848." *Revue de l'Université de Bruxelles* 39, no. 4 (May–July): 421–437.

Jacquey, Marie-Clotilde. 1988. *Images de Noir dans la littérature occidentale*. Vol. 1, *Du Moyen-Age à la conquête colonial*. Cultures Sud/Notre Librairie. Paris: La Documentation Française.

Janes, R. M. 1978. "On the Reception of Mary Wollstonecraft's *A Vindication of the Rights of Woman.*" *Journal of the History of Ideas* 39, no. 2 (April-June): 293-302.

Janowitz, Morris. 1972. "The Professionalization of Sociology." In *Varieties of Political Expression in Sociology,* ed. R. K. Merton, 105-135. Chicago: Univ. of Chicago Press.

Jardin, André, and André-Jean Tudesq. 1973. *Le France des notables.* 2 vols. Nouvelle histoire de la France contemporaine 6 and 7. Paris: Éd. du Seuil.

Jaurès, Jean. 1903. "La Doctrine saint-simonienne et le socialisme." *Revue socialiste* 38 (July-December): 129-149.

———. 1968. *Histoire socialiste de la Révolution française.* Paris: Éd. Sociales.

Jayawardena, Kumari. 1986. *Feminism and Nationalism in the Third World.* Rev. ed. New Delhi: Kali for Women; London: Zed.

Jelarich, Barbara. 1976. "The Balkan Nations and the Greek War of Independence." In *Hellenism and the First Continuity and Change,* ed. N. P. Diamandouros, 157-169. Thessalonica: Institute for Balkan Studies.

Jenks, Leland H. 1927. *The Migration of British Capital to 1875.* New York: Knopf.

Jennings, Louis J., ed. 1884. *The Correspondence and Diaries of the Late Right Honorable John Wilson Croker, LL.D., F.R.S.* 3 vols. London: John Murray.

Jeremy, David J. 1977. "Damming the Flood: British Government Efforts to Check Outflow of Technicians and Machinery, 1780-1843." *Business History Review* 51, no. 1 (Spring): 1-34.

Jervis, Robert. 1992. "A Political Science Perspective on the Balance of Power and the Concert." *American Historical Review* 97, no. 3 (June): 716-724.

Johnson, Christopher H. 1966."Etienne Cabet and the Problem of Class Antagonism." *International Review of Social History* 11, no. 3, 403-443.

———. 1971. "Communism and the Working Class before Marx: The Icarian Experience." *American Historical Review* 76, no. 3 (June): 642-689.

———. 1974. *Utopian Communism in France: Cabet and the Icarians, 1839-1851.* Ithaca, NY: Cornell Univ. Press.

———. 1975. "The Revolution of 1830 in French Economic History." In *1830 in France,* ed. J. M. Merriman, 139-189. New York: Franklin Watts.

———. 1983. "Response to J. Rancière, 'Le Mythe de l'Artisan.'" *International Labor and Working Class History,* no. 24 (Fall): 21-25.

Johnson, Richard. 1970. "Educational Policy and Social Control in Early Victorian England." *Past and Present,* no. 49 (November): 96-119.

Johnston, Hugh J. M. 1972. *British Emigration Policy, 1815-30: "Shovelling Out Paupers."* Oxford: Clarendon Press.

Joll, James, ed. 1950. *Britain and Europe: Pitt to Churchill, 1793-1940.* London: Nicholas Kaye.

Jones, Charles. 1980. "'Business Imperialism' and Argentina, 1875-1900: A Theoretical Note." *Journal of Latin American Studies* 12, no. 2 (November): 437-444.

Jones, D. Caradog. 1941. "Evolution of the Social Survey in England since Booth." *American Journal of Sociology* 46, no. 6 (May): 818-825.

Jones, Gareth Stedman. 1971. *Outcast London: A Study in the Relationship between Classes in Victorian Society.* Oxford: Clarendon Press.

———. 1977. "Society and Politics at the Beginning of the World Economy." *Cambridge Journal of Economics* 1, no. 1 (March): 77–92.
———. 1983. *Languages of Class: Studies in English Working Class History, 1832–1982*. Cambridge: Cambridge Univ. Press.
———. 1984. "Some Notes on Karl Marx and the English Labour Movement." *History Workshop Journal*, no. 18 (Autumn): 124–137.
Jones, Kathleen, and Françoise Vergès. 1991. "Women of the Paris Commune." *Women's Studies International Forum* 14, no. 5, 491–503.
Jones, Robert Alan, and Robert M. Anservitz. 1975. "Saint-Simon and Saint-Simonism: A Weberian View." *American Journal of Sociology* 80, no. 5 (March): 1095–1123.
Jordan, Constance. 1990. *Renaissance Feminism: Literary Texts and Political Models*. Ithaca, NY: Cornell Univ. Press.
Jordan, Winthrop D. 1968. *White over Black: American Attitudes toward the Negro, 1550–1812*. Chapel Hill: Univ. of North Carolina Press.
Jore, Léonce. 1959. *L'Océan pacifique au temps de la Restauration et de la Monarchie de Juillet, 1815–1848*. 2 vols. Paris: Éd. Besson & Chantemerle.
Jorland, Gérard. 2000. "L'Orient et le mythe du peuple primitif." In *Sciences, mythes et religions en Europe, Royaumont, 14–15 octobre 1997*, ed. D. Lecourt, 67–90. Luxembourg: European Communities.
Judt, Tony. 1986. *Marxism and the French Left: Studies in Labour and Politics in France, 1830–1981*. Oxford: Clarendon Press.
Juglar, Clément. 1862. *Des Crises commerciales et de leur retour périodique en France, en Angleterre et aux Etats-Unis*. Paris: Guillaumin.
Julien, Charles-André. 1981. Preface to *Toussaint Louverture: La Révolution française et le problème colonial*, by Aimé Césaire, 7–19. Paris: Présence Africaine.
Kadish, Alon. 1982. *The Oxford Economists in the Late Nineteenth Century*. Oxford: Clarendon Press.
Kalaora, Bernard, and Antoine Savoye. 1989. *Les Inventeurs oubliés*. Seyssel, France: Champ Vallon.
Kaplan, Marion A. 1979. *The Jewish Feminist Movement in Germany: The Campaigns of the Jüdischer Frauenbund, 1904–1938*. Westport, CT: Greenwood Press.
Kaplan, Steven L. 1979. "Réflexions sur la police du monde du travail, 1700–1818." *Revue historique*, 103e année, CCLXI, 1, no. 529 (January–March): 17–77.
———. 1993. *Adieu 89*. Paris: Fayard.
Karady, Victor. 1976. "Durkheim, les sciences sociales et l'Université, bilan d'un demi-échec." *Revue française de sociologie* 17, no. 2 (April–June): 267–312.
Karlsson, Gunnar. 1980. "Icelandic Nationalism and the Inspiration of History." In *The Roots of Nationalism: Studies in Northern Europe*, ed. R. Mitchison, 77–89. Edinburgh: John Donald.
Kasler, Dirk. 1984. *Die Frühe deutsche Sociologie 1909 bis 1934, und ihre Entstehungs-Milieux*. Opladen, Germany: Westdeutscher Verlag.
Katznelson, Ira. 1985. "Working-Class Formation and the State: Nineteenth-Century England in American Perspective." In *Bringing the State Back In*, ed. P. B. Evans et al., 257–284. Cambridge: Cambridge Univ. Press.

Kealey, Gregory S. 1980. *Toronto Workers Respond to Industrial Capitalism, 1867-1892.* Toronto: Univ. of Toronto Press.

Kedourie, Elie. 1985. *Nationalism.* 3rd ed. London: Hutchison.

Kehr, Eckart. 1965. "Englandhass und Weltpolitik." In *Der Primat der Innenpolitik: Gesammelte Aufsätze zur preussisch-deutschen Sozialgeschichte im 19. und 20. Jahrhunderts,* 149–175. Berlin: Walter de Gruyter.

Kelly, Gary. 1993. *Women, Writing, and Revolution, 1790-1827.* Oxford: Clarendon Press.

Kelly, Joan. 1982. "Early Feminist Theory and the *Querelle des Femmes,* 1400-1789." *Signs* 8, no. 1 (Autumn): 4-28.

———. 1984. "Did Women Have a Renaissance?." In *Women, History and Theory: The Essays of Joan Kelly,* 19-50. Chicago: Univ. of Chicago Press.

Kemp, Betty. 1962. "Reflections on the Repeal of the Corn Laws." *Victorian Studies* 5, no. 3 (March): 189-204.

Kemp, Tom. 1971. *Economic Forces in French History.* London: Dennis Dobson.

Kennedy, Marie, and Chris Tilly. 1985. "At Arm's Length: Feminism and Socialism in Europe, 1890-1920." *Radical America* 19, no. 4, 35–51.

———. 1987. "Socialism, Feminism and the Stillbirth of Socialist Feminism in Europe, 1890-1920." *Science and Society* 51, no. 1, 6–42.

Kennedy, Paul. 1987. *The Rise and Fall of the Great Powers: Economic Change and Military Conflict from 1500 to 2000.* New York: Random House.

Keylor, William R. 1975. *Academy and Community: The Foundation of the French Historical Profession.* Cambridge, MA: Harvard Univ. Press.

Keynes, John Maynard. 1926. *The End of Laissez-Faire.* London: Hogarth Press.

Kiernan, Victor. 1967. "Marx and India." In *The Socialist Register 1967,* 159–189. London: Merlin Press.

Kilmuir, Lord. 1960. "The Shaftesbury Tradition in Conservative Politics." *Journal of Law and Economics* 3 (October): 70–74.

Kindleberger, Charles P. 1951. "Group Behavior and International Trade." *Journal of Political Economy* 59, no. 1 (February): 30–46.

———. 1961a. *Economic Growth in France and Britain, 1851-1950.* Cambridge, MA: Harvard Univ. Press.

———. 1961b. "Foreign Trade and Economic Growth: Lessons from Britain and France, 1850 to 1913." *Economic History Review,* n.s., 14, no. 2 (December): 289-305.

———. 1975. "The Rise of Free Trade in Western Europe, 1820-1875." *Journal of Economic History* 35, no. 1 (March): 20–55.

———. 1984. "Financial Institutions and Economic Development: A Comparison of Great Britain and France in the Eighteenth and Nineteenth Centuries." *Explorations in Economic History* 21, no. 2 (April): 103-124.

Kintzler, Catherine. 1987. *Condorcet: L'Instruction publique et la naissance du citoyen.* Paris: Gallimard.

Kissinger, Henry A. 1973. *A World Restored.* Gloucester, MA: Peter Smith.

Kitson Clark, G. 1951a. "The Electorate and the Repeal of the Corn Laws." *Transactions of the Royal Historical Society,* 5th ser., 1:109-126.

———. 1951b. "The Repeal of the Corn Laws and the Politics of the Forties." *Economic History Review*, n.s., 4, no. 1, 1–13.

———. 1962. *The Making of Victorian England*. London: Macmillan.

———. 1967. *An Expanding Society: Britain, 1830–1900*. Cambridge: At the University Press.

Klein, Ira. 1971. "English Free Traders and Indian Tariffs, 1874–1896." *Modern Asian Studies* 5, no. 3 (July): 251–271.

———. 1980. "Prospero's Magic: Imperialism and Nationalism in Iran, 1909–1911." *Journal of Asian History* 14, no. 1, 47–71.

Kleinau, Elke. 1987. *Die Freie Frau: Soziale Utopien des frühen 19. Jahrhunderts*. Düsseldorf: Schwan.

Klejman, Laurence, and Florence Rochefort. 1989. *Légalité en marche: Le Féminisme sous la Troisième République*. Paris: Presses de la Fondation Nationale des Sciences Politiques.

Klima, Arnost. 1948. "La Révolution de 1848 en Bohême." In *Le Printemps des peuples: 1848 dans le monde*, ed. F. Fejtö, 2:205–237. Paris: Éd. du Minuit.

Klinge, Matti. 1980. "'Let Us Be Finns': The Birth of Finland's National Culture." In *The Roots of Nationalism: Studies in Northern Europe*, ed. R. Mitchison, 67–75. Edinburgh: John Donald.

Knibiehler, Yvonne. 1976. "Les médecins et la 'nature féminine' au temps du Code Civil." *Annales E.S.C.* 31, no. 4 (July–August): 824–845.

Knibiehler, Yvonne, and Catherine Fouquet. 1983. *La femme et les médicins*. Paris: Hachette.

Knight, David. 1984. *The Age of Science: The Scientific World-View of the Nineteenth Century*. Oxford: Basil Blackwell.

———. 1990. "Romanticism and the Sciences." In *Romanticism and the Sciences*, ed. A. Cunningham and N. Jardine, 13–24. Cambridge: Cambridge Univ. Press.

Kocka, Jürgen. 1980. "The Study of Social Mobility and the Formation of the Working-Class in the Nineteenth Century." *Le mouvement social*, no. 111 (April–June): 97–117.

———. 1984. "Craft Traditions and the Labour Movement in Nineteenth-Century Germany." In *The Power of the Past: Essays for Eric Hobsbawm*, ed. Pat Thane et al., 95–117. Cambridge: Cambridge Univ. Press.

———. 1986. "Problems of Working-Class Formation in Germany: The Early Years, 1800–1875." In *Working-Class Formation: Nineteenth-Century Patterns in Western Europe and the United States*, ed. I. Katznelson and A. R. Zolberg, 279–351. Princeton, NJ: Princeton Univ. Press.

———. 1988. "German History before Hitler: The Debate about the German *Sonderweg*." *Journal of Contemporary History* 23, no. 1 (January): 3–16.

———. 1995. "The Middle Classes in Europe." *Journal of Modern History* 67 (December): 783–806.

Kocka, Jürgen, and Heinz-Gerhard Haupt. 1996. "Vecchie e nuove classi nell'Europa del XIX secolo." In *L'Età contemporanea, Secoli XIX–XX*, ed. P. Bairoch and E. J. Hobsbawm, 675–751. Vol. 5 of *Storia d'Europa*. Turin: Einaudi.

Koerner, Konrad. 1982. "Observations on the Sources: Transmission and Meaning of 'Indo-European' and Related Terms in the Development of Linguistics." In *Papers from the 3rd International Conference on Historical Linguistics*, ed. J. P. Maher et al., 153–180. Amsterdam: John Benjamins.

Kohlstedt, Sally Gregory. 1976. *The Formation of the American Scientific Community: The American Association for the Advancement of Science, 1848–1860*. Urbana: Univ. of Illinois Press.

Kohlstedt, Sally Gregory, Michael M. Sokal, and Bruce V. Lewenstein. 1999. *The Establishment of Science in America: 150 Years of the American Association for the Advancement of Science*. New Brunswick, NJ: Rutgers Univ. Press.

Kohn, Hans. 1946. *The Idea of Nationalism*. 3d printing, with additions. New York: Macmillan.

———. 1956. *The Idea of Nationalism: A Study in Its Origins and Background*. New York: Macmillan.

———. 1965. "Nationalism and Internationalism in the Nineteenth and Twentieth Centuries." In *Grands Thèmes. Comité International des Sciences Historiques. XIIe Congrès International des Sciences Historiques, Rapports*, 1:191–240. Horn/Vienna: F. Berger & Söhne.

Kolakowski, Leszek. 1978. *Main Currents of Marxism: Its Rise, Growth, and Dissolution*. 3 vols. Oxford: Clarendon Press.

Kollontai, Alexandra. 1971. "The Social Basis of the Woman Question." In *Selected Writings of Alexandra Kollontai*, 58–73. Translated [from the Russian] with an introduction and commentaries by Alix Holt. London: Allison & Busby.

Koonz, Claudia. 1987. *Mothers in the Fatherland: Women, the Family, and Nazi Politics*. New York: St. Martin's Press.

Koyré, Alexandre. 1946. "Louis de Bonald." *Journal of the History of Ideas* 7, no. 1 (January): 56–73.

Kraditor, Aileen S. 1965. *The Ideas of the Woman Suffrage Movement, 1890–1920*. New York: Columbia Univ. Press.

———, ed. 1968. *Up from the Pedestal: Selected Writings in the History of American Feminism*. New York: Quadrangle Books.

Kraehe, Enno E. 1992. "A Bipolar Balance of Power." *American Historical Review* 97, no. 3 (June): 707–715.

Kriegel, Annie. 1979. "L' Association Internationale des Travailleurs (1864–1876)." In *Des Origines à 1875*, ed. J. Droz, 603–634. Vol. 1 of *Histoire générale du socialisme*. Paris: Univ. de France.

Kriegel, Annie, and Jean-Jacques Becker. 1964. *1914: La guerre et le mouvement ouvrier français*. Paris: Lib. Armand Colin.

Krug, Charles. 1899. *Le Féminisme et le droit civil français*. Nancy: Imp. Nancéienne.

Krüger, Dieter. 1987. "Max Weber and the 'Younger' Generation in the Verein für Sozialpolitik." In *Max Weber and His Contemporaries*, ed. W. J. Mommsen and J. Oberhammel, 71–87. London: Unwin Hyman.

Kuczynski, Jürgen. 1975. *Studien zu einer Geschichte der Gesellschaftswissenschaften*. Berlin: Akademie-Verlag.

Kuhn, Thomas. 1976. "Mathematical vs. Experimental Traditions in the Development of Physical Science." *Journal of Interdisciplinary History* 7, no. 1 (Summer): 1–31.

Kukiel, Marian. 1953. "La Révolution de 1830 et la Pologne." *Revue internationale d'histoire politique et constitutionnelle*, n.s., 3, no. 11 (July–September): 235–248.

Kulstein, David I. 1962. "The Attitude of French Workers towards the Second Empire." *French Historical Studies* 2, no. 3 (Spring): 356-375.

———. 1964. "Bonapartist Workers during the Second Empire." *International Review of Social History* 9:226-234.

———. 1969. *Napoleon III and the Working Class: A Study of Government Propaganda under the Second Empire*. N.p.: A Publication of the California State Colleges.

Kumar, Krishan. 1983. "Class and Political Action in Nineteenth-Century England: Theoretical and Comparative Perspectives." *Archives européennes de sociologie* 24, no. 1, 3-43.

Labrousse, Ernest. 1948. "Les Deux révolutions de 1848." *Revue socialiste*, n.s., nos. 17-18 (January-February): 1-6.

———. 1949a. "1848-1830-1789: Comment naissent les revolutions." In *Actes du Congrès historique du Centenaire de la Révolution de 1848*, 1-20. Paris: Presses Univ. de France.

———. 1949b. *Le mouvement ouvrier et les idées sociales en France le 1815 à la fin du XIXe siècle*. Les Cours de la Sorbonne. Paris: Centre de Documentation Universitaire.

———. 1952. *Le Mouvement ouvrier et les théories sociales en France au XIXe siècle*. Les Cours de la Sorbonne. Paris: Centre de Documentation Universitaire.

———. 1954. *Aspects de l'évolution économique et sociale de la France et du Royaume-Uni de 1815 à 1880*. 3 vols. Paris: Centre de Documentation Universitaire.

———, ed. 1956a. *Aspects de la crise et de la dépression de l'économie française au milieu du XIX siècle, 1846-1851*. Bibliothèque de la Révolution de 1848, 19. La Roche-sur-Yon: Impr. Centrale de l'Ouest.

———. 1956b. "Panoramas de la crise." In *Aspects de la crise et de la dépression de l'économie française au milieu du XIXe siècle, 1846-1851*, ed. E. Labrousse, iii-xxiv. Bibliothèque de la Révolution de 1848, vol. 19. La Roche-sur-Yon: Impr. Centrale de l'Ouest.

———. 1976. "A Livre ouvert sur les élans et les vicissitudes des croissances." In *Histoire économique et sociale de la France*. Tome 3, *L'Avènement de l'ère industrielle (1789-années 1880)*, 2:859-1024. Paris: Presses Univ. de France.

Lacour, Leopold. 1900. *Les Origines du féminisme contemporaine. Trois femmes et la Révolution: Olympe de Gouges, Théoigne de Mericourt, Rose Lacombe*. Paris: Plon-Nourrit.

Lacroix, Bernard. 1981. *Durkheim et la politique*. Paris: Presses de la Fondation Nationale des Sciences Politiques.

Laidler, David. 1987. "Bullionist Controversy." In *The New Palgrave: A Dictionary of Economics*, ed. J. Eatwell et al. London: Macmillan.

Lambi, Ivo Nikolai. 1963. *Free Trade and Protection in Germany, 1868-1879*. Vierteljahrschrift für Sozial- und Wirtschaftsgeschichte, Beihefte no. 44. Weisbaden: Franz Steiner Verlag.

Landauer, Carl. 1961. "The Guesdists and the Small Farmer: Early Erosion of French Marxism." *International Review of Social History* 6, pt. 2, 212-225.

Landes, David S. 1949. "French Entrepreneurship and Industrial Growth in the Nineteenth Century." *Journal of Economic History* 9, no. 1 (May): 45-61.

———. 1956. "Vieille banque et banque nouvelle: La révolution financière du dix-neuvième siècle." *Revue d'histoire moderne et contemporaine* 3:204-222.

Landes, Joan B. 1981. "Feminism and the Internationals." *Telos*, no. 49 (Fall): 117-126.

———. 1988. *Women and the Public Sphere in the Age of the French Revolution.* Ithaca, NY: Cornell Univ. Press.

Lange, David. 1977. "London in the Year of Revolutions, 1848." In *London in the Age of Reform,* ed. J. Stevenson, 177–211. Oxford: Basil Blackwell.

Langewiesche, Dieter. 1987. "The Impact of the German Labor Movement on Workers' Culture." *Journal of Modern History* 59, no. 3 (September): 506–523.

———. 1993. "Liberalism and the Middle Classes in Europe." In *Bourgeois Society in Nineteenth-Century Europe,* ed. J. Kocka and A. Mitchell, 40–69. Oxford: Berg.

Lasch, Christopher. 1958. "The Anti-Imperialists, the Philippines, and the Inequality of Man." *Journal of Southern History* 24, no. 3 (August): 319–331.

Laslett, John H. M. 1964. "Reflections on the Failure of Socialism in the American Federation of Labor." *Mississippi Valley Historical Review* 50, no. 4 (March): 634–651.

———. 1974. "Comment [on Daniel Bell]." In *Failure of a Dream? Essays in the History of American Socialism,* ed. J. H. M. Laslett and S. M. Lipset, 112–123. Garden City, NY: Anchor/Doubleday.

Lasserre, Adrien. 1906. *La Participation collective des femmes à la Révolution: Les antécédents du féminisme.* Paris: Félix Alcan.

Lazarsfeld, Paul F. 1961. "Notes on the History of Quantification in Sociology: Trends, Sources, and Problems." *ISIS* 52, pt. 2, no. 168 (June): 277–331.

Le Bon, Gustave. 1978 [1894]. *Les Lois psychologiques de l'évolution des peuples.* Paris: Les Amis de Gustave Le Bon.

Lebrun, Pierre. 1948. *L'industrie de la laine à Verviers pendant le XVIIIe et le début du XIXe siècles: Contribution à l'étude des origines de la révolution industrielle.* Faculté de Philosophie et Lettres, fasc. 114. Liège.

———. 1961. "La rivoluzione industriale in Belgio: Strutturazione e destrutturazione delle economie regionali." *Studi storici* 2, nos. 3/4: 548–658.

Leclercq, Yves. 1991. "Les Débats d'orientation économique de la France (1815–1850)." *Cahiers de l'I.S.E.A.,* Series AF: Historie quantitative de l'économie française, no. 4 (July): 91–119.

Le Cour Grandmaison, Olivier. 1987. "La Citoyenneté à l'époque de la Constituante." *Annales historiques de la Révolution française,* nos. 269–270 (July–December): 248–265.

Lecuyer, Bernard-Pierre. 1983. "Les Statistiques démographiques et sociales et les statisticiens durant la Restauration." In *Sciences, médecines et technologies sous la Restauration.* Paris: Maison des Sciences de l'Homme.

———. 1988. Preface to *Législation primitive considérée par la raison,* by L. de Bonald, i–vi. Paris: Jean-Michel Place.

Ledru-Rollin, A.-A. 1850. *De la décadence de l'Angleterre.* 2 vols. Paris: Escudier Frères.

Lee, Dwight E., and Robert N. Beck. 1954. "The Meaning of Historicism." *American Historical Review* 59, no. 3 (April): 568–577.

Lee, Richard E., and Immanuel Wallerstein, coord. 2004. *Overcoming the Two Cultures: Science versus the Humanities in the Modern World-System.* Boulder, CO: Paradigm.

Lee, W. R., and Eve Rosenhaft, eds. 1997. *State, Social Policy and Social Change in Germany, 1880–1994.* Updated and rev. 2nd ed. Oxford: Berg.

Lefkowitz, Mary R. 1996. "Ancient History, Modern Myths." In *Black Athena Revisited*, ed. M. R. Lefkowitz and G. M. Rogers, 5–23. Chapel Hill: Univ. of North Carolina Press.

———. 1997. *Not Out of Africa: How Afrocentrism Became an Excuse to Teach Myth as History*. Rev. ed. New York: Basic Books.

Lefrane, Georges. 1930. "The French Railroads, 1823–1842." *Journal of Economic and Business History* 2, no. 2 (February): 299–331.

Lehning, Arthur. 1938. *The International Association, 1855–1859: A Contribution to the Preliminary History of the First International*. Leiden: E. J. Brill.

———. 1970. *From Buonarroti to Bakunin: Studies in International Socialism*. Leiden: E. J. Brill.

Lemoine, Robert J. 1932. "Les Étrangers et la formation du capitalisme en Belgique." *Revue d'histoire économique et sociale* 20, no. 3, 252–336.

Lentini, Orlando, ed. 1981. *La Sociologia italiana nell'età del positivismo*. Bologna: Il Mulino.

Léon, Pierre. 1960. "L'industrialisation en France en tant que facteur de croissance économique, du début du XXVIIIe siècle à nos jours." In *Première conférence internationale d'histoire économique*, 165–204. Paris and The Hague: Mouton.

Léon, Pierre, François Crouzet, and Richard Gascon, eds. 1972. *L'Industrialisation en Europe au XIXe siècle, Cartographie et typologie. Colloque International du C.N.R.S., Lyon, 7–10 Octobre, 1970*. Paris: Éd. du C.N.R.S.

Leopold, Joan. 1970. "The Aryan Theory of Race in India, 1870–1920: Nationalist and Internationalist Visions." *Indian Economic and Social History Review* 7, no. 2 (June): 271–297.

———. 1974. "British Applications of the Aryan Theory of Race to India, 1850–1870." *English Historical Review* 89, no. 352, 578–603.

Lepenies, Wolf. 1989. *Between Literature and Science: The Rise of Sociology*. Cambridge: Cambridge Univ. Press. [Originally published as *Die Drei Kulturen*.]

Lerner, Gerda. 1993. *The Creation of Feminist Consciousness: From the Middle Ages to Eighteen-seventy*. New York: Oxford Univ. Press.

Leslie, R. F. 1952. "Polish Political Divisions and the Struggle for Power at the Beginning of the Insurrection of November 1830." *Slavonic Review* 31, no. 76 (December): 113–132.

———. 1956. *Polish Politics and the Revolution of November 1830*. London: Athlone Press.

Leuilliot, Paul. 1953. "Notes et remarques sur l'histoire économique et social de la France, sous la Restauration." *Revue de synthèse*, n.s., 33 (74, sér. gén.) (July–December): 149–172.

Le Van-Mesle, Lucette. 1980. "La Promotion de l'économie politique en France au XIXe siècle, jusqu'à son introduction dans les facultés (1815–1881)." *Revue d'histoire moderne et contemporaine* 27 (April–June): 270–294.

Levasseur, Emile. 1903–1904. *Histoire des classes ouvrières et de l'industrie en France de 1789 à 1870*. 2nd ed. entièrement refondue. 3 vols. Paris: A. Rousseau.

Levy, Darline Gay, et al., eds. 1979. *Women in Revolutionary Paris, 1789–1795: Selected Documents*. Urbana: Univ. of Illinois Press.

Lévy-Leboyer, Maurice. 1964. *Les Banques européennes et l'industrialisation internationale dans la première moitié du XIXe siècle*. Paris: Presses Univ. de France.

———. 1968a. "La Croissance économique en France au XIXe siècle: Résultats préliminaires." *Annales E.S.C.* 23, no. 4 (July–August): 788–807.

———. 1968b. "Le Processus d'industrialisation: Le Cas de l'Angleterre et la France." *Revue historique*, 92e année, CCXXXIX (April–June): 281–298.

———. 1970. "L'Héritage de Simiand: Prix, profit et termes d'échange au XIXe siècle." *Revue historique*, 94e année, no. 243 (January–March): 77–120.

———. 1971. "La Décélération de l'économie française dans la seconde moitié du XIXe siècle." *Revue d'histoire économique et sociale* 49, no. 4, 485–507.

Lévy-Leboyer, Maurice, and François Bourguignon. 1985. *L'Economie française au XIXe siècle: Analyse macro-économique*. Paris: Economica.

Lewis, Gordon K. 1978. *Slavery, Imperialism, and Freedom: Studies in English Radical Thought*. New York: Monthly Review Press.

———. 1983. *Main Currents in Caribbean Thoughts: The Historical Evolution of Caribbean Society in Its Ideological Aspects, 1492–1900*. Baltimore: Johns Hopkins Univ. Press.

Lewis, Jane. 1984. *Women in England 1870–1950: Sexual Divisions and Social Change*. Brighton, UK: Wheatsheaf Books.

———, ed. 1987. *Before the Vote Was Won: Arguments for and against Women's Suffrage*. London: Routledge & Kegan Paul.

Lewis, W. A. 1957. "International Competition in Manufacturers." *American Economic Review* 47, no. 2, 578–587.

Lhomme, Jean. 1960. *La Grande bourgeoisie au pouvoir (1830–1880)*. Paris: Presses Univ. de France.

Lichtheim, George. 1969. *The Origins of Socialism*. London: Weidenfeld & Nicolson.

Liddington, Jill, and Jill Norris. 1984. *One Hand Tied Behind Us: The Rise of the Women's Suffrage Movement*. Reprinted and corrected ed. London: Virago.

Lidtke, Vernon. 1980. "The Formation of the Working Class in Germany." *Central European History* 13, no. 4 (December): 393–400.

Lincoln, Andrew. 1980. "Through the Undergrowth: Capitalist Development and Social Formation in 19th Century France." In *People's History and Socialist Theory*, ed. R. Samuel, 255–267. London: Routledge & Kegan Paul.

Lindenlaub, Dieter. 1967. *Richtungskämpfe im Verein für Sozialpolitik: Vierteljahresschaft für Sozial- und Wirtschartsgeschichte*. Beiheft no. 53. Wiesbaden: Franz Steiner Verlag.

Lindholm, Marika. 1991. "Swedish Feminism, 1835–1945: A Conservative Revolution." *Journal of Historical Sociology* 4, no. 2 (June): 121–142.

Linebaugh, Peter, and Marcus Rediker. 1990. "The Many Headed Hydra: Sailors, Slaves and the Atlantic Working Class in the Eighteenth Century." *Journal of Historical Sociology* 3, no. 3 (September): 225–522.

Lipset, S. M. 1983. "Radicalism or Reformism: The Sources of Working-Class Politics." *American Political Science Review* 77, no. 1 (March): 1–18.

Lis, Catharine, and Hugo Soly. 1977. "Food Consumption in Antwerp between 1807 and 1859: A Contribution to the Standard of Living Debate." *Economic History Review*, 2nd. ser., vol. 30, no. 3: 460–486.

Lisanti, Nicola. 1979. "La Nascità del movimento operaio, 1815–1860." In *Dall'Età preindustriale alla fine dell'Ottocento*, ed. A. Agosti and G. M. Bravo, 219–267. Vol. 1 of *Storia del movimento operaio, del socialismo e delle lotte sociale in Piemonte*. Bari: De Donato.

Lissagaray, Prosper-Olivier. 1976. *Histoire de la Commune de 1871*. Paris: La Découverte.

Lladonosa, Manuel, and Joaquím Ferrer. 1977. "Nacionalisme català i reformisme social en els treballadors mercantila a Barcelona entre 1903 i 1939. El C.A.D.C.I." In *Teoría y práctica del movimiento obrero en España, 1900–1936*, ed. A. Balcells, 281–329. Valencia: Fernando Torres, Ed.

Locke, John. 1965 [1689]. *Two Treatises of Government*. New York: New American Library/Mentor.

Logue, William. 1979. "Sociologie et politique: Le Libéralisme de Célestin Bouglé." *Revue française de sociologie* 20, no. 1 (January–March): 141–161.

———. 1983. *From Philosophy to Sociology: The Evolution of French Liberalism, 1870–1914*. De Kalb: Northern Illinois Univ. Press.

Longuet, Jean. 1913. *Le Mouvement socialiste international*. Paris: A. Quillet.

Lora, Guillermo. 1990. *A History of the Bolivian Labour Movement, 1848–1971*. Cambridge: Cambridge Univ. Press.

Lorimer, Douglas A. 1978. *Colour, Class, and the Victorians: English Attitudes to the Negro in the Mid-Nineteenth Century*. Leicester, UK: Leicester Univ. Press.

———. 1990. "Nature, Racism, and Late Victorian Science." *Canadian Journal of History* 25, no. 3 (December): 369–385.

Lorwin, Val. 1958. "Working-Class Politics and Economic Development in Western Europe." *American Historical Review* 63, no. 2 (January): 338–351.

Louis, Paul. 1905. *Le Colonialisme*. Bibliothèque Socialiste, no. 36. Paris: Société Nouvelle de Librairie et d'Edition.

Lovett, Clara M. 1982. *The Democratic Movement in Italy, 1830–1876*. Cambridge, MA: Harvard Univ. Press.

Lowi, Theodore J. 1985. Foreword to *Disenchanted Realists, Political Science and the American Crisis, 1884–1984*, by R. Seidelman, vii–xvii. Albany: State Univ. of New York Press.

Löwy, Michael. 1974. "Le Problème de l'histoire (remarques de théorie et de méthode)." In *Les Marxistes et la question nationale, 1848–1914*, by G. Haupt et al., 370–391. Paris: Maspéro.

Lukes, Steven. 1973. *Individualism*. Oxford: Basil Blackwell.

Lutfalla, Michel. 1972. "Aux Origines du libéralisme économique en France, Le 'Journal des Economistes.' Analyse du contenu de la première série, 1841–1853." *Revue d'histoire économique et social* 50, no. 4, 494–517.

Luzzatto, Gino. 1948. "Aspects sociaux de la Révolution de 1848 en Italie." *Revue socialiste*, n.s., nos. 17–18 (January–February): 80–86.

Lyon, Peyton V. 1961. "Saint-Simon and the Origins of Scientism and Historicism." *Canadian Journal of Economics and Political Science* 27, no. 1 (February): 55–63.

Lytle, Scott H. 1955. "The Second Sex (September, 1793)." *Journal of Modern History* 27, no. 1 (March): 14–26.

Lyttleton, Adrian. 1993. "The National Question in Italy." In *The National Question in Europe in Historical Context*, ed. M. Teich and R. Porter, 63–105. Cambridge: Cambridge Univ. Press.

MacCoby, S., ed. 1952. *The English Radical Tradition, 1763–1914*. London: Nicholas Kaye.

MacDonagh, Oliver. 1958. "The Nineteenth Century Revolution in Government: A Reappraisal." *Historical Journal* 1, no. 1, 52–67.

———. 1962. "The Anti-Imperialism of Free Trade." *Economic History Review*, n.s., 14, no. 3 (April): 489-501.
———. 1981. "Ambiguity in Nationalism: The Case of Ireland." *Historical Studies* 19, no. 76 (April): 337-352.
Macpherson, C. B. 1962. *The Political Theory of Possessive Individualism: Hobbes to Locke.* Oxford: Clarendon Press.
Maehl, William. 1952. "The Triumph of Nationalism in the German Socialist Party on the Eve of the First World War." *Journal of Modern History* 24, no. 1 (March): 15-41.
Magraw, Roger. 1985. *France, 1815-1914: The Bourgeois Century.* Fontana History of Modern France. London: Fontana Press/Collins.
Maier, Charles S. 1992. "Democracy since the French Revolution." In *Democracy, the Unfinished Journey: 500 B.C. to A.D. 1993*, ed. John Dunn, 125-153. Oxford: Oxford Univ. Press.
Malefakis, Edward. 1977. "Un Análisis comparativo del movimiento obrero en España e Italia." In *Teoría y práctica del movimiento obrero en España, 1900-1936*, ed. A. Balcells, 95-111. Valencia: Fernando Torres, Éd.
Maloney, John. 1985. *Marshall, Orthodoxy and the Professionalisation of Economics.* Cambridge: Cambridge Univ. Press.
Manacorda, Gaston. 1981. Remarks in *Jaurès et la classe ouvrière*, 184-186. Collection mouvement social. Paris: Ed. Ouvrières.
Mann, Michael. 1970. "The Social Cohesion of Liberal Democracy." *American Sociological Review* 35, no. 3 (June): 423-431.
Manning, D. J. 1976. *Liberalism.* London: J. M. Dent & Sons.
Manuel, Frank E. 1956. *The New World of Henri Saint-Simon.* Cambridge, MA: Harvard Univ. Press.
Marcuse, Herbert. 1974. "Marxism and Feminism." *Women's Studies* 2, no. 3, 279-288.
Marczewski, Jean. 1961. "Y a-t-il eu un 'take off'" en France?" *Cahiers de l'I.S.E.A.*, Series AD: Évolution des techniques et progrès de l'économie, no. 1 (February): 69-94.
———. 1963. "The Take-Off Hypothesis and French Experience." In *The Economics of Take-Off into Sustained Growth*, ed. W. W. Rostow, 119-138. London: Macmillan.
———. 1965. "Le Produit physique de l'économie française de 1789 à 1913 (comparison avec la Grande-Bretagne)." *Cahiers de l'I.S.E.A.*, Series AF: Historie quantitative de l'économie française, no. 4 (July): vii-cliv.
———. 1987. "Préface" to "Le Produit intérieur brut de la France de 1789 à 1982," by Jean-Claude Toutain. *Cahiers de l'I.S.M.E.A.*, Series AF: Historie quantitative de l'économie française, no. 15 (May): 3-48.
Marichal, Juan. 1955. "España y las raíces semánticas del liberalisme." *Cuadernos*, no. 11 (March-April): 53-60.
———. 1956. "The French Revolution Background in the Spanish Semantic Change of 'Liberal.'" In *American Philosophical Society Yearbook 1955*, 291-293. Philadelphia: American Philosophical Society.
Markovitch, Timohir J. 1965. "La crise de 1847-1848 dans les industries parisiennes." *Revue d'histoire économique et social* 43, no. 2, 256-260.
———.1966. "L'Industrie française de 1789 à 1964: Conclusions générales." *Cahiers de l'I.S.E.A,* Series AF: Histoire quantitative de l'économie française, no. 7 (November).

———. 1967. "Le revenu industriel et artisanal sous la Monarchie de juillet et le Second Empire." *Cahiers de l'I.S.E.A*, Series AF: Histoire quantitative de l'économie française, no. 8 (April).

Marks, Harry J. 1939. "The Sources of Reformism in the Social Democratic Party of Germany, 1890-1914." *Journal of Modern History* 11, no. 3 (September): 334-356.

Marriott, Sir J. A. R. 1918. *The Eastern Question: An Historical Study in European Diplomacy*. 2nd ed. Oxford: Clarendon Press.

Marrus, Michael R. 1972. "French Jews, the Dreyfus Affair, and the Crisis of French Society." In *Modern European Social History*, ed. R. J. Bezucha, 335-353. Lexington, MA: D. C. Heath.

Marshall, Alfred. 1892. "Reply" [to "The Perversion of Economic History"], *Economic Journal* 2, no. 3 (September): 507-519.

———. 1921. *Industry and Trade*. London: Macmillan.

Marshall, Susan E. 1986. "In Defense of Separate Spheres: Class and Status Politics in the Antisuffrage Movement." *Social Forces* 65, no. 2 (December): 327-351.

Martin, Gaston. 1948. *L'Abolition de l'esclavage (27 avril 1848)*. Collection du Centenaire de la Révolution De 1848. Paris: Presses Univ. de France.

Martin, Kingsley. 1963. *The Triumph of Lord Palmerston*. Rev. ed. London: Hutchison.

Martin, Wendy. 1972. *The American Sisterhood: Writings of the Feminist Movement from Colonial Times to the Present*. New York: Harper & Row.

Marx, Karl, and Frederick Engels. 1976. "Manifesto of the Communist Party." In *Collected Works*, vol. 6, *Marx and Engels, 1845-1848*, 477-519. New York: International Publishers.

Mason, E. S. 1931. "Saint-Simonism and the Rationalisation of Industry." *Quarterly Journal of Economics* 45 (August): 640-683.

Mastellone, Salvo. 1957. *La Politica estera del Guizot (1840-1847)*. Florence: La Nuova Italia.

Masure, Auguste. 1892-1893. "La Reconnaissance de la monarchie de juillet." 2 pts. *Annales de l'École Libre de Sciences Politiques* 7 (October 1892): 696-721; 8 (January 1893): 72-117.

Mathias, Eric. 1971. "The Social Democratic Working-Class Movement and the German National State Up to the End of World War I." In *Mouvements nationaux d'indépendance et classes populaires aux XIXe et XXe siècles en Occident et en Orient*, 1:175-183. Paris: Lib. Armand Colin.

Matoré, Georges. 1967. *Le Vocabulaire et la société sous Louis-Philippe*. 2nd ed. Geneva: Slatkine Reprints.

Matthew, H. C. G. 1973. *The Liberal Imperialists: The Ideas and Politics of a Post-Gladstonian Elite*. London: Oxford Univ. Press.

———. 1979. "Disraeli, Gladstone, and the Policy of Mid-Victorian Budgets." *Historical Journal* 22, no. 3 (September): 615-643.

Mawet, Francine. 2000. "Inde, réponses ou questions?" In *Modèles linguistiques et idéologies, "Indo-Européen,"* ed. S. Vanséveren, 61-84. Brussels: Éd. Ousia.

May, Arthur J. 1948. "L'Amérique et les révolutions du milieu du siècle dernier." In *Le Printemps des peuples: 1848 dans le monde*, ed. F. Fejtö, 2:395-434. Paris: Éd. du Minuit.

May, Martha. 1982. "The Historical Problem of the Family Wage: The Ford Motor Company and the Five Dollar Day." *Feminist Studies* 8, no. 2 (Summer): 399-424.

Mayer, Arno J. 1969. "Internal Courses and Purposes of War, 1870-1956: A Research Assignment." *Journal of Modern History* 41, no. 3 (September): 291-303.

———. 1981. *The Persistence of the Old Regime: Europe to the Great War*. New York: Pantheon.

McBride, Theresa M. 1976. *The Domestic Revolution: The Modernization of Household Science in England and France, 1820-1920*. London: Croom Helm.

McCalman, Iain. 1986. "Anti-slavery and Ultra Radicalism in Early Nineteenth-Century England: The Case of Robert Wedderburn." *Slavery and Abolition* 7, no. 2 (September): 99-117.

McClelland, Charles E. 1980. *State, Society, and University in Germany, 1700-1914*. Cambridge: Cambridge Univ. Press.

McCloskey, Donald N. 1971. "International Differences in Productivity? Coal and Steel in America and Britain before World War I." In *Essays on a Mature Economy: Britain after 1840*, ed. D. N. McCloskey, 285-304. London: Methuen.

———. 1980. "Magnanimous Albion: Free Trade and British National Income, 1841-1881." *Explorations in Economic History* 17, no. 3 (July): 303-320.

McCloskey, Donald N., and Kars G. Sandberg. 1971. "From Damnation Entrepreneur." *Explorations in Entrepreneurial History* 9, no. 1 (Fall): 89-108.

McCloskey, Donald N., and J. Richard Zesher. 1976. "How the Gold Standard Worked, 1880-1913." In *The Monetary Approach to the Balance of Payments*, ed. J. A. Frenkel and H. G. Johnson, 357-385. London: George Allen & Unwin.

McCord, Norman. 1958. *The Anti-Corn Law League, 1838-1846*. London: George Allen & Unwin.

McCormmach, Russell. 1974. "On Academic Scientists in Wilhelmian Germany." *Daedalus* 103, no. 3, 157-171.

McDougall, Mary Lynn. 1978. "Consciousness and Community: The Workers of Lyon, 1830-1850." *Journal of Social History* 14, no. 1 (Fall): 129-145.

McGregor, O. R. 1957. "Social Research and Social Policy in the Nineteenth Century." *British Journal of Sociology* 8, no. 2 (June): 146-157.

McGrew, William W. 1976. "The Land Issue in the Greek War of Independence." In *Hellenism and the First Greek War of Liberation (1821-1830): Continuity and Change*, ed. N. P. Diamandouros, 111-129. Thessaloniki: Institute for Balkan Studies.

McKenzie, Robert, and Allan Silver. 1968. *Angels in Marble: Working Class Conservatives in Urban England*. London: Heinemann.

McLaren, Angus. 1978a. "Abortion in France: Women and the Regulation of Family Size, 1800-1914." *French Historical Studies* 10, no. 3 (Spring): 461-485.

———. 1978b. *Birth Control in Nineteenth-Century England*. London: Croom Helm.

McMillan, James F. 1981a. "Clericals, Anticlericals and the Women's Movement in France under the Third Republic." *Historical Journal* 24, no. 2, 361-376.

———. 1981b. *Housewife or Harlot: The Place of Women in French Society, 1870-1940*. Brighton, Sussex, UK: Harvester Press.

Meek, Ronald L. 1967. "The Scottish Contribution to Marxist Sociology." In *Economics and Ideology and Other Essays*, 34–50. London: Chapman & Hall.

———. 1976. *Social Science and the Ignoble Savage*. Cambridge: Cambridge Univ. Press.

Melder, Keith. 1977. *The Beginnings of Sisterhood: The American Woman's Rights Movement, 1800–1850*. New York: Schocken Books.

Mellon, Stanley. 1958. *The Political Uses of History: A Study of Historians in the French Restoration*. Stanford, CA: Stanford Univ. Press.

Mellor, G. R. 1951. *British Imperial Trusteeship, 1783–1850*. London: Faber & Faber.

Menager, Bernard. 1981. "Forces et limites du bonapartisme populaire en milieu ouvrier sous le Second Empire." *Revue historique*, 105e année, CCLXV, 2, no. 538 (April–June): 371–388.

Merle, Marcel, ed. 1969. *L'Anticolonialisme européen de Las Casas à Marx*. Textes choisis et présentés. Collection U. Paris: Lib. Armand Colin.

Merrill, Lynn L. 1989. *The Romance of Victorian Natural History*. New York: Oxford Univ. Press.

Merriman, John M. 1975. "Radicalism and Repression: A Study of the Demobilisation of the 'Democ-Socs' during the Second French Republic." In *Revolution and Reaction: 1848 and the Second French Republic*, ed. R. Price, 210–235. London: Croom Helm.

———. 1978. *Agony of the Republic: The Depression of the Left in Revolutionary France, 1848–1851*. New Haven, CT: Yale Univ. Press.

Meyssonier, Simone. 1989. *La Balance et l'horloge: La Genèse de la pensée libérale en France au XVIIIe siècle*. Montreuil: Éd. de la Passion.

Michaud, Stéphane, ed. 1984. *Un Fabuleux destin, Flora Tristan. Actes Du Premier Colloque International Flora Tristan, Dijon, 3 et 4 mai 1984*. Dijon: Éd. Univ. de Dijon.

Michelet, Jules. 1860. *La Femme*. 3rd ed. Paris: Hachette.

Michels, Roberto. 1908. *Il Proletariato e la borghesia nel movimento socialista italiana*. Turin: Fratelli Bocca, Ed.

Michie, Ranald. 1993. "The City of London and International Trade, 1850–1914." In *Decline and Recovery in Britain's Overseas Trade, 1873–1914*, ed. D. C. M. Platt et al., 21–63. London: Macmillan.

Middleton, Lucy, ed. 1977. *Women in the Labour Movement: The British Experience*. London: Croom Helm.

Mill, John Stuart. 1849. "The French Revolution of 1848, and Its Assailants." *Westminster Review* LI, April–July, 1–47. [Published anonymously.]

———. 1970. "The Subjection of Women." In *Essays on Sex Equality by John Stuart Mill and Harriet Taylor Mill*, ed. A. Rossi, 123–242. Chicago: Univ. of Chicago Press.

Miller, Sally M., ed. 1981. *Flawed Liberation: Socialism and Feminism*. Westport, CT: Greenwood Press.

Milward, Alan S., and S. B. Saul. 1973. *The Development of the Economics of Continental Europe, 1850–1914*. London: George Allen & Unwin.

Mink, Gwendolyn. 1986. *Old Labor and New Immigrants in American Political Development: Union, Party, and State, 1875–1920*. Ithaca, NY: Cornell Univ. Press.

———. 1990. "The Lady and the Tramp: Gender, Race, and the Origins of the American Welfare State." In *Women, the State and Welfare*, ed. L. Gordon, 92–122. Madison: Univ. of Wisconsin Press.

Minogue, K. R. 1963. *The Liberal Mind*. London: Methuen.

Mitchison, Rosalind. 1980. "Nineteenth Century Scottish Nationalism: The Cultural Background." In *The Roots of Nationalism: Studies in Northern Europe*, ed. R. Mitchison, 131–142. Edinburgh: John Donald.

Mock, Wolfgang. 1981. "The Function of 'Race' in Imperialist Ideologies: The Example of Joseph Chamberlain." In *Nationalist and Racialist Movements in Britain and Germany before 1914*, ed. P. Kennedy and A. Nicholls, 190–203. Basingstoke, UK: Macmillan.

Mokyr, Joel. 1974. "The Industrial Revolution in the Low Countries in the First Half of the Nineteenth Century." *Journal of Economic History* 34, no. 2: 365–391.

Mokyr, Joel, and John V. C. Nye. 1990. "La Grande quantification" [review of *L'Économie française au XIXe siècle*, by M. Lévy-Leboyer and F. Bourgnignon], *Journal of Economic History* 50, no. 1 (March): 172–176.

Molnár, Miklós. 1971. "Mouvements d'indépendance en Europe: Rôle de la question agraire et du niveau de culture." In *Mouvements nationaux d'indépendance et classes populaires aux XIXe et XXE siècles en Occident et en Orient*, ed. E. Labrousse, 217–227. Comité International des Sciences Historiques, Commission Internationale d'Histoire des Mouvement Sociaux et des Structures Sociales. Paris: Lib. Armand Colin.

———. 1975. *Marx, Engels et la politique internationale*. Paris: Gallimard.

Mommsen, Hans. 1979. *Arbiterbewegung und nationale Frage; ausgew. Aufsätze*. Göttingen: Vandenhoek & Ruprecht.

Mommsen, Wolfgang J., and Jürgen Osterhammel, eds. 1985. *Imperialism and After: Continuities and Discontinuities*. London: George Allen & Unwin.

Montgomery, David. 1980. "Strikes in Nineteenth-Century America." *Social Science History* 4, no. 1 (Winter): 81–104.

Mooers, Colin. 1991. *The Making of Bourgeois Europe: Absolutism, Revolution, and the Rise of Capitalism in England, France and Germany*. London: Verso.

Moore, David Chioni, ed. 2001. *Black Athena Writes Back: Martin Bernal Responds to His Critics*. Durham, NC: Duke Univ. Press.

Moore, David Cresap. 1961. "The Other Face of Reform." *Victorian Studies* 5, no. 1 (September): 7–34.

———. 1965. "The Corn Laws and High Farming." *Economic History Review*, n.s., 18, no. 3 (December): 544–561.

———. 1967. "Social Structure, Political Structure, and Public Opinion in Mid-Victorian England." In *Ideas and Institutions of Victorian Britain*, ed. Robert Robson, 20–57. London: G. Bell & Sons.

Moore, R. J. 1964. "Imperialism and 'Free Trade' Policy in India, 1853–54." *Economic History Review*, n.s., 17, no. 1 (August): 135–145.

Moorhouse, H. F. 1973. "The Political Incorporation of the British Working Class: An Interpretation." *Sociology* 7, no. 3 (September): 341–359.

———. 1975. "On the Political Incorporation of the Working Class: Reply to Gray." *Sociology* 9, no. 1 (January): 105–110.

———. 1978. "The Marxist Theory of the Labour Aristocracy." *Social History* 3, no. 1 (January): 61–82.
Moravio, Sergio. 1980. "The Enlightenment and the Sciences of Man." *History of Science* 18, pt. 4, no. 142 (December): 247–268.
Morazé, Charles. 1957. *Les Bourgeois conquérants, XIX siècle*. Paris: A. Colin.
Morgan, David. 1975. *Suffragists and Liberals: The Politics of Women Suffrage in England*. Oxford: Blackwell.
Morgan, E. Victor. 1965. *The Theory and Practice of Central Banking, 1797-1913*. London: Frank Cass.
Morley, Charles. 1952. "The European Significance of the November Uprising." *Journal of Central European Affairs* 11, no. 4 (January): 407–416.
Morrell, Jack, and Arnold Thackray. 1981. *Gentlemen of Science: Early Years of the British Association for the Advancement of Science*. Camden Fourth Series 30. Oxford: Clarendon Press.
Moses, Claire Goldberg. 1982. "Saint-Simonian Men/Saint-Simonian Women: The Transformation of Feminist Thought in 1830s' France." *Journal of Modern History* 54, no. 2 (June): 240–267.
———. 1984. *French Feminism in the Nineteenth Century*. Albany: State Univ. of New York Press.
———. 1992. "Debating the Present, Writing the Past: 'Feminism' in French History and Historiography." *Radical History Review*, no. 52 (Winter): 79–84.
Moses, John A. 1990. *Trade Union Theory from Marx to Walesa*. New York: Berg.
Moses, Wilson J. 1978. *The Golden Age of Black Nationalism, 1850-1925*. Hamden, CT: Archon.
Moss, Bernard H. 1975a. "Parisian Workers and the Origins of Republican Socialism, 1830-1833." In *1830 in France*, ed. J. M. Merriman, 203–221. New York: Franklin Watts.
———. 1975b. "Parisian Producers' Associations (1830-51): The Socialism of Skilled Workers." In *Revolution and Reaction: 1848 and the Second French Republic*, ed. R. Price, 73–86. London: Croom Helm.
———. 1976. *The Origins of the French Labor Movement, 1830-1914: The Socialism of Skilled Workers*. Berkeley: Univ. of California Press.
Mosse, George L. 1947. "The Anti-League, 1844-1846." *Economic History Review* 17, no. 2, 134–142.
———. 1985. *Nationalism and Sexuality: Respectability and Abnormal Sexuality in Modern Europe*. New York: Howard Fertig.
Mouralis, Bernard. 1987. "Le Concept du primitif: L'Europe, productrice d'une science des autres." *Notre Librairie*, no. 90 (October–December): 86–91.
Muret, Maurice. 1925. *La Crépuscule des nations blanches*. Paris: Payot.
Murphy, Marjorie. 1986. "The Aristocracy of Women's Labor in Autumn." *History Workshop Journal*, no. 22 (Autumn): 56–69.
Musson, A. E 1959. "The Great Depression in Britain, 1873-1896: A Reappraisal." *Journal of Economic History* 19, no. 2 (June): 199–228.
———. 1963. "British Growth during the Great Depression (1873-96): Some Comments." *Economic History Review*, n.s., 15, no. 3, 529–533.

———. 1964. "British Industrial Growth, 1873-96: A Balanced View." *Economic History Review*, n.s., 17, no. 2 (December): 397-403.

———. 1972a. *British Trade Unions, 1800-1875*. London: Macmillan.

———. 1972b. "The 'Manchester School' and Exportation of Machinery." *Business History* 14, no. 1 (January): 17-50.

———. 1976. "Class Struggle and the Labour Aristocracy, 1830-60." *Social History* 1, no. 3 (October): 335-356.

Myers, John Lynton. 1916. "The Influence of Anthropology on the Course of Political Science." *University of California Publications in History* 4, no. 1 (February 29): 1-81.

Neale, R. S. 1972. *Class and Ideology in the Nineteenth Century*. London: Routledge & Kegan Paul.

Neff, Emery. 1926. *Carlyle and Mill: Mystic and Utilitarian*. New York: Columbia Univ. Press.

Neuman, R. P. 1974. "The Sexual Question and Social Democracy in Imperial Germany." *Journal of Social History*, no. 7 (Spring): 271-286.

Newbold, J. T. Walton. 1932. "The Beginnings of the World Crisis, 1873-96." *Economic Journal (Economic History)* 2, no. 7 (January): 425-441.

Newell, William H. 1973. "The Agricultural Revolution in Nineteenth Century France." *Journal of Economic History* 33, no. 4 (December): 697-731.

Newman, Edgar Leon. 1974. "The Blouse and the Frock Coat: The Alliance of the Common People of Paris with the Liberal Leadership in the Middle Class during the Last Years of the Bourbon Restoration." *Journal of Modern History* 46, no. 1 (March): 26-59.

———. 1975. "What the Crowd Wanted in the French Revolution of 1830." In *1830 in France*, ed. J. M. Merriman, 17-41. New York: Franklin Watts.

Newman, Gerald. 1987. *The Rise of English Nationalism: A Cultural History, 1740-1830*. New York: St. Martin's.

Newsinger, John. 1979. "Revolution and Catholicism in Ireland, 1848-1923." *European Studies Review* 9, no. 4 (October): 457-480.

Neyer, Joseph. 1960. "Individualism and Socialism in Durkheim." In *Emile Durkheim, 1858-1917*, ed. K. H. Wolff, 32-76. Columbus: Ohio State Univ. Press.

Nicolson, Harold. 1946. *The Congress of Vienna: A Study in Allied Unity, 1812-1822*. London: Constable and Co.

Nipperdey, Thomas. 1988. "Zum Problem der Objektivität bei Ranke." In *Leopold von Ranke und die moderne Geschichtswissenschaft*, ed. W. J. Mommsen, 215-222. Stuttgart: Klein-Cotta.

Nisbet, Robert A. 1944. "De Bonald and the Concept of the Social Group." *Journal of the History of Ideas* 5, no. 3 (June): 315-331.

———. 1952. "Conservatism and Sociology." *American Journal of Sociology* 58, no. 2 (September): 167-175.

———. 1966. *The Sociological Tradition*. New York: Basic Books.

Nolan, Mary. 1986. "Economic Crisis, State Policy, and Working-Class Formation in Germany, 1870-1900." In *Working-Class Formation: Nineteenth-Century Patterns in Western Europe and the United States*, ed. I. Katznelson and A. R. Zolberg, 352-393. Princeton, NJ: Princeton Univ. Press.

Nora, Pierre. 1988. "Nation." In *Dictionnaire critique de la Révolution française*, ed. F. Furet et al., 801–812. Paris: Flammarion.

Norrell, Robert J. 1990. "After Thirty Years of 'New' Labour History, There Is Still No Socialism in Reagan Country." *Historical Journal* 33, no. 1, 227–238.

Norton, Philip, and Arthur Aughay. 1981. *Conservatives and Conservatism*. London: Temple Smith.

Novick, Peter. 1988. *That Noble Dream: The "Objectivity" Question and the American Historical Profession*. Cambridge: Cambridge Univ. Press.

Noyes, P. H. 1966. *Organization and Revolution: German Worker Associations and the Revolutions of 1848 and 1849*. Princeton, NJ: Princeton Univ. Press.

Nye, John Vincent. 1987. "Firm Size and Economic Backwardness: A New Look at the French Industrialization Debate." *Journal of Economic History* 47, no. 3 (September): 649–669.

———. 1991. "The Myth of Free-Trade Britain and Fortress France: Tariffs and Trade in the Nineteenth Century." *Journal of Economic History* 51, no. 1 (March): 23–46.

Nye, Robert A. 1975. *The Origins of Crowd Psychology: Gustave Le Bon and the Crisis of Mass Democracy in the Third Republic*. London: Sage.

———. 1981. "Degeneration, Hygiene, and Sports in Fin-de-Siècle France." In *Proceedings of the Eighth Annual Meeting of the Western Society for French History*, ed. E. L. Newman, 404–412. Las Cruces: New Mexico State Univ. Press.

———. 1984. *Crime, Madness, and Politics in Modern France: The Medical Concept of National Decline*. Princeton, NJ: Princeton Univ. Press.

———. 1993. *Masculinity and Male Codes of Honor in Modern France*. New York: Oxford Univ. Press.

Obermann, Karl. 1965."Der Wiener Kongress, 1814/1815." *Zeitschrift für Geschichtswissenschaft* 13, no. 3, 474–492.

Oberschall, Anthony. 1965. *Empirical Social Research in Germany, 1848–1914*. Paris and The Hague: Mouton.

———. 1972. "The Institutionalization of American Sociology." In *The Establishment of Empirical Sociology: Continuities, Discontinuities, and Institutionalization*, ed. A. Oberschall, 187–251. New York: Harper & Row.

O'Boyle, Lenore. 1966. "The Middle Class in Western Europe, 1815–1848." *American Historical Review* 71, no. 3 (April): 826–845.

———. 1967. "The 'Middle Class' Reconsidered: A Reply to Professor Cobban." *French Historical Studies* 5, no. 1 (Spring): 53–56.

———. 1979. "The Classless Society: Comment on Stearns." *Comparative Studies in Society and History* 21, no. 3 (July): 397–413.

O'Brien, Patrick. 1986. "Do We Have a Typology for the Study of European Industrialization in the XIXth Century?" *Journal of European Economic History* 15, no. 2 (Fall): 291–333.

O'Brien, Patrick, and Çağlar Keyder. 1978. *Economic Growth in Britain and France, 1780–1914: Two Paths to the Twentieth Century*. London: George Allen & Unwin.

O'Brien, Patrick, and Geoffrey Allen Pigman. 1992. "Free Trade, British Hegemony and the International Economic Order in the Nineteenth Century." *Review of International Studies* 18:89–113.

Offen, Karen. 1983. "The Second Sex and the Baccalauréat in Republican France, 1880–1924." *French Historical Studies* 13, no. 2 (Fall): 252–286.

———. 1984. "Depopulation, Nationalism, and Feminism in Fin-de-Siècle France." *American Historical Review* 89, no. 3 (June): 648–676.

———. 1986. "Ernest Legouve and the Doctrine of 'Equality in Difference' for Women: A Case Study of Male Feminism in Nineteenth-Century French Thought." *Journal of Modern History* 58, no. 2, 452–484.

———. 1987a. "Feminism, Antifeminism, and National Family Politics in Early Third Republic France." In *Connecting Spheres: Women in the Western World, 1500 to the Present*, ed. M. J. Boxer and J. H. Quataert, 177–186. New York: Oxford Univ. Press.

———. 1987b. "Sur l'origine des mots 'féminisme' et 'féministe.'" *Revue d'histoire moderne et contemporaine*, 34 (July–September): 492–446.

———. 1988. "Defining Feminism: A Comparative Historical Approach." *Signs* 14, no. 1 (Autumn): 119–157.

O'Gorman, F. 1967. *The Whig Party and the French Revolution*. London: Macmillan.

Olcott, Teresa. 1976. "Dead Centre: The Women's Trade Union Movement in London: 1874–1914." *London Journal* 2, no. 1 (May): 33–50.

O'Neill, William L. 1969. *The Woman Movement: Feminism in the United States and England*. London: George Allen & Unwin.

———. 1971. *Everyone Was Brave: A History of Feminism in America*. With a new Afterword by the author. New York: Quadrangle.

Ortega López, Margarita. 1988. "'La Defensa de las mujeres' en la sociedad del Antiguo Régimen: Las Aportaciones del pensamiento ilustrado." In *El Feminismo en España: Dos siglos de historia*, ed. P. Folguer, 3–28. Madrid: Ed. de la Fundación Pablo Iglesias.

Ortner, Sherry B. 1974. "Is Female to Male as Nature Is to Culture?." In *Woman, Culture, and Society*, ed. M. Z. Rosaldo and L. Lamphere, 67–87. Stanford, CA: Stanford Univ. Press.

Ottaviano, Chiara. 1982. "Antonio Labriola e il problema dell'espansione colonial." *Annali della Fondazione Luigi Einaudi* 16:305–328.

Paish, George. 1909. "Great Britain's Capital Investment in Other Lands." *Journal of the Royal Statistical Society* 72, no. 3 (September 30): 465–480 (with discussion, 481–495).

———. 1911. "Great Britain's Capital Investment in Individual Colonial and Foreign Countries, Pt. 2." *Journal of the Royal Statistical Society* 74 (January): 167–187 (with discussion, 187–200).

Palencia-Roth, Michael. 2008. "The Presidential Addresses of Sir William Jones: The Asiatic Society of Bengal and the ISCSC." *Diogenes* 55, no. 2, 103–115.

Palmade, Guy P. 1961. *Capitalisme et capitalistes français au XIXe siècle*. Paris: Lib. A. Colin.

Pancaldi, Giuliano. 1994. "The Technology of Nature: Marx's Thoughts on Darwin." In *The Natural Sciences and the Social Sciences: Some Critical and Historical Perspectives*, ed. I. B. Cohen, 257–274. Boston Studies in the Philosophy of Science 150. Dordrecht, Netherlands: Kluwer Academic Publishers.

Pankhurst, Richard K. P. 1957. *The Saint-Simonians: Mill and Carlyle*. London: Lalibela Books, Sidgwick & Jackson.

Pannekoek, A. 1912. "Révolution mondiale." *Le Socialisme*, no. 214, 6e année, no. 21 (January): 4.

Paquot, Thierry. 1980. *Les faiseurs des nuages: Essai sur la genèse des marxismes français, 1880–1914*. Paris: Le Sycomore.

Parker, C. J. W. 1981. "The Failure of Liberal Racialism: The Racial Ideas of C. A. Freeman." *Historical Journal* 24, no. 4 (December): 825–846.

Parris, Henry. 1960. "The Nineteenth-Century Revolution in Government: A Reappraisal Reappraised." *Historical Journal* 3, no. 1, 17–37.

Paxton, Nancy L. 1991. *George Eliot and Herbert Spencer: Feminism, Evolutionism and the Reconstruction of Gender*. Princeton, NJ: Princeton Univ. Press.

Payne, Howard C. 1956. "Preparation of a Coup d'Etat: Administrative Centralization and Police Powers in France, 1849–1851." In *Studies in Modern European History in Honor of Franklin Charles Palm*, ed. F. J. Cox et al., 175–202. New York: Bookman Associates.

Payne, Peter L. 1967. "The Emergence of the Large-Scale Company in Great Britain, 1870–1914." *Economic History Review*, n.s., 20, no. 3 (December): 519–542.

———. 1968. "Iron and Steel Manufactures." In *The Development of British Industry and Foreign Competition, 1875–1914*, ed. D. H. Aldcroft, 71–99. London: George Allen & Unwin.

Pelling, Henry, ed. 1954. *The Challenge of Socialism*. London: Adam & Charles Black.

———. 1968. "The Working Class and the Origins of the Welfare State." In *Popular Politics and Society in Late Victorian Britain*, 1–18. London: St. Martin's Press.

———. 1976. *A History of British Trade Unionism*. London: Macmillan.

Perkin, Harold. 1969. *The Origins of Modern English Society, 1780–1880*. London: Routledge & Kegan Paul.

———. 1977. "Individualism versus Collectivism in Nineteenth Century Britain: A False Antithesis." *Journal of British Studies* 17, no. 1 (Fall): 105–118.

Perkins, Dexter. 1927. *The Monroe Doctrine, 1823–1826*. Cambridge, MA: Harvard Univ. Press.

Perlman, Selig. 1918. "Upheaval and Reorganization (since 1876)." In *History of Labor in the United States*, by J. R. Commons, et al., 193–537. New York: Macmillan.

———. 1922. *A History of Trade Unionism in the United States*. New York: Macmillan.

Perlman, Selig, and Philip Taft. 1935. *Labor Movements*. Vol. 4 of *History of Labor in the United States, 1896–1932*. New York: Macmillan.

Perrot, Jean-Claude, and Stuart J. Woolf. 1984. *State and Social Statistics in France*. Chur, Switzerland: Harwood Academic Publishers.

Perrot, Michelle. 1967. "Les Guesdistes: Controverses sur l'introduction du marxisme en France." *Annales E.S.C.* 22, no. 3 (May–June): 701–710.

———. 1974. *Les ouvriers en grève: France, 1871–1890*. 2 vols. Paris: Mouton.

———. 1976. "L'Éloge de la ménagère dans le discours des ouvriers français au XIXe siècle." *Romantisme*, nos. 13–14, 105–121.

———. 1986. "On the Formation of the French Working-Class." In *Working-Class Formation: Nineteenth-Century Patterns in Western Europe and the United States*, ed. I. Katznelson and A. R. Zolberg, 71–110. Princeton, NJ: Princeton Univ. Press.

———. 1988. "Naissance du féminisme." In *Le Féminisme et ses enjeux: Vingt-sept femmes parlent*, 29–60. Paris: FEN-Edilig.

Phillips, G. A. 1971. "The Triple Industrial Alliance in 1914." *Economic History Review*, 2nd ser., 24, no. 1 (February): 55–67.

Picavet, François. 1891. *Les idéologues*. Paris: Félix Alcan.

Pieroni Bortolotti, Franca. 1963. *Alle origini del movimento femminile in Italia, 1848–1892*. Rome: Einaudi.

———. 1974. *Socialismo e questione femminile in Italia, 1892–1922*. Milan: G. Mazzotta.

Pierrard, Pierre. 1984. *L'Eglise et les ouvriers en France, (1890–1940)*. Paris: Hachette.

Pinchbeck, Ivy. 1930. *Women Workers and the Industrial Revolution, 1750–1850*. London: George Routledge & Sons.

Pinkney, David H. 1958. *Napoleon III and the Rebuilding of Paris*. Princeton, NJ: Princeton Univ. Press.

———. 1963. "Laissez-Faire or Intervention? Labor Policy of the First Months of the July Monarchy." *French Historical Studies* 3, no. 1 (Spring): 123–128.

———. 1964a. "The Crowd in the French Revolution of 1830." *American Historical Review* 70, no. 1 (October): 1–17.

———. 1964b. "The Myth of the French Revolution of 1830." In *A Festschrift for Frederick B. Artz*, ed. D. H. Pinkney and T. Rapp, 52–71. Durham, NC: Duke Univ. Press.

———. 1972. *The French Revolution of 1830*. Princeton, NJ: Princeton Univ. Press.

Plamenatz, John. 1952. *The Revolutionary Movement in France, 1815–1870*. London: Longman, Green.

Platt, D. C. M. 1968a. "The Imperialism of Free Trade: Some Reservations." *Economic History Review*, 2nd ser., 21 (August): 296–306.

———. 1968b. *Finance, Trade, and Politics: British Foreign Policy, 1815–1914*. Oxford: Clarendon Press.

———. 1973. "Further Objections to an 'Imperialism of Free Trade,' 1830–1860." *Economic History Review*, 2nd ser., 26, no. 1 (February): 77–91.

———. 1993a. "Introduction: Britain's Decline." In *Decline and Recovery in Britain's Overseas Trade, 1873–1914*, ed. D. C. M. Platt et al., 1–12. London: Macmillan.

———. 1993b. "Particular Points of Strength in Britain's Overseas Trade." In *Decline and Recovery in Britain's Overseas Trade, 1873–1914*, ed. D. C. M. Platt et al., 65–76. London: Macmillan.

———. 1993c. "Trade Competition in the Regions of Recent Settlement." In *Decline and Recovery in Britain's Overseas Trade, 1873–1914*, ed. D. C. M. Platt et al., 91–138. London: Macmillan.

Plechanow, Georg. 1902–1903. "Über die Anfänge der Lehre vom Klassenkampf." *Die Neue Zeit* 21, no. 1: 275–286, 292–305.

Pleck, Elizabeth. 1983. "Feminist Responses to 'Crimes against Women,' 1868–1896." *Signs* 8, no. 3 (Spring): 451–470.

Plessen, Marie-Louise. 1975. *Die Wirksamkeit des Vereins für Sozialpolitik von 1872–1890: Studien zum Katheder- und Staatssozialismus*. Berlin: Duncker & Humboldt.

Plessis, Alain. 1973. *De la Fête impériale au mur des fédérés, 1852–1871*. Paris: Éd. du Seuil.

———. 1987. "Le 'Retard français,' la faute de la banque? Banques locales, succursales de la Banque de France et financement de l'économie sous le second Empire." In *Le capitalisme français, 19e-20e siècle: Blocages et dynamismes d'une croissance*, ed. P. Fridenson and A. Straus, 199-210. Paris: Fayard.

Poggi, Stefano, and Maurizio Bossi, eds. 1994. *Romanticism in Science: Science in Europe, 1790-1840*. Boston Studies in the Philosophy of Science 152. Dordrecht, Netherlands: Kluwer Academic Publ.

Pohl, Hans. 1989. *Aufbruch der Weltwirtschaft: Geschichte der Weltwirtschaft von der Mitte des 19. Jahrhunderts bis zum Ersten Weltkrieg*. Stuttgart: Franz Steiner Verlag.

Polanyi, Karl. 1957. *The Great Transformation: The Political and Economic Origins of Our Time*. Boston: Beacon Press.

Poliakov, Léon. 1974. *The Aryan Myth: A History of Racist and Nationalist Ideas in Europe*. London: Sussex Univ. Press.

———. 1982. "Racism from the Enlightenment to the Age of Imperialism." In *Racism and Colonialism: Essays on Ideology and Social Structure*, ed. Robert Ross, 55-64. The Hague: Martinus Nijhoff.

Poliakov, Léon, Christian Delacampagne, and Patrick Girard. 1976. *Le racisme: Collection Point de Départ*. Paris: Éd. Seghers.

Pollard, Sidney. 1963. "Factory Discipline in the Industrial Revolution." *Economic History Review*, 2nd ser., 16, no. 2 (December): 254-271.

———. 1964. "The Factory Village in the Industrial Revolution." *English Historical Review* 79, no. 312 (July): 513-531.

———. 1973. "Industrialization and the European Economy." *Economic History Review*, n.s. 26, no. 4: 636-648.

———. 1977. "Merchandise Trade and Exploitation." *Journal of European Economic History* 6, no. 3 (Winter): 745-749.

———. 1983. "England, Der unrevolutionäire Pionier." In *Europäische Arbeiterbewegungen im 19. Jahrhurderts, Deutschland, Österreich, England und Frankreich im Vergleich*, ed. J. Kocka, 21-38. Göttingen: Vandenhoeck & Ruprecht.

———1984. "Wirschaftliche Hintergründe des *New Unionism*." In *Auf dem Wege zur Massengewerkschaft*, ed. Wolfgang J. Mommsen and Hans-Gerhard Husung, 46-75. Stuttgart: Ernst Klett.

Ponteil, Félix. 1968. *L'Eveil des nationalités et le mouvement libéral (1815-1848)*. Nouv. éd. mise à jour. Peuples et Civilisations 15. Paris: Presses Univ. de France.

Poovey, Mary. 1988. *Uneven Developments: The Ideological Work of Gender in Mid-Victorian England*. Chicago: Univ. of Chicago Press.

Poper, Barbara Corrado. 1987. "The Influence of Rousseau's Ideology of Domesticity." In *Connecting Spheres: Women in the Western World, 1500 to the Present*, ed. M. J. Boxer and J. H. Quataert, 136-145. New York: Oxford Univ. Press.

Portal, Magda. 1983. *Flora Tristán, precursora*. Lima: La Equidad.

Postel-Vinay, Gilles, and Jean-Marc Robin. 1992. "Eating, Working, and Saving in an Unstable World: Consumers in Nineteenth-Century France." *Economic History Review*, n.s. 45, no. 3 (August): 494-513.

Postgate, Raymond. 1974. "The Principles of 1848." In *A Hundred Years of Revolution, 1848 and After*, ed. G. Woodcock, 93-119. New York: Haskell House.

Potter, J. 1955. "The British Timber Duties, 1815-60." *Economica*, n.s., 22 (May): 122-136.

Potts, David B. 1965. "Social Ethics at Harvard, 1881–1931: A Study in Academic Activism." In *Social Sciences at Harvard, 1860–1920: From Inculcation to the Open Mind*, ed. Paul Buck, 91–128. Cambridge, MA: Harvard Univ. Press.

Pouthas, Charles H. 1962. "La réorganisation du Ministère de l'Intérieur et la reconstitution de l'administration préfectorale par Guizot en 1830." *Revue d'histoire moderne et contemporaine* 9 (October–December): 241–263.

Pouthas, Charles H., et al. 1983. *Démocratie, réaction, capitalisme, 1848–1860*. Peuples et Civilisations 16. Paris: Presses Univ. de France.

Prewitt, Kenneth. 2004. "Political Science and Its Audiences." *Political Science and Politics* 37, no. 4 (October): 781–784.

Preyer, Robert O. 1985. "The Romantic Tide Reaches Trinity." In *Victorian Science and Victorian Values: Literary Perspectives*, ed. J. Paradis and T. Postlewait, 39–68. New Brunswick, NJ: Rutgers Univ. Press.

Price, Richard. 1990. "Britain." In *The Formation of Labour Movements, 1870–1914: An International Perspective*, ed. M. van der Linden and J. Rojahn, 3–24. Leiden: E. J. Brill.

Price, Roger. 1972. *The French Second Republic: A Social History*. London: B. T. Batsford.

———. 1975a. *The Economic Modernization of France*. London: Croom Helm.

———. 1975b. Introduction to *Revolution and Reaction: 1848 and the Second French Republic*, ed. R. Price, 1–72. London: Croom Helm.

Prinz, Michael. 1989. "Wandel durch Beharrung: Sozialdemokratie und 'Neue Mittelschichten' in historischer Perspektive." *Archiv für Sozialgeschichte* 24:35–73.

Procacci, Giuliano. 1972. *La lotta di classe in Italia agli inizii del secolo XX*. Rome: Ed. Riuniti.

Proctor, Robert N. 1991. *Value-Free Science? Purity and Power in Modern Knowledge*. Cambridge, MA: Harvard Univ. Press.

Prothero, I. J. 1969. "Chartism in London." *Past and Present*, no. 44 (August): 76–105.

———. 1971. "London Chartism and the Trades." *Economic History Review*, 2nd ser., 24, no. 2 (May): 202–219.

———. 1979. *Artisans and Politics in Early Nineteenth-Century London: John Gast and His Times*. Folkestone, Kent, UK: William Dawson & Son.

Proudhon, Pierre-Joseph. 1912. *Les Femmelins: Les grandes figures romantiques*. Paris: Nouvelle Librairie Nationale.

Przeworski, Adam. 1980. "Social Democracy as a Historical Phenomenon." *New Left Review*, no. 122 (July–August): 27–58.

Przeworski, Adam, and Michael Wallerstein. 1982. "The Structure of Class Conflict in Democratic Capitalist Societies." *American Political Science Review* 76, no. 2 (June): 215–238.

Puccini, Sandra. 1976. "Condizione della donne e questione femminile (1892–1922)." *Problemi del Socialismo* 17, no. 4 (October–December): 9–23.

Puech, Jules-L. 1925. *La Vie et l'œuvre de Flora Tristan*. Paris: Marcel Rivière.

Pugh, Evelyn L. 1982. "Florence Nightingale and J. S. Mill Debate Women's Rights." *Journal of British Studies* 21, no. 2 (Spring): 118–138.

Puryear, Vernon John. 1931. *England, Russia, and the Straits Question, 1844–1856*. Berkeley: Univ. of California Press.

Quataert, Jean H. 1979. *Reluctant Feminists in German Social Democracy, 1885–1917*. Princeton, NJ: Princeton Univ. Press.

Quero Molares, J. 1948. "L'Espagne en 1848." In *Le Printemps des peuples: 1848 dans le monde*, ed. F. Fejtö, 1:319–354. Paris: Éd. du Minuit.

Rabaut, Jean. 1983. "1900, tournant du feminisme français." *Bulletin de la société d'histoire modern*, 82e année, sér. 14, no. 17, 5–16. [Supplement to *Revue d'histoire moderne et contemporaine*, no. 1, 1983.]

Racz, Elizabeth. 1952. "The Women's Rights Movement in the French Revolution." *Science and Society* 16, no. 2 (Spring): 151–174.

Ragionieri, Ernesto. 1961. *Socialdemocrazia tedesca e socialisti italiani, 1875–1895*. Milan: Feltrinelli.

Rainger, Ronald. 1978. "Race, Politics and Science: The Anthropological Society of London in the 1860's." *Victorian Studies* 22, no. 1 (Autumn): 51–70.

Ralle, M. 1973. "La notion de 'bourgeoisie' dans l'idéologie de la Première Internationale en Espagne." *La Question de la 'bourgeoisie' dans le monde hispanique au XIXe siècle*, 119–131. Bibliothèque de l'Ecole des Hautes Etudes Hispaniques 45. Bordeaux: Éd. Bière. [Discussion, 131–135.]

Rancière, Jacques. 1981. *La nuit des prolétaires: Archives du rêve ouvrier*. Paris: Fayard.

———. 1983. "The Myth of the Artisan: Critical Reflections on a Category of Social History." *International Labor and Working Class History*, no. 24 (Fall): 1–16.

———. 1984. "A Reply." *International Labor and Working Class History*, no. 25 (Spring): 42–46.

Ravera, Camilla. 1978. *Breve storia del movimento femminile in Italia*. Rome: Ed. Riuniti.

Read, Donald. 1958. *Peterloo: The " Massacre" and Its Background*. Manchester, UK: Manchester University Press.

Reardon, Bernard. 1976. *Liberalism and Tradition: Aspects of Catholic Thought in Nineteenth-Century France*. Cambridge: Cambridge Univ. Press.

Rebérioux, Madeleine. 1978a. Preface to *Les femmes et le socialisme*, by C. Sowerwine, xi-xxiii. Paris: Presses de la FNSP.

———. 1978b. "La questione femminile nei dibatti della II Internazionale." In *Anna Kuliscioff e l'età del riformismo: Atti del Convegno di Milano, dicembre 1974*, 140–154. Rome: Mondo Operaio—Ed. Avanti!

———. 1989. Preface to *1789: Cahiers de doléances des femmes et autres textes*, ed. Paule Duhet, i-xii. Nouv. éd. augm. Paris: Des Femmes.

Rebérioux, Madeleine, Christiane Dufrancantel, and Béatrice Slema. 1976. "Hubertine Auclert et la question des femmes à 'l'immortel congrès' (1879)." *Romantisme*, nos. 13–14, 123–152.

Rebérioux, Madeline, and Georges Haupt. 1963. "L'attitude de l'Internationale." *Le Mouvement social*, no. 45 (October–December): 7–37.

Reddy, William M. 1979. "Skeins, Scales, Discounts, Steam, and Other Objects of Crowd Justice in Early French Textile Mills." *Comparative Studies in Society and History* 21, no. 2 (April): 204–213.

———. 1984. *The Rise of Market Culture: The Textile Trade and French Society, 1750–1900*. Cambridge: Cambridge Univ. Press.

Redford, Arthur. 1956. *Manchester Merchants and Foreign Trade*. Vol.2, *1850–1939*. Manchester, UK: Manchester Univ. Press.

———. 1968. *Labour Migration in England, 1800-50*. 2nd ed., rev. W. H. Chaloner. New York: A. M. Kelley.
Reichand, Richard W. 1953. "The German Working Class and the Russian Revolution of 1905." *Journal of Central European Affairs* 13, no. 2 (July): 136–153.
Reid, Alastair. 1978. "Politics and Economics in the Formation of the British Working Class: A Response to H. F. Moorhouse." *Social History* 3, no. 3 (October): 347–361.
———. 1983. "Intelligent Artisans and Aristocrats of Labour: The Essays of Thomas Wright." In *The Working Class in Modern British History: Essays in Honor of Henry Pilling*, ed. J. M. Winter, 171–186. London: Cambridge Univ. Press.
———. 1991. "Old Unionism Reconsidered: The Radicalism of Robert Knight, 1870-1900." In *Currents of Radicalism: Popular Radicalism, Organised Labour and Party Politics in Britain, 1850-1914*, ed. E. F. Biagini and A. J. Reid, 214–243. Cambridge: Cambridge Univ. Press.
Rémond, René. 1982. *Les Droites en France*. Paris: Aubier Montaigne.
Rendall, Jane. 1985. *The Origins of Modern Feminism: Women in Britain, France and the United States, 1780-1860*. London: Macmillan.
Renouvier, Charles. 1868. "De la philosophie du XIXe siècle en France." *L'Année philosophique—Première Année (1867)*. Paris: Lib. Geemer Baillière.
Renouvin, Pierre. 1949. "L'idée d'Etats-Unis d'Europe pendant la crise de 1848." In *Actes du Congrès historique du Centenaire de la Révolution de 1848*, 31–45. Paris: Presses Univ. de France.
———. 1954. *Le XIXe siècle*. Vol. 1, *De 1815 à 1871: L'Europe des nationalités et l'éveil de nouveaux mondes*. Histoire des Relations Internationales 5. Paris: Lib. Hachette.
Rerup, Lorenz. 1980. "The Development of Nationalism in Denmark." In *The Roots of Nationalism: Studies in Northern Europe*, ed. R. Mitchison, 47–59. Edinburgh: John Donald.
Reynolds, James A. 1954. *The Catholic Emancipation Crisis in Ireland, 1823-1829*. New Haven, CT: Yale Univ. Press.
Rhys Davies, T. W. 1903-1904. "Oriental Studies in England and Abroad." *Proceedings of the British Academy, 1903-1904*, 183–197.
Richard, Gaston. 1914. *La Question sociale et le mouvement philosophique au XIXe siècle*. Paris: Lib. Armand Colin.
Richter, Melvin. 1960. "Durkheim's Politics and Poitical Theory." In *Emile Durkheim, 1858-1917*, ed. K. H. Wolff, 170–210. Columbus: Ohio State Univ. Press.
———. 1964. *The Politics of Conscience: T. H. Green and His Age*. Cambridge, MA: Harvard Univ. Press.
Ringer, Fritz. K. 1969. *The Decline of the German Mandarins: The German Academic Community, 1890-1933*. Cambridge, MA: Harvard Univ. Press.
———. 1979. *Education and Society in Modern Europe*. Bloomington: Indiana Univ. Press.
———. 1992. *Fields of Knowledge: French Academic Culture in Comparative Perspective, 1890-1920*. Cambridge: Cambridge Univ. Press.
Rist, Charles. 1897. "La Durée du travail dans l'industrie française de 1820 à 1870." *Revue d'économie politique* 11, no. 4 (May): 371–393.

Rist, Marcel. 1956. "Une Expérience française de libération des échanges au dix-neuvième siècle, le traité de 1860." *Revue d'économie politique,* 66e année (November–December): 908–961.

Roberts, David. 1958. "Tory Paternalism and Social Reform in Early Victorian England." *American Historical Review* 63, no. 2 (January): 323–337.

———. 1959. "Jeremy Bentham and the Victorian Administrative State." *Victorian Studies* 2, no. 3 (March): 193–210.

———. 1963. "How Cruel Was the Victorian Poor Law?" *Historical Journal* 6, no. 1, 97–107.

Roberts, J. M. 1978. *The French Revolution.* Oxford: Oxford Univ. Press.

Robertson, William Spence. 1939. *France and Latin American Independence.* Baltimore: Johns Hopkins Univ. Press.

Robinson, Ronald E. 1991. "Introduction: Railway Imperialism." In *Railway Imperialism,* ed. C. B. Davis Jr. and K. E. Wilburn, 1–6. New York: Greenwood.

Rodgers, Brian. 1952. "The Social Science Association, 1857–1886." *Manchester School of Economic and Social Studies* 20, no. 3 (September): 283–310.

Roehl, Richard. 1976. "French Industrialization: A Reconsideration." *Explorations in Economic History* 13, no. 3 (July): 233–281.

Rogers, J. D. 1963. "Laissez-faire in England." *Palgrave's Dictionary of Political Economy,* 2:535–537. Reprint of rev. ed.. New York: Augustus M. Kelley.

Roller, Michel. 1948. "Les Roumaines en 1848." In *Le printemps des peuples: 1848 dans le monde,* ed. F. Fejtö, 2:239–266. Paris: Éd. du Minuit.

Romalis, Coleman, and Shelly Romalis. 1983. "Sexism, Racism and Technological Change: Two Cases of Minority Protest." *International Journal of Women's Studies* 6, no. 3 (May/June): 270–287.

Rosanvallon, Pierre. 1985. *Le moment Guizot.* Paris: Gallimard.

Rosdolsky, Roman. 1964. "Engels und das Problem der 'geschichtlosen' Völker (Die Nationalitätenfrage in der Revolution 1848–1849 im Lichte der 'Neuen Rheinischen Zeitung')." *Archiv für Sozialgeschichte* 4:87–282.

Rose, Ernst. 1951. "China as a Symbol of Reaction in Germany, 1830–1880." *Comparative Literature* 2, no. 1 (Winter): 57–76.

Rose, Michael E. 1974. *The Relief of Poverty, 1834–1914.* London: Macmillan.

Rose, R. B. 1984. "The 'Red Scare' of the 1790's: The French Revolution and the 'Agrarian Law,'" *Past and Present,* no. 103 (May): 113–130.

Rose, Sonia O. 1986. "Gender and Work: Sex, Class, and Industrial Capitalism." *History Workshop Journal,* no. 21 (Spring): 113–131.

Rosen, Andrew. 1974. *Rise Up Women! The Militant Campaign of the Women's Social and Political Union, 1903–1914.* London: Routledge & Kegan Paul.

Rosenberg, Charles E. 1976. *No Other Gods: On Science and American Social Thought.* Baltimore: Johns Hopkins Univ. Press.

Rosenberg, Hans. 1943. "Political and Social Consequences of the Great Depression of 1873–1896 in Central Europe." *Economic History Review* 13, nos. 1 and 2, 58–73.

Ross, Dorothy. 1979. "The Development of the Social Sciences." In *The Organization of Knowledge in Modern America, 1860–1940,* ed. A. Olesen and J. Voss, 107–138. Baltimore: Johns Hopkins Univ. Press.

———. 1984. "American Social Science and the Idea of Progress." In *The Authority of Experts, Studies in History and Theory*, ed. T. L. Haskell, 157–175. Bloomington: Indiana Univ. Press.

———. 1991. *The Origins of American Social Science.* Cambridge: Cambridge Univ. Press.

Ross, Sydney. 1962. "Scientist: The Story of a Word." *Annals of Science* 18, no. 2 (June): 65–85.

Rosselli, John. 1980. "The Self-Image of Effeteness: Physical Education and Nationalism in Nineteenth-Century Bengal." *Past and Present*, no. 86 (February): 121–148.

Rossi, Alice S., ed. 1970. *Essays on Sex Equality [by] John Stuart Mill and Harriet Taylor Mill.* Chicago: Univ. of Chicago Press.

———. 1973. *The Feminist Papers, from Adams to de Beauvoir.* New York: Columbia Univ. Press.

Rostow, W. W. 1938. "Investment and the Great Depression." *Economic History Review* 8, no. 2 (May): 136–158.

———. 1939. "Investment and Real Wages, 1877–86." *Economic History Review* 9, no. 1 (November): 144–159.

———. 1942. "Adjustments and Maladjustments after the Napoleonic Wars." *American Economic Review* 32, no. , part 2, suppl., *Papers and Proceedings of the Fifty-fourth Annual Meeting of the American Economic Association* (March): 13–23.

———. 1948. *British Economy of the Nineteenth Century.* New York: Oxford Univ. Press, 1948.

———. 1971. *The Stages of Economic Growth.* 2nd ed. Cambridge: At the University Press.

Roth, Guenther. 1963. *The Social Democrats in Imperial Germany: A Study in Working-Class Isolation and National Integration.* Totowa, NJ: Bedminster Press.

Rothermund, Dietmar. 1986. *The German Intellectual Quest for India.* New Delhi: Manohar.

Rougerie, Jacques. 1964. *Procès des Communards, présenté par Jacques Rougerie. Collection 'Archives.'* Paris: Juilliard.

———. 1965. "Sur l'histoire de la Première Internationale." *Le Mouvement social*, no. 51 (April–June): 23–45.

———. 1968. "Remarques sur l'histoire des salaires à Paris au XIXe siècle." *Le Mouvement social*, no. 63 (April–June): 71–108.

———. 1972. "1871, jalons sur une histoire de la Commune de Paris: Livraison spéciale préparée sous la direction de Jacques Rougerie avec la collaboration de Tristan Haan, Georges Haupt et Miklós Molnár." *International Review of Social History* 17, pts. 1 and 2, i–ix, 1–624.

Rousseaux, Paul. 1938. *Les Mouvements de force de l'économie anglaise, 1800–1913.* Brussels: L'Edition Universelle; Paris: De Brouwer & Cie.

Rover, Constance. 1967. *Women's Suffrage and Party Politics in Britain, 1866–1914.* London: Routledge & Kegan Paul.

Rowbotham, Sheila. 1974. *Women, Resistance and Revolution: A History of Women and Revolution in the Modern World.* New York: Pantheon.

———. 1977. *Hidden from History: 300 Years of Women's Oppression and the Fight Against It.* 3rd ed. London: Pluto Press.

Rowe, D. J. 1967. "The London Working Men's Association and 'The Peoples' Charter.'" *Past and Present*, no. 36 (April): 73–86.

Royle, Edward. 1986. *Chartism.* 2d ed. London: Longman.
Rubel, Maximilien. 1960. *Karl Marx devant le bonapartisme.* Paris and The Hague: Mouton.
Rubin, Gayle. 1975. "The Traffic in Women." In *Toward an Anthropology of Women,* ed. R. R. Reiter, 157–210. New York: Monthly Review Press.
Rudé, Fernand. 1940. "La première expédition de Savoie (février 1831)." *Revue historique,* CLXXXVIII–CLXXXIX, 65e année (July–December): 413–443.
———. 1969. *L'Insurrection lyonnaise de novembre 1831: Le mouvement ouvrier à Lyon de 1827–1832.* 2nd ed. Paris: Éd. Anthropos.
Rudé, George. 1967. "English Rural and Urban Disturbances on the Eve of the First Reform Bill, 1830–1831." *Past and Present,* no. 37 (July): 87–102.
———. 1969. "Why Was There No Revolution in England in 1830 or 1848?" In *Studien über die Revolution,* ed. M. Kossok, 231–244. Berlin: Akademie-Verlag.
Rueschmayer, Dietrich, and Roman Van Rossen. 1996. "The Verein für Sozialpolitik and the Fabian Society: A Study in the Sociology of Policy-Relevant Knowledge." In *States, Social Knowledge, and the Origins of Modern Social Policies,* ed. D. Rueschmayer and T. Skocpol, 117–162. Princeton, NJ: Princeton Univ. Press.
Ruggiero, Guido de. 1959. *The History of European Liberalism.* Boston: Beacon Press.
Rule, John. 1988. "The Formative Years of British Trade-Unionism: An Overview." In *British Trade-Unionism, 1750–1850,* ed. John Rule, 1–28. London: Longman.
Ruwet, Joseph. 1967. *Avant les révolutions: Le XVIIIe siècle.* Brussels: Fondation Charles Plisnier.
Ryan, Barbara. 1992. *Feminism and the Women's Movement: Dynamics of Change in Social Movement, Ideology and Activism.* New York: Routledge.
Sagnac, Philippe. 1901–1902. "Les Juifs et Napoléon (1806–1808)." *Revue d'histoire moderne et contemporaine* 2:595–604.
Said, Edward W. 1978. *Orientalism.* New York: Pantheon Books.
———. 1985. "Orientalism Reconsidered." ." *Race and Class* 27, no. 2 (Autumn): 1–15.
Sakellariou, Michel. 1948. "L'Hellénisme et 1848." In *Le printemps des peuples: 1848 dans le monde,* ed. F. Fejtö, 2:319–354. Paris: Éd. du Minuit.
Salvadori, Massimo. 1977. *The Liberal Heresy: Origins and Historical Development.* London: Macmillan.
Samuel, Raphael. 1977. "Workshop of the World: Steam Power and Hand Technology in Mid-Victorian Britain." *History Workshop,* no. 3 (Spring): 6–72.
Santarelli, Enzo. 1964. *La Revisione del marxismo in Italia.* Milan: Feltrinelli.
Sartorius von Waltershausen, A. 1931. *Die Enstehung der Weltwirtschaft: Geschichte des zwischenstaatlichen Wirtschaftslebens von letzten Viertel des achtzehnten Jahrhundests bis 1914.* Jena: Gustav Fischer.
Saul, S. B. 1960. "The American Impact on British Industry, 1895–1914." *Business History* 3, no. 1 (December): 19–38.
———. 1971. "Some Thoughts on the Papers and Discussion on the Performance of the Late Victorian Economy." In *Essays on a Mature Economy, Britain after 1840,* ed. D. N. McCloskey, 393–397. London: Methuen.
Saville, John. 1990. *1848: The British State and the Chartist Movement.* Cambridge: Cambridge Univ. Press.

Sayers, R. S. 1932. "The Question of the Standard in the Eighteenth-Fifties." *Economic History* 2, no. 7 (January): 575–601.

Schapiro, J. Salwyn. 1934. *Condorcet and the Rise of Liberalism*. New York: Harcourt, Brace & Co.

———. 1939. "Utilitarianism and the Foundations of English Liberalism." *Journal of Social Philosophy* 4, no. 2 (January): 121–137.

———. 1949. *Liberalism and the Challenge of Fascism: Social Forces in England and France (1815–1870)*. New York: McGraw-Hill.

Schefer, Christian. 1907. *Les Traditions et les idées nouvelles, la réorganisation administrative, la reprise de l'expansion (1815–1830)*. Vol. 1 of *La France moderne et le problème colonial*. Paris: Félix Alcan.

———. 1928. *L'Algérie et l'évolution de la colonisation française*. Paris: Lib. Anc. Honoré Champion.

———. 1939. *Les Origines de l'expédition du Mexique (1858–1862): La Grande Pensée de Napoléon III*. Paris: Marcel Rivière.

Schenk, H. G. 1947. *The Aftermath of the Napoleonic Wars: The Concert of Europe—An Experiment*. New York: Oxford Univ. Press.

Schlesinger, Arthur M., Jr. 1962. *The Vital Center: The Politics of Freedom*. Boston: Houghton Mifflin.

Schlote, Werner. 1952. *British Overseas Trade from 1700 to the 1930s*. Oxford: Basil Blackwell.

Schmoller, Gustav von. 1920. "Zur 25jähringen Feier des Vereins für Sozialpolitik." In *Zwanzig Jahre Deutscher Politik (1897–1917), Aufsätze und Vortrage*, 23–34. Munich: Duncker & Humblot.

Schnerb, Robert. 1936. "Napoleon III and the Second French Empire." *Journal of Modern History* 8, no. 3 (September): 338–355.

———. 1963. *Libre échange et protectionnisme*. Que sais-je?, no. 1032. Paris: Presses Univ. de France.

———. 1968. *Le XIXe siècle: L'Apogée de l'expansion européenne*. Histoire Générale des Civilisations. Paris: Presses Univ. de France.

Schnetzler, Barbara V. 1971. *Die frühe amerikanische Frauenbewegung und ihre Kontakte mit Europa (1836–1869)*. Bern: Peter Lang.

Schoelcher, Victor. 1948. *Esclavage et colonisation*. Paris: Presses Univ. de France.

Schorske, Carl E. 1955. *German Social Democracy, 1905–1917: The Development of the Great Schism*. Cambridge, MA: Harvard Univ. Press.

Schöttler, Peter. 1985. *Naissance des Bourses de travail, un appareil idéologique d'état à la fin du XIXe siècle*. Paris: Presses Univ. de France.

Schroeder, Paul W. 1989. "The Nineteenth Century System: Balance of Power or Political Equilibrium?" *Review of International Studies* 15:135–153.

———. 1992a. "Did the Vienna Settlement Rest on a Balance of Power?" *American Historical Review* 97, no. 2 (April): 683–706.

———. 1992b. "A Mild Rejoinder." *American Historical Review* 97, no. 3 (June): 733–735.

Schuman, Frederick L. 1958. *International Politics: The Western State System and the World Community*. 6th ed. New York: McGraw-Hill.

Schumpeter, Joseph. 1964. *Business Cycles*. 1st abr. ed. Philadelphia: McGraw-Hill.

Schuyler, Robert L. 1921. "The Climax of Anti-Imperialism in England." *Political Science Quarterly* 36, no. 4 (December): 537-560.

———. 1922. "The Rise of Anti-Imperialism in England." *Political Science Quarterly* 37, no. 3 (September): 440-471.

———. 1945. *The Fall of the Old Colonial System: A Study in British Free Trade, 1770-1870.* London: Oxford Univ. Press.

Schwab, Raymond. 1950. *La Renaissance orientale.* Paris: Payot.

Schwartz, Anna Jacobson. 1987. *Money in Historical Perspective.* Chicago: Univ. of Chicago Press.

Schweber, S. S. 1985. "Scientists as Intellectuals: The Early Victorians." In *Victorian Science and Victorian Values: Literary Perspectives,* ed. J. Paradis and T. Postlewait, 1-37. New Brunswick, NJ: Rutgers Univ. Press.

Schwendinger, Herman, and Julia R. Schwendinger. 1974. *Sociologists of the Chair: A Radical Analysis of the Formative Years of North American Sociology (1883-1922).* New York: Basic Books.

Scott, James C. 1998. *Seeing Like a State: How Certain Schemes to Improve the Human Condition Have Failed.* New Haven, CT: Yale Univ. Press.

Scott, Joan Wallach. 1974. *The Glassworkers of Carmaux: French Craftsmen and Political Action in a Nineteenth-Century City.* Cambridge, MA: Harvard Univ. Press.

———. 1981. "French Feminists and the Rights of 'Man': Olympe de Gouge's Declarations." *History Workshop Journal,* no. 28 (Autumn): 1-21.

———. 1988. "A Statistical Representation of Work: Le Statistique de l'Industrie à Paris, 1847-1848." In *Gender and the Politics of History,* 113-138. New York: Columbia Univ. Press.

Sée, Henri. 1921. *Esquisse d'une histoire du régime agraire en Europe aux XVIIIe et XIXe siècles.* Paris: M. Giard.

———. 1923. "Esquisse de l'évolution industrielle de la France de 1815 à 1848: Les progrès du machinisme et de la concentration." *Revue d'histoire économique et social* 11, no. 4, 473-497.

———. 1924. "Quelques aperçus sur la condition de la classe ouvrière et sur le mouvement ouvrier en France de 1815 à 1848." *Revue d'histoire économique et social* 12, no. 4, 493-521.

———. 1927. *La vie économique de la France sous la monarchie censitaire (1815-1848).* Paris: F. Alcan.

———. 1951. *Histoire économique de la France.* 2nd ed. 2 vols. Paris: A. Colin.

Seecombe, Wally. 1986. "Patriarchy Stabilized: The Construction of the Male Breadwinner Wage Norm in Nineteenth-Century Britain." *Social History* 11, no. 1 (January): 53-76.

Semidei, Manuela. 1966. "De l'Empire à la décolonisation à travers les manuels salaires français." *Revue française de science politique* 16, no. 1 (February): 56-86.

Semmel, Bernard. 1970. *The Rise of Free Trade Imperialism.* Cambridge: At the University Press.

Sergent, Bernard. 1982. "Penser—et mal penser—les Indo-Européens (Note critique)." *Annales E.S.C.* 27, no. 4 (July-August): 669-681.

Seton-Watson, Hugh. 1977. *Nations and States: An Enquiry into the Origins of Nations and the Politics of Nationalism.* London: Methuen.

Seton-Watson, R. W. 1937. *Britain in Europe, 1789 to 1914*. Cambridge: At the University Press.
Sewell, William H., Jr. 1974. "Social Change and the Rise of Working Class Politics in Nineteenth-Century Marseille." *Past and Present*, no. 65, 75–109.
———. 1979. "Property, Labor, and the Emergence of Socialism in France, 1789–1848." In *Consciousness and Class Experience in Nineteenth-Century Europe*, ed. J. Merriman, 45–63. New York: Holmes & Meier.
———. 1983. "Response to J. Rancière, 'The Myth of the Artisan,'" *International Labor and Working-Class History*, no. 24 (Fall): 17–20.
———. 1985. "Ideologies and Social Revolutions: Reflections on the French Case." *Journal of Modern History* 57, no. 1 (March): 57–85.
———. 1986. "Artisans, Factory Workers, and the Formation of the French Working Class, 1789–1848." In *Working-Class Formation: Nineteenth Century Patterns in Western Europe and the United States*, ed. I. Katznelson and A. R. Zolberg, 45–70. Princeton, NJ: Princeton Univ. Press.
———. 1988. "Le citoyen/la citoyenne: Activity, Passivity, and the Revolutionary Concept of Citizenship." In *The Political Culture of the French Revolution: The French Revolution and the Creation of Modern Political Culture*, ed. C. Lucas, 2:105–123. Oxford: Pergamon Press.
———. 1990. "Collective Violence and Collective Loyalties in France: Why the French Revolution Made a Difference." *Politics and Society*, 68, no. 4 (December): 527–552.
Shapiro, Fred R. 1981. "On the Origin of the Term 'Indo-Germanic,'" *Historiographia Linguistica* 8, no. 1, 165–170.
Shefter, Martin. 1986. "Trade Unions and Political Machines: The Organization and Disorganization of the American Working Class in the Late Nineteenth Century." In *Working Class Formation: Nineteenth-Century Patterns in Western Europe and North America*, ed. I. Katznelson and A. R. Zolberg, 197–278. Princeton, NJ: Princeton Univ. Press.
Sherman, Dennis. 1974. "The Meaning of Economic Liberalism in Mid-Nineteenth-Century France." *History of Political Economy* 6, no. 2 (Summer): 171–199.
Shine, Hill. 1941. *Carlyle and the Saint-Simonians: The Concept of Historical Periodicity*. Baltimore: Johns Hopkins Univ. Press.
Sievers, Sharon. 1983. *Flowers in Salt: The Beginnings of Feminist Consciousness in Modern Japan*. Stanford, CA: Stanford Univ. Press.
Siéyès, Emmanuel-Joseph. 1789. "Préliminaire de la Constitution, lu les 20 et 21 juillet 1789, au Comité de Constitution." In *Recueil des pièces authentiques approuvés par l'Assemblée Nationale de France*, 178–200. Geneva: 1e éd.
———. 1985. *Ecrits politiques*. Paris: Éd. des Archives contemporaines.
Silbering, Norman J. 1923. "Financial and Monetary Policy of Britain during the Napoleonic Wars." *Quarterly Journal of Economics* 38 (November): 214–233.
Silva, Pietro. 1917. *La Monarchia di luglio e l'Italia*. Turin: Fratelli Bocca Ed.
Silver, Allan. 1967. "The Demand for Order in Civil Society: A Review of Some Theories in the History of Urban Crime, Police and Riots." In *The Police*, ed. D. J. Bordua, 1–24. New York: Wiley.
Simon, André. 1946. "Les Origines religieuses de l'indépendance belge." *Chantiers* 11, no 2 (15 November): 1–28.

———. 1949. *L'Eglise catholique et les débuts de la Belgique indépendante*. Wetteren, Belgium: Éd. Scaldis.

———. 1959. "Lamennais en Belgique." *Revue belge de philologie et d'histoire* 37:408–417.

———. 1991. "Théoriciens français du racisme au 19e siècle." *Gavroche*, no. 55 (January–February): 21–25.

Simon, Walter M. 1956. "History for Utopia: Saint-Simon and the Idea of Progress." *Journal of the History of Ideas* 17, no. 3 (June): 311–331.

Simoni, Pierre. 1980. "Science anthropologique et racisme à l'époque de l'expansion coloniale: Le cas du Grand Dictionnaire Universel du XIXe siècle de Pierre Labrousse." *Historical Papers (Ottawa)* 15, no. 1, 167–184.

Singelmann, Joachim, and Peter Singelmann. 1986. "Lorenz von Stein and the Paradigmatic Function of Social Theory in the Nineteenth Century." *British Journal of Sociology* 37, no. 3 (September): 431–452.

Sked, Alan, ed. 1979. *Europe's Balance of Power, 1815–1848*. London: Macmillan.

Skinner, Andrew S. 1965. "Economics and History: The Scottish Enlightenment." *Scottish Journal of Political Economy* 12 (February): 1–22.

Skocpol, Theda. 1985. "Cultural Idioms and Political Ideologies in the Revolutionary Reconstruction of State Power: A Rejoinder to Sewell." *Journal of Modern History* 57, no. 1 (March): 86–96.

Slaughter, Jane, and Robert Kern. 1981. *European Women on the Left: Socialism, Feminism, and the Problems Faced by Political Women, 1880 to the Present*. Westport, CT: Greenwood Press.

Slicher van Bath, B. H. 1963. *The Agrarian History of Western Europe, A.D. 500–1850*. New York: St. Martin's.

Smelser, Neil J. 1991. *Social Paralysis and Social Change*. Berkeley: Univ. of California Press.

Smith, Carol H. 1995. "Race-Class-Gender Ideology in Guatemala: Modern and Anti-Modern Forms." *Comparative Studies in Society and History* 37, no. 4 (October): 723–749.

Smith, Paul. 1967. *Disraelian Conservatism and Social Reform*. London: Routledge & Kegan Paul.

———. 1989. "Liberation as Authority and Discipline." *Historical Journal* 32, no. 2 (September): 723–737.

Snyder, Carl. 1934. "Measures of the Growth of British Industry." *Economica*, n.s., 1 (November): 421–435.

Soboul, Albert. 1948. "La Question paysanne en 1848." 3 pts. *La Pensée*, no. 18, 55–66; no. 19, 25–37; no. 20, 48–56.

———. 1962. "A propos des réflexions de Georges Rudé sur la sans-culotterie." *Crítica storica* 1, no. 4 (July 31): 391–398.

Soffer, Benson. 1960. "A Theory of Trade Union Development: The Role of the 'Autonomous' Workman." *Labor History* 1, no. 2 (Spring): 141–163.

Soffer, Reba N. 1982. "Why Do Disciplines Fail? The Strange Case of British Sociology." *English Historical Review* 97, no. 385 (October): 767–802.

Solle, Zdenek. 1969. "Die tschechische Sozialdemokratie zwischen Nationalismus und Internationalismus." *Archiv für Sozialgeschichte* 9:181–266.

Soloway, Richard A. 1990. *Demography and Degeneration: Eugenics and the Declining Birthrate in Twentieth-Century Britain.* Chapel Hill: Univ. of North Carolina Press.

Somit, Albert, and Joseph Tanenhaus. 1982. *The Development of American Political Science: From Burgess to Behavioralism.* New York: Irvington Publ.

Sonenscher, Michael. 1989. "Editorial, 1789-1989." *History Workshop Journal*, no. 28 (Autumn): v-vi.

Soreau, Edmond. 1931. "Le loi Le Chapelier." *Annales historiques de la Révolution française*, 8e année, no. 46 (July-August): 287-314.

Sorenson, Lloyd R. 1952. "Some Classical Economists, Laissez Faire, and the Factory Acts." *Journal of Economic History* 12, no. 3 (Summer): 247-262.

Southgate, Donald G. 1965. *The Passing of the Whigs, 1832-1886.* London: Macmillan.

———. 1977. "From Disraeli to Law." In *The Conservatives*, ed. Lord Butler, 109-270. London: George Allen & Unwin.

Sowerwine, Charles. 1976. "The Organisation of French Socialist Women, 1880-1914: A European Perspective for Women's Movements." *Historical Reflections* 3, no. 2 (Winter): 3-24.

———. 1978. *Les Femmes et le socialisme: Un siècle d'histoire.* Paris: Presses de la Fondation Nationale des Sciences Politiques.

———. 1982. *Sisters or Citizens? Women and Socialism in France since 1876.* Cambridge: Cambridge Univ. Press.

———. 1983. "Workers and Women in France before 1914: The Debate over the Courian Affair." *Journal of Modern History* 55, no. 3 (September): 411-441.

Spain, Jonathon. 1991. "Trade Unionists, Gladstonianian Liberals and the Labour Law Reforms of 1875." In *Currents of Radicalism: Popular Radicalism, Organised Labour and Party Politics in Britain, 1850-1914*, ed. E. F. Biagini and A. J. Reid, 109-133. Cambridge: Cambridge Univ. Press.

Spengler, Oswald. 1926. *The Decline of the West: Form and Actuality.* New York: A. A. Knopf.

Spitzer, Alan B. 1962. "The Good Napoleon III." *French Historical Studies* 2, no. 3 (Spring): 308-329.

Stanton, Elizabeth Cady, Susan B. Anthony, and Matilda Joslyn Gage, eds. 1881. *History of Woman Suffrage.* 6 vols. Rochester, NY: Charles Mann.

Stark, W. 1943. "Saint-Simon as a Realist." *Journal of Economic History* 3, no. 1 (May): 42-55.

———. 1945. "The Realism of Saint-Simon's Spiritual Program." *Journal of Economic History* 5, no. 1 (May): 24-42.

Starzinger, Vincent. 1965. *Middlingness: "Juste Milieu" Political Theory in France and England, 1815-48.* Charlottesville: Univ. Press of Virginia.

Stearns, Peter N. 1965. "Patterns of Industrial Strike Activity during the July Monarchy." *American Historical Review* 70, no. 2 (January): 371-394.

———. 1974. *1848: The Revolutionary Tide in Europe.* New York: W. W. Norton.

———. 1979a. "The Middle Class: Toward a Precise Definition." *Comparative Studies in Society and History* 29, no. 3 (July): 377-396.

———. 1979b. "Reply." *Comparative Studies in Society and History* 29, no. 3 (July): 414-415.

Stengers, Jean. 1950-1951. "Sentiment national, sentiment orangiste et sentiment français à l'aube de notre indépendance." 2 pts. *Revue belge de philologie et d'histoire* 28:993-1029 (pt. 1); 29:61-92 (pt. 2).

Stepan, Nancy. 1982. *The Idea of Race in Science: Great Britain, 1800-1960*. Hamden, CT: Archon Books.

Stern, Fritz. 1971. *The Failure of Illiberalism: Essays on the Political Culture of Modern Germany*. New York: Knopf.

Stern, Leo, and Rudolf Sauerzapf. 1954. Introduction to *Die Auswirkungen der ersten russischen Revolution von 1905-1907 auf Deutschland*, ed. L. Stern, xi-lxxvi. Berlin: Rütten & Loening.

Stevenson, John. 1977. "The Queen Caroline Affair." In *London in the Age of Reform*, ed. J. Stevenson, 117-148. Oxford: Basil Blackwell.

———. 1979. *Popular Disturbances in England, 1700-1870*. London: Longman.

Stewart, Robert. 1971. *The Politics of Protection: Lord Derby and the Protectionist Party, 1841-1852*. Cambridge: At the University Press.

Stieg, Margaret F. 1986. *The Origin and Development of Scholarly Historical Periodicals*. Tuscaloosa: Univ. of Alabama Press.

Stigler, George J. 1965. "The Politics of Political Economists." In *Essays in the History of Economics*, 51-65. Chicago: Univ. of Chicago Press.

Stites, Richard. 1957. "The Russian Revolution and Women." In *Connecting Spheres: Women in the Western World, 1500 to the Present*, ed. M. Boxer and J. Quataert, 246-255. New York: Oxford Univ. Press.

———. 1978. *The Women's Liberation Movement in Russia: Feminism, Nihilism, and Bolshevism, 1860-1930*. Princeton, NJ: Princeton Univ. Press.

Stocking, George W., Jr. 1971. "What's in a Name? The Origins of the Royal Anthropological Institute." *Man*, n.s., 6, no. 3 (September): 369-390.

Stoddard, Lothrop. 1920. *The Rising Tide of Color against White World-Supremacy*. New York: Charles Scribner's Sons.

Stokes, Eric. 1959. *The English Utilitarians and India*. Oxford: Clarendon Press.

———. 1980. "Bureaucracy and Ideology: Britain and India in the Nineteenth Century." *Transactions of the Royal Historical Society*, 5th ser., 30:131-156.

Stolcke, Verena. 1981. "Women's Labours: The Naturalisation of Social Inequality and Women's Subordination." In *Of Marriage and the Market: Women's Subordination Internationally and Its Lessons*, ed. K. Young et al., 159-177. London: CSE Books.

Storr, Marthe Severn. 1932. *Mary Wollstonecraft et le mouvement féministe dans la littérature anglaise*. Paris: Presses Univ. de France.

Strandmann, Hartmut Pogge von. 1969. "Domestic Origins of Germany's Colonial Expansion under Bismarck." *Past and Present*, no. 42 (February): 140-159.

Strumingher, Laura S. 1984. "The Legacy of Flora Tristan." *International Journal of Women's Studies* 7, no. 2 (May/June): 232-247.

Stuart, Robert. 1992. *Marxism at Work: Ideology, Class and French Socialism during the Third Republic*. Cambridge: Cambridge Univ. Press.

Stürmer, Michael. 1977. "Krise, Konflikt, Entscheidung, die Sache nach dem neuen Cäser als europäische Verfassungsproblem." In *Le Bonapartisme, phénomène historique et mythe politique*, ed. K. Hammer and P.C. Hartmann, 102-118. Munich: Artemis Verlag.

Suel, Marc. 1953. "L'Adresse et sa discussion de 1814 à 1830." *Revue internationale d'histoire politique et constitutionnelle*, n.s., 3, no. 11 (July-September): 176-188.

Sugihara, Kaoru. 1986. "Patterns of Asia's Integration into the World Economy, 1880-1913." In *The Emergence of a World Economy, 1500-1914: Papers of the IX. International Congress of Economic History*, by W. Fischer et al., 2:709-746. Wiesbaden: Franz Steiner.

Super, R. H. 1977. "The Humanist at Bay: The Arnold-Huxley Debate." In *Nature and the Victorian Imagination*, ed. U. C. Knoepflmacher and G. B. Tennyson, 231-245. Berkeley: Univ. of California Press.

Swingewood, Alan. 1970. "Origins of Sociology: The Case of the Scottish Enlightenment." *British Journal of Sociology* 21, no. 2 (June): 164-180.

Sydie, Rosalind A. 1991. "From Liberal to Radical: The Work and Life of Mary Wollstonecraft." *Atlantis* 17, no. 1 (Fall-Winter): 36-51.

Sykes, Robert. 1988. "Trade Unionism and Class Consciousness: The 'Revolutionary' Period of General Unionism, 1829-1834." In *British Trade-Unionism, 1750-1850*, ed. J. Rule, 178-199. London: Longmans.

Sztejnberg, Maxime. 1963. "La Fondation du Parti Ouvrier Belge et le ralliement de la classe ouvrière à l'action politique." *International Review of Social History* 8, pt. 2, 198-215.

Talmon, J. H. 1952. *The Origins of Totalitarian Democracy*. London: Secker & Warburg.

Taricone, Fiorenza. 1992. "Cronologia per una storia sociale femminile, dall'Unità al fascismo." *Il Politico*, no. 162 (April-June): 341-364.

Tarlé, Eugène. 1929. "L'insurrection ouvrière de Lyon." 3 pts. *Revue marxiste*, no. 2 (March): 132-153; no. 3 (April): 265-294; no. 4 (May): 412-428.

Taylor, Arthur J. 1960. "Progress and Poverty in Britain, 1780-1850: A Reappraisal." *History* 45, no. 153 (February): 16-31.

———. 1972. *Laissez-Faire and State Intervention in Nineteenth-Century Britain*. London: Macmillan.

Taylor, Barbara. 1983. *Eve and the New Jerusalem: Socialism and Feminism in the Nineteenth Century*. New York: Pantheon.

———. 1992. "Mary Wollstonecraft and the Wild Wish of Early Feminism." *History Workshop Journal*, no. 33 (Spring): 197-219.

Taylor, Edward B. 1920. *Primitive Culture*. New York: J. P. Putnam.

Taylor, Keith. 1982. *The Political Ideas of the Utopian Socialists*. London: Frank Cass.

Temperley, Harold. 1925a. *The Foreign Policy of Canning, 1822-1827*. London: G. Bell & Sons.

———. 1925b. "French Designs on Spanish America in 1820-5." *English Historical Review* 40, no. 158 (January): 34-53.

Terlinden, Charles. 1922. "La Politique économique de Guillaume 1er, roi des Pays-Bas en Belgique (1814-1830)." *Revue historique*, 47e année, CXXXIX (January-April): 1-40.

Therbom, Göran. 1974. *Science, Class, and Society: On the Formation of Sociology and Historical Materialism*. Göteborg: Tryck Revo Press.

Théret, Bruno. 1989. "Régimes économiques de l'ordre politique." Doctorat d'Etat en Science Economique, Université Paris-I Panthéon-Sorbonne. 2 vols.

———. 1991. "Le Système fiscal français libéral du XIXe siècle, bureaucratie ou capitalisme?" *Etudes et documents* 3:137-224.

Theriot, Nancy M. 1993. "Women's Voices in Nineteenth-Century Medical Discourse: A Step toward Deconstructing Science." *Signs* 19, no. 1 (Autumn): 1-31.

Thibert, Marguerite. 1926. *Le Féminisme dans le socialisme français de 1830 à 1850.* Paris: Marcel Giard.

Tholfsen, Trygve R. 1961. "The Transition to Democracy in Victorian England." *International Review of Social History* 6, pt. 2, 226–248.

———. 1976. *Working Class Radicalism in Mid-Victorian England.* London: Croom Helm.

Thomas, Edith. 1948. *Les Femmes en 1848: Collection du Centenaire de la Révolution de 1848.* Paris: Presses Univ. de France.

Thomis, Malcolm I. 1970. *The Luddites: Machine-Breaking in Regency England.* Newton Abbot, Devon, UK: David & Charles.

Thomis, Malcolm I., and Peter Holt. 1977. *Threats of Revolution in Britain, 1789–1848.* London: Macmillan.

Thompson, Dorothy. 1976. "Women and Nineteenth-Century Radical Politics." In *The Rights and Wrongs of Women,* ed. J. Mitchell and A. Oakley, 112–138. Baltimore: Penguin.

———. 1984. *The Chartists: Popular Politics in the Industrial Revolution.* London: Temple Smith.

Thompson, E. P. 1997. *The Romantics: England in a Revolutionary Age.* New York: New Press.

Thompson, F. M. L. 1963. *English Landed Society in the Nineteenth Century.* London: Routledge & Kegan Paul.

Thompson, Victoria, 1996. "Creating Boundaries: Homosexuality and the Changing Social Order in France, 1830–1870." In *Feminism and History,* ed. Joan Wallach Scott, 398–428. Oxford: Oxford Univ. Press.

Thompson, William. 1983. *Appeal of One Half of the Human Race, Women, against the Pretensions of the Other Half, Men, to Retain them in Political, and Hence in Civil and Domestic Slavery.* London: Virago.

Thönnessen, Werner. 1973. *The Emancipation of Women: The Rise and Decline of the Women's Movement in German Social Democracy, 1863–1933.* London: Pluto Press.

Thysser, A. Pontoppidon. 1980. "The Rise of Nationalism in the Danish Monarchy 1800–1864, with Special Reference to Its Socio-Economic and Cultural Aspects." In *The Roots of Nationalism: Studies in Northern Europe,* ed. R. Mitchison, 31–45. Edinburgh: John Donald.

Tickner, Lisa. 1987. *The Spectacle of Women: Imagery of the Suffrage Campaign, 1907–1914.* London: Chatto & Windus.

Tilly, Charles. 1964. "Reflections on the Revolutions of Paris: An Essay on Recent Historical Writing." *Social Problems* 12, no. 1 (Summer): 99–121.

———. 1972. "How Protest Modernized in France, 1845–1855." In *The Dimensions of Quantitative Research in History,* ed. W. O. Aydelotte et al., 192–255. Princeton, NJ: Princeton Univ. Press.

———. 1986. *The Contentious French: Four Centuries of Popular Struggle.* Cambridge, MA: Belknap Press of Harvard Univ. Press.

Tilly, Charles, Louise Tilly, and Richard Tilly. 1975. *The Rebellious Century, 1830–1930.* Cambridge, MA: Harvard Univ. Press.

Tilly, Charles, and Lynn Lees. 1974."Le Peuple de juin 1848." *Annales, E.S.C.* 29, no. 5 (September–October): 1061–1091.

Tilly, Richard H. 1990. *Vom Zollverein zum Industriestaat: Die wirtschaftlichsoziale Entwicklung Deutschlands, 1834 bis 1914*. Munich: Deutscher Taschenbuch Verlag.

Tissot, Louis. 1948. "Les Événements de 1848 dans les pays du Nord." In *Le Printemps des peuples: 1848 dans le monde*, ed. F. Fejtö, 1:373–400. Paris: Éd. du Minuit.

Tixerant, Jules. 1908. *Le Féminisme à l'époque de 1848, dans l'ordre politique et dans l'ordre économique*. Paris: V. Giard & E. Brière.

Todorov, Tzvetan. 1989. *The Deflection of the Enlightenment*. Stanford, CA: Stanford Humanities Center.

Tomaszewski, Jerzy. 1993. "The National Question in Poland in the Twentieth Century." In *The National Question in Europe in Historical Context*, ed. M. Teich and R. Porter, 293–316. Cambridge: Cambridge Univ. Press.

Tønnesson, Kåre D. 1978. *La Défaite des sans-culottes: Mouvement populaire et réaction bourgeoise en l'an III*. Oslo: Presses Univ. d'Oslo.

Torstendahl, Rolf. 1993. "The Transformation of Professional Education in the Nineteenth Century." In *The European and American University since 1800: Historical and Sociological Essays*, ed. S. Rothblatt and B. Wittrock, 109–141. Cambridge: Cambridge Univ. Press.

Toutain, Jean-Claude. 1987. "Le Produit intérieur brut de la France de 1789 à 1982." *Économies et sociétés. Cahiers de l'I.S.M.E.A.*, ser. AF 15, 21, no. 5 (May).

Treble, J. H. 1973. "O'Connor, O'Connell and the Attitudes of Irish Immigrants towards Chartism in the North of England, 1838–48." In *The Victorians and Social Protest: A Symposium*, ed. J. Butt and I. F. Clarke, 33–70. Newton Abbot, Devon, UK: David & Charles; Hamden, CT: Archon Books.

Tribe, Keith. 1988. *Governing Economy: The Reformation of German Economic Discourse, 1750–1840*. Cambridge: Cambridge Univ. Press.

———. 2005. "Political Economy and the Science of Economics in Victorian Britain." In *Organization of Knowledge in Victorian Britain*, ed. M. Daunton, 115–137. Oxford: Oxford Univ. Press.

Tristan, Flora. 1846. *L'Emancipation de la femme ou le testament de la paria*. Ouvrage posthume, complété d'après ses notes et publié par A. Constant Éd. Paris.

———. 1983. *The Workers' Union*. Urbana: Univ. of Illinois Press.

Trouillot, Michel-Rolph. 1991. "Anthropology and the Savage Slot: The Poetics and Politics of Otherness." In *Recapturing Anthropology: Working in the Present*, ed. T. G. Fox, 17–44. Santa Fe, NM: School of American Research Press.

———. 1995. *Silencing the Past: Power and the Production of History*. Boston: Beacon Press.

Tudesq, André-Jean. 1964. *Les Grands notables en France (1840–1849): Etude historique d'une psychologie sociale*. 2 vols. Paris: Presses Univ. de France.

Tuñon de Lara, Manuel. 1972. *El Movimento obrero en la historia de España*. Madrid: Taurus.

Turin, Yvonne. 1989. *Femmes et religieuses au XIXe siècle: Le Féminisme "en religion."* Paris: Éd. Nouvelle Cité.

Turner, R. Steven. 1974. "University Reformers and Professional Scholarship in Germany, 1760–1806." In *The University in Society*, ed. L. Stone, 2:495–531. Princeton, NJ: Princeton Univ. Press.

———. 1980. "The Prussian Universities and the Concept of Research." *Internationales Archiv für Sozialgeschichte der deutschen Literatur* 5:68–93.

Twellmann, Margrit. 1972. *Die deutsche Frauenbewegung: Ihre Anfänge und erste Entwicklung.* Vol. 2, *Quellen 1843–1889.* Marburger Abhandlungen zur Politischen Wissenschaft, vol. 17, no. 1–2. Meisenheim-am-Glan, Germany: Verlag Anton Hain.

Valensi, Lucette. 1977. "Nègre/Negro : Recherches dans les dictionnaires français et anglais du XVIIIème au XIXème siècles." In *L'Idée de race dans la pensée politique française contemporaine*, ed. P. Guiral and E. Temine, 157–170. Paris: Éd. du CNRS.

———. 1993. *The Birth of the Despot: Venice and Sublime Porte.* Ithaca, NY: Cornell Univ. Press.

van der Linden, Marcel. 1988. "The Rise and Fall of the First International: An Interpretation." In *Internationalism in the Labour Movement, 1830–1940*, ed. F. Holthoon and M. van der Linden, 323–335. Leiden: E. J. Brill.

———. 1989. "Pourquoi le déclin de la Première Internationale était-il inéluctable?" *Cahiers d'histoire de L'I.R.M.*, no. 37, 125–131.

van Kalken, Frans. 1930. "La révolution de 1830, fut-elle prolétarienne?." *Le Flambeau* 13, nos. 1–2 (January): 45–54.

Veblen, Thorstein. 1964a [1918]. *The Higher Learning in America.* New York: Augustus Kelley.

———. 1964b [1915]. *Imperial Germany and the Industrial Revolution.* New York: Augustus Kelley.

Vellacott, Jo. 1987. "Feminist Consciousness and the First World War." *History Workshop Journal*, no. 23 (Spring): 81–101.

———. 1987. "Lecteurs forts et secteurs faibles dans l'économie française des années 1860: Une simulation économétrique." In *Le capitalisme français, 19e-20e siècle: Blocages et dynamismes d'une croissance*, ed. P. Fridenson and A. Straus, 151–173. Paris: Fayard.

Verley, Patrick. 1989. *L'Industrialisation, 1830–1914: Nouvelle histoire économique de la France contemporaine.* Vol. 2. Paris: La Découverte.

Vermeil, Edmond. 1948a. "Pourquoi la tentative de 1848 a-t-elle échoué en Allemagne?" *Revue socialiste*, n.s., nos. 17–18 (January–February): 99–106.

———. 1948b. "Un Paradoxe historique: La Révolution de 1848 en Allemagne." In *Le Printemps des peuples: 1848 dans le monde*, ed. F. Fejtö, 2:9–63. Paris: Éd. du Minuit.

Veysey, Lawrence R. 1965. *The Emergence of the American University.* Chicago: Univ. of Chicago Press.

———. 1979. "The Plural Organized World of the Humanities." In *The Organization of Knowledge in Modern America, 1860–1920*, ed. A. Oleson and J. Voss, 51–106. Baltimore: Johns Hopkins Univ. Press.

Vidal, César. 1931. *Louis-Philippe, Metternich et la crise italienne de 1831–1832.* Paris: E. de Boccard.

Vigier, Philippe. 1977. "Le Bonapartisme et le monde rural." In *Le Bonapartisme, phénomène historique et mythe politique*, ed. K. Hammer and P. C. Hartmann, 11–21. Munich: Artemis Verlag.

Villieurs, Marc de Baron. 1910. *Histoire des clubs de femmes et des Régions d'Auragones, 1793–1848–1871.* Paris: Plon.

Vincent, Gérard. 1987. *Sciences Po: Histoire d'une réussite*. Paris: Éd. Olivier Orban.
Vincent, J. R. 1981. "The Parliamentary Dimension of the Crimean War." *Transactions of the Royal Historical Society*, 5th ser., 31:37–49.
Viner, Jacob. 1927. "Adam Smith and Laissez Faire." *Journal of Political Economy* 35, no. 2 (April): 198–232.
———. 1949. "Bentham and J. S. Mill: The Utilitarian Background." *American Economic Review* 39, no. 2 (March): 360–382.
———. 1960. "The Intellectual History of Laissez Faire." *Journal of Law and Economics* 3 (October): 45–69.
Vogel, Lise. 1983. *Marxism and the Oppression of Women: Toward a Unitary Theory*. New Brunswick, NJ: Rutgers Univ. Press.
von Laue, Theodore H. 1953. "The High Cost and the Gamble of the Witte System: A Chapter in the Industrialization of Russia." *Journal of Economic History* 13, no. 4 (Fall): 425–448.
———. 1961. "Russian Peasants in the Factory, 1892–1904." *Journal of Economic History* 21, no. 1 (March): 61–80.
———. 1964. "Russian Labor between Field and Factory, 1892–1903." *California Slavic Studies* 3:33–65.
Vovelle, Michel. 1993. *La Découverte de la politique: Géopolitique de la Révolution française*. Paris: La Découverte.
Waelti-Walters, Jennifer. 1990. *Feminist Novelists of the Belle Epoque: Love as a Lifestyle*. Bloomington: Indiana Univ. Press.
Wagner, Donald O. 1931–1932. "British Economists and the Empire." 2 pts. *Political Science Quarterly* 46, no. 2 (June 1931): 248–276; 47, no. 1 (March 1932): 57–74.
Walker, Kenneth O. 1941. "The Classical Economists and the Factory Act." *Journal of Economic History* 1, no. 2 (November): 168–177.
Walker-Smith, Derek. 1933. *The Protectionist Case, 1840–1846*. Oxford: Basil Blackwell.
Walkowitz, Judith R. 1982. "Male Vice and Feminist Virtue: Feminism and the Politics of Prostitution in Nineteenth Century Britain." *History Workshop Journal*, no. 13 (Spring): 79–90.
Wallerstein, Immanuel. 1989. *The Modern World-System*. Vol. 3, *The Second Era of Great Expansion of the Capitalist World-Economy, 1730–1840s*. San Diego: Academic Press.
———. 1995. "Three Ideologies or One? The Pseudo-Battle of Modernity." In *After Liberalism*, 72–92. New York: New Press.
Wallerstein, Immanuel, et al. 1996. *Open the Social Sciences: Report of the Gulbenkian Commission on the Restructuring of the Social Sciences*. Stanford, CA: Stanford Univ. Press.
Walmsley, Robert. 1969. *Peterloo: The Case Reopened*. Manchester, UK: Manchester Univ. Press.
Ward, J. T. 1962. *The Factory Movement, 1830–1855*. London: Macmillan.
———. 1973. *Chartism*. London: B. T. Batsford.
Ward-Perkins, C. N. 1950. "The Commercial Crisis of 1847." *Oxford Economic Papers*, n.s., 2, no. 1 (January): 75–94.
Ware, Vron. 1992. *Beyond the Pale: White Women, Racism, and History*. London: Verso.

Washington, Joseph R., Jr., ed. 1984. *Jews in Black Perspectives: A Dialogue*. Rutherford, NJ: Fairleigh Dickinson Univ. Press.

Watson, George. 1973. *The English Ideology: Studies in the Language of Victorian Politics*. London: Allan Lane.

Webster, C. K. 1925. *The Foreign Policy of Castlereagh, 1815–1822: Britain and the European Alliance*. London: G. Bell & Sons.

——. 1931. *The Foreign Policy of Castlereagh, 1812–1815: Britain and the Reconstruction of Europe*. London: G. Bell & Sons.

Wehler, Hans-Ulrich. 1970. "Bismarck's Imperialism, 1862–1890." *Past and Present*, no. 48 (August): 119–155.

——. 1971. *Sozialdemokratie und Nationalstaat: Nationalitätenfrage in Deutschland, 1840–1914*. 2nd ed., rev. Göttingen: Vandenhoeck & Ruprecht.

——. 1985. *The German Empire, 1871–1918*. Leamington Spa, UK: Berg.

Weigall, David. 1987. *Britain and the World, 1815–1986*. New York: Oxford Univ. Press.

Weil, Cdt. Maurice-Henri. 1919. *Metternich et l'Entente Cordiale, une dépêche inédite, les manœuvres et les inquiétudes du Chancelier*. Paris: Auguste Picard.

——. 1921. *Guizot et l'Entente Cordiale*. Paris: Félix Alcan.

Weill, Georges. 1913. "Les Saint-Simoniens sous Napoléon III." *Revue des études napoléoniennes*, 2e année, III (May): 391–406.

——. 1924. *Histoire du mouvement social en France (1852–1924)*. 3rd ed, rev. Paris: F. Alcan.

——. 1930. *L'Eveil des nationalités et le mouvement libéral (1815–1848)*. Paris: Lib. Felix Alcan.

Weindling, Paul. 1989. "The 'Sonderweg' of German Eugenics: Nationalism and Scientific Internationalism." *British Journal for the History of Science* 22, pt. 3, no. 74 (September): 321–333.

Weingart, Pater. 1989. "German Eugenics between Science and Politics." In *Science in Germany, The Intersection of Institutional Intellectual Issues*, ed. K. M. Olesko, 260–282. *Osiris*, 2nd ser., 6.

Weisz, George. 1979. "L'Idéologie républicaine et les sciences sociales: Les durkheimiens et la chaire d'historie d'économie sociale à la Sorbonne." *Revue française de sociologie* 20, no. 1 (January–March): 83–112.

Wengenroth, Ulrich. 1994. *Enterprise and Technology: The German and British Steel Industries, 1865–1895*. Cambridge: Cambridge Univ. Press.

Werner, Karl Ferdinand. 1977. Preface to *Le Bonapartisme, phénomène historique et mythe politique*, ed. K. Hammer and P. C. Hartmann, ix–xii. Munich: Artemis Verlag.

White, R. J. 1950. Introduction to *The Conservative Tradition*, ed. R. J. White, 1–24. London: Nicholas Kaye.

——. 1973 [1957]. *Waterloo to Peterloo*. New York: Russell & Russell.

Willard, Claude. 1965. *Le Mouvement socialiste en France (1893–1905): Les Guesdistes*. Paris: Éd. Sociales.

——. 1971. *Le Socialisme de la Renaissance à nos jours*. Paris: Presses Univ. de France.

——. 1978. *Socialisme et communisme français*. Rev. ed. Paris: Lib. Armand Colin.

Williams, Glarmor. 1980. "Wales: The Cultural Bases of Nineteenth and Twentieth Century Nationalism." In *The Roots of Nationalism: Studies in Northern Europe,* ed. R. Mitchison, 119-129. Edinburgh: John Donald.

Williams, Gwyn A. 1982. "Druids and Democrats: Organic Intellectuals and the First Welsh Radicalism." In *Culture, Ideology, and Politics: Essays for Eric Hobsbawm,* ed. R. Samuel and G. S. Jones, 246-276. London: Routledge & Kegan Paul.

Williams, Judith Blow. 1972. *British Commercial Policy and Trade Expansion, 1750-1850.* Oxford: Clarendon Press.

Williams, Raymond. 1983. *Culture and Society, 1780-1950.* With new preface. New York: Columbia Univ. Press.

Williamson, Jeffrey G. 1962. "The Long Swing: Comparisons and Interactions between British and American Balance of Payments, 1820-1913." *Journal of Economic History* 22, no. 1 (March): 21-46.

Willson, A. Leslie. 1964. *A Mythical Image: The Ideal of India in German Romanticism.* Durham, NC: Duke Univ. Press.

Wilson, Charles. 1965. "Economy and Society in Late Victorian Britain." *Economic History Review,* n.s., 18, no. 1 (August): 183-198.

Winterarl, Barry D., and Stanley N. Katz. 1987. "Foundations and Ruling Class Elites." *Daedalus,* no. 1 (Winter): 1-39.

Winch, Donald. 1963. "Classical Economics and the Case for Colonization." *Economica,* n.s., 43rd year, vol. 30, no. 120 (November): 387-399.

———. 1965. *Classical Political Economy and Colonies.* London: G. Bell & Sons.

———. 1990. "Economic Knowledge and Government in Britain: Some Historical and Comparative Reflections." In *State and Economic Knowledge: The American and British Experience,* ed. M. O. Furner and B. Supple, 40-47. Washington, DC: Woodrow Wilson International Center for Scholars; Cambridge: Cambridge Univ. Press.

Wittrock, Björn. 1993. "The Modern University: The Three Transformations." In *The European and American University since 1800: Historical and Sociological Essays,* ed. S. Rothblatt and B. Wittrock, 303-362. Cambridge: Cambridge Univ. Press.

Wolff, Richard J. 1986. "Christian Democracy and Christian Unionism in Italy, 1890-1926." *Italian Quarterly* 27, no. 103 (Winter): 49-57.

Wood, George H. 1909. "Real Wages and the Standard of Comfort Since 1850." *Journal of the Royal Statistical Society* 72, pt. 1 (March 31): 91-103.

Woolf, Stuart. 1989. "French Civilization and Ethnicity in the Napoleonic Empire." *Past and Present,* no. 124 (August): 96-120.

———. 1991. *Napoleon's Integration of Europe.* London: Routledge, Chapman & Hill.

———. 1992. "The Construction of a European World-View in the Revolutionary-Napoleonic Years." *Past and Present,* no. 137 (November): 72-101.

Wright, Gordon. 1938. "The Origins of Napoleon III's Free Trade." *Economic History Review* 9, no. 1 (November): 64-67.

Wright, H. R. C. 1955. *Free Trade and Protection in the Netherlands, 1816-30.* Cambridge: At the University Press.

Wright, Vincent. 1975. "The Coup d'Etat of December 1851: Repression and the Limits to Repression." In *Revolution and Reaction: 1848 and the Second French Republic*, ed. R. Price, 303-333. London: Croom Helm.

Wurms, Renabe. 1983. "Kein einig Volk von Schwestern: Frauenbewegung 1890-1914." In *Geschichte der deutschen Frauenbewegung*, ed. F. Hervé, 41-83. Cologne: Pahl-Rugenstein.

Yaari, Aryeh. 1978. *Le Défi national.* Vol. 1, *Les Théories marxistes sur la question nationale à l'épreuve de l'histoire.* Paris: Éd. Anthropos.

———. 1979. *Le Défi national.* Vol. 2, *Les Révolutions éclatées.* Paris: Éd. Anthropos.

Yeo, Eileen. 1981. "Christianity in Chartist Struggle, 1838-1842." *Past and Present*, no. 91 (May): 109-139.

———. 1982. "Some Practices and Problems of Chartist Democracy." In *The Chartist Experience: Studies in Working-Class Radicalism and Culture, 1830-1860*, ed. J. Epstein and D. Thompson, 345-380. London: Macmillan.

Yeo, Richard R. 1993. *Defining Science: William Whewell, Natural Knowledge and Public Debate in Early Victorian Britain.* Cambridge: Cambridge Univ. Press.

Yeo, Stephen. 1977. "A New Life: The Religion of Socialism in Britain, 1883-1896." *History Workshop*, no. 4 (Autumn): 5-56.

Zagatti, Paola. 1988. "Colonialismo e razzismo: Immagini dell'Africa nella pubblicistica postunitaria." *Italia contemporanea*, no. 170 (March): 21-37.

Zak, L. A. 1971. "Die Grossmächte und die deutschen Staaten am Ende der napoleonischen Kriege." *Zeitschrift für Geschichtswissenschaft* 19, no. 11, 1536-1547.

Zeldin, Theodore. 1958. *The Political System of Napoleon III.* London: Macmillan.

———. 1959. "English Ideals in French Politics during the Nineteenth Century." *Historical Journal* 2, no. 1, 40-58.

———. 1967. "Higher Education in France, 1848-1940." *Journal of Contemporary History* 2, no. 3 (July): 53-80.

———. 1979. *France, 1848-1945.* Vol. 1, *Politics and Anger.* Oxford: Clarendon Press.

Zévaès, Alexandre. 1953. "La Fermentation sociale sous la Restauration et sous la Monarchie de Juillet." *Revue internationale d'histoire politique et constitutionnelle*, n.s., 3, no. 11 (July-September): 206-234.

Ziolkoski, Theodore. 1990. *German Romanticism and Its Institutions.* Princeton, NJ: Princeton Univ. Press.

Zolberg, Aristide R. 1972. "Moments of Madness." *Politics and Society* 2, no. 2 (Winter): 183-207.

———. 1999. "The Great Wall against China: Responses to the First Immigration Crisis, 1885-1925." In *Migration, Migration History, History: Old Paradigms and New Perspectives*, ed. J. L. Lucassen, 291-315. Bern: Peter Lang.

Zubrzycki, J. 1953. "Emigration from Poland in the Nineteenth and Twentieth Centuries." *Population Studies* 6, no. 3 (March): 248-272.

Zylberberg-Hocquard, Marie-Hélène. 1978. *Féminisme et syndicalisme en France.* Paris: Anthropos.

索 引

（本索引中的页码系原著页码，检索时请查阅本书正文页边码）

我是按照某些常规来编制这个索引的。在国家或大陆内部的地区；君主和总统的名字；仅仅是指一个特定国家的事件、集团或法律作为子范畴被辑录在较大的实体下。不过，海外殖民地和城市单独列出，正如除了君主或总统之外的其他人物那样。进一步而言，被用于在多个条目下讨论某种现象的一般性范畴将单独列出其条目，涉及多个国家的现象、诸如条约或战争将在它们最常见的名称下单独列出。

A

Abd-el-Kader，阿卜杜·卡迪尔 86
Abel, Wilhelm，威廉·阿贝尔 63
Abensour, Léon，莱昂·阿邦苏尔 193
Aberdeen, 4th Earl of（George Hamilton-Gordon），第四任阿伯丁伯爵（乔治·汉密尔顿-戈登）82，127
Abrams, Philip，菲利普·艾布拉姆斯 225，252–53
Abray, Jane，珍妮·阿布蕾 150，152，193
Absolutism, xiv，绝对君主制 7，12，16，24，62，80，85，111
Abyssinia，阿比西尼亚 127
Adams, Herbert Baxter，赫伯特·巴克特斯·亚当斯 233
Adas, Michael，米歇尔·亚达斯 265，267
Adler, Laure，劳尔·阿德勒 193，196

Adrianople, Treaty of，《亚得里亚堡条约》62
Africa，非洲 86
　Guinea Coast，几内亚沿岸 121
　Scramble for，瓜分 xvi，16，121，131
　West Africa, xv，西非 15，128，276
Ageron, Charles-Robert，查尔斯-罗伯特·阿格荣 215
Aguet, Jean-Pierre，让-皮埃尔·阿盖 81
Agulhon, Maurice，莫里斯·阿居隆 16，108，141
Aix-la-Chapelle，亚琛 55
Albistur, Maïté，梅泰·阿尔比斯图尔 191，194
Albert, Prince，阿尔伯特亲王 225
Alexander, Sally，萨利·亚历山大 185
Algeria，阿尔及利亚 61，85–86，127
Aliens，外国人 82，126，144–45，154，

— 425 —

171，195，209

Allen, Ann Taylor，安·泰勒·艾伦 196，201

Amar, André，安德烈·阿玛尔 150-51

American Economics Association（AEA），美国经济学会 250

American Federation of Labor，美国劳工联合会 183

American Journal of Sociology，美国社会学杂志 257

American Political Science Association（APSA），美国政治学会 263

American Social Science Association（ASSA），美国社会科学协会 228-29

American Women's Suffrage Association（AWSA），美国妇女选举权协会 206

America（the Americas），美洲 31，58，99

  Caribbean，加勒比地区 130

  Central，中美洲 130

  Latin，拉丁美洲 30，43，54-55，58，68，111，121，264

  North，北美洲 54，70，98，162，275

  America（the Americas）（continued）

  South，南美洲 30，54-55

  Spanish，西属美洲 54，56

  See also United States 也见美国条目

Aminzade, Ronald，罗纳德·阿明扎德 164

Amsterdam，阿姆斯特丹 112

Ancien régime，旧制度 11，27，42，60，64，79，112，131，149-50，152，155，164，196

Anderson, Benedict，本尼迪克·安德森 184，211

Andreucci, Franco，弗兰科·安德鲁奇 180

Andrews, John R.，约翰·R.安德鲁斯 181-82，190

Anglo-Chinese Wars，中英战争 120

Anglo-French Treaty of Commerce（Chevalier-Cobden Treaty, 1860），英法商业条约（谢瓦利埃-科布登条约）105，116，122-23，125

Anglo-Saxons，盎格鲁-撒克逊 128，215

Anglo-Turkish Commercial Convention（1838），英土商业协定 121

Année sociologique, L',社会学年鉴 253

Anteghini, Alessandra，亚力山德拉·安特基尼 195

Anthropology，人类学 213-14，222，264-73

Antiracism. *See* Racism 反种族主义，也见种族主义条目

Anti-Semitism，反犹太种族主义 58，210，268

Anti-statism. *See* Statism 反对中央集权统制经济，也见中央集权统制经济条目

Antisystemic movements，反现存体制运动 xvi，147，159，161，229，276

Antwerp，安特卫普 65，67，70

Applewhite, Harriet B.，哈丽特·B.阿普怀特 150，152

Apponyi, Comte Antoine，安托万·阿波尼伯爵 63，87

Aquinas, St. Thomas，圣托马斯·阿奎纳 221

Archaeology，考古学 238

Argentina, Republic of La Plata，阿根廷，拉普拉塔共和国 54

Aristocracy，贵族 15，22，26，40，45，47，53，61，71-72，78-79，83，87，91，93，97-98，104，144，149，151-52，162，168，210-11，229，232，274

Arnold, Matthew，马修·阿诺德 225

Aron, Raymond，雷蒙·阿隆 234-35

索 引

Arrighi, Giovanni, 吉奥瓦尼·阿瑞吉 v
Artisans. See under Classes 手工业者，也见下层阶级条目
Aryan, 雅利安人 214，253
Ashley, Lord Anthony, 安东尼·艾希里勋爵 100
Ashley, William James, 威廉·詹姆斯·艾希里 179
Asia, 亚洲 31，128
　East, 东亚 xvi，16
　Far East, 远东 121
　South, 南亚 214
Association Internationale pour le Progrès des Sciences Sociales, 国际促进社会科学发展协会 219
Atheism, 无神论 119
Atlantic Monthly, 大西洋月刊 208
Auclert, Hubertine, 于贝蒂娜·奥克莱尔 190，195，199—200
Australia, 澳大利亚 126，203
　Queensland, 昆士兰 121
Austria, 奥地利 39，42，63—64，87，95，114，119，131，159，191
Austrian Netherlands, 奥属尼德兰 63，66
　Bohemia, 波希米亚 94
　Joseph II, Emperor, 奥地利皇帝约瑟夫二世 64
　Suffrage, 选举权 191
Aydelotte, William O., 威廉·O.艾德洛特 97，115

B

Bagehot, Walter, 沃尔特·白芝浩 103，133
Bairoch, Paul, 保罗·贝洛赫 31—32，118，122—24
Baker, Keith Michael, 基思·迈克尔·巴克 143，222
Baker, Robert, 罗伯特·贝克 97
Bakunin, Mikhail, 米哈伊尔·巴枯宁 171
Balance of power, 制衡 15，21，39，44，95—96
Balibar, Étienne, 艾蒂安·巴里巴尔 210
Balkans. See under Europe 巴尔干，也见南欧条目
Ballanche, Pierre-Simon, 皮埃尔-西蒙·巴兰榭 23
Banks, Olive, 奥利弗·班克斯 151，192，207
Bannerji, Himani, 西玛尼·班奈尔吉 269
Banque de Belgique, 比利时银行 109
Banque de France, 法国银行 110
Barings Bank, 巴林银行 108
Barkan, Elazar, 埃拉扎尔·巴尔坎 213
Barre, Raymond, 雷蒙·巴尔 106
Bartier, John, 约翰·巴蒂尔 88
Barzun, Jacques, 雅克·巴尔赞 56—57，131，140
Basch, Françoise, 弗朗索瓦·巴什 203
Baster, Albert, 阿尔伯特·巴斯特 129
Bastid, Paul, 保罗·巴斯蒂 3
Basutoland, 巴苏陀兰 121
Bayly, C.A., C.A.贝里 27，53，126
Bebel, August, 奥古斯特·倍倍尔 177—78，189
Bédarida, François, 弗朗索瓦·贝达里达 165，184
Bederman, Gail, 盖尔·比德曼 215—16
Beecher, Henry Ward, 亨利·沃德·比彻 206
Belgium, 比利时 17，29—30，37，62—71，73，75，84—85，87—88，102，105，109，114，119，122，149，157，

173，264

Austrian Netherlands，奥属尼德兰 63，66

Flanders，佛兰德 65

Leopold I，利奥波德一世 69，88，109，149

Liège，列日 64，66

Malines, School of，马利内学派 67

Suffrage，选举权 191

Wallonia，瓦隆尼亚 65-67

Belloni, Pier Paolo，皮尔·保罗·布兰尼 180

Beloff，Max，马克斯·贝洛夫 22-23，89

Bendix, Reinhard，赖因哈德·本迪克斯 170，174

Bénéton, Philippe，菲利普·贝内东 2，12，48，60，139，239

Benson, Donald R.，唐纳德·R. 本森 225

Bentham, Jeremy，杰里米·边沁 6，8-10，15，17，100-101，114-15，132，137

Benthamism，边沁主义 15，53，114-15. See also under Great Britain 也见英国条目

Berg, Barbara J.，巴巴拉·J. 伯格 204，207

Berg, Maxime，马克西米·博格 185

Berlin，柏林 88，193，230，248

Bernal, Martin，马丁·贝尔纳 57-58，268，270

Bernard, Jessie，杰西·伯纳德 227

Bernard, L. L.，L. L. 伯纳德 227

Bernstein, Eduard，爱德华·伯恩施坦 177-78，180，184

Bertier de Sauvigny, G. de，贝蒂埃·德·苏维涅 2

Bessemer, Sir Henry，亨利·贝塞麦爵士 104

Betley, Jan Andrzej，让·安杰依·贝特利 65-69

Betts, Raymond F.，雷蒙德·F. 贝茨 273

Bezucha, Robert J.，罗伯特·J. 伯祖查 80-82

Biagini, Eugenio F.，欧金尼奥·F. 比亚吉尼 102，168

Bidelman, Patrick K.，帕特里克·K. 比德尔曼 195，199

Bigaran, Maria Pia，玛丽亚·皮娅·比加兰 203

Billington, James H.，詹姆斯·H. 比灵顿 1-2，23-24，47，56，136，146-49

Binary categories. 二元范畴 See Civilization vs. barbarism 也见文明对野蛮条目

Birmingham，伯明翰 45

Bismarck, Otto van，奥托·冯·俾斯麦 36，93，131，135，174，177-78，231，250

Blackburn, Robin，罗宾·布莱克伯恩 27，119-20，154

Black Sea，黑海 99，129

Blacks，153-54. 黑人 See also United States 也见美国条目

Blanc, Louis，路易·勃朗 48，61，72，85-86

Blanchard, Marcel，马塞尔·布兰查德 93，107

Blandford, Marquis of，布兰福德侯爵 72

Blanqui, Louis Auguste，路易·奥古斯特·布朗基 17，57

Blocker, Jack S., Jr，小杰克·S. 布洛克 202

Blondel, Léon，莱昂·布朗德尔 86

Blue, Gregory, xii，格利高里·卜鲁 270

Bonald, Louis de，路易·德·博纳尔 12-

13，18，23，47-48，160，212，223，251
Boon, H. N.，H. N. 布恩 108
Bortolotti, Franca Pieroni，弗兰卡·皮尔罗尼·博尔托洛蒂 191
Botrel, J.-F.，J. F. 博特雷尔 166
Bougainville, Louis de，路易·德·布甘维尔 127
Bouglé, Célestin，谢莱斯廷·布格莱 193，255
Bouillon, Jacques，雅克·布永 90
Boulle, Pierre H.，皮埃尔·H. 布尔 212
Bourgeoisie, xviii，资产阶级 2，8，14，23，57，59-61，66，75，77-79，90-94，107-8，123，126，146，152-53，155，158，162-64，166-68，170，174，177-78，184，189，191，196，199-201，211，215-17，219，230，252，256，259，276
Bourgin, Georges，乔治·布尔金 59-60，90-91，107，116-17
Bourguet, Marie-Noëlle，玛丽-尼勒·布尔盖 21
Bourguignon, François，弗朗索瓦·布吉尼翁 37
Boutmy, Émile，埃弥尔·布特密 258-62
Bouvier, Jean，让·布维耶 36
Bouvier, Jeanne，让娜·布维耶 112
Bowler, Peter，彼得·鲍勒 236
Boyle, John W.，约翰·博伊尔 41，167
Brassists, the，布拉斯派 190
Brebner, J. Bartlett，巴特利·J. 柏莱柏诺 9，17，77，100-101，113，129
Briavoinne, Natalis，娜塔利·布瑞阿瓦伊尼 63-64，105
Bridges, Amy，艾米·布里吉斯 162，169，178，185

Briggs, Asa，阿萨·勃里格斯 44-45，51，74-75，83，100，103，128，133，162
Bright, John，约翰·布赖特 74，88，126
British Association for the Advancement of Science，英国科学促进协会 225，271
Brock, W. R.，W. R. 布罗克 43-46，51
Broder, André，安德列·布罗德尔 124
Broglie, Duc de，布罗伊公爵 84
Bron, Jean，让·布宏 181
Brook, Timothy，蒂莫西·布鲁克 xiii
Broughan, Lord Henry，亨利·布鲁厄姆勋爵 97，274
Brown(e), Commodore William，海军准将威廉·布朗 54
Browning, Elizabeth Barrett，伊丽莎白·巴雷特·勃朗宁夫人 128
Bruhat, Jean，让·勃吕阿 59，81-82，158
Bruneau, Charles，查尔斯·布鲁瑙 2，220
Brunet, Georges，乔治·布吕内 78
Brunot, Ferdinand，费迪南·布吕诺 2，220
Brupbacker, Fritz，弗里茨·布鲁贝克尔 189
Brussels，布鲁塞尔 66，88，110，229
Bruun, Geoffrey，杰弗里·布鲁恩 18
Bruwier, Marinette，马里内特·布吕维耶 64-65
Bryson, Gladys，葛拉蒂斯·布瑞森 261
Bucharest，布加勒斯特 171
Buechler, Steven M.，史蒂文·M. 伯克勒 206，229
Buenos Aires，布宜诺斯艾利斯 54
Buer, M. C.，M. C. 布尔 28
Buhle, Mari Jo，玛丽·约·布尔 209
Bull, George，乔治·布尔 100
Bulmer, Martin，马丁·布尔默 257-58
Bulwer, Lord Henry，亨利·布尔法爵士 95
Buonarroti, Filippo，菲利普·邦纳罗蒂

60, 69

Burdeau, Georges, 乔治·布尔多 112

Burgess, John W., 约翰·W. 伯盖司 257, 261-63

Burgess, Keith, 基斯·伯吉斯 175

Burke, Edmund, 埃德蒙·伯克 2, 5, 12, 25, 87, 139

Burke, Peter, 彼得·伯克 238-39

Burma, Lower, 下缅甸 121

Burn, Duncan L., 邓肯·L. 伯恩 11

Burn, W. L., W.L. 伯恩 113, 115, 125, 131

Burton, Antoinette M., 安托瓦内特·M. 伯顿 207

Bury, J. P. T., J.P.T. 伯里 87-88, 95

Byron, Lord（George Gordon Byron）, 拜伦勋爵（乔治·戈登·拜伦）54

C

Cabet, Étienne, 艾蒂安·卡贝 86-87

Cahill, Gilbert A., 吉尔伯特·A. 卡希尔 114

Cain, P. J., 34, P.J. 凯恩 119

Caine, Barbara, 芭芭拉·凯尼 197, 201

Cairncross, A. K., A.K. 凯恩克罗斯 113

Calhoun, Craig, 克雷格·卡尔霍恩 161, 164

California, University of, 加利福尼亚大学 272

Cambridge University, 剑桥大学 221, 247, 249

Cameralism, 重商主义 246

Cameron, Rondo E., 龙多·E. 卡梅伦 30-31, 34, 37, 106, 108-11, 122-23

Campbell, Stuart L., 斯图尔特·L. 坎贝尔 91, 93

Canada, 加拿大 71, 98, 125, 129, 180
  British Columbia, 英属哥伦比亚 121
  Liberal Party, 自由党 180
  Newfoundland, 纽芬兰 71
  Quebec, 魁北克 70
  Victoria, 维多利亚 88

Canadian Pacific Railway, 加拿大的沿太平洋铁路 128

Canning, George, 乔治·坎宁 54-56, 60, 68, 130

Cantimori, Delio, 德里奥·坎蒂莫里 17, 94-95

Canuts. 缫丝工人 See under France 也见法国条目

Capacity. 能力 See under Suffrage 也见选举权条目

Carlisle, Robert B., 罗伯特·B. 卡莱尔 107

Carlson, Andrew R., 安德鲁·R. 卡尔森 177

Carlyle, Thomas, 托马斯·卡莱尔 18, 57, 125, 223, 225

Carrère d'Encausse, Hélène, 艾莱娜·卡莱尔-当戈斯 149

Casalini, Maria, 玛丽亚·卡萨利尼 199

Cashdollar, Charles D., 查尔斯·D. 卡斯多拉 224

Castlereagh, Viscount Robert Stewart, 卡斯尔雷勋爵（罗伯特·斯图尔特子爵）2, 39-42, 54-55

Catholicism, 天主教 4, 12-13, 18, 47, 50, 60-67, 70-72, 74, 85, 114, 132, 139, 152, 157-58, 169, 182, 190, 197-98, 202, 217, 221, 241-42, 246, 252, 267

Catholic University (Paris), 天主教大学

索 引

（巴黎）246

Catt, Carrie Chapman, 卡利·查普曼·卡特 206, 208

Cavaignac, Gen. Louis-Eugène, 路易-欧仁·卡芬雅克将军 90-91

Cecil, Lord Hugh, 休·塞西尔勋爵 4, 15-16, 18

Cerati, Marie, 玛丽·瑟拉蒂 152

Césaire, Aimé, 艾梅·塞泽尔 90, 153-54, 183

Ceylon, 锡兰 126

Chabrol, Comte Christophe, 德·夏布洛尔伯爵 59

Chadwick, Edwin, 埃德文·查德威克 137

Chafetz, Janet Saltzman, 简娜特·萨尔兹曼·查菲兹 200

Chapelle-Dulière, Jacqueline, 杰奎琳·拉夏贝尔-迪利埃 250

Charte d'Amiens, 亚眠宪章 181

Chateaubriand, François-René de, 弗朗索瓦-勒内·德·夏多布里昂 2, 23, 47, 57, 80

Chaumette, Pierre-Gaspard, 皮埃尔-贾斯帕尔·索梅特 152

Checkland, E. O. A., E. O. A. 切克兰德 114

Checkland, S. G., S. G. 切克兰德 31, 114, 220, 247

Cheney, Edna B., 埃德娜·B. 切尼 208

Chevalier, Louis, 路易·谢瓦利埃 161

Chevalier, Michel, 米歇尔·谢瓦利埃 112

Chicago, University of, 芝加哥大学 257

Chile, 智利 54

China, 中国 vii, 30, 57, 120, 123, 127, 130, 203, 267, 270-71

Chlepner, B.-S., B.-S. 希兰普纳 66, 70, 108-9

Church, R. A., R. A. 丘奇 104, 251

Church, Robert L., 罗伯特·L. 丘奇 247-49, 261

Citizens, active-passive distinction, 公民，对积极和消极公民的区分 145-47, 160, 164, 182, 188, 193, 197, 200, 205, 211, 225

Civilization vs. barbarism, 文明对野蛮 80, 84, 126, 146-47, 156, 158, 197, 216-17

Clapham, J. H., J. H. 克拉潘 40, 45, 50, 52, 102-5, 113, 119, 131

Clark, G. Kitson. 基特森·G. 克拉克 *See* Kitson Clark, G. 也见基特森·克拉克条目

Clark, John Bates, 约翰·贝茨·克拉克 233

Clark, Terry N., 特里·克拉克 254-55

Class conflict, 阶级冲突 77-141, 155, 171, 225

Classes 阶级

　Dangerous, 危险阶级 90, 132, 135-37, 140-41, 181-82, 212, 243, 259

　Dominant strata, 统治阶级 79, 146, 153, 157, 166, 170, 172, 204, 260, 277

　Middle 中间阶级（*see* Bourgeoisie）（也见资产阶级条目）

　Working 工人阶级

　Artisans, 手工业者 60, 80-81, 84, 90, 103, 113, 158, 162-64, 167, 169

　Workers, 工人 xviii, 25, 32-33, 37, 57, 59-60, 63-64, 66, 70, 79-83, 85-86, 89-90, 94, 114, 116-

17，133－36，149，154－55，158，161－72，174－77，180－90，209，212，215

Mutual aid societies，互助会 80

Classics，古典 212，226，268

Clemens, Barbel，巴贝尔·克莱门斯 197

Coates, Willson H.，威尔逊·H. 科茨 114

Coats, Alfred William，阿尔弗雷德·威廉·考特斯 247，290

Coats, S. E.，S. E. 考特斯 247

Cobb, Richard，理查德·科布 155

Cobban, Alfred，阿尔弗雷德·科本 167

Cobden, Richard，理查德·科布登 88，98，103，119－20，122，126

Cochran, Thomas, 10th Earl of Dundonald，托马斯·科克伦勋爵，第十代邓唐纳德伯爵 54

Cochin，科钦 130

Cohen, William B.，威廉·B. 科恩 207，211，214，216

Colbert, Jean-Baptiste，让－巴蒂斯特·柯尔贝尔 65，115

Colbertism，柯尔贝尔主义 112

Colby College，柯尔比大学 256

Cole, G. D. H.，G. D. H. 柯尔 13，32，51，78，107，126－27，159－60，175

Cole, Juan，胡安·科尔 267

Cole, Stephen，史蒂芬·科尔 229

Coleman, Bruce，布鲁斯·科尔曼 45，103，105

Collège de France，法兰西学院 221

Collins, Henry，亨利·科林斯 183

Collins, Irene，艾琳·柯林斯 79

Colman, H.，H. 科尔曼 37

Cologne，科隆 230

Colonial scramble. 瓜分殖民地 *See under* Africa 也见非洲条目

Coloureds，有色人群 149

Columbia University，哥伦比亚大学 257－58，261－62，265

Commons, John R.，约翰·R. 康芒斯 181，183

Communism，共产主义 76，84，87－88，93－94，161，163，183，195

Competence, as criterion for decision-making，作为决策标准的能力 228，232，243，249

Comte, Auguste，奥古斯特·孔德 23，69，78，232，251－52，256，259

Concert of Europe. *See* Vienna, Congress of/Treaty of 欧洲协调，也见维也纳会议/维也纳条约条目

Condliffe, J. B.，J. B. 康德利夫 28，31，43，123，125－26

Condorcet, Jean-Antoine Nicolas de Capitat, Marquis de，让－安托万·尼古拉·卡利坦·马奎斯·德·孔多塞 149，221，226，241

Confédération Générale du Travail (CGT)，法国工会联合会 181

Conservatism，保守主义 2－6，11－18，23－25，27，43－44，47，49，51，58，60－61，66，72，74－75，78，86，88，92－93，97，99，107，111－13，115－19，129，131－36，138－41，160－61，170，174－76，191，201－3，207，209，219，229，237，239－40，242－43，246，251－52，254－56，260，269

Enlightened，开明的 43，71，92，95，112，131，161，170

Constant, Benjamin，邦雅曼·贡斯当 2，6，23－24

Constantine, Grand Duke, 康斯坦丁大公 63，68

Constantinople, 君士坦丁堡 55，73

Continental Blockade, 对欧洲大陆的封锁 64，96，118，122

Conze, Werner, 维尔纳·康策 158，169

Coornaert, Emile, 埃米尔·科尔奈尔 78

Coser, Lewis, 刘易斯·科塞 255-56

Cottereau, Alain, 阿兰·考克托 179

Couriau, Emma, 艾玛·库里欧 190-91

Cousin, Victor, 维克多·库赞 212

Coussy, Jean, 让·库西 105，124

Cracow, 克拉科夫 87

Crafts, N.F.R., N.F.R. 克拉夫茨 38

Cranborne, Lord, 3rd Marquess of Salisbury, 第三代索尔兹伯里侯爵克兰伯恩勋爵 133

Crédit Foncier, 土地信贷银行 110

Crédit Mobilier, 动产信用银行 109-11

Crick, Bernard R., 伯纳德·R. 克里克 4，58，262-63

Crimean War, 克里米亚战争 104，128-31，183，229

Croats, 克罗地亚人 159，239

Croce, Benedetto, 贝奈戴托·克罗齐 61，80

Croker (Crocker), John Wilson, 约翰·威尔逊·克罗科尔 2，97

Crouch, R.L., R.L. 克劳奇 138

Crouzet, François, 弗朗索瓦·克鲁泽 30，38，64，122

Cruz Seoane, María, 玛丽亚·克鲁兹-塞瓦内 2，148

Cuba, 古巴 130-31

Cullen Michael J., 迈克尔·J. 库伦 227-28

Cunningham, Andrew, 安德鲁·坎宁安 222

Cunningham, William, 威廉·坎宁安 31，118，247-48

Czechs, 捷克人 99，239

D

Dahrendorf, Ralf, 拉尔夫·达伦多夫 234-35，262-63

Dale, Peter Allan, 彼得·阿兰·戴尔 225，232

Darvall, Frank O., 弗兰克·O. 达瓦尔 21，32，51，137

Daumard, Adeline, 艾德琳·杜马 59-60，78-80，86，112，117

Davies, Emily, 艾米丽·戴维斯 267

Davis, Mary, 玛丽·戴维丝 214

Deacon, Desley, 德斯利·迪肯 203

Deane, Phyllis, 菲利斯·迪恩 32

Debs, Eugene V., 尤金·V. 德布兹 207，216

Decharneux, Baudouin, 博杜安·德沙讷 269

Decolonization, 非殖民化 xiii, xv, 32, 54, 70

D'Eglantine, Fabre, 法布尔·戴格朗丁 150

DeGroat, Judith Ann, 朱迪特·安·德格洛特 185

Deindustrialization. 非工业化
See Industrialization 也见工业化条目

Delacampagne, Christian, 克里斯蒂昂·德拉康帕涅 209，212

Delacroix, Eugène, 欧仁·德拉克洛瓦 186

Delaive, Victor, 维克托·德莱弗 xviii

De Lamartine, Alphonse, 阿尔方斯·德·拉马丁 127

De Maistre, Joseph, 约瑟夫·德·梅斯特勒 2，47-48，78，162

Demangeon, Albert, 阿尔伯特·德芒戎 24，64

Démier, Francis, 弗朗西斯·德米耶 122

De Morgan, Augustus, 奥古斯都·德·摩根 222

Demoulin, Robert, 罗伯特·德墨林 30, 65-68

Denmark, 丹麦 97

De Pisan, Christine, 克里斯蒂娜·德·皮桑 152

Derainne, Pierre-Jacques, 皮埃尔-雅克·德莱内 165

Derby, Lord (Frederick Stanley, 16th Earl of Derby), 德比勋爵（弗雷德里克·斯坦利，第16代德比伯爵）133-34

Deroin, Jeanne, 珍妮·德滦 193-94

Descoings, Richard, 理查德·德库安 258-60

Despotism, 专制主义 14-15, 23, 49, 54, 67, 97, 120, 126, 251, 268-71

Enlightened, 开明的 15, 269. See also under Conservatism 也见保守主义条目

Deutsche Gesellschaft für Soziologie, 德国社会学协会 263

Devance, Louis, 路易·德旺斯 195

Devleeshouwer, Robert, 罗贝尔·德弗莱苏维尔 64

Dhondt, Jean, 让·东特 64-65, 87

Dibble, Vernon, 维农·蒂波 258

Dicey, Albert Venn, 阿尔伯特·维纳·戴西 9

Dijkstra, Sandra, 桑德拉·迪杰斯特拉 194

Disraeli, Benjamin, 本杰明·迪斯雷利 99, 120-21, 130-31, 133-34, 138, 140, 174-75

Divine right of kings. 王权神授 See Absolutism 也见绝对君主制条目

Djordjevíc, Dimitrije, 迪米特里耶·德约贾维奇 159

Dohn, Hedwig, 赫德维希·董恩 196

Dolléans, Edouard, 爱德华·多莱昂 60, 81, 165, 168

Donzelot, Jacques, 雅克·唐斯勒 24, 116, 201

Dorfman, Joseph, 约瑟夫·朵夫曼 230, 250, 257

Douglass, Frederick, 弗雷德里克·道格拉斯 206

Drescher, Seymour, 西摩·德雷切 119

Droit, Roger-Pol, 罗热-保尔·德鲁瓦 163, 226

Droit de cité, 公民权 79, 83, 166. See also Suffrage 也见选举权条目

Droz, Jacques, 雅克·德罗兹 158-59

Dubofsky, Melvyn, 梅尔文·杜波夫斯基 180

DuBois, Ellen Carol, 艾伦·卡罗尔·杜博瓦 199, 206

Duffy, A. E. P., A. E. P. 达夫 176

Dunham, Arthur Louis, 阿瑟·路易斯·邓纳姆 123-24

Dupont de Nemours, Pierre Samuel, 皮埃尔·萨缪尔·杜邦·德·内穆尔 154

Dupuis, Charles, 查理·杜朴斯 41

Durkheim, Emile, 爱弥尔·涂尔干 253-56

Duruy, Victor, 维克多·杜卢伊 246

Dutch East Indies, 荷属东印度 65-66, 126

Duverger, Maurice, 莫里斯·迪韦尔热 93-117

Dworkin, Anthony Gary, 安东尼·加里·德沃金 200

E

Economics, 经济学 15-16, 51-53, 88,

100-101，113，119，126，159，228，230，24-45，248-52，255，257

Economist, *the*，《经济学家》104

Eden Treaty（1786），《伊顿条约》118

Egypt，埃及 57-58，111，218，267-68，270

Eisenstein, Elizabeth L.，伊丽莎白·L. 爱森斯坦 60，69

Eisenstein, Zillah R.，齐拉·R. 爱森斯坦 200

Elesh, David，大卫·埃列士 227

Ellis, John，约翰·埃利斯 89-90，161

Elton, Godfrey Lord，哥弗雷·埃尔顿爵士 24，47，60

Elvin, Mark，伊懋可 60

Elwitt, Sanford，桑福德·埃尔维特 136，252

Ely, Richard T.，理查德·T. 埃利 182，250，257

Emerit, Marcel，马塞尔·埃米利特 127

Endres, Robert，罗伯特·恩德雷斯 94

Enfantin, Barthélemy Prosper，巴特米尔·普罗斯比尔·昂方坦 107

Engel, Arthur，亚瑟·恩格尔 224

Engels, Friedrich，弗里德里希·恩格斯 14，188，239

England. 英格兰 See Great Britain 也见英国条目

Enlightenment，启蒙运动 5，138，148，162，202，204，211，214，239，241，260，266，270

Entente cordiale，英法同盟 22，70，84-87，121，127-28

Equality，平等 7，23，47，64，107，114，116，138，143-48，153，155，163，165，186，188，190，197，199，201，211，213，215，217，221

Erfurt，埃尔福特 178

Eugenics，优生学 235-37

Eupen，欧本 64

Europe，欧洲 xii-xiii，2，21，24，27，29-31，39，41-42，44，46，49，54-58，60，62-63，65-66，69，72，82，84-85，87-89，92-96，102-3，110，112，115，117-25，129，131，134，136，141，146-47，156-57，159，165，171，173-75，184，192，195，198，209-14，220-21，237，240，256，260，264-73

Central，中欧 106，141，161，209

Concert of（*see* Vienna, Congress of）欧洲协调（也见维也纳会议条目）

Continental，欧洲大陆 28，30-31，39，110，114，131，170，174，195

Eastern，东欧 42，69-70，98，141

Latin，拉丁欧洲 114

Northern（Scandinavia），北欧（斯堪的纳维亚半岛）94，264

Northwestern，西北欧 95，99

Revolutions of 1848，1848 年革命 8，56，86-89，91-92，95-96，114，118，126，141，157-62，168，189，194-98，206，240，246（*see also under* France）（也见法国条目）

Southern，南欧 94

Western，西欧 33，69，90，98，100

Evans, David Owen，大卫·欧文·埃文斯 188，200，208

Evans, Eric J.，艾瑞克·J. 埃文斯 9，21-22，25-26，33-34，43，55，69，72，83，98，100-101，114，118

Evans, Richard J.，理查德·J. 埃文斯 189，191，199-202，206，209

F

Fabvier, Col., 法维耶上校 59
Fairlie, Susan, 苏珊·菲尔利 33, 97, 99
Faivre, Jean-Paul, 让-保罗·费弗尔 127-28
Family wage, 家庭工资 186-88
Faraday, Michael, 迈克尔·法拉第 235
Farnie, D.A., D.A. 法尼 120-21, 125, 130
Fauriel, Claude, 克劳德·福列尔 59
Favre, Pierre, 皮埃尔·法瓦 260
Fay, C.R., C.R. 费伊 20, 26, 32, 83, 101
Fay, Victor, 维克托·费伊 81, 177
Febvre, Lucien, 吕西安·费弗尔 24, 64
Fédération Française des Travailleurs du Livre (FFTL), 法国图书工作者联合会 187, 191
Fejtö, François, 弗朗索瓦·弗托 89, 94, 96, 103, 159
Feminist and suffragist movements. 女权和妇女选举权运动 See Women 也见妇女条目
Ferguson, Adam, 亚当·弗格森 244
Ferrero, Guglieomo, 古列尔摩·费雷罗 199
Ferry, Jules, 朱尔·费里 242
Festy, Octave, 奥克塔夫·法斯蒂 80
Fetter, Frank W., 法兰克·W. 菲特 50, 103, 244
Fichte, Johann Gottlieb, 约翰·戈特利布·费希特 240
First World War. 第一次世界大战 See World War I 也见第一次世界大战条目
Fisher-Gelati, Stephen, 斯蒂芬·费希尔-戈莱蒂 159

Fitzgerald, Vesey, 维奇·菲茨杰拉德 71
Flahant, Comte de, 弗拉奥伯爵 87
Flexner, Eleanor, 埃莉诺·弗莱克斯纳 207
Flinn, M.W., M.W. 弗林 52
Fohlen, Claude, 克劳德·弗朗 123
Folbre, Nancy, 南希·佛budget尔 203
Foner, Eric, 埃里克·方纳 84, 180
Fontvieille, Louis, 路易·方特维雷 115
Forbes, Geraldine H., 杰拉尔丁·H. 福布斯 199
Foreigners. 外国人 See Aliens 也见外国人条目
Forman, Michael, 迈克尔·福尔曼 171-72
Fossaert, Robert, 罗贝尔·福萨尔 78
Foster, John, 约翰·福斯特 162, 183
Foucault, Michel, 米歇尔·福柯 202
Fould, Achille, 阿希尔·富尔德 123
Fourier, François Marie Charles, 弗朗索瓦·马利·夏尔·傅立叶 59
France, passim. 法国, 见文中多处
　Amis des Noirs, 黑人之友 154
　Assignats, 纸币 154
　Avignon, 阿维尼翁 148
　Bibliothèque Nationale, 国家图书馆 195
　Bicentennial (1989), 200周年 2, 49
　Bonapartism, 波拿巴主义 47, 91-93, 106-7, 116, 117, 135, 157
　Bourbons, 波旁王朝 41, 55, 85, 93
　Cahiers de doléance, 陈情表 148-49
　Canuts, 缫丝工人 76, 81, 165, 146
　Catholic League, 天主教联盟 67
　Champ de Mars massacre (1791), 广场惨案 180
　Charles X, 查理十世 3, 8, 47, 55, 59-62, 72, 85, 127, 162-63

索 引

Charter of 1814, 1814年宪章 3, 46-47, 49, 60, 79

Collapse, political (1870), 政治崩溃 111

Committee on Public Safety, 公共安全委员会 150

Commune of Paris, 巴黎公社 135-36, 165, 171-72, 179, 189, 225, 241-42, 259

Comtat Venaisson, 罗讷河以东领土 148

Constitution of 1875, 1875年宪法 117

Council of Five Hundred, 教育议事会 152

Declaration of Rights of Women and the Citizen, 妇女和公民权宣言 152

Dreyfus affair, 德雷福斯事件 254

Elba, Napoleon's return from (Hundred Days), 拿破仑从厄尔巴岛返回恢复王位 (100天) 39, 46-47 (see also Waterloo) 也见滑铁卢条目

Enragés, 激进派 150

Estates-General, 三级会议 149-50

Fifth Republic, 第五共和国 115

Fourmies killings (1891), 富尔米杀戮 180

French Revolution, 法国大革命 xv-xvi, 1-4, 13, 16, 21-23, 28, 50, 56-57, 60, 79, 82, 91-92, 105, 213, 217, 219-21, 225-26, 235, 240, 245, 259, 268, 275-77

Convention, 国民公会 149-55, 153-55

National Assembly, 国民大会 149, 153-55

Idéologues, 意识形态家 245

Jacobins, 雅各宾派 115, 150-52, 155

July Monarchy, 七月王朝 8, 10, 12, 22-23, 32, 60, 79, 82, 85-86, 89, 91, 94, 106, 108, 110, 115, 127, 145, 157, 166, 195, 241

July Revolution (Trois glorieuses) (1830), 七月革命 40, 47, 60-62, 66, 70, 72, 77, 79-81, 84-85, 139, 163, 186, 210, 241

La Marseillaise, 马赛曲 61

Legitimists, 正统王朝拥护者 12, 16, 47-50, 60-61, 66-67, 71-72, 75, 157, 163

Loi Le Chapelier, 谢普雷法 80, 82, 155

Louis XI, 路易十一 7

Louis XV, 路易十五 90

Louis XVI, 路易十六 8, 220

Louis XVIII, 路易十八 3, 41, 46-48, 55, 60, 62, 71, 85, 249 (see also Restoration) 也见复辟条目

Louis Napoleon (Napoleon III), 路易·拿破仑 (拿破仑三世) 36, 89-93, 106-8, 110, 112, 114, 116-17, 123-24, 129-36, 170, 258-59

Louis-Philippe, 路易-菲利普 3, 61-62, 67-68, 72, 87-90, 94-95, 105, 110, 127, 149, 157 (see also July Monarchy) 也见七月王朝条目

Maximum, the, 最大限度地满足 155

Méline tariff, 梅利娜关税税则 124

Millerand, Pres. Alexandre, 亚历山大·米勒兰总统 180

Napoleon Bonaparte, 拿破仑·波拿巴 48, 64, 116, 122

Orleans, House of, 奥尔良家族 87, 93

Orleanist monarchy 奥尔良王朝 (see July Monarchy) 也见奥尔良王朝

Party of Movement, 主张发动运动的政

党 156

Party of Order，秩序党 91，108，136，156，252

Philip the Fair，美男子菲利普 150

Prince Napoleon，拿破仑皇帝 117

Race gauloise vs. race franque，高卢族对法兰克族 210

Republicans，共和主义者 10，16，82，91-93，95，117，134-36，163，206

Restoration，复辟 3，5，12，46-50，60，71，80，105，122，162，245

Revolution of 1848，1848 年革命 10，16，59，75，88-90，93-94，105，107，109-10，112-13，252

Social revolution，xviii，社会革命 89-90，92，135-36，157-62，168，246

Revolutionary-Napoleonic period，革命—拿破仑时期 1，23-25，29，58，105，276

Royalists，保皇分子 47-49，92，117，135-36，155，169

Saint-Simonians，圣西门主义者 16-18，27，78，91，106-8，127，135，179，193-94

Second Empire，第二帝国 90-91，93，105-8，110，115-17，127，131，134-36，158，169，174

Second Republic，第二共和国 116

Slavery, abolition of，废除奴隶制 90，181

Society of Republican-Revolutionary Women，支持共和革命妇女协会 150

Suffrage，投票权 7，24，48，86，89-90，92-93，116，131，133-34，190

Suffrage censitaire，纳税投票权 31，86，107

Terror, the，恐怖 8，24，91，152，189

Third Republic，第三共和国 115，136，189，197，241，250，254，259

Tuppenny riot (*émeute de deux sous*)，两苏骚乱 81

Ultras 极端保守派（*see* Legitimists）也见正统王朝拥护者

Vendée，旺代 67

Volontaires du Rhône，罗讷省志愿者 62

White Terror，白色恐怖 47

Franco-German War (1870-1871)，法德战争 134-35

Fraser, Derek，德里克·弗雷泽 73

Free trade. 自由贸易 *See* Laissez-faire 也见自由放任条目

Freedeman, Charles E.，查尔斯·E. 弗里德曼 37

Freemasons，共济会会员 198

Frei, Annette，安内特·弗雷 189

Fulford, Roger，罗杰·富尔福德 191-92，204

Furet, François，弗朗索瓦·孚雷 49

Furner, Mary O.，马利·O. 费纳 233

G

Galbraith, John S.，约翰·S. 加尔布雷斯 125

Gallagher, John，约翰·加拉格尔 121

Gallars, M.，M. 加拉斯 41

Gambia，冈比亚 128

Garibaldi, Giuseppe，朱塞佩·加里波第 183-84

Garnier-Pagès, Louis-Antoine，路易-安托万·加尼埃-巴热斯 78

Gash, Norman，诺曼·盖什 4，14，42-43，71-72，74，79，83，87-88，

101，129-30，138-39，166

Gay, Peter, 彼得·盖伊 219，224，231

Gayer, Arthur D., 阿瑟·D. 盖耶 30-32

Geary, Dick, 迪克·吉尔里 161，163，169，171-72，178

Geisteswissenschaften，精神科学 238

Geoculture, 地缘文化 xiii, xv, 2, 19, 58，96，100，131，196，217，219，268，277

Geopolitics. 地缘政治 *See* Interstate system 也见国家间体系条目

George, M. Dorothy, 多洛西·M. 乔治 25

George, Margaret, 玛格丽特·乔治 76-77，150-52

Germany (Germanies), 德国 xvi, 21, 27, 31, 41, 53-54, 58, 65, 70-73, 85, 87, 92-94, 97, 102, 105-6, 119, 131, 135-39, 141, 157-58, 160, 163, 167, 169, 171-74, 177-79, 184-85, 188-90, 195, 197, 199-203, 207-10, 212, 214, 217, 229-30, 234, 237, 240-43, 246, 248, 250, 253, 256, 259-64, 268-70

Bavaria, 巴伐利亚 64，119，188

Frankfurt Assembly, 法兰克福议会 189

Katheder-Sozialisten, 讲坛社会主义者 230-31，256，263

Nazis, 纳粹 214，237

Palatinate, 普法尔茨 64

Prussia, 普鲁士 39, 42, 64, 65, 68, 104，119，135，138，188，240，246，259

Suffrage, 选举权 174，177，191，200，207

Wilhelm I, Kaiser, 德国皇帝威廉一世 179

Vaterlandlos，没有祖国的人 181

Zollverein，关税同盟 119

Ghent, 根特 64-65

Giddens, Anthony, 安东尼·吉登斯 256

Giddings, Franklin, 富兰克林·吉丁斯 257

Gille, Bertrand, 伯特兰·基尔 34，106，108，110

Gilman, Charlotte Perkins, 夏洛特·帕金斯·吉尔 207

Gilroy, Paul, 保罗·吉尔罗伊 211，214

Girard, Louis, 路易·吉拉尔 93，110，131，135-36

Gladstone, William Ewart, 威廉·尤尔特·格莱斯顿 35，74，125，183

Glasgow University, 格拉斯哥大学 244

Gobineau, Joseph Arthur, Comte de, 约瑟夫·阿瑟·戈宾诺伯爵 211，213，270

Godechot, Jacques, 雅克·戈德肖 147-48

Godkin, Edwin, 埃德温·戈德金 229

Gold Coast, 黄金海岸 121

Goldfrank, Walter L., 沃尔特·L. 戈德弗兰克 252

Goldman, Lawrence, 劳伦斯·戈德曼 133，227-29，231，237，243

Gold standard, 金本位 51，96，103，109

Gompers, Samuel, 塞缪尔·龚帕斯 183

Gonnet, Paul, 保罗·高奈 59，79

Gordon, Ann D., 安·D. 戈登 206

Gordon, H. Scott, 斯科特·H. 戈登 245

Goriély, Benjamin, 邦雅曼·格列里 95

Gottesdienst，做礼拜 239

Gouges, Olympe de, 奥兰普·德古 152

Gough, Barry, 巴里·高夫 125

Graham, Sir James, 詹姆斯·格拉汉姆爵

士 88

Great Britain, passim. 英国，见文中多处

Abolitionist movement，废奴运动 27，119-20，183，192，197，205-8，271

Act of Union（1800），联合法案 70

Anglicans 英国国教徒（see Church of England）也见英国国教条目

Anti-Combination Acts，反结社法案 25，80，113，137，162

Bank of England，英格兰银行 50，103

Bank Charter Act（1844），银行特许条例 103，109

Benthamites 边沁主义者（see Utilitarians）也见功利主义者条目

Board of Trade，贸易委员会 35，71，119，227

Catholic Dissenters Relief Bill（1791），对不信奉国教的天主教徒的救济法案 70

Catholic Emancipation，解放天主教徒 70-72，132

Chartism，宪章运动 21，73，75，83-84，87-88，114，128，137-38，165-68，175，192-93，200

Christian socialism，基督教社会主义 125，140

Church of England，英国国教 58，70，126，130

Colonial Preference，殖民地特惠政策 71，118

Contagious Diseases Act，传染病防治法 201

Corn Laws（and Repeal of），谷物法（和取消谷物法）33，35，44-45，71，75，83，87-88，95-100，102，109，113，119-21，125，132，139-40，200

Conservatives（see Tories）

East India Company，东印度公司 95-96，126

"Entrepôt of the world," 世界的贸易中心 101

Fabianism，费边主义 57，115，261

Factory Acts，工厂法 15，113，137，142

Fair Trading League，公平贸易联盟 105

Financial crisis of 1816，1816 年金融危机 111

Fleet Street，弗里特街 128

Food and Drug Acts，食品和药物法 114

Gordon Riots，戈登暴乱 44，70

Great Victorian Boom，维多利亚大繁荣 101，104

Home Counties，母国 126

House of Commons，下院 43，72，134，158

Ireland，爱尔兰 35，70-72，74，84，88，95，128，141，165，184，215

Catholic Association，天主教协会 71，165

Easter Rebellion，复活节起义 184

Potato famine，马铃薯歉收 88

Ulster，北爱尔兰 35

Irish Coercion Bill，爱尔兰人强制转换法案 83

Irish workers in England，在英格兰的爱尔兰工人 84

John Bull，约翰牛 126

Labo（u）r Party，工党 99，174，176，191

Lancashire，兰开夏 120-21，130

Liberals 自由主义者（see Whigs）也见辉格党人条目

440

Little Englandism, 小英格兰主义 125，130

Luddites, 卢德分子 26，44

Manchester School, 曼彻斯特学派 8，29，101，130，134，230

Masters and Servants Bill（1844），主仆法 83

Methodists, 卫理公会教徒 27，73

Municipalities Act, 市镇法案 83

Navigation Acts, 航海条例 53，71，99，125

Noncomformism, 不信国教的人 52，125

Norman Yoke, 诺曼枷锁 210

Pax Britannica, 英国统治下的和平 43，125，129

Pentrich Rising, 彭特里奇起义 44

Peterloo Massacre, 彼得卢大屠杀 25-26，45-46，51

Police Acts, 警察法 114

Poor Laws, 济贫法 26，52-53

New Poor Laws, 新济贫法 83-84，100，114，163

Pre-Raphaelitism, 前拉斐尔派 125

Presbyterians, 长老会教徒 126

Public Health Acts, 公共健康法 114

Reform Act（1867），1867年改革法案 99，132-34，140

Reform Bill（1832），1832年改革法案 75，82-84，100，109，113，132，136，163，204-5

Reform League, 改革联盟 133

Repeal of the Sliding Scale（1846），取消按比例增减税收法案 99

Royal Society, 皇家学会 221

Scotland, 苏格兰 x，24，27，51，74，172，241，244-45

Lowlands, 苏格兰低地 126

Speenhamland, 斯品汉姆兰法案 113

Stuarts, 斯图亚特王朝 41

Suffrage, 选举权 2，9，131-34，136，145，165，174，191-92，195，200，207，272

Tamworth Manifesto, 塔姆沃斯宣言 17，96

Ten Hours' Bill, 十小时法案 83-84，100，113，163

Tories, 托利党人 4，14，18，22，26，40-41，43-44，46，51，56，59，66，70-72，84，88，95-97，99，113，115，129-34，138-42，165

National Toryism, 国家托利主义 140

Peelism, 皮尔主义 97，140

Tory Evangelicals, 托利党的福音派信徒 100

Tory interpretation of history, 托利党人对历史的解释 44

Tory Reaction, 托利党反动时期 114，22，43-44

Tory workers, 托利党的工人 134，140

Utilitarians, 功利主义者 8-9，17，23，44，63，75，100，114，132

Victoria, Queen, 维多利亚女王 95，115

Whig interpretation of history, 辉格党对历史的解释 240-41

Whigs, 辉格党人 2，14，25-26，31，44，46，51，70-74，83，88，97-100，120，125，133-35，138-40，163，175-76，228-29，274

White settler colonies/White Dominions, 殖民地的白人定居者/白人自治领 125，173

"Workshop of the world," 世界工厂 31，

120

Young Englandism，青年英格兰主义运动 125

See also under Hegemony 也见霸权统治下条目

Great Depression，大萧条 111，115

Greece，希腊 24，43，55-58，62，94，141，267-70

Greeley, Horace，霍勒斯·格里利 206

Greer, Donald M.，唐纳德·M. 格瑞尔 87

Grégoire, Abbé Henri Jean-Baptiste，阿贝·亨利·让-巴蒂斯特·格雷戈瓦 153-54

Grey, Lord，格雷爵士 69-70，73-74

Griffith, Elisabeth，伊丽莎白·格里菲斯 206

Grimm, Jacob，雅各布·格林 214，240

Groh, Dieter，迪特尔·格罗 158，169，174，179，181

Gross, Leo，利奥·格罗斯 41

Grossman, Henryk，亨利·格罗斯曼 226，245

Gruner, Wolf D.，沃尔夫·D. 格鲁纳 39

Gueniffey, Patrice，帕特里斯·格尼费 145

Guérard, Albert，阿尔伯特·杰拉尔 108

Guesdists，盖德派 179-80，184-85，189-90

Guichen, Eugène, Vicomte de，尤金·基尚子爵 61-63，67-68，85

Guilbert, Madeleine，玛德琳·吉尔伯特 185-88，190

Guillaumin, Colette，柯里特·圭洛敏 210，213，236-37

Guizot, François，弗朗索瓦·基佐 6-9，48-49，59，68，77-79，85-87，91，108，116，127，136，210，212，241

Gunnell, John G.，约翰·G. 冈内尔 235，263

Guyot, Raymond，雷蒙·居约 61，68，84-85

H

Hackett, Amy，艾米·哈克特 195

Hainault，厄诺 64

Halbwachs, Maurice，莫里斯·哈布瓦赫 255

Halévy, Elie，埃利·阿勒维 2，9，14-17，21，27，38-39，43-44，51-52，72-74，83-84，87-88，101，114，138，158，160

Halifax，哈利法克斯 129

Hall, Alex，亚历克斯·霍尔 179

Hall, Catherine，凯瑟琳·霍尔 196

Halpérin, Jean，让·安贝翰 87

Hamburg，汉堡 65

Hamilton, Sir William，威廉·汉密尔顿爵士 224

Hammen, Oscar J.，奥斯卡·J. 哈曼 87

Hammond, J.L.，J.L. 哈蒙德 112

Hansen, Erik，埃里克·汉森 176，180

Hardy, Gathorne，盖索尼·哈迪 133

Harley, C. Knick，C. 尼克·哈雷 32

Harper, William Rainey，威廉·雷尼·哈珀 258

Harsin, Paul，保罗·哈尔辛 66

Hart, Jennifer，詹妮弗·哈特 44，115

Hartmann, Heidi，海蒂·哈特曼 185

Haskell, Thomas L.，托马斯·L. 哈斯克尔 229，232，237

Hasquin, Hervé，埃尔韦·哈斯奎恩 63

Hasselman, Wilhelm，威廉·哈赛尔曼 177

Haupt, Georges，乔治·豪普特 171，176-

77，184

Hause, Steven C., 斯蒂文·C. 豪斯 150，189，200

Hauser, Henri, 昂里·豪塞 223, 225, 241

Haussmann, Georges-Eugène, 乔治·欧仁·奥斯曼 110

Haute banque, 高特银行家集团 110-11

Hayek, Frederick A. von, 弗里德里希·A. 冯·哈耶克 18, 78, 219, 244, 251

Hegel, Georg Wilhelm Friedrich, 格奥尔格·威廉·弗里德里希·黑格尔 240, 270-71

Hegelians, Young, 青年黑格尔派 78

Hegemony, 霸权 104

    American, 美国霸权 xii, xvi

    British, 英国霸权 xii, xv-xvi, 21, 30, 33, 39, 41, 43, 54, 84, 103, 118, 129, 135

    Dutch, 荷兰霸权 xii, xiv

Heiniger, Ernstpeter, 恩斯特皮特·海尼格 236

Henderson, W. O., W. O. 亨德森 35, 70

Hendricks, Margo, 玛格·亨德里克斯 210

Herberg, Will, 威尔·赫伯格 180

Herbst, Juergen, 尤根·赫伯斯特 238

Herr, Lucien, 吕西安·埃尔 255

Hersh, Blanche Glassman, 布兰奇·格拉斯曼·赫什 205-6

Hertz, Deborah, 黛博拉·赫兹 193

Hertz, Robert, 罗伯特·赫兹 225

Hervé, Florence, 弗洛伦斯·埃尔韦 186, 199

Herz, Henriette, 亨丽埃特·赫兹 193

Hexter, J. H., J. H. 赫克斯特 70

Heywood, Colin, 柯林·海伍德 52, 100, 180

Higham, John, 约翰·海厄姆 232

Hill, Christopher, 克里斯托弗·希尔 210

Hill, R. L., R. L. 希尔 51-52, 137, 140

Hilton, Boyd, 博伊德·希尔顿 45

Himmelfarb, Gertrude, 格特鲁德·希梅尔法布 132

Hinsley, Curtis M. Jr., 小柯蒂斯·M. 亨斯利 233, 272

Hinton, James, 詹姆斯·辛顿 133, 169, 174-75, 183, 185-86, 191

Historicism, 历史主义 238, 240-41, 249

Historische Zeitung, 历史学报 242

History, as science or humanism, 历史学, 是作为科学还是作为人文学科 222, 224-25, 228, 235, 237-44, 247-49, 261, 263-65, 267-68, 272

Hoagland, Henry E., 亨利·E. 霍格兰德 169

Hobhouse, L. T., L. T. 霍布豪斯 16

Hobsbawm, Eric J., 艾瑞克·J. 霍布斯鲍姆 8, 17, 29-30, 37-39, 51, 56-57, 77, 79, 89-90, 102, 113, 155, 161, 167, 171, 174-78, 186, 212, 240-42

Hodgson, Geoffrey M., 杰弗里·M. 霍奇逊 248

Hoffmann, Walther, 瓦尔特·霍夫曼 32

Hofstadter, Richard, 理查德·霍夫施塔特 236-37, 251, 257

Hogg, Quintin, 昆汀·霍格 4

Hohenberg, Paul, 保罗·霍恩伯格 37

Holland. 荷兰 *See* Netherlands 也见尼德兰条目

Holland, Bernard, 伯纳德·霍兰德 44, 71, 121

Hollis, Patricia, 帕特里西亚·霍利斯 183

Holt, Peter, 彼得·霍尔特 25-26, 46, 71, 73

Holy Alliance, 神圣同盟 20, 40, 42-44, 48-49, 55-56, 58, 60-62, 65, 67, 75, 108, 117, 131

Holyoake, George Jacob, 乔治·雅各布·霍利约克 128

Holy Roman Empire, 神圣罗马帝国 64

Honeycutt, Karen, 卡伦·哈尼库特 189

Hong Kong, Kowloon, 香港, 九龙 121

Hope, House of, 信贷机构 112

Horton, Wilmot, 威尔莫·霍顿 52

Hoxie, R. Gordon, R. 戈登·霍克西 261-62

Hufton, Olwen, 奥尔文·赫夫顿 151

Hughes, H. Stuart, H. 斯图尔特·休斯 263

Humanité, L', 人道报 255

Humbolt, Alexander von, 亚历山大·冯·洪堡 240

Hungary, 匈牙利 95, 128, 157, 159-60, 184

Huskisson, William, 威廉·哈斯基逊 53, 101

Hutchison, Henry Hunt, 亨利·亨特·哈奇森 262

Hutton, R. H. R. H. 哈顿 121

Huxley, Julian, 朱利安·赫胥黎 213

Hyndman, Henry Mayers, 亨利·迈尔斯·海德门 184

I

Ideologies, 意识形态 xvi, 1-19, 23-25, 27, 31, 36, 43, 77, 91, 112, 114-15, 119, 123, 125-26, 138-41, 144, 147, 155-60, 162-64, 169, 178, 193, 196-97, 201, 204, 210, 213, 215, 217, 219-21, 227, 234-35, 237, 245, 249, 252, 255-56, 267, 275-77

Iggers, Georg G., 格奥尔格·G. 伊格尔斯 48, 72, 78, 140

Ignatiev, Noel, 诺埃尔·伊格纳蒂夫 215

Imlah, Albert H., 阿尔伯特·H. 伊姆拉 30-31, 34-36, 49, 54, 104, 104, 124, 129

India, 印度 xv, 30, 53, 58, 111, 121, 126-27, 268-70

    Berar, 贝拉尔 114

India Office, 印度事务处 127

    Oudh, 奥德 121

    Punjab, 旁遮普 121

    Sepoy Mutiny, 造反的印度士兵 125, 127

Indian Ocean, 印度洋 127

Indo-European languages, 印欧语系 269-70

Industrial revolution, 工业革命 xiii, xv-xvi, 8, 38, 69, 85, 101, 105, 275

Industrialization, 工业化 xii, 36, 104, 120, 164, 167, 171, 173-74, 188, 196, 227

    "Take-off," 起飞 36, 64

Industrial Workers of the World (IWW), 世界工业劳动者同盟 183

Inequality. 不平等 *See* Equality 也见平等条目

Institut d'Études Politiques (IEP). 巴黎政治学院 *See* Sciences Po 也见巴黎政治学院条目

International Workingmans' Association (IWMA) (1st International), 国际工人协会（第一国际）117, 170, 172,

176，182，186，188

Interstate system，国家间体系 22，39，68，95，111，117，176，203

Ireland. 爱尔兰 See Great Britain 也见英国条目

Irving, Washington，华盛顿·欧文 126

Italy（Italies），意大利 7，17，41，47，54，58，61-62，81，82，85，105，116，124，126，128，141，146-48，157，159，175，180，187，191-92，195，198，202，210，219，240，264，269，273

 Carbonari，烧炭党人 62

 Naples，那不勒斯 46，95

 Northern and Central，意大利北部和中部 94

 Piedmont，皮埃蒙特地区 68，82，123

 Risorgimento，复兴时代 180

 Savoy，萨伏伊 63，82

 Sicily，西西里岛 95

 Southern，意大利南部 24

 Suffrage，选举权 191-92

J

Jacob, William，威廉·雅各 227

Jacobinism，雅各宾主义 2，18，77，112. *See also under* France 也见法国条目

Jacquemyns, Guillaume，纪尧姆·雅克敏 86

Jacqueries，农民暴动 94

Japan，日本 123，189，203，212

Jardin, André，安德烈·雅尔丹 22，85

Jardine, Nicholas，尼古拉斯·贾丁 222

Jaurès, Jean，让·饶勒斯 155，215，255

Java，爪哇 126

Jayawardena, Kumari，库马里·贾亚瓦迪那 208

Jenks, Leland H.，利兰·H. 詹克斯 43，50，88，111，119，127

Jennings, Louis J.，路易·J. 詹宁斯 97

Jeremy, David J.，大卫·J. 杰里米 35

Jervis, Robert，罗伯特·杰维斯 39

Jevons, William Stanley，威廉·斯坦利·杰文斯 113，247，249

Jews，犹太人 198，210

Johns Hopkins University，约翰·霍普金斯大学 250，256-57

Johnson, Christopher H.，克里斯托弗·H. 约翰逊 29，61，87

Johnson, Richard，理查德·约翰逊 138

Johnston, Hugh J. M.，休·J. M. 约翰斯顿 52

Jones, Gareth Stedman，加雷斯·斯特德曼·琼斯 83，162-63，166-68，173，184

Jones, Thomas，托马斯·琼斯 269

Jones, William，威廉·琼斯 269

Jordan, Winthrop D.，温斯罗普·D. 乔丹 213

Jore, Léonce，莱昂斯·若尔 127-28

Judt, Tony，托尼·朱特 165，185

Juárez, Benito，贝尼托·华雷斯 131

K

Kadish, Alon，阿隆·卡迪什 247

Kalaora, Bernard，伯纳德·卡劳拉 252

Kaplan, Steven L.，史蒂文·L. 卡普兰 2，49，155

Karady, Victor，维克托·卡拉迪 249，255

Katznelson, Ira，伊拉·卡茨内尔森 114

Kautsky, Karl，卡尔·考茨基 177-78，198

Kealey, Gregory S., 格雷戈里·S. 基利 181

Kelly, Joan, 琼·凯利 252

Kemp, Betty, 贝蒂·坎普 98

Kemp, Tom, 汤姆·坎普 108, 116

Kennedy, Marie, 玛丽·肯尼迪 192

Keyder, Çaglar, 恰拉尔·凯德 31, 36-37

Keylor, William R., 威廉·R. 科勒 242

Keynes, John Maynard, 约翰·梅纳德·凯恩斯 115, 219, 249

Kilmuir, Lord (David Maxwell Fyfe, lst Earl of Kilmuir), 基尔穆尔勋爵（大卫·麦克斯韦尔·费夫，第一代基尔穆尔伯爵）140

Kindleberger, Charles P., 查尔斯·P. 金德尔伯格 34, 115, 119

Kingsley, Charles, 查尔斯·金斯利 140

Kissinger, Henry A., 亨利·基辛格 5, 40, 42

Kitson Clark, G., G. 基特森·克拉克 44, 74, 88, 97, 99, 102, 114

Kleinau, Elke, 埃尔克·克莱瑙 185

Klejman, Laurence, 劳伦斯·克莱曼 192, 199, 203

Klima, Arnost, 阿尔诺什特·克里玛 94

Knibiehler, Yvonne, 伊冯娜·克尼比勒 152

Knies, Karl, 卡尔·克尼斯 250

Knight, David, 大卫·奈特 225, 227

Knights of Labor, 劳工骑士团 181

Kocka, Jürgen, 尤尔根·科卡 158, 163-64, 167, 169

Kolakowski, Leszek, 莱谢克·柯拉柯夫斯基 17

Kollontai, Alexandra, 亚历山德拉·柯伦泰 191

Kondratieff cycles, 康德拉基耶夫周期 96, 102, 104, 118, 276

Koyré, Alexandre, 亚历山大·柯瓦雷 48, 251

Kraditor, Aileen, 艾琳·克瑞迪特尔 206-8

Kraehe, Enno E., 恩诺·E. 克雷厄 39

Krefeld, 克雷菲尔德 64

Kriegel, Annie, 安妮·克里格尔 170-71

Kruger, Dieter, 迪特尔·克鲁格 230

Krupskaya, Nadezhda, 娜杰日达·克鲁普斯卡娅 191

Kuliscioff, Anna, 安娜·库里斯齐奥夫 191

Kulstein, David I., 大卫·I 库夫斯坦 116-17

Kumar, Krishan, 克里珊·库玛尔 168

L

Labrida, Antonio 安东尼奥·拉布里奥拉 186

Labrousse, Ernest, 欧内斯特·拉布鲁斯 5-9, 77, 86, 90, 101, 141, 158, 162, 171

Lacroix, Bernard, 伯纳德·拉克鲁瓦 253

Lafayette, Marquis de, 拉法夷特侯爵 62-63, 68

Lagos, 拉各斯 121

Laidler, David, 戴维·莱德勒 50

Laissez-aller, 自由放任 101

Laissez-faire, 自由放任 8-11, 15, 31, 34-36, 53, 83, 85, 88, 98, 100-103, 105, 109, 112, 114-26, 130, 137, 229-30, 250, 255-56, 258, 263

Lamennais, Hugues Félicité Robert de, 雨果·菲利希黛·罗贝尔·德·拉梅内

23，66-67，90

Landes, David S., 大卫·S. 兰德斯 34，108

Landes, Joan B., 琼·B. 兰德斯 149-52，155，196

Lanjuinais, Jean-Denis, 让·丹尼斯·朗奇耐 151

La Plata. 拉普拉塔 See Argentina 也见阿根廷条目

Lasch, Christopher, 克里斯托弗·拉什 215

Lassalle, Ferdinand, 斐迪南·拉萨尔 186

La Vallet(t)e, Duchess of, 拉法夷特公爵夫人 54

Le Bon, Gustave, 古斯塔夫·勒庞 24

Lebrun, Pierre, 皮埃尔·勒伯汉 63-65

Lechard (engraver), 勒查德（雕刻者）76

Leclerc, Jean-Théophile, 让-西奥菲尔·勒克莱克 152

Lecuyer, Bernard-Pierre, 伯纳德-皮埃尔·勒屈耶 48

Ledru-Rollin, Alexandre Auguste, 亚历山大·奥古斯特·勒德律-罗兰 91，95-96

Lee, Richard L., 理查德·L. 李 223

Leeds, 利兹 45

Lefkowitz, Mary R., 玛丽·R. 莱福克威兹 268

Legouvé, Ernest, 欧内斯特·乐高弗 197

Lehning, Arthur, 亚瑟·莱宁 158

Lenin, Vladimir Ilyich, 弗拉基米尔·伊里奇·列宁 184，191

Léon, Pierre, 皮埃尔·莱昂 115

Lepenies, Wolf, 沃尔夫·勒佩尼斯 220，223，254

Leslie, R. F., R. F. 莱斯利 63，96

Le Van-Mesle, Lucette, 吕塞特·勒·范-梅斯勒 245-46

Levant, 地中海东部国家 121

Levasseur, Emile, 艾米尔·李瓦塞尔 81-82，85

Levy, Darline Gay, 达琳·盖伊·列维 150-52

Lévy-Leboyer, Maurice, 莫里斯·列维-勒布瓦耶 28-31，36-37，110，122

Lewis, Gordon K., 戈登·K. 刘易斯 213

Lewis, Jane, 简·刘易斯 187-88，201

Lhomme, Jean, 让·洛姆 79

Liard, Louis, 路易·理亚德 250

Lichtheim, George, 乔治·里希特海姆 68，159，163

Liebknecht, Karl, 卡尔·李卜克内西 177

Liège. 列日 See under Belgium 也见比利时条目

Limburg, 林堡 71

Linders, Else, 埃尔斯·林德斯 208

Linnaeus, Carl (Carl von Linné), 卡尔·林奈（卡尔·冯·林奈）235

Lipset, Seymour Martin, 西摩·马丁·李普塞特 180

Lis, Catharine, 凯瑟琳·里斯 65

Lisbon, 里斯本 59

List, Friedrich, 弗里德里希·李斯特 103，105

Liverpool, Lord (Robert Jenkinson), 利物浦勋爵（罗伯特·詹金逊）44，52，79

Lloyd George, David, 大卫·劳合·乔治 74

Locke, John, 约翰·洛克 162，272

Lombroso, Cesare, 切萨雷·隆布罗索 198-99，273

London, 伦敦 10，25，41-42，68，74，

83，95，108，117，120，127，161，177，184，208，222，258，262，270，274

Hyde Park，海德公园 133

London, University of，伦敦大学 222

Longuet, Jean，让·龙格 177-78

Lorenz, Otto，奥托·洛伦兹 255

Lorimer, Douglas A.，道格拉斯·A. 罗利默尔 236，272

Lovett, Clara M.，克拉拉·洛维特 147

Lowi, Theodore J.，西奥多·J. 洛维 264

Lucerne，卢塞恩 87

Luddism，卢德主义 66，161. See also under Great Britain 也见英国条目

Luxemburg，卢森堡 71，189

Luzzatto, Gino，吉诺·卢扎托 94

Lyon，里昂 59，65，76，80-82，136，162，165，246

M

Macauley, Thomas Babington，托马斯·巴宾顿·麦考利 83，100

MacBride, Ernest，欧内斯特·麦克布赖德 236

MacDonagh, Oliver，奥利弗·麦克唐纳 44，115，216

MacGregor, Brig. Gen. Gregor，旅长格雷格尔·麦格雷戈将军 54

Maehl, William，威廉·梅尔 179

Magraw, Roger，罗杰·麦格劳 107

Maistre. 梅斯特勒 See De Maistre 也见德·梅斯特勒条目

Maloney, John，约翰·马洛尼 237，248-49

Malthus, Thomas，托马斯·马尔萨斯 9，52，201

Manacorda, Gaston，加斯顿·马纳科达 176

Managerial revolution，管理革命 107

Manchester，曼彻斯特 26，334，335，45，65，125，130，200. See also under Great Britain 也见英国条目

Manchester Statistical Association，曼彻斯特统计学会 227

Manning, D. J.，D. J. 曼宁 2，5，7，16，219，240

Manuel, Frank E.，弗兰克·E. 曼纽尔 18，78，212，222

Marat, Jean-Paul，让-保罗·马拉 154

Marczewski, Jean，让·马克兹夫斯基 32，36，105

Marichal, Juan，胡安·马榭尔 2，6，49

Maries, Marcel，马塞尔·玛丽 255

Market (s)，市场 10，14-15，26，29-31，34-35，38，43，45，53，65-66，92，96，102，104-5，108，110-11，113，120，122，130，137，143，149，165，184，196，201，203，241，244-45，247，252

Markovitch, Timohir J.，蒂默尔·J. 马尔科维奇 30，33-34，36，81，86，106

Marks, Harry J.，哈利·J. 马尔克斯 179

Marquesas Islands，马克萨斯群岛 127

Marrast, Armand，阿尔芒·马拉特斯 90

Marshall, Alfred，阿尔弗雷德·马歇尔 15，101，113，144，251，247-49

Martineau, Harriet，哈丽雅特·马蒂诺 193

Marx, Karl，卡尔·马克思 14，57，77，87，107，133，155，162，171，176，178，188，216，241，244，270

Marxism，马克思主义 17，19，78，161，167，171-73，176-80，184，199，230，

241，249

Mason, E. S., E.S. 梅森 17

Masure, Auguste, 奥古斯特·马苏尔 61-62

Mathias, Eric, 埃里克·马赛厄斯 178

Mawet, Francine, 弗兰辛·马威特 269

Mazzini, Giuseppe, 朱塞佩·马志尼 82，94，159

McClelland, Charles E., 查尔斯·E. 麦克莱兰 24，239

McCloskey, Donald N., 唐纳德·N. 麦克洛斯基 124

McCord, Norman, 诺曼·麦科德 96，98-99

McCulloch, J. R., J.R. 麦克库洛赫 52，113，240

McGregor, O. R., 麦格雷戈 229

McKenzie, Robert, 罗伯特·麦肯齐 133

McLaren, Angus, 安格斯·麦克拉伦 201

McMillan, James F., 詹姆斯·F. 麦克米兰 190，194，198

Meek, Ronald L., 罗纳德·L. 米克 244，272

Mellon, Stanley, 斯坦利·梅隆 48-49，67

Mellor, G. R., G.R. 梅勒 96

Mendel, Gregor, 格雷戈尔·孟德尔 236

Menger, Carl, 卡尔·门格尔 248

Merrill, Lynn L., 林恩·L. 梅利尔 271

Merriman, John M., 约翰·梅里曼 91

Mestro (Director of Colonies), 梅斯特罗（殖民地总监）90

Methodenstreit, 有关方法论的争论 248

Metternich, Prince Klemens Wenzel von, 克莱门斯·文策尔·冯·梅特涅亲王 50，20，39-40，42，46，55，69，87-88，108，117，160

Mexico, 墨西哥 131，183，185
　Archduke Maximilien, King of, 墨西哥国王马克西米利安大公 131
　Zuloaga, Pres. Félix María, 费利克斯·马里亚·苏洛阿加总统 131

Mexico City, 墨西哥城 131

Meyssonier, Simone, 西蒙娜·梅索尼埃 17

Michelet, Jules, 儒勒·米什莱 152，198，211

Migration, 移民 34-35，38，52-54，59，64，81，113，165，181-83，186，207-9，217

Miguel, Dom, 米格尔一世 69

Mill, James, 詹姆斯·穆勒 145，268，269

Mill, John Stuart, 约翰·斯图亚特·穆勒 17，52-53，73，89，100，105，126，126，192，212，232

Millar, John, 约翰·米勒 244

Milward, Alan S., 阿兰·S. 米尔沃德 64，70

Mink, Gwendolyn, 格温德琳·明克 204

Minogue, K. R., K.R. 米洛 5

Mock, Wolfgang, 沃尔夫冈·默克 213

Moerenhaut (French consul in Tahiti), 莫伦胡特（法国驻塔希提领事）128

Mokyr, Joel, 乔尔·莫基尔 64，102，124

Moltke, Helmuth Bernhard Graf von, 赫尔穆特·贝恩哈特·格拉夫·冯·毛奇 130

Moluccas, the, 摩鹿加群岛 127

Mommsen, Wolfgang J., 沃尔夫冈·J. 莫姆森 163

Monod, Gabriel, 布列尔·莫诺 241

Montesquieu, Baron de (Charles-Louis Secondat), 孟德斯鸠男爵（夏尔-路易·塞孔达）12，210

Montgomery, David, 大卫·蒙哥马利 181

Montlosier, Comte François Dominique de Reynaud de, 弗朗索瓦·多米尼克·德·雷诺孟德劳席尔伯爵 210

Monzoni, Anna, 安娜·孟佐尼 192

Moore, David Chioni, 大卫·基奥尼·摩尔 268

Moore, David Cresap, 大卫·克雷萨普·摩尔 71, 97-98, 134

Moore, R. J., R. J. 摩尔 127

Moorhouse, H. F., H. F. 穆尔豪斯 170, 174

Moravian Brethren, 摩尔维亚兄弟会 27

Morley, Charles, 查尔斯·莫利 68

Morley, John, 约翰·莫利 212

Morocco, 摩洛哥 184

Mortgage banks, 抵押贷款银行 110

Moses, Claire Goldberg, 克莱尔·戈德堡·摩西 158, 193-94, 200

Moses, John A., 约翰·A. 摩西 176

Moses, Wilson J., 威尔逊·J. 摩西 208

Moss, Bernard H., 伯纳德·H. 莫斯 80, 163-64, 169, 179

Mosse, George L., 乔治·L. 摩斯 97, 99, 202, 216

Murad Bey, 穆拉德总督 218

Musson, A. E., 34, A. E. 穆森 118, 168

Myers, John Lynton, 约翰·林顿·梅耶斯 271-72

N

Naples. 那不勒斯 See under Italy 也见意大利条目

Napoleon Bonaparte. 拿破仑·波拿巴 See under France 也见法国条目

Narváez, Gen, Ramon María, 1st Duke of Valencia, 拉蒙·玛利亚·纳瓦兹将军，第一代巴伦西亚公爵 95

Nation, 民族 xvi, 23-24, 26-27, 39-40, 47, 49, 53, 56-58, 61, 66-68, 71, 74, 79, 82, 84-87, 89-95, 103, 106, 108, 110, 115-18, 124-26, 129-30, 135, 137-38, 140-41, 143, 145, 147-50, 153-54, 156-61, 164-65, 171-74, 176-84, 187, 190-91, 197-99, 201, 205-6, 210-17, 229, 233, 237, 239-44, 246-47, 256, 260, 264

National American Women's Suffrage Association (NAWSA), 全美妇女选举权协会 206

National Association for the Promotion of Social Science. 国家社会科学促进协会 See Social Science Association (SSA) 也见社会科学协会条目

National Federation of Women's Clubs, 全国妇女俱乐部联合会 208

National Women's Suffrage Association (NWSA), 全国妇女选举权协会 206

Nationalism. 民族主义 See Nation 也见民族条目

Nationalist and National Liberation Movements. 民族主义和民族解放运动 See Nation 也见民族条目

Neale, R. S. R. S. 尼尔 126

Negroes, 黑人 125, 207, 271. See also United States 也见美国条目

Nesselrode, Count, 聂索洛得伯爵 68

Netherlands, 尼德兰 64-68, 71, 85, 97, 112, 120, 122, 126, 148, 180, 269

Orange, House of, 奥兰治家族 67-68

William, King, 威廉国王 65-67, 109

索 引

Newbold, J. T. Walton, J. T. 沃顿·纽博尔德 111

New Caledonia, 新喀里多尼亚 127-28

New Hebrides, 新赫布里底群岛 127

Newman, Edgar Leon, 埃德加·列昂·纽曼 61, 81

Newman, Gerald, 杰拉德·纽曼 25

Newman, John Henry, 约翰·亨利·纽曼 225

Newmarch, William, 威廉·纽马奇 113

New Zealand, 新西兰 121, 127

Niboyet, Eugénie, 尤金妮亚·尼博耶 194

Nice, 尼斯 124

Nicolson, Harold, 哈罗德·尼科尔森 40-41

Niebuhr, Berthold, 贝特霍尔德·尼布尔 240

Nipperdey, Thomas, 托马斯·尼培代 238

Nisbet, Robert A., 罗伯特·A. 奈斯比特 13, 18, 251, 268

Nolan, Mary, 玛丽·诺兰 178

Nora, Pierre, 皮埃尔·诺拉 148

Novick, Peter, 彼德·诺维克 235, 239

Nye, John Vincent（V. C.）, 约翰·文森特·奈 34-36, 107, 124

Nye, Robert A., 罗伯特·A. 奈 196, 203, 211

O

Oastler, Richard, 理查德·奥斯特勒 100, 140

O'Boyle, Lenore, 勒诺·欧波伊尔 167

O'Brien, Bronterre, 布隆泰尔·奥布莱恩 162

O'Brien, Patrick, 帕特里克·奥布莱恩 30, 36-37, 122

O'Connell, Daniel 丹尼尔·奥康奈尔 71, 165, 215

O'Connor, Feargus, 费格斯·奥康纳 84

O'Neill, William L., 威廉·L. 奥尼尔 192, 195, 206, 209

Oberschall, Anthony, 安东尼·奥伯肖尔 230, 250, 257-58

Oceania, 大洋洲 54, 126-28

Offen, Karen, 卡伦·奥芬 188, 194, 197-98

Olcott, Teresa, 特里萨·奥尔科特 187

Orientalism, 东方学 218, 264-73
　Egyptology, 埃及学 262-68
　Indology, 印度学 268-70

Orientals, 东方人 181, 214, 217

Orleans, Duke of, 奥尔良公爵 60, 73

Ortega López, Margarita, 玛格丽塔·奥尔特加·洛佩斯 196

Ottoman Empire, 奥斯曼帝国 xv, 42, 55, 110, 121, 128-29, 268, 276

Owenism, 欧文主义 52, 193

Oxford University, 牛津大学 224

P

Pacific Ocean. 太平洋 See Oceania 也见大洋洲

Paine, Tom, 托马斯·潘恩 161

Palmade, Guy P., 盖伊·P. 帕尔梅德 91, 106

Palmerston, Viscount Henry John Temple, 亨利·约翰·坦普尔·帕默斯顿子爵 84, 87-89, 95, 120, 129-30, 134

Panama Canal, 巴拿马运河 107

Pankhurst, Emmeline, 埃米琳·潘克赫斯特 ii

Pankhurst, Richard K. P., 理查德·K. P.

潘克赫斯特 ii

Paris，巴黎 41，54，60-63，66，68，79，81-82，86-90，93，106，108，110，135-36，150，153，155，165，168，171，185，190，194，218，225，241-42，251，253，258-60，262

Parker, C. J. W.，C. J. W. 帕克 210，237

Parris, Henry，亨利·帕里斯 9，115

Participant observation，参与性观察 266

Parti Ouvrier Français（POF），法国工人党 179

Paulet, Lord George，乔治·鲍里特爵士 127

Paxton, Nancy L.，南希·L. 帕克斯顿 198

Peasants，农民 31，45，53，81，89，93，97-98，101-3，106-8

Peel, Sir Robert，罗伯特·皮尔爵士 14，17，52，71，75，79，84，87-88，97-98，101-3，107，109，113，119，138-40

Pelling, Henry，亨利·佩林 162，171，175

Péreire brothers，贝列拉兄弟 108-9，135

Péreire, Émile，埃米尔·贝列拉 110，112

Péreire, Isaac，伊萨克·贝列拉 107

Perkin, Harold，哈罗德·珀金 9

Perkins, Dexter，德克斯特·帕金斯 54

Perlman, Selig，塞利格·珀尔曼 182

Pernambuco，伯南布哥 59

Perrot, Michelle，米歇尔·佩罗 172，180，190，194，196，200，212

Peters, Louise-Otto，路易莎-奥托·彼得 199

Peyerinhoff, Henri de，亨利·德·派里姆霍夫 112

Phillips, Wendell，温德尔·菲利普斯 205-6

Phoenicians，腓尼基人 269

Physiocracy，重农学派 245

Pieroni Bortolotti, Franca，弗兰卡·皮埃罗尼·博尔托洛蒂 191

Pierrard, Pierre，皮埃尔·彼拉德 157

Pigman, Geoffrey Allen，杰弗里·艾伦·皮格曼 122

Pinchbeck, Ivy，艾维·平奇贝克 188

Pinkney, David H.，大卫·H. 平克尼 61

Pitcairn Islands，皮特凯恩岛 125

Pitt, William, the Younger，小威廉·皮特 25，50

Place, Francis，弗朗西斯·普赖斯 73，109

Plamenatz, John，约翰·普拉梅内兹 10，77，82，91-92，117，134-36，163

Platt, D. C. M.，D. C. M. 普拉特 120-21

Plechanow（Plekhanov）, Georgi，格奥尔基·普列汉诺夫 78

Plessen, Marie-Louise，玛丽-路易斯·普莱森 230-31

Plessis, Alain，阿兰·普莱西斯 105，107，110

Poland，波兰 47，58，60，62-63，68-69，71，90，94-97，123，126，128，141，149，183，239-40

Posen，波兰 126

Polanyi, Karl，卡尔·波拉尼 10，43，96，113，118，128

Poliakov, Léon，莱昂·波里亚科夫 209-10，213-14

Polignac, Prince Jules de，朱尔·德·波利尼亚克亲王 61，85

Political Economy. 政治经济学 See Economics 也见经济学

索 引

Political Science，政治科学 237，243，245，257-64

Politics, popular participation in，群众参与政治学 x，25-26

Pollard, Sidney，西德尼·波拉德 69-70，175

Ponteil, Félix，费利克斯·彭泰尔 24，59，65，67，70

Poovey, Mary，玛丽·普维 197

Popelinière, Lancelot Voisin de la，兰斯洛特·弗瓦桑·德·拉·波普里尼 238

Portal, Magda，马格达·波特尔 194

Portugal，葡萄牙 17，24，43，54，69，210，264

Postgate, Raymond，雷蒙德·波斯特盖特 57

Potts, David B.，大卫·B. 波茨 257

Pouthas, Charles H.，夏尔·H. 普塔斯 79，106，110，116

Prebisch, Raúl，xiii 劳尔·普雷维什

Prewitt, Kenneth，肯尼斯·普莱维特 232，234

Price, Roger，罗杰·普莱斯 61，89，92

Pritchard, George，乔治·普里查德 127-28

Procacci, Giuliano，朱利亚诺·伯加齐 180

Proctor, Robert N.，罗伯特·N. 普罗克特 222，234

Protestants，新教徒 16，27，52，65-67，70-71，180，198，209-10，258

Prothero, I. J.，I. J. 普若瑟罗 45，83

Proudhon, Pierre-Joseph，皮埃尔-约瑟夫·普鲁东 194，198

Puech, Jules-L，朱尔-L. 普厄什 194

Q

Quadruple Alliance，四国同盟 41

Quataert, Jean H.，让·H. 奎塔特 186，188-89

Quellenkritik，考证研究 238-39

Querelle des femmes，女性问题论战 152

Quero Molares, J.，J. 葛罗·莫拉莱斯 94-95

Quintuple Alliance，五国同盟 41

R

Rabaut, Jean，让·拉博 189

Racism，58，153，172，种族主义 181-83，204-17，235-37，268，271，277

Racz, Elizabeth，伊丽莎白·瑞茨 151

Ragionieri, Ernesto，埃尔内斯托·拉乔尼埃里 177，179

Raimbach, Abraham，亚伯拉罕·莱姆巴赫 x

Ralle, Michel，迈克尔·罗利 166

Ranger, Terence，特伦斯·兰格 240

Ranke, Leopold von，利奥波德·冯·兰克 238-40

Ravenna，拉文纳 54

Ravera, Camilla，卡米拉·拉维拉 191

Read, Donald，唐纳德·里德 26，45，51

Rebérioux, Madeleine，马德琳·勒贝留 149，184，190，194，196

Redford, Arthur，阿瑟·雷德福 125

Reformism，改良主义 4，6，17，50，67，107，112，114，120，139-40，171，173，177-80，190，200，226-27，233，243，252，274

Rémond, René，勒内·雷蒙 6，47

Renan, Ernest，欧内斯特·勒南 224

Rendall, Jane，简·伦德尔 199，210

Renner, Karl，卡尔·伦纳 184

Rennes，雷恩 186

453

Renouvin, Pierre, 皮埃尔·勒努万 42-43, 56, 58, 63, 67, 85, 240

Revue historique, 历史评论 241

Reynolds, James A., 詹姆斯·A. 雷诺兹 71

Rhys Davis, T. W., T. W. 李斯·戴维斯 267

Ricardo, David, 大卫·李嘉图 43, 51-52, 113, 115, 248-49

Richelieu, Armand Jean du Plessis, Cardinal-Duc, 枢机主教阿尔芒·让·迪普莱西·德·黎塞留 115

Richter, Melvin, 梅尔文·里克特 254-55

Ringer, Fritz K., 弗里茨·K. 林格 230, 239, 250, 256

Rist, Marcel, 马塞尔·瑞斯特 124

Roberts, David, 大卫·罗伯兹 4, 8-9, 44, 87, 100, 115, 124, 156

Robertson, William, 威廉·罗伯逊 244

Robertson, William Spence, 威廉·斯班瑟·罗伯逊 55

Robespierre, Maximilien de, 马克西米连·德·罗伯斯庇尔 8, 148, 151-52, 154-55

Robinson, Ronald E., 罗纳德·E. 罗宾逊 121

Rodgers, Brian, 布赖恩·罗杰斯 228

Roehl, Richard, 里夏尔·勒尔 37

Rogers, Guy Maclean, 盖伊·麦考莱恩·罗杰斯 268

Rogers, J. D., J. D. 罗杰斯 101

Rogers, Thorold, 索罗德·罗杰斯 248

Rogier, Charles, 夏尔·罗日耶 88

Romania, 罗马尼亚 98, 159, 239

Romanticism, 浪漫主义 54, 56-58, 66-67, 91, 139-41, 149, 213, 215, 239, 251, 268-69

Romorino, Gen. Girolano, 吉罗拉莫·罗马里诺将军 82

Rosanvallon, Pierre, 皮埃尔·罗桑瓦隆 2, 7-8, 23, 49, 59, 138-39, 144-45, 224

Roscher, Wilhelm, 威廉·罗雪尔 248

Rosdolsky, Roman, 罗曼·罗斯多尔斯基 239

Rose, Ernst, 恩斯特·罗泽 170

Rose, Michael E., 迈克尔·E. 罗斯 100

Rosenberg, Charles E., 查尔斯·E. 罗森伯格 236

Ross, Dorothy, 多萝西·罗斯 222-23, 257

Ross, Edward Alsworth, 爱德华·阿尔斯沃斯·罗斯 257

Rossi, Alice, 艾丽丝·罗西 192, 195

Rostow, W. W., W. W. 罗斯托 28-31, 36, 64, 104

Roth, Guenther, 古恩瑟·罗斯 174, 177, 178-79

Rothermund, Dietmar, 德特马尔·罗德蒙德 269-70

Rothschilds, the, 罗斯柴尔德 43, 108, 110

Rougerie, Jacques, 雅克·鲁热里 135-36

Rousseau, Jean-Jacques, 让-雅克·卢梭 7-8, 12, 32-33, 148, 160

Rouzade, Léonie, 莱昂尼·卢扎德 190

Rover, Constance, 康斯坦斯·罗沃 200-204

Rowbotham, Sheila, 希拉·罗博特姆 188, 196, 208

Rowe, D. J., D. J. 罗 83

Royal Statistical Society, 皇家统计学会 187

Royer-Collard, Pierre-Paul, 皮埃尔-保罗·罗耶-科拉尔 23

Royle, Edward, 爱德华·罗伊尔 166

Rubin, Gayle, 盖尔·罗宾 198

Rudé, Fernand, 费尔南·吕德 59, 62-63, 80, 162

Rudé, George, 乔治·吕德 73, 163

Rueschmayer, Dietrich, 迪特里希·鲁施迈耶 231, 235

Ruffin, Josephine St. Pierre, 约瑟芬·圣皮埃尔·鲁芬 208

Ruggiero, Guido de, 圭多·德·拉吉罗 10, 42, 48-49, 115, 239-41

Ruskin, John, 约翰·罗斯金 121

Russia, 俄国 xv, 21, 39, 41, 55, 62, 64, 68-69, 73, 98, 119, 125, 128-29, 173, 177, 191, 199, 207, 229, 264, 276

    Cadet League, 立宪民主联盟 68

    Decembrists, 十二月党人 68

    Nicholas, Tsar, 沙皇尼古拉 149

    Suffrage, 选举权 199, 297, 229

Russell, Lord John, 1st Earl Russell, 约翰·罗素勋爵, 第一代罗素伯爵 130, 218

Ruthenians, 罗塞尼亚人 239

Ruwet, Joseph, 约瑟夫·卢维 64

Ryan, Barbara, 巴巴拉·瑞安 205

S

Sadler, Michael Thomas, 迈克尔·托马斯·赛德勒 100

Saint-Gaudens, Auguste, 奥古斯都·圣高登 142

Saint-Simon, Comte Claude Henri de Rouvroy, 克劳德·亨利·德·鲁弗鲁瓦·圣西门 16, 23, 76-79, 107, 127, 166, 212, 251, 252, 255

Sakellariou, Michel, 米歇尔·萨克雷吕欧 94

Samoa, 萨摩亚群岛 127

Samuel, Raphael, 拉斐尔·塞缪尔 32

Sapieha, Prince Léon, 莱昂·萨佩哈亲王 69

Saul, S. B., S. B. 索尔 64, 70

Saumoneau, Louise, 路易斯·索曼瑙 189

Saville, John, 约翰·萨维尔 158-59

Savoye, Antoine, 安托内·萨伏依 252

Scandinavia. 斯堪的纳维亚半岛 See under Europe 也见欧洲条目

Schapiro, J. Salwyn, 塞尔文·J. 萨皮罗 6, 21, 132, 141

Schefer, Christian, 克里斯蒂安·谢弗 62, 85, 127, 130-31

Scheldt, the, 斯凯尔特河 65

Schenk, H. G., H. G. 申克 40-42, 55

Schlegel, Friedrich von, 弗里德里希·冯·施莱格尔 214

Schlesinger, Arthur M., Jr., 小阿瑟·M. 施莱辛格 6

Schleswig-Holstein, 石勒苏益格-荷尔斯泰因 130

Schlote, Werner, 维尔纳·施洛特 31, 105

Schmoller, Gustav von, 古斯塔夫·冯·施穆勒 230-31, 256

Schoelcher, Victor, 维克托·舍尔歇 90

Schopper, Carl, 卡尔·肖伯尔 161

Schorske, Carl E., 卡尔·E. 肖斯克 171, 177-78

Schöttler, Peter, 彼得·舍特勒 179, 181

Schroeder, Paul W., 保罗·W. 施罗德 39-40

Schuyler, Robert L., 罗伯特·L. 斯凯勒 53，88，118-19，129，134

Schwab, Raymond, 雷蒙·施瓦布 214

Schwartz, Anna Jacobson, 安娜·雅各布森·施瓦茨 30-32，50

Schweber, S. S., S. S. 施韦伯 222

Science, natural, 自然科学 7，9，15，50，53，57，77-78，91，97，105，114，119，138，141，190，196-98，201-3，213-14，217，220，222-27，233-34，236，271-72，275

Sciences Po, 巴黎政治学院 258-59，261-63

Scientists. 科学家 See Science, natural 也见自然科学

Scott, Joan Wallach, 琼·瓦莱赫·斯科特 152，155，158，168

Scott, Walter, 沃尔特·司各脱 57

Second International, 第二国际 176-77，184

Second World War. 第二次世界大战 See World War II 也见二次世界大战

Section Française de l'Internationale Ouvrière (SFIO), 工人国际法国支部 176

Sée, Henri, 亨利·塞 30，32，80-81，86，106，117

Semites. 犹太人 See Anti-Semitism 也见反犹太种族主义

Semmel, Bernard, 伯纳德·索美尔 120-21

Seneca Falls Convention (1848), 塞尼卡福尔斯会议 195，206

Senior, Nassau William, 纳骚·威廉·西尼尔 100-101，113

Serbs, 塞尔维亚人 159，239

Seton-Watson, Hugh, 休·希顿-沃森 69，129-30

Seton-Watson, R. W., R. W. 希顿-沃森 42，54，58，129-30

Sewell, William H., Jr., 小威廉·H. 西维尔 161，163-64，169

Shaftesbury, Lord (Anthony Ashley Cooper, 3rd Earl of), 沙夫茨伯里勋爵 (安东尼·艾希里·库柏，第三代伯爵) 100，140

Shapiro, Fred R., 弗雷德·R. 夏皮罗 6，269

Shaw, Robert Gould, 罗伯特·古尔德·肖 142

Shefter, Martin, 马丁·谢夫特 181-82

Sierra Leone, 塞拉利昂 121

Sievers, Sharon, 沙伦·西沃斯 187，203

Siéyès, Emmanuel-Joseph, 埃马努埃尔-约瑟夫·西耶斯 145，147，160

Silva, Pietro, 皮埃特罗·席尔瓦 69

Silver, Allan, 阿兰·席尔瓦 133

Simiand, François, 弗朗索瓦·西米安 255

Simon, André, 安德烈·西蒙 66-67

Simon, Jules, 朱尔·西蒙 198

Simon, Walter M., 沃尔特·M. 西蒙 16，210

Skinner, Andrew S., 安德鲁·S. 斯金纳 241

Slave trade, Atlantic, 跨大西洋的奴隶贸易 27

Sleiden, John, 约翰·斯莱丹 238

Slicher van Bath, B. H., B. H. 斯里彻·范·巴斯 63

Slovaks, 斯洛伐克人 230

Slovenes, 斯洛文尼亚人 239

Small, Albion, 阿尔比恩·斯莫尔 256-57

Smith, Adam, 亚当·斯密 7，100，115，126，161，344，272

索 引

Smith, Gerrit, 格里特·史密斯 203

Smith, Paul, 保罗·史密斯 134, 140

Snow, Charles Percy, 查尔斯·佩尔西·斯诺 221

Soboul, Albert, 阿尔伯特·索布尔 155

Social Darwinism, 社会达尔文主义 199, 253

Social Gospel movement, 社会福音运动 257

Socialism, 社会主义 10-19, 77-78, 80, 85-93, 102, 106-7, 114-15, 125-26, 135-36, 140-41, 152, 158-65, 168-81, 184, 188-95, 198-200, 203, 214-16, 231, 234, 251-58

Social Science, 社会科学 xvi, 36, 157, 167, 170, 187, 203, 219-73, 276-77

Professionalization and Value Neutrality, 专业化和价值中立 231-37

Social Science Association (SSA), 社会科学协会 228-29, 231, 252

Société des Droits de l'Homme, 人权协会 163

Société d'Économie Sociale, 社会经济协会 252

Société Générale, 通用公司 109

Sociology, 社会学 234, 241, 251-58, 261, 263-64

Soffer, Benson, 本森·索弗 182

Solomon Islands, 所罗门群岛 127

Soly, Hugo, 雨果·索利 65

Soreau, Edmond, 埃德蒙·索罗 154

Sorenson, Lloyd R., 洛伊德·R.索伦森 101

South Africa, 南非 54, 183

　Griqualand, 格利夸兰 121

　Natal, 纳塔尔 121

　Transvaal, 德兰士瓦 121

Southgate, Donald G., 唐纳德·G.索斯盖特 71, 74-75, 114, 133

Sovereignty, popular (of the people), 主权在民 xvi, 1-2, 5, 7, 11-13, 21-27, 111, 116, 143-44, 148, 150, 156, 220

Sowerwine, Charles, 查尔斯·索维温 189-92

Spain, 西班牙 2, 17, 24, 42-43, 46, 53-56, 69, 94-95, 121, 130-31, 148, 164, 166, 180, 210, 264

　Carlists, 西班牙王室正统派 69

　Cortés, 西班牙议员 2, 95, 148

　Ferdinand, 费迪南 2

Spencer, Herbert, 赫伯特·斯宾塞 18, 198, 213, 231, 252-53, 255, 258

Staël, Mme. de (Anne-Louise Germaine Necker), 斯塔尔夫人（安妮-露易斯·热尔曼娜·内克）23, 193

Stanton, Elizabeth Cady, 伊丽莎白·凯蒂·斯坦顿 191, 205-6, 208

Stark, Werner, 沃纳·斯塔克 78

Starzinger, Vincent, 文森特·斯达日戈 79

Statism, 国家干预主义 9-10, 13-16, 22, 27, 113, 137, 139-40

Stearns, Peter N., 彼得·N.斯特恩斯 80, 167

Stengers, Jean, 让·斯唐热 66-68

Stepan, Nancy, 南希·斯特潘 214

Stern, Leo, 利奥·斯特恩 178

Stevenson, John, 约翰·斯蒂文森 44, 70

Stieg, Margaret F., 玛格丽特·斯蒂格 242

Stites, Richard, 理查德·斯蒂茨 191, 199, 207

St.-Malo, 圣马洛港 127

Stocking, George W., Jr., 小乔治·W.斯托金 99

Stoddard, Lothrop, 劳斯罗普·斯托达德 212
Stone, Lucy, 露西·斯通 206
Stuart, Robert, 罗伯特·斯图尔特 179-80
Stuart, Sir Charles, 查尔斯·斯图尔特爵士 41
Stürmer, Michael, 米夏埃尔·施蒂默尔 91
Suel, Marc, 马克·苏 46, 60
Suez Canal, 苏伊士运河 107
Suffrage, 选举权 15, 75, 132, 137-38, 174, 199, 200-201, 209
    Capacity as basis for suffrage, 作为选举权基础的能力 7, 138, 145, 191, 233
    See also under Austria; Belgium; France; Germany; Great Britain; Italy; Russia; United States 也见奥地利、比利时、法国、德国、英国、意大利、俄国条目
Sumner, Charles, 查尔斯·萨姆纳 206, 257
Super, R.H., R.H. 苏佩尔 224
Switzerland, 瑞士 17, 37, 87, 95, 122, 176, 189, 229
    Sonderbund, 分离主义者联盟 87
Sykes, Robert, 罗伯特·塞克斯 165
Sztejnberg, Maxime, 马克西姆·斯特恩伯格 181

T

Tahiti, 塔希提岛 127-28
"Take-off." 起飞 *See under* Industrialization 也见工业化条目
Talabot, Leon, 莱昂·塔尔博特 122
Talleyrand, Charles Maurice de, 夏尔·莫里斯·德·塔列朗 41, 61-62, 68, 84, 136
Tampico, 坦皮科 131
Tarlé, Eugène, 叶甫根尼·塔尔列 61
Taylor, Arthur J., 阿瑟·J. 泰勒 44, 101
Taylor, Barbara, 巴巴拉·泰勒 145, 193
Taylor, Edward B., 爱德华·泰勒 273
Taylor, W. Cooke, W. 库克·泰勒 50
Temperley, Harold, 哈罗德·特默帕理 42, 55-56
Tenant farmers. 租佃农场主 *See* Peasants 也见农民条目
Terlinden, Charles, 查尔斯·特林登 66
Thatcher, Margaret, 玛格丽特·撒切尔 140
Théret, Bruno, 布鲁诺·特莱 115, 117
Theriot, Nancy M., 南希·M. 塞里奥特 201
Thibert, Marguerite, 玛格丽特·蒂贝尔 193-95
Thiers, Adolphe, 阿道夫·梯也尔 60, 80, 91, 136
Thomas, Edith, 伊迪丝·托马斯 90
Thomis, Malcolm I., 马尔科姆·I. 托米斯 25-26, 46, 71, 73
Thompson, Dorothy, 多萝西·汤普森 192
Thompson, E.P., E.P. 汤普森 44, 156
Thompson, F.M.L., F.M.L. 汤普森 33, 99
Thompson, Victoria, 维多利亚·汤普森 195
Thönnessen, Werner, 维尔纳·腾尼森 185
Tilly, Charles, 查尔斯·蒂利 81, 89, 161
Tilly, Chris, 克里斯·蒂利 192
Tissot, Louis, 路易·狄索 94
Titian (Tiziano Vecelli), 提香（提香·维切利）121
Tixerant, Jules, 儒勒·迪克斯朗 194-95

Todorov, Tzvetan, 茨维坦·托多洛夫 213

Tønnesson, Kåre D., 凯尔·D.滕内森 155

Tönnies, Ferdinand, 斐迪南·滕尼斯 263

Tooke, Thomas, 托马斯·图克 113

Torstendahl, Rolf, 罗尔夫·托斯坦达尔 232

Toussaint L'Ouverture, 杜桑·卢维杜尔 154

Train, George Francis, 乔治·弗朗西斯·崔恩 206

Treaty of 1831（Netherlands-Belgium），（尼德兰-比利时）1831年条约 109

Treaty of Nanking（China-Great Britain），（中国-英国）南京条约 127

Tribe, Keith, 基思·特雷伯 246-47, 249

Tristan, Flora, 弗洛拉·特里斯坦 165, 185, 194

Troppau, Congress of, 特拉波会议 46

Trouillot, Michel-Rolph, 米歇尔-拉尔夫·特鲁罗 242, 273

Tuamolu, 图阿莫鲁岛 127

Tudesq, André-Jean, 安德烈-让·蒂德斯克 2, 12, 16, 22, 79, 85-86, 94

Tuñon de Lara, José Manuel, 何塞·曼努埃尔·图尼昂·德拉拉 165

Turati, Filippo, 菲利普·屠拉蒂 180, 191, 199

Turgeon, Charles Marie Joseph, 夏尔·马利·约瑟夫·图尔戎 194

Turgot, Jacques, 雅克·杜尔哥 272

Turin, Yvonne, 伊冯·图林 197-98

Turkey. 土耳其 See Ottoman Empire 也见奥斯曼帝国条目

Turner, R. Steven, R.斯蒂文·特纳 222, 224

Two Cultures, 两种文化 220-26

U

Ukrainians 乌克兰人 239

United Kingdom. 联合王国 See Great Britain 也见英国条目

United Provinces. 联省共和国 See Netherlands 也见尼德兰条目

United States, 美国 xiii, xvi-xvii, 14, 22, 28-30, 32-33, 35, 53-54, 98-99, 104, 111, 118, 125, 128-31, 141, 162, 167, 169, 173-74, 179-83, 191, 195, 199-201, 204, 206-9, 213, 215-16, 221, 227-29, 231-33, 236, 243-44, 246, 250, 253, 256-58, 261, 263-64, 268, 271, 275

Buchanan, Pres. James, 詹姆斯·布坎南总统 131

California, 加利福尼亚 88

Chinese Exclusion Act（1880），排华法案 162

Civil Rights Act（1962），民权法案 206

Civil War, 美国内战 111, 118, 129, 131, 142, 182, 205, 228

Declaration of Independence, 独立宣言 22

Democratic Party, 民主党 122, 128, 180, 206

Hawaii, 夏威夷 127-28

Lincoln, Pres. Abraham, 亚伯拉罕·林肯总统 205

Monroe, Pres. James, 詹姆斯·门罗总统 68

Monroe Doctrine, 门罗宣言 54, 128

Mugwumps 共和党独立派（see Republican Party）也见共和党条目

Point Four, 四点计划 107

Republican Party, 共和党 204-5, 261

Slavery and Jim Crow, 奴隶制和种族隔离 215

Suffrage, 选举权 174, 195, 200, 205-7, 209

Texas, 得克萨斯州 87

 Thirteenth, Fourteenth, and Fifteenth Amendments, 第 13、14 和 15 条修正案 205-6

 Truman, Pres. Harry S., 哈里·杜鲁门总统 107

 Wilson, Pres. Woodrow, 伍德罗·威尔逊总统 183

 See also under America; 也见美国条目 Hegemony 也见霸权条目

Unkian-Skelessi, Treaty of, 洪基尔-斯凯莱西条约 85

Urquhart, David, 戴维·厄克特 128

V

Vallette, Aline 阿莱恩·瓦莱塔 185

Van der Linden, Marcel, 马塞尔·范·德·林登 179, 178

Van Kallen, Frans, 弗兰茨·范·凯伦 66

Van Kol, Henri, 亨利·范·柯尔 184

Van Rossen, Roman, 罗曼·范·罗森 231, 235

Varnhagen, Rachel, 拉赫尔·瓦恩哈根 193

Vatican, the, 罗马教廷 66

 Gregory XVI, 教皇格列高利十六世 67

 Mirari vos, 通谕 67

 Pius IX, 教皇庇护九世 87

Vellacott, Jo, 乔·韦拉科特 203

Venezuela, 委内瑞拉 54

Venice, 威尼斯 64-65, 112

Vénil, (Jeanne-) Désirée, (让娜-) 德西雷·瓦瑞尔 193

Veracruz, 韦拉克鲁斯 131

Verein für Sozialpolitik, 社会政策协会 230-31, 234-35, 250

Verley, Patrick, 帕特里克·维尔莱 107

Vermeil, Edmond, 埃德蒙·维梅尔 94

Versailles, 凡尔赛 136, 149-50, 259

Verviers, 维尔维耶 64

Veysey, Lawrence R., 劳伦斯·R. 维赛 233

Vidal, César, 塞萨尔·维达尔 40

Vienna, 维也纳 88

Vienna, Congress of/Treaty of (Concert of Europe), 维也纳会议/条约（欧洲和解）39-41, 49

Vigier, Philippe, 菲利普·维吉耶 106

Villemain, Abel-François, 阿贝尔-弗朗索瓦·维叶门 212

Villermé, Louis-René, 路易-勒内·维尔梅尔 81

Vincent, Gérard, 杰拉尔·文森特 259-61

Vinet, Ernest, 欧内斯特·维内 260

Viner, Jacob, 雅各布·维纳 9, 100

Voltaire, François Marie Arouet, 弗朗索瓦·马利·阿鲁埃·伏尔泰 148, 213

Von Courland, Dorothea, 多萝西娅·冯·库尔兰 193

Vovelle, Michel, 米歇尔·伏维尔 23

W

Wagner, Donald O., 唐纳德·O. 瓦格纳 126

Wakefield, E. G., E. G. 韦克菲尔德 53

Waldeck-Rousseau, Pierre, 皮埃尔·瓦尔德克-卢梭 180

Walker, Kenneth O., 肯尼斯·O. 瓦尔克 101

Walker-Smith, Derek, 德里克·沃克-史密

斯 119

Walkowitz, Judith R., 朱蒂斯·沃克维茨 201

Wallerstein, Immanuel, 伊曼纽尔·沃勒斯坦 2, 36, 40, 80, 113, 118-22, 153, 155, 188, 210

Wallis, 沃利斯群岛 128

Walras, Léon, 莱昂·瓦尔拉 244

Waterloo, 滑铁卢 22, 39, 45-46, 54, 65

Ward, J.T., J.T. 沃德 52, 73, 83, 101, 166

Ward, Lester, 莱斯特·沃德 257

Ware, Vron, 弗伦·韦尔 207-8, 215

Warsaw, 华沙 90

Washington, Booker T. (Mr. & Mrs.), 布克·T. 华盛顿夫妇 208

Washington, DC, 华盛顿特区 121

Watson, George, 乔治·沃特森 1, 13, 115

Webb, Sydney and Beatrice, 韦伯夫妇, 西德尼和比阿特丽斯 262-63

Weber, Max, 马克斯·韦伯 228, 234-35, 253-54, 256, 263

Webster, C.K., C.K. 韦伯斯特 40, 46

Webster, Daniel, 丹尼尔·韦伯斯特 128

Wells, Ida B., 伊达·B. 威尔斯 215

Weil, Cdt. Maurice-Henri, 莫里斯-亨利·威尔 87

Weill, Georges, 乔治·威尔 50, 56-57, 69, 84, 87, 107

Weingart, Pater, 彼得·魏因加特 237

Weisz, George, 乔治·魏兹 242-46, 255

Wellington, Duke of, 威灵顿公爵 41, 52, 61-62, 70-75, 84, 109, 140

Werner, Karl Ferdinand, 卡尔·费迪南德·韦尔纳 116

West Indies, 西印度 96

Whately, Robert, 罗伯特·惠特利 247

White, R.J., R.J. 怀特 1, 4, 12, 45-46

White settlers, 白人殖民者 58, 126, 153-54, 173

Wilkie, David, 大卫·威尔基 x

Willard, Claude, 克劳德·威拉德 179-80, 184

Willard, Frances, 弗朗西斯·威拉德 208, 215

Wilson, Sir Robert, 罗伯特·威尔逊爵士 54

Winch, Donald, 唐纳德·温奇 53

Wittrock, Björn, 比约恩·维特罗克 227, 233

Wolff, Richard J., 理查德·J. 沃尔夫 50, 117, 148, 156, 211

Women, 妇女 iv, 145, 149-52, 184-204, 206, 208, 216

Politics of breach vs. politics of assault, 不合作策略对攻击性策略 200

Temperance movements, 禁酒运动 202

Woolf, Stuart, 斯图尔特·沃尔夫 50, 117, 148, 156, 211

Wollstonecraft, Mary, 玛丽·沃斯通克拉夫特 193

World religions, 世界性宗教 265

World War I, 第一次世界大战 103, 105, 123, 128, 131, 173, 177, 183, 201, 209, 219, 250

World War II, 第二次世界大战 123

Wright, H.R.C., H.R.C. 怀特 64-66

Wright, Vincent, 文森特·怀特 91

Y

Yeo, Eileen, 艾琳·约 166

Yeo, Richard R., 理查德·R. 约 222, 225

Z

Zeldin, Theodore, 西奥多·泽尔丁 47, 91, 93, 97, 117, 138

Ziolkoski, Theodore, 西奥多·齐奥科斯基 223

Zurich, 苏黎世 165, 177

Zylberberg-Hocquard, Marie-Hélène, 玛丽-艾莱娜·西尔伯贝格-奥卡尔 72

译者的话

翻译沃勒斯坦教授的《现代世界体系》第四卷，对自己的知识面和语言能力都是一次考验。《现代世界体系》第四卷涉及的时段是从 1789/1815 年到 1914 年，即我们习惯称之为世界近代史的下半时期。沃氏以他大师级学者深厚的知识积淀与敏捷的思考、辨析能力，实践着他所倡导的"人的科学"的尝试，就现代世界体系的经济、政治、社会、文化和历史等涉及社会科学的方方面面进行了体系性的论述。而他所引用的材料除英文以外，还有法、德、西班牙等文。对于翻译这样一卷巨著，个人能力多有不逮之处。在专业知识方面，我向恩师庞卓恒先生和世界历史研究所的郭方先生请教颇多；在语言方面，我向景德祥先生（德语）、黄艳红先生（法语）、秦海波先生和王文仙女士（西班牙语）请教颇多，在此向他们表示诚挚的感谢。应该说，在世界历史研究所这个通晓各国语言人才荟萃的单位工作，对我翻译此书帮助良多。

伴随人类社会历史的演进，跨学科，甚至全学科的研究确应作为我们社会科学研究的一个发展目标，就像沃勒斯坦在《现代世界体系》中为我们所展示的那样。但就目前史学界的现状看，情况并不乐观。在后现代史学的影响下，宏大叙事正在被人们所摒弃，微观叙事则为人们津津乐道。尽管最近有宏大叙事的复兴，像大历史研究在西方的兴起，但离沃勒斯坦提出的建构"人的学科"的理想尚有很远的距离。从大历史本身讲，它是要将自然科学和社会科学各学科的学者集合在一起，书写囊括自然史和人类史在内的全面的历史。如何保障学者们的研究具有内在的一致性，又如何保障受众能够理解这种包容各学科的知识，都是困难的。从历史学看，第二次世界大战后，在历史学受社会科学影响，并趋向社会科学化的大背景下，以年鉴学派为代表的历史研究提出了写作整体史的目标，但在高歌猛进一段时间后却最终走向碎化。20 世纪 70 年代以来，受后现代思潮的影响，史学研究居主流地位的是微观史和日常生活史，彻底走向整体史的反面。从社会科学看也不例外。尽管沃勒斯坦提出建构"人的科学"的宏伟蓝图，而且在撰写《现代世界体系》中也力争实现这一目标。但直到这第四卷，能够读到的只是集中于中心区的经济、政治、社会和文化的发展历史，看不到半边缘区，更看不到对边缘区历史发展的记述。书中在涉及这两类地区时也只是作为中心区发展的背景存在。因此，若以建构"人的科学"为目标，从写作世界史的角度看，《现代世界体系》仍是存有缺陷的。由此也可以看出，践行跨学科研究尽管是必要的，但它的难度却是极大的。需要像沃勒斯坦这样的大师级学者的开拓性探索，以使历史学的构建一步步走向"整体史"，真正实践"人的科学"的研究。

对这卷书的翻译，我力求做到精益求精。但毕竟个人的知识面和外语水平有限，问题一定不会少，敬请读者指正。

社科文献精品译库书目

阿玛蒂亚·森/让·德雷兹
 《印度：经济发展与社会机会》   35.00 元
阿玛蒂亚·森/让·德雷兹
 《饥饿与公共行为》   35.00 元
阿玛蒂亚·森
 《论经济不平等/不平等之再考察》   48.00 元
阿玛蒂亚·森/玛莎·努斯鲍姆
 《生活质量》   68.00 元
曼纽尔·卡斯特
 《网络社会的崛起》   59.00 元
曼纽尔·卡斯特
 《认同的力量》（第二版）   59.00 元
曼纽尔·卡斯特
 《千年终结》   45.00 元
孙伟平 选编
 《罗蒂文选》   53.00 元
涂纪亮 编
 《皮尔斯文选》   49.00 元
涂纪亮 编
 《杜威文选》   49.00 元
万俊人 陈亚军 编
 《詹姆斯文选》   59.00 元
李国山 编
 《刘易斯文选》   45.00 元
伊曼纽尔·沃勒斯坦

《转型中的世界体系——沃勒斯坦评论集》　　　　　49.00 元
费尔南·布罗代尔
　　《地中海考古》　　　　　　　　　　　　　　　　49.00 元
山口重克
　　《市场经济：历史·思想·现在》　　　　　　　　35.00 元
莱斯特·M. 萨拉蒙等
　　《全球公民社会——非营利部门视界》　　　　　　59.00 元
雷蒙·阿隆/丹尼尔·贝尔
　　《托克维尔与民主精神》　　　　　　　　　　　　49.00 元
詹姆斯·M. 布坎南/罗杰·D. 康格尔顿
　　《原则政治，而非利益政治》　　　　　　　　　　39.00 元
詹姆斯·S. 科尔曼
　　《社会理论的基础》（上、下）　　　　　　　　　125.00 元
速水佑次郎/神门善久
　　《发展经济学》（第三版）　　　　　　　　　　　59.00 元
理安·艾斯勒
　　《国家的真正财富：创建关怀经济学》　　　　　　39.00 元
理安·艾斯勒
　　《圣杯与剑：我们的历史，我们的未来》　　　　　49.00 元
理安·艾斯勒
　　《神圣的欢爱：性、神话与女性肉体的政治学》　　68.00 元
安东尼·吉登斯
　　《超越左与右——激进政治的未来》　　　　　　　39.00 元
露丝·本尼迪克特
　　《文化模式》　　　　　　　　　　　　　　　　　29.00 元
涂纪亮　编
　　《莫里斯文选》　　　　　　　　　　　　　　　　58.00 元
杜丽燕　余灵灵　编
　　《布里奇曼文选》　　　　　　　　　　　　　　　49.00 元
李真　编
　　《普特南文选》　　　　　　　　　　　　　　　　69.00 元
丁东红　编
　　《米德文选》　　　　　　　　　　　　　　　　　68.00 元
约翰·H. 杰克逊

《国家主权与 WTO——变化中的国际法基础》　　　　59.00 元
卡尔·雅斯贝尔斯
　　《大哲学家》　　　　　　　　　　　　　　　　　　98.00 元
H. 孟德拉斯
　　《农民的终结》　　　　　　　　　　　　　　　　　35.00 元
齐格蒙特·鲍曼/蒂姆·梅
　　《社会学之思》（第二版）　　　　　　　　　　　　29.00 元
汤姆·R. 伯恩斯等
　　《经济与社会变迁的结构化》　　　　　　　　　　　59.00 元
尤尔根·哈贝马斯
　　《理论与实践》　　　　　　　　　　　　　　　　　49.00 元
马克斯·韦伯
　　《新教伦理与资本主义精神》（罗克斯伯里第三版）　45.00 元
克里斯托弗·戴尔
　　《转型的时代——中世纪晚期英国的经济与社会》　　49.00 元
吉尔贝·李斯特
　　《发展的迷思——一个西方信仰的历史》　　　　　　59.00 元
佩里·安德森
　　《思想的谱系——西方思潮左与右》　　　　　　　　59.00 元
尤尔根·哈贝马斯
　　《重建历史唯物主义》　　　　　　　　　　　　　　59.00 元
何伟亚
　　《英国的课业：19 世纪中国的帝国主义教程》　　　 69.00 元
唐纳德·萨松
　　《欧洲社会主义百年史——二十世纪的西欧左翼》
　　（上、下册）　　　　　　　　　　　　　　　　　189.00 元
伊曼纽尔·沃勒斯坦
　　现代世界体系（第一卷）　　　　　　　　　　　　　98.00 元
伊曼纽尔·沃勒斯坦
　　现代世界体系（第二卷）　　　　　　　　　　　　　98.00 元
伊曼纽尔·沃勒斯坦
　　现代世界体系（第三卷）　　　　　　　　　　　　　98.00 元
伊曼纽尔·沃勒斯坦
　　现代世界体系（第四卷）　　　　　　　　　　　　　98.00 元

图书在版编目(CIP)数据

现代世界体系：四卷本/(美)沃勒斯坦(Wallerstein, I.)著；郭方等译.—北京：社会科学文献出版社，2013.11(2024.12 重印)
ISBN 978 - 7 - 5097 - 4929 - 6

Ⅰ.①现… Ⅱ.①沃… ②郭… Ⅲ.①资本主义经济 - 经济史 - 世界 Ⅳ.①F119

中国版本图书馆 CIP 数据核字（2013）第 180068 号

现代世界体系（第四卷）
——中庸的自由主义的胜利:1789～1914

著　　者	[美]伊曼纽尔·沃勒斯坦
译　　者	吴　英
校　　者	庞卓恒
出 版 人	冀祥德
项目统筹	祝得彬
责任编辑	赵怀英　段其刚
责任印制	王京美
出　　版	社会科学文献出版社·文化传媒分社（010）59367004 地址：北京市北三环中路甲29号院华龙大厦　邮编：100029 网址：www.ssap.com.cn
发　　行	社会科学文献出版社（010）59367028
印　　装	三河市东方印刷有限公司
规　　格	开　本：787mm×1092mm　1/16 本卷印张：30　本卷字数：475 千字
版　　次	2013 年 11 月第 1 版　2024 年 12 月第 10 次印刷
书　　号	ISBN 978 - 7 - 5097 - 4929 - 6
著作权合同登 记 号	图字 01 - 2012 - 1282 号
定　　价	489.00 元（四卷本）

读者服务电话：4008918866

版权所有 翻印必究